U0611846

孙冶方经济科学奖获奖论文集

（2008、2010、2012年度）

孙冶方经济科学基金会办公室 编

Sunyefang Jingjikexuejiang Huojiang Lunwenji

中国社会科学出版社

图书在版编目(CIP)数据

孙冶方经济科学奖获奖论文集(2008、2010、2012年度)/孙冶方经济科学基金会办公室编.—北京:中国社会科学出版社,2013.11
ISBN 978-7-5161-3670-6

Ⅰ.①孙… Ⅱ.①孙… Ⅲ.①经济学—文集
Ⅳ.①F0-53

中国版本图书馆CIP数据核字(2013)第279019号

出 版 人 赵剑英
选题策划 蔺 虹
责任编辑 蔺 虹
责任校对 林福国
责任印制 戴 宽

出　　版 中国社会科学出版社
社　　址 北京鼓楼西大街甲158号(邮编100720)
网　　址 http://www.csspw.cn
　　　　 中文域名:中国社科网　　010-64070619
发 行 部 010-84083685
门 市 部 010-84029450
经　　销 新华书店及其他书店

印刷装订 三河市君旺印务有限公司
版　　次 2013年11月第1版
印　　次 2013年11月第1次印刷

开　　本 710×1000　1/16
印　　张 40.75
插　　页 2
字　　数 791千字
定　　价 138.00元

凡购买中国社会科学出版社图书,如有质量问题请与本社联系调换
电话:010-64009791

编者的话

孙冶方是当代中国最杰出的经济学大师。孙冶方经济科学基金会成立于1983年6月，由姚依林、宋平、薄一波、谷牧、张劲夫、荣毅仁、刘瑞龙、汪道涵、薛暮桥、马洪、于光远、徐雪寒、许涤新等55人倡导并捐赠发起。

孙冶方经济科学基金会的宗旨，即传承和弘扬以孙冶方为代表的老一代经济学家敬畏规律、守护真理的精神，在新的历史时期，关注中国经济社会的变革，促进经济理论的创新，推动经济科学的繁荣，奖掖献身学术研究的优秀中青年经济学家，表彰和鼓励对经济科学作出贡献的集体和个人，资助有需要的经济学科学生。

遵循上述宗旨，孙冶方经济科学基金会自1984年起开始评选"孙冶方经济科学奖"，每两年举办一届，现已举办了15届评奖活动。历届共评选出著作49部、论文168篇，在社会上产生了广泛、深远的影响，成为中国经济学界的最高奖项。基金会始终坚持公平、公正和宁缺毋滥的原则评奖，获奖作品基本上反映了当时我国经济科学前沿发展的最新成果，代表了经济学各主要学科研究领域同类文献的最高水平。同时，孙冶方经济科学奖推出了一批又一批经济学界的精英，很多获奖者成为学术带头人，有的已在国家的重要岗位上担任领导职务。

今年，恰逢孙冶方经济科学基金会成立30周年，我们在以往12届"孙冶方经济科学奖"获奖论文相继结集出版之后，又编辑出版了这本论文集。本书包含了荣获"孙冶方经济科学奖"第13届（2008年度）、第14届（2010年度）和第15届（2012年度）的获奖论文，共19篇。

本论文集按照获奖年度分为三个部分，并按照论文发表的时间顺序排列；在论文内容上没有改动，只是在编辑体例上稍作修改，基本保持了论文发表时的原貌。

今后，我们将继续对以后各届的获奖论文结集出版。

承蒙中国社会科学出版社对本书的大力支持，特此致谢！

孙冶方经济科学基金会办公室

2013年9月

孙冶方经济科学基金会

网址：http：//sunyefang. cass. cn

电话：010 －68024467

电邮：sunyefangjjh@ sina. com

地址：北京市西城区阜外月坛北小街 2 号院 2 号楼

邮政编码：100836

目　　录

第十三届获奖论文(2008 年度)

第十四届获奖论文(2010 年度)

第十五届获奖论文(2012 年度)

第十三届获奖论文

（2008年度）

税收竞争、地区博弈及其增长绩效

沈坤荣　付文林

沈坤荣，江苏省苏州市人。经济学博士，美国斯坦福大学经济学系高级研究学者。现任南京大学经济学院院长，教育部长江学者特聘教授。首批入选教育部“新世纪优秀人才支持计划”，“新世纪百千万人才工程”国家级人选，2007 年获国家级教学名师奖、全国优秀博士学位论文指导教师（2009）、第十三届孙冶方经济科学奖获得者。主要研究领域为宏观经济、转型经济、资本市场和经济增长。

付文林，安徽省宣城市人。经济学博士。现任上海财经大学公共经济与管理学院教授。入选教育部“新世纪优秀人才支持计划（2010 年）”，第十三届孙冶方经济学奖、全国优秀博士学位论文奖（2009 年）、第三届黄达－蒙代尔经济学奖获得者。主要研究领域为财政政策、经济增长和收入分配。

一　引言与文献概览

改革以来，财政分权一直都是中国经济转型的重要内容。通过从行政性分权向经济性分权不断演进，使得地方政府逐渐拥有了对财政收入的剩余控制权，这种新的制度安排为地方政府发展本地区经济提供了重要动力，给中国经济增长带来了非常明显的激励（Shah，1994；Qian and Roland，1998）。但随着财政分权正面效应的不断释放，地区间税收竞争激化的负面影响正在逐步凸显。地方政府通过税收、公共服务等手段进行经济竞争，所引发的地方保护、市场割据和重复建设等一系列经济扭曲，实际上已经危及国民经济的稳定协调和可持续增长,以地区间税收竞争为主要动力机制的非均衡发展模式难以为继。因此,在未来的发展进程中,既要不断整合各种要素资源,更要从体制与机制入手,不断规范地区征税行为,完善政府参与经济活动的方式,从而使经济能够在一个协调有序的竞争框架下发展。为此,研究地区间的税收博弈特征及其增长绩效,对于匡正地方政府竞争行为、优化地区间的经济竞争环境,具有重要的理论价值和现实意义。

在蒂伯特的关于地区间竞争问题的经典论文中,地区间竞争主要指的是地方政府根据辖区居民偏好、社会经济特点,所选择的地区财政收支政策组合,而且它在一系列严格假定基础上,提出居民在社区间的"用脚投票",可以使地方公共品供给实现帕雷托最优(Tiebout,1956)。尽管在蒂伯特那里,地区间竞争的出发点并不完全是为了和其他地区竞争财政资源,但此后,关于地区间竞争方面的研究,已经越来越强调地区间财政收支层面的竞争(Wilson,1999),如美国政府间关系咨询委员会就曾将地区间竞争定义为:地方政府为了赢得一些稀缺的有价值财政资源,或者避免一种特别的成本(US ACIR,1991)①。

一般而言,地区间税收竞争主要指通过降低纳税人的税收负担来吸引有价值经济资源的流入;公共支出竞争则是地区间以公共产品和服务水平供给的手段来竞争稀缺经济资源。由于现实经济中政府主要是通过税收手段为公共支出进行筹资,因而,这两种性质不同的竞争方式,最终都会在地区间的税负水平中得到反映。

国外经济学家对税收竞争问题的研究主要是围绕地区间税收竞争的基本特征及经济绩效展开。关于地区间税收竞争特征的研究,在早期主要是考察地区公共产品的外溢效应问题,通常会假定各个地区的经济规模相对于整个经济而言很小,因而不可能通过设定税率影响资本的净回报,地区间不存在策略性税收博弈行为(Boskin,1973)。而后续的一些研究则开始关注非同质地区的税收竞争中的博弈问题(Mintz and Tulkens,1986;Wildasin,1988),资本在地区间的配置不仅取决于本地税率,还会受到周边其他地区税收政策的影响,即地区间会在税收市场上进行博弈,而地方政府利用税率手段的博弈行为,不仅对资本、劳动力等经济要素的区域配置产生影响,而且会使不同地区经济发展潜力产生差异,从而引起宏观经济的波动。

对地区间税收竞争特征的实证性检验,西方学者主要是考察地区间税负的反应函数,通过检验地区间实际税负的策略性行为,观察地区间税收竞争的具体

① 转引自 Kenyon,D. A.,"Theories of Interjurisdictional Competition ",*New England Economic Review*, Mar./Apr.,1997.

特征。其先驱性研究是由凯斯等进行的，他们把政府支出看作策略性变量，采用空间滞后分析模型(也被称为空间自回归模型)，检验美国州政府支出与经过加权的其他竞争州政府支出之间的策略性行为。研究发现，如果竞争州的政府支出越高，那么给定州的支出水平也越高(Caseetal，1993)。沿着凯斯等开创的计量方法，亨德尔斯等对比利时的589个自治市之间的财产税和收入税竞争中的模仿问题进行了检验；布莱克纳等利用美国波士顿地区的70个城市数据对地区间财产税中的策略性行为进行了估计，他们均发现了地区间的税收反应函数斜率显著为正，在地区间的税收竞争中存在明显的策略性博弈行为(Heyndels and Vuchelen，1998；Brueckner and Saavedra，2001)。

随着地区间经济联系的加强，一个地区的税收政策越来越可能对周边地区产生影响，当然这种影响既可能是正外部性，也可能是负外部性。因此，地区间税收竞争的产出效应并不明确。钱颖一等利用委托代理理论和公共选择理论，指出分权体制下的地区间竞争有助于减少政府对微观经济部门的干预，从而可能提高地方企业的效率，并导致高速的、可持续的经济增长(Qian and Roland，1998)。周业安通过一个简单的博弈模型，指出由于垂直化行政管理架构和资源流动性的限制，地方政府之间的竞争并不必然带来经济的良性增长，特别是在地方政府选择保护性策略和掠夺性策略时，会增大地区间的交易成本，这种保护带来的价格扭曲会产生资源配置低效率，从而损害到经济增长(周业安，2003)。

中国经济体制改革的多维演进特征，使得中国的分权化改革既有一般理论框架所揭示的共同特征，也有中国转型阶段所特有的经济表现。对中国地区间税收竞争关系的形成原因、特征及其增长绩效，已有的实证研究主要侧重于地方保护主义(魏后凯，1995；Young，2000；蔡昉等，2002；白重恩等，2004)，但因为地方保护只是地区间竞争的激化表现之一，因而对地方保护或市场割据的研究并不能提供关于中国地区间税收博弈行为的直接证据。

本文以下的结构安排是，第二部分提出一个空间滞后计量分析框架，并对相关分析变量进行说明；第三部分对地区税收博弈进行分时期、分地区的计量检验；第四部分是对税收竞争增长绩效的经验考察；最后是本文的结论。

二　空间滞后分析模型

地区间的财政政策会相互影响，一方面，地区公共产品具有外溢效应，如一个地区的良好治安会对周边地区的社会安全带来正外部性；另一方面，财政政策因素所引发的生产要素跨地区流动会改变各地区的税基。考虑到资本的跨地区流动会使地区间资本的税后回报均等化，资本在地区间的配置不仅取决于本地税率,还会受到周边其他地区税收政策的影响。因此,可以通过检验一个代表性地区的税率反应函数,即该地区税率与其自身经济特征和其他竞争地区的税率关系,来考察地区间的税收竞争博弈状况,而这首先会涉及一个特定地区的竞争对象范围及每个竞争地区的权重确定问题。从方法论角度,理想的选择方法当然是由数据生成,但实际研究中由于统计技术方面的原因,不可能在方案间进行比较选择,因而一般只能根据某种现有理论来进行筛选。本文参照的就是甘瑟等的处理方法(Genser and Weck - Hannemann,1993),即将其他所有省区均看作给定省的竞争对象①,并通过权重赋值的方式对竞争省区的相对重要性进行区分②。

由于空间距离常常是影响资源流动的重要因素,不仅劳动力流动会受文化习惯传统、与空间距离有关的迁移成本的影响,从而表现出地域性特征,而且,资本流动同样也会因为产业集聚效应的作用,具有很强的地域性(Anseline 等,1996)。考虑到地区增长绩效通常是衡量地方政府政绩的最主要指标,地方官员出于政治声誉竞赛方面的考虑,在竞争中对周边经济发达省区的税收政策安排会更加重视,为此,本文采用给定省与其竞争省区的距离、竞争省区的 GDP 作为确定权重的依据。具体来说,采用距离的倒数 $1/d_{ij}, i \neq j$ 作为 w_{ij},这里的 d_{ij} 是 i 省与其竞争省区 j 的省会城市间的铁路运行距离,经 $d_{ij}^{-1}/\Sigma d_{ij}^{-1}, i \neq j$ 准化后记为 $W^{I/D}$;采用 i 省的竞争省区 j 在所有竞争省区的 GDP 总量中所占的比重 G_j 作为权重,记为 W^{GDP}。为增加研究结论的稳定性,本文还采用距离与 GDP 的混合形式 $G_j/d_{ij}, i \neq j$ 对竞争性省区进行加权,经标准化后记为 $W^{GDP/D}$。

对地区间税率的策略性行为进行检验,实际上是拟合一个给定地区的税负反应函数。如果给定地区的竞争性地区的加权税负变量的拟合系数显著不等于0,则表明给定地区的税负水平受到其他地区税收政策的影响,即地区间存在税收竞争中的策略性行为;如果加权税负变量的回归系数等于0,则表明给定地区的税收政策仅取决于其自身的经济特征和目标,即没有税收政策方面的策略性行为。

在具体分析中,本文采用的是空间滞后分析框架的简化模型(Brueckner and Saavedra,2001),其回归方程为:

$$t_i = \phi \sum_{j \neq i} w_{ij} t_j + Z_i \theta + \varepsilon_i$$

① 当然对中国这样一个大国而言,各省的经济状况千差万别,政策工具的运用也各不相同,显然对省级以下地区间的财政竞争问题进行研究,对于准确把握政府间的财政分配与均衡关系特征可能更加重要,不过,由于相关数据的缺乏,本文的讨论仅限于省级层面。

② 权重的数值确定是根据研究者对空间交互性反应特征的先验预测,正如布莱克纳所言,权重的确定标准常常比较随意,研究者从各自的研究目的出发会提出不同的权重变量(Brueckner,1998)。

式中，W_{ij}为一个权重集，它的作用是给 i 的竞争性省份进行权重赋值，并将该权重矩阵每一行的和分别进行标准化，再利用标准化后的权重将 i 省的所有 j 个竞争性省区的税率加总成为一个税负变量；Z_i 是一个包含反映地区 i 的其他社会经济特征的变量集；t_i，t_j 分别为 i 地区和 j 地区的税负水平；ε_i 是误差项。

由于中国目前税收立法权是高度统一的，除了筵席税等非常不重要的税收之外，地方政府一般无权决定税种开征和税率设定，所以各省区的法定税率上的差别主要表现在中央政府所批准的税收优惠政策方面的不同，而不同省区由于争取到的税收优惠幅度和范围不同，使其宏观税负水平具有很大差异。在这种背景下，省区间税收竞争主要表现在对优惠政策的争取和对征税努力程度的选择等方面，这些行为会使地方政府影响当地的宏观税负水平。因此，本文主要关注省际间宏观税负竞争中的策略性行为。另外，因为我国地方政府财政预算体制有内外之分，在正式的财政制度之外存在大量非正式的财政安排，对于大量存在的预算外收入，地方政府具有事实上的决定权，预算外资金管理相对松散，为地方政府通过预算外资金进行竞争提供了重要条件。因此，本文实际考察的回归因变量有两个：预算内宏观税负和预算外收入占 GDP 比重（在我国目前政府的预算外收入的主要来源是各种各样的收费，为了行文方便，下文均称平均预算外负担）。

地方政府征集财政收入主要受财政支出需要和财源丰裕程度两方面因素决定，因此，本文分析中所采用的反映地区社会经济特征的变量有三个：政府部门职工人数在总人口中的比重，反映公共部门变量；在校学生人数占总人口的比重；人均 GDP。前两个变量是从地方政府支出需要角度衡量地区财政特征，对一些经济落后地区，教育经费投入常常是最大的财政支出项目，而政府部门的职工比重，一方面直接影响了地方政府的行政管理支出负担水平，同时政府机构越庞大、行政机关人员越多，对预算外收入的依赖程度可能越大，这应该都会促使地方政府提高征税努力；人均 GDP 指标反映地区的经济发展水平，因而决定了该地区的税源丰裕状况，通常经济发展水平越高，维持一定公共产品供给水平需要的税负可以越低。

三　税收竞争中的策略性行为

由于中国税收立法权的高度统一，可能使省际间的宏观税负出现同步变动，即回归方程等式右边的竞争省份的加权税率可能是内生变量，这意味着普通最小二乘法不再是一致估计，加之分析横截面数据中经常要面对的异方差性，OLS 估计结果可能将不再是有效的，通常的统计推断过程不再适用。为了尽量避免统计分析中的偏误,本文采用的是似然不相关回归分析方法(Heyndels, B. and Vuchelen, J. , 1998)。

考虑到由于1994年分税制改革前,对税收优惠政策的执行很不规范,许多地区都存在乱开税收优惠口子的问题,而1994年之后,中央开始严格限制地方政府的税收优惠权力①,对经济特区、经济技术开发区等的税收优惠政策正在逐步稳定化和规范化。为了对分税制改革前后地区间税收竞争博弈行为特征进行比较,本文分别对1992年②和2003年两个年份的省际间截面数据进行了回归分析。另外,针对目前区域经济发展环境方面所存在的巨大差距,我们还特别对发展条件比较接近的东部省区间的税率反应函数特征进行了考察。

表1　　1992年省际间税收竞争的策略性行为分析结果

自变量	因变量:平均宏观税负			因变量:平均预算外负担		
	$W^{I/D}$	W^{GDP}	$W^{GDP/D}$	$W^{I/D}$	W^{GDP}	$W^{GDP/D}$
回归常数	0.38[c] (0.21)	2.21[a] (0.31)	0.30 (0.19)	0.22[a] (0.08)	1.46[a] (0.25)	0.21[a] (0.08)
其他省加权税负	-2.87[b] (1.46)	-23.41[a] (3.17)	-2.45[c] (1.48)	0.03 (0.54)	-15.83[a]	0.29 (0.75)
人均GDP	0.001 (0.01)	0.01 (0.01)	0.006 (0.01)	-0.02[a] (0.01)	-0.005 (0.005)	-0.02[a] (0.01)
政府部门职工比重	1.60 (1.26)	-1.26[c] (0.73)	0.77 (1.22)	4.78[a] (0.72)	2.15[a] (0.62)	4.74[a] (0.69)
中小学在校生比重	0.17 (0.26)	0.09 (0.14)	-0.13 (0.26)	-0.23 (0.14)	-0.09 (0.10)	-0.24[c] (0.14)

① 中国目前的税收制度分国税和地税两套征税机构,理论上讲一个地区的税负应当包括向国税和地税的总纳税额,但由于分税制改革前中央和地方的财政收入分享制度安排非常复杂,在《中国税务年鉴1993》中并未公布1992年各地区向中央的上缴收入数,因而无法取得分地区中央和地方的分解数据,所以本文在计算宏观税负时,采用各地区财政收入作为地区总纳税额的代理变量,显然对经济结构不同的地区,计算值与实际值会存在着一定偏差。不过由于本文所研究的主要是地区间税收竞争问题,地方政府通常在地方财政收入征收中进行一些"特殊处理"更加容易,因此这里的处理方法对理解地区间财政竞争状况应该不会产生方向性误差。

② 因为1992年是中国正式明确建设社会主义市场经济体制的年份,而1993年由于税制改革关于税收返还的数额方案的规定等原因,造成了1993年各地方税收收入出现了异常增长,使当年的税负水平可能不具有代表性。

续表

自变量	因变量:平均宏观税负			因变量:平均预算外负担		
	$W^{I/D}$	W^{GDP}	$W^{GDP/D}$	$W^{I/D}$	W^{GDP}	$W^{GDP/D}$
R^2	0.19	0.68	0.16	0.66	0.77	0.66
观察值	28	30	28	28	30	28

注:1. 省会城市铁路营运距离数据来自《新世纪交通图册》,中国地图出版社 2001 年版,第 5—6 页,其他分析数据均来自历年《中国统计年鉴》。由于海南和西藏特殊的地理特征,直到最近铁路交通才开始发展,所以在采用距离加权的分析中未包括这两个省,下表同。2. 括弧中是标准差,上标 a 表示系数在 99% 水平上显著,b、c 分别代表在 95% 和 90% 水平上显著,下表同。

表 1 对 1992 年省际税收竞争进行分析的结果表明,人均 GDP 水平与预算内宏观税负呈正相关关系,但系数在通常显著性水平上均不显著;而人均 GDP 与平均预算外负担之间的反方向变动关系,意味着人均 GDP 水平越低的省份,预算外税收负担越重。这反映了分税制改革前,一些经济落后地区的确在通过预算外收费增加可用财力,而经济相对发达的省市,财政对预算外收入的依赖程度会降低,某种程度上表明地方政府的财政支出往往具有一定的刚性,中央政府通过一般性财政转移支付,提高经济落后省区的可用财力,有助于规范地方政府的财政行为。

中小学生在校生占人口比重几乎在所有模型中均不显著。政府部门职工占人口比重虽然与预算内宏观税负之间的关系不显著,但在所有三个预算外税负模型中系数均显著为正,政府部门职工人数比重越高,预算外收入占 GDP 比重越高,这说明在分税制改革前,乱收费的确与政府机构膨胀具有一定关联,预算外收入成为一些地区弥补人头费不足的手段。可以预计随着政府机构改革的不断深入,行政机构和行政人员的适度精简,地方政府的各种乱收费行为应该会得到有效缓解。

本文所主要关注的竞争省区加权宏观税负变量的回归结果在不同模型中显现出不同的特征。在预算内宏观税负方面,竞争省区的加权税负与特定省税负水平之间的负相关,且至少在 90% 水平上显著,表明省际间存在着税收竞争的策略性博弈行为①。这与早先世界银行的一项研究的结论基

① 在简单的静态税收竞争模型中,结论一般是递增的税收反应函数导致地区间税率决策的匹配行为。然而,正如 Mintz 和 Tulkens(1986)所最先指出的,递增函数在地方政府强调公共支出变量时,并不是策略性税收模型的一般性特征。Wildasin(1988)也认为在相同地区间的支出竞争也可能会导致税率的非匹配行为,即地区间税收竞争中的策略性行为也会出现在递减的税收反应函数情况下。

本一致(World Bank,1990),但与凯斯等关于美国州际间税收竞争的研究(Case,1993)、亨德斯等对比利时地区间收入税和财产税中的模仿行为的研究(Heyndels and Vuchelen,1998)所分别发现的正斜率反应函数的结论不同。

我国省际间税收竞争和欧美发达国家地区间税收竞争呈现的特征不同,当然反映了目前省际间所享有的税收优惠政策上存在着较大差异。但负斜率的税收反应函数常常与竞争地区的经济规模大小,以及居民对公共产品的偏好特征也有一定关联,因为对规模足够大的地区,其在区域资本市场内拥有一定的买方垄断势力,因而该地区可以通过降低资本税后回报的形式,向非居民资本所有者"出口"一些税收负担,即它对流动性资本的最优税收可以更高(Zodrow and Mieszkowski,1986)。而如果一个地区对公共产品的偏好比较小,则在其他地区税率上升时,它可能也会将本地税率调低,即出现向下倾斜的税收反应函数(Breukner,2001)。很显然,负斜率的税收反应函数与我国目前经济发展所处的工业化阶段、巨大的省际间发展水平差距的经济特征具有内在的一致性。一方面,地方政府对经济建设性项目的热情普遍比较高,而对公共卫生、教育、市场体制建设等公共产品和服务的投入力度相对较低,即地方政府对公共产品偏好比较低;另一方面,目前省际间发展水平上的巨大差异,也使经济规模相对较大的东部省区,可以利用其相对垄断势力导引税收竞争的方向,采取与中西部地区差异化的税收竞争策略。这里的结果显示:地区间税收竞争从根本上说,与产品市场竞争是类似的,在经济发展水平较低的阶段,竞争策略主要是直接的价格(税率)竞争方式;而在经济达到一定的发展水平之后,会更倾向采取公共服务竞争方式。

表2　　　　2003年省际间税收竞争的策略性行为分析结果

自变量	因变量:平均宏观税负			因变量:平均预算外负担		
	$W^{I/D}$	W^{GDP}	$W^{GDP/D}$	$W^{I/D}$	W^{GDP}	$W^{GDP/D}$
回归常数	0.11 (0.10)	1.45[a] (0.19)	0.15 (0.11)	0.07 (0.05)	0.51[a] (0.09)	0.05 (0.05)
其他省加权税负	-1.91[b] (0.86)	-18.85[a] (2.29)	-2.22[b] (0.03)	-1.27 (1.00)	-15.15[a] (2.59)	-0.52 (1.02)
人均 GDP	0.01 (0.008)	0.002 (0.005)	0.01 (0.008)	-0.000 (0.003)	-0.001 (0.002)	-0.000 (0.003)

续表

自变量	因变量:平均宏观税负			因变量:平均预算外负担		
	$W^{I/D}$	W^{GDP}	$W^{GDP/D}$	$W^{I/D}$	W^{GDP}	$W^{GDP/D}$
政府部门职工比重	2.35[c] (0.36)	-0.34 (0.61)	1.66 (1.46)	0.46 (0.06)	-0.66[a] (0.24)	-0.35 (0.58)
中小学在校生比重	-0.28[c] (0.16)	-0.14 (0.10)	-0.30[c] (0.16)	0.04 (0.06)	0.004 (0.04)	0.04 (0.06)
R^2	0.51	0.79	0.50	0.09	0.61	0.05
观察值	29	31	29	29	31	29

表2中所显示的2003年省际间税收竞争的策略性行为的检验结果表明,在分税制改革逐步得到完善的2003年,在所有六个模型中,竞争省区的加权税率系数均呈负值,其中四个系数至少在95%水平上显著,负斜率的策略性反应函数性质与分税制改革前相同。

通过将两个不同时期的分析结果进行对比,我们发现,2003年的预算内税收竞争反应系数与1992年相比,均有不同程度的下降,说明目前省际间宏观税负的差距有所缩小,这可能是分税制改革对地方政府减免税进行限制的结果。但地区间预算外竞争弹性系数的下降,甚至由正转为负值,说明地区间预算外竞争从模仿策略在向差别化竞争策略转变。通过对省际间预算外税负数据的分析,可以看到,1992年除三个直辖市外,预算外税负最高的省区都是内蒙古、吉林、宁夏和青海等中西部地区,而江苏、广东和山东等东部经济较发达地区的预算外税负均较低,这表明在1992年,预算外收入在一些地区是作为缓解税收竞争给地区财政所造成的紧张状况的重要途径。而2003年,省际间预算外收入负担呈现出多元化特征,与地区经济发展水平之间的关系也不再像1992年那样明显,这是地方政府对税率竞争强度下降后,预算外收入在地区间财政竞争中的筹集财政资金作用随之下降的部分反映。当然随着财政预算管理体制改革的不断深入,越来越多的省区将预算外资金纳入到收入预算中,也使得地方政府通过预算外资金进行竞争的功能逐渐弱化。

与1992年政府职工比重与预算外收入平均税负显著正相关不同,2003年政府职工比重与预算外收入平均税负的关系呈现为负相关,或者是不显著的正相关。这可能有两方面原因:一是我国预算管理制度改革的不断深化,使许多地区将预算外收入的管理加强了,已经有越来越多的省区将预算外资金纳入到收入预算中。通过完善预算编制，提高预算的完整性，也大大提高了对政府税收收入和各类非税收入的监督力度，实际上传统意义上的预算外收入已经不再完全游离于“预算”管理，如江苏开始将乡镇的非税收入按资金性质分别解缴县国库和县预算外资金专户，再根据乡镇年度收支预算和收支进度拨至各乡镇。这使预算外收入总体规模在不断缩小。二是1998年以来的精简机构，裁减政府部门冗员是卓有成效的，控制了地方政府工作人员的过快膨胀，也在一定程度上降低了地方政府对预算外收入的依赖，对规范地方政府的财政行为起到了明显的作用。

当然我国幅员辽阔，地区间社会经济发展水平存在很大不平衡，使得采用全部省份考察地区间税收竞争，可能会出现竞争对象范围选择方面的偏差，而影响研究的结论。为验证以上分析结果的稳健性，本文利用2003年数据，对东部省份间的税收竞争策略性行为进行了研究，结果见表3。

表3　　2003年东部地区①省际间税收竞争的策略性行为分析结果

自变量	因变量：平均宏观税负			因变量：平均预算外负担		
	$W^{I/D}$	W^{GDP}	$W^{GDP/D}$	$W^{I/D}$	W^{GDP}	$W^{GDP/D}$
回归常数	-0.40[a] (0.13)	0.53 (0.35)	-0.37[b] (0.17)	-0.09 (0.07)	0.34[a] (0.06)	-0.05 (0.09)
东部其他省加权税负	-1.16[a] (0.25)	-6.67[a] (1.82)	-1.63[a] (0.50)	-3.73[a] (0.92)	-7.42[a] (0.92)	-2.50 (1.59)
人均GDP	0.05[a] (0.01)	0.01 (0.02)	0.06[a] (0.01)	0.02[a] (0.01)	-0.006[a] (0.003)	0.02[c] (0.01)
政府部门职工比重	3.87[a] (0.91)	2.82[b] (1.17)	2.68[b] (1.28)	-2.16[a] (0.79)	-0.04 (0.28)	-1.68 (1.14)
中小学在校生比重	0.13 (0.14)	-0.22 (0.20)	0.08 (0.18)	0.17 (0.09)	-0.08 (0.05)	0.11 (0.11)
R^2	0.96	0.94	0.94	0.55	0.88	0.26
观察值	10	11	10	10	11	10

表3所显示的东部省市税收竞争策略性行为的回归结果，从各模型的R^2值看，有五个模型的解释力在55%以上，说明将分析集中在社会经济特

① 这里的东部省份包括北京、天津、河北、辽宁、上海、江苏、浙江、福建、山东、广东和海南，表4同。

征相似性更高的东部地区，会大大提高模型的解释力，不过虽然在预算内宏观税负竞争的三个模型中，回归系数都有了不同程度的下降，但所有竞争省份的加权税负的回归系数仍然均呈负数，而对相关数据的进一步分析表明，东部各省市获得的税收优惠政策、产业结构之间的差别并不足以解释其宏观税负的差异。这意味着即使在经济发展水平比较接近的东部各省市间依然存在着税收竞争中的差别化策略性行为。而从企业投资区位选择的现实看，它们往往看重的是一个综合性的良好投资环境，投资成本、公共基础实施水平、社会法制环境、人力资本投资水平等都是企业看重的重要因素，因而不同地区会根据其经济环境资源禀赋的特点，采取差别化的财政竞争策略，税率低的地区更加重视税收竞争策略，而高税率地区会努力提高其公共服务水平，不断改善其综合投资环境。

由于地方政府进行竞争的根本目标是改善本地区的投资环境，实现地区经济更快地增长，增加本地区在全国经济总盘子中的相对地位，为地方官员积累政治声誉，以谋取更多的晋升机会。而对地区间税率反应函数特征的分析，已经揭示各地区会根据自身经济社会的不同特点，采取差异化的税收博弈策略。为了更深入地分析这些差异背后的原因和产生的绩效，我们进一步研究了税收竞争的宏观经济绩效。

四　税收竞争的增长绩效

经济增长是物质资本、人力资本、技术和制度环境等因素综合作用的结果，因而本文在分析中加入了地区资本存量和公路密度两个控制变量。考虑到当年的固定资产投资、公路建设投资都会直接形成新增 GDP 的一部分，为了避免本期资本存量、公路密度与经济增长变量间的内生性问题，分析中两个变量均采用一阶滞后①。另外，由于私人经济部门对地区间税收负担形成有效反应，可能需要一定时间，因而在研究税收竞争的增长绩效中，本文分别考虑了本期税负、上期税负和本期税负减上期税负三个变量。分析中采用的是 1994—2003 年省际间面板数据集。同样地，出于对分析结论稳定性检验目的，这里的分析也分为全国和东部地区两部分。表 4 显示的是分析结果。

---

①　资本存量数据是在张军等所报告的 2000 年分省数据基础上（张军，2004）进行补充计算后所得的序列，各年固定资本形成总额数据均来自《中国统计年鉴》相关各期。公路密度指每平方公里二级及以上公路里程数，各年公路里程数据分别取自《中国统计年鉴》和《中国交通统计年鉴》有关各期。其他数据均取自相关年份的《中国统计年鉴》。

表 4　　　1994—2003 年省际间税收竞争的增长效应分析结果

自变量	全部省份			东部省份		
	模型 1	模型 2	模型 3	模型 1	模型 2	模型 3
回归常数	0.34[a] (0.04)	0.29[a] (0.04)	0.30[a] (0.04)	0.57[a] (0.07)	0.49[a] (0.07)	0.49[a] (0.07)
资本存量	-0.03[a] (0.01)	-0.03[a] (0.01)	-0.02[a] (0.01)	-0.06[a] (0.01)	-0.05[a] (0.01)	-0.05[a] (0.01)
公路密度	0.01 (0.09)	0.06 (0.08)	0.05 (0.08)	0.20[c] (0.11)	0.20[c] (0.11)	0.30[a] (0.10)
宏观税负	0.39[a] (0.14)	0.25[c] (0.13)		0.49[b] (0.21)	-0.00 (0.25)	
一阶滞后宏观税负		0.30[a] (0.07)			0.48[a] (0.14)	
税负改变量			-0.23[a] (0.07)			0.49[a] (0.15)
R^2	0.18	0.24	0.20	0.38	0.45	0.41
Hausman - test	83.2	79.1	43.8	17.4	532.8	39.4
F - test	20.1	21.5	21.8	19.8	19.2	22.6
观察值	300	300	300	110	110	110

结果表明,无论是本期还是上一期的宏观税负均与实际 GDP 间呈正向变动关系,即地区税负水平越高,其经济增长越快①。虽然从直观上讲,地方税负上升会使私人投资下降,但与此同时,由于私人投资和公共投资在生产中又是互补的,地方税负水平越高,也意味着地方财力相对更充足,可以有更多的财政资金进行公共服务产品的投资建设,形成对周边流动性资本和劳动力的吸引力,从而使地区经济增长加快。再考虑到,我国是一个以商品税为主体税制结构的国家,商品税占税收收入的比重大约在 70% 左右②,而对国内商品和服务的征税属于非扭曲性税(Kneller 等,1999),在这样一种非扭曲税制结构下,通过适度征税方式为地方公共投资进行筹资一般总是合意的。显然,本文以上分析结果可能意

① 尽管凯恩斯主义经济学和新古典增长理论认为税收对产出具有负效应,但巴罗等所构建的包含政府公共开支的内生经济增长模型,也得出了通过非扭曲性税筹资对经济增长具有促进作用的研究结论(Barro,1990;Zou,1996)。

② 岳树民、安体富:《加入 WTO 后的中国税收负担与经济增长》,《中国人民大学学报》2003 年第 2 期。

味着目前地方预算内税收对私人产出的正效应比负效应要大。

而税负变化量无论在全国，还是在东部地区的回归中，都与 GDP 增长率显著负相关，即本年度税负提高，GDP 增长率会下降，显示了在其他条件相同情况下，微观经济部门对税收成本变化的敏感性，这在一定程度上也反映了推动中西部地区的经济发展，倾斜的税收优惠可能仍然是一种具有效率的政策手段，但必须要同时辅以其他改善该地区公共基础设施的配套措施。

不过，由于相关性反映的关系是双向的，即表 4 的结果既可能是地区经济增长导致税负提高，也可能是税负上升引起 GDP 增长加快。为了进一步澄清地区税负与 GDP 增长率间的关系，本文采用格兰杰因果检验法对两者间的因果关系进行了分析（Granger，1969），由于这里的省际面板数据集比较短，为了不损失自由度，分析中每个变量只取一阶滞后（Binet，2003）。回归分析中模型 1 的因变量为 $RGDP_{it}$，表示的是地区 i 在时间 t 的实际 *GDP* 增长率，模型 2 的因变量 TR_{it} 代表地区 i 在时间 t 的宏观税负水平。

表 5　　宏观税率与经济增长率格兰杰因果分析结果

自变量	模型 1	模型 2
$RGDP_{it-1}$	0.54[a] (0.03)	-0.15[a] (0.02)
TR_{it-1}	0.18[a] (0.05)	0.17[a] (0.03)
Cons	0.03[a] (0.05)	0.17[a] (0.03)
R^2	0.78	0.62

表 5 的分析结果显示所有回归系数均非常显著，并且可决系数 R^2 分别达到了 0.62 和 0.78，拟合效果比较好。说明地区间的宏观税负与实际 *GDP* 增长率间确实是双向因果关系，上期宏观税负水平上升 1%，本期的 *GDP* 增长率大约提高 0.18%，这是一个很大的激励效应，说明目前地方政府通过税收手段进行公共服务融资，改善地区经济发展环境，可促进经济增长；但因为模型 2 中 $RGDP_{it-1}$ 的回归系数为 -0.15，即上期 *GDP* 增长率提高 1%，本期的宏观税负水平会下降 0.15%，反映经济增长越快的地区，地方政府可用财力越丰富，会因此降低征税努力。这可能与中央—地方政府间财政关系不稳定有关，由于中央政府频

繁地对财政收入分配关系进行调整,导致了地方征税中的“灵活性”,在可用财力丰富时,降低征税努力;反之,则加大税收征管力度。说明1994年分税制改革虽然对地区间税收竞争中的囚徒困境是一个有效限制,但从规范地方征税行为的总体角度看,任务还远未完成。

上述分析显示中国地区间的税收竞争博弈方式,也在与市场经济竞争一道,正在从单纯的价格因素,向多元化的公共服务等方向发展。但值得注意的是,由于这种竞争方式演化是在财政分配制度总体上向发达地区倾斜,地区间一般性财政转移支付制度在规模还较小的背景下展开的,因而可能会使落后地区在竞争中的优势更加脆弱。因为税收竞争实际上是一种事后支出,基本对地方政府的当期财政状况不会造成什么影响;而支出竞争在多数情形下是一种事前支出,会给地方政府的财政状况产生直接的压力,因而对财政收支本来就紧张的欠发达地区,支出竞争会加重其财政的状况的困难局面。

五 结论

在实行经济分权体制下,地区间经济关系既存在分工协作,同时也面临着相互竞争。一般认为,由于地区间非合作条件下的税率竞争会导致囚徒困境,因而只具有短期的效率,而从吸引税基的长期效应看,公共服务竞争可能更容易持久。本文通过一个简单的空间自回归分析框架对中国目前省际间税收竞争中的博弈策略进行了实证检验,在这个基础上,又采用格兰杰因果分析方法对税收竞争的增长绩效进行了分析,研究所得到的主要结论有以下几点:

第一,无论是在税制改革前,还是在分税制改革以后,地区间预算内宏观税负反应函数均呈显著的负斜率,说明目前不同省市在地区竞争中采取的竞争策略明显不同。由于负斜率的税收反应函数通常与竞争地区的经济规模大小、居民对公共产品的偏好特征有关,因此,这里的结论不仅反映了目前某些地方政府对公共产品偏好还比较低,而且也表明省际间竞争格局正在向公共基础设施、服务水平等竞争方式转化。而这可能正是近年来政府税收收入节节攀升的重要原因之一,税收收入增长过快,显然会危及微观经济部门的经济活力,对宏观经济增长带来负面影响。

第二,预算外税负与政府部门规模在分税制改革前正相关,而之后的关系却不再显著,反映了地方政府对税率竞争强度下降后,预算外收入作为税收竞争中财政融资补充手段的作用正在弱化。说明随着政府机构改革和财政预算管理体制改革的不断深入,政府的财政行为正在逐步得到规范。

第三,税收竞争的增长效应分析表明,从促进地区经济增长目的看,单纯的税率竞争手段已不具有必然优势，相反，公共服务竞争对经济增长所起的作用正在加大，地方政府通过税收手段进行公共服务融资，改善地区经济发展环境，可明显提高本地区经济增长率。

第四，格兰杰因果分析显示上期 GDP 增长率提高 1%，本期的宏观税负水平会下降 0.15%，反映经济增长越快的地区，地方政府可用财力越丰富，会因此降低征税努力。这可能与改革以来中央—地方政府间财政收入分配关系不断调整有关，地方政府的征税努力因而表现出一定的“灵活性”，在可用财力丰富时，降低征税努力，反之，则加大税收征管力度。这意味着 1994 年分税制改革虽然有效限制了地区间税收竞争行为，但从规范地方征税行为的总体角度，面临的挑战还有很多。

虽然地区间通过税收手段竞争流动性经济资源，对地区经济增长具有显著的促进作用，但过度的税收竞争也会引发投资的超常性增长，降低整体投资区域配置绩效，导致宏观经济过度波动，对经济长期的持续性发展带来损害，特别是会造成竞争失败一方的财政资源外流。为了防止极化效应形成地区间贫富差距拉大，努力发挥税收竞争对社会经济的积极作用，而尽量避免“有害的税收竞争”（OECD，1998），我们认为一方面，要进一步理顺改革和发展的秩序，规范中央与地方间的财权、事权划分，推进地区间基本公共服务均等化制度，使地区间能够基本在同一个起点上展开竞争，从而协调地区经济社会发展的步伐；另一方面，可能更为重要的是，需要隔断政绩与经济数量型增长间的联系，弱化政府对经济的直接性干预，以释放地方官员强烈的发展进位思想，为官员的晋升竞赛降温。当然在这个过程中，通过优化现行税制，适度减轻税负，强化税法执行中的严肃性，明确地方政府的职能界限，促进地方政府职能转化，也是消除地区恶性税收竞争的重要制度基础。

参考文献

白重恩等：《地方保护主义及产业地区集中度的决定因素和变动趋势》，《经济研究》2004 年第 4 期。

蔡昉、王德文、王美艳：《渐进式改革进程中的地区专业化趋势》，《经济研究》2002 年第 9 期。

高培勇：《通货紧缩下的税收政策选择——关于当前减税主张的讨论》，《经济研究》2000 年第 1 期。

格林：《经济计量分析》，中国社会科学出版社 1998 年版。

林毅夫、刘志强：《中国的财政分权与经济增长》，《北京大学学报》（哲学社会科学版）2000 年第 4 期。

魏后凯：《区域经济发展的新格局》，云南人民出版社 1995 年版。

银温泉、才婉如：《我国地方市场分割的成因和治理》，《经济研究》2001 年第 6 期。

岳树民、安体富：《加入 WTO 后的中国税收负担与经济增长》，《中国人民大学学报》2003 年第 2 期。

张军、吴桂英、张吉鹏：《中国省际物质资本存量估计：1952—2000》，《经济研究》2004 年第 10 期。

周业安：《地方政府竞争与经济增长》，《中国人民大学学报》2003 年第 1 期。

Anselin, L., Bera, A. K. Florax, R. and Yoon, M. J., "Simple Diagnostic Tests for Spatial Dependence", *Regioncd Science and Urban Economics* 26(1), 1996, pp. 77 – 104.

Banó, R., "Government Spending in a Simple Model of Endogenous Growth", *Journal of Political Economy* 98, 1990, S103 – S125.

Billet M. E., "Testing Fiscal Competition among French Municipalities: Granger Causality Evidence in A dynamicpanel Data Model", *Regional Science* 82, 2003, pp. 277 – 289.

Boskin, M. J., "Local Govenmlent Tax and Product Competition and tile Optimal Provision of Public Goods", *Journal of Political Economy* 81(1), 1973, pp. 203 – 210.

Bmeckner, J. K., "Testing foi′Strategic Interaction among Local Govenmlents: The Case of Growth Controls", *Journal of Urban Economics* 44(3), 1998, pp. 438 – 467.

Bmeckner, J. K. and Saavecka, Luz, "Do Local Govenmlents Engage in Strategic Property – tax Competition?", *National Tax Journal* 54(2), 2001, pp. 203 – 229.

Case, A. C., Rosen, H. S. and Hines, J. R., "Budget Spillovers and Fiscal Policy Interdependence: Evidence from Thestates", *Journal of Public Economics* 52, 1993, pp. 285 – 307.

Genser, Bernd and Wech – Hannemann, Hannelore, "Fuel Taxation in EC Countries: A Politico – Economy Approach", University of Konstanz Mimeo, 1993.

Granger C., "Hwesfigating Causal Relations by Econometric Models and Cross – spech – al methods", *Econometrica* 37, 1969, pp. 424 – 438.

Heyndels, B. and Vuchelen, J., "Tax Mimicking among Belgian Municipalities", *National Tax Journal* 51 (1), 1998, pp. 89 – 101.

Kenyon, D. A., "Theories of Interjurisdicfional Compefifion", *New England Economic, Review*, Mar./Apr., 1997, pp. 13 – 28.

Kneller, R., Bleaney, M., and Gemmell, N., "Fiscal Policy and Growth: Evidence from OECD Countries", *Journal of Public Economics* 74, 1999, pp. 171 – 190.

Mintz, J. and Tulkens, H., "Commodity Tax Competition Between Member States of a Federation: Equilibritumand Efficiency", *Journal of Public Economics* 29, 1986, pp. 133 – 172.

Organization for Economic Co – operation and Development, *Harmful Tax Competition: An Emerging GlobalIssue*, Paris: OECD, 1998.

Qian, 55 and Roland, G, "Federalism and the Soft Budget Constrain", *American Economic Review* 88(5), 1998, pp. 1143 – 1162.

Shah, A., "The Reform of Intergovernmental Fiscal Relations in Developing and Emerging Market Economies", *Policy Research Series Paper* 23, Washington, DC: World Bank, 1994.

Tiebout, C., "A Pure Theory of Local Expenditures", *Journal of Political Economy* 64, 1956, pp. 416 – 424.

Wildasin, D. E., "Interjufisdicfionul Capital Mobility: Fiscal Externality and a Corrective Subsidy", *Journal of Urban Economics* 25(3), 1988, pp. 193 – 212.

Wilson, J. D. "Theories of Tax Competition", *National Tax Journal* 52, 1999, pp. 269 – 304.

World Bantk, *China: Revenue Mobilization and Tax Policy*, Washington, DC: World Bank.

Young, A., 2000 "The Razor's Edge: Distortions and Incremental Reform in The People's Republic of China", *Quarterly Journal of Economics*115, 1990, pp. 1091 – 1135.

Zhang, T. and Zou, H., "Fiscal Decentralization, Public Spending and Economic Growth in China", *Journal of Public Economics*67, 1998, pp. 221 - 240.

Zockow, G. R. and Mieszkowski, P., "Pigon, Tiebout, Propeety Taxation, and the Underprovision of Public Goods", *Journal of Urban Economics* 19, 1986, pp. 356 - 370.

Zon, H., "Taxes, Federal Grants, Local Public Spending, and Growth", *Journal of Urban Economics*39, 1996, pp. 303 - 317.

（原载于《经济研究》2006 年第 6 期）

中国的资本回报率

白重恩　谢长泰　钱颖一

白重恩,清华大学经济管理学院讲席教授、副院长、经济系主任,清华大学中国财政税收研究所所长。第十二届全国政协委员。中国经济50人论坛成员和中国金融40人论坛成员。长江学者,国家自然科学基金杰出青年基金获得者和“新世纪百千万人才工程”国家级人选。获浦山世界经济学优秀论文奖最高奖、孙冶方经济科学奖论文奖和张培刚发展经济学奖。中国科技大学学士,美国加州大学圣地亚哥校区数学博士,哈佛大学经济学博士。

谢长泰,教授,研究领域为经济增长与发展。美国国家经济研究局成员,经济发展分析研究局高级研究员,中国经济学暑期学院共同主任,以及位于伦敦的国际发展中心督导组成员。曾在联邦储备银行旧金山分行、纽约分行、明尼阿波利斯分行,以及世界银行发展经济学研究部和日本的经济规划部门等地进行访学研究,并在国际顶尖经济学期刊上发表过多篇论文。曾获 Alfred P. Sloan 基金会研究奖金,Smith - Richardson 基金会研究奖金, 以及孙冶方经济科学奖。

钱颖一, 清华大学经济管理学院院长。1981 年清华大学数学专业本科（提前）毕业。毕业后留学美国, 先后获哥伦比亚大学统计学硕士学位, 耶鲁大学运筹学/管理科学硕士学位, 哈佛大学经济学博士学位。之后任教于斯坦福大学、马里兰大学、伯克利加州大学。2006 年10 月起任清华大学经济管理学院院长。学术荣誉包括计量经济学会（The Econometric Society）会士（Fellow）、2009 年度孙冶方经济科学奖获得者。研究领域包括比较经济学、制度经济学、转轨经济学、中国经济。

近年来, 中国固定资产投资占 GDP 的比例已超过40%, 从全世界范围看, 这个投资率已属于最高水平。面对如此高的投资率, 我们自然会问, 中国的投资是否已经过度？一方面，中国仍然是一个低收入国家，与发达国家相比，其资本—劳动率仍处于相当低的水平，投资的潜在回报理应很高。另一方面，正如卢卡斯曾指出的，人力资本水平低下，技术落后，制度环境恶劣等其他一些约束条件，可能会限制发展中国家潜在的资本回报率（Lucas，1990），同样的问题在中国也可能存在。我们经常看到资本从穷国流向富国的事实，表明穷国的资本回报率并不总是比富国高。

中国存在过度投资的含义是什么呢？回答这个问题的一个自然的指标是资本回报率。例如，中国的经济增长率非常高，即使投资率很高可能也不会引起资本回报率的降低。换言之，中国的高投资率，恰恰可能是因为它有很高的资本回报率。于是，我们要问的问题是：这些年来，中国的资本回报率是否有显著的降低？与其他国家相比，中国的资本回报率是否已经处于较低水平？

我们要考察的另一个问题是中国的投资配置：中国在某些行业或地区是否存在过度投资，而在另一些行业和地区又存在投资不足呢？中国各行业和省际之间的资本回报率是否有很大的差别呢？这些差别随时间改变的趋势又是如何？

本文测算了中国的资本回报率。具体而言，我们用资本在总收入中的份额，按市场价值计算的资本产出比、折旧率，以及产出对资本的相对价格增长率来计算中国的资本回报率。这一方法，尽管在概念上一目了然，但是其主要的难度在于数据，因此在给出估计结果前，我们将先介绍这些数据。

到目前为止，我们所知道的专门估计中国的总资本回报率的文章还不多，不过许多文章在估计中国的生产率时对资本存量进行了估计（参见 Perkins，1988；Chow 和 Li，2002；黄永峰等，2003）。本文的资本存量估计与这些文献的区别主要有两点：首先，2004 年全国经济普查后，中国国家统计局对相关数据进行了调整，我们在估计时使用了调整后的数据；其次，我们采用按现价计算的资本存量而不是不变价的资本存量。之所以这样做，是因为我们要计算的资本回报率，实际上是按现价计的资本产出比的函数。

首先我们要讨论估计资本回报率的方法，然后介绍数据，以及一些测算方面可能存在的问题，之后我们将给出中国总资本回报率的估计值，开始对总资本回报率进行基础估计，然后计算考虑不同情况后的资本回报率，这些情况包括不同的部门范围，例如从计算中剔除城镇居民住宅、农业或采掘业；计量固定资本存量的不同方法，例如考虑存货价值，或假设固定资本的折旧率发生阶段性变化；计算从总资本收入中剔除税收收入后的资本回报率；以及资本回报率的基础估计与其他经济体进行比较。最后，本文考察了资本回报率在三次行业和各地区的差异，分析了中国资本配置的效率，以及其随时间变化的情况。

我们的基础估计结果表明中国的总资本回报率在1979—1992年之间约为25%，在1993—1998年之间逐渐降到了20%，并自1998年之后保持在20%左右。事实上，中国的资本回报率一直明显高于用同一方法测算的大多数发达经济体，也高于很多处于不同发展阶段的经济体。剔除城镇居民住宅部门和在资本存量中加入商业存货后，我们的估计结果表明中国的资本回报率最近几年甚至有上升的趋势。总之，本文对包括所有行业、地区以及所有制形式的总资本回报率的测算，并没有找到中国投资率过高的证据。而对资本回报率部门差异的初步分析还表明中国的资本配置效率比过去提高了。

一 方法与数据

（一）方法

资本回报率有几种计算方法。第一种是估计金融市场的资本回报率，然后从中推算出总资本回报率。对那些金融市场发达的经济体，这是一个常用的方法，显然中国目前的经济环境尚不适用这种方法。第二种方法是用产出对资本进行回归。不过这种方法得到的资本回报率是有偏估计，因为回归中遗漏的变量通常会同时影响总产出和资本存量。

本文采纳的方法很简单，事实上，它的基础主要包括一个假设和一个核算等式。首先，我们考虑一个企业购买一单位边际资本用于生产。假设企业是产品价格的接受者（在后面我们将放松这一假设），那么该交易的名义回报率是：

$$i(t)=\frac{P_Y(t)\ MPKj(t)\ -\delta j+\hat{P}_{kj}(t)}{P_{Kj}(t)} \tag{1}$$

式中，i 是名义资本回报率，Pk_j 是 j 类资本品的价格，δ_j 是其折旧率，MPK 是其边际产品。$\hat{P}_{kj}(t)$ 是 j 类资本品的价格变化率［（1）式实际是Hall－Jorgenson资本租金公式的一个变化形式］。这个公式有两点需要特别注意：首先，如果资本品市场运行有效，每种投资品和每个投资者的投资收益都应相等。很明显，资本品市场也可能会运行无效。其次，决定资本回报率的不是资本的边际产品，而是资本边际产品收入与资本价格之比。

通常我们无法观察到资本边际产品，因此不能用（1）式直接估计名义资本回报率。不过利用总产出中的资本份额可以反推出资本回报率，这里总产出的资本份额用1减劳动报酬份额来计算，即 $1-\frac{W(t)\ L(t)}{P_Y(t)\ Y(t)}$，其中 W 是工资，L 是就业人数。另一方面，总产出中支付给资本的份额可以表示为：

$$\alpha(t) \equiv \frac{\sum\limits_{j} P_Y(t)\ MPK_j(t)\ K_j(t)}{P_Y(t)\ Y(t)} \tag{2}$$

把式（1）代入上式，得到：

$$\alpha(t) = \frac{P_K(t)\ [i(t) - \hat{P}_K(t) + \delta(t)]}{P_Y(t)\ Y(t)}$$

这里，

$$P_V(t)\ K(t) = \frac{K_i(t)}{\Sigma P_V(t)} \tag{3}$$

为总资本的名义价值，

$$\hat{P}_K(t) \equiv \Sigma\left(\frac{P_{Kj}K_j(t)}{P_K(t)}\right)\hat{P}_{Kj}(t)$$

为资本价格的平均增长率，

$$\delta \equiv \Sigma\left(\frac{P_{Kj}K_j(t)}{P_K(t)}\right)\delta_j$$

则表示平均折旧率。它取决于资本的组成成分而随时间变化。利用（3）式，我们可以得到实际的资本回报率 $r(t)$，

$$r(t) = i(t) - \hat{P}_Y(t) = \frac{\alpha(t)}{P_K(t)K(t)/P_Y(t)Y(t)} + (\hat{P}_K(t) - \hat{P}_Y(t)) - \delta(t) \tag{4}$$

在后面，这个式子将被用来测算中国的实际资本回报率（后文简称为“资本回报率”）。

注意（4）式的关键是，它采用了按现价计的资本产出比，因而考虑了资本品的价格变化，显然这个价格变化也是资本回报的一部分。值得一提的是卡塞利和詹姆斯·费雷尔也在测算各国资本回报率的差异时提到了这一点（Caselli and Feyrer，2006）。当资本品价格和产品价格相等时，两者的增长率也相同，（4）式退化为我们通常看到的资本回报率表达式，即资本占收入的份额与实际资本产出比的比值减去折旧率。

在（4）式中，我们假设企业是产品价格的接受者。当产品价格超出其边际成本时，资本收入包含利润（π），反映了不完全竞争的影响。在这种情况下，资本的边际产品收入为$\frac{P_Y}{\mu}MPK_j$，其中 $\mu \geq 1$ 为价格与边际成本之比（或1加上利润率）。此时，（2）式变为：

$$\alpha(t) \equiv \frac{\Sigma \frac{P_Y(t)}{\mu} MPK_j(t)\ K_j(t)}{P_y(t)\ Y(t)} + \frac{\pi(t)}{P_Y(t)\ Y(t)} \tag{5}$$

由于$\frac{\mu-1}{\mu}$利润在收入中的份额，此时实际资本回报率变为：

$$r(t)=i(t)-\hat{P}_Y(t)=\frac{\alpha(t)-\frac{\mu-1}{\mu}}{P_K(t)K(t)/P_Y(t)Y(t)}+(\hat{P}_K(t)-\hat{P}_Y(t))-\delta(t) \tag{6}$$

上式表明，如果忽略不完全竞争，我们用（4）式测算的资本回报率会被高估。

这个误差到底会有多大呢？若假设资本的价格与产品的价格以相同速度增长，而劳动份额为0.5，折旧率为10%，按现价计的资本产出比为1.67①，若企业作为产出品价格的接受者，其真实的资本回报率为20%。放松了价格接受者的假设后，并假设边际成本的利润加成为10%，则真实的资本回报率将降为14%。在后面估计中国的真实资本回报率时，我们将不考虑利润加成这个问题。因为本文的目的是比较中国资本回报率随时间变化的情况，以及与其他经济体相比较的结果。只有在不完全竞争带来的误差在中国会随着时间改变，或与其他经济相比程度有不同时，用（4）式计算的实际资本回报率，才可能会导致错误的判断。

（二）数据

计算资本回报率，我们需要三类数据：总产出、总资本，以及资本收入的份额。我们将逐一介绍这三类数据的来源和选择。

1. 总产出

我们在使用中国国家统计局公布的GDP估计值时，与使用其他经济的数据相同，首先必须考虑其准确性。中国统计制度中两个具体制度与这个问题有重要的关系。

第一，中国国民经济核算中使用的基础数据，来自地方统计局向国家统计局的上报资料。由于担心地方政府有高估本地GDP的动机，许多学者对GDP的准确性提出了质疑。这确实曾是一个问题，但国家统计局充分认识到这个问题之后，便通过建立独立渠道来获得数据，对地方上报的数据进行调整。同时，地方政府也不总有高报GDP的动机。例如，近年来中国中央政府一直致力于对宏观经济进行降温，导致地方政府有低报GDP的动机，以规避中央实行紧缩型宏观经济政策。

① 后面会看到，这些取值来自中国实际数据。

第二，国家统计局每10年进行一次全国性的经济普查，并据此调整地方政府提供的数据①。普查完成后，国家统计局会对其报告的GDP进行追溯调整。显然，如果经济增长一直很快，那么，离最近的普查年份越远，未经调整的数据将越不准确，同时追溯调整对离普查越近的年份做出的调整也就越大。所幸的是，2004年经济普查刚刚过去，国家统计局已经基于这次经济普查对1978—2004年的GDP进行了调整。调整后，2004年GDP上调了16.8%，是固定资本形成调整幅度（上调了4.4%）的好几倍。我们的估计使用了调整后的数据，因此，我们得到的投资率与以前的研究显然有差别。为了保持一致性，我们对省际GDP进行了调整，使得各省GDP之和等于全国GDP。

安格斯·麦迪逊对中国官方报告GDP提过两点评价，一是1978年官方报告的GDP被低估了，二是GDP价格指数的增长率过低（Maddison，1998）。显然，1978年GDP估计值可能存在的问题，只会对该年的资本回报率有影响，并不会影响最近年份的估计值。GDP价格指数可能存在的问题，并不会影响名义资本回报率，因为我们计算时采用了现价而非不变价的GDP，但确实会影响实际资本回报率。不过，注意到2004年经济普查后，国家统计局同时对GDP的价格指数进行了调整，我们在估计时使用了调整后的价格指数。

可能还会有人担心企业报告的利润数据是否准确，特别是担心企业有高报利润的可能性。例如，跨国公司在中国享有比其本国更低的税率，它们很可能会故意通过内部定价策略来转移利润，高估其在中国取得的利润和增加值，以减少其在本国纳税额。不过，有几点理由可以说明这可能并不成为问题：首先，在中国，企业向政府统计机构报告的数据不会用来作为征税的依据②。其次，一些跨国公司在中国所纳的税额在本国可以要求抵扣。最后，前面所提到的问题只适合于跨国企业，中国企业不一定有高报利润的动机。事实上，蔡洪滨、刘俏和肖耿的研究表明国内企业为了避税倾向于低报利润（蔡洪滨等，2006）。

2. 资本存量

我们要测算的第二个数据是资本存量。中国国家统计局（后面简称“统计局”）按月公布的“固定资产投资”，是中国政府用来度量总投资的官方指标。从图1中，我们看到固定资产投资率从1981年的20%增加到2005年的略低于50%。许多人即凭此判断中国的投资过高，并指出现在投资率不断增加的这一趋势，在中国不可能持久。

① 两次经济普查分别对GDP进行了两次大的调增。1993年普查主要对第三产业进行调整，2004年经济普查对所有非农产业进行了调整。

② 在《中国经济普查条例》第33条中明确指出：在经济普查中收集到的对各经济单位和个人的资料的使用目的将严格限制在经济普查中，而不会作为对接受经济普查单位进行惩罚的依据。

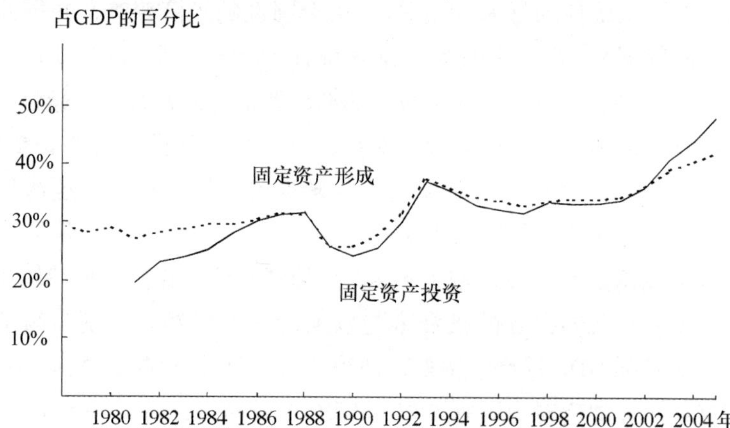

图1　中国的投资率，1978—2005 年

资料来源：国家统计局。

但是，有两点原因使得这一被广泛采用的数据，不能用来准确测算中国资本存量的变化（许宪春，2000）。首先，这一指标包括购买土地和购买旧机器和房屋的支出。显然，这些支出都不能增加中国的可再生资本。其次，这一指标只统计了一定规模以上的投资项目，显然低估了总投资①。

另一个较少被使用到的、可供选择的投资指标是“固定资本形成”，不过统计局按年而非按月公布该指标。统计局从固定资产投资数据中减去土地使用权、旧机器设备和旧房屋的购置价值，然后再加上未纳入固定资产投资报表统计范围的项目价值，得到固定资本形成。在图 1 中，以固定资本形成占 GDP 份额计量的投资率，其增长速度明显要比固定资产投资率慢得多，仅从 1978 年的 30% 上涨到 2005 年的 42% 。由于固定资本形成能更准确地测量中国可再生资本的变化情况，我们将用这个指标来测算中国的资本存量。

这一指标的缺陷主要是，它没有对固定资本形成进行分类统计，不过全社会固定资产投资却分别提供了建筑安装工程投资和机器设备购置投资数据②。为解决这个问题，我们假设在固定资本形成中，这两类投资的比例与它们在全社会固定资产投资中的相对比例完全相同。

接下来要解决投资品价格指数的问题。自 1990 年开始，国家统计局分别

① 确切地说，在 1997 年之前，固定资产投资报表制度的统计范围为 5 万元以上的项目，从 1997 年开始，调查范围从 5 万元以上上调到 50 万元以上。

② 这也是为什么许多研究者采用固定资产投资估计资本存量的原因（例如，黄永峰、任若恩和刘晓生，2002；王益煊、吴优，2003）。

报告建筑安装工程和机器设备购置的价格指数。对于1978—1989年的价格指数，我们假设建筑安装工程投资价格指数为建筑业增加值的价格指数①。相似的，我们假设这一时期的机器设备购置投资价格指数等于机械制造业的出厂价格指数。对于1978年前，我们假设两者的增长率都等于固定资本形成的价格指数（Hsieh和Li，1999）。

有了名义投资和投资品的价格指数，我们用永续盘存法分别估计两类资本存量。1952年的初始资本存量，用1953年的投资（投资数据最早可得的年份）比上1953—1958年间投资的平均增长率与折旧率之和来估计，而建筑安装工程和机器设备的折旧率分别为8%和24%②。

我们计算资本存量的方法与其他人的方法有一定区别。德怀特·珀金斯（Dwight Perkins）使用统计局在“物质生产体系”（中央计划经济下的国民经济核算体系）下公布的资本积累数据（该指标自1993年后不可得），假设资本的年折旧率为5%，初始（1980年）的资本产出比为3。邹至庄和李巨威用总资本形成（包括存货和总固定资本形成）作为投资序列，国民经济核算中的会计折旧率，以及邹至庄的自有数据估计得到（1953年）的初始资本存量（Chow，1993；Chow和Li，2002）。我们的估计方法与黄永峰、任若恩和刘晓生（黄永峰等，2002）以及阿尔文·扬（Alwyn Young，2003）的相似，不过在细节上略有不同。黄永峰、任若恩和刘晓生的建筑安装工程和机械设备购置投资序列直接采用固定资产投资中的序列，并采用商品零售价格指数对两个投资序列进行平减。扬则用统计局公布的总固定资本形成来计算非农部门的资本存量，但并不区分两类投资，不过他采用的投资价格指数是非农部门产出价格指数扣除消费和出口品价格指数后的残差。

3. 资本份额

最后，我们还需要资本收入在国民收入中所占的份额，即资本份额，其中资本收入是指国民收入剔除劳动者报酬后的部分。统计局提供各省劳动者报酬数据，以及各省三次产业的劳动者报酬数据，但没有提供全国的劳动者报酬数据③。因此，我们用各省劳动者报酬在GDP中的份额按其GDP加权后得到的

---

① 自1990—2004年（这段时间两个价格指数数据都有官方报告），建筑行业增加值价格指数和建筑投资价格指数的相关系数高达0.95。

② 房屋建筑物和机械设备使用寿命的估计值分别为38年和12年（王益煊、吴优，2003），利用这两个数我们估计得到两类资本折旧率。

③ 1978—1995年的分省劳动者报酬数据来自Hsieh和Li（1999），1996—2002年来自国家统计局（2003），以及2003年和2005年的数据来自《中国统计年鉴》2005年和2006年，不过2004年的数据不可得，我们用2003年和2005年的平均值代替。1978—1995年各省份三次产业的劳动者报酬数据也来自Hsieh和Li（1999），1996—2002年的数据来自国家统计局（2003），2003—2005年的数据用各年的前三年的移动平均值代替。

平均值来代替。在表1中，我们可以看到，估计得到的全国劳动者报酬份额主要在46%—50%之间，不过从2003—2005年间有很快的增长。

表1　估计中国资本回报率所用的各变量，1978—2005年

年份	资本份额（百分比）	GDP（10亿元）	资本产出比	年折旧率	增长率（%年）		资本回报率（百分比/年）
					投资品价格指数	GDP价格指数	
1978	50.33	364.52	1.39	12.06	0.94	1.92	23.15
1979	48.62	406.26	1.37	11.93	2.14	3.58	22.04
1980	48.85	454.56	1.36	11.77	4.98	3.79	25.40
1981	47.32	489.16	1.44	11.38	1.79	2.29	20.92
1982	46.43	532.34	1.45	11.00	2.35	-0.25	23.65
1983	46.46	596.27	1.43	10.76	3.77	1.00	24.47
1984	46.32	720.81	1.34	10.60	4.81	4.94	23.91
1985	47.10	901.60	1.24	10.63	8.61	10.21	25.74
1986	47.18	1027.52	1.32	10.81	7.53	4.75	27.83
1987	47.47	1205.86	1.34	10.75	6.99	5.16	26.57
1988	48.28	1504.28	1.28	10.78	12.50	12.08	27.45
1989	48.49	1699.23	1.41	10.82	9.52	8.51	24.55
1990	46.64	1866.78	1.49	10.94	7.31	5.84	21.89
1991	49.97	2178.15	1.44	10.85	9.06	6.85	26.08
1992	49.91	2692.35	1.36	10.73	15.53	8.24	26.37
1993	49.63	3533.39	1.31	10.65	29.37	15.12	27.92
1994	48.89	4819.78	1.39	10.59	10.25	20.61	24.86
1995	47.44	6079.37	1.37	10.68	4.97	13.74	24.05
1996	47.20	7117.66	1.39	10.65	4.52	6.44	21.38
1997	47.11	7897.30	1.48	10.55	2.13	1.51	21.99
1998	46.88	8440.23	1.57	10.55	0.02	-0.86	20.18
1999	47.58	8967.71	1.64	10.53	-0.14	-1.26	19.56
2000	48.52	9921.46	1.63	10.53	1.61	2.06	18.71
2001	48.54	10965.52	1.65	10.50	0.71	2.05	17.50
2002	49.08	12033.27	1.67	10.49	0.38	0.58	18.61
2003	50.38	13582.28	1.66	10.49	3.10	2.61	20.43
2004	54.49	15987.83	1.63	10.48	6.87	6.91	22.82
2005	58.60	18308.48	1.72	10.47	1.43	3.92	21.04

资料来源：国家统计局和作者的估计。

注：a. 按现价计。

b. 用文中提到的方法调整 1992—1995 年之间的 GDP 价格指数的增长率。如此调整前得到的资本回报率在 1992—1995 年分别为 33. 30% 、41. 47% 、14. 26% 和 15. 16% 。

c. 初步估计。

使用统计局公布的劳动者报酬数据可能存在两个问题。首先，如果没有包括非工资收入，那么公布的这些劳动者报酬就很可能被低估，从而高估资本份额。但是，统计局显然在公布的劳动者收入中包括了非工资收入。例如，在制造业增加值中，非工资收入大约占 20% ，而工资性收入大约占 30%①。

其次，如果像许多发展中国家一样，统计局公布的劳动者报酬不包括企业主的劳动报酬，那么对劳动者报酬的估计值将被低估（Gollin，2002）。在 2005 年之前，国家统计局把企业主的所有资本收入都计为劳动者报酬。因此，实际上 2005 年之前劳动者报酬被高估了，因此低估了真实的资本份额。不过 2005 年，统计局开始用企业平均工资来代替企业主的劳动收入。遗憾的是，统计局并没有报告这一调整的具体数量，因此我们不能据以追溯调整 2005 年之前的资本份额。

二 资本回报率的估计值

在图 2 中，我们给出了根据（4）式计算的中国资本回报率的基础估计，并在表 1 中给出了所有的数据。这一估计值对以现价计算的、由建筑安装工程和机器设备投资形成的固定资本存量进行加总，得到总资本存量，并计算了以现价计算的资本产出比。在图中，我们看到中国年资本回报率在 1993—1998 年间从 25% 下滑至 20% 。自 1998 年以来，年资本回报率一直保持在 20% 附近，尽管在这一时期投资率上升了 8 个百分点（见图 1）。因此，我们的一个主要发现是，尽管中国有世界上最高的投资率，但其资本回报率并不低于世界上其他经济体和地区②。

我们对图 2 基于的数据作出两点说明：第一，1992—1995 年间，投资品价格指数与 GDP 价格指数的增长率的差别波动非常大：1992—1993 年，资本品相对价格指数增加了 10% ，而从 1994—1995 年，却又降低了 10% ，在其他

① 利用 2003 年中国工业企业统计数据，我们加总了各制造业企业的工资支出以及各企业的增加值，得到工资支出占这些企业增加值的比例约为 30% 。用分省数据计算得到的制造业劳动者报酬份额（包括非工资收入）大约为 50% ，因此，国家统计局将制造业收入中的 20% 归为非工资性劳动者报酬。

② 参见 Poterba（1999）对 OECD 国家资本回报率的比较。

年份，资本品的相对价格指数的年增长率，一直较平稳地处在低于3%的水平。为消除资本品相对价格的过度波动对资本回报率估计值的影响，在保持1992—1995年期间GDP价格总增长幅度不变的前提下，我们假设GDP与投资品价格指数在这一时期成比例地增长，并据此调整了GDP价格指数。

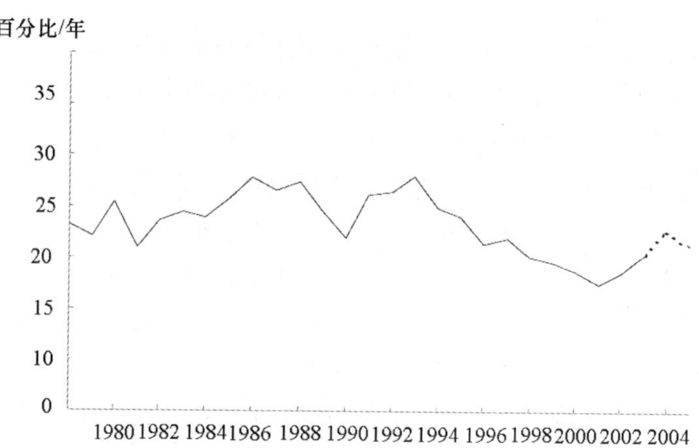

图2　资本回报率初步基础估计，1978—2005年[a]

注：a. 虚线连接各点为初步估计结果。

资料来源：国家统计局和作者的估计。

第二，基于三点原因，2004—2005年的估计值只是一个初步的估计。一是统计局没有提供2004年的劳动者报酬数据，因此我们用2003年和2005年的平均值来替代。另一个原因我们在前面也曾提过，即2005年的劳动者报酬不再计算企业主的资本性收入，但并没有对2005年以前的数据进行相应调整。最后一点，就是2005年劳动者报酬数据来自2006年《中国统计年鉴》，很可能会在今后的年鉴中被进一步调整。

这个基础估计与我们通常引用到的其他经济体的资本回报率，具有较好的可比性。使用需要额外分部门数据计算的资本回报率的不同估计值在一些情况下更有用，但这些数据的可信度会小一些。不过，在数据可得时，计算这些估计值仍有意义，因为它们能反映一些影响到基础估计的概念和测算问题，包括与商业投资有关的资本存量的测算问题，以及与其对应的资本收入的测算。下面我们来计算不同的估计值。

我们首先来计算排除了居民住宅的资本回报率。居民住宅投资在中国增长很快，但是在中国的国民经济核算中，可能低估了这些住宅资本提供的服务价值。具体地，统计局在GDP核算时假设城镇住宅资本的租金收入为其原价值的3%。图3

给出了剔除城镇住宅后的资本回报率，我们在总资本存量中剔除了城镇居民住宅资本价值，并相应地剔除了总资本收入中城镇居民住宅的租金价值①。如图 3 所示，剔除城镇住宅后的年资本回报率比基础估计高出约 5 个百分点。

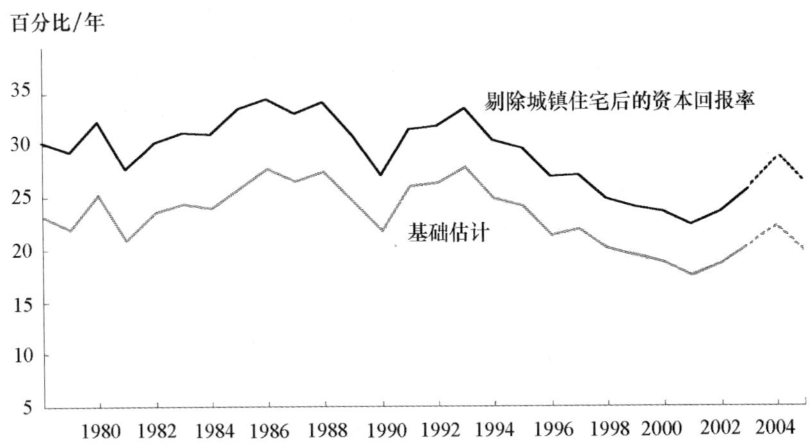

图 3 剔除城镇住宅后的资本回报率，1978—2005 年[a]

注：a. 虚线连接各点为初步估计结果。

资料来源：国家统计局和作者的估计。

在基础估计中，资本收入通过从收入法 GDP 中扣除劳动者报酬来估计。但非劳动收入中既包括农用土地和矿产资源，也包括可再生资本创造的收入。最理想的是剔除资本收入中不可再生资源的租金收入，但受数据限制，我们只能排除资本收入中农业和矿产资源（包括石油）的影响。即在总资本存量中剔除农业部门和矿产资源部门的资本存量，并从总资本收入中剔除了这两个部门的资本收入。

图 4 中我们可以看到，在 20 世纪 80 年代早期，非农部门的资本回报率略微高于总资本回报率，但自 1988 年之后，这两个回报率几乎相等。相似地，图 5 所示的非矿产部门的资本回报率，在 20 世纪 80 年代也比总资本回报率高，因为在这一时期，政府压低了矿产资源的价格。但是，在 90 年代，矿产品和石油价格迅速上升，这个差距减少了。在最近这段时期，这两种算法得到的资本回报率与我们的基础估计差别很小。

---

① 城镇居民住宅的投资数据的来源为：1981—1994 年取自《中国固定资产投资统计数典》，1995—2005 年取自《中国统计年鉴》，1953—1980 年则假设其投资占总投资的比例等于 1981—1982 年的平均，然后用这个比例和各年固定资本形成推算这期间的城镇居民住宅，其价格指数和折旧率与房屋住宅资本相同。城镇住宅的租金用城市人口和城镇居民人均住宅租金（用各年《中国统计年鉴》）支出之积代替。

我们的基础估计假设两类资本的折旧率不随时间变化。但是，既然折旧率不仅反映物理上的消耗，也反映技术上的淘汰，而1978年之前由于技术进步较慢，我们认为技术淘汰的速度可能较低。考虑到这一可能性，我们假设在1952—1978年这段时期的折旧率比1978年以后的低4个百分点，对总资本存量重新估计后，再计算资本回报率（见图6）。图6表明，在早期，这一资本回报率比我们的基础估计要低，但是到了后期，两者已非常接近。

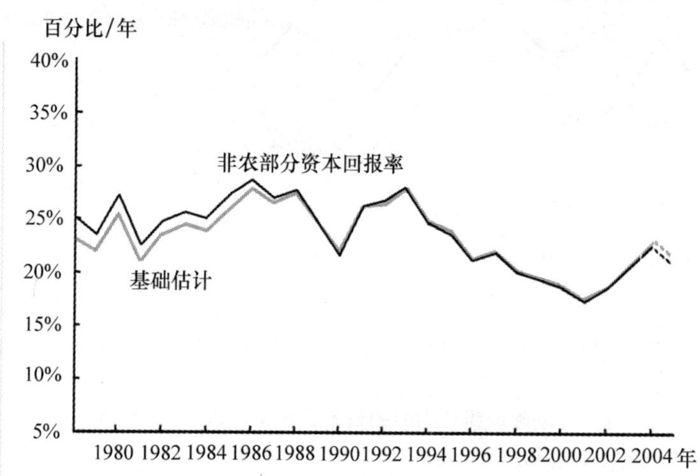

图4　非农部分资本回报率，1978—2005年[a]

注：a. 虚线连接各点为初步估计结果。

资料来源：国家统计局和作者的估计。

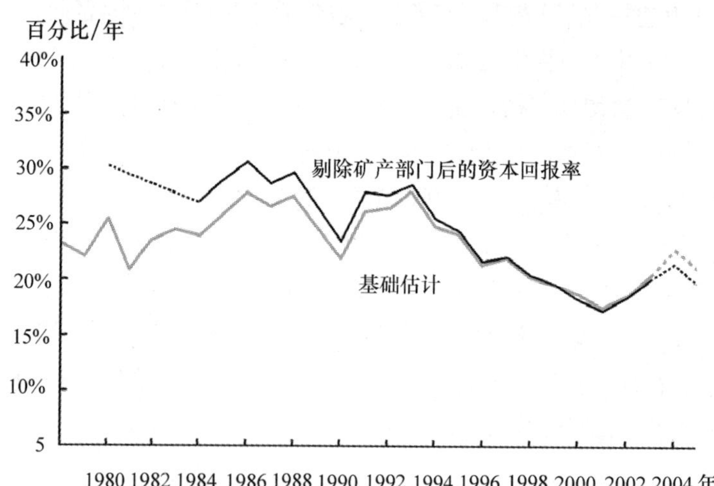

图5　剔除矿产部门后的资本回报率，1978—2005年[a]

注：a. 虚线连接部分为初步估计结果。

资料来源：国家统计局和作者的估计。

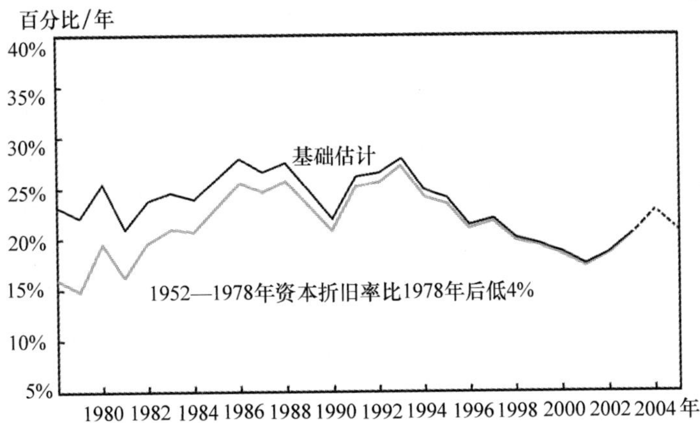

图 6 不同折旧率下的资本回报率，1978—2005 年[a]

注 a. 虚线连接部分为初步估计结果。

资料来源：国家统计局和作者的估计。

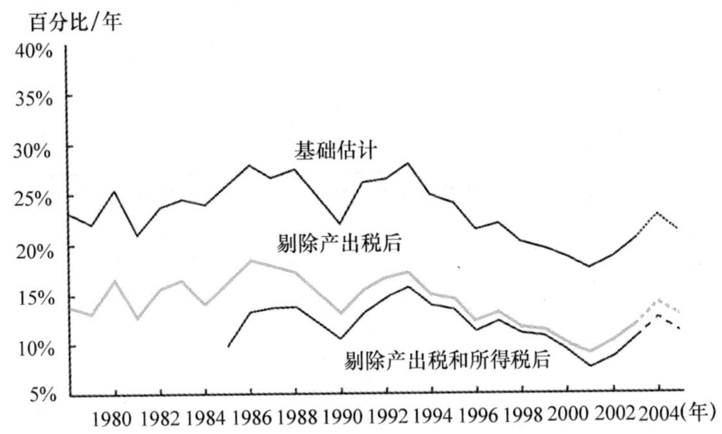

图 7 剔除税收后的资本回报率，1978—2005 年[a]

注：a. 虚线连接部分为初步估计结果。

资料来源：国家统计局和作者的估计。

在基础估计中，资本收入包含税收，即生产税（如增值税）和企业所得税。尽管就社会整体而言，资本收入应包括税收部分，不过企业投资主要由税后资本回报率决定。图 7 中给出了资本收入中排除税收后，计算得到的资本回报率。如图所示，税后资本回报率大约比税前资本回报率低 10 个百分点。

到目前为止，我们都认为资本收入是由固定资本投资带来的。但是企业还有存货投资。实际上，把所有资本收入作为固定资本投资的收入，隐含假设为存货不产生收入。然而，多数情况下，存货可能是企业总投资中一个重要的部分。因此我们的下一个估计，是计算总再生资本的回报率。在图 8 中我们看到，考虑存货后得到的资本回报率与基础估计相比，在 20 世纪 80 年代早期降低了 10%，而近年来却仅降低了 5%（我们用 GDP 的价格指数来平减存货价值，并假设存货折旧率为 0）。这是因为早期的存货增加占总资本形成的比例，比现在要高很多（1978 年为 22.1%，而 2005 年为 2.6%）。或许一个更为重要的影响是，在考虑存货后，2004 年的资本回报率比 1978 年略有增加，而在基础估计中却恰好相反。

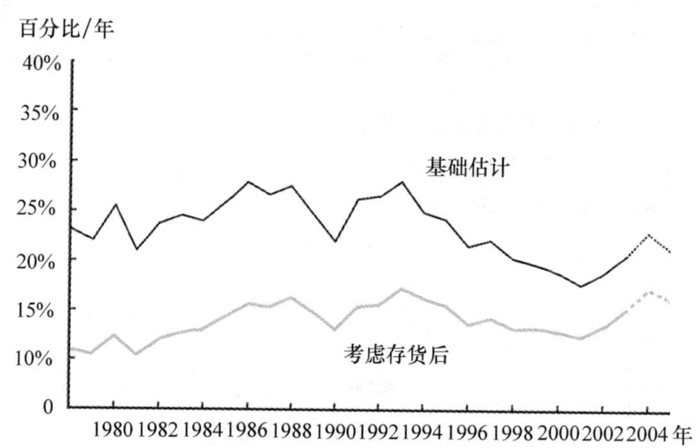

图 8　考虑存货后的资本回报率，1978—2005 年[a]

注：a. 虚线连接部分为初步估计结果。

资料来源：国家统计局和作者的估计。

到目前为止，我们已经考虑了城镇住宅资本、存货以及税收等问题，发现与基础估计相比，考虑这些问题后，得到的资本回报率随时间变化的趋势或水平都有很大的变化。图 9 对 1985—2005 年期间的基础估计和综合考虑上述因素后得到的资本回报率进行了比较。在中间的曲线中，税收没有从资本收入中剔除，其年资本回报率在 15%—20% 之间，而且近年又上升到新的高度。在最低的曲线中，税收已经从资本收入中剔除，此时得到的年回报率在 10% 左右波动，而且近年来也升到了一个新的高度。OECD 利用统计局提供的微观的工业企业层面的统计数据，也对资本回报率进行了估计（Dougherty and Herd, 2005），我们可以把本文的估计值与之进行比较。统计局的工业统计数据的统计区间是 1998—2003 年，包括所有年销售量在 500 万元人民币以上的工业企业和所有国有工业企业的数据。在这些工业企业中，OECD 计算的 1998 年的平均资本回报率为 6.1%，2003 年为 12.2%。OECD 的数据口径与我们在上面

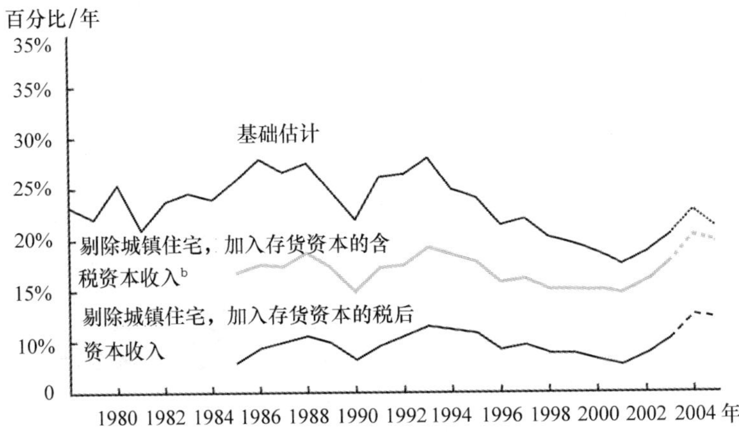

图 9　税前或税后剔除城镇住宅后的资本回报率，1978—2005 年[a]

注：a. 虚线连接部分为初步估计结果。

b. 1985 年之前的企业所得税数据不可得。

资料来源：国家统计局和作者的估计。

使用的资本中包括存货并剔除城镇住宅的口径相对应，我们的估计值分别为 8.8% 和 10.1%。

但是，对用微观的企业层面的数据，测算得到的资本回报率，我们应该特别小心。第一，企业层面数据几乎总是按账面价值计算资本存量的。第二，这些数据涵盖的范围有限，很难用其判断整个经济的资本回报率。第三，因为企业层面的数据只包含现存企业的信息，没有考虑已经退出企业的资本回报。而采用宏观数据，得到的总资本存量自然会包括那些已经退出的企业的资本存量。因此，我们用宏观数据进行的估计会捕捉到经营失败对资本回报率的影响，但用企业层面的数据却无法做到。第四，把中国和其他经济体的资本回报率比较也很有意义。理想的做法是，用与本文相同的详细程度，测算世界上所有经济体的资本份额和资本产出比，但这样相当费时。为简便起见，我们用 Penn World Table 中提供的各经济体数据，计算资本产出比。而资本收入份额则根据伯南克和居尔卡伊纳克在 2001 年中给出的劳动收入份额计算得到，并假设每年的折旧率为 6%（Bernanke and Gurkaynak，2001）。这样得到的中国资本回报率与我们前面计算得到的不太一样，不过用同一个数据集更有利于我们对各国的情况做比较。图 10 画出了用（4）式计算得到的各经济体资本回报率与各经济体劳均产出的散点图。从图中我们看到，中国的资本回报率明显高于世界上其他多数经济体。

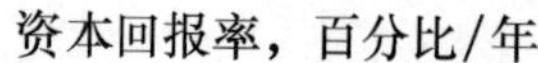

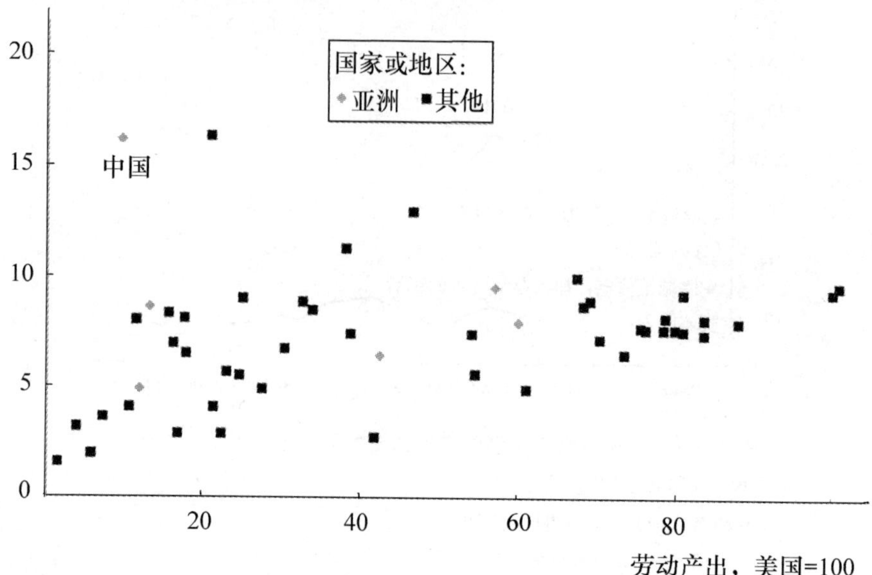

图 10 部分国家或地区的资本回报率与劳动产出，1998 年[a]

注：a. 数据为对 52 个发达及发展中国家或地区的计算结果。

资料来源：Penn World Table；Bernanke and Gurkaynak（2001）；作者的计算。

三 分行业和地区的资本回报率

下面我们讨论中国资本回报率在地区间与行业间的差异。先看资本在各行业中的分布情况。图 11 是分三次产业（第一产业即农业；第二产业包括建筑业、采掘业和制造业；第三产业即服务业）的资本回报率。在中国改革开放初期，第二产业的回报率最高，而第三产业较低，第一产业最低。到 1989 年时，第一产业和第三产业的回报率有大幅度上升，而第二产业的资本回报率略有降低，使得三次产业的资本回报率几乎完全收敛到同一水平。但是，自 1991 年开始，三次产业资本回报率再次发散，其中第二产业的资本回报率有所提高，第一产业略有下降，第三产业则有明显下降。我们的估计采用了经全国经济普查调整后的 GDP，其调整主要涉及服务业增加值。一个可能的解释是，第三产业内的投资（例如教育和基础设施）会提高第二产业的回报率，但并不一定会提高第三产业本身的回报率。也有可能是因为第三产业投资带来的生产率和产出增长存在滞后性。

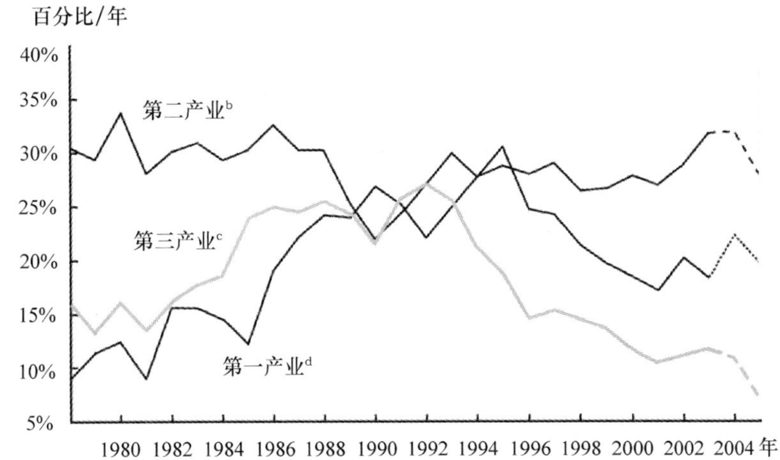

图 11 三次产业中的资本回报率，1978—2005 年[a]

注：a. 虚线连接部分为初步估计结果。

b. 建筑业、采掘业和制造业；c. 服务业；d. 农业。

资料来源：国家统计局及作者的计算。

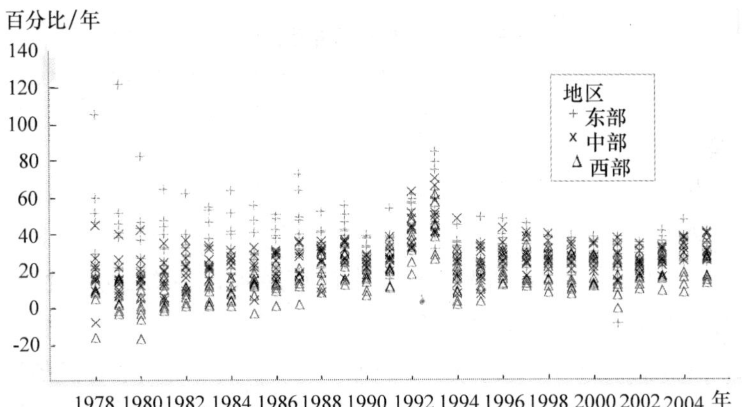

图 12 各省资本回报率，1978—2005 年[a]

注：a. 2004 年和 2005 年为初步估计结果；每个观测值代表中国 28 个省的资本回报率估计值。

资料来源：国家统计局及作者的计算。

图 12 绘出了利用（4）式计算得到的各省份 1978—2004 年间的资本回报率。把中国 28 个省份（包括北京、天津和上海三个直辖市与自治区，不包括西藏，重庆与四川合并，海南与广东合并）分为东、中、西三个地区，每个地区分别用一个符号表示。从图中我们能得到两个结论：第一，资本回报率在

东部一般比较高，中部次之，西部最低；第二，各省间资本回报率的差距随时间在减小。尽管在改革初期（1978—1982 年期间），上海的资本回报率远高于其他省份，但后期，这一差距不再明显。图 13 是各省资本回报率的标准差，我们看到它随时间有下降的趋势。

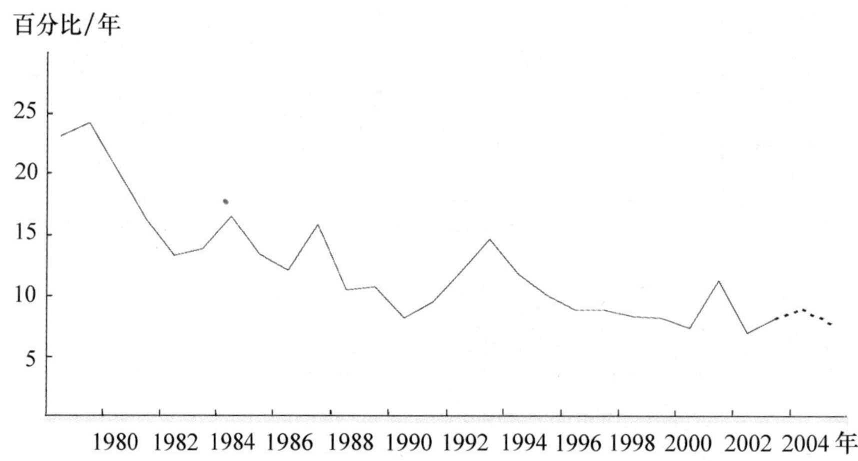

图 13　各省资本回报率标准差，1978—2005 年[a]

注：a. 虚线连接部分为初步估计结果；28 个省份的资本回报率的标准差。

资料来源：国家统计局及作者的计算。

我们在表 2 中给出的是各省资本回报率的转移矩阵。我们首先计算了 28 个省份在四个时期（1978—1984 年，1985—1991 年，1992—1998 年，1999—2005 年）内的平均资本回报率，然后分时期对各省平均资本回报率排名，从高到低分为 4 组。然后考察从一个时期到另一个时期的过程中，各组成员的变化情况，计算成员继续保持在原组的概率，以及转移到其他各组的概率。结果表明，从 1978—1984 年到 1985—1991 年，各省的分组情况没有发生明显变化。但那之后，分组情况有了显著变化，例如，1985—1991 年期间到 1992—1998 年期间，大约有 60% 的省份的排名发生较大变化，转移到其他组。最后，有必要指出的是，各省排名分组的变化主要在前三组间进行，平均回报率排名最低的那组，所有时期内的排名只在组内变化，不太可能上升到其他分组①。

① 其他的研究考察了投资资金和各省资本边际收入之间的关系（龚六堂、谢丹阳，2004；Boyreau Debray、魏尚进，2005）。

表 2 **中国各省资本回报率的转移矩阵**[a]

	期初四组			
期末四组	1	2	3	4
从 1978—1984 年到 1985—1991 年				
1（最高）	0.71	0.14	0.14	0.00
2	0.29	0.71	0.00	0.00
3	0.00	0.14	0.57	0.29
4（最低）	0.00	0.00	0.29	0.71
从 1985—1991 年到 1992—1998 年				
1	0.43	0.29	0.29	0.00
2	0.43	0.29	0.14	0.14
3	0.14	0.43	0.14	0.29
4	0.00	0.00	0.43	0.57
从 1992—1998 年到 1999—2005 年				
1	0.43	0.29	0.14	0.14
2	0.57	0.14	0.14	0.14
3	0.00	0.43	0.43	0.14
4	0.00	0.14	0.29	0.57
从 1978—1984 年到 1999—2005 年				
1	0.43	0.29	0.14	0.14
2	0.57	0.14	0.14	0.14
3	0.00	0.43	0.43	0.14
4	0.00	0.14	0.29	0.57

注：a. 本表给出了某个省份在初始期所处的组别到末期转移到其他组别的概率。1 组是资本回报率排名为 1—7 的省份；2 组为排名为 8—14 的省份；3 组是排名为 15—21 的省份；4 组是排名为 22—28 的省份。

资料来源：作者用国家统计局数据得到的估计。

四 结论

本文用中国国民经济核算数据计算发现，尽管中国的投资率相当高，其资本回报率依然高。在基础估计中，我们得到的中国目前年总资本回报率约为 20%，比 20 世纪 90 年代早期略低一些，但与其他经济体相比并不低。我们调整了存货、城镇居民住宅、税收后得到的估计值有所降低，但在最近几年呈现上升的趋势。

为什么如此高的投资率却没有造成中国资本回报率的降低呢？我们认为有两点原因：首先，由全要素生产率和劳动力增长推动的产出，有相当快的增长。因此资本产出比并没有因为投资率增加而有过多的增加。其次，总收入中的资本份额自1998年以来逐步增加，而在这段时间恰好出现了显著的投资增长。这一现象的可能解释是，中国工业部门内的渐进式重组使其向资本密集型工业转变，因此要求中国有更高的稳态投资率。受数据限制，我们无法找到自1998年以来资本份额提高的源泉，但对此问题做进一步的研究，显然很有意义。

本文对中国投资的配置效率没有给出完全的回答，但为分析投资在三次产业和各省份的配置效率提供了一些证据。我们发现了明显的资本配置无效率的证据，也发现这种配置的无效率在随时间缓解。不过，大量的资本配置效率损失可能会发生在省内和三次行业之内。要回答这个问题，可能需要用到企业层面和农户层面的数据。不过，我们注意到，利用制造业企业层面数据，谢长泰和彼得·克雷诺发现，自1995年以来企业的资本配置效率已有提高（Hsieh and Klenow，2006）。

参考文献

Bemanke, Ben, and Gurkaynak, Refet, *Is Growth Exogenous? Taking Mankiw, Romer and Weil Seriously?* NBER Macroeconomics Annual, 2001.

Boyrean Debray, Genevieve and Wei, Shang Jin, "Pitfalls of a State Dominated Financial System: The Case of Ctfina", *Working Paper*, World Bank, 2005.

CaseUi, Francesco and Fames Feyrer, "The Marginal Product of Capital", *Quarterly Journal of Economics*, Forthcoming, 2006.

Chow, Gregory C., "Capital Formation and Economic Growth in China", *Quarterly Journal of Economic*, Vol. 108, No. 3, 1993.

Chow, Gregory C. and Li, Kui – Wai, "Accounting for Ctfina's Economic Growth: 1952 – 1998", *Working Paper*, 2002.

Dongherty, Sean and Richard Herd, "Fast – falling Bamers and Growing Concentration: The Emergcnce of a Private Economy in China", *Economics Department Working Paper*, No. 471, OECD, December 2005.

Gollin, Douglas, "Getting Income Share Right", *Journal of Political Economy*, Vol. 110, No. 2, 2002, pp. 458 – 474.

Hsieh, Chang Tai and Peter Klenow, *Misallocation and Mamffacturing TFP in China and India*, UC Berkeley Mimeo, 2006.

Hsueh, Tien – Tung and Li, Qiang (eds.), *China's National Income*: 1952 – 1995, Boulder: Westview Press, 1999.

Lucas, Robert Jr, "Why Doesn't Capital Flow from Rich to Poor Commies?", *American Economic Review*

Papers arm Proceedings, Vol. 80 (2), May, 1990, pp. 92 -96.

Madclison, Angus, Chinese Economic Performance in tile Long Rmi, OECD, 1998.

Pakins, Dwight H., "Reforming China's Economic System," *Journal of Economic Literature*, Vol. XXVI, 1988, pp. 601 -645.

Yoking, Alwyn, "Gold into Base Metals: Productivity Growth in tile People's Republic of China during the Reform Period", *Journal of Political Economy*, Vol. 111, No. 6, 2003, pp. 1220 -1260.

国家统计局（NBS）:《中国统计年鉴》，中国统计出版社2006年版。

国家统计局（NBS）:《中国固定资产投资统计数典：1952—2000》，中国统计出版社2001年版。

国家统计局（NBS）:《中国国内生产总值核算历史资料：1996—2002》，中国统计出版社2003年版。

蔡洪滨、刘俏、肖耿:《竞争会加剧公司隐瞒利润么？——来自中国企业的证据》，《经济学报》2006年第2卷第1辑，第15—45页。

龚六堂、谢丹阳:《我国省份之间的要素流动和边际生产率的差异分析》，《经济研究》2004年第1期，第45—53页。

黄永峰、任若恩、刘晓生:《中国制造业资本存量永续盘存法估算》，《经济学》（季刊）2003年第1卷第2期。

王益煊和吴优:《中国国有经济固定资本存量初步估算》，《统计研究》2003年第2期，第40—45页。

许宪春:《中国的国内生产总值核算》，北京大学出版社2000年版。

（原文载于《比较》第28辑，中信出版社2007年1月版）

中国扶贫绩效及其因素分析

李　周

李周，1952年9月出生于上海，经济学博士，现任中国社会科学院农村发展研究所所长、研究员。1994年被中国社会科学院评为有突出贡献的中青年专家，同年享受国务院政府特殊津贴。主要从事农业经济和农村资源与环境经济研究。

自20世纪70年代末实行改革开放政策以来，特别是1986年以来，中国政府在全国范围内实施了以解决农村贫困人口温饱问题为主要目标的有计划、有组织的大规模扶贫开发。1978—2000年，农村绝对贫困人口由2.5亿减少到3000万，贫困人口占农村总人口的比例由30.7%下降到3%左右，基本实现了到20世纪末解决农村贫困人口温饱问题的战略目标，成为全球唯一提前实现联合国千年发展目标贫困人口比例减半的国家。进入21世纪以后，中国政府制定了新的扶贫战略，继续大力推进扶贫开发，巩固扶贫成果，尽快使尚未脱贫的农村人口解决温饱问题，并逐步过上小康生活。

缓解和消除贫困是全人类的共同奋斗目标。中国的扶贫成就为全球反贫困、实现联合国千年发展目标作出了杰出贡献，并得到了广泛的认可。在2000年召开的"21世纪初中国扶贫战略国际研讨会"上，亚洲开发银行认为"中国的扶贫工作有许多经验值得其他国家学习，中国在扶贫领域取得的成就在亚洲首屈一指"。世界银行评价，"中国过去20年扶贫取得的成就深刻地影响着国际社会。农村经济改革的巨大成功、农村经济的惊人增长和对这一增长的广泛参与以及成功的国家扶贫计划，使得过去20年中国农村绝对贫困大大减少。"（国务院扶贫开发领导小组办公室，2003）联合国开发计划署认为，"中国的这一成就为发展中国家，甚至整个世界提供了一种模式"。（国务院扶贫开发领导小组办公室，

2003）2004 年 3 月和 6 月分别在北京和上海举行的联合国千年发展目标高层国际会议和世界扶贫大会，都对中国取得的扶贫成就给予了高度评价。

本章将介绍 1978 年中国经济体制改革推动扶贫开发以来取得的主要绩效，并对其影响因素有关的计量分析进行评述。

一　中国扶贫的主要成效

（一）农村贫困人口减少，贫困发生率下降

表 1 汇总了 1978—2004 年中国农村贫困人口数量规模及贫困发生率的变化。为了便于分析，根据表中数据绘制了中国农村贫困人口规模及贫困发生率变化图（见图 1）。

表 1　　1978—2004 年中国农村贫困人口规模及贫困发生率变化

年份	国内标准			国际标准	
	贫困线/（元）	贫困人口/（万）	贫困发生率/（%）	贫困人口/（万）	贫困发生率/（%）
1978	100	25000	30.7	—	—
1981	158	19430	24.3	63400	61.0
1984	200	12800	15.1	42500	40.6
1985	206	12500	14.8	—	—
1986	213	13100	15.5	—	—
1987	227	12200	14.3	30800	28.3
1988	236	9600	11.1	—	—
1989	259	10200	12.1	—	—
1990	300	8500	9.5	37500	33.0
1991	304	9400	10.4	—	—
1992	320	8000	8.8	—	—
1993	350	7500	8.2	33400	28.4
1994	440	7000	7.6	—	—
1995	530	6540	7.1	—	—
1996	580	5800	6.3	21200	17.4
1997	630	4962	5.4	—	—
1998	635	4210	4.6	—	—
1999	625	3412	3.7	22300	17.8

续表

年份	国内标准			国际标准	
	贫困线/（元）	贫困人口/（万）	贫困发生率/（%）	贫困人口/（万）	贫困发生率/（%）
2000	625	3209	3.4	—	—
2001	630	2927	3.2	21200	16.6
2002	627	2820	3.0	19607	15.4
2003	637	2900	3.1	16929	13.1
2004	668	2610	2.8	13495	10.4

注：国内标准相当于1天收入按购买力平价计算的0.67美元，国际标准相当于1天生活消费支出不足按购买力平价计算的1美元；“—”表示暂缺数据。

资料来源：①国务院扶贫开发领导小组办公室编：《中国农村扶贫大事辑要1978—2000》，第559页。

②国家统计局农村社会经济调查总队:《2004中国农村贫困监测报告》,中国统计出版社。

③唐平:《中国农村贫困标准和贫困状况初步研究》,《中国农村经济》1994年第8期。

④国务院扶贫办、世界银行、联合国开发银行联合调查报告:《中国农村扶贫》(2000年)。

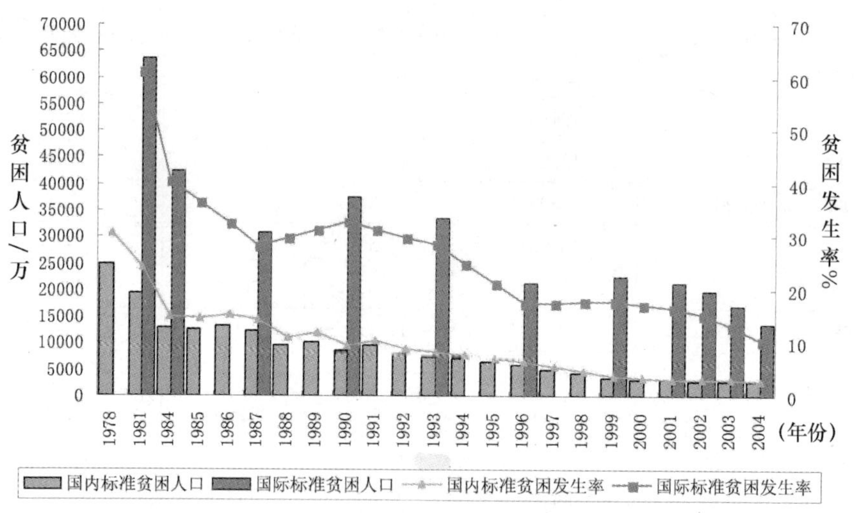

图1 1978—2004年中国农村贫困人口规模和贫困发生率变化趋势

由表1及图1可以得出如下几点结论。

第一，从总体上看，1978—2004年，按两种不同标准计算的中国农村贫困人口和贫困发生率都具有持续下降的变化趋势。分阶段的观察表明，无论按国内标准（相当于1天收入按购买力平价计算的0.67美元）计量，还是按国际标准（1天生活消费支出不足按购买力平价计算的1美元）计量，中国的贫困人口和贫困发生率最初都有一个快速下降阶段。其中，按国内标准计量的贫困人口由1978年的2.5亿减少到1984年的1.28亿，在6年内减少了将近50%；按国际标准计量的贫困人口由1981年的6.34亿减少到1987年的3.08亿，在6年内减少了一半以上。之后，贫困人口和贫困发生率都进入速度减缓和相对平稳的下降阶段。

1985—1993年，农村贫困人口从12500万减少到7500万，平均每年减少800万，年均下降7.04%，贫困发生率从14.8%下降到8.2%。据有关统计分析，与1978—1985年相比，1986—1993年农业人均增加值的增长率从9.7%下降到3.4%，农民人均纯收入增长率从12.2%下降到2%。这两方面的下降都与农产品价格的相对下降和20世纪80年代末90年代初城乡贸易条件恶化紧密相关。

1994—2000年，农村贫困人口从7000万下降到3209万，平均每年减少632万，年均下降12.19%，贫困发生率从7.6%下降到3.4%。2001—2004年，中国农村贫困人口从2927万下降到2610万，年均减少200万；贫困发生率从3.2%下降到2.8%，下降了0.4个百分点。

第二，贫困人口和贫困发生率的变化都具有波动性。从表1可以看出，1985年按国内标准计算的绝对贫困人口为1.25亿，1986年为1.31亿，增加了600万；1987年按国际标准计算的绝对贫困人口为3.08亿，1990年为3.75亿，增加了6700万。由此说明，刚刚脱贫的绝对贫困人口很脆弱，一旦遭遇自然灾害等负面影响，会再次成为绝对贫困人口，即返贫。从图1可以看出，按国内标准计算的贫困人口和贫困发生率的波动都小于按国际标准计算的贫困人口和贫困发生率的波动，说明按国际标准计算的脱贫人口的脆弱性大于按国内标准计算的脱贫人口的脆弱性。从表1和图1还可以看出，这种波动有趋小的特征，说明脱贫人口的脆弱性有减弱的趋势，即脱贫的稳定性越来越好、返贫的可能性越来越小的趋势。

第三，两个标准计算的贫困发生率的差异具有趋小的特征。从表1可以看出，1981年二者相差36.7个百分点，1993年和2003年二者的差值分别减少到20.2个百分点和10个百分点，2004年二者的差值进一步减少到7.6个百分点。由此可以得出两个判断：①从表1可以看出，按国际标准计算的贫困发生率下降得更快。这是按两个不同标准计算的贫困发生率的差异缩小的原因，说明贫困人口的分布越来越向贫困线附近集中，由此可以作出农村贫困人口的贫困深度趋于减缓的推论。②绝对贫困人口越过国内标准的难度，要比越过国内标准的相对贫困人口再越过国际标准的难度更大。由此引申出的政策含义是，如何帮助低于贫困线的绝对贫困人口越过国内标准，是比提高国内标准更为重要的工作。

第四，从图 1 可以看出，1988—1992 年，按国际标准计算的贫困人口和贫困发生率有一个特别明显的反向波动，而按国内标准计算的贫困人口和贫困发生率却没有如此大的波动。出现这种特征的主要原因是：①经济增长趋缓的影响。这个时期恰好是经济增长速度相对较慢的治理整顿时期，经济增长的趋缓对减缓贫困施加了负面影响。②收入水平越高的群体，受宏观经济形势变动的影响越大，即消费支出达到 1 天 1 美元的相对贫困人口与宏观经济形势的关联度要大于消费支出不足 1 天 1 美元的相对贫困人口，经济增长的趋缓对消费支出达到 1 天 1 美元的相对贫困人口施加了相对更大的负面影响；反之亦然。③经济增长的减缓影响了收入预期，进而影响消费行为。也就是说，国民经济增长的趋缓不仅影响农民的即期收入，也影响他们的收入预期和消费行为。这可能也是导致当期一些农民生活消费支出 1 天不足 1 美元的重要原因。

（二）东、中、西三地带不断减贫，西部脱贫贡献最大

总体而言，中国的东部沿海地区相对发达，中西部相对落后。从图 2 和图 3 可见，中西部集中了全国绝大多数农村贫困人口，中国东部农村的贫困发生率始终低于全国农村贫困发生率，中部农村的贫困发生率与全国农村贫困发生率较接近，西部农村的贫困发生率始终高于全国农村贫困发生率。由此形成了农村贫困发生率东部地区低、中部地区居中、西部地区高的整体趋势。随着农村扶贫开发工作的不断开展，3 个地区的农村贫困人口都不断减少，但西部农村的贫困发生率与东部农村贫困发生率的差距不断缩小，说明西部农村贫困发生率的下降幅度大于东部农村贫困发生率的下降幅度。

从表 2 可以看出，在 1978—1985 年、1986—1993 年、“八七”扶贫攻坚（1994—2000 年）、2001—2004 年 4 个阶段，西部农村的贫困发生率的下降速度都远远超过中部和东部农村的贫困发生率的下降速度。在“八七”扶贫攻坚前的两个阶段，中部农村的脱贫人口居三大地区首位，脱贫贡献率远高于东部，略高于西部地区。其中，1978—1985 年中部农村脱贫贡献率为 39.02%，高过西部地区脱贫贡献率（36.35%）2.67 个百分点；1986—1993 年中部农村脱贫贡献率为 45.69%，高过西部地区脱贫贡献率（44.76%）0.93 个百分点；实施“八七”扶贫攻坚计划以来，西部农村的脱贫人口居于三个地区的首位，脱贫贡献率远高于东部以及中部。在“八七”扶贫攻坚阶段，西部农村的脱贫贡献率为 47.49%，比中部（39.16%）多 8.33 个百分点。1978 年体制改革

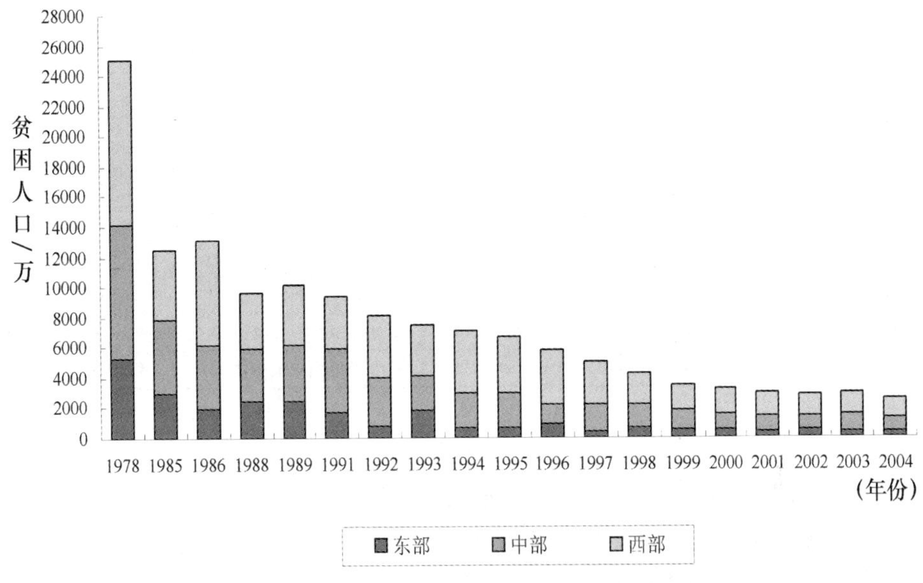

图 2　中国分地区农村贫困人口规模变化趋势

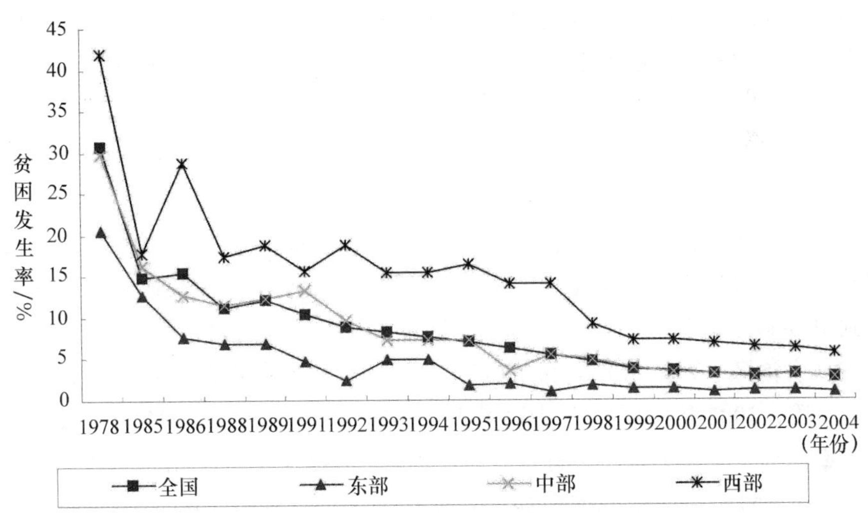

图 3　中国分地区农村贫困发生率变化趋势

推动大规模扶贫开发至 2004 年底（1978—2004 年），中部地区农村贫困人口脱贫 8850.1 万，脱贫贡献率最大，为 39.53%，略高于西部地区的脱贫贡献率（38.13%），而西部农村的贫困发生率下降得最快，从 1978 年的 57.37% 下降到 2004 年的 5.43%，减少了 51.94 个百分点。

表 2　　分地区分阶段农村脱贫人口、贫困发生率及人口增长率

阶段	脱贫人口/万				脱贫贡献率/%			贫困发生率下降的百分点				人口年增长率/‰			
	东部	中部	西部	全国	东部	中部	西部	东部	中部	西部	全国	东部	中部	西部	全国
1978—1985 年	3079.6	4877.2	4543.2	12500.0	24.64	39.02	36.35	9.65	18.02	28.17	16.67	5.2	5	7.3	5.6
1986—1993 年	486.5	2328.3	2281.2	5096.0	9.55	45.69	44.76	1.67	8.62	14.23	6.89	6.7	11.7	12.6	9.8
1994—2000 年	864.5	1129.1	252.4	3796.8	22.77	29.74	47.49	2.49	3.64	9.23	4.47	9.1	4	13.2	8.3
2001—2004 年	-166.6	210.9	287.6	331.9	-50.2	63.54	86.65	-0.43	0.68	1.32	0.38	2.5	3.6	3.4	3.1
1978—2004 年	5002.1	8850.1	8537.8	22390.0	22.34	39.53	38.13	15.48	32.07	51.94	29.3	6.1	6.2	11.4	7.4

（三）各省（自治区、直辖市）扶贫成效有差异

我们依据各省（自治区、直辖市）的农村贫困人口（见表 3）及各省（自治区、直辖市）的农村人口统计资料计算了各省（自治区、直辖市）的农村贫困发生率（见表 4）。从表 3 和表 4 可以看出：1978—1985 年各省农村贫困人口大幅减少，贫困发生率急剧下降。1978 年，农村贫困发生率低于 10% 的只有广东（7.47%）、江苏（7.59%）和浙江（9.52%）三个省（北京、上海、天津除外），贫困发生率在 50% 以上的省（自治区、直辖市）有内蒙古（58.25%）、贵州（63.03%）、陕西（65.11%）、云南（65.78%）、西藏（75.79%）、青海（77.14%）、甘肃（77.39%）、宁夏（80.75%）和山西（90.89%）。到 1985 年底，除宁夏的农村贫困发生率仍在 50% 以上（50.93%）外，内蒙古、贵州、陕西、云南、青海、甘肃、山西（缺西藏数据）的贫困发生率都已降至 50% 以下，辽宁省和山东省的农村贫困发生率也降到 10% 以下，分别为 6.36% 和 8.35%。1986 年启动大规模扶贫开发以后，各省（自治区、直辖市）农村贫困人口和贫困发生率相对稳定地波动，总体趋势下降；2002 年底广东省消除了农村绝对贫困；2002—2004 年，农村贫困发生率连续 3 年在 1% 以下的有广东、浙江、福建、江苏和山东 5 省（北京、上海、天津除外）；到 2004 年底，农村贫困发生率超过 10% 以上的只有青海（11.99%）、新疆（23.35%）、广西（24.9%）和甘肃（44.86%）4 个省（自治区、直辖市）；2003—2004 年，西藏的农村贫困发生率有较大幅度的下降，从 2003 年的 9.31% 下降到 2004 年的 0.25%。

（四）贫困地区经济有了较快发展，农民个体贫困缓解

根据有关统计数据和国际上对恩格尔系数的认定及对生活水平的划分标

表 3　　1978—2004 年各地贫困人口　　（单位：万人）

地区＼年份	1978	1985	1986	1987	1988	1989	1991	1992	1993	1994	1995	1996	1997	1998	1999	2000	2001	2002	2003	2004
福建	456.0	242.0	226.0	146.8	76.8	51.0	28.2	29.5	29.5	31.9	34.2	17.4	27.5	18.5	10.2	8.8	6.4	9.5	9.5	9.5
广东	316.8	126.7	119.7	112.6	105.6	51.0	39.3	27.6	27.6	30.3	56.2	41.9	27.6	26.3	6.8	6.9	4.0	0	0	0
广西	1500.0	750.0	730.4	710.8	666.5	622.2	253.8	299.9	299.9	254.3	407.5	290.0	244.5	215.7	169.0	199.1	135.3	129.4	129.4	129.4
海南					38.4	20.4	18.8	21.7	21.7	20.8	35.2	46.4	13.2	13.1	3.4	9.5	8.7	15.1	15.1	15.1
河北	968.3	562.0	539.1	547.9	506.8	724.2	667.4	731.4	731.4	474.9	218.3	237.8	163.0	106.5	139.9	104.0	97.5	153.7	153.7	202.0
江苏	387.6	—	—	—	192.0	193.8	216.2	129.8	129.8	121.6	101.1	71.3	41.5	31.7	20.5	15.6	10.6	19.9	19.9	19.9
辽宁	331.2	139.0	128.5	136.3	144.0	193.8	84.6	86.3	86.3	95.6	142.4	126.2	110.0	71.3	98.9	81.0	74.7	74.2	152.1	112.4
山东	1282.0	557.4	534.2	510.9	487.7	464.4	441.2	417.9	417.9	224.3	206.4	159.7	112.9	95.3	71.7	49.2	45.7	47.9	47.9	47.9
浙江	316.3	101.5	79.2	77.6	76.8	81.6	103.4	126.5	126.5	92.0	57.4	52.4	47.4	35.9	27.3	7.1	6.6	19.9	13.2	19.9
安徽	1674.1	837.1	682.9	578.6	374.4	397.8	1087.8	360.0	360.0	210.4	212.0	156.6	200.0	160.0	116.0	125.7	91.5	103.0	169.0	127.8
河南	2550.0	1265.8	1425.3	1413.5	1304.4	1295.4	1466.7	961.6	961.6	774.0	586.4	382.8	400.4	308.7	232.0	232.3	165.0	136.8	189.4	167.3
黑龙江	550.8	247.8	240.1	232.4	201.6	367.2	263.2	96.4	96.4	94.3	151.0	145.0	118.1	151.1	102.4	104.2	85.5	63.1	106.1	63.1
湖北	996.0	492.5	492.5	469.1	315.6	265.2	347.8	251.4	251.4	249.0	246.5	121.8	189.5	176.1	126.2	87.3	95.8	77.3	47.0	41.4
湖南	1015.2	502.6	452.3	403.3	326.4	357.0	159.8	166.4	166.4	285.8	405.1	332.6	260.0	266.7	157.0	123.2	112.9	100.2	80.2	70.0
吉林	387.6	193.8	164.4	135.0	105.6	193.8	122.2	91.3	91.3	76.1	123.4	75.4	106.0	60.1	81.9	59.0	44.2	37.4	33.4	29.3
江西	648.0	324.0	295.9	258.7	201.6	163.2	132.8	102.3	102.3	132.9	163.5	150.9	138.3	208.6	136.5	89.1	88.4	108.2	99.1	90.0
内蒙古	792.8	396.4	528.5	503.9	379.3	367.2	188.0	153.6	153.6	152.1	150.6	150.8	104.9	90.4	112.6	113.0	183.7	144.7	128.4	104.0
山西	1045.5	522.8	496.7	470.5	412.1	418.2	347.8	267.3	267.3	244.9	222.5	197.2	179.4	137.1	218.4	156.6	153.8	117.0	117.0	117.0
甘肃	1254.0	627.0	617.2	582.2	547.2	675.2	507.6	499.9	499.9	426.3	352.6	321.3	290.0	229.3	160.4	196.0	188.8	176.9	169.3	158.9
贵州	1500.0	750.0	1008.8	943.7	508.8	550.8	620.4	637.1	637.1	579.4	521.7	440.8	457.3	387.1	310.5	330.6	325.4	338.3	338.3	274.0
宁夏	338.2	169.1	160.8	165.2	67.2	71.4	75.2	105.7	105.7	84.6	69.2	81.2	70.1	46.8	37.5	55.2	52.8	35.5	25.4	15.2
青海	214.0	102.0	84.0	73.1	48.0	81.6	56.4	53.1	53.1	61.5	52.0	69.6	65.8	44.3	54.6	62.1	57.0	54.8	54.8	49.4
陕西	1544.4	828.0	787.3	648.1	508.8	591.6	470.0	524.3	524.3	487.8	393.4	556.8	311.3	248.0	197.9	217.8	215.5	192.4	229.4	192.4
四川	2573.0	1470.0	1841.4	1685.1	1226.8	1142.4	958.8	949.0	949.0	882.8	830.6	562.6	457.0	381.7	252.5	254.7	229.2	184.1	184.1	210.1
西藏	115.2	—	—	72.6	48.0	33.4	18.8	11.7	11.7	48.0	47.8	31.2	45.8	40.7	37.5	42.5	33.0	34.1	20.6	7.0
新疆	423.0	211.5	185.8	160.1	134.4	163.2	169.2	119.2	119.2	176.0	159.4	278.4	110.2	79.0	126.2	90.5	59.1	64.4	58.3	52.2
云南	1820.0	1081.0	1279.0	1162.0	595.2	663.0	554.6	783.1	783.1	688.4	593.6	516.3	438.9	410.7	320.7	279.6	273.4	286.0	257.0	252.3
重庆												185.6	216.7	161.9	129.7	102.6	97.4	72.3	52.4	32.5

注："—"表示暂缺数据。

资料来源：国务院扶贫办公室：《1978—2004 扶贫统计资料》；国家统计局：历年《扶贫监测报告》；有关书籍和文章中的扶贫资料。部分数据做了平滑处理，个别数据根据平滑结果估算。

表 4 1978—2004 年各地农村贫困发生率 （单位:%）

年份 地区	1978	1985	1986	1987	1988	1989	1991	1992	1993	1994	1995	1996	1997	1998	1999	2000	2001	2002	2003	2004
广东	7.47	2.84	2.67	2.49	2.31	1.11	0.82	0.57	0.58	0.64	1.18	0.87	0.57	0.54	0.12	0.11	0.06	0.00	0.00	0.00
西藏	75.79	0.00	0.00	40.56	26.37	17.98	9.81	5.87	5.93	23.99	23.54	15.13	21.90	19.26	17.46	19.60	15.10	15.49	9.31	0.25
福建	21.54	10.68	9.85	6.29	3.24	2.13	1.12	1.16	1.16	1.25	1.33	0.67	1.05	0.71	0.38	0.33	0.24	0.35	0.36	0.35
海南					7.66	4.03	3.61	4.13	4.09	3.90	6.55	8.59	2.43	2.39	0.69	1.90	1.72	2.97	0.37	0.37
江苏	7.59	—	—	—	3.72	3.15	4.01	2.40	2.43	2.28	1.90	1.36	0.79	0.60	0.39	0.30	0.20	0.38	0.38	0.38
浙江	9.52	2.99	2.32	2.25	2.20	2.32	2.91	3.55	3.55	2.58	1.61	1.47	1.33	1.01	0.77	0.20	0.18	0.54	0.36	0.53
山东	19.62	8.35	7.86	7.46	7.28	6.93	6.41	6.13	6.22	3.41	3.16	2.46	1.74	1.45	1.02	0.70	0.65	0.68	0.68	0.68
湖北	25.50	12.68	12.60	11.88	7.90	6.56	8.16	5.87	5.84	5.84	5.79	2.86	4.44	4.11	3.18	2.21	2.43	1.95	1.19	1.04
湖南	22.00	10.41	9.25	8.16	6.48	6.99	3.06	3.19	3.20	5.49	7.73	6.34	4.95	5.08	2.93	2.29	2.09	1.85	1.48	1.28
重庆												7.59	8.85	6.62	5.31	4.24	3.99	2.96	2.15	1.34
宁夏	80.75	50.93	48.29	48.88	19.59	20.58	20.89	28.90	28.47	22.89	18.48	21.34	18.34	12.18	9.84	14.21	13.28	8.85	6.23	1.56
吉林	26.02	13.26	11.27	9.29	7.29	13.23	8.18	6.13	6.19	5.19	8.38	5.08	7.14	4.06	5.68	4.10	3.08	2.59	2.32	2.03
河南	39.25	18.49	20.56	20.17	18.43	18.08	19.25	12.56	12.56	10.14	7.69	5.02	5.24	4.02	3.00	2.97	2.10	1.73	2.39	2.10
安徽	39.77	18.89	15.31	12.85	8.19	8.56	22.35	7.38	7.34	4.27	4.28	3.15	4.01	3.21	2.31	2.47	1.79	2.01	3.29	2.46
江西	23.80	11.43	10.30	8.92	6.81	5.44	4.23	3.22	3.19	4.12	5.05	4.62	4.21	6.31	4.29	2.78	2.76	3.36	3.05	2.76
四川	40.92	22.99	28.37	25.66	18.45	17.01	14.04	13.92	13.90	12.94	12.16	8.23	6.68	5.57	3.64	3.67	3.31	2.67	2.68	3.05
黑龙江	27.19	12.54	12.17	11.78	10.21	18.48	13.13	4.81	4.83	4.76	7.64	7.29	5.92	7.58	5.49	5.59	4.55	3.34	5.60	3.32
河北	21.50	11.73	11.13	11.19	10.23	14.46	12.55	13.76	13.69	8.87	4.09	4.46	3.05	1.99	2.62	1.93	1.81	2.85	2.86	3.75
辽宁	14.29	6.36	5.80	6.13	6.45	8.61	3.72	3.81	3.84	4.27	6.36	5.64	4.93	3.20	4.27	3.50	3.22	3.21	6.54	4.81
山西	90.89	41.16	38.52	35.87	30.82	30.79	24.76	18.80	18.59	16.84	15.13	13.26	11.92	9.01	9.48	6.74	6.62	5.03	5.01	4.99
云南	65.78	35.90	41.93	37.56	18.90	20.73	16.75	23.40	23.17	20.16	17.23	14.85	12.52	11.61	9.41	8.11	7.89	8.20	7.32	7.13
内蒙古	58.25	27.51	36.40	34.58	25.94	24.96	12.48	10.11	10.07	9.91	9.77	9.75	6.77	5.82	8.17	8.21	13.38	10.56	9.45	7.69
贵州	63.03	28.70	37.94	34.99	18.53	19.80	21.35	21.67	21.40	19.35	17.20	14.39	14.75	12.31	10.14	10.58	10.30	10.59	10.57	8.42
陕西	65.11	33.63	31.48	25.62	19.84	22.72	17.22	19.08	18.93	17.52	14.10	19.89	11.11	8.82	7.18	7.87	7.78	6.93	8.28	9.32
青海	77.14	35.02	28.10	24.09	15.59	26.03	17.10	15.87	15.54	17.69	14.74	19.45	18.09	11.99	16.34	18.45	16.79	15.98	15.78	11.99
新疆	47.00	22.94	19.89	16.96	14.15	16.95	16.33	11.35	11.22	8.91	14.66	25.40	9.90	6.99	13.93	9.91	6.34	6.79	6.09	23.35
广西	49.31	22.05	21.13	20.28	18.74	17.28	6.84	8.04	8.03	6.79	10.85	7.69	6.45	5.65	4.24	4.94	3.35	3.18	25.30	24.90
甘肃	77.39	35.95	35.12	32.76	30.39	36.94	26.57	25.94	25.83	21.62	17.60	15.91	14.25	11.19	7.94	9.65	9.26	8.64	8.24	44.86

注:"—"表示暂缺数据。

资料来源:国务院扶贫办公室:《1978—2004 扶贫统计资料》;国家统计局:历年《扶贫监测报告》;有关书籍和文章中的扶贫资料。部分数据做了平滑处理,个别数据根据平滑结果估算。

准，1982 年以前（包括 1982 年，1981 年农村住户的恩格尔系数为 59.66%）中国农村普遍贫困；改革开放以后，1983—1999 年中国农村总体上摆脱普遍贫困，生活基本上达到温饱。

扶贫开发以来，贫困县农民人均纯收入不断提高（见表 5），相对于全国农民人均纯收入而言，呈相对稳态波动。1985 年贫困县农民人均纯收入与全国农民人均纯收入之比值为 0.52，其后基本上在 0.5—0.6 之间波动，到 2003 年该比值为 0.54。1985 年贫困县农民人均纯收入为 206 元，2003 年达到 1406 元；相应地，人均生活消费支出不断增加，1997 年人均生活消费支出 1052.42 元，2003 年增长至 1220.10 元；1999 年，国定贫困县农民恩格尔系数降至国际绝对贫困标准值 60% 以下（59.86%），此后保持下降趋势，2003 年降至 53.7%（表 5）。

表 5　　中国农村贫困人口收入、生活消费情况

年份	贫困县农民人均纯收入/元	贫困县农民人均生活消费支出/元	贫困县农民恩格尔系数/%	贫困户人均纯收入/元	贫困户人均生活消费支出/元	贫困户人均粮食消费量/kg	贫困县农民人均粮食占有量/kg	贫困户人均住房价值/元
1978	—	—	—	—	—	—	—	—
1985	206	—	—	—	—	—	—	—
1986	—	—	—	—	—	—	—	—
1992	417	—	—	—	—	—	359	—
1993	484	—	—	—	—	—	305.2	—
1994	648	—	—	—	—	—	350.2	—
1995	828	—	—	—	—	—	353.5	—
1996	1115	—	—	—	—	—	—	—
1997	1237	1052.42	62.09	—	—	—	359.2	—
1998	1318	1029.42	61.62	—	—	—	—	—
1999	1347	1044.56	59.86	—	—	—	—	—
2000	1338	1040.65	58.08	—	—	—	—	—
2001	1277	1018.03	57.32	491.64	459.44	—	—	1276
2002	1305	1142.70	56.80	531.00	559.00	183.54	—	1507
2003	1406	1220.10	53.70	531.00	572.00	172.00	—	1642
2004	—	—	—	579.00	602.00	162.00	—	—

注：“—”表示数据暂缺。

资料来源：①国家统计局农村社会经济调查总队：《相关年份中国农村贫困监测报告》，中国统计出版社。

②2004 年数据来自《2005 中国农村住户调查年鉴》。

③“贫困县农民人均粮食占有量”数据来自《扶贫统计资料（1978—1998）》扶贫办统计数据部分。

贫困户人均收入、生活消费支出总量也呈不断增长趋势。但是，20 世纪以来，在 2001 年人均收支盈余 32.2 元之后，2002 年人均生活消费支出 559 元，超过贫困户人均纯收入 531 元，超出比例为 5.27%；2003 年贫困户人均纯收入与 2002 年相近，生活消费支出却增至 572 元，支出超出收入的比例为 7.72%。这可能与 21 世纪扶贫开发难度增大、贫困农民生活费用成本上升有关。贫困农民的恩格尔系数虽然有所下降，但始终超过 60%，2003 年仍高达 67.34%。

住房是贫困地区农民的主要财产。改革开放以来，中国贫困农户的住房条件不断得到改善。2001 年，国家扶贫工作重点县贫困农户人均住房价值为 1276 元，2003 年人均住房价值增长到 1642 元；2002 年底，全国贫困农户人均住房面积为 15.3m^2、人均住房价值 1778.0 元、住房单位价值 116.21 元/m^2。2002 年国家扶贫工作重点县贫困户住房单位价值为96 元/m^2，2003 年增长至 108 元/m^2。住房单位价值的增长内含物价因素的影响，但是，无论如何，贫困户住房的建筑结构有所提升。2002 年国家扶贫工作重点县贫困户住房面积中 36.6% 为钢筋混凝土结构及砖木结构，2003 年这一数字升至 40.6%。

粮食是贫困农户最重要的消费品之一。人均粮食消费量低于 150kg 的人口比例有时也被作为贫困程度的一种衡量指标。2002 年全国农村人均粮食消费量在 150kg 以下的人口比例为 17.3%，比 2001 年增加了 0.7 个百分点；2002 年贫困农户人均粮食消费量为 183.54kg，贫困人口中人均粮食消费量低于 150kg 的人口比重为 31.2%。2003 年扶贫工作重点县贫困户人均每日摄取热量 1839.9kcal，低于中国 2100kcal 的最低热量摄入量标准 260.1kcal。可见，21 世纪扶贫开发的难度不容低估。

（五）贫困地区基础设施、生产生活条件改善

贫困农户所在村的通信、电力通达、公路建设等基础设施建设与全国平均水平相比较还有一定差距，但已有了很大改观（见表 6）。

表 6　贫困村基础设施变化　（单位：%）

年份	1993	1994	1995	1996	1997	1998	1999	2000	2001	2002	2003
通电行政村比例	66.1	82.4	84	88.4	92.9	93.2	94.5	95.4	95.8	96.8	97.7
其中：自然村	—	—	—	—	—	—	—	—	—	92.8	93.9

续表

通电话行政村比例	—	—	—	—	49.4	59.8	66.7	72.2	76.9	83.8	88.4
其中：自然村	—	—	—	—	—	—	—	—	—	72.2	75
通公路行政村比例	—	—	—	—	88.2	89.4	91.4	91.9	92.2	—	97.7
距卫生站小于5公里行政村比例	—	—	—	—	—	—	71.0[a]	—	—	—	70.6
其中：自然村	—	—	—	—	70.1	71.1	73.9	73.4	72.7	—	—
农户饮水安全比例	84.2	82.6	81.7	84.8	89.8	91.8	62.5	52.0[b]		55.2	58.8
可接收电视行政村比例	—	—	—	—	91.9	92.5	94.3	94.9	95.4	95	96.2
其中：自然村	—	—	—	—	—	—	—	—	—	83.7	86.5

注：“—”表示暂缺数据；a. 所在村有卫生所的比例；b. 农村贫困监测对象数据。

资料来源：国家统计局：相关年份《中国农村贫困监测报告》全国农村住户抽样调查数据。

1986—2000年的15年间，共修建基本农田661万亩，解决了7725万多人和8399万多头大牲畜的饮水困难（彭代彦，2002）；新修公路35万多km，乡通公路率从83.9%上升到97.6%；架设输变电线路近40万km，乡通电率由77.8%上升到97.0%。其中部分指标已接近或达到全国平均水平。95%的行政村能够收听到广播、收看到电视节目，群众的文化生活得到改善；到2000年全国农村有95%以上的行政村通了公路，比1995年提高了6个百分点；设有邮电局、所的乡镇比例由1995年的78.1%提高到2000年的79.8%，提高1.7个百分点；80%以上的行政村通了电话，农村电话用户2000年比1995年提高了2倍；95%以上的行政村通了电；98%的乡镇有了卫生院并进行了重新改造和建设，缺医少药的状况有所缓解。历史上“苦瘠甲天下”的甘肃定西地区和宁夏西海固地区经过多年的开发建设，基础设施和基本生产条件明显改善，贫困状况大为缓解。2001年较之2000年，贫困及低收入农户通电、通水、通路、通电话等基础设施状况都有所改善。

截至2003年底，贫困农户所在村通电的比例为94.4%、通公路的比例为97.7%、通电话的比例为89.9%、能接收到电视节目的比例为94.9%；贫困农户所在村有70.6%离最近的卫生站的距离在5km以内、有58.8%的农户使用安全饮用水（包括自来水和深井水）。

通过扶贫开发，贫困县的基础设施条件、社区环境不断得到改善（表6）。2003年扶贫工作重点县通电村占总村数的比例达97.7%，比2002年高出0.9个百分点；其中，通电自然村占总村数的93.9%，比2002年上升1.1个百分点。2003 年贫困县通电话村占总村数的比例为 88.4%，比 2002 年高 0.6 个百分点；其中，通电话自然村占总村数的比例为 59.1%，比 2002 年高 6.7 个百分点。2001 年贫困县 92.22% 的村已通公路，2002 年占总村数 72.2% 的自然村通公路，2003 年在此基础上，比例提高到 75.0%，提高了 2.8 个百分点。2003 年占行政村总村数 96.2% 的村能接收电视节目，比 2002 年提高 1.2 个百分点；其中，2003 年能接收电视节目的自然村占自然村总数的比例为 86.5%，比 2002 年提高 2.8 个百分点。

分析分省（自治区、直辖市）贫困地区农户解决饮水问题、贫困村通电、通路情况变化的困难是缺乏 1978 年和 1986 年的本底资料。为了较完整地分析这一问题，我们利用分省（自治区、直辖市）的扶贫统计资料和计量分析方法，对 1978 年、1986 年各省（自治区、直辖市）贫困地区农村通电、通路及解决饮水问题的人口比例进行了估算。我们的基本假设是：这些问题会随着经济的增长，即农村人口人均 GDP 的提高而逐渐得到解决，而且它是一个持续改善的过程，即从总体上看，解决这些问题的速度有可能有快有慢，但不会出现或高或低的现象。据此，利用可得的分省（自治区、直辖市）的扶贫效果统计资料中的近 400 组数据，并设置地区虚变量，运用回归方法，分别估算通路率、通电率、解决饮水问题的人口比例与农村人口人均 GDP 的计量关系，估算出决定它们变化的待定系数。计量结果（见表 7）表明，只有在通电率的变化中，设置的西部地区虚变量具有较为显著的影响。根据估算结果和已有的数据，调整出这些指标在几个重要年份时的数值，并编制成表 8、表 9 和表 10。

表 7　影响贫困人口解决饮水困难问题比例和贫困村通电通路率变化的待定系数

项目	常　　数	农村人口人均 GDP	西部地区虚变量	R^2	F 值
通路率	51.50858	0.014452	—	0.24615	64.9781
	(21.34057)	(8.060899)	—	—	
通电率	67.10492	0.012427	-8.61269	0.248767	33.28009
	(21.88774)	(6.0993)	-3.36358	—	
安全饮水	69.78768	0.008438		0.246681	61.23485
	(49.33742)	(7.82527)	—	—	—

资料来源：国务院扶贫开发领导小组办公室编：《扶贫统计资料（1978—1998）》等。

表 8　　中国贫困地区分省（自治区、直辖市）的农户解决安全饮水人口比例的变化

（单位：%）

地 区	1978 年	1986 年	1994 年	2000 年
河 北	54.0	67.9	84.2	84.9
山 西	52.0	67.0	81.0	77.5
内蒙古	49.0	62.0	79.0	90.3
辽 宁	56.0	73.3	88.0	100.0
吉 林	35.2	52.5	62.1	86.0
黑龙江	48.0	65.0	81.0	89.8
浙 江	51.0	66.2	77.6	78.9
安 徽	45.0	70.0	88.5	88.2
福 建	55.0	72.4	80.9	85.9
江 西	42.0	68.0	90.8	90.4
山 东	55.0	72.9	86.2	90.0
河 南	46.0	70.0	91.2	89.3
湖 北	50.0	66.0	82.6	76.5
湖 南	44.0	64.0	83.8	55.8
广 东	60.0	73.3	84.4	100.0
广 西	45.0	57.0	78.6	63.8
海 南			80.5	93.3
四 川	50.0	64.0	80.9	72.5
贵 州	44.0	60.0	72.7	52.6
云 南	40.0	56.0	78.0	59.6
西 藏	28.0	45.4	73.7	38.3
陕 西	43.0	55.0	75.2	72.2
甘 肃	41.0	54.0	78.0	59.0
青 海	40.0	52.0	66.1	71.4
宁 夏	30.6	50.0	73.9	39.5
新 疆	21.2	30.1	43.8	77.5

注：2000 年四川省数据不包括重庆市，2000 年重庆市对应数据为 50.1%。

资料来源：国务院扶贫开发领导小组办公室编：《扶贫统计资料（1978—1998）》，国家统计局提供。

由表 8 可以看出，1978 年农村绝大多数贫困地区农民解决饮水问题的人口比例不到一半，改革开放后贫困地区的这一比例逐步提高，到实施大规模扶

贫的 1986 年，大多数贫困地区农民解决饮水问题的人口比例超过一半。1986 年启动大规模扶贫开发计划以来，解决饮水困难问题成为扶贫工作的主要内容之一，农村贫困地区解决饮水问题的条件得到改善，截至 1994 年实施“八七扶贫攻坚计划”时，少数省（自治区、直辖市）农村贫困地区解决饮水困难问题的人口比例已超过 90%（如江西省为 90.84%、河南省为 91.17%）。到 2000 年，辽宁省和广东省农村贫困地区解决饮水困难问题的人口比例达到 100%。需要解释的是，最初的贫困地区饮水困难人口，是指取水距离超过 1km 或取水的垂直高度超过 100m 的农村人口，随着这一问题的基本解决，饮水困难问题已经由最初的数量上的困难演变为质量上的饮水安全问题；并且，饮水问题受气候因素的影响较大，所以，这个指标的可比性不是很强，这也是一些贫困程度相对较低的地方该指标相对较高的原因之一。

表 9　　中国贫困地区分省（自治区、直辖市）的村庄通电率的变化

（单位:%）

地区	1978 年	1986 年	1994 年	2000 年	2003 年*
河北	56.0	74.0	97.2	99.5	98.2
山西	48.0	60.0	75.4	98.6	94.9
内蒙古	49.0	66.0	85.1	95.4	95.6
辽宁	61.0	72.3	99.6	100.0	—
吉林	59.0	72.6	91.1	100.0	100.0
黑龙江	57.0	72.9	92.1	98.0	98.1
浙江	62.0	72.1	95.0	100.0	—
安徽	58.0	68.0	91.5	99.4	100.0
福建	61.0	74.0	95.7	98.2	—
江西	56.0	70.0	87.1	98.9	98.7
山东	57.0	80.0	100.0	99.0	—
河南	55.0	70.3	91.4	100.0	99.4
湖北	57.0	72.3	91.8	97.9	96.9
湖南	55.0	67.0	81.8	96.8	99.3
广东	60.0	72.3	92.6	100.0	—
广西	51.0	62.0	74.0	95.8	90.8
海南	52.0	66.0	80.0	95.6	97.4

续表

地 区	1978 年	1986 年	1994 年	2000 年	2003 年*
四 川	50.0	62.8	78.9	87.2	91.7
贵 州	47.0	61.1	80.0	96.2	93.3
云 南	48.0	61.4	75.4	97.7	89.7
西 藏	38.0	54.0	66.0	14.8	—
陕 西	51.0	61.4	82.0	97.7	98.0
甘 肃	50.0	62.0	83.0	93.2	95.3
青 海	48.0	63.0	76.8	53.6	71.3
宁 夏	49.0	65.0	88.0	100.0	96.8
新 疆	51.0	62.0	78.0	91.1	92.3

注：2000 年、2003 年四川省数据不包括重庆市；2000 年重庆市对应数据为 99.2%；＊表示 2003 年数据为自然村通电率，重庆市对应数据为 96.1%；“—”表示暂缺数据。

资料来源：同表 6。

由表 9 可见，改革之初的 1978 年，农村贫困地区通电的行政村占总村数的比例大多在 50%—60%，部分低于 50%；到启动大规模扶贫开发计划的 1986 年，该比例已有较大的提高，但大多数贫困地区的通电率尚未超过 80%。1994 年实施“八七扶贫攻坚计划”时，一些省（自治区、直辖市）的贫困地区通电的行政村占总村数的比例已经超过 90%。到 2000 年，辽宁、吉林、浙江、河南、广东、宁夏等省（自治区）所有的贫困村已经全部通电；到 2003 年，安徽省贫困地区的自然村也全部通电。这些省（自治区、直辖市）都分布在东部地区或水力、风力相对充足的地带，说明地区经济发展水平和自然资源禀赋对扶贫的促进作用。在贫困地区迫切需要解决的水、电、路 3 个问题中，通电不仅是数量上解决的最好的问题，而且也是质量上解决的最好的问题，即很多地方已经由小水电、小火电供电改为电网供电，电压的稳定性和用电的可靠性都大大提高了。

表 10　　中国贫困地区分省（自治区、直辖市）的村庄通路率的变化

（单位：%）

地 区	1978 年	1986 年	1994 年	2000 年	2003 年*
河 北	46.0	55.2	70.0	94.9	87.3
山 西	45.0	55.8	72.2	93.2	85.3
内蒙古	44.0	57.0	70.6	83.5	67.7

续表

地 区	1978 年	1986 年	1994 年	2000 年	2003 年*
辽 宁	48.0	57.5	79.0	100.0	—
吉 林	47.0	59.0	78.0	76.0	95.8
黑龙江	45.0	58.2	76.0	79.6	81.6
浙 江	54.0	60.0	80.0	88.9	—
安 徽	47.0	58.0	76.0	86.5	76.1
福 建	52.0	56.1	80.8	98.2	—
江 西	45.0	57.0	75.0	96.1	83.1
山 东	52.0	56.9	77.6	92.0	—
河 南	49.0	60.0	75.0	94.3	86.6
湖 北	49.0	58.0	74.0	97.1	73.6
湖 南	48.0	56.4	73.0	85.3	69.9
广 东	51.0	63.0	81.0	100.0	—
广 西	48.0	55.1	65.0	96.6	65.3
海 南	47.0	58.6	76.0	97.8	94.8
四 川	47.0	56.6	68.0	86.7	74.1
贵 州	44.0	52.0	63.0	95.6	67.0
云 南	45.0	58.0	73.4	95.8	71.9
西 藏	39.0	48.0	57.0	73.7	—
陕 西	48.0	56.0	73.0	94.2	81.1
甘 肃	46.0	56.0	72.0	86.2	81.5
青 海	42.0	54.0	67.1	77.7	81.4
宁 夏	43.0	56.0	71.6	97.4	88.7
新 疆	43.0	54.0	68.0	91.9	80.2

注：2000 年、2003 年四川省数据不包括重庆市；2000 年重庆市对应数据为 88.3%；＊表示 2003 年数据为自然村通路率，重庆市对应数据为 71.0%；“—”表示暂缺数据。

资料来源：同表 8。

由表 10 可见，1978 年农村贫困地区通路（指可通三轮以上机动车的道路）的行政村占总村数的比例大多不到 50%，1986 年，贫困地区通路的行政村占总村数的比例也大多不到 60%。1986 年实施大规模扶贫开发计划以后，贫困地区农村的通路率有显著提高，绝大多数省（自治区、直辖市）农村贫困地区的通路率接近 80%；1994 年实施“八七扶贫攻坚计划”后，农村贫困县地区的交通基础设施得到进一步改善。到 2000 年，辽宁省和广东省农村贫困地区已全部通路；到 2003 年，各省（自治区、直辖市）农村贫困地区自然村的通路率都在 65.3%（广西的数据）以上。需要解释的是，贫困村的道路大多都有改进，甚至有较为显著的改进，但通路率统计忽略了道路质量的改进；通路率的统计以行政村为单位，忽略了一些自然村尚未通路的问题。据我们对位于中部的湖南省 4 个贫困县的调查，达到所有自然村通路的目标，还需要大量的投资。

（六）贫困地区人类贫困弱化

中国农村劳动力资源具有数量上的绝对优势，但教育文化水平相对低下。据统计，20 世纪 90 年代前，文盲或半文盲的农村劳动力比例在 20% 以上。随着经济发展和社会进步，中国农民劳动力教育文化状况有所改善。1998 年文盲或半文盲比例降低到 10% 以下（9.56%），2003 年文盲或半文盲比例降至 7.39%，大专或大专以上文化程度的劳动力由 1985 年的 0.06% 提高到 2003 年的 0.64%，劳动力教育文化状况有所改观。

20 世纪 90 年代中国在人力资本发展上取得了扎实的进展（汪三贵等，2004）。到 2001 年成人受教育率已提高到 85%，小学入学率达到了 99%，初中、高中的入学率分别达到 89% 和 44%；1980—2001 年 15—64 岁年龄组的平均受教育年数从 5 年增加到 8 年。就完成教育的情况而言，获得小学教育的人口比例仍然维持在 35% 左右，但获得初中教育的人口比例从 15% 增加到了 34%、获得高中和技校教育的人口比例从 6% 增长到了 11%。2001 年，高等学校的入学率为 13%（1980 年为 2%），获得大专及以上教育的人口达到 4%，而在 1980 年尚不足 1%。卫生事业也取得了巨大进步，到 2001 年中国已经达到了中低收入水平国家的标准，平均寿命预期达到了 70 岁，婴儿死亡率降到了 3.1‰，5 岁以下幼儿死亡率降到了 3.9‰，1 岁幼儿接受结核和麻疹免疫接种的比例达到 98%，近 85% 的人口能获得基本医药，营养不良人口不足 10%。

20 世纪 90 年代以来，中央政府加大了对贫困农村地区的扶持力度。教育部会同相关部门针对普及义务教育需要，分别制定颁布了一系列政策，并且组织开展了大规模的项目活动，扶持贫困农村、少数民族地区女童、残疾儿童和流动儿童少年接受义务教育，保障他们享有平等的权利。

根据全国农村住户抽样调查数据，截至 2003 年，中国农村劳动力平均受教育年限为 7.8 年，相当于未毕业初中生水平；文盲半文盲人口比例仍占 7.4%；大专及大专以上文化程度的劳动力比例仅占 0.6%。但从纵向来看，中国农村劳动力教育文化程度逐步提高。2003 年全国 7—15 岁学龄儿童在学率为 95.7%，比 2002 年提高 1.24 个百分点；贫困户 7—15 岁学龄儿童在学率为91.3%，比2002年提高了3.9个百分点。贫困农户文盲半文盲率从1999年的22.1%下降到2003年的17.0%。

贫困县的文教、卫生等各项社会事业显著发展。贫困县劳动力文化程度构成中（见表11），文盲、半文盲比例从1999年的19.96%下降到14.7%，下降5.26个百分点；大专及大专以上文化程度劳动力比例从1997年的0.13%上升到2003年的0.30%，提高0.17个百分点。7—15岁学龄儿童失学率得到抑制，逐步降低：1997年7—15岁学龄失学率为7.43%，2001年该比例下降至6.3%，降低1.13个百分点，下降幅度为13.86%。贫困县的医疗卫生状况随着医疗卫生体制的改革也得到逐步改善：2000年前有卫生院的村占总村数的比例不断提高；在2001年有卫生院的村占总村数较2000年下降后，有卫生室的村占总村数的比例由2002年的68.6%提高到2003年的70.2%，有合格医生/卫生员的村的比例由2002年的70.8%提高到2003年的72.3%，有合格接生员的村的比例由2002年的66.6%提高到2003年的69.6%。

表11　中国贫困县*劳动力文化程度构成及其文教卫生情况

（单位：%）

	1997年	1998年	1999年	2000年	2001年	2002年	2003年
一、劳动力文化程度构成							
1. 文盲、半文盲	19.96	18.25	16.76	16.29	16.07	15.3	14.7
2. 小学	42.47	42.84	42.96	42.41	42.56	37.8	36.8
3. 初中	30.96	32.1	33.25	34.31	34.32	38.8	40.3
4. 高中	5.77	5.86	5.95	5.82	5.84	6.4	6.3
5. 中专	0.71	0.81	0.9	0.99	1.02	1.4	1.5
6. 大专及以上	0.13	0.14	0.18	0.18	0.19	0.2	0.3
二、儿童失学率（7—15岁）	7.43	7.82	7.85	6.78	6.3	—	—
1. 7—12岁	—	—	—	——	—	5.1	4.8
2. 13—15岁	—	—	—	—	—	14.6	11.6
三、有卫生院的村占总村数的比例	19.16	28.36	22.66	22.8	19.9	—	—

续表

	1997 年	1998 年	1999 年	2000 年	2001 年	2002 年	2003 年
无卫生院有乡村医生	64.45	68.57	69.23	69.7	66.4	—	—
无卫生院有合格接生员	43.55	49.58	52.92	53.1	50.3	—	—
四、有卫生室的村占的比例	—	—	—	—	—	68.6	70.2
有合格卫生员的村占的比例	—	—	—	—	—	70.8	72.3
有合格接生员的村占的比例	—	—	—	—	—	66.6	69.6

注：* 贫困县 2000 年前为国定贫困县，2001 年起为国家扶贫工作重点县；"—" 表示暂缺数据。

资料来源：国家统计局：1999、2000、2001、2002、2003、2004 年《扶贫监测报告》，中国统计出版社。

20 世纪 90 年代以来，在农村贫困监测地区，5 岁以下儿童死亡率及孕产妇死亡率逐步得到有效抑制：1991 年新生儿死亡率为 37.9‰，2002 年降低至 23.2‰，11 年间下降了 14.7 个千分点，下降幅度为 38.79%；婴儿死亡率从 1991 年的 58.0‰降低至 2002 年的 33.1‰，11 年间下降 24.9 个千分点，下降幅度为 42.93%；5 岁以下儿童死亡率从 1991 年的 71.1‰降低至 2002 年的 39.6‰，11 年间下降 31.5 个千分点，下降幅度为 44.3%；孕产妇死亡率由 1990 年的 112.5/100000 降低至 2002 年的 58.2/100000，12 年间下降 54.3/100000，下降幅度为 48.27%。

二　扶贫绩效的分析

中国扶贫取得的极为显著的绩效是如何产生的呢？围绕着这个问题，学者们进行了多方位的计量研究。

（一）经济增长的扶贫作用的计量研究

黄季焜等人利用 OLS 方法和有关数据就经济增长、收入分配对减缓贫困的影响做了一个较为全面的计量分析。计量研究使用的数据来自国家统计局，这些数据分为两类，一类是 1980—2002 年全国的时间序列数据，另一类是 1985—2002 年分省的时间序列数据，包含了 548 个样本。自变量为按 2001 年价格计算的实际人均 GDP，农业 GDP 占全国 GDP 总量的份额，以及基尼系数。受数据可获得性的限制，利用省级数据所做的回归中没有包括基尼系数。

为了控制住那些无法观测的时间和地理因素的影响，省级回归中设置了省级虚拟变量和时间虚拟变量。回归结果列于表 12。

表 12　　　　中国贫困发生率的回归分析

项目	全国数据（1980—2002）			分省数据（1985—2001）	
	设定Ⅰ	设定Ⅱ	设定Ⅲ	设定Ⅳ	设定Ⅴ
Ln（人均 GDP）	-1.113	-1.409	-1.268	-0.853	-1.102
	(2.8)	(3.24)	(4.36)	(8.13)	(8.65)
Ln（人均 GDP）^{2}	0.049	0.061	0.051	0.047	0.059
	(2.62)	(3.05)	(3.84)	(9.06)	(9.80)
基尼系数		0.637	0.291		
		(2.13)	(1.1)		
农业 GDP 份额			-1.045		-0.487
			(3.77)		(3.88)
年度和省份虚拟变量				未汇报	未汇报
F 值	49.69	34.16	74.62	41.68	41.62
调整后的 R^2	0.88	0.9	0.94	0.68	0.70

资料来源：黄季焜等：《中国的宏观经济政策、贸易自由化与贫困》，载王国良《中国扶贫政策——趋势与挑战》，社会科学文献出版社 2005 年版，第 123 页。

从表 12 看出，无论是利用全国数据还是省级时间序列数据，人均 GDP 的估计系数都在显著性水平 $\alpha=1\%$ 上为负，这说明随着经济的增长，贫困发生率会下降。然而，随着经济的继续增长，贫困发生率的下降速度将变慢（人均 GDP 二次项系数为正，表 12 第 2 行）。这一结果和跨国别研究中的结论是一致的。这一研究结果也表明，当经济发展到一定程度后，专项扶贫工作在减贫中将起到越来越重要的作用。

收入分配的估计结果也符合预期。表 12 的结果说明收入分配的恶化对应着更高的贫困发生率。有意思的是，中国收入分配的估计系数（0.637）和跨国别回归中所估计的收入分配系数（0.604—0.613）十分接近。

由于全国的样本量较小，根据这一计量结果做分析需要谨慎。因此，下面根据省级数据的回归结果进行分析。表 12 的最后 1 列结果表明，控制住收入因素以后（或者说，给定收入水平及其增长速度），农业增长得越快（对应着更高的农业产出比例），贫困发生率就越低。也就是说，即使两个省有着相同的收入增长速度，但贫困发生率在农业增长更快的省份下降更快。农业产出比例每提高 1 个百分点，将导致贫困发生率减少 0.487 个百分点（表 12 最后 1 列）。得到这一结果并不让人感到意外，因为和较富裕的农民相比，农村贫困人口的收入更多地依赖于来自农业的收入。这一研究结论支持了农业发展在扶贫中具有重要作用的观点。

根据表 12 设定 V 的参数估计结果，我们对影响贫困各因素在一定时期内所起的作用进行了分解，结果列于表 13。第一列中的数字将贫困发生率的下降分解为收入增长和农业增长所带来的结果，残差为除上述两个因素以外其他因素所引起的贫困发生率的变化。第二列是在第一列基础上进一步计算而得的各因素变化对贫困发生率下降所起的相对作用大小，即各因素变化对贫困发生率变化的贡献率（按百分比计算）。

表 13　　中国贫困发生率变化的分解效应分析

	各因素变化所导致的贫困发生率的变化/%	对贫困发生率变化的贡献/%
1978—2002 年		
人均 GDP	-27.5	92
农业 GDP 所占份额	6.3	-21
其他因素	-8.6	29
贫困发生率的变化	-29.8	100
1978—1984 年		
人均 GDP	-10.4	48
农业 GDP 所占份额	-1.9	9
其他因素	-9.6	44
贫困发生率的变化	-21.9	100

资料来源：同表 12。

在整个改革期内（1978—2002 年），中国的贫困发生率下降了 29.8%。其中经济增长的贡献最大（27.5%）。这一结果意味着同期在其他条件相同的情况下（例如收入分配和经济结构不发生变化），仅经济的增长就将使贫困发生率降低27.5%，也就是说，贫困发生率达29.8%的降幅中有92%是因为经济增长所带来的。人们也许会认为如果保持其他因素不变，那么经济增长也就不可能像我们所看到的那样。但我们在这里的目的只是要把影响贫困发生率的其他因素的作用和经济增长因素的作用分离开。

分解效应分析也说明农业增长放慢将对减少贫困产生负面影响。在表13的第二列中，计算结果表明，1978—2002年，因为农业增长速度的下降，导致贫困发生率的下降幅度减少了6.3个百分点。除一般经济增长和农业增长因素之外，贫困发生率下降的29%可以由其他因素来解释。

如果把整个时期分为1978—1984年、1985—2002年两个时期，可以发现农业增长在第一个时期的减少贫困中起的作用更大，这一阶段的农业增长使贫困发生率下降了1.9个百分点。

（二）增长与分配对减缓贫困的影响的分析

胡兵（2005）利用Foster、Greer和Thorbecke（1984）提出的FGT指数对贫困进行测量，FGT的优点是通过3个指标全面反映贫困状况。FGT贫困指数的连续形式为：

$$P_\alpha = \int_0^z \left(\frac{z-x}{z}\right)^\alpha f(x)dx \qquad (\alpha=0,\ 1,\ 2) \tag{1}$$

其中，x为居民收入（也可用消费来衡量），$f(x)$是收入（消费）分布的密度函数，z表示贫困线。当$\alpha=0$时，$P0$为贫困发生率（Head - count Index，下面用H表示），反映贫困人口占总人口的比例，是最常用的指标；当$\alpha=1$时，$P1$为贫困距指数（Poverty Gap Index，下面以PG表示），是贫困深度指标，反映贫困人口的收入与贫困线之间的相对距离；当$\alpha=2$时，$P2$为平方贫困距指数（Squared Poverty Gap Index，下面以SPG表示），是贫困强度指标，由于越贫困的人口越远离贫困线，所以，$P2$与$P1$相比，相当于在加权平均时赋予更贫困人口以更大权数。3个指标联合运用，能全面反映贫困及其变动状况。其中，H下降，表明贫困人口比例减少，但不能反映贫困人口远离贫困线的距离的变化，而PG指数弥补了这个缺陷；当H、PG不变时，表明贫困人口比例和整体收入相对于贫困线保持不变，但不能反映穷人间收入分配状况的改善或恶化，而SPG指数弥补了这个缺陷。

对FGT指数（见表14）进行分解的结果表明，经济增长大幅度减少了贫困，但是恶化的收入分配状况对贫困减少产生了不利影响。具体地说，1985—2003年，经济增长使贫困人口发生率（H）下降了19.44个百分点，而收入分配状况的恶化，使 H 值上升了 9.71 个百分点，恶化的收入分配状况部分地抵消了经济增长在减少贫困上的成效，使整个期间 H 值下降至 9.73 个百分点。从贫困距指数（PG）来看，1985—2003 年下降了 1.54 个百分点，贫困人口整体远离贫困线的相对距离有所降低，但是，当给予更贫困人口以更高权重（平方贫困距指数）时，SPG 在整个考察期没有变化，由于收入分配的不利变化，经济增长并没有改善目前仍处于贫困的这部分人的处境。中国经济持续 20 多年的快速增长，使全体居民的收入水平普遍提高，也使大量农村居民摆脱了贫困状况，但目前仍处于贫困线以下的农村居民的贫困状况并没有改善，以致收入差距进一步拉大了。即 1985 年农村贫困线与农民人均纯收入之比为 1∶1.93，1990 年为 1∶2.02，1995、2000、2003 年分别上升到 1∶2.63，1∶3.48，1∶3.97，收入差距越来越大。

表 14　　FGT 贫困指数分解　　（单位：%）

时 期	ΔH	经济增长	收入分配	ΔPG	经济增长	收入分配	ΔSPG	经济增长	收入分配
1985—1990 年	-2.09	-3.24	1.15	0.09	-0.59	0.68	0.21	-0.13	0.34
1991—1995 年	-1.77	-7.93	6.17	-0.46	-2.72	2.26	-0.01	-1.16	1.15
1996—2000 年	-5.25	-6.62	1.37	-1.17	-1.79	0.62	-0.32	-0.71	0.39
2001—2003 年	-0.62	-2.11	1.49	0.00	-0.55	0.56	0.12	-0.22	0.34
1985—2003 年	-9.73	-19.44	9.71	-1.54	-5.29	3.75	0.00	-2.17	2.17

资料来源：胡兵、胡宝娣等：《经济增长、收入分配对农村贫困变动的影响》，《财经研究》2005 年第 8 期，第 96 页。

（三）扶贫投资效果的计量分析

1. 扶贫资金的部门投向

根据国家统计局农村贫困监测资料，1998—2001 年贫困县每年人均获得扶贫资金 138.58 元（见表 15），其中投入农业的扶贫资金所占比例最大，为 46.27%，其次是基础设施投资，占 19.81%，后面依次是工业（13.53%）、交通运输（6.09%）、文教卫生（3.35%）、商业服务业（1.37%）和技术培训（0.88%）。

表 15　　人均扶贫资金投向构成

年份	贫困县个数（个）	人均扶贫投资（元）	农业（%）	基础设施（%）	工业（%）	交通运输（%）	商业服务业（%）	文教卫生（%）	技术培训（%）	其他（%）
1998	519	124.74	45.22	20.03	13.61	6.45	2.16	3.91	0.79	7.84
1999	519	151	48.83	18.91	13.63	5.88	1.12	3.15	0.73	8.01
2000	519	146.04	48.03	19.75	10.81	6	1.04	3.01	1	9.57
2001	519	132.53	42.95	20.57	16.08	6.04	1.16	3.36	0.99	8.86
平均	519	138.58	46.27	19.81	13.53	6.09	1.37	3.35	0.88	8.7

注：以 1997 年为不变价。

资料来源：汪三贵、李文等：《我国扶贫资金投向及效果分析》，《农业技术经济》2004 年第 5 期，第 46 页。

在农业扶贫投资中，种植业投入所占比例最大，为 46.23%，其次是畜牧业，为 34.20%，后面依次是林业（10.35%）和渔业（9.22%）。在基础设施投资中，基本农田建设投资占 55.72%，人畜饮水占 24.09%，道路修建占 23.82%。从 4 年的变动来看，基本农田建设投资所占比例逐渐减少，人畜饮水和道路修建都呈现出波动式增加。

2. 扶贫投资的效果

（1）扶贫投资产出成果

根据国家统计局农村贫困监测资料，1998—2001 年，贫困县每万元扶贫资金扶持贫困人口情况及新增产出状况如表 16 所示。

表 16　　每万元扶贫资金新增产出

年份	当年扶持贫困人口（人）	当年吸收贫困户劳动力（人）	向其他地区输出劳动力人数（人）	其中向外省输出劳动力人数（人）	新增基本农田（亩）	新增公路里程（km）	新增经济林面积（亩）	解决饮水困难人数（人）
1998	1.64	0.71	6.16	3.39	0.32	0.005	0.28	4.07
1999	1.18	0.68	5.93	3.06	0.31	0.009	0.30	2.50
2000	1.22	0.74	7.19	4.11	0.26	0.004	0.26	2.55
2001	1.36	0.69	7.38	4.10	0.17	0.003	0.22	3.05
平　均	1.34	0.70	6.65	3.65	0.27	0.005	0.27	3.02

注："人均"的分母为县乡村总人口，贫困县为 519 个。

资料来源：汪三贵、李文等：《我国扶贫资金投向及效果分析》，《农业技术经济》2004 年第 5 期，第 47 页。

（2）扶贫投资的效果

汪三贵等（2004）利用贫困县1998—2001年的县级扶贫投资资料和OLS回归模型分析了扶贫投资对收入增长和减贫的影响。回归结果（表17）表明，在控制了初始条件（1998年初的人均收入、人均粮食产量和工业比重）以及地理、民族和政治地位的影响，并加入省虚变量后，人均农业投资每增加1元，人均纯收入每增加0.17元，回报率为17%；人均每增加1元的商业、餐饮业和服务业投资，人均纯收入增加0.76元，回报率高达76%。这就是以非农生产活动为主要投资对象的小额信贷项目为什么能够在较高的利率条件下获得成功的原因。基础设施投资在短期内对收入增长没有显著的影响，甚至是负的影响，如人畜饮水投资，这一方面可能是因为基础设施投资的效果在短期内难以表现出来，具有滞后性；另一方面可能因为基础设施建设需要农户无偿投入劳动力，从而影响短期的创收活动。此外，所有扶贫投资在短期内对贫困人口的减少在统计上都没有显著的影响，这在一定程度上表明扶贫投资所带来的收入增长的好处可能并没有平等地为贫困人口分享。

表17　　1998—2001年扶贫投资的效果

变　　量	人均纯收入增加额	人均GDP增加额	减贫人口
人均农业投资/元	0.17*	0.35	5.97
	(1.81)	(1.20)	(0.45)
人均工业投资/元	0.17	0.72	10.29
	(0.85)	(1.13)	(0.36)
人均交通运输业投资/元	-0.59	-0.54	26.09
	(-1.54)	(-0.45)	(0.48)
人均商业、饮食业、服务业投资/元	0.76**	2.32**	-16.51
	(2.58)	(2.51)	(-0.39)
人均文教卫生投资/元	-0.13	2.45	-52.04
	(-0.23)	(1.39)	(-0.65)
人均基本农田建设投资/元	-0.11	-0.26	23.35
	(-0.46)	(-0.33)	(0.65)
人均人畜饮水工程投资/元	-1.33**	0.39	-26.83
	(-2.11)	(0.19)	(-0.29)
人均道路修建投资/元	-0.26	-1.00	32.30
	(-0.99)	(-1.23)	(0.87)

续表

变　量	人均纯收入增加额	人均 GDP 增加额	减贫人口
人均技术培训及技术推广投资/元	-2.11	-6.99	-0.03
	(-0.93)	(-0.97)	(0)
劳动力占家庭人口比例/%	1.86	-4.65	-487.31
	(0.84)	(-0.67)	(-1.53)
外出打工占劳动力比例/%	2.27	2.19	24.92
	(1.65)	(0.50)	(0.13)
1997 年人均纯收入/元	-0.16***	-0.02	21.21***
	(-3.894)	(-0.16)	(3.473)
1997 年县工业增加值占县 GDP 的比例	516.84***	1885.94***	-35183.93**
	(5.03)	(5.81)	(-2.38)
1997 年人均粮食产量/公斤/人	0.29***	0.09	4.52
	(4.72)	(0.47)	(0.51)
山　区	45.69	75.96	-11245.37**
	(1.27)	(0.67)	(-2.17)
平　原	194.09***	96.59	-27744.12***
	(4.08)	(0.64)	(-4.04)
老　区	-16.77	198.19	21286.24***
	(-0.39)	(1.48)	(3.49)
少数民族	21.54	215.82*	6669.98
	(0.61)	(1.92)	(1.3)
边　区	54.50	28.26	-2689.27
	(1.01)	(0.17)	(-0.35)
调整后的 R^2	0.48	0.29	0.21

注：括号内为 t 检验值。

(3) 贫困农户对扶贫资金投向的实际需求

农户需求分析数据来自于河北省平山县、甘肃省会宁县和云南省巍山县的农户抽样调查。每个县选择 4 个贫困乡镇，每个乡镇选 3 个自然条件和资源条件尽可能不同的扶贫工作重点村，每个村选 2 个不同的自然村（村民小组），每个自然村选 10 户农户。要求这 10 户农户一是经济条件好、中、差相搭配，二是经济活动和收入来源尽可能不同。3 个县总共抽取 720 个样本农户。

调查中采用快速评估法对农户的需求进行排序。总共提供了 15 类投资项目供农户选择，假定 15 个项目重要性的总分为 100 分，如果将 100 分平均分给 15 个项目，则每个项目为 6. 67 分。按照这种方法，得分高的项目表示重要程度高。图 4 为 719 户被访问者对 15 个扶贫项目的排序结果。农户认为对他们最为重要的前 5 个扶贫项目依次是修建道路和桥梁（13. 5 分）、减少子女上学费用（12. 93 分）、开展农业技术培训（11. 57 分）、解决人畜饮水问题（9. 15 分）、减少看病费用（9. 12 分）。可见，尽管国家在贫困地区基础设施建设中已经投入了大量资金，但仍然不能满足农民的需求。而减少子女上学费用、减少看病费用、开展农业技术培训等人力资本开发方面的投资已经成为农户关注的主要问题。

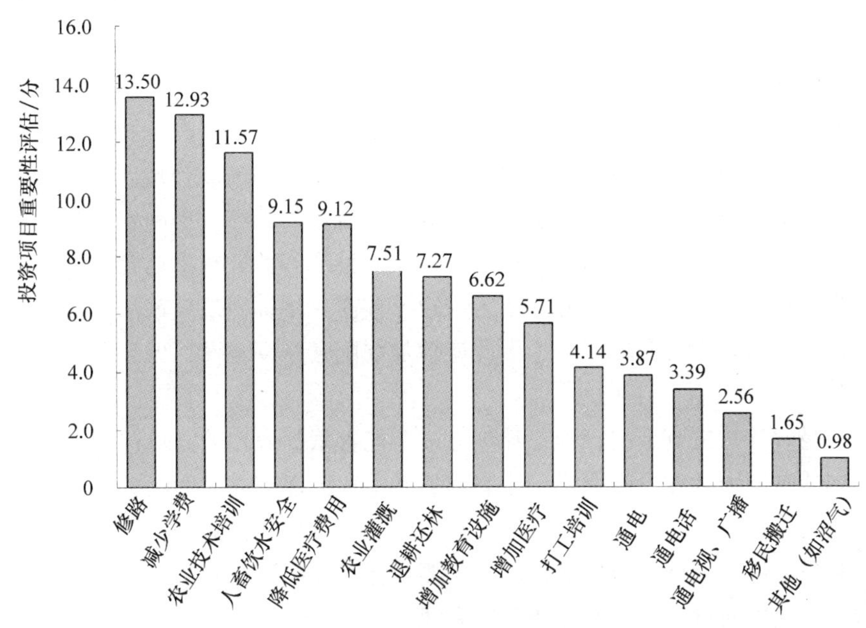

图 4　农户需求排序

有关被访问者的性别、受教育程度、家庭收入来源及其经济条件等不同类型的分类统计结果表明，他们的排序并没有因这些不同而产生明显的差异，但不同地区的农户在需求排序上略有不同。如河北平山县的农户前 5 位的需求分别是：修建道路、减少子女上学费用、减少看病费用、解决农业灌溉问题和开展农业技术培训；甘肃会宁县的农户前 5 位的需求分别是：减少子女上学费用、修建道路、扩大退耕还林规模、开展农业技术培训和减少看病费用；云南魏山县的农户前 5 位的需求分别是：开展农业技术培训、解决人畜饮水问题、减少子女上学费用、解决农业灌溉问题和修建道路。这说明被访问者的排序基本上是以当地自然资源条件为依据的，并且都对人力资源方面的投资比较重视。

根据调查结果的分析，今后应该对扶贫资金的重点投向和资金管理进行必要的调整：一是继续加强道路、人畜饮水和灌溉等基础设施的建设，并将重点放在提高基础设施的等级和质量上，同时要通过明晰产权和其他合理的制度安排来加强各类基础设施的维护，彻底改变因只建不养而导致的基础设施投资效率不高的问题。为了改变基础设施建设在短期内难以给农户带来收益的问题，实施真正意义上的以工代赈是必要的，即减少贫困农户义务工的数量，对参加基础设施项目建设的贫困农户给予工资补贴。

二是大幅度增加社会服务领域的扶贫投资，重点解决贫困地区的农民及其子女看病和上学费用高的问题，避免贫困农民因病致贫和因子女得不到受教育的机会而长期贫困。要改变以往在教育和医疗卫生方面的投资只注重硬件建设的做法，将重点放在如何降低教育、医疗成本和获得服务的方便程度方面，使贫困农户有能力和方便地享受教育和医疗服务，减轻农户在教育和医疗方面的沉重负担。同时也可以考虑对贫困农户直接进行教育和医疗补贴。

三是加强农民的技术和技能培训以及实用技术的推广，提高农业和非农业生产的效率。技术和技能培训应该与实用技术推广和劳务输出结合起来，以便使各类培训发挥更大的效果并易于为农户所接受。培训中最应该注意的问题是走形式和以培训为名套取资金。因此应该加强配套制度建设，保证资金的使用效果。

四是改善扶贫资金的管理，让地方政府能够根据农户的需求选择项目。由于不同的贫困地区在自然资源、生态环境和文化方面存在很大的差异，为了使扶贫投资更适合当地的需求，应该给地方政府在具体项目的选择上有更大的自主权和灵活性，上级政府扶贫部门的主要责任是加强资金和项目的监管。同时要求地方政府通过参与式的方式鼓励贫困农户积极参与到项目的选择、实施、监督和评估过程中去。

（4）扶贫资金投入的变化及其效益

表18汇总了扶贫资金使用效益各项指标的计算结果。

表18　　扶贫资金扶贫成果

项　　目	1998年	1999年	2000年	2001年	2002年
当年扶持贫困户数	7241879	6076556	5994792	5771997	—
当年扶持贫困人口	25941506	25384940	23583188	22433891	—
当年吸收贫困户劳动力	3732061	3163827	3052406	3130646	—
项目经营总收入/万元	1677365	1801205	2028810	1824060	—

续表

项　　目	1998 年	1999 年	2000 年	2001 年	2002 年
项目利税总额/万元	344719.7	320906.5	393178.2	391645	—
项目形成固定资产/万元	490582.4	483179.9	551819.3	655755	—
新增基本农田/hm^2	690060.5	764034.7	602423.3	355990	278800
新增公路里程/km	62216.5	67394.7	45996.3	43624	78000 * *
新增经济林面积/hm^2	631221.9	778841.2	654677	501372	—
当年解决饮水困难人数	9624561	6817918	6131419	6874631	—
当年解决饮水困难牲畜头数	8294405	6134233	5839841	5341042	6691000
向其他地区输出劳动力人数	15230360	16614325	19126642	18641021	12033000
其中：向省外输出劳动力人数	8500524	8702530	11238565	10748906	—

注：* * 包括改、扩建；表中贫困户和贫困人口，包括上年扶持或连续扶贫当年脱贫的贫困户和贫困人口；“—”表示暂缺数据。

资料来源：国家统计局农村社会经济调查总队：《中国农村贫困监测报告》，中国统计出版社2001—2003 年版。

2000 年扶贫资金扶持的户数和贫困人口数占整个国定贫困县总户数和总人口数的比例分别是 10.5% 和 11.6%。2000 年分县实际扶贫投资总额和扶持贫困户数、扶持贫困人口数、项目吸收贫困户劳动力的相关系数分别是 0.23、0.28 和 0.19，2001 年对应的相关系数分别是 0.30、0.30 和 0.11。

2001 年扶贫资金扶持的户数和人口数占整个扶贫开发工作重点县总户数和总人数的比例分别是 10% 和 11.3%。在 592 个扶贫开发工作重点县中，2002 年新增基本农田 27.88 万 hm^2，占全部耕地的 1.2%；新增及改、扩建公路里程达 7.8 万 km，占全部公路里程的 14.2%；解决饮水困难人数 743.5 万，占当年尚未解决饮水困难人数的 21%；解决饮水困难牲畜头数 669.1 万头，占当年尚未解决饮水困难牲畜头数的 22%；当年退耕还林、还草面积 149.19 万 hm^2，占全国退耕还林、还草面积的 65.3%；向其他地区输出劳动力人数 1203.3 万，占乡村从业人员的 11.5%。

用当年扶持贫困人口数对项目建设和农户直接贷款回归时所得到的估算系数，分别估计两项扶贫资金对扶持贫困人口数的边际效应，即两项扶贫资金在各自现有规模的基础上增加一定数量的情况下所扶持贫困人口数各自会增加多少，1998—2000 年回归估算的结果汇总见表 19。

表 19　　项目建设和对农户直接贷款所扶持的人口数

说明变数	1998 年	1999 年	2000 年
项目建设	12.71	5.72	3.07
（t 值）	（8.21）	（5.45）	（3.64）
农户直接贷款	16.24	15.89	17.37
（t 值）	（4.94）	（6.96）	（9.96）
Adj R－spuared	0.17	0.15	0.20
观测值数	411	442	441

注：被说明变量是当年扶贫资金总额所扶持贫困人口数。

资料来源：国家统计局农村社会经济调查总队：《中国农村贫困监测报告》，中国统计出版社 2001 年版，第 28 页。

从表 19 可见，1998 年用于项目建设和农户直接贷款的扶贫资金每增加 1 万元所能扶持的贫困人口数前者小于后者，但是差距不大。1999 年和 2000 年项目建设所能扶持的贫困人口数连年减少。与项目建设不同，农户直接贷款所能扶持的贫困人口数在 1999 年虽然有微小的减少，但是到了 2000 年又回升到了超出 1998 年的水平。二者变动的趋势不同，使得项目建设和农户直接贷款所能扶持的人口数相差越来越大，2000 年到了 3∶17 的水平。项目建设所能扶持贫困人口数的快速减少，可能与建设项目的劳动集约度下降有关，或者是所吸收的劳动力渐渐地离开了贫困人口。

（四）影响扶贫资金分配的因素的计量分析

汪三贵和李文（2004）利用国家统计局 1998—2001 年连续 4 年的分县的农村贫困监测数据和 OLS 回归模型，就贫困县的特征对扶贫资金分配的影响这一命题进行了较为全面的计量分析。计量分析模型中的因变量有扶贫资金总额、中央三项扶贫资金、专项扶贫贷款、以工代赈资金、财政发展资金和其他扶贫资金，所有因变量均为按乡村人口计算的人均值；自变量为贫困发生率、乡村人口、是否为革命老区、是否为少数民族、是否为边境县、是否为丘陵县、是否为山区县、年份和省虚变量（河北省为对照省）。

回归结果（表 20）表明，除了其他来源的资金外，所有扶贫资金的分配都与贫困发生率呈高度正相关。贫困县的贫困发生率每增加 1 个百分点，人均总扶贫资金、中央扶贫资金、中央扶贫专项贷款、中央财政扶贫资金和中央以工代赈资金的分配分别增加 0.76 元、0.90 元、0.46 元、0.20 元和 0.23 元。所有扶贫资金的分配都与乡村人口数呈高度负相关，贫困县的乡村人口每增加

1 万人，人均扶贫资金相应减少 2.44 元，其中中央三项扶贫资金相应减少 2.03 元。由此可以看出，决定中央扶贫资金配置的是贫困县的贫困人口数，而与它的乡村人口数无关。其他来源的扶贫资金与贫困发生率呈负相关，说明贫困发生率较低、获得中央扶贫资金数量相对较少的贫困县，会下功夫开拓其他可获取扶贫资金的渠道。

表 20　　1998—2001 年贫困县扶贫资金分配的决定因素

因变量	总扶贫投资	中央扶贫投资	其他扶贫投资	专项扶贫贷款	以工代赈	发展资金
贫困发生率	0.76*** (3.57)	0.90*** (4.98)	-0.10 (-0.34)	0.46*** (3.67)	0.23*** (3.34)	0.20*** (4.84)
乡村人口	-2.44*** (-18.29)	-2.03*** (-17.89)	-0.66*** (-3.68)	-1.18*** (-14.80)	-0.54*** (-12.58)	-0.31*** (-11.58)
革命老区县	-25.83*** (-3.02)	-22.99*** (-3.16)	-3.81 (-0.33)	-14.47*** (-2.83)	-6.39** (-2.30)	-2.13 (-1.26)
少数民族县	13.65* (1.84)	8.95 (1.41)	6.31 (0.63)	7.12 (1.60)	-0.72 (-0.30)	2.54* (1.72)
边境县	66.96*** (6.24)	52.94*** (5.81)	-6.63 (-0.46)	24.32*** (3.81)	17.55*** (5.05)	11.06*** (5.20)
丘陵县	0.11 (0.01)	2.93 (0.36)	-4.21 (-0.33)	1.36 (0.24)	0.88 (0.29)	0.69 (0.37)
山区县	6.64 (0.76)	11.77 (1.59)	4.25 (0.36)	4.15 (0.78)	4.80* (1.67)	2.81 (1.63)
年	3.18 (1.57)	4.35** (2.52)	-6.31** (-2.30)	1.00 (0.83)	0.53 (0.80)	2.82*** (7.00)
样本数	2121	2123	2123	2123	2123	2123
调整后的 R^2	0.38	0.45	0.02	0.38	0.33	0.30

注：*** 表示显著性水平为 0.01；** 表示显著性水平为 0.05；* 表示显著性水平为 0.1。

资料来源：汪三贵、李文：《中国农村贫困问题》，中国经济出版社 2005 年版，第 143—152 页。

少数民族县获得的人均扶贫资金要比其他条件相同的县多 13.65 元，其中

8.95 元来自中央三项扶贫资金；边境县获得的人均扶贫资金要比其他条件相同的县多67 元，其中 52.94 元来自中央三项扶贫资金。由此说明，扶贫资金的分配对少数民族县和边境县都给予了倾斜，且对边境县的倾斜力度显著地大于少数民族县。边境县大多都是少数民族县，这些位于边境的少数民族县实际上获得了双重倾斜。

尽管国家在确定贫困县时对革命老区县给予了特殊照顾，但革命老区县与其他条件相同的县相比，人均扶贫资金少 25.83 元，其中，中央三项扶贫资金少 22.99 元。与平原地区相比，扶贫资金分配对山区和丘陵地区的贫困县有倾斜，但统计检验并不显著。

从表 21 可以看出，扶贫资金在各省之间的分配有比较明显的差异，许多省虚变量有较大的系数，并在统计上显著。与河北省相比，山西、内蒙古、云南和辽宁获得的扶贫资金较少，而吉林、黑龙江、安徽、江西、河南、湖北、湖南、广西、海南、重庆、四川、甘肃、青海、宁夏和新疆获得的扶贫资金较多。在控制了贫困发生率、人口规模、地势和少数民族地区等特征变量后，青海和四川的贫困县人均获得的扶贫资金比河北高 211 元和 164 元。

表 21　　1998—2001 年贫困县扶贫资金分配的决定因素

因变量	总扶贫投资	中央扶贫投资	其他扶贫投资	专项扶贫贷款	以工代赈	发展资金
山西	-27.53** (-2.09)	-17.78 (-1.58)	-4.13 (-0.23)	-26.35*** (-3.34)	6.26 (1.46)	2.32 (0.88)
内蒙古	-6.53 (-0.43)	-16.48 (-1.27)	2.04 (0.10)	-24.22*** (-2.65)	6.80 (1.37)	0.94 (0.31)
辽宁	-56.69*** (-2.86)	-59.59*** (-3.52)	3.12 (0.12)	-44.20*** (-3.72)	-6.75 (-1.05)	-8.64** (-2.18)
吉林	49.52* (1.96)	87.91*** (4.08)	17.14 (0.50)	54.22*** (3.58)	27.92*** (3.40)	5.76 (1.14)
黑龙江	103.35*** (5.56)	82.00*** (5.21)	56.90** (2.27)	25.59** (2.32)	40.54*** (6.75)	15.86*** (4.31)
安徽	143.74*** (7.29)	120.40*** (7.17)	38.76 (1.45)	64.55*** (5.48)	38.72*** (6.05)	17.14*** (4.37)
福建	5.49 (0.26)	-49.89** (-2.73)	60.16** (2.07)	-41.04*** (-3.20)	-0.43 (-0.06)	-8.42** (-1.97)

续表

因变量	总扶贫投资	中央扶贫投资	其他扶贫投资	专项扶贫贷款	以工代赈	发展资金
江 西	37.09** (2.18)	33.09** (2.28)	4.94 (0.21)	12.89 (1.26)	18.25*** (3.29)	1.95 (0.56)
山 东	−10.45 (−0.53)	−3.86 (−0.23)	−23.29 (−0.01)	−4.87 (−0.42)	1.93 (0.31)	−0.92 (−0.24)
河 南	53.63*** (3.93)	53.33*** (4.58)	16.61 (0.90)	27.99*** (3.43)	17.11*** (3.86)	8.23*** (3.03)
湖 北	34.42** (2.15)	30.89** (2.26)	3.15 (0.15)	19.41** (2.03)	9.98* (1.92)	1.49 (0.47)
湖 南	122.77*** (5.39)	94.81*** (4.89)	26.84 (0.87)	59.61*** (4.38)	22.48*** (3.04)	12.73*** (2.81)
广 西	14.43 (0.97)	29.53** (2.33)	−13.72 (−0.68)	21.51** (2.42)	8.48* (1.75)	−0.47* (−0.16)
海 南	−27.86 (−1.10)	34.32 (1.59)	−26.73 (−0.78)	−13.45 (−0.89)	43.23*** (5.26)	4.54 (0.90)
重 庆	65.01*** (3.29)	63.30*** (3.77)	4.41 (0.17)	31.178*** (2.64)	20.93*** (3.27)	11.21*** (2.86)
四 川	163.53*** (9.85)	160.60*** (11.39)	−7.14 (−0.32)	103.73*** (10.49)	37.01*** (6.89)	19.86*** (6.03)
贵 州	3.35 (0.25)	9.02 (0.79)	−6.44 (−0.36)	11.84 (1.49)	0.11 (0.03)	−2.93 (−1.11)
云 南	−11.93 (−0.98)	−23.35** (−2.25)	23.31 (1.41)	−7.95 (−1.09)	−7.61* (−1.92)	−7.79*** (−3.21)
陕 西	3.64 (0.29)	10.77 (1.00)	−0.85 (−0.05)	13.08* (1.73)	−1.93 (−0.47)	−0.38 (−0.15)
甘 肃	7.39 (0.59)	22.69** (2.15)	−7.67 (−0.46)	4.62 (0.62)	3.04 (0.75)	15.03*** (6.09)
青 海	211.25*** (12.09)	238.74*** (16.02)	31.08 (1.31)	174.86*** (16.73)	64.13*** (11.29)	−0.24** (−0.07)
宁 夏	117.41*** (5.41)	115.49*** (6.24)	31.83 (1.08)	60.24*** (4.64)	20.00*** (2.83)	35.25*** (8.16)
新 疆	25.151 (1.55)	86.61*** (6.26)	4.29 (0.20)	14.22 (1.46)	51.29*** (9.72)	21.10*** (6.53)

续表

因变量	总扶贫投资	中央扶贫投资	其他扶贫投资	专项扶贫贷款	以工代赈	发展资金
样本数	2121	2123	2123	2123	2123	2123
调整后 R^2	0.38	0.45	0.02	0.38	0.33	0.30

注：括号内为t检验值；***表示显著性水平为0.01；**表示显著性水平为0.05；*表示显著性水平为0.1。

资料来源：李文、汪三贵：《中央扶贫资金分配及影响因素分析》，《中国农村经济》2004年第8期，第47页。

从总体上看，东部的辽宁、福建和山东三省的中央扶贫资金的系数几乎都为负，中西部的系数则大多为正。中西部相比，西部的系数又大于中部。由此说明，中央扶贫资金的分配具有明显地向中西部，尤其是西部倾斜的特征。如果把这一特征与中西部，尤其是西部减少的贫困人口绝对量更大联系起来，不难看出它们之间具有显著的正相关性。

（五）财政扶贫资金运转的经济效率（李秉龙等，2004）

财政部课题组（2001）利用陕西省43个贫困县的有关数据所做的收入增长分析表明，尽管不同地区的增长率有所不同，但贫困县作为一个整体，人均收入的增长是非常显著的。陕西省43个贫困县农业产值的年均增长率为7.1%、乡镇企业产值年均增长14.2%、县级国有企业产值年均增长4.57%，大大高于全省各县平均1.12%的增长率。对全国592个国定贫困县1990—1997年的数据分析发现，国定贫困县的人均国内生产总值、人均工业产值、人均粮食产量的增长都高于全国范围的省平均水平。

曹洪民（2003）的实证研究表明，从标准化回归系数β值来看，农户人均自筹资金收入、投放到种养业的扶贫资金、信贷扶贫资金、户均第三产业劳动力（户均其他劳动力）、省定贫困县虚变量和通电村数占总村数的比例对农户人均纯收入的影响较大（见表22）。

表22　扶贫投资对农户人均纯收入的边际影响　（单位:%）

	种养业	加工业	信贷扶贫资金	以工代赈资金	财政扶贫资金
投入增加	1	1	1	1	1
人均纯收入增加	2.58	1.85	1.83	0.95	4.74

资料来源：曹洪民：《中国农村开发式扶贫模式研究》，博士学位论文，中国农业大学，2003年。

从非标准化回归系数值（弹性值）来看：首先，中央扶贫资金对促进农户人均纯收入增长的作用一般要高于非扶贫资金；其次，按扶贫资金的投向来分，投放到种养业的扶贫资金对农户人均纯收入增长的作用又高于投放到加工业、工业和其他方面的扶贫资金。在其他投入条件不变的情况下，农户人均种养业扶贫资金每增加 1%，农户人均纯收入增长 0.081%；按扶贫投资的构成来分，信贷扶贫资金和以工代赈扶贫资金的投资效果要好于财政扶贫资金——农户人均信贷扶贫资金和以工代赈扶贫资金每增加 1%，农户人均纯收入分别增长 0.094% 和 0.033%。

国定贫困县的农户人均信贷扶贫资金和人均以工代赈资金的产出弹性均显著高于省定贫困县。农户人均信贷扶贫资金和人均以工代赈资金每增加 1%，国定贫困县的农户人均纯收入比省定贫困县分别多增长 0.025 和 0.056 个百分点；而省定贫困县的农户人均财政扶贫资金的产出弹性却显著高于国定贫困县，农户人均财政扶贫资金每增加 1%，省定贫困县的农户人均纯收入比国定贫困县多增长 0.055 个百分点。此外，在其他投入条件不变的情况下，贫困地区农户人均自筹资金投入每增加 1%，农村居民人均纯收入增加 0.119%—0.124%；通电村数占总村数的比例每增加 1%，农户人均纯收入增加 0.410%—0.420%；农户人均有效灌溉面积每增加 1%，农户人均纯收入增加 0.030%—0.037%；户均工业劳动力和户均其他劳动力每增加 1%，农户人均纯收入分别增加 0.053%—0.055% 和 0.096%—0.1%，而农林牧渔业户均劳动力每增加 1%，农户人均纯收入减少 0.075%—0.079%。

三　中国扶贫效果的评价

（一）政府公共支出的减贫效果

中国农村的扶贫是以政府为主导的。政府的扶贫资金主要用于贫困地区的公共品建设，包括农业科研开发、灌溉系统、水电路和教育卫生等，因此，政府用于扶贫的公共支出的效果如何，成为评价政府扶贫效果的重要内容。有关这方面评价的开创性工作是由樊胜根等（2002）完成的。

他们利用 1970—1997 年的省级数据，用联立方程模型估计了不同类型的政府公共支出的扶贫效果。用于评价政府公共支出扶贫效果的计量分析模型（所有没有下标的变量均为省一级在第 t 年的观察值。为方便起见，省去了这些变量的下标。带有脚标“ -1，…， -的变量表示该值是第 -1，…，t -j 年的观察值）如下：

农村贫困决定方程：

$$P = f(AGDPPC, WAGE, NAGEMPLY, TT, APOP_{-1}, PLOAN) \tag{2}$$

农业生产率函数方程：

$$AGDPPC = f(LANDPC, AKPC, RDE, RDE_{-1}, \cdots, RDE_{-i}, IR, SCHY, ROADS, ELECT, RTR) \tag{3}$$

非农业生产率函数方程：

$$NAGDPPC = f(NADPC, SCHY, ROADS, ELECT, RTR) \tag{4}$$

农村非农部门的工资和就业决定方程：

$$WAGE = f(ROADS, SCHY, RTR, ELECT, APOP_{-1}, AGDPPC_{-1}, UGDP_{-1}) \tag{5}$$

$$NAGEMPLY = f(ROADS, SCHY, RTR, ELECT, AGDPPC_{-1}, UGDP_{-1}) \tag{6}$$

各种投资的存量水平与政府历年支出之间的关系方程：

$$IR = f(IRE, IRE_{-1}, \cdots, IRE_{-j}) \tag{7}$$

$$ROADS = f(ROADE, ROADE_{-1}, \cdots, ROADE_{-K}) \tag{8}$$

$$SCHY = f(EDE, EDE_{-1}, \cdots, EDE_{-m}) \tag{9}$$

$$RTR = f(RTRE, RTRE_{-1}, \cdots, RTRE_{-l}) \tag{10}$$

$$ELECT = f(PWRE, PWRE_{-1}, \cdots, PWRE_{-n}) \tag{11}$$

农产品贸易条件方程：

$$TT = f(AGDPPC, NAGDPPCn) \tag{12}$$

计量分析模型中的外生变量和内生变量的定义如表23所示。

表23　　模型中的外生变量和内生变量的定义

外生变量	定义	内生变量	定义
LANDPC	每个劳动力的土地面积	*P*	贫困发生率
AKPC	每个劳动力的农业资本	*SCHY*	15岁以上农村人口平均受教育年限
NAKPC	农村非农部门每个劳动力的资本	*ROADS*	农村道路密度
APOP	农村人口增长率	*IR*	耕地灌溉率
UGDP	城镇部门GDP	*ELECT*	农村用电量
IRE	政府灌溉支出	*RTR*	农村电话数量
RDE	政府农业科研投资	*WAGE*	农村非农业劳动力工资率
ROADE	政府农村道路支出	*NAGE MPLY*	农村劳动力中非农就业比例
EDE	政府农村教育支出	*AGDPPC*	平均每个劳动力农业GDP

续表

外生变量	定义	内生变量	定义
RTRE	政府农村通信支出	*AGDPPCn*	全国农业生产率增长率
PWRE	政府农村电力支出	*NAGDPPC*	农村每个劳动力非农业 GDP
PLOAN	人均政府扶贫支出（3 年平均值）	*TT*	贸易条件
RRAIN	年降水量		

注：贸易条件为农产品价格指数与非农产品价格指数之比。

资料来源：樊胜根、张林秀、张晓波：《中国农村公共投资在农村经济增长和反贫困中的作用》，《华南农业大学学报》（社会科学版）2002 年第 1 期，第 1—13 页。

鉴于制度变迁和政策改革对于农村农业部门和非农业部门生产的增长以及农村扶贫的贡献率都很大，忽略这些因素会导致估计上的偏差，为此，在所有的方程中加入了年份虚变量，以反映某一年的制度和政策变化对农业和非农业生产增长以及扶贫的影响。由于地区之间也有较大的差异，所以模型中还引入地区虚变量，以控制每个地区固有的其他社会经济条件对贫困的影响。

计量分析模型内的所有方程均采用双对数形式——如果采用更为灵活的方程形式，如超越对数或是二次方程，对系数估计的限制要少一些，但是由于一些交叉变量之间存在多重共线性，许多系数统计检验都不显著。

樊胜根等采用完全信息最大似然法对联立系统方程进行估计。具体采用了两步法（两步法的优点在于，在估计非贫困方程时充分利用了现有的所有数据，从而可以增加估计结果的可靠程度，同时也避免了贫困方程中自变量的内生性问题）：第一步，用 1970—1997 年的分省数据估计除贫困方程之外的所有方程。然后，利用估计的系数预测各省 *AGDPPC*、*WAGE*、*NAGEMPLY* 以及 *TT* 的值；第二步，用 1985—1989 年、1991 年和 1996 年共 7 年的分省贫困数据，以及各省的因变量的预测值估计贫困方程。

利用联立方程模型估计结果，可以推导出各种公共投资对增长和扶贫的边际回报率。分析表明，政府在农业科研开发、灌溉、教育和基础设施领域的投入，不仅推动了农业产出的增长，也有助于缓解农村贫困，但政府投入的效应在不同地区的不同投入类型之间具有显著差异。

表 24 的估计结果显示，所有促进生产的公共投资都有助于扶贫，但是各种公共投资减缓贫困的效果有较大的不同。从全国来看，教育投资的扶贫效果最大，每增加 1 万元的教育投资，就可使 8.8 人脱贫，比农业科研开发投资的扶贫效果高出 30%；农业科研开发投资的扶贫效果居第二位，每增加 1 万元农业科研开发投资，可使 6.8 人脱贫；政府投向农村道路资金的扶贫效果位居

第三位，每增加 1 万元的道路投资可使 3.2 人脱贫，在这 3 种基础设施建设投资中，扶贫效果最为显著；电力投资扶贫效果居第四位，每增加 1 万元电力投资可以脱贫 2.3 人；农村电话投资的扶贫效果与电力投资接近，每增加 1 万元电力投资可以脱贫 2.2 人。灌溉投资通过提高农业生产率来影响扶贫，其扶贫效果相对较小，每增加 1 万元的道路投资可使 1.3 人脱贫。政府扶贫贷款的扶贫效果很小，而且不显著，每增加 1 万元扶贫贷款投资只能使 1.1 人脱贫，其扶贫效果只相当于教育投资的 13%、农业科研开发投资的 15%、农村基础设施建设投资的 50% 和灌溉投资的 85%。

表 24　　公共投资的扶贫效果（每万元投资的脱贫人数）

	东部	中部	西部	全国	西部/东部	西部/中部
农业科研开发	1.99	4.4	33.12	6.79	16.6	7.5
灌溉	0.55	0.77	4.06	1.33	7.4	5.3
道路	0.83	3.61	10.73	3.22	12.9	3.0
教育	2.73	5.38	28.66	8.8	10.5	5.3
电力	0.76	1.65	6.17	2.27	8.1	3.7
电话	0.6	1.9	8.51	2.21	14.2	4.5
扶贫贷款	0.88	0.75	1.49	1.13	1.7	2.0

资料来源：同表 23。

从表 24 还可以看出，公共投资扶贫效果的地区差异不仅很大，而且差异的变化极有规律，即西部地区的扶贫效果最高，每增加 1 万元，农业科研开发、教育、道路、电话和电力及灌溉投资可分别使 33 人、29 人、11 人、9 人、6 人和 4 人脱贫；中部次之，可分别使 4.4 人、5.4 人、3.6 人、1.9 人、1.7 人和 0.8 人脱贫；东部最低，可分别使 2 人、2.7 人、0.8 人、0.6 人、0.8 人和 0.6 人脱贫。如果分项看，那么农业科研开发的扶贫效果的地区差异最大，西部的扶贫效果分别是中部和东部的 7.5 倍多和 16.6 倍；教育、道路和电话的扶贫效果也有较大的差异，分别为 10.5 倍和 5.3 倍、12.9 倍和 3.0 倍、14.2 倍和 4.5 倍；电力和灌溉的扶贫效果的地区差异相对小一些，分别为 8.1 倍和 3.7 倍、7.4 倍和 5.3 倍；政府扶贫贷款的扶贫效果的差异最小，西部的扶贫效果分别是中部和东部的 2 倍多和 1.7 倍。由此可以得出的一个基本结论是：贫困的集中度越高，政府公共投资的扶贫效果越好。换言之，对于特定数量的公共投资，贫困瞄准得越好，其产生的减缓贫困的效果越好。

林伯强（2005）利用多种统计年鉴和统计资料的数据，应用樊胜根等的方法和模型，对2001年全国各类公共投资的边际效应进行了估算，得出与樊胜根等所估计的类似结果。将表25与表24相比，可以看出以下三点变化：第一，进入21世纪后，虽然各项公共投资的扶贫效果的基本特征没有发生变化，但它们的排序有所变化。教育的扶贫效果位居第一，农业科研开发退居第二，公路仍然位居第三，灌溉位居第四，上升了两个位次，电力仍然位居第五，电话位居第六，下降了两个位次，扶贫贷款仍然位居第七。第二，除了灌溉（东、中、西部和全国分别增加了0.3人、1.0人、0.6人和1.4人）和中部的扶贫贷款（增加了0.2人）外，每增加1万元扶贫投资可脱贫人数有下降的趋势。其中，西部的变化最为显著，农业科研开发、道路和电话的科研开发分别减少了10.8人、4.3人和3.9人；中部的道路脱贫人数减少了2人，全国的农业脱贫人数、教育和灌溉分别减少了1.5人、1.5人和1.4人。其余都不足1人。第三，各个系数的值具有趋近的特征，这意味着政府公共投资朝着边际平衡的方向发展。由此可以得出的一个基本结论是：政府公共投资的扶贫效果具有边际效益递减的特征，即随着农村贫困的不断减缓，随着与贫困相关的特定问题的不断解决，进一步减缓贫困和继续解决遗留问题的难度会越大，所需的投入会逐步增加。

表25　　　　公共投资的扶贫效果（每万元投资的脱贫人数）

	东部	中部	西部	全国	西部/东部	西部/中部
农业科研开发	1.62	3.84	22.35	5.27	13.8	5.8
灌 溉	0.81	1.76	4.65	2.68	5.7	2.6
公 路	0.72	1.61	6.39	3.07	8.9	4.0
教 育	2.48	4.77	28.19	7.35	11.4	5.9
电 力	0.67	1.52	5.85	2.18	8.7	3.8
电 话	0.56	1.31	4.63	2.05	8.3	3.5
贫困贷款	0.76	0.92	1.37	1.11	1.8	1.5

注：生产率函数的参数用于计算对GDP的收益。在规模报酬不变的假设下，生产函数中非劳动参数的系数应该与劳动生产率函数中的相同。边际收益可以简单地通过生产弹性与各支出项的边际生产率相乘得出。

资料来源：林伯强：《中国的政府公共支出与减贫政策》，《经济研究》2005年第1期，第27—37页。

（二）基础设施投资减贫效果

大量实证研究表明，基础设施的改善有利于改进贫困地区的生产要素配置，有利于促进贫困地区的农产品流通和竞争性市场的形成，有利于促进贫困地区的经济和社会的发展（国家统计局，2001；Komives，Whittington，Wu，2000；ADB，1999；Whittington，1994；African Development Bank，1999），从而提高整个贫困地区乃至更大范围内的社会资源的合理有效配置（Web，Heabrent，1990）。

1. 贫困地区基础设施投资对农户收入和支出的影响

刘晓昀等（2003）利用自己建立的收入和支出模型，以及2000年和2001年连续两次对贵州的同一组样本农户的调查数据，分析了基础设施投资对农户收支的影响。调查内容涵盖1999年和2000年样本农户生产生活等基本情况。经过逻辑检验，确认共有130个有效样本农户，其中，80个农户所在的村庄在1999年有水、电和路等基础设施投资，50个农户所在的村庄没有基础设施项目投资。这些样本农户在1999年前的基本情况差异不大。从样本农户的家庭纯收入分布来看，样本农户在1999年的人均纯收入为974元，远远低于同期农民人均纯收入2210元的水平，也低于国定贫困县农民人均纯收入（1347元）的水平（国家统计局，2001）。从户均纯收入的标准差、标准差系数、极大值和极小值来看，样本户具有较高的代表性，样本包括了不同收入水平的农户，样本户均纯收入的分布基本服从偏正态分布。

$$\begin{aligned} Income = {} & \beta_0 + \beta_1 \times Inv + \beta_2 \times Age + \beta_3 \times Edu + \beta_4 \times Career + \beta_5 \times Mig \\ & + \beta_6 \times Asset + \beta_7 \times Pop + \beta_8 \times Train + \beta_9 \times Tech + \beta_{10} \times Time + \\ & \beta_{11} \times Inv \times Time + \beta_{12} \times Inv \times Time \times Age + \beta_{13} \times Inv \times Time \times Edu \\ & + \beta_{14} \times Inv \times Time \times Career + \beta_{15} \times Inv \times Time \times Mig + \beta_{16} \times Inv \\ & \times Time \times Asset + \beta_{17} \times Inv \times Time \times Pop + \beta_{18} \times Inv \times Time \times Train \\ & + \beta_{19} \times Inv \times Time \times Tech \end{aligned} \tag{13}$$

$$\begin{aligned} Expenditure = {} & \alpha_0 + \alpha_1 \times Inv + \alpha_2 \times Age + \alpha_3 \times Edu + \alpha_4 \times Career + \alpha_5 \times Mig \\ & + \alpha_6 \times Asset + \alpha_7 \times Pop + \alpha_8 \times Train + \alpha_9 \times Time + \alpha_{10} \times Inv \\ & \times Time + \alpha_{11} \times Inv \times Time \times Age + \alpha_{12} \times Inv \times Time \times Edu + \\ & \alpha_{13} \times Inv \times Time \times Career + \alpha_{14} \times Inv \times Time \times Mig + \alpha_{15} \times Inv \\ & \times Time \times Income + \alpha_{16} \times Inv \times Time \times Pop + \alpha_{17} \times Inv \times Time \\ & \times Train \end{aligned} \tag{14}$$

式中，*Income* 是农户人均收入，*Expenditure* 是农户支出，*Inv* 是基础设施投资虚拟变量，*Age* 为户主年龄，*Edu* 为户主受教育程度，*Career* 为户主的就业情况，*Mig* 表示户主的外出务工经历，*Asset* 表示初始点农户家庭财产，*Pop* 表示农户家庭人口数，*Train* 表示户主是否接受过技术培训，*Tech* 表示农户生产的技术变量，*Time* 为时间虚拟变量，α 和 β 是待估参数。

利用 OLS 方法得出的计量研究结果表明：基础设施投资对不同农户的影响主要通过户主的人力资本差异体现。户主有外出务工经历的农户从基础设施投资中受益大于没有外出务工经历的农户；基础设施投资对农户人均净收入的增长与户主受教育程度具有正相关关系，户主受教育程度越高，农户从中获得的收益越大；户主从事非农就业的农户要比户主从事农业的农户更容易从基础设施投资中受益。

基础设施投资带来的农户收入增加，改变了消费者的预算约束，从而影响贫困农户的生活消费支出，包括消费数量的增加和消费结构的改善。2001 年，有基础设施投资的村庄，贫困农户的户均生活消费支出增长了 26%，而没有基础设施投资的村庄，贫困农户的户均生活消费支出仅仅增长 5%。

2. 农村公路基础设施对减缓贫困的影响

在中国实施积极的财政政策期间，国债的发行力度逐年加大，农村贫困地区的基础设施，包括饮水、灌溉、交通、电力等，成为国债投放的重点领域之一。1997—2000 年，国定贫困县的公路里程年均递增 5.4%，用电量年均递增 6.4%（国家统计局，2001）。

为了分析农村公路基础设施条件的改善对贫困的缓解影响，吴国宝（2006）以 1998—2001 年陕西省级数据中的 1043 个可比的样本农户数据（数据来自陕西省农村社会经济调查队对贫困县所做的贫困监测调查及其所做的专项调查。研究使用了 1998 年和 2001 年榆林市和商洛市 19 个县中 1180 个样本户的数据。1180 个样本户中的 1143 户在 1998—2001 年没有变化。这为跨时期比较公路基础设施对减缓贫困影响提供了可能性。两个地区的选取是根据他们在贫困成因以及公路基础设施变化的代表性），运用“双差异”（double difference）评估方法，就通路对减缓贫困的作用进行了评价。从表 26 可以看出，两类农户中，根据政府贫困线确定的贫困发生率几乎按同样比例上升；按人均日收入 1 美元和人均日消费支出 1 美元的贫困标准来衡量，1998 年已通路的农户的贫困减缓要好于没通路的农户。同期，公路使用获得情况不同的Ⅰ类贫困户，按政府贫困线及人均日收入 1 美元定义的贫困发生率都有所降低，与 1998 年没通路贫困户相比，通路贫困户在减缓收入贫困方面取得了更大的进展。在Ⅱ类和Ⅲ类贫困户中，通路农户比没通路农户的贫困缓解情况也要好。总体而言，通路的农户在减缓贫困上获得了更好的成效。

表 26　　1998—2001 年公路使用获得情况不同的农户的贫困缓解和增长变化

（单位：%）

贫困减缓类型	到 1998 年不通路				到 1998 年通路			
	总体	Ⅰ类	Ⅱ类	Ⅲ类	总体	Ⅰ类	Ⅱ类	Ⅲ类
Ⅰ类贫困减缓	11.61	-51.85	0.29	31.58	11.42	-81.02	-2.79	17.48
Ⅱ类贫困减缓	3.27	-28.41	-35.05	32.20	-3.56	-67.15	-64.30	14.99
Ⅲ类贫困减缓	2.67	-8.30	-3.53	-30.92	0.88	12.77	-2.50	-27.94

注：按政府贫困标准确定的贫困户，简称为Ⅰ类贫困户；按人均日收入 1 美元或人均日消费 1 美元标准定义的贫困户，分别简称为Ⅱ类贫困户、Ⅲ类贫困户。

资料来源：吴国宝：《农村公路基础设施对减缓贫困的影响研究》，见中国社会科学院农村发展研究所《中国农村发展研究报告》，社会科学文献出版社 2006 年版，第 296 页。

在此基础上，为了控制公路以外的因素的影响，吴国宝又采用 Probit 模型分析了通路对减缓贫困的影响。

（1）变量的界定与时间因素

用于回归分析的 3 大类变量指标包括被解释变量、干预变量和背景变量。基于数据的可得性和贫困定义的宽泛性，计量研究采用了 4 个被解释变量，分别为按政府规定的贫困线测量的贫困发生率、按购买力平价（PPP）计算的人均日收入 1 美元标准测量的贫困发生率、依据购买力平价计算的人均日消费 1 美元标准测量的贫困发生率、以人均拥有财产价值为样本均值 50% 的标准测量的贫困发生率。选择前 3 个变量是为了便于比较，而基于财产的贫困定义是为了对贫困变化做出较为准确的估计，因为一次性的实地调查中的财产数据要比收入和消费数据更加可靠。

干预变量包括 1998 年是否通路，与公共汽车站的距离、公路是否铺路面，与主要公路的距离、村公路密度、人均交通费和人均拥有交通财产价值。

背景变量共有 6 类：一是人口和就业变量，包括家庭规模、劳动力比例、家庭成员平均受教育年限、家庭成员最高受教育程度、在非农部门就业的劳动力的比例、拥有技能的劳动力的比例以及健康状况正常人口比例等；二是自然条件和土地资源变量，包括家庭居所是否在山区、人均拥有耕地及区位变量（表示家庭居所位于山区或陕北）；三是收入和财产变量，包括 1998 年人均收入的对数、1998 年人均拥有财产价值的对数，该类变量只出现在省级数据里；四是技术和信贷可获得性变量，包括是否获得信贷、是否接受过技术培训，为了测量以前获得的信贷和技术服务对最近减缓贫困的影响，信贷获得变量包括

1998 年和 2001 年所有商业贷款和政策贷款的获得量，技术培训获得变量包括 1998 年和 2001 年接受技术培训的数量；五是其他基础设施变量，主要包括：与汽车站或火车站的距离是否小于 5km、1998 年是否通电、人均能源消费支出、是否完成了电网改造；六是贫困状况变量，包括基于前述 4 种定义确定的贫困变量，用于考察长期贫困的影响。

众所周知，公路基础设施需要经过一定时间才能充分释放出它们对各方面的作用，包括减缓贫困的影响。由于可供利用的数据是由省社会经济调查队采集的 1998—2001 年数据，而没有可用来评估公路基础设施在充分长的时期里的影响的数据，所以只对这 4 年内的公路设施的影响进行评估。

（2）公路基础设施对减缓贫困影响的 Probit 模型估计结果——应用省贫困监测数据

表 27 是利用省级贫困监测数据和 Probit 模型做出的有关基础设施对减缓贫困影响的估计结果。干预变量中，人均交通费在 4 类贫困定义中系数符号都与预期一致，且通过 $\alpha = 0.01$ 的显著性水平检验，表明公路服务的使用或消费有助于减缓贫困。1998 年是否通路对贫困户（政府贫困标准）的影响与预期不一致，但对其他 3 类定义的贫困户的影响显著，这可能意味着贫困户没有能力利用社区通路的条件直接摆脱贫困。相反，社区道路状况的改善有可能使贫困户丧失一些创收机会。例如，一些贫困户靠售卖薪柴和从事建筑材料搬运赚取收入，通路后，这些就业机会被更经济的方式替代了。也就是说，只有当农户的收入或财产积累达到一定水平时，通路才会有助于减缓贫困。除了按人均日消费 1 美元定义的贫困户外，与汽车站的距离对减缓贫困的影响的估计与预期并不一致，说明仅仅获得利用交通基础设施的机会还不能直接对减缓贫困产生积极作用。

表 27　　利用陕西省 1998—2001 年贫困监测数据 Probit 模型估计结果

项目	政府贫困标准		人均日收入 1 美元标准		人均日消费 1 美元标准		财产价值为样本均值 50% 标准	
	系数	z	系数	z	系数	z	系数	z
家庭规模/人	0.027	***	0.130	***	0.140	***	0.153	***
劳动力比例/%	0.238	***	0.082	**	0.570	***	0.292	***

续表

<table>
<tr><th colspan="2" rowspan="2">项目</th><th colspan="2">政府贫困标准</th><th colspan="2">人均日收入 1 美元标准</th><th colspan="2">人均日消费 1 美元标准</th><th colspan="2">财产价值为样本均值 50% 标准</th></tr>
<tr><th>系数</th><th>z</th><th>系数</th><th>z</th><th>系数</th><th>z</th><th>系数</th><th>z</th></tr>
<tr><td colspan="2">家庭成员平均受教育年限/年</td><td>0. 031</td><td>***</td><td>0. 070</td><td>***</td><td>-0. 006</td><td>*</td><td>-0. 017</td><td>***</td></tr>
<tr><td colspan="2">家庭成员最高受教育程度（按学历划分）</td><td>-0. 099</td><td>***</td><td>-0. 206</td><td>***</td><td>-0. 152</td><td>***</td><td>-0. 008</td><td></td></tr>
<tr><td colspan="2">拥有技能的劳动力比例/%</td><td>-0. 304</td><td>***</td><td>0. 406</td><td>***</td><td>-0. 732</td><td>***</td><td>-0. 226</td><td>***</td></tr>
<tr><td colspan="2">家庭居所位于山区</td><td>-0. 175</td><td>***</td><td>-0. 04</td><td>**</td><td>-0. 022</td><td>*</td><td>-0. 111</td><td>***</td></tr>
<tr><td colspan="2">家庭居所位于陕北</td><td>1. 534</td><td>***</td><td>1. 133</td><td>***</td><td>-0. 163</td><td>***</td><td>0. 295</td><td>***</td></tr>
<tr><td colspan="2">人均拥有耕地面积/亩</td><td>-0. 102</td><td>***</td><td>-0. 083</td><td>***</td><td>-0. 02</td><td>***</td><td>-0. 024</td><td>***</td></tr>
<tr><td colspan="2">非农就业劳动力比例/%</td><td>-0. 656</td><td>***</td><td>-0. 78</td><td>***</td><td>-0. 335</td><td>***</td><td>-0. 135</td><td>***</td></tr>
<tr><td colspan="2">与汽车站的距离小于 5km</td><td>0. 019</td><td>*</td><td>0. 037</td><td>**</td><td>-0. 147</td><td>***</td><td>0. 160</td><td>***</td></tr>
<tr><td colspan="2">与火车站的距离小于 5km</td><td>-0. 371</td><td>***</td><td>-0. 482</td><td>***</td><td>-0. 181</td><td>***</td><td>-0. 175</td><td>***</td></tr>
<tr><td colspan="2">接受技术培训</td><td>-0. 190</td><td>***</td><td>-0. 169</td><td>***</td><td>0. 211</td><td>***</td><td>0. 090</td><td>**</td></tr>
<tr><td colspan="2">获得商业或政策性贷款</td><td>0. 230</td><td>***</td><td>0. 051</td><td></td><td>-0. 141</td><td>***</td><td>0. 018</td><td>*</td></tr>
<tr><td colspan="2">人均交通费/元</td><td>-0. 008</td><td>***</td><td>-0. 004</td><td>***</td><td>-0. 009</td><td>***</td><td>0. 000</td><td>*</td></tr>
<tr><td colspan="2">人均燃料费/元</td><td>-0. 003</td><td>***</td><td>-0. 002</td><td>***</td><td>-0. 005</td><td>***</td><td>0. 001</td><td>***</td></tr>
<tr><td rowspan="4">1988年</td><td>人均收入对数</td><td>-0. 214</td><td>***</td><td>-0. 083</td><td>***</td><td>-0. 316</td><td>***</td><td>-0. 066</td><td>***</td></tr>
<tr><td>人均拥有财产价值对数</td><td>0. 032</td><td>***</td><td>0. 003</td><td></td><td>-0. 064</td><td>***</td><td>-0. 351</td><td>***</td></tr>
<tr><td>村通路（km/km^2）</td><td>0. 199</td><td>***</td><td>-0. 113</td><td>***</td><td>-0. 162</td><td>***</td><td>-0. 087</td><td>***</td></tr>
<tr><td>通电</td><td>0. 236</td><td>***</td><td>0. 501</td><td>***</td><td>-0. 019</td><td></td><td>-0. 184</td><td>***</td></tr>
</table>

续表

项目		政府贫困标准		人均日收入1美元标准		人均日消费1美元标准		财产价值为样本均值50%标准	
		系数	z	系数	z	系数	z	系数	z
贫困发生率	政府贫困线标准	0.173	***						
	人均日收入1美元标准			0.256	***				
	人均日消费1美元标准					0.634	***		
	财产价值为样本均值50%标准							0.825	***
常数		-0.152	—	-0.554	***	2.863	***	2.087	***

注：***表示显著性水平 $\alpha=0.01$；**表示显著性水平 $\alpha=0.05$；*表示显著性水平 $\alpha=0.1$。

资料来源：吴国宝：《农村公路基础设施对减缓贫困的影响研究》，见中国社会科学院农村发展研究所《中国农村发展研究报告》，社会科学文献出版社2006年版，第315—318页。

家庭规模、家庭成员最高受教育程度、拥有技能的劳动力的比例、家庭居所位于山区、区位、人均拥有耕地面积、非农就业劳动力比例、1998年人均收入对数等变量的系数符号与预期相一致。与之形成对照的是，劳动力比例的系数符号与预期相反，这可能是因为贫困户的劳动力没有得到有效利用。与非贫困户相比，贫困户非农就业人口比例低得多。而农业生产中的劳动力利用受到耕地有限和投资缺乏等的制约。劳动力比例与减缓贫困之间不存在正相关的关系。此外，也可能是由于没有考虑劳动力的健康状况所致；相对来说，贫困户中健康有问题的劳动力比例相对较高，因此有可能出现估计与预期不一致的结果。家庭成员平均受教育年限变量的系数符号与预期符号也不一样，可能是由于多数劳动力滞留在主要应用传统技术的农业部门所致。类似的研究也发现，平均受教育年限对收入形成的贡献并不大（赵耀辉，1997）。相对而言，家庭成员受教育最高水平对摆脱贫困有显著作用，因为受教育水平最高的成员对家庭决策有重要的甚至是决定性的影响。

技术培训机会的获得有助于减轻收入贫困，而对于消费贫困和财产贫困却起着相反的作用。一种可能的解释是，新技术的应用往往要以增加生产投资为前提，从而迫使这些接受并掌握了新技术的农户不得不相应地缩减消费支出和减少财产积累。信贷机会的获得似乎仅有助于减缓消费贫困而并非减缓预期中的收入贫困，它可能部分缘于农户将贷款主要用于消费和种植业生产，如2001年农户贷款中36%用于消费，31%用于农作物生产。陕北农村的种植业经常受到严重旱灾的影响，相当大部分农作物种植的失败，有可能导致用于种植业生产的贷款的功能失常。

与火车站的距离、人均燃料支出变量的符号与预期相一致，且具有 $\alpha=0.01$ 的显著性水平。这表明铁路基础设施和能源服务的使用或消费有助于减缓贫困。而通电只带来财产贫困的缓解，它可能表明在获得电力使用途径之后，大多数农户只是增加家用电器的使用量，而不是利用电力从事创收活动。

2001 年的贫困状况与 1998 年的贫困状况存在关联，尽管这对于 4 种定义的贫困都成立，但比较关联程度可知，前一时期属于消费贫困和财产贫困的农户在后一时期陷入贫困的概率高得多。

（3）公路基础设施对减缓贫困影响的 Probit 模型估计结果——应用实地调查数据

由于省级贫困监测数据与公路基础设施有关的变量主要集中于描述公路基础设施使用获得的情况，而缺乏有关这些设施的质量和分布密度的变量，因此，吴国宝等（2006）利用实地调查数据对上述评估进行了补充。实地调查收集了有关公路基础设施的质量、社区道路密度、交通财产等变量。这些数据有助于深入分析公路基础设施对减缓贫困的影响机制。

采用实地调查数据进行的 Probit 回归的结果（见表 28）表明各变量的系数符号基本上都与预期相一致。两项回归估计结果在劳动力变量与收入贫困减缓关系之间差异较为显著的主要原因是，用实地调查数据所做的回归引入了健康状况变量，该变量的引进排除了丧失劳动能力的适龄劳动力的影响，从而使劳动力负担系数对减缓贫困的影响真正显现出来了。对按收入和财产定义的贫困减缓，身体状况的影响显著为正。而对基于消费标准的贫困减缓，身体状况却呈相反的效果，这缘于消费支出里包括了医疗消费支出。有意思的是，利用实地调查资料所做的回归和利用省级数据所做的回归相比，接受技术培训变量的系数符号正好相反，可能是因为在省级数据中样本农户的收入来自非农就业的比例更高，而在实地调查的农村社区中技术培训内容集中在种养技术方面。

基础设施的质量对减缓贫困有显著的影响，铺路面的社区道路、电网改造和社区道路密度等变量的估计系数符号与预期一致。将这些结果与省级数据的回归结果联系起来，公路基础设施对减缓贫困的影响可概括如下：第一，质量低劣的公路基础设施对减缓贫困的贡献可能不大；第二，是否通路对减缓贫困的影响不及提高村道路密度重要。与主要道路的距离，对按人均日收入 1 美元、人均日消费 1 美元和财产价值为样本均值 50% 标准定义的贫困减缓，会产生积极影响，但对减缓贫困并不起作用。

公路服务使用对贫困缓解十分重要。交通服务消费、能源支出和拥有交通财产价值都对减缓贫困产生正面影响。这又一次证明，就公路基础设施对减缓贫困的影响而言，穷人对这些基础设施的生产性使用具有深远意义。

表 28　　实地调查数据集 Probit 估计结果

	政府贫困线标准		人均日收入1美元标准		人均日消费1美元标准		财产价值为样本均值50%标准	
	系数	z	系数	z	系数	z	系数	z
家庭规模/人	0.108	***	0.067	***	0.100	***	-0.079	***
劳动力比例/%	-0.05	*	-0.027		0.465	***	0.877	***
家庭成员平均受教育年限/年	-0.016	**	-0.067	***	-0.015	*	-0.139	***
家庭成员最高受教育程度（按学历划分）	-0.08	***	0.079	***	-0.200	***	0.241	***
健康状况正常人口比重/%	-0.621	***	-0.506	***	0.008		-0.314	***
人均拥有耕地面积/亩	0.024	***	0.010	***	0.057	***	-0.044	***
家庭居所位于山区	0.000	***	0.000	***	-0.001	***	-0.422	***
非农就业劳动力比例/%	-0.684	***	-0.916	***	-0.415	***	0.203	***
1998年和2001年接受技术培训	0.072	***	0.082	***	-0.286	***	-0.391	***
1998年和2001年获得商业或政策性贷款	0.196	***	0.135	***	0.162	***	0.000	***
村道路铺路面	-0.033	*	-0.131	***	-0.325	***	0.136	***
与火车站的距离小于5km	-0.131	**	-0.454	***	-0.484	***	-0.412	***
电网改造	-0.392	***	-0.215	***	-0.388	***	-0.099	**
与主要公路的距离/km	0.001	***	-0.001	*	-0.007	***	-0.001	**
村道路密度/km/km^2	-0.083	***	-0.204	***	-0.415	***	-0.100	***
人均交通费/元	-0.128	***	-0.253	***	-0.206	***	-0.001	***

续表

	政府贫困线标准		人均日收入1美元标准		人均日消费1美元标准		财产价值为样本均值50%标准	
	系数	z	系数	z	系数	z	系数	z
人均燃料费/元	-0.005	***	-0.005	***	-0.009	***	-0.002	***
人均交通设备价值/元	-0.002	***	-0.002	***	-0.009	***	0.000	***
人均电器设备价值/元	0.000	***	0.000	*	-0.002	***		
常　数	-0.185	***	-0.301	***	0.643	***	1.576	***

注：*** 表示显著性水平 $\alpha = 0.01$；** 表示显著性水平 $\alpha = 0.05$；* 表示显著性水平 $\alpha = 0.1$。

资料来源：吴国宝：《农村公路基础设施对减缓贫困的影响研究》，见中国社会科学院农村发展研究所《中国农村发展研究报告》，社会科学文献出版社2006年版，第323—325页。

（三）教育、卫生投资对减贫的效应

卫生部卫生经济研究所中国卫生总费用核算小组利用陕西省的资料研究了居民现金卫生支出的致贫及灾难性影响。居民现金卫生支出，是指城乡居民在利用各类医疗卫生服务过程中，以现金方式直接向提供卫生服务的机构或个人支付的医药费用，不包括就医时发生的交通费、陪护费和间接的收入损失等。1995年以来，陕西省居民个人卫生支出在卫生总费用中所占比例基本维持在50%以上，高于世界发达国家（27%）、转型期国家（30%）、其他发展中国家（43%）和世界平均水平（38%）。该研究利用2003年陕西省家庭卫生服务调查资料，分析了居民现金卫生支出（OOP）对贫困的影响（见表29）。

按627元和680元的农村和城镇绝对贫困线标准测量，2002年陕西省有75.7万农村人口和20.3万城镇居民因支付医疗费用而导致贫困，因病致贫率分别为2.98%和1.79%。其政策含义是，按627元的扶贫标准，陕西省需增加1.43亿元扶贫资金，才能化解农村因病致贫的影响。按国际贫困线标准计量，需增加卫生扶贫资金3.92亿元。同期，需要增加0.78亿元扶贫资金才能化解城镇致贫的影响。这几个数字可作为追加卫生扶贫资金的参考数据。

表 29　　2002 年现金卫生支出对陕西省城乡居民贫困的影响　　（单位:%）

		指标	不考虑现金卫生支出	考虑现金卫生支出	致贫影响	绝对影响
贫困发生率/%	农村	627	13.06%	16.05%	2.98%	75.7 万人
		888	28.52%	33.88%	5.36%	136.1 万人
	城镇	1680	5.23%	7.02%	1.79%	20.3 万人
平均贫困差距/元	农村	627	21.76	27.40	5.63	1.43 亿元
		888	76.03	91.51	15.47	3.92 亿元
	城镇	1680	18.40	25.31	6.90	0.78 亿元
标准化贫困差距/%	农村	627	3.47%	4.37%	0.90%	
		888	12.13%	14.59%	2.47%	
	城镇	1680	1.10%	1.51%	0.41%	

注：本表致贫人口及贫困差距的绝对影响按陕西省城镇和乡村人口测算。

资料来源：卫生部卫生经济研究所中国卫生总费用核算小组、陶四海等：《陕西省居民现金卫生支出致贫及灾难性影响研究》，http：//dulx. chinavalue. net/showarticle. aspx? id = 11782，2006 - 07 - 20 下载。

从表 30 可以看出，OOP 对黑龙江省城镇的贫困程度影响最大，为 0.85%，其他 3 个省份比较接近。OOP 对黑龙江省农村的标准化贫困差距影响最小，仅为 0.85%。对甘肃的影响最大，为 1.60%，接近黑龙江的 2 倍。

表 30　　2002 年 OOP 对部分地区标准化贫困差距的影响　　（单位:%）

省份	全省	城镇	农村
浙江	0.68	0.47	0.99
陕西	0.94	0.41	0.90
甘肃	1.85	0.42	1.60
黑龙江	1.08	0.85	0.85

灾难性卫生支出是指家庭成员通过现金支付的医药费占家庭全部消费支出比例超出界定标准，由此对家庭生活造成灾难性威胁，甚至毁灭性打击。由于食品支出具有刚性，所以用现金卫生支出占家庭非食品性消费支出的份额来定

义灾难性卫生支出。根据国际经验和陕西省的实际情况，将标准分别设为15%、30%和40%（见表31）。目的是为决策者选择和确定政策目标提供一个可参考的区间。按照40%的界定标准，2002年陕西省农村和城市灾难性卫生支出的发生率分别为3.70%和3.14%，灾难性卫生支出的平均差距分别为1.35%和0.25%，灾难性卫生支出的相对差距分别为36.59%和8.08%。农村有3.7%的家庭要把76.59%的非食品性消费支出用在卫生支出上，城镇有3.14%的家庭要把48.08%的非食品性消费用在卫生支出上。

表31 **2002年陕西省灾难性卫生支出状况** （单位：%）

<table>
<tr><th colspan="2">界定标准</th><th>15</th><th>30</th><th>40</th></tr>
<tr><td rowspan="3">灾难性卫生支出发生率</td><td>全省</td><td>28.52</td><td>8.96</td><td>3.42</td></tr>
<tr><td>农村</td><td>29.58</td><td>9.78</td><td>3.7</td></tr>
<tr><td>城镇</td><td>27.47</td><td>8.14</td><td>3.14</td></tr>
<tr><td rowspan="3">灾难性卫生支出平均差距</td><td>全省</td><td>3.91</td><td>1.37</td><td>0.8</td></tr>
<tr><td>农村</td><td>4.64</td><td>1.96</td><td>1.35</td></tr>
<tr><td>城镇</td><td>3.18</td><td>0.78</td><td>0.25</td></tr>
<tr><td rowspan="3">灾难性卫生支出相对差距</td><td>全省</td><td>13.7</td><td>15.3</td><td>23.5</td></tr>
<tr><td>农村</td><td>15.67</td><td>20.05</td><td>36.59</td></tr>
<tr><td>城镇</td><td>11.58</td><td>9.6</td><td>8.08</td></tr>
</table>

表32反映灾难性卫生支出在陕西省家庭中的分布状况。集中指数为正值，表示灾难性卫生支出主要发生在富裕家庭，负值则表示主要发生在贫困家庭。由此可以看出，农村都为负值，城市均为正值。表明农村灾难性卫生支出主要发生在贫困家庭，城市则恰恰相反，其原因可能是许多贫困家庭无力支付卫生费用而被排除在灾难性卫生支出人群之外所致。

表32 **2002年陕西省家庭灾难性卫生支出分布集中指数**

<table>
<tr><th colspan="2">界定标准</th><th>15%</th><th>30%</th><th>40%</th></tr>
<tr><td rowspan="3">灾难性卫生支出集中指数</td><td>全省</td><td>-0.0532</td><td>-0.0238</td><td>-0.0221</td></tr>
<tr><td>农村</td><td>-0.1853</td><td>-0.1531</td><td>-0.2648</td></tr>
<tr><td>城镇</td><td>0.0653</td><td>0.1768</td><td>0.2574</td></tr>
</table>

续表

界定标准		15%	30%	40%
灾难性卫生支出差距集中指数	全省	-0.1692	-0.4144	-0.6948
	农村	-0.3861	-0.6948	-0.9186
	城镇	0.1494	0.2642	0.3985

当灾难性界定标准较低时，如10%或15%，贫困人群和低收入人群的灾难性卫生支出发生率都比较高，低收入以上人群最低。随着界定标准的升高，受支付能力限制，部分贫困人群和低收入人群由于支付不起高额的医疗费用而放弃治疗，使发生灾难性卫生支出的人口下降。表33是多组灾难性卫生支出发生率及其界定标准，地方政府可以根据财政能力，先确定能够实施救助的目标人群比例，然后再来选择相应的界定标准，最后根据该比例来确定政府的救助对象。

表33　　2002年陕西省灾难性卫生支出发生率与界定标准

（单位:%）

灾难性卫生支出发生率	界定标准
6	34
8	31
10	28
11	27
12	26
13	25
14	24

（四）教育投资对提高农业生产率与减贫的影响

对教育投资，能够促进提高生产率和收入水平，从而为缩小城乡差距创造条件。樊胜根（2003）的研究证实，在农业科技推广、水利、道路、教育、电力、通信6项投资中，投资于教育对提高农业生产率的影响位列第二，仅次于农业科技推广；但是投资于教育对减贫的影响则位列第一，影响远远大于其他各项投资（见表34）。

表 34　　各类投资对提高农业生产率与减贫的影响　　（单位：%）

投资方向	投资对提高农业生产率的影响	投资对减贫的影响
农业科技推广	7.97	3.36
水 利	1.15	0.39
道 路	4.91	2.96
教 育	6.68	6.30
电 力	3.90	2.92
通 信	5.29	4.02

资料来源：樊胜根：《印度、中国、越南三国的投资对农业生产提高和减贫的影响》，载张铁道等《中国普及农村义务教育与消除贫困》，2004 年上海国际扶贫大会案例研究，2004－03－06。

（五）小额信贷对中国扶贫与发展的贡献

中国的小额信贷试验是以 1993 年底中国社会科学院农村发展研究所在河北省易县引入孟加拉国的乡村银行模式为开端的。小额信贷在中国更多地被当成一种扶贫方式而非信贷方式对待。由于中国小额信贷发展的特定历史，小额信贷组织类型出现了多种方式并存的局面。吴国宝和李兴平（2003）选择了 10 个处于不同发展期的不同类型的小额信贷项目进行调查研究。这 10 个小额信贷项目分布在陕西、河南、四川、河北、内蒙古、贵州和青海 7 个省（自治区），最早的项目始于 1994 年，最晚的始于 2000 年。10 个项目中，青海省海东县的 WFP/IFAD 小额信贷和陕西省安康县的世界银行小额信贷是由项目办或采取类似项目办的方式运作的；河南省虞城县、四川省仪陇县、内蒙古自治区赤峰县和贵州省晴隆县的小额信贷是由非政府组织运作的；陕西省洛南县和四川省平昌县的小额信贷是由政府或半政府组织操作的；河北省滦平县的小额信贷是由农村信用社操作的；贵州省威宁县的草海项目是由项目区的村民自愿组成的自治组织管理和操作的。

1. 小额信贷对扶贫的微观贡献

（1）获得信贷资金、技术培训的机会

小额信贷通过其特殊的制度安排，为贫困农户增加获得贷款的机会。10 个样本小额信贷项目 2000 年为 101135 个用户提供了信贷服务，户均贷款 1081 元。吴国宝等（2003）使用两次小额信贷样本农户调查资料，对小额信贷用户获得其他贷款的情况进行了分析。这两次调查分别是 1998 年对虞城、丹凤和洛南的小额信贷项目的调查，共调查了 305 个获得小额信贷的农户；2001

年对虞城、安康、洛南和晴隆的小额信贷项目的调查，共调查获得小额信贷的120个农户。这425个农户在调查时户均获得小额信贷975.8元，其中有183个农户还获得其他方面的借款，占调查户的43%。有其他借款的农户实有其他借款443313.5元，户均其他来源借款2422.5元；这些农户的其他借款共有360笔，户均2笔多。按全部样本户计算，户均非小额信贷借款1045元，其中从正规金融机构借款586.8元。这一借款户比例比同期全国低收入农户从正规金融机构借款农户比例还要高。在调查的小额信贷项目区内，小额信贷并没有相应地冲减用户从其他方面获得贷款的机会，对增加穷人用户信贷机会的贡献基本上是净增加的机会（见表35）。

表35　　　　425个样本农户从小额信贷以外来源借款情况

借款来源	笔数	平均金额（元）
农业银行	25	1516.8
信用社	149	1384.8
其他正规金融机构	2	500
基金会	1	400
私 人	183	1080.1
总 计	360	1231.4

在调查的10个样本小额信贷项目中，有8个项目在提供信贷服务的同时为用户提供技术培训服务。从两次实地调查的结果来看，82%的样本农户认为项目提供的技术培训对他们实施小额信贷项目起了积极的作用。实地调查还发现：项目所提供的技术培训在推广新品种和新技术方面，对提高小额信贷用户的技术能力和农业生产率产生了积极的影响。

（2）小额信贷对家庭财产的贡献

小额信贷项目从增加贫困农户获得贷款和其他方面服务的机会入手，帮助贫困农户发展生产和提高收入，所以最终会对改善贫困农户的家庭福利施加积极的影响。表36列出了样本小额信贷项目调查中获得贷款的贫困农户贷款前后家庭财产（包括生产性固定资产、牲畜和耐用消费品）价值的变化。

表 36　　贷款前后小额信贷用户家庭财产变化

	生产性固定资产原值	年底牲畜价值	耐用消费品价值	家庭财产价值合计
贷款后（元）	859.54	1163.36	878.10	2901.00
贷款前（元）	447.14	801.43	736.79	1985.35
贷款前后的增长率（%）	92.23	45.16	19.18	46.12

从表 36 可以看出，小额信贷项目实施以后，获得小额信贷的贫困农户的户均家庭财产价值 1985—2000 年增长了 46%，其中生产性固定资产和牲畜价值的增长速度较快，分别达到 92% 和 45%，而耐用消费品的价值增长 19%。尽管贫困农户家庭财产价值变化的具体程度可能难以准确反映小额信贷的影响，但不同财产价值变化值的差异在一定程度上表征了小额信贷项目的影响方向。就获得小额信贷的贫困农户而言，新增固定资产价值的 62%，是直接使用小额信贷资金购置的；牲畜存栏的增加几乎全部是小额信贷投资所致。在使用小额信贷的农业投资中，畜牧业所使用的贷款占 60% 以上。

表 37 列出了项目村与可比照非项目村家庭财产的变化。从中可以看出，项目村的所有指标都好于对照村，指标差异较为显著的是建房、房屋装修和添置家具。

表 37　　1997 年以来项目村与对照村家庭财产的变化　　（单位:%）

	项目村	对照村
建新房	28	8
装修住房	31	0
增加家具	100	32
添置电器	34	24
增加生产性固定资产	19	12
增加役畜	18	16

资料来源：转引自吴国宝、李兴平《小额信贷对中国扶贫与发展的贡献》，《金融与经济》2003 年第 11 期，第 8 页。

（3）就业机会

贫困农户将相当部分的小额信贷直接用于发展微型工商企业。实地调查表明，10 个样本小额信贷项目发放的小额贷款，用于非农产业的比例有较大的差异，其中最少的略高于 10%，最多的大于 50%。虽然我们无法判断有多少个非农项目完全是靠小额信贷的支持才得以出现的，但可以确定的是：小额信贷在稳定这部分非农就业机会方面发挥了重要的作用；绝大部分非农产业活动是在小额信贷的支持下得以产生和维持下来的。小额信贷项目在增加贫困农户的农业就业机会方面同样发挥了重要作用。贫困农户将获得的小额贷款用于培育经济作物和养殖业的比例很高。对于贫困农户来说，种植经济作物和养殖业不仅可以利用闲置的自然资源（如草山草坡、农副产品），还可以增加劳动力的就业量。

在还款所引起的现金流大于用户现有现金流的情况下，相当部分贫困农户选择输送家庭劳动力去外地打工的方式来筹集还款资金。所以，实地调查结果表明，在获得小额信贷的贫困农户中，劳务输出的比例较高。张林秀、罗斯高的研究也发现，仪陇小额信贷项目在促进用户增加劳务输出方面产生了积极的影响（Linxiu Zhang，Scott Rozelle，2000）。

（4）风险

贫困农户往往只能勉强维持最低水平的生存，无力抵御突发的自然和经济风险。从形成或提高抵御自然风险的能力来看，小额信贷能为贫困农户化解突发的自然和市场风险施加积极的影响。

首先，小额信贷通过为贫困农户提供资金和技术支持，促进他们开拓新的生产门路，例如前面指出的种植经济作物、饲养牲畜和经营管理微型工商业，增加了他们的收入来源。一般来说，一个农户的收入来源越具有多样性，其化解突发的自然和市场风险的能力就越强。所以，收入来源的增多，在一定程度上改变了贫困农户以销售粮食为主的收入结构，增强了他们抵御自然和市场风险的能力。其次，小额信贷本身也可以作为抵御和减轻风险影响的一种措施。一些小额信贷项目为遭遇突发灾害的贫困农户提供贷款以减轻他们的风险影响，这种做法在一定程度上缓解了穷人在遇到意外灾害时告贷无门的窘境。根据实地调查资料所做的青海项目村与对照村的比较分析结果表明，在出现严重的自然灾害时，获得小额信贷的贫困农户与未获得小额信贷的农户相比，抵御风险的能力更强一些，消费水平所受到的负面影响也较小一些。此外，小额信贷通过分期还款、中心会议等相应的制度安排，提高了贫困农户的家计管理的能力，从而在出现风险时能够更为合理地安排家庭的消费和经济活动，间接地减轻自然和经济风险的影响。

中国的贫困农户将较大比例的小额信贷用于工商业，一定程度上起到了平衡消费的作用。其实，国外有关小额信贷的一些研究成果也表明，小额信贷对扶贫最突出的贡献就是平衡消费（smoothing consumption）（Hossain，1988；Moduch，1999）。

（5）妇女授权

国际社会广泛认同小额信贷是对妇女授权的实现方式，中国的小额信贷在设计和实施过程中也将瞄准贫困妇女作为一项重要原则。张宏等对赤峰项目进行的参与式评估的结果表明，参与小额信贷的妇女在家庭决策中的地位和拓展社会关系的能力有所增强。吴国宝和李兴平（2003）的调查发现，小额信贷支持的微型工商业项目有部分妇女直接参与，小额信贷支持的养殖业项目则大多由妇女操作，在中心会议制度执行得较好的小额信贷项目中，作为项目成员的妇女有较多的机会接触家庭外面的人和事、获取有关市场和技术的信息。

2. 小额信贷对扶贫与发展政策的贡献

小额信贷引入中国以后，不仅影响了中国的金融政策，也对中国的扶贫政策产生了深远的影响。

（1）小额信贷试验对我国扶贫政策的影响

1993年底，中国社会科学院农村发展研究所在非政府组织和国际机构的支持下，在部分省（自治区、直辖市）开展了联保型小额信贷试验。结果表明，以小额信贷方式发放的扶贫资金具有很高的到户率、还款率和项目成功率。在这种背景下，小额信贷创新引起了中央和各级地方政府扶贫部门的浓厚兴趣。陕西、云南、四川等地的一些扶贫部门率先使用地方政府可控制的扶贫专项贷款进行政府小额信贷扶贫的试验。地方试验获得成功后，中央政府开始将小额信贷扶贫提升到国家扶贫政策的层面上。由于小额信贷扶贫等扶贫措施的实施，全国扶贫资金到户率从1997年的44.40%提高到1999年的82.75%。

小额信贷试验的成功对我国扶贫政策改进的具体贡献是：第一，探索出了扶贫资金和项目到户的一条途径；第二，增加了贫困农户参与项目选择的机会和权利，减少了扶贫资金配置决策的盲目性；第三，找到了一条让扶贫资金实现借贷循环的新途径；第四，在一定程度上强化了扶贫的组织和管理。

（2）对金融政策的贡献

1998年中国人民银行与帝雅鼎国际公司合作，在河北省滦平县开展了信用社联保贷款的试验，并在2000年初出台了《农村信用社农户联保贷款管理指导意见》和《农村信用社农户小额信用贷款管理暂行条例》两项相关的政策。这两项政策的出台，在中国小额信贷发展的历史上具有里程碑式的意义。它标志着中央银行已经开始在正规金融制度框架内试验过去主要由非政府组织实行的社会担保贷款方式，开始考虑应通过金融创新来改善对那些缺乏抵押和担保能力的低收入人群的金融服务。

没有哪一项单项的干预措施能够战胜贫困。穷人需要就业、接受教育以及卫生保健。其中一些最贫困者需要即刻的收入转移或者救济才能生存。获得金融服务是其他许多必要干预所依赖的根本基础。而且，只有当贫困农户增加了收入和更有能力支配资金时，卫生保健、营养和教育才有可能持续提高。因此，金融服务以其多重具体的方式减少了贫困及其影响。小额信贷的魅力在于，随着项目接近金融可持续性，机构能够完全超越稀少的捐赠资源而走得更远。

（六）劳务输出对减贫的效应

劳务输出是经济和社会发展过程中普遍存在的经济现象。广义的劳务输出泛指具有劳动能力的人口为了当前或预期的利益所发生的空间转移。从某种意义上说，经济发展的历史就是一部劳动力不断地由此地走向彼地的历史，是一代又一代不满足于贫穷落后的人类为了改变自己所处环境的束缚而到异地寻求自我发展机会的历史。20 世纪 80 年代后期以来中国日益增长的农村劳务输出，提供了一种有效的扶贫途径。

1. 劳务输出在减缓贫困中的宏观作用

从宏观上说，劳务输出对减缓贫困的影响主要有以下三个方面：第一，农村贫困地区的劳务输出是促进国家工业化、城市化进程，降低国家工业化、城市化成本的重要途径。无论是经典的发展经济学理论，还是经济发展的历史，都强调或证明廉价的农业剩余劳动力的转移对于促进国家工业化、城市化进程和降低国家工业化、城市化成本的重要性。从某种意义上讲，最近 20 年中国经济的发展既是通过廉价的农村劳动力的流动加速工业化、城市化的过程，也是通过农村劳动力流动减缓农村贫困的过程。第二，农村贫困地区的劳务输出是调整地区经济结构、缩小地区差别的重要实现方式。20 世纪 80 年代中期以来，中国地区之间尤其是东西部之间的发展水平、收入差异在整体上一直呈拉大的趋势。从区域经济发展理论和发达国家区域发展的历史来看，缩小区域间的差异主要有资本流动、劳动力流动两种方式。相对于资本流动来说，劳动力流动因其对区位条件的选择性较低，对缩小地区间收入差异的作用更加突出。第三，贫困地区的劳务输出，也是建立全国统一的劳动力市场和降低发达地区工资成本的一个重要条件。劳动力从工资率低的贫困地区流向工资率较高的发达地区，有利于缩小地区间的工资率差异；而全国统一的劳动力市场的建立，最终将有利于创造一个有利于减缓贫困的宏观经济环境。

2. 劳务输出扶贫的战略地位

劳务输出在中国现行的扶贫战略中，具有相当现实的战略地位。

第一，补充就地脱贫的不足。在区域开发扶贫战略中，主要通过开发区域资源、改善区域发展的环境和条件来减缓贫困，农户的脱贫高度依赖于当地的资源和发展条件。问题在于，在自然资源高度匮乏的地区，就地脱贫不仅成本高、效率低，而且脱贫的有效性也很差。在自然资源严重不足的贫困地区，特别是在就业机会和收入形成机会不可能大幅度增长的特定阶段，通过劳务输出扩大就业和创收的机会，拓展就业空间，可以帮助贫困农户较快地实现减缓贫困的目标。

第二，构筑扶贫与宏观经济发展的桥梁。在就地脱贫的战略框架中，穷人和贫困地区主要通过产业关联和财政转移支付将扶贫与宏观经济增长联系起来。在商品率较低、农民对市场依赖程度不高的贫困地区，仅仅依靠就地发展，贫困地区难以分享宏观经济增长的好处，就会妨碍贫困农户直接从宏观经济增长中受益的程度和速度。通过劳务输出实现劳动力的地区流动以及与此相关的资金、技术和文化的流动，有利于把减缓贫困与宏观经济增长直接连接起来，使参与劳务输出的贫困农户直接从宏观经济增长中受益。

第三，增加贫困农户提升人力资本的途径。人力资本贫乏是导致贫困的一个关键原因。劳务输出使输出者有了耳濡目染发达或较发达地区的先进科技文化和管理经验的机会，输出者通过“边干边学”提高了自己的技术素质、适应能力、风险意识和市场意识，使输出人口的综合素质在较短的时期内得到提高，开辟了穷人提升人力资本的一条有效途径。

3. *劳务输出在中国减缓贫困中的贡献*

吴国宝（2001）利用国家统计局对全国 592 个国家扶贫工作重点县的监测统计资料，分析了劳务报酬收入对贫困县收入增长的贡献。统计结果表明，1998—1999 年，全国贫困县的农民人均纯收入增加了 29.25 元（表 38）。在贫困地区，农民从乡镇企业获得的收入很少，所以可以将贫困县的劳动者报酬收入简单地视同劳务输出收入。由此可见，1998—1999 年，在贫困县农民家庭人均纯收入的四项收入来源（包括劳动者报酬收入、家庭经营收入、转移性收入和财产性收入）中，劳动者报酬收入增加了 59.94 元，相当于这一年农民家庭人均纯收入增长量的 204.92%；农民家庭人均经营收入减少了 21.6 元，相当于农民家庭人均纯收入增量的 -73.85%；转移性收入减少了 9.6 元，相当于人均纯收入增量的 -32.82%；财产性收入增加了 0.59 元，相当于人均纯收入增量的 2.02%。由此可见，这一期间内的农民家庭人均纯收入的增长主要来自劳务输出收入的贡献。如果假定 1998—1999 年贫困县农民来自劳动者报酬的收入保持不变，其他收入以实际变化数计算，则 1999 年农民人均纯收入为 1008.26 元，比 1998 年减少 30.64 元，下降 2.3%。这样就能更为清晰地看出，1998—1999 年农民家庭人均纯收入增长的主要决定因素是劳务输出收入的增长。如果没有劳务输出收入的增长，全国贫困县农民家庭人均纯收入将呈下降趋势。

表 38　　1998—1999 年贫困县农民纯收入来源构成及对收入增长的贡献

	1999 年/元	1998 年/元	1999 年比 1998 年增减/元	各来源收入变化占纯收入增量/%	1998—1999 年劳务收入不变条件下的人均纯收入/元
年纯收入	1346.8	1317.55	29.25	100.00	1286.91
工资性收入	338.59	278.65	59.94	204.92	278.65
家庭经营收入	963.7	985.3	-21.6	-73.85	963.7
种植业收入	606.48	667.63	-61.15	-209.06	606.48
牧业收入	197.11	193.23	3.88	13.26	197.11
其他收入	160.11	124.44	35.67	121.95	160.11
转移性收入	27.9	37.5	-9.6	-32.82	27.9
财产性收入	16.66	16.07	0.59	2.02	16.66

资料来源：吴国宝：《中国劳务输出扶贫研究》，中国经济出版社 2001 年版。

吴国宝（2001）还使用分组资料估算了劳务输出对减缓绝对贫困的贡献。他的基本假设是：人均收入和人均劳动者报酬收入在各个组内部完全均匀分布，即假设组内相邻两个人之间的收入距离与劳动者报酬收入距离完全相等。有了这种假设，就可以利用贫困县分组资料计算出各个组不包括劳动者报酬收入情况下的收入和人口分布（见表 39）。

表 39　　1999 年贫困县低收入组纯收入与不包括劳动者报酬收入的纯收入分布

收入分组	0—100 元	101—300 元	301—500 元	501—625 元	626—800 元	801—1000 元
人均劳动者报酬收入/元	69.17	69.31	87.43	112.36	162.03	201.22
全年人均纯收入/元	49.74	223.26	414.11	578.04	720.74	900.09
不包括报酬收入的人均纯收入/元	-19.43	153.95	326.68	465.68	558.71	698.87

资料来源：同表 38。

进一步的分析表明，如果包括劳动者报酬收入，1999 年贫困县按抽样调查资料计算的贫困发生率为14.46%；如果不包括劳动者报酬收入，贫困县的贫困发生率将上升到26.25%，上升11.79个百分点。1999年与1998年相比，全国592个国定贫困县的贫困人口减少380万。按上述结果推算，如果不包括劳动者报酬收入，则国定贫困县的贫困人口只能减少209.3万，即在全国592个国定贫困县内还有1970.7万贫困人口（包括劳动者报酬收入，1999年全国592个国定贫困县的贫困人口为1800万）。如果在不包括劳动者报酬收入的条件下全国贫困人口在国定贫困县与非贫困县的分布不发生改变，即国定贫困县仍拥有全国贫困人口的50%，则全国在1999年还有3941.4万贫困人口，贫困发生率为4.26%。由此可见，如果不包括劳务输出收入，全国农村贫困人口和贫困发生率分别要比实际人数多341.4万人和0.56个百分点。以此可以推测，1999年全国农村贫困人口减少量的44.9%和贫困发生率下降的70%是由贫困人口劳务输出作出的贡献。

4. 劳务输出对扶贫政策的影响

在《中国农村扶贫开发纲要（2001—2010年）》中，国务院要求“积极稳妥地扩大贫困地区的劳务输出。加强贫困地区劳动力的职业技能培训，组织和引导劳动力健康有序流动。沿海发达地区和大中城市要按照同等优先的原则，积极吸纳贫困地区劳动力在本地区就业。贫困地区和发达地区可以就劳务输出结成对子，开展劳务协作。输入地和输出地双方政府都有责任保障外出劳动力的合法权益，关心他们的工作、生活，帮助他们解决实际困难和问题”。相对来说，在一些贫困人口比较集中的省（自治区、直辖市），政府更加支持对劳务输出扶贫的政策和行动。

劳务输出对扶贫政策的影响，在一些国际多边和双边机构的扶贫政策中体现得更加具体。例如，世界银行在其西南扶贫项目和秦巴扶贫项目中都专门设立了单独的劳务输出分项目，为贫困农民劳务输出提供单独的资金支持；国际劳工组织也推出了促进农村就业与创收的项目，将劳务输出与减缓贫困直接联系起来。

（七）儿童健康改善对减贫的效应

大量研究表明，健康与生产率互为因果关系。健康状况的改善可以提高生产率从而增加收入，收入的提高可以增加旨在改善健康状况的投资（Strauss and Thomas，1995）。从短期看，劳动力的健康状况对生产率以及收入的影响最为重要，而从长期看，改善贫困地区儿童的健康状况，是贫困地区实现持续快速发展的最为重要的因素。为了弄清贫困地区父母教育水平和儿童健康状况的相关关系，张林秀（2000）对河南、江西、四川、甘肃、贵州和陕西六个省中的6个贫困县的460个农户进行了详细的调查。所收集的资料包括儿童的身高、体重、年龄、性别、家庭收入、支出、资产和父母就业、教育等，并就28道有关营养知识的问题对18周岁以上的家庭成员进行了调查。调查结果（见表40）表明：母亲受教育年限、营养知识和文化技能均低于父亲；父母亲普遍缺乏营养知识；少数民族地区（贵州省的威宁县）和其他贫困县相比差异也很明显，所以应给予少数民族地区更多的关注。

表40　　父母的受教育程度和营养知识（1996年）　　（单位：分）

	受教育年限			营养知识[a]			读写算能力[b]		
	父亲/年	母亲/年	父亲/母亲	父亲	母亲	父亲/母亲	父亲	母亲	父亲/母亲
河南虞城	8.65	3.65	2.37	13.03	7.37	1.77	2.85	1.39	2.05
江西兴国	7.2	3.85	1.87	12.65	7.87	1.61	2.62	1.43	1.83
四川渠县	7.8	6.7	1.16	11.89	10.28	1.16	2.89	2.38	1.21
贵州威宁	4.89	1.06	4.61	8.91	2.43	3.67	1.89	0.74	2.55
陕西商洛	8.75	4.72	1.85	13.83	12.56	1.1	2.83	1.87	1.51
甘肃通渭	7.43	2.58	2.88	13.72	8.59	1.6	2.44	1.19	2.05
平均	7.55	3.67	2.06	12.43	7.97	1.56	2.59	1.44	1.8

注：a. 营养知识总分为28分；b. 读写算总分为3分。

资料来源：张林秀：《提高妇女知识水平改善贫困地区儿童健康状况》，1995世界妇女大会5周年研讨会，2000年。

从表41可以看出，儿童身高年龄比的评分值（HAZ）均为负值，说明贫困地区儿童的该指标低于全国农村平均水平；参照世界卫生组织确定的标准算出的儿童发育迟缓率为43%，比全国农村平均数（22.6%）高出近1倍；贫困地区的这两个指标的差异也很大，位于少数民族地区的贵州威宁县，HAZ值为-3.04，儿童发育迟缓率为72%，分别高出这6个贫困县平均水平的64%和67%。

表41　　贫困地区儿童健康状况（1996年）

省　份	HAZ	发育迟缓率/（%）
河南（虞城）	-0.99	22
江西（兴国）	-2.41	60
四川（渠县）	-2.19	55
贵州（威宁）	-3.04	72

续表

省　份	HAZ	发育迟缓率/（%）
陕西（商洛）	-1.49	33
甘肃（通渭）	-1.55	31
平　均	-1.85	43

资料来源：同表40。

采用实地调查资料和儿童健康影响因素分析系统模型做出的计量结果表明（见表42），母亲受教育水平对儿童健康的影响是多方面的。第一，母亲的营养知识对表征儿童健康状况的两个指标都有显著的正面影响，而父亲的营养知识对儿童的健康状况几乎没有影响，由此看出母亲掌握营养知识的重要性。第二，母亲的读写算能力对儿童的健康没有显著影响，这表明母亲的认知能力并不一定直接有助于孩子的健康。第三，父亲受教育程度对儿童健康不产生影响，母亲受教育年限对儿童健康的直接影响统计上显著为负，这可能是因为母亲受教育多，外出工作的时间也多，从而减少了母亲照顾孩子的时间和母乳喂养的时间，不利于孩子的健康。但母亲受教育程度高，外出就业机会多，挣得高工资的可能性大（Zhang 等，1999），家庭收入高，又会对儿童健康产生正面影响。第四，性别变量对发育迟缓的影响显著为负，即在贫困县内女孩营养不良的比例显著高于男孩，说明儿童健康存在性别差异。第五，父母亲的身高都与孩子的发育迟缓和 HAZ 正相关，这包含了没有观察到的儿童健康禀赋的差异和健康儿童之间身高的先天差异。第六，家庭的人均收入对儿童健康有显著的正面影响。第七，家中小孩的个数对儿童健康状况有显著的正相关，表明家中孩子越多，越利于母亲积累营养和照料孩子方面的知识。

表42　　　　儿童健康决定因素分析

		健康状况（dF/dx）[a]	HAZ[b]
儿童个人特征	年龄/月	0.0050	0.0395**
	性别（男=1）	-0.0940**	-0.0457
受教育年限	父亲	0.0050	0.0097
	母亲	-0.0372***	-0.0737*
营养知识指数	父亲	0.0011	0.0242
	母亲	0.0162***	0.0330**
读写算能力指数	父亲	0.0158	0.2029
	母亲	0.0641	0.1103
母亲决策权		-0.0119	0.5665

续表

		健康状况（dF/dx）[a]	HAZ[b]
儿童健康禀赋	父亲身高/cm	0.0144***	0.0421
	母亲身高/cm	0.0147***	0.0201***
当地环境	到镇的距离/cm	-0.0216**	-0.0421
家庭的人均收入/元		0.00005*	0.0002***
家中孩子数		0.0463*	0.2145**
观察值 P		0.5979	
预测值 P		0.6111	

注：a 表示用间断值表示，0 表示发育迟缓，1 表示健康；b 表示用 OLS 估计；*、**、*** 分别代表显著性水平为 6%—10%、5% 和 1%；dF/dx 衡量虚拟变量从 0 到 1 的间断变化因变量的概率。

资料来源：同表 40。

其结论是，贫困地区儿童的营养和健康问题非常严峻，必须给予充分的关注。良好的健康状况有利于孩子成长，并减少不必要的家庭医疗开支。母亲的受教育程度从很多方面对儿童健康状况产生显著影响。提高家庭收入对儿童健康有显著的正影响，但它不及母亲营养知识的影响大，因此，对母亲进行营养知识方面的培训和教育，是有效改善这些地区儿童营养状况的关键举措。

近年来，投资于教育和培训已在社会中形成共识，但投资于健康的重要性却常常被忽视。在贫困地区，因病致贫和因病返贫的事例更是俯拾皆是。卫生部组织的国家卫生服务调查表明，1998 年有将近 22% 的贫困户因家庭成员患病或受伤而陷入贫困。

国内外营养和预防医学科学家的研究表明，儿童缺乏营养导致的早期发育不良，身高不足，体重较低，会直接引发脑神经损伤、智力下降、听力减弱、注意力难以集中、学习能力低下（见表 43）。然而，这种损伤并非显而易见，所以常常被缺乏营养和健康知识的父母所忽视。据统计，发育不良的儿童群体中大约有 10% 的人成年后会有智障或其他疾病，而发育正常的儿童群体的这个比例为 2%。由此可见，儿童体格发育时期是决定人口素质的关键时刻，母亲和婴幼儿营养摄入是直接影响儿童发育的关键环节。要缩短乃至消除贫困人群与其他群体在市场竞争力上的差距，就必须在影响人口体质和智力水平的关键时刻和关键环节采取公共干预行动。中国预防医学科学院的专家们运用世界卫生组织提供的运算程序，计算出 2001 年我国因儿童生长发育迟缓、碘缺乏和贫血造成的经济损失为 3620 亿元，相当于当年国内生产总值的 4%。如果采取营养强化措施，可以有效地降低与儿童发育不良相关的疾病。例如，缺铁性贫血会使儿童智商降低 8 分，通过在食品中添加铁剂，半年内就可以使缺铁性贫血发病率降低 50%。添加铁剂的强化面粉每千克仅增加成本 1 分钱（朱玲，2002），这是贫困人口负担得起的价格。因此，采取这种公共行动在政治上和经济上都是可行的。

表 43　　　　1990 年和 2000 年中国 5 岁以下儿童营养不良指标

地　区	低体重率/%		生长迟缓率/%	
	1990 年	2000 年	1990 年	2000 年
全 国	19.1	11.2	33.4	16.1
西部地区	—	21.6	—	30.8
东部地区	—	9.6	—	14.5
城 市	8.6	9.4	3	2.9
农 村	22.6	13.9	41.4	20.5
贫困农村	—	21	—	30.7

注：“—”表示数据暂缺。

资料来源：中国预防医学科学院、国家统计局：《十年来我国营养状况变化及改善对策》（研究报告），第 4—7 页，2001 年 11 月发布。转引自朱玲《投资于贫困人口的健康和教育》，《应对加入世贸组织后的就业形势》，《中国农村经济》2002 年第 1 期，第 37 页。

（原文载于李周主编《中国反贫困与可持续发展》第六章，科学出版社 2007 年版）

非竞争型投入占用产出模型及其应用
——中美贸易顺差透视

Lawrence J. Lau　陈锡康　杨翠红
Leonard　K. Cheng　K. C. Fung　Yun－Wing Sung　祝坤福
裴建锁　唐志鹏

刘遵义（Lawrence J. Lau），出生于贵州省遵义市。1964 年获美国斯坦福大学物理学和经济学两个学士学位。1969 年获美国加州大学贝克莱分校经济学博士学位。

涉猎经济学的大部分研究领域，主要包括经济学理论、发展经济学、经济增长理论、应用微观经济学、计量经济学、农业经济学、工业经济学、产品和技术革新的理论和实证研究、工业化和新兴工业化国家和地区的经济增长、东亚地区经济研究，其中包括中国经济问题的研究、中国的计量经济学模型。曾在斯坦福大学经济系从教 30 余年，教学专长主要在微观经济理论、计量经济学、应用微观经济学、发展经济学等方面。

本文构建了一种能够反映中国加工贸易特点的非竞争（进口）型投入占用产出模型，提出了一个国家全部出口与分部门、分大类商品的单位出口对国内增加值和就业的拉动效应的计算方法，从数学上证明了出口总值等于出口商品所包含的完全国内增加值与完全进口额之和，并据此编制了 2002 年中美两国的非竞争（进口）型投入占用产出表，测算和分析了中美两国出口对各自国内增加值和就业的影响。

一　问题的提出

改革开放以来，中国经济①快速增长。2001 年至 2006 年，国内生产总值（GDP）的年均增长率为 10.1%，进出口总额的年均增长率约为 28.1%，且出口的增长速度快于进口，2006 年出口总额年增长率达到 27.2%。② 2005 年，

① 本文对中国所作的研究如无特殊说明，均特指中国大陆。

② 中华人民共和国统计局：《中华人民共和国 2006 年国民经济和社会发展统计公报》，2007 年 2 月 28 日。

中国进出口总额（出口总额）超过日本，居世界第三，仅次于美国和德国。[①]目前，中国已成为美国的第三大贸易伙伴，美国则超过日本，成为仅次于欧盟的中国的第二大贸易伙伴。对外贸易的高速增长推动了中国的经济发展和就业，然而在市场不断扩大、贸易量持续增加的同时，中美贸易摩擦问题日见突出，并成为两国经贸关系发展中不容忽视的问题。据美国普查局公布的数据[②]，2006 年美国对中国贸易逆差达 2325 亿美元，居美国贸易逆差伙伴之首。据中国国民经济和社会发展统计公报公布的数据[③]，2006 年中国对美国的出口额为 2035 亿美元，从美国的进口额为 592 亿美元，贸易顺差为 1443 亿美元。中美贸易顺差的持续扩大引起了广泛的争议。考虑到统计误差、统计口径的差异，以及中美对出口额的统计中均未包括从香港的再出口等问题，一些学者如 K. C. Fung 等人[④]提出了一系列修正方法重新估测中美贸易差额，即将所有进出口数据均转换为出口国的离岸价格（Free on Board，FOB）、考虑香港再出口的影响、扣除香港中间商对转口货物的转口加价。然而，我们认为，修正之后的数据仍是对出口总额的一种调整。

就中国对外贸易的研究而言，目前也大多局限于使用出口总额来评估其对中国国内经济的影响。例如，林毅夫、李永军[⑤]运用计量经济方法，通过建立联立方程组，测度了出口对中国经济的影响，得出了出口对中国国内经济拉动作用很大的结论；Zhi Wang[⑥] 研究了中国加入 WTO 对世界贸易方式的影响，认为加入 WTO 对中国自身的经济发展益处最大，同时其他国家，除了经济结构类似于中国的南美、东南亚国家之外，也都将因为中国的加入而获益。我们认为，以上研究均没有考虑出口对中国或双边国家国内增加值贡献的差异。而事实上，准确测度出口对各国国内增加值和就业的影响，具有非常重要的意义。在这方面，投入产出模型是一个很好的工具。

---

① 参见《2006 中国统计年鉴》，第 1028 页，“附录 2 - 6　中国主要指标居世界位次”。

② http：//www. census. gov/foreign - trade/Press - Release/2006pr/12/ft900. pdf.

③ 中华人民共和国统计局：《中华人民共和国 2006 年国民经济和社会发展统计公报》，2007 年 2 月 28 日。

④ K. C. Fung and Lawrence J. Lau，“ New Estimates of the United States - China Bilateral Trade Balances”，*Journal of the Japanese and International Economies*，Vol. 15，2001，pp. 102 - 130. K. C. Fung and Lawrence J. Lau，“Adjusted Estimates of United States - China Bilateral Trade Balances：1995 - 2002”，*Journal of Asian Economics*，Vol. 14，2003，pp. 489 - 496. K. C. Fung，Lawrence J. Lau and Yanyan Xiong，“Adjusted Estimates of United States - China Bilateral Trade Balances：An Update”，*Pacific Economic Review*，Vol. 11，2006，pp. 299 - 314.

⑤ 林毅夫、李永军：《对外贸易—与经济增长关系的再考察》，北京大学中国经济研究中心讨论稿系列，2001 年。

⑥ Zhi Wang，“Impact of China’ s WTO Accession on the Patterns of World Trade”，*Journal of Policy Modeling*，Vol. 25，2003，pp. 1 - 41.

根据对进口商品的处理方法的不同，投入产出模型可以分为两种：竞争型投入产出模型和非竞争型投入产出模型。在竞争型投入产出模型中，各生产部门消耗的中间投入部分没有区分哪些是本国生产的，哪些是进口的，假定二者可以完全替代，只在最终需求象限中有一个进口列向量。因而，此类投入产出模型无法反映各生产部门与进口商品之间的联系。非竞争（进口）型投入产出模型（以下简称“非竞争型投入产出模型”）的中间投入，则分为国内生产的中间投入和进口品中间投入两大部分，反映了二者的不完全替代性。由于竞争型投入产出表存在的不足，许多学者选择使用非竞争型投入产出表作为分析工具，如 D. Hummels，J. Ishii，K－M. Yi,① 提出了垂直专门化（Vertical Specialization）的问题，并利用非竞争型投入产出表计算了经合组织（OECD）成员国的垂直专门化率，该研究引起了国际经济界的广泛重视。平新乔等②根据 D. Hummels 等提出的定义和公式对中国的垂直专门化率做了深入研究认为，从 1992 年到 2003 年的 12 年间，中国出口贸易中的垂直专门化率有了大幅提高。沈利生、吴振宇③运用非竞争型投入产出表，探讨了出口对中国国内经济的拉动作用，认为外贸对 GDP 增长的贡献逐年上升，但贡献系数有下降趋势。这些研究或者考虑的仅仅是出口总额，或者没有区分加工贸易和非加工贸易。在中国的对外贸易中，加工贸易占有很大比重。④ 因此，本文区分了加工贸易和非加工贸易对国内经济的影响，并据此提出了能够反映中国加工贸易特点的非竞争（进口）型投入占用产出模型（以下简称“非竞争型投入占用产出模型”）。⑤

现代国际贸易发展的一个重要特点是国家间的分工和联系日益广泛、深入，在一个国家出口品的生产过程中，经常大量使用其他国家或地区的进口品做为中间投入。因此可以说，一个国家的出口品是很多国家共同生产的结果。一个国家的出口品可以分为国内成分①和国外成分两个部分。进而，一个国家的出口总额也可以分为两大部分，即出口品的完全国内增加值和出口品直接与间接使用的完

---

① D. Hummels，J. Ishii，K－M.，Yi，“The Nature and Growth of Vertical Specialization in World Trade”，*Journal of International Economics*，Vol. 54，2001，pp. 75－96.

② 平新乔等：《中国出口贸易中的垂直专门化与中美贸易》，《世界经济》2006 年第 5 期。

③ 沈利生、吴振宇：《利用投入产出模型测算外贸对经济的贡献》，许宪春、刘起运主编：《中国投入产出理论与实践 2004》，中国统计出版社 2005 年版，第 268—280 页。

④ 参见《2006 中国统计年鉴》，第 735 页，“表 18－4 按贸易方式分货物进出口总额”。

⑤ 1998—2001 年，Lawrence J. Lau、Leonard K. Cheng、K. C. Fung 和陈锡康等合作，曾经编制了中国 1995 年区分加工出口和非加工出口的非竞争型投入产出表，计算了出口对中国国内增加值和就业的拉动作用，得到如下结果，1995 年出口 1000 美元对中国国内增加值的直接影响为 240 美元，完全影响为 545 美元。2006 年，我们构建了中国 2000 年、2002 年和美国 2002 年扩展的对外贸易投入产出表，并据此分别计算了中、美两国出口对其本国国内增加值和就业的影响。在该项研究过程中，我们提出了能够反映加工出口特点的非竞争型投入占用产出模型。

全进口额，即完全国外增加值。

海关统计数据表明①，中国出口的商品中大部分是加工出口，通常只是对其他国家或地区的产品做最后的加工或装配，例如中国装配出口的计算机中就包含进口的芯片、存储器、驱动器、键盘、软件等。中国的出口实际上是相关国家和地区共同的出口，对中国而言，此类出口所产生的国内增加值很低。因此，准确计算出口商品的国内增加值和国外增加值，是研究中国出口的特点和透视中美贸易摩擦的基础。

本文以下的论述主要集中在两个方面：第二部分，讨论反映加工贸易的非竞争型投入占用产出模型，提出单位出口对国内增加值和就业的拉动效应的计算方法，并从数学上严格证明出口总值等于出口所带来的完全国内增加值和完全进口额之和，以及在此情况下完全需要系数的计算方法。第三部分，编制中美两国2002年的投入产出表，并就中美两国的出口对各自国内增加值与就业的影响进行了计算和比较。

二　反映加工贸易特点的非竞争型投入占用产出模型

（一）应用非竞争型投入产出模型计算出口对国内增加值和就业的影响

为了计算出口对国内增加值和就业的影响，我们需要应用非竞争型投入产出模型（见表1）。迄今为止，国家统计局编制的投入产出表均为竞争型投入产出表，所以我们需要首先编制非竞争型投入产出表。

表1　　非竞争型投入产出模型

<table>
<tr><td colspan="3" rowspan="2">产出
投入</td><td colspan="2">中间使用</td><td colspan="5">最终使用</td><td rowspan="2">国内总产出或进口</td></tr>
<tr><td>国内生产 1，2，…，n</td><td>中间使用合计</td><td>消费</td><td>资本形成总额</td><td>出口</td><td>其他</td><td>最终使用合计</td></tr>
<tr><td rowspan="3">中间投入</td><td>国内产品中间投入</td><td>1
⋮
n</td><td>X_{ij}^{D}</td><td></td><td>F^{DC}</td><td>F^{DI}</td><td>F^{DE}</td><td></td><td>F^{D}</td><td>X</td></tr>
<tr><td>进口品中间投入</td><td>1
⋮
n</td><td>X_{ij}^{M}</td><td></td><td>F^{MC}</td><td>F^{MI}</td><td></td><td></td><td>F^{M}</td><td>X^{M}</td></tr>
<tr><td colspan="2">中间投入合计</td><td></td><td></td><td></td><td></td><td></td><td></td><td></td><td></td></tr>
</table>

① 《2002海关统计年鉴》，第12页，“表5　2002年进出口商品贸易方式总值表”。

续表

<table>
<tr><td colspan="2" rowspan="2">产出 / 投入</td><td colspan="2">中间使用</td><td colspan="5">最终使用</td><td rowspan="2">国内总产出或进口</td></tr>
<tr><td>国内生产 1，2，…，n</td><td>中间使用合计</td><td>消费</td><td>资本形成总额</td><td>出口</td><td>其他</td><td>最终使用合计</td></tr>
<tr><td rowspan="2">最初投入</td><td>固定资产折旧
劳动者报酬
税金
利润</td><td>V</td><td></td><td></td><td></td><td></td><td></td><td></td><td></td></tr>
<tr><td>增加值合计</td><td></td><td></td><td></td><td></td><td></td><td></td><td></td><td></td></tr>
<tr><td colspan="2">总投入</td><td>X^T</td><td></td><td></td><td></td><td></td><td></td><td></td><td></td></tr>
</table>

注：右上标 D 代表国内产品，右上标 M 代表进口品，右上标 T 表示矩阵转置，DC 表示国内产品用于国内消费，MC 则表示进口产品用于国内消费，余类推；X_{ij} 为第 j 部门生产过程中对第 i 部门产品的消耗量（中间投入）；X_{ij}^D 和 F_i^D 分别表示国内产品用于中间投入和最终需求的数量；X_{ij}^M 和 F_i^M 分别表示进口品用于中间投入和最终需求的数量；F^D 为最终需求对国内产品的列向量；F^M 为最终需求对进口品的列向量；X^M 为进口品量的列向量。

非竞争型投入产出模型水平方向有两组均衡方程式，即国内产品生产与使用量相等的方程组和进口品生产与使用量相等的方程组：

$$\sum_{j=1}^{n} X_{ij}^D + F_i^D = X_i \qquad (i = 1,2,\cdots,n) \tag{1}$$

$$\sum_{j=1}^{n} X_{ij}^M + F_i^M = X_i^M \qquad (i = 1,2,\cdots,n) \tag{2}$$

X_i 和 M_i 分别表示第 i 部门国内产品和进口品的数量。

令：$A^D = [a_{ij}^D] \equiv [X_{ij}^D/X_j]$ 为国内产品直接投入系数矩阵；$A^M = [a_{ij}^M] \equiv [X_{ij}^M/X_j]$ 为进口品直接投入系数矩阵。

式（1）和式（2）可以简写为：

$$A^D X + F^D = X \tag{3}$$

$$A^M X + F^M = X^M \tag{4}$$

根据投入产出理论，A_V 代表直接增加值的行向量，$B_V = (b_{V1}, b_{V2}, \cdots, b_{Vn})$，代表完全增加值的行向量，则完全增加值的计算公式为：

$$B_V = A_V (I - A^D)^{-1} \tag{5}$$

同时可以得到，

$$X = (I - A^D)^{-1}F^D = B^D F^D \tag{6}$$

其中，$B^D = (I - A^D)^{-1}$，是非竞争型投入产出模型中的完全需求系数矩阵；矩阵 B^D 的元素表示生产一个单位最终需求所需要的国内产品的总产出。

在上述模型基础上可以用如下公式计算出口对总产出、国内增加值和就业的影响：

$$\Delta X = (I - A^D)^{-1} \Delta E \tag{7}$$

$$\Delta v = A_V \Delta X = A_V (^I - A^D)^{-1} \Delta E = B_V \Delta E \tag{8}$$

$$\Delta l = A_L \Delta X = A_L (^I - A^D)^{-1} \Delta E = B_L \Delta E \tag{9}$$

其中，ΔX 表示总产出列向量的增量；ΔE 表示出口列向量的增量；Δv 表示国内增加值的增量；A_L 表示直接就业系数的行向量，$A_L = [a_{lj}] \equiv [l_j/X_j]$，$l_j$ 为在 j 部门就业的劳动力数量；Δl 表示就业增量；B_L 表示完全就业的行向量。

从式（8）我们可以得出 Δv，即单位出口拉动的全部国内增加值等于完全增加值的行向量 B_V 乘以出口列向量的增量；同样，从式（9）我们可以得到 Δl，即单位出口拉动的全部国内就业量等于完全就业的行向量 B_L 乘以出口列向量的增量 ΔE，其中 $B_L = A_L (I - A^D)^{-1}$。

（二）应用非竞争型投入产出模型计算出口商品所包含的完全进口额

1. 直接进口系数和完全进口系数

在产品生产中消耗的原材料、能源和部件等，为直接消耗。直接进口系数 $a_{ij}^M = X_{ij}^M / X_j$，表示第 j 部门单位产品生产过程中直接消耗的第 i 部门进口品的数值。在原材料、能源和部件等生产中又消耗了进口产品，这就形成了对进口品的间接消耗。完全进口等于直接消耗进口和所有间接消耗进口的总和。我们可以用以下公式计算完全进口系数：

$$b_{ij}^M = a_{ij}^M + \sum_{k=1}^{n} b_{ik}^M a_{kj}^D \quad (i,j = 1,2, \cdots ,n) \tag{10}$$

可写为矩阵形式如下：

$$\begin{aligned} B^M &= A^M + B^M A^D \\ B^M &= A^M (I - A^D)^{-1} = A^M B^D \end{aligned} \tag{11}$$

其中，$A^M = [a_{ij}^M]$，为直接进口系数矩阵；$B^M = [b_{ij}^M]$，为完全进口系数矩阵。

2. 出口商品消耗的直接进口额与完全进口额的概念和定义

我们以钢为例来解释出口商品的直接进口额和完全进口额的概念。钢的生产过程中消耗的进口品是钢对进口品的直接消耗。炼钢过程中要消耗国产的生铁、焦炭等投入品，这些投入品生产中也消耗进口品，这是钢对进口品的第一次间接消耗。在生铁、焦炭等生产过程中还要消耗国内生产的矿石和煤等，在矿石和煤等生产中又要消耗进口品，这是钢对进口品的第二次间接消耗。这个过程可以无限制地进行下去。钢的完全进口额等于直接进口额和所有间接进口

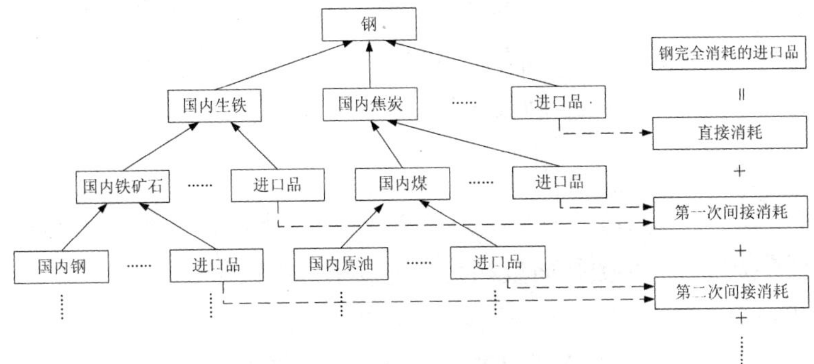

图 1　钢的完全进口额示意图

额的总和。图 1 描述了完全进口产生的过程，其中包括无穷多次的间接进口投入。我们定义直接进口额系数为某个部门生产一个单位产品所直接投入的所有进口中间产品的总和。令 a_{Mj} 为第 j 部门的直接进口额系数，它等于第 j 部门的进口中间投入系数的总和①，即：

$$a_{Mj} = \sum_{i=1}^{n} a_{ij}^{M} \qquad (j = 1,2,\cdots,n) \tag{12}$$

或者

$$A_M = iA^M \tag{13}$$

其中，$A_M = (a_{M1}, a_{M2}, \cdots, a_{Mn})$，是一个行向量；$i$ 代表各元素值为 1 的行向量，即 $i = (1,1,\cdots,1)$。

我们定义完全进口额系数为某个部门生产一个单位产品所投入的直接进口额和所有间接进口额之和。令 b_{Mj} 表示第 j 部门单位产出的完全进口额系数，则：

$$b_{Mj} = a_{Mj} + \sum_{i=1}^{n} a_{Mi}a_{ij}^{D} + \sum_{i=1}^{n}\sum_{k=1}^{n} a_{Mk}a_{ki}^{D}a_{ij}^{D} + \sum_{i=1}^{n}\sum_{k=1}^{n}\sum_{s=1}^{n} a_{Ms}a_{sk}^{D}a_{ki}^{D}a_{ij}^{D} + \cdots \qquad (j = 1,2,\cdots,n) \tag{14}$$

式（14）右端第一项为第 j 部门单位产出的直接进口额系数，第二项为第 j 部

① Xikang Chen, Leonard K. Cheng, K. C. Fung and Lawrence J. Lau, "The Estimation of Domestic Value-added and Employment Induced by Exports: An Application to Chinese Exports to the United States", *Working Paper*, Department of Economics, Stanford University, Stanford, California 94305, June, 2001. The Paper also Presented at the AEA Meeting, Boston, January, 2005, and mimeo, Stanford University.

门单位产出的第一次间接进口额之和，第三项为第j部门单位产出的第二次间接进口额之和，以此类推。第j部门单位产出的完全进口额系数等于单位产出的直接进口额系数与所有n次间接进口额的总和。式（14）可以写为如下矩阵形式：

$$\begin{aligned} B_M &= A_M + A_M A^D + A_M A^D A^D + A_M A^D A^D A^D + \cdots \\ &= A_M (I + A^D + A^{D^2} + A^{D^3} + \cdots) \\ &= A_M (I - A^D)^{-1} \end{aligned} \tag{15}$$

其中，$A_M = (a_{M1}, a_{M2}, \cdots, a_{Mn})$，$B_M = (b_{M1}, b_{M2}, \cdots, b_{Mn})$，分别表示单位产出的直接进口额系数行向量和完全进口额系数行向量。

3. 出口总额等于完全进口额和完全国内增加值之和

在本节中我们将证明各部门的完全增加值系数等于1减去完全进口额系数，即：

$b_{Vj} = 1 - b_{Mj}$，$(j = 1, 2, \cdots, n)$

也就是要证明：

$$B_V = i - B_M \text{ ,} \tag{16}$$

由式（5）和式（15）我们得到：

$B_V + B_M = A_V (I - A^D)^{-1} + A_M (I - A^D)^{-1} = (A_V + A_M)(I - A^D)^{-1}$

因为对于任何一个部门而言，中间投入系数和增加值系数之和等于单位矩阵，即：

$$iA^D + iA^M + A_V = i \tag{17}$$

由此我们得到：

$$\begin{aligned} B_V + B_M &= (A_V + A_M)(I - A^D)^{-1} \\ &= (A_V + iA^M)(I - A^D)^{-1} \\ &= (i - iA^D)(I - A^D)^{-1} \\ &= i(I - A^D)(I - A^D)^{-1} \\ &= i \end{aligned} \tag{18}$$

式（18）表明，完全国内增加值系数与完全进口额系数之和等于1。由此可以得出一个重要结果，即一个国家的出口总额等于出口的完全国内增加值和完全进口额之和。应用完全国内增加值和完全进口额之间的关系，我们也可以通过式（16）计算出口中包含的完全国内增加值。

以中国为例，每生产1000美元的出口纺织品，消耗的直接进口额为326.5美元，消耗的一次间接进口额为44美元；二次间接进口额为9.3美元；三次间接进口额为3.5美元……把消耗的直接进口额和所有间接进口额加总得到，每生产1000美元的出口纺织品消耗的完全进口额为394.7美元。由式

(16) 得出，每生产1000美元的出口纺织品的完全国内增加值等于605.3美元(1000-394.7)，与应用式(5)所得到的结果完全相同。

根据D. Hummels等提出的概念，垂直专门化表示出口品生产中使用的进口品数额，垂直专门化率表示单位出口品生产中所使用的进口品数额。某个部门出口品的直接垂直专门化率也就是该部门单位出口品生产中所使用的直接进口额之和，而某个部门出口品的完全垂直专门化率也就是该部门单位出口品生产中所使用的完全进口额之和。一个国家出口品的垂直专门化率等于各部门的垂直专门化率的加权平均数（以出口结构系数为权数）。我们所研究和计算的单位出口品的完全国内增加值系数等于1减去垂直专门化率，也就是说，完全进口额系数等于垂直专门化率①。

（三）反映中国加工贸易特点的非竞争型投入占用产出模型

投入产出分析的优点是以棋盘式平衡表形式反映国民经济中几百个部门在产品的生产与消耗之间的相互联系，包括直接联系与间接联系。利用它可以计算部门间的关联度，研究某个部门最终需求变动和产品价格变动对其他所有部门的影响，计算各种类型的完全消耗系数、前向关联系数、后向关联系数和各种乘数等。然而，传统的模型也存在一些迫切需要解决的问题，例如占用与产出之间的联系。投入产出分析中的投入是指生产过程中的消耗，占用是指在生产中长期使用的物品，如固定资产、流动资产、劳动力、科技和教育、自然资源等的拥有状况。占用是进行生产过程的前提和基础。我们不仅要研究部门间产品的投入与产出的关系，而且要研究占用与产出、占用与投入之间的数量关系。基于陈锡康②提出的投入占用产出模型（Input - Occupancy - Output Model；或译为Extended Input - Output Model with Assets），结合当前中国对外贸易的特点，本文提出了一类能够反映中国加工贸易特点的非竞争型投入占用产出模型（见表2）。

1. 区分加工出口和非加工出口的非竞争型投入占用产出模型

中国的出口可以分为两种类型：加工出口和非加工出口。加工出口包括两种方式：来料加工装配出口和进料加工出口。举例来说，根据海关公布的数据③，2002年中国出口总额为3255.96亿美元，其中加工出口1799.27亿美

① 王直博士在讨论中指出了完全国内增加值与垂直专门化率的关系。□

② Xikang Chen, *Input - Occupancy - Output Analysis and Its Application in China*, in Manas Chattezji and Robert E. Kuenne, eds., *Dynamics and Conflict in Regional Structural Change*, London: Macmillan Press, 1990, pp. 267 - 278. Xikang Chen, Input - Occupancy - Output Analysis and Its Application in the Chinese Economy, in Shri Bhagwan Dahiya (ed.), *The Current State of Economic Science*, Rohtak: Spellbound Publications, Pvt. Ltd., 1999, pp. 501 - 514. Xikang Chen, Ju - e Guo and Cuihong Yang, "Extending the Input - Output Model with Assets", *Economic Systems Research*, Vol. 17, 2005, pp. 211 - 226.

③ 《2002海关统计年鉴》，第12页，"表5 2002年进出口商品贸易方式总值表"。

元，非加工出口1456.69亿美元。加工出口占全部出口总额的55.3%。加工出口中，来料加工装配出口为474.74亿美元，进料加工出口为1324.54亿美元。2002年中国加工出口生产中直接消耗的进口产品约占加工出口的67.9%。

2002年，外商投资企业的出口占中国出口总额的52.2%。[①] 基于中国出口结构的特点，为了准确计算出口对中国国内增加值和就业的影响，我们在投入产出模型中把生产活动分为三个部分。首先是用于国内需求的生产（D）；其次是用于加工出口的生产（P）；最后是用于非加工出口的生产和外商投资企业的其他生产（N），简称非加工出口生产及其他。外商投资企业生产的产品除了直接出口和间接出口以外，也有一部分产品用于中国国内市场的消费、投资和中间投入，其中作为国内生产部门的中间投入比重很小。我们之所以不将外商投资企业的其他类型生产放入D，正是基于上述事实及以下两点考虑，一个是其产品的很大部分主要用于间接出口，即为出口生产提供中间投入品（原料和部件等）；一个是外资企业产品的投入结构与出口生产的结构类似，与用于国内需求的生产的结构不同。

表2　　区分加工出口和非加工出口的非竞争型投入占用产出模型

投入 \ 产出		中间使用：用于国内需求的生产 1，2…，n	中间使用：加工出口生产 1，2…，n	中间使用：非加工出口生产及其他 1，2…，n	中间使用合计	最终使用：消费	最终使用：资本形成总额	最终使用：出口	最终使用：其他	最终使用合计	国内总产出或进口
投入部分：国内产品中间投入：用于国内需求的生产	1…n	X^{DD}	X^{DP}	X^{DN}		F^{DC}	F^{DI}	0		F^{D}	X^{D}
投入部分：国内产品中间投入：加工出口生产	1…n	0	0	0		0	0	F^{PE}		F^{P}	X^{P}
投入部分：国内产品中间投入：非加工出口生产及其他	1…n	X^{MD}	X^{MP}	X^{MN}		F^{MC}	F^{MI}			F^{M}	X^{M}
投入部分：进口产品中间投入	1…n	X^{MD}	X^{MP}	X^{MN}		F^{MC}	F^{MI}			F^{M}	X^{M}
投入部分：中间投入合计											
投入部分：增加值		V^{D}	V^{P}	V^{N}							
占用部分：总投入资金		$(X^{D})^{T}$	$(X^{P})^{T}$	$(X^{N})^{T}$							
占用部分：其中：外资		K^{D}	K^{P}	K^{N}							
占用部分：劳动力		L^{D}	L^{P}	L^{N}							
占用部分：自然资源等，其中：耕地、水资源											

① 《2002海关统计年鉴》，第14页，“表7　2002年进出口商品贸易方式企业性质总值表”。

注：右上标 D、P、N 和 M 分别表示国内产品、加工出口、非加工出口和进口；X^D、X^P 和 X^N 分别表示 D、P 和 N 总产出的列向量；DD 表示国内产品用于国内使用，DP 表示国内产品用于加工出口，DN 则表示国内产品用于非加工出口及其他；X^{DD}、X^{DP} 和 X^{DN} 分别表示国内产品作为 D、P 和 N 的中间投入矩阵；X^{ND}、X^{NP} 和 X^{NN} 分别表示非加工出口及其他部门产品作为 D、P 和 N 的中间投入矩阵；F^{DC} 和 F^{DI} 表示作为消费和资本形成总额的国内产品的列向量；F^D 表示作为最终需求的国内产品的列向量，并且 F^D 等于 F^{DC} 与 F^{DI} 之和；F^P 表示加工出口产品作为最终需求的列向量；F^{PE} 表示加工出口产品作为出口的列向量，并且 $F^P = F^{PE}$。加工出口生产全部用于出口，故中间需求及其他最终需求均为零；F^{NC}、F^{NI} 和 F^{NE} 分别表示非加工出口及其他作为消费、资本形成总额和出口的列向量；F^N 表示非加工出口产品及其他作为最终需求的列向量，并且 F^N 等于 F^{NC}、F^{NI} 与 F^{NE} 三者之和。X^{MD}、X^{MP} 和 X^{MN} 分别表示进口产品作为 D、P 和 N 的中间投入的矩阵；F^{MC} 和 F^{MI} 表示进口产品作为消费和资本形成总额的列向量；F^M 表示进口产品作为最终需求的列向量；X^M 表示进口产品的列向量；V^D、V^P 和 V^N 分别表示 D、P 和 N 增加值的行向量。

由表 2 的水平方向我们可以得到国内产品（D）、加工出口（P）、非加工出口（N）和进口（M）的如下供求关系方程：

$$X^{DD} + X^{DP} + X^{DN} + F^D = X^D \tag{1}$$

$$F^P = X^P \tag{2}$$

$$X^{ND} + X^{NP} + X^{NN} + F^N = X^N \tag{3}$$

$$X^{MD} + X^{MP} + X^{MN} + F^M = X^M \tag{4}$$

由垂直方向我们可以得到如下方程：

$$iX^{DD} + iX^{ND} + iX^{MD} + V^D = (X^D)^T \tag{5}$$

$$iX^{DP} + iX^{NP} + iX^{MP} + V^P = (X^P)^T \tag{6}$$

$$iX^{DN} + iX^{NN} + iX^{MN} + V^N = (X^N)^T \tag{7}$$

其中，i 表示所有元素为 1 的行向量。

代入直接投入系数矩阵，则式（1）、式（2）、式（3）和式（4）可以写成如下形式：

$$A^{DD}X^D + A^{DP}X^P + A^{DN}X^N + F^D = X^D \tag{8}$$

$$F^P = X^P \tag{9}$$

$$A^{ND}X^D + A^{NP}X^P + A^{NN}X^N + F^N = X^N \tag{10}$$

$$A^{MD}X^D + A^{MP}X^P + A^{MN}X^N + F^M = X^M \tag{11}$$

其中，$A^{DD} \equiv [A_{ij}^{DD}] \equiv [X_{ij}^{DD}/X_j^D]$，$A^{DP} \equiv [A_{ij}^{DP}] \equiv [X_{ij}^{DP}/X_j^P]$，

$A^{DN} \equiv [A_{ij}^{DN}] \equiv [X_{ij}^{DN}/X_j^N]$，$A^{ND} \equiv [A_{ij}^{ND}] \equiv [X_{ij}^{ND}/X_j^D]$，$A^{NP} \equiv [A_{ij}^{NP}] \equiv [X_{ij}^{NP}/X_j^P]$，$A^{NN} \equiv [A_{ij}^{NN}] \equiv [X_{ij}^{NN}/X_j^N]$，$A^{MD} \equiv [A_{ij}^{MD}] \equiv [X_{ij}^{MD}/X_j^D]$，$A^{MP} \equiv [A_{ij}^{MP}] \equiv [X_{ij}^{MP}/X_j^P]$，

$A^{MN} \equiv [A_{ij}^{MN}] \equiv [X_{ij}^{MN}/X_j^N]$。

2. 完全需要系数、完全国内增加值系数和完全就业系数的计算方法

式（8）—式（10）可以写成以下形式：

$$\begin{bmatrix}(I-A^{DD}) & -A^{DP} & -A^{DN}\\ 0 & I & 0\\ -A^{ND} & -A^{NP} & (I-A^{NN})\end{bmatrix}\begin{bmatrix}X^{D}\\ X^{P}\\ X^{N}\end{bmatrix}=\begin{bmatrix}F^{D}\\ F^{P}\\ F^{N}\end{bmatrix}$$

这样我们可以得到：

$$\begin{bmatrix}X^{D}\\ X^{P}\\ X^{N}\end{bmatrix}=\begin{bmatrix}(I-A^{DD}) & -A^{DP} & -A^{DN}\\ 0 & I & 0\\ -A^{ND} & -A^{NP} & (I-A^{NN})\end{bmatrix}^{-1}\begin{bmatrix}F^{D}\\ F^{P}\\ F^{N}\end{bmatrix}$$

上面方程可以写成：

$$\bar{X}=(I-\bar{A})^{-1}\bar{F} \tag{12}$$

$$\bar{X}=\bar{B}\bar{F} \tag{13}$$

式（3.12）和式（3.13）为扩展的投入产出模型，其中，

$$\bar{X}=\begin{bmatrix}X^{D}\\ X^{P}\\ X^{N}\end{bmatrix},\bar{A}=\begin{bmatrix}A^{DD} & A^{DP} & A^{DN}\\ 0 & 0 & 0\\ A^{ND} & A^{NP} & A^{NN}\end{bmatrix},\bar{F}=\begin{bmatrix}F^{D}\\ F^{P}\\ F^{N}\end{bmatrix}$$

$\bar{B}=(I-\bar{A})^{-1}=\begin{bmatrix}(I-A^{DD}) & -A^{DP} & -A^{DN}\\ 0 & I & 0\\ -A^{ND} & -A^{NP} & (I-A^{NN})\end{bmatrix}^{-1}$ 是扩展的列昂惕夫逆，或者说是扩展的完全需要系数矩阵。

我们可以得到：

$$\begin{bmatrix}(I-A^{DD}) & -A^{DP} & -A^{DN}\\ 0 & I & 0\\ -A^{ND} & -A^{NP} & (I-A^{NN})\end{bmatrix}^{-1}=\begin{bmatrix}B^{DD} & B^{DP} & B^{DN}\\ B^{PD} & B^{PP} & B^{PN}\\ B^{ND} & B^{NP} & B^{NN}\end{bmatrix}$$

其中：

$$B^{DD}=(I-A^{DD})^{-1}+(I-A^{DD})^{-1}A^{DN}B^{NN}A^{ND}(I-A^{DD})^{-1} \tag{14}$$

$$B^{DP}=(I-A^{DD})^{-1}A^{DP}+(I-A^{DD})^{-1}A^{DN}B^{NN}[A^{NP}+A^{ND}(I-A^{DD})^{-1}A^{DP}] \tag{15}$$

$$B^{DN}=(I-A^{DD})^{-1}A^{DN}B^{NN} \tag{16}$$

$$B^{PD}=0,\quad B^{PP}=I,B^{PN}=0 \tag{17}$$

$$B^{ND}=B^{NN}A^{ND}(I-A^{DD})^{-1} \tag{18}$$

$$B^{NP}=B^{NN}[A^{NP}+A^{ND}(I-A^{DD})^{-1}A^{DP}] \tag{19}$$

$$B^{NN}=[I-A^{NN}-A^{ND}(I-A^{DD})^{-1}A^{DN}]^{-1} \tag{20}$$

其中，B^{DD}、B^{DP}和B^{DN}分别表示D、P和N的单位最终需求对D的完全需要系数矩阵；B^{PD}、B^{PP}和B^{PN}分别表示D、P和N的单位最终需求对P的完全需要系数矩阵；B^{ND}、B^{NP}和B^{NN}分别表示D、P和N的单位最终需求对N的完全需要系数矩阵。

我们的目标是分别得到D、P和N的单位最终需求（如出口等）对V（增加值）、M（进口产品）和E（就业）的完全需要系数矩阵。我们提出了通过两种不同的途径得到D、P和N单位最终需求的完全增加值系数的计算公式①。对进口产品和就业的完全需要系数矩阵的计算公式完全相同，我们就不再赘述了。

最后我们得到两张汇总表：D、P和N的各类直接投入系数矩阵公式表（见表3）和各类完全需要系数矩阵公式表（见表4）。

表3　各类直接投入系数矩阵公式表

	D	P	N
D	A^{DD}	A^{DP}	A^{DN}
P	$A^{PD}=0$	$A^{PP}=0$	$A^{PN}=0$
N	A^{ND}	A^{NP}	A^{NN}
M（进口产品作为中间投入）	A^{MD}	A^{MP}	A^{MN}
V（增加值）	A_V^D	A_V^P	A_V^N
L（就业）	A_L^D	A_L^P	A_L^N

表4　各类完全需要系数矩阵公式表

	D	P	N
D	B^{DD}	B^{DP}	B^{DN}
P	$B^{PD}=0$	$B^{PP}=I$	$B^{PN}=0$
N	B^{ND}	B^{NP}	B^{NN}
M	$B^{MD}=A^{MD}B^{DD}+A^{MN}B^{ND}$	$B^{MP}=A^{MD}B^{DP}+A^{MP}+A^{MN}B^{NP}$	$B^{MN}=A^{MD}B^{DN}+A^{MN}B^{NN}$
V	$B_V^D=A_V^DB^{DD}+A_V^NB^{ND}$	$B_V^P=A_V^DB^{DP}+A_V^P+A_V^NB^{NP}$	$B_V^N=A_V^DB^{DN}+A_V^NB^{NN}$
L	$B_L^D=A_L^DB^{DD}+A_L^NB^{ND}$	$B_L^P=A_L^DB^{DP}+A_L^P+A_L^NB^{NP}$	$B_L^N=A_L^DB^{DN}+A_L^NB^{NN}$

① 因篇幅有限，本文省略单位最终需求完全增加值系数的具体推导过程，如有需要，请与作者联系。

利用表4最后两行中的B_V^P,B_V^N和B_L^P,B_L^N的公式，就可以计算增加一个单位加工出口和非加工出口所产生的完全国内增加值和完全就业量，而单位出口所产生的完全进口额等于1减去完全国内增加值。

三　2002年中美两国出口对国内增加值和就业的拉动效应计算

（一）数据来源

我们编制了中国1995年、2000年和2002年与加工贸易有关的非竞争型投入产出表。同时，基于美国商务部经济分析局发布的U表（Use Table）和V表（Make Table）等资料①，我们编制了美国2002年的非竞争型投入产出表。

我们从海关总署、国家统计局、香港海关、美国普查局及美国商务部经济统计署等机构搜集了相关的数据。海关总署提供了大量的重要数据，如《中国海关统计年鉴》（2000—2006）、2002年分商品的加工装配进出口货物量值表和分商品的来料加工进出口货物量值表等（光盘数据：海关总署信息中心）。国家统计局提供了许多重要的数据资料，如《2002年中国投入产出表》，以及出口商品消费表、投入产出部门和海关统计（H. S. 98②）匹配表、构造从FOB到生产者价格转换矩阵的重要数据、《2004年中国经济普查资料》、以工业部门分类的外商投资企业的主要指标、《劳动力统计报告》、《中国统计年鉴》（2000—2006），等等。香港海关提供了以下重要数据（光盘数据）：中国大陆经香港再出口至美国的数据和美国经香港再出口至大陆的分商品数据，美国至中国大陆的出口中再出口的统计数据差异比重，以及相应的中国大陆至美国及其他国家和地区的出口中再出口的统计数据差异比重。美国普查局及美国商务部经济统计署等提供了诸如1996—2004年美国进出口数据详表等主要资料（光盘数据）。

（二）部分计算结果及其应用价值

利用本文所讨论的能够反映加工出口特点的非竞争型投入占用产出模型和

---

① http：//www. bea. gov/bea/dn2/i－o_ annual. htm.

② H. S. 编码体系是由世界海关组织主持制定的一套供海关、统计、进出口管理及与国际贸易有关各方共同使用的商品分类编码体系，全称《商品名称及编码协调制定》。部门说明详见海关总署关税征管司编制的《中华人民共和国海关统计商品目录》，中国海关出版社2006年版。

方法，我们得到如下结果①。

表 5　中美两国出口（以生产者价格计算）对国内增加值和就业的影响②

2002 年	拉动效应			
	直接增加值（美元）	完全增加值（美元）	直接就业（人/年）	完全就业（人/年）
中国全部出口（1000 美元）	204	466	0.0952	0.2416
其中：加工出口	166	287	0.0448	0.1106
非加工出口	240	633	0.1421	0.3632
中国出口至美国（包括从香港再出口，1000 美元）	177	368	0.0623	0.1642
其中：加工出口	168	300	0.0475	0.1180
非加工出口	210	606	0.1145	0.3274
中国出口至美国（直接，1000 美元）	180	390	0.0673	0.1797
其中：加工出口	166	292	0.0455	0.1126
非加工出口	211	605	0.1149	0.3265
美国全部出口（1000 美元）	452	885	0.0046	0.0095
美国出口至中国（包括从香港再出口，1000 美元）	418	865	0.0045	0.0094
美国出口至中国（直接，1000 美元）	430	867	0.0045	0.0094

1. 中美两国出口对国内增加值的影响

2002 年中国对美国 1000 美元的出口可以带来的直接国内增加值（中国 GDP）约为 177 美元，间接国内增加值为 191 美元，即带来的完全国内增加值为 368 美元。同时，2002 年美国对中国 1000 美元的出口可以带来美国的直接国内增加值约为 418 美元，间接国内增加值为 447 美元，即给美国带来的完全

① 我们还得出了按生产者价格计算的各部门出口 1000 美元商品对增加值和就业的拉动效应、出口商品按离岸价格（FOB）计算的各部门出口 1000 美元商品对增加值和就业的拉动效应、出口品按 H. S. 98 大类商品组分类的每 1000 美元出口对增加值和就业的拉动效应。我们不仅计算了中国与世界的出口贸易对国内增加值和就业的影响，而且计算了中国对美国出口（区分对美直接出口和包括通过香港再出口两种情况），以及美国对中国出口（同样区分两种情况）对国内增加值和就业的影响。因篇幅有限，没有一一列出，如有需要，请与作者联系索取。

② 本文关于中美两国出口对国内增加值和就业的影响是在中美两国有关部门 2006 年 8 月以前公布的数据资料基础上计算的，今后可能会随着数据的进一步更新有所修改。

国内增加值为865美元。美国对中国的单位出口对其国内增加值的贡献，是中国对美国出口对中国国内增加值贡献的2倍多。

近年来，中国对美国出口货物总值约为美国对中国出口货物总值的4倍，但以国内增加值来衡量的话，则中国对美国出口仅为美国对中国出口的2倍左右。① 由此，我们可以看出不能仅仅把对外贸易总额作为衡量一个国家（或地区）对外贸易的唯一经济指标，而应当同时计算出口中所包含的国内增加值和进口品价值；即不仅从总产值角度来衡量，而且要从增加值角度来衡量。

2. 中美两国相互出口对其国内就业的影响

2002年中国对美国1000美元的出口给中国带来的直接就业和间接就业的增加量约为0.1642人/年。同时，2002年美国对中国1000美元的出口可以带来就业增加量约为0.009435人/年——包括直接就业增加和间接就业增加。中国对美国出口对中国国内就业的拉动是美国对中国出口对美国国内就业拉动的17倍之多。与美国相比，中国出口更多的劳动密集型产品，反映了中国实际工资率较低和劳动力相对充裕的现实。虽然中国劳动力充裕，劳动力价格远远低于发达国家，但我们绝不能因对外贸易的优势在于劳动力资源充裕而自喜，因为贸易的最终目的是为了改善人民的生活水准。中国目前大量出口国际产业链的低端产品，所获得的利润和增加值是极为微薄的。由于加工出口比重很大，出口所产生的效应远较出口总额小。长期出口劳动密集型产品也会阻碍贸易产品的结构升级，造成发达国家始终把我们锁定在生产结构底端的局面。通过本文提出的非竞争型投入占用产出模型的计算，我们更加真实地看到了中国和发达国家在对外贸易方面的利害得失。

四　小结

目前在对外贸易中主要使用出口总值来衡量出口的规模，但随着国际贸易和分工的日益发展与渗透，一个国家或地区的出口经常包含从很多国家或地区进口的原材料和部件，因此，计算出口商品所包含的国内增加值和国外增加值，对于正确反映一个国家的实际出口规模、研究国际贸易的平衡问题具有重要的作用，也可以为中国政府制定对外贸易政策提供有效的参考。

基于此，本文提出了核定出口商品中所包含的完全国内增加值和完全进口

① Lawrence J. Lau，Xikang chen，The *Estimation of Domestic Value - Added and Employment Generated by U. S. - China Trade*，Working Paper，No. 2，Institute of Economics，The Chinese University of Hong Kong，2006.

额的计算方法，并且证明了出口总值等于出口所带来的完全国内增加值和完全进口值（后者为国外增加值）之和。据此我们编制了2002年中美两国的非竞争（进口）型投入占用产出表，测算和分析了中美两国出口对各自国内增加值和就业的影响，得出如下结论：中国对美国出口货物总值约为美国对中国出口货物总值的4倍，但以国内增加值来衡量的话，则中国对美国出口仅为美国对中国出口的2倍左右；同时，与美国相比，中国出口更多的是劳动密集型产品，这也反映了中国实际工资率较低和劳动力相对充裕的现实。

利用本文的方法和模型，不仅可以计算一个国家的总出口对国内增加值和就业的影响，而且可以计算分部门、分大类商品的单位出口对国内增加值和就业的影响。相关部门和研究机构还可以利用本文构建的投入占用产出模型，计算各个生产部门所使用的占用品中内源和外源的占用量比重及其对各类污染物排放量的影响效应，并进一步构造单目标或多目标的优化模型，为优化中国的出口产品结构，调整和改善中国的产业结构，加强国家经济安全提供有益的借鉴。

参考文献

Batey, P. W. J. and Weeks, M. J., "An Extended Input – Output Model Incorporating Employed, Unemployed and In – migrant Households", *Papers of the Regional Science Association*, 1987.

Hummels, D., Rapoport, D., Yi, K – M., "Vertical Specialization and the Changing Nature of World Trade", *Federal Reserve Bank of New York Economic Policy Review*, June, 1998.

Bohlin, L. and Widell, L. M., "Estimation of Commodity – By – Commodity Input – Output Matrices", *Economic Systems Research*, 2006.

Leontief, Wassily W., "Quantitative Input and Output Relations in the Economic System of the United States", *Review of Economic Statistics*, 1936.

Leontief, Wassily W., et al., *Studies in the Structure of the American Economy*, New York: Oxford University Press, 1953.

He, Shiqiang and Polenske, K. R., Interregional Trade, "The Heckscher – Ohlin – Vanek Theorem and Leontief's Paradox", *Paper Presented to the 12th International Conference on Input – Output Techniques*, New York City, 1998.

Hertel, Thomas (eds.), *Global Trade Analysis: Modeling and Applications*, Cambridge University Press, 1997.

张燕生、刘旭、平新乔：《中美贸易顺差结构分析与对策》，中国财政经济出版社2006年版。

（原文载于《中国社会科学》2007年第5期）

中国新农村建设推进情况总报告*

——对17个省(直辖市、自治区)2749个村庄的调查

国务院发展研究中心课题组

李剑阁，江苏省南通市人。南京师范大学数学系学士。中国社会科学院研究生院经济学硕士。曾经担任国务院发展研究中心研究员、国务院经济体制改革办公室副主任等。2003年3月至2008年7月任国务院发展研究中心副主任，2008年7月被任命为中国国际金融公司董事长。中国社会科学院研究生院、中国人民大学财政金融学院、中国人民银行研究生部、清华大学经济管理学院教授、博士生导师。清华大学台湾研究所教授。曾三次获得孙冶方经济科学奖。

韩俊，国务院发展研究中心副主任，研究员。长期从事农业、农村、农民问题研究，合著《调查中国农村》、《中国县乡财政与农民负担问题研究》、《中国食品安全战略研究》、《中国新农村建设调查》、《中国农民工战略问题研究》、《我国食物生产能力与供求平衡战略研究》等。自1993年开始享受国务院政府特殊津贴，多次获孙冶方经济科学奖、中国发展研究奖、“三个一百”原创出版工程著作奖等。

秦中春，出生于1971年，重庆人，中国社会科学院研究生院管理学博士。现任国务院发展研究中心研究员、农村经济研究部第三研究室主任。1996年参加工作，就职于农业部，2005年调入国务院发展研究中心，主要研究领域为农村经济、公共政策和社会保障，曾获孙冶方经济科学奖（第十三届）、第二次全国农业普查招标课题研究特等奖、中国发展研究奖一等奖2次、中国社会保障论坛三等奖和优秀论文奖等。

---

* 国务院发展研究中心《推进社会主义新农村建设研究》课题组授权《改革》独家发表。课题主持人为国务院发展研究中心副主任李剑阁研究员，该项专题调查负责人为国务院发展研究中心农村经济研究部部长韩俊研究员，该报告主要执笔人为李剑阁、韩俊、秦中春（国务院发展研究中心农村经济研究部）、张云华（国务院发展研究中心农村经济研究部）。

张云华，国务院发展研究中心农村部第二研究室主任、副研究员、博士。参与或独立写作国务院发展研究中心各类调查研究报告90多篇，出版著作《食品安全保障机制研究》、《完善与改革农村宅基地制度研究》和《中国农地流转问题调查》，参与出版著作10部，在学术期刊及报刊公开发表文章50余篇。曾获第十三届孙冶方经济科学奖、中国发展研究奖一等奖、国务院第二次全国农业普查招标课题特等奖等奖励。

2006年以来，我国全面加强社会主义新农村建设，国务院发展研究中心《推进社会主义新农村建设研究》课题组于同年在全国范围内展开调查，涉及17个省（直辖市、自治区）、20个地级市、57个县（市）、166个乡镇、2749个村庄。样本选择表现为，每个被调查省及地级市选3个县（区），每个县（区）选3个乡镇的全部行政村进行问卷调查。在深入调研的基础上，综合分析我国现阶段新农村建设的现状和存在的问题，进而提出若干政策建议。

一 村级组织经济实力相差悬殊

被调查村庄就自然地形而言，属于平原地区的占50%，属于山区的占27%，属于丘陵区的占22%；就城郊类型而言，一般村庄占80%，乡镇政府驻地村庄占13%，中小城市郊区村庄占6%，大城市郊区村庄占1%；就在当地县内的贫富类型而言，一般村庄占9%，比较穷的村庄占32%，比较富裕的村庄占9%；就农民实际收入水平状况而言，低于或等于全国农民平均收入水平的村庄占53%，高于全国平均水平的村庄占47%。

（一）多数村庄集体经济收入微薄

总体上看，村集体经济实力相差悬殊，多数村庄的集体经济收入微薄。集体收入低于5万元的村占近一半，低于10万元的占近60%，高于50万元的村占22.6%，高于100万元的村占16%。村级集体经济收入的平均值为190.8万元，剔除少量收入超过1亿元的特殊样本后，调整后的集体经济总收入平均水平为79.2万元。东、中、西部集体经济实力差距明显。西部、中部各有91.4%、75.9%村庄收入在10万元以下，而东部有近60%村庄集体收入在10万元以上。西部和中部集体收入高于100万元的村庄占比分别为3.9%和1.2%，而东部这一比值为33%。

总体上看，村集体本身收入是村总收入的主要组成部分，占集体总收入的

69. 15%。其中，村农业承包收入占总收入的38. 08%，占比较大；村办企业收入占17%；财政性补助占16. 44%；厂房、土地及其他财产租赁费收入占10. 19%；村级农林牧渔直接经营收入占比较少，只有3. 88%。分地区看，东部地区村集体本身收入比例最高，为76. 20%，东部地区村办企业收入、土地厂房等资产租赁费收入的比例也高于中西部地区。虽然总体上看，村集体自身收入在村级总收入总占比较大，但在有集体收入的2574个村庄中，700个村庄没有集体本身收入，占比为27. 2%。

（二）村级组织运转费用差距悬殊

所有被调查村庄中，集体支出在1万—5万元之间的频率最高，为31. 1%，支出超过20万元、50万元、100万元和200万元的村庄分别为32. 2%、21. 9%、14%和5. 8%。西部地区支出在5万元和10万元以下的村庄分别占78. 1%和87. 9%，中部这两个支出区间的比例分别为51. 1%和74. 2%，而东部却只占到17. 8%和25. 4%。东部有61%的村庄支出在20万元以上，而中部和西部村庄分别只有11. 7%和5. 6%。东部有三成村庄支出超过50万元，而中、西部只有分别不到1%和3%，差异明显。

村集体支出中以公共建设支出和管理费用为主。村公共建设支出占到村总支出的42. 5%。中西部地区这一支出的比例都超过了50%。管理费用占村集体支出的20%—30%。

被调查村庄2005年共发生管理费用3. 44亿元，平均每个村管理费用16. 05万元。东、中、西部村管理费支出情况见表1。从结构上看，村组干部工资占61. 7%，业务管理费占18. 7%，日常办公开支占15. 2%，集体用水电费占4. 47%。东部地区人均村管理费支出为120. 35元，分别是西部的17. 83倍和中部的5. 86倍。

表1　　东、中、西部村管理费支出情况　　（单位：万元,%）

	西部地区		中部地区		东部地区	
村管理费总额	931. 95	100	2374. 04	100	39893. 02	100
村组干部工资	632. 65	67. 9	1309. 05	55. 1	17815. 06	44. 7
集体用水电费	71. 02	7. 6	120. 49	5. 1	12407. 45	31. 1
日常办公开支	131. 74	14. 1	633. 65	26. 7	4099. 54	10. 3
业务管理费支出	96. 54	10. 4	310. 85	13. 1	5570. 97	14. 0
人均村管理费支出	6. 75	—	20. 55	—	120. 35	—

不同地区村干部报酬相差悬殊。平均每个行政村有村干部 5.41 人，干群比例为 1∶331。被调查村村干部年平均工资为 8714 元。从分布情况看，年报酬低于平均水平的共 2038 个村，占 77.7%，高于该水平的共 584 个村，占 22.3%。从区域分布看，东部地区村干部年均工资是西部的 7.21 倍，是中部的 6.27 倍。西部地区村干部年均工资为 2282.99 元，其中村干部年均工资在 3000 元及以下的村占 81.1%。中部地区村干部年均工资为 2626.79 元，其中村干部年均工资在 3000 元及以下的村占 69.5%。东部地区村干部年均工资为 16460.64 元，其中村干部年均工资在 3000 元及以下的村占 15.5%。村干部年均报酬最低的陕西省仅为 1051.85 元，最高的上海市为 34431.41 元，后者是前者的 32.73 倍。东、中、西部村干部工资情况见图 1。

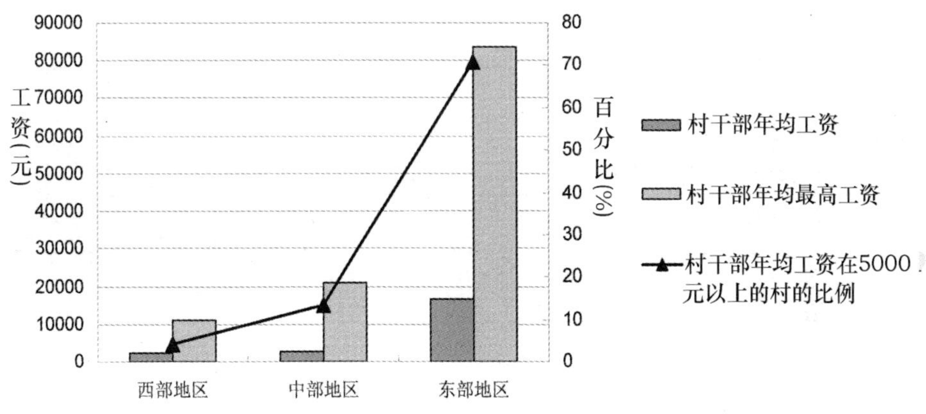

图 1　东、中、西部村干部工资情况

（三）村级债务负担重

表 2 反映了 2005 年被调查村庄村级集体资产负债情况。被调查村庄 2005 年末累计集体资产总额均值为 371.81 万元，东部地区平均每个村庄集体资产总额为 727.86 万元，规模较大，而中部地区平均每个村庄资产只有 44.14 万元，西部地区更少，为 21.45 万元。被调查村庄集体平均负债水平为 176.24 万元，东部村庄平均负债 305.61 万元，中部地区平均负债 52.48 万元，西部地区平均负债 22.77 万元。村集体负债主要来自个人借款，平均比重占 41.43%，中部地区个人借款比重最高，达到了 53.46%。信用社也是村庄借款的主要渠道，平均比重占 17.85%。

表2　　2005年村级集体资产负债情况　　（单位：万元，%）

	综合	西	中	东
一、年末累计资产总额均值	371.81	21.45	44.14	727.86
构成：1. 流动资产	39.18	18.47	29.91	41.09
2. 长期投资	5.11	2.99	8.88	4.95
3. 固定资产	51.61	77.87	58.95	51.31
4. 其他资产	4.10	0.67	4.87	2.65
二、年末累计负债总额均值	176.24	22.77	52.48	305.61
构成:1. 向信用社借款总额	17.85	25.86	18.44	14.54
2. 向其他银行借款总额	4.40	5.49	5.77	3.34
3. 向企业法人借款总额	10.23	8.85	6.20	12.66
4. 向个人借款总额	41.43	46.95	53.46	33.66
5. 向民间金融机构借款总额	4.83	1.85	6.54	5.16
三、2005年负债资金使用结构				
1. 办企业	3.62	3.62	10.84	13.95
2. 支付干部工资	13.75	13.75	16.21	11.77
3. 上缴税费	4.28	4.28	7.86	2.73
4. 公共基础设施建设	42.84	42.84	34.29	47.30
5. 教育支出	17.11	17.11	13.59	3.42
6. 偿还旧债	13.21	13.21	9.05	11.59

从负债资金的使用结构看，1710个村庄回答了村庄负债使用的问题，村庄负债资金最主要的用途是公共基础设施建设。东部地区负债资金用于办企业的比重明显高于西部地区。中西部地区负债资金用于教育支出的比重很高。中部地区村庄负债用于支付干部工资和上缴税费的比重最高，分别达到了16.21%和7.86%。

被调查村庄中有32.9%的村庄资不抵债，也即净资产小于零。净资产处于-10万—0元的村庄比例为21.9%，处于0—10万元、10万—50万元、50万—100万元、大于100万元的村庄比例分别为18%、16.8%、7.2%和25.1%。

（四）多数村庄集体经济实力变化不大

所调查村庄中村集体经济实力不断增长、变化不大和有所下降的村庄比例分别为25.5%、56.1%和18.4%。西部地区村集体经济实力以变化不大为主，占 71.3%。中部地区村集体经济实力有所下降的比例将近 3 成，中部村集体经济实力不断增长的比例只占 12.2%。东部地区村集体经济实力不断增长的比例为 40.5%，中部和西部地区只有 10% 多点的村集体经济实力在不断增长。

东部地区村干部更多地认为要靠招商引资、出租集体资产或集体土地来壮大集体经济实力，比例分别占到 74.5% 和 81.1%，分别比中部和西部地区村庄高出 16.5%、37.5% 和 12.7%、30%，这也反映了东部地区村干部对招商引资并出租集体资产或土地更大的认可度和现实可行性。中部和西部地区村干部更倾向于争取上级下拨或补贴，比例分别为 88.4% 和 75.4%，比东部分别高出 20.4% 和 7.4%，表明在一定程度上中西部村庄对政府的依赖性较大。

二　农民收入差距悬殊，农民增收难度大

由于多种原因的影响，不同地区的农民收入存在显著的差距，农民增收在现实中也面临诸多障碍。

（一）地区之间农民收入差距悬殊

被调查村庄农民人均纯收入水平达到了 3823 元，高于 2005 年的全国平均水平。从收入分组情况来看，收入水平在 2000—2999 元的村庄比重最高，达 22.01%，近一半的村庄农民人均纯收入低于 3000 元。

分地区来看，中部和西部地区农民的人均纯收入都远低于东部地区，分别是东部地区人均纯收入的 47.14% 和 33.09%。贵州安顺市农民人均纯收入只有 997 元，不到全国人均水平的 1/3。而江苏苏州市农民人均收入为 8797 元，超过全国人均水平的 2 倍，是安顺的 8 倍。

从表 3 可以看出，东部地区的人均纯收入在 7000—7999 元间的村庄比重最大，并且将近半数样本村的人均纯收入在 6000 元以上。中部地区村庄人均纯收入集中分布在 2000—2999 元间，同时超过 6 成的村庄人均纯收入在 3000 元以下。西部地区村庄的人均纯收入也是集中在 2000—2999 元间，但超过半数的村庄人均纯收入低于 2000 元。

表 3　　分地区分收入组结构　　（单位：%）

人均纯收入（元）	东部	中部	西部
<1000	3.17	5.39	22.52
1000—1999	6.02	20.71	31.33

续表

人均纯收入（元）	东部	中部	西部
2000—2999	6.18	37.21	34.76
3000—3999	13.43	29.46	9.18
4000—4999	12.86	6.90	1.47
5000—5999	11.07	0.00	0.49
6000—6999	9.60	0.00	0.00
7000—7999	14.89	0.00	0.00
8000—8999	10.82	0.00	0.00
9000—9999	8.79	0.00	0.00
>10000	3.17	0.34	0.24
合计	100	100	100

（二）农资价格过高、缺乏资金与技术是农民增收困难的主要制约因素

农资价格偏高是农民增收难的最突出原因。表4反映了2491份村庄有效问卷中农民对增收困难的原因选择情况，排在首位的是农资价格过高，选择此项的村庄比例接近70%，也是所有原因中唯一超过半数的选项。选择缺乏资金与缺乏技术两项的比例接近50%，分别排第二和第三位。交通不便和外出打工不容易，在众多原因中分别排在倒数第三和第二位。这反映出，近几年国家大力改善农村交通问题取得了较好成效，同时农民外出打工的途径比较多。

表4　　农民增收困难的原因选择　　（单位:%）

原因	选择该项的村庄所占比例
农产品价格偏低，农业生产资料价格高	69.45
调整农业结构不容易，缺乏技术	47.37
缺乏资金	47.29
每亩地收入不高	35.25
本地发展二、三产业不容易	33.80
农民观念落后	33.52
农产品销路不好	29.51
每家土地规模太小	27.94
自然条件差，自然灾害频繁	23.93
位置偏远，交通不便	22.60

续表

原因	选择该项的村庄所占比例
出去打工不容易，劳动力仍有富余	21.56
其他	1.24

此次所调查的村庄中，有47.3%的村庄认为当地农民收入难以提高的重要原因是“缺乏资金”，说明很多农户都有很强的资金融入需求。近年来，随着农村信用社各项改革的推进，各地信用社广泛评定信用户，农户贷款难的问题有了明显的缓解。从此次调查的情况看，48.3%的村庄都反映信用社在当地开展了小额联保贷款业务，各村内信用户的数量占村总户数比重的平均值达到了35.79%。但60%以上的村庄都认为，目前农户向信用社等金融机构贷款仍然很困难，各村庄获得过信用社贷款农户比重平均值仅为18.86%，仍有大部分的农户不能获得信用社贷款，农户贷款难的问题依然还很严峻。

从表5可以看出，西部地区农户信用社等金融机构贷款获得情况好于中部和东部地区，中部地区农户贷款难的问题最为严重。西部地区信用社小额贷款和扶贫贷款的推动力度很大，评定的信用户比重均值达到38.37%，因而农户从信用社获得贷款最为容易，而且农户的资金需求也更主要是通过信用社解决。东部地区有更大比重的村庄农户的资金问题是通过私人借款解决的，这与东部地区私人收入比较高、非正规信贷市场发达是相关的。

表5　分地区村庄农户信用社贷款情况　（单位：%）

	综合	东部	中部	西部
认为向信用社贷款难的村庄比重	62.6	65.1	69.8	53.5
农户主要从信用社解决资金困难的村庄比重	60.3	51.2	55.5	77.2
农户主要从私人借款解决资金困难的村庄比重	39.7	48.8	44.5	22.8
获得贷款农户占总户数比重均值	18.86	12.02	20.62	26.42
信用户比重均值	35.79	28.62	45.96	38.37
小额贷款的平均规模（元）	7275.88	12404	2935.23	4149.90

农户贷款难的问题还体现在“所期望的贷款规模不能获得满足”。特别是在东部地区，虽然小额贷款比较容易从信用社获得，但小额贷款不能满足农户

的资金需求，而且与其所能贷的资金规模的贡献相比，信用社小额贷款的交易成本太高，这是东部地区更多依靠私人借款的主要原因。而中部地区虽然信用社评定信用户的比重最高，但农户实际的贷款获得率却很低。

从平均的贷款规模来看，因为东部地区资金需求规模大，而且金融机构相对实力也比较强，小额贷款的平均规模比较大（12404 元），大部分村庄信用社小额贷款的平均规模都超过了万元。中部地区和西部地区信用社小额贷款的平均规模比较小，特别是中部地区小额贷款的平均规模仅为 2935. 23 元。这说明中部地区所受的正规信贷约束最为强烈，不仅受到信贷门槛的约束，而且也受到信贷规模的约束。

三　土地问题是农村矛盾的焦点，农村对保障土地权益的愿望十分强烈

土地是农民赖以生存的根本，也是农民最需要得到保障的权益。

（一）农户承包经营是土地经营的主导方式

调查显示，现阶段土地农户承包经营的比例达到 94. 2%。其中，东部为 91. 6%，中部为 97. 4%，西部为 95. 2%。土地集体统一经营比例较低，平均为 4. 3%。其中，东部为 5. 8%，中部为 2. 3%，西部为 3. 6%。仅有上海市土地集体统一经营的比例达到了 11. 3%，其他省份基本上都在 5. 0% 以下。

调查显示，第二轮承包以来平均已有 12. 5% 行政村进行过土地调整，东部调整的比例最高，达到了 15. 6%，中部为 11. 3%，西部为 9. 2%，其中，浙江、内蒙古等地土地调整比例较高，分别达到 45. 5%、36. 1%。在调整土地的行政村中，85. 1% 的村为 1—2 次，其中 1 次的比例为 54. 5%，2 次的比例为 30. 6%；调整时间以 3 年和 5 年为主，分别占 24. 5% 和 55. 1%。

（二）土地承包经营权流转以本村内为主

表 6 反映了分地区土地流转情况。多数被调查村庄有出租土地的现象，比例达到 79. 3%，平均每个村出租土地农户的比例为 20. 2%。东部省份土地流转率相对较高，出租土地的村庄达到 86. 5%，每个村出租户的比例达到 27. 4%，其中上海市所有被调查村都有土地出租的农户，土地出租户占全村农户的比重达到 42. 0%，而中、西部地区出租土地农户占全村农户的比重仅分别为 11. 8% 和 14. 1%。可以看出，土地流转与地区经济发达程度、城镇化水平具有很强的相关性，经济比较发达的沿海地区农户土地出租率较高，经济相对落后的中、西部地区出租率较低。

表 6　　分地区土地流转情况

	有出租地的行政村比例	平均每个行政村出租户比例	流转给本村的比例			租金
			0—50.0%	50.0%—100%	其中，100%	元/公顷
全国	79.3%	20.2%	18.7%	81.3%	63.8%	4395
东部	86.5%	27.4%	29.5%	70.5%	55.1%	6255
中部	69.7%	11.8%	6.8%	93.2%	75.5%	2775
西部	79.7%	14.1%	14.8%	85.2%	65.8%	2565

土地流转以村内流转为主，流转到外村的较少。调查显示，在发生土地流转的农户中，63.8%的农户将自己承包经营的土地全部流转给了本村村民，中、西部的比例明显高于东部。其中东部为55.1%，中部为75.5%，西部为65.8%。江苏、四川两省被调查村土地流转到村外的比例稍高，其中江苏有38.6%的行政村将出租的土地全部流转到了村外，四川的比例为29.0%，其他省份绝大多数的行政村土地全部流转到村外的比例都低于10.0%。可以看出，土地流转以本村为主，跨村流转现象不突出。

调查显示，土地流转租金全国平均只有4395元/公顷。其中，东部省份平均为6255元/公顷，中部省份为2775元/公顷，西部省份为2565元/公顷。经济发达的东部江苏省苏州市、上海金山区租金较高，每公顷达到8925元和7020元。

（三）村干部对农村土地集体产权认识不清

农村土地归农村集体所有，这是中国农村的一项基本制度和政策，并以法律的形式确立了下来。但调查显示，有1/5的村干部认为土地归国家所有，4.1%的村干部对这一问题说不清楚，8.1%的村干部认为归农民个人所有，认为归村民集体所有仅占66.1%。

61.9%的被调查村认为农村土地应该归农民永久使用，其中，东部的比例为51.9%，中部为69.5%，西部为70.3%。可以看出，农村对稳定土地产权关系的愿望十分强烈，但地区差异也比较明显，中、西部省份高于东部近20个百分点。

整体上看，认为农村土地归集体所有最有利的比例最高，达到了60.0%，有29.4%的村认为归个人所有最有利，认为归国家所有最有利的村占10.6%。同时，对这一问题的看法的地区差异很大。经济发达的东部地区认为土地归集体所有最有利的比例最高，达到71.3%，高出中、西部近20个百分点；而相对落后的西部地区认为归个人所有的比例较高，分别达到38.7%和34.9%，尤其是地处牧区的青海和内蒙古两省区对土地个人所有的愿望程度尤为强烈，比例分别占74.4%和61.5%，此外，东部的河北省也达到了62.4%。可以看出，东、中、西部对土地归谁所有最有利表现出明显差异，经济发达地区对土地集体所有认可度较高，而相对落后的中、西部地区对土地个人所有表现出更为强烈的愿望。造成这种现象的原因是东部经济发达，非农就业机会多，经济实力较强的村级组织提供了大量的公共福利和服务，农民对土地的依赖性减弱，同时土地归集体所有便于统一开发经营，从而获得更高的土地增值收益；而中、西部地区经济相对落后，非农就业机会少，土地非农开发机会和收益较少，农民对土地的依赖性较强，农民更渴望通过明晰土地产权来获得长期稳定的生活来源和保障。

（四）农村宅基地供求矛盾突出

在所调查的2749个村庄中，户均宅基地面积平均水平为393平方米，人均面积平均水平为107平方米。村庄宅基地面积平均相当于同村耕地面积的21%。建设部颁布的村镇规划用地指标为人均用地80—100平方米，发展用地偏紧的地区，宜在人均用地60—80平方米。从本次调查情况看，被调查地区农村的宅基地占地规模和水平总体上略高于村镇规划用地指标。在所调查的2749个村庄中，有超过1/3（39%）的村庄反映农村宅基地供求矛盾突出。

随着大批农民进城从事二、三产业，一些农民还在城市购买了商品房，由于流转受到限制等原因，进城农民绝大多数都没有处理旧房屋或宅基地，农村宅基地及房产长年闲置的程度日益严重，形成了越来越多的“空心村”。所调查的所有村庄中，有45%的村反映村里还有废弃的旧房及宅基地。这些村多数集中在中西部地区和北方地区。在存在废弃的旧房及宅基地的村庄，闲置宅基地估计占地平均每个村为2.94公顷左右，占村庄现居住总面积的比例为10.4%。这表明农村宅基地整理的潜力很大。

在所调查的2749个村庄中，搞过宅基地整理的村占约1/4（26%），节省出来的面积平均为3.67公顷，占原宅基地总面积的比重为16%。节省出来的地主要是用于农业开发，比重达到58%，其次是村办企业，占13%，物业出租，占6%。开展宅基地整理工作最多的前五个地区依次是上海金山、江苏南通、河北张家口、山东枣庄和甘肃庆阳。其中上海金山最高，已经有近一半的村（49%）开展过宅基地整理工作，平均每个村整理出宅基地9.29公顷，占原宅基地总面积的比重达到15.7%。

在所调查的村庄中，认为有必要引导农民集中居住的村的比例略多，占55%，认为没有必要集中居住及合并村庄的占45%。关于引导农民集中居住的难点，调查中反映，最大的难点是贫困户承担不了成本，占调查村的比例为60%；农业生产不方便、生活成本增加和村里的住房刚建好等分别占45%、35%和31%。其中反映村里的住房刚建好的比例约1/3，是一个不低的比例，显示对村庄进行改造要慎重。分地区看，也有集中反映最大的难点是农业生产不方便的地区，包括重庆市、江苏省南通市和江苏省苏州市等3个地区；有集中反映最大的难点是生活成本增加的地区，包括河北张家口和上海金山等两个地区。有近一半（48%）的村担心村庄改造后，农民家家户户都欠债。有34%的村担心违背农民意愿，搞片面的村庄撤并。

（五）村民上访反映最集中的问题是土地问题

土地是农村经济发展的基本要素，土地问题也是农村中矛盾频发的一个焦点，其中尤以土地征用问题比较突出。对2749个村庄的统计结果显示，有村民上访村庄的比例为28.9%。分地区看，东部发生上访的比例最高，为32.5%，西部次之，为27.6%，中部最低为24.8%。

村民上访反映最集中的问题是土地问题，主要有土地征用、承包地流转和宅基地等问题（见表7）。调查显示，约40%的村民上访反映的是土地征用问题，承包地流转占26%，合计65.4%；东部地区的土地问题矛盾比较突出，因土地征用上访的占48.1%，因承包地流转上访的占25.6%，合计73.7%；西部地区次之，因土地征用上访的占34.5%，因承包地流转上访的占24.3%，合计58.8%；中部地区因土地征用和承包地流转上访的分别占26%和28.8%。

表7 **分地区村民上访反映最集中的问题** （单位:%）

	合计	西部	中部	东部
土地征用	39.4	34.5	26.0	48.1
承包地流转	26.0	24.3	28.8	25.6
污染	24.3	18.4	17.5	30.4
社会治安	10.2	14.1	11.3	7.7
其他	7.3	8.7	16.4	6.3

四 农村劳动力就业结构发生深刻变化

随着农村富余劳动力逐步转移到非农产业或在城镇就业，农村劳动力的就业结构已发生了巨大的变化。

（一）近一半农村劳动力转入非农产业

此次调查涉及2005年212.73万农村劳动力的就业情况。从就业结构看，如表8所示每个村平均拥有劳动力1081人，务农的占52.1%，在本地从事非农业的占21.06%，外出打工的占26.51%。村庄一级的就业结构地区间呈现明显的差异，东、中、西部地区务农劳动力比重分别为44.64%、54.52%和61.94%；在本地从事非农业的劳动力比重分别为34.66%、10.37%和8.64%；外出打工的劳动力比重分别为21.97%、31.02%和29.44%。中西部地区劳动力流出的比例都比较高。东部地区的农村是劳动力的重要流入地。平均每个村吸收外来劳动力491人，外来劳动力与本村劳动力的比例接近1：3。

（二）常年外出就业的农村劳动力稳定增加，举家外出的农村劳动力占到一定比例

长期以来，农民外出打工主要表现为两种形态：一是“候鸟式”流动，即农民外出务工以年为周期在城乡和地区之间往来；二是“兼业式”流动，即农村劳动力利用农闲时间季节性的外出打工。此次调查表明，农民外出打工出现了两个新的迹象：一是完全脱离农业生产、常年在外打工的农民工已经占到较大比例。调查表明，以常年外出计算的农村劳动力的转移率平均为18.1%，其中东部23.55%，中部13.69%，西部13.6%。这表明转入非农产业的全部农村劳动力中，已经有接近40%的属于常年在外从事非农业。二是举家外出、完全脱离农业生产和农村生活环境的农村劳动力已经占到一定比例。从调查结果看，举家外出的劳动力占全部劳动力的比重平均为5.29%，东部4.71%，中部4.99%，西部6.61%。如图2所示。与劳动力转移率的地区性差异截然相反的是，经济发展水平较高的东部地区举家外出率最低，而西部举家外出率最高，常年外出的劳动力中已经有1/3实现了举家外出。这次调查表明，越来越多的农村劳动力正在由“亦工亦农”向“全职非农”转变，就业兼业性减弱；由“候鸟式”流动向迁徙式流动转变，转移稳定性增强；由城乡间双向流动向融入城市转变，在城镇定居的农民工逐渐增多。

表 8　　2749 个村庄农村劳动力的就业构成　　（单位：人、%）

	本村劳动力		外出打工		本地务农		本地从事非农业		外来打工	
	人数	占全村总人口比例	人数	比例	人数	比例	人数	比例	人数	占本村劳动力比例
全国	1081	55.25	260	26.51	548	52.10	278	21.06	273	18.03
东部	1226	56.7	246	21.97	481	44.64	507	34.66	491	30.88
中部	768	51.11	223	31.02	472	54.52	75	10.37	30	4.39
西部	1150	57.02	322	29.44	737	61.94	93	8.64	60	4.84

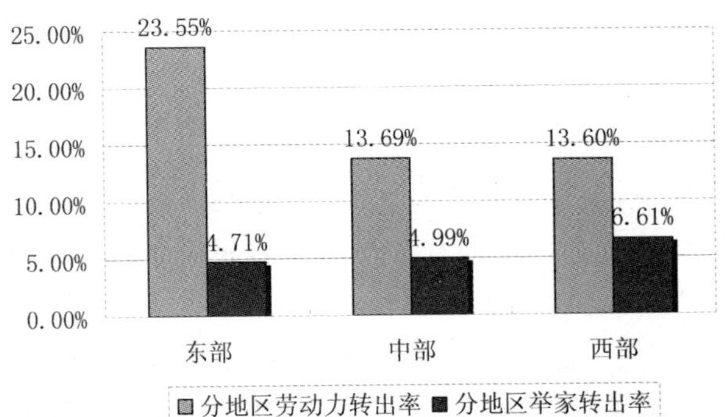

图 2　分地区农村劳动力常年外出和举家外出的比例

（三）3/4 的村庄已无青壮年劳动力可向外转移

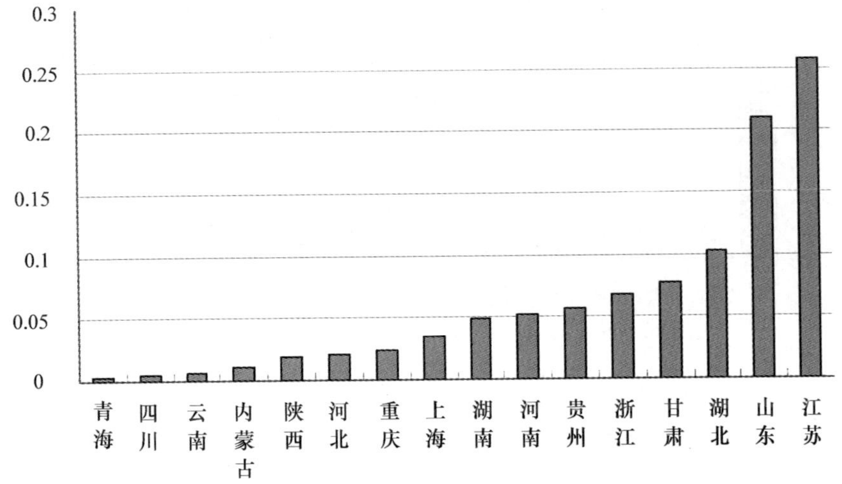

图 3　各地区青壮年劳动力转出率高于 80% 村的比例

各村拥有的30岁以下青壮年劳动力为299人，东部323人，中部260人，西部298人。从农村青壮年劳动力的就业构成看，常年外出打工或在本地从事非农业的劳动力全部村庄平均为154人，东部182人，中部120人，西部144人，农村青壮年外出打工或就地从事二、三产业的比例平均为54.12%，比所有劳动力的转移率47.9%略高。

在该项调查中，74.3%的村认为本村能够外出打工的青壮年劳动力都已经出去了，只有1/4的村认为本村还有青壮年劳动力可转移。这次村级调查的对象是村干部，可以看出，大部分村庄的干部认为能够转出的农村青壮年劳动力大都已经转出，他们大都对于青壮年劳动力供给的情况表示担忧。对青壮年农村劳动力转移率的进一步考察发现，近1/3的村庄青壮年劳动力转移率都在80%以上。而青壮年劳动力转移率在80%以上的地区，大部分（57.1%）是东部沿海经济发达地区（见图3）。

（四）中西部农村尚有赋闲可转移的青壮年劳动力

从调查结果看，赋闲在家的青壮年劳动力全国平均每村48人，比例为17.82%。东部赋闲率最低，为11.3%，中部其次，为20.42%，西部赋闲率最高，为26.06%。这一情况表明，各地区农村劳动力在劳动时间上仍存在过剩现象，总体上中西部赋闲可转移的劳动力较多。各地区赋闲农村青壮年劳动力比例见图4。

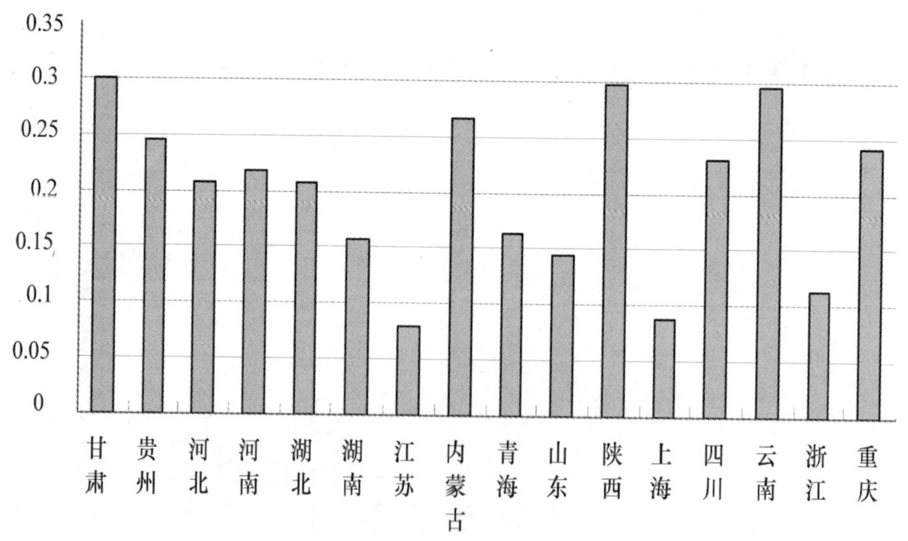

图4　各地区赋闲农村青壮年劳动力比例

五　村庄基础设施与公共服务的现状及需求

村庄的基础设施和公共服务是农民生产生活的基本条件。从调查的结果看，多数农村对基础设施和公共服务的需求远未满足。

（一）村庄道路状况参差不齐，饮水困难的问题尤为突出

被调查地区村庄内道路的平均长度 9.97 公里，其中硬化道路 4.69 公里；77% 的村饮水安全；41% 的村饮水存在困难；55% 的村有集中供水管道，这些村中自来水用户比例为 68%。东部和中西部有明显差异。例如，江苏和上海每个村硬化道路的长度有 8 公里多，而广西不足 1 公里。饮水情况尤为明显，上海、江苏和浙江农村饮水基本全都安全，与之相比，青海、四川和甘肃等地存在饮水困难。

（二）农村公共文化薄弱，文化设施普遍较差

被调查地区 53% 的村庄在近几年中有过公共文化娱乐活动，在 2005 年，每村平均放映了 5.36 场电影，剧团演出 1.68 次。调查发现，上海和浙江农村举办公共文化娱乐活动的比例最高，超过 90%，贵州、内蒙古和广西比例最低，不到 27%。陕西和河南的农村电影放映次数最多，贵州和河北最少；河南的剧团演出最多，而湖南最少。

被调查村庄的文化设施普遍较差，有图书室村的比例为 25%，有养老福利院的比例为 4.1%，有文化活动中心的比例为 29.4%，配备电脑的村比例为 39.9%。中西部地区的文化和福利设施尤其比较薄弱，图书室拥有比例分别为 17.2% 和 18.2%，文化活动中心拥有比例为 22.1% 和 20.1%。东部地区超过 80% 村都配备了办公电脑，而中西部村庄配备电脑的村比例都在 10% 左右。分地区村庄文化设施状况见表 9。

表 9　　分地区村庄文化设施状况

	合计	东部	中部	西部
村两委办公场所面积（m^2）	374.7	560.5	252.1	199.0
配备电脑的村办公室比例（%）	39.9	82.1	10.3	9.4
有图书室的村比例（%）	25.0	34.9	17.2	18.2
有养老福利院的村比例（%）	4.1	3.0	3.5	5.6

续表

	合计	东部	中部	西部
有文化活动中心的村比例（%）	29.4	40.9	22.1	20.1
有公共文化娱乐活动的村比例（%）	52.6	73.5	38.5	37.8
2005 年放电影场次（次）	5.6	6.8	4.2	3.8
2005 年剧团演出场次（次）	1.7	2.0	1.1	1.6
2005 年村公共文化支出（元）	6237.8	9240.1	3559.6	2366.4

（三）农村环境污染形势严峻

总体上农村环境卫生条件欠佳。比较而言，东部地区例如上海、江苏、浙江、山东等地农村的环境卫生设施情况要明显好于其他中西部地区的农村。例如，调查发现，东部地区半数以上村庄有垃圾集中收集点，上海达到 100%，而中西部地区农村大多数没有实行垃圾集中收集，这个比例在 26% 或以下，差距很大，比例最小的是广西，只有 2%。被调查地区每村平均建公厕个数，东部也明显地高于中西部。这说明环境卫生设施的提供与经济发展程度有较大的关联性。

农村环境污染问题已经达到一个不容忽视的水平。被调查地区平均 41% 的村庄有环境污染问题，50% 的村有污水和垃圾污染问题。存在环境污染问题的村庄所占比例没有明显的地区特征和经济发展状况特征，东、中、西部各地区的农村都有比较严重的环境污染情况。例如浙江、贵州、湖南有环境污染问题的村庄所占比例分别为 61%、61% 和 56%。青海和内蒙古的比例要低些，为 17%—18%（见表 10）。

表 10　　被调查地区农村污染情况　　（单位:%）

省份	有环境污染问题的村庄所占比例	污水	垃圾	噪音	河道失去治理	排序
浙江	0.61	0.59	0.53	0.13	0.48	1
贵州	0.61	0.62	0.70	0.11	0.51	2
云南	0.60	0.41	0.62	0.17	0.14	3

续表

省份	有环境污染问题的村庄所占比例	污水	垃圾	噪音	河道失去治理	排序
湖南	0.56	0.61	0.54	0.20	0.41	4
江苏	0.51	0.66	0.55	0.19	0.46	5
广西	0.49	0.45	0.37	0.02	0.35	6
上海	0.47	0.52	0.38	0.14	0.40	7
四川	0.42	0.37	0.37	0.30	0.33	8
河南	0.39	0.38	0.63	0.09	0.20	9
山东	0.38	0.44	0.31	0.10	0.25	10
重庆	0.37	0.48	0.58	0.13	0.29	11
湖北	0.33	0.58	0.49	0.15	0.40	12
甘肃	0.33	0.28	0.31	0.11	0.06	13
陕西	0.23	0.16	0.64	0.16	0.24	14
河北	0.19	0.39	0.75	0.04	0.32	15
内蒙古	0.18	0.29	0.93	0.14	0.07	16
青海	0.17	0.15	0.69	0.54	0.46	17

从污染源看，主要是污水和垃圾，其次是河道欠治理。50%的村所遭受的环境污染主要来源是污水和垃圾。该情况东、中、西部各地区基本一致。

（四）农村对各项公共服务需求的优先序

农村公共服务涉及内容较多，此次调查专门了解了对公共服务的需求，从调查情况看，迫切需要解决的问题选择比例由高到低依次是文化建设（82.7%）、修路（79.5%）、医疗网点（67.7%）、垃圾收集（66.5%）、厕所改造（64.2%）、饮水（62.3%）、污水处理（58.2%）、建沼气（55.6%）和用电（38.6%）。各地区认可程度的排序情况有类似性（见表11）。例如，除河北以外，其他16个地区均把文化建设认可为最迫切需要解决的问题，或仅次于最迫切需要解决的问题。对某些公共服务需求的认可程度则与地区有关。例如，浙江和上海的农村饮水都得到了很好的解决，饮水不再是迫切需要解决的问题，而四川、甘肃和内蒙古等地则认为饮水是第一位或第二位需要解决的问题。修路依然是新农村建设中应该关注的重点，东、中、西部都有85%以上的村庄认为修路是新农村建设应迫切解决的问题。有相当部分村干部和村民将垃圾收集、厕所改造、污水处理和建沼气选为新农村建设迫切需要解决的问题。医疗网点建设也是新农村建设中一个需要关注的问题，选择此项需求的村民比例为70%左右。将用电选为需要迫切解决问题的比例较低，均在40%左右。

表11　　分地区村干部认为新农村建设迫切需要解决的问题　　（单位:%）

	综合	东部	中部	西部
饮水	62.3	76.0	71.3	76.0
修路	79.5	87.6	85.8	87.6
用电	38.6	41.5	43.8	41.5
建沼气	55.6	67.8	68.9	67.8
厕所改造	64.2	70.3	69.5	70.3
污水处理	58.2	54.8	54.2	54.8
垃圾收集	66.5	61.4	65.9	61.4
医疗网点	67.7	74.5	73.5	74.5
文化建设	82.7	87.1	80.9	87.1

六 农村社会安全网建设滞后，农村教育和医疗卫生服务质量亟待提高

农村社会安全网是救助弱势群体、缓解农村贫困的战略性创新，教育和医疗卫生关乎农民整体素质的提高和农村的可持续发展。而从调查的结果看，二者仍有较大的提高空间。

（一）“五保户”集中供养比例偏低

在全部样本中，共有“五保户”14404人，平均每个村有6.10个“五保户”，平均每82户农民负担1个“五保户”；共有892个村对“五保户”实行集中供养，占比为36.42%，其中5674人被集中供养，占比为39.39%。共有104个村建养老院（福利院），占全部调查村庄的3.78%。西部地区“五保户”总人数最多，负担明显沉重，“五保户”集中供养率中部最低，中西部与东部差距大（见表12）。

表12　　分地区农村“五保户”集中供养情况

	东部	中部	西部
五保户（人）	4761	4564	5007
平均每村五保户（人）	5.03	6.03	7.60
集中供养人数（人）	2633	1422	1619
集中供养率（%）	55.30	31.16	32.33

（二）贫困救济率较低，救济标准较低

调查样本共有103962户贫困户，“贫困发生率”（贫困户/总户数，下同）为7.55%。在所调查的村中，中西部地区“因上学致贫”最多，东部相对较少，表明中西部教育负担最重，东部教育负担能力相对较强；东部“因病致贫”最多，表明医疗负担均较重；“因残疾致贫”东部最高，中部次之，西部最低；中西部“因经营致贫”比东部分别高出3.3个和2.23个百分点，表明中西部农民应对市场风险能力欠佳（见表13）。

表 13　　各地农村农民贫困原因情况（2006 年）　　（单位:%）

	西部地区	中部地区	东部地区
因病致贫	29.88	33.62	41.73
因上学致贫	43.40	34.50	24.51
因残疾致贫	16.39	19.80	25.61
因经营致贫	10.06	11.13	7.83
其他原因致贫	0.26	0.96	0.32

被调查村庄中接受救济的贫困户数为 52993 户，“贫困救济率”为 50.92%，贫困救济标准从每月最低的 2 元钱（河南、湖南、甘肃共 5 个村）到最高的 531 元（上海市朱泾镇温河村），平均为 57.68 元，其中救济标准在 50 元及以下的共 1487 个村，占 70.84%，52—100 元的共 229 个村，占 10.91%，105—531 元的共 383 个村，占 18.25%。

中部地区贫困救济率最低，村级扶贫工作最需要加强。在所调查的村中，近一半的贫困发生在西部地区，贫困发生率西部比中部高 4.77 个百分点，比东部高 11.63 个百分点；贫困救济率中部最低，比西部低 12.4 个百分点，比东部低 28.35 个百分点；救济标准东部最高，西部次之，中部最低，东部是西部的 3.89 倍，是中部的 6.41 倍，表明中部地区扶贫工作最差，但即使在东部，仍有高达 32.79% 的贫困人口未获救济。2006 年各地农村贫困户及救济情况如表 14 所示。

表 14　　各地农村贫困户及救济情况（2006 年）

	西部地区	中部地区	东部地区
贫困户数（户）	50457	31367	22138
贫困发生率（%）	14.71	9.94	3.08
贫困救济率（%）	51.26	38.86	67.21
平均救济标准（元/月）	27.41	16.65	106.67

（三）农村医疗服务水平低，农民看病难、看病贵问题突出

在所调查的村中，东部地区行政村卫生室覆盖率（建有卫生室的村数/被调查村数，下同）最高，比中部高 3.48 个百分点，比西部高 10.15 个百分点，每村卫生室数三个地区差别不大，但卫生室平均面积差别很大，东部是中部的

1.59倍，是西部的2.83倍，每村有资格的医生东部最多，中部次之，西部最少，医生与人口之比中部最好，东部次之，西部最差，但均不理想，农村医疗资源较为匮乏（见表15）。

表15　各地农村村级卫生室情况（2006年）

	西部地区	中部地区	东部地区
建有卫生室的行政村（个）	560	675	966
行政村卫生室覆盖率（%）	73.78	80.45	83.93
卫生室数量（个）	910	1064	1336
平均每村卫生室数（个）	1.20	1.27	1.16
卫生室总面积（平方米）	40568	84662	168518
平均每个卫生室面积（平方米）	44.58	79.57	126.14
具有资格的医生数（个）	1009	1605	2338
平均每村有资格的医生数（个）	1.11	1.51	1.75
有资格医生数与农村人口比例	1:1368	1:704	1:1019

农民对实行新型合作医疗积极性高的村占82.1%，积极性不高的占17.9%；有69.9%的村认为实行新型合作医疗能解决农民看不起病或因病致贫问题，仍有30.1%的村认为新型合作医疗不能解决该问题。

被调查村庄中有74.9%的村庄开展了新型合作医疗。东部地区92.6%的村庄开展了新型合作医疗，明显高于中部65.8%和西部58.3%的水平。从筹资情况看，人均为36.49元，其中个人平均缴费17.62元，占比为48.29%。在江苏、上海、浙江等经济发达地区，不但农民个人收入水平较高，而且政府经济实力较强，筹资额度大，保障水平高，对于缓解大病户医疗负担的作用更为明显。

（四）义务教育阶段的负担大大减轻，保证教学质量成为农民最关心的问题

“两免一补”政策的逐步实施，大大减轻了义务教育阶段农村家庭的教育负担。在全部被调查村中，已经有45.4%的村实行了全部免杂费。有27.7%的村部分学生享受了免费教科书，16.1%的村所有学生享受了免课本费。有25.9%的村只有部分寄宿生享受生活补助，12.7%的村寄宿生都享受了生活补

助。调查表明，义务教育阶段农民家庭教育支出中，学杂费这样的刚性支出占教育总支出的比重平均近50%，其他如课本、学习用品、住宿费、交通费等方面的支出也较多。近年来，学校布局调整较大，相当一部分村庄反映学生上学不方便，无形中增加了住宿和交通等方面的支出。

教学质量已经成为农村居民教育方面担心的首要问题，有76.9%的村认为新农村建设在教育方面最应该尽快解决的问题是保证教学质量，有23.7%的村认为应该通过加强教师培训来解决这一问题。优势教师资源过度向大城市和发达地区集中，教师队伍质量存在巨大的地区差距和城乡差距。农村教师长期处于缺编状态，有的地区出现过一所学校一个教师的现象，虽然布局调整在一定范围内对教育资源的分散和结构性失调有所缓解，但农村仍然依赖大量代课教师来满足教育教学需求。

七 基于以上六个问题的政策建议

基于调查中发现的以上六个问题，可从以下五个方面着手，以推进新农村建设取得更好的成效。

（一）大幅度增加直接用于农村中小型公共基础设施建设投入

在调查的村庄中，村民反映对推进新农村建设的提出很受鼓舞，期望也很高，盼望中央的政策能给农村的发展带来实惠。经济贫困的地区最希望办几件实事，改进农村的基础设施，包括修路、饮水、通电等，而经济发达的地区更加重视政策，希望加强村庄发展规划，改善村庄的环境卫生等。但从目前的情况看，各地推进新农村的工作进展还很不平衡，已经推出的建设新农村的政策措施与村民的期望相比，还有一定差距。即使在一些新农村建设示范村，基础设施配套的工作依然任重道远，一般村庄的公共基础设施更加落后，已经严重制约和影响农民生活水平的提高。如甘肃庆阳目前尚有6.1%的农户生活在“煤油灯”时代，有9%的农户看不上电视，有79%的农户不通电话，95%以上的村无文化室或娱乐活动室。税费改革及乡镇撤并后，乡村面临着很大的财政困难，乡、村债务无法解决，公益事业建设任重道远。农民自身投入力量非常有限，自我发展能力弱。推进新农村建设，必须大幅度增加农村中小型公共基础设施建设投入，重点支持与农业生产和农民增收关系密切的人畜饮水、乡村道路、农村水电、农村沼气、草场围栏等农村中小型基础设施建设，改善农村公共服务水平。新农村建设的难点和重点是在中西部欠发达地区。要加大中央财政对欠发达地区的支持力度，新农村建设资金的分配、建设项目安排都要向中西部欠发达地区倾斜。

（二）在保障农民土地权益方面迈出更大步伐

调查表明，由于推进农村税费改革，由农民负担问题引发的社会矛盾得到缓解或者基本消除了。现在农村最尖锐的矛盾主要与土地问题有关，土地问题已成为当前农村经济中不容回避的一个最突出的问题。用不同方式剥夺农民的土地，已成为新形势下侵犯农民利益的最主要的形式。

1. 稳定农村土地承包关系，维护农民土地承包权益

要严格执行《中华人民共和国农村土地承包法》等有关法律政策规定，坚持农村土地承包期30年不变政策，切实保障农民的土地承包经营权，不得违法调整农民的承包地，不得违反农民意愿强行进行土地流转，不得非法侵占农民承包地。

2. 建立健全土地承包经营权市场化流转机制

此次调查表明，随着农村劳动力大量转入非农产业，土地流转有了一定发展，尤其是在东部发达地区，土地流转的比例相对较大。现阶段我国广大中西部地区土地仍然是农民重要的收入来源，即使在经济发达地区，由于农村社会保障制度很不完善，农民对土地的依赖性还比较强，实现土地规模经营将是一个长期的过程。同时，也应该看到，伴随着常年外出就业农村劳动力的增多，农民也有了土地承包经营权流转的要求。要在稳定土地承包关系和尊重农民意愿的前提下，坚持“依法、自愿、有偿”原则，从各地实际出发，积极探索土地流转的多种形式，稳步推进土地适度规模经营。

3. 加快改革征地制度，保障失地农民的合法权益

改革征地制度，就是要确保被征地农民得到公平合理的补偿，生活水平不下降，就业有出路，长期生计有保障。这方面需要解决的问题主要有：一是对“公共利益”进行明确的法律界定，保证土地征用仅限于满足公共利益的需要；二是改善征地程序，保证农民的知情权和参与权；三是确保失地农民的长远生计；四是实现农村集体建设用地与国有土地“同地、同价、同权”；五是减少地方政府对土地转让收益及土地融资过度依赖，加快物业税改革试点，使其成为地方政府财政长期的、可持续的收入来源。

4. 逐步推进对宅基地集约利用，维护农民宅基地权益

综合本次调查，在推进新农村建设过程中，必须逐步推进对宅基地集约利用，加强对宅基地资源的开发和管理，建议从以下四方面着手：一是加强对宅基地的规划管理，引导农民集中居住，节约宅基地资源，缓解农村宅基地供求矛盾。二是充分开发现有废弃的旧房及宅基地的潜力，推进农村宅基地整理，合理开发宅基地资源。三是推进改革，逐步允许和引导农村个人建房有条件的跨村镇使用土地，优化农村宅基地空间布局。四是在引导农民集中居住、推进

农村宅基地集约利用中尊重和维护农民宅基地权益。农村宅基地是农民从农村集体经济组织分配取得的一项重要财产，尤其是在经济发达地区和城市郊区具有很高的经济价值。农民集中居住是一个自然的渐进过程，不能违背经济社会发展规律，急于求成。要保障农民的知情权和参与权。维护农民权益，保障农民利益，是推动宅基地置换的关键。要让农民得到实实在在的好处，通过宅基地置换改善居民生产、生活条件，并保证农民生活质量不降低。引导农民集中居住要从实际情况出发，因地制宜，不搞一刀切，在尊重农民意愿的基础上，充分考虑农村工业化、城镇化的现状、发展趋势和村镇合理布局。

（三）完善农村劳动力转移和就业政策

根据这次实地调查的数据，现阶段我国农村劳动力劳动时间过剩。在西部地区，仍存在较多赋闲的青壮年劳动力，同时，又存在农村劳动力在部分地区转移殆尽的风险。这预示着我国农村劳动力的供求关系正在从长期的“供过于求”逐步转向“既过剩，又不足”，“过剩”是指总量上劳动力按劳动力时间衡量，折算成劳动力仍然是供大于求的；“不足”是指结构上有技能的、年轻的农村劳动力的供求正在逐步向供不应求转变。目前，各级决策部门普遍认为农村尚有 1 亿甚至 1.6 亿农村剩余劳动力。对此，需要进一步进行测算和论证。不能抽象地从总量角度看待农村劳动力的供求关系，更应该重视从结构角度看待农村劳动力的供求关系。随着农村劳动力供需结构性矛盾的日益突出，农村劳动力输入地和输出地的政府都应该认真考虑如何完善农村劳动力的转移政策。

1. 重视提高务农劳动力的素质和劳动技能

随着农村青壮年劳动力大量转入非农产业和城镇，特别是随着常年外出农村劳动力的增多，农村劳动力的老龄化问题日趋显现。在调查的上海、浙江和江苏等发达地区的农村，确实存在“精兵强将去创业，年轻力壮去打工，老弱病残搞农业”的问题。调查中村干部普遍反映，劳务输出虽然成为增加农民收入主要的一个渠道，并形成劳务产业，但初中以上文化的青壮年劳动力大量外出，留守人口文化素质较低、接受新事物能力弱，农村发展缺乏后劲。要加强专门针对务农劳动力的技能培训，通过发展农业职业教育，培养合格的农业经营者，重点扶持农业专业大户。加大对农业机械化的支持力度，提高农业劳动生产率。

2. 把保护农民工合法权益的政策落到实处

近年来，我国大幅度调整了对农民进城就业管理服务的有关政策，对农民工的社会管理正在向维护权益和服务转变。特别是 2006 年国务院关于农民工的 40 条指导意见的出台，标志着这方面的政策更加明确。从现实情况看，当前关于农民工的政策和管理制度还没有真正摆脱城乡分隔体制的影响，距离平等就业，形成城乡统一的劳动力市场还有相当的距离；农民工合法权益受到侵害的问题比较突出。要进一步消除对农民进城就业的不合理限制和歧视性规定。尽快制定诸如有关民工工资支付的具体法律法规，建立和完善农民工劳动合同管理制度。同时，强化各级工会的功能，提高农民工的组织化程度，发挥其在保护农民工权益方面的积极作用。

3. 完善农村劳动力转移培训政策

要把支持的重点放在新进入劳动力市场的初、高中毕业生。整合农村各类教育资源，形成中小学文化教育和成人职业教育并行的农村教育体系，逐步扩大农村职业高中的数量和规模，大力推动职业教育和培训与农村基础教育相结合。把农村劳动力培训经费纳入财政经常性预算科目，并根据财力的增长情况，不断增加对农村劳动力转移培训的投入。充分调动政府部门、用人单位、培训机构和农民的积极性，逐步形成多元化的转移培训投入机制。打破部门界限，发挥好现有培训资源的作用，避免基础设施重复建设，减少财政负担，取得最大效益。

4. 完善农民进城定居的政策措施

目前，举家外出的农村劳动力已经占到一定比重。这些农民虽已进城务工，但农民的身份没有变，未被城市认同接纳为城市居民。必须看到，大量进城农民长期处在城市的边缘，不被城市认同接纳乃至受到歧视或伤害，融不进城市社会，享受不到应有的权利，将会累积很多矛盾。要以开放和包容的胸襟，对农民工由排斥到容纳，由管制为主转向服务为主，改变农民工“边缘化”的社会地位。要把进城农民工作为城市居民的一部分，纳入统一的管理和服务，逐步做到权利平等。在住房、交通等城市基础设施的建设上考虑进城农民工的需要，使义务教育、公共卫生等基本公共服务逐步覆盖到农民工。允许长期进城务工农民工尽快融入城市，完成身份的转换，使他们能够在城市安居乐业。

（四）按照农村特点和农民需求办好农村金融

调查结果显示，现行农村金融体系并不能真正从农户和农村企业的金融需求出发提供金融服务。农村金融不同于城市金融，农村金融机构面对的是分散的小规模农户和大量的农村中小企业。农民和农村中小企业对金融需求一般具有期限短、频率高、数额小等特点，金融机构对其服务的交易成本比较高。农村信贷市场信息不对称现象相对于城市工商贷款而言更为突出。城市工商业贷款中使用的传统意义上的抵押品，在农村严重缺乏。农业经营受自然和市场影响具有高风险性，使得农村金融机构的运作存在高风险性。因此，农村金融服务的特殊性决定了农村金融机构必须进行金融产品和服务方式的创新，在有效满足农村金融服务的同时，实现自身的风险最小化和可持续经营。仅靠农村信用社系统的信贷实力，不可能解决有效服务“三农”问题。必须从农村金融体系的整体着眼，以建立一个更完善、更有活力的真正为“三农”服务的农村金融体系为目标，推行全面的农村金融改革。随着各大商业银行纷纷从农村地区撤出，监管部门应放松市场准入管制，允许新设机构进入农村金融市场，特别是在兴办直接为“三农”服务的多种所有制的金融组织方面要迈出更大的步伐。

（五）加快农村教育、医疗卫生、社会保障的发展步伐

1. 提高教学质量，减轻农村非义务教育阶段的沉重负担

现阶段中西部农民贫困的首要原因是子女上学，东部地区这一原因致贫的比例也相当高。随着义务教育阶段“两免一补”政策的稳步推行，义务教育阶段的负担已逐渐退居次要地位，非义务教育阶段的费用已构成当前农民家庭的最大负担。因此，解决农村贫困问题，除了实行贫困救济，发展农村经济外，还要“减负”，尤其是农民的教育负担。首先是切实推行免费的义务教育，使农村所有孩子都能享受到义务教育的阳光雨露，接受最基本的国民素质教育。其次是完善非义务教育阶段的教育扶助、救助制度，尽可能保证有志青年不因交不起学费而辍学。调查表明，农村学校师资力量短缺，教学设施落后，教学质量不高，是当前农村义务教育发展迫切需要解决的问题。应加大对农村教育的投资力度，鼓励有志青年投身农村教育事业，提高农村学校教师待遇。

2. 加快推进农村新型合作医疗制度建设，完善医疗救助制度

农村因病致贫的比例相当高，而且通常都是大病。由于现阶段合作医疗的筹资标准较低，不足以抵抗大病，“因病致贫”在所难免。解决农民“因病致贫”问题，不仅需要充分调动农民参与合作医疗的积极性，提高新型农村合作医疗筹资标准，而且还要从国家的医药卫生管理体制入手，解决城乡医疗资源的严重偏斜问题。目前，医疗救助制度处于探索阶段，需要尽快完善运行机制。一是增加投入，提高救助效果。二是完善瞄准机制。医疗救助应当瞄准那些真正因大病致贫、返贫的家庭。

3. 进一步完善“五保户”集中供养制度

“五保户”作为农村社会的一个特殊群体，在农村全面的社会化养老体系尚未建立之前，对他们进行特殊的眷顾，使他们老有所养是文明社会的一个道德义务。现阶段这一制度存在的根本问题是：集中供养率偏低，农村福利院（养老院）建设滞后。因此，在维持家庭养老的根本前提下，应首先对“五保

户”实施“能保尽保”的原则，将其全部纳入农村基本养老体系，实现集中供养。在集体经济较发达的地区，实施国家和集体共同出资，兴办养老院（福利院）；在集体经济欠发达的中西部地区，应主要由中央和地方财政出资建设福利院，还可充分动员社会力量（如福利彩票、个人捐助、企业赞助等形式）解决福利院建设的资金筹措问题。

4. 合理确定农村低保标准和对象，保证应保尽保

从各地的情况看，除了经济发达地区如上海、苏州、无锡等地在农村建立了相对完备的农村“低保”制度外，多数地方的贫困救助工作仍很不到位。在全国范围建立农村最低生活保障制度，要合理确定低保标准和对象，保证应保尽保，资金应由中央和地方财政共同负担。

5. 积极探索发展农村社会养老保障

各地可依经济社会发展水平试行低水平、广覆盖的农村养老保险制度，解决农民的后顾之忧。

（原文载于《改革》2007 年第 6 期）

论 财 富

裴小革

裴小革，现为中国社会科学院经济研究所研究员、《资本论》研究中心主任、当代西方经济理论研究室主任，同时为中国《资本论》研究会秘书长、中国社会科学院研究生院教授、博士生导师，全国经济学名词审定委员会委员、全国经济贸易名词审定委员会委员、福建师范大学兼职教授。

两百多年以前，英国古典经济学家亚当·斯密于1776年发表了他的经济学名著《国民财富的性质和原因的研究》（简称《国富论》），为当时的英国经济发展奠定了理论基础，促使英国率先实现了工业化和财富空前涌流。目前，中国面临着与英国不同的国际国内环境，不可能照搬前人的理论和经验，非常需要创造一种能够适合中国财富涌流和经济发展的新“国富论”，促使中国走上一条自己最佳的经济发展道路。

一个国家的经济发展，总是意味着财富总量增多，但中外经济学界对于如何看待财富，以及如何创造和分配财富等问题，并没有一致的看法。在需要不需要，以及如何创新发展马克思主义财富理论的问题上，也还存在许多争议。财富问题理论上的盲目性，很可能导致实践上的严重失误，造成经济发展欲速而不达，甚至南辕北辙。可见，要创造适合中国经济发展的新“国富论”，财富是个无法回避的话题。在本章，我们主要想就以下几个有关财富的基本理论问题，做一些探讨。

一　财富的概念与源泉

（一）科学发展观的财富概念探讨

什么是财富？这个概念在不同的语境下有不同的含义。人们对它从不同的研究角度、出于不同的研究目的，可以给出不同的定义。例如，有人出于分析个人的享乐目的，把财富定义为个人效用，用于研究满足个人主观偏好的方法；有人出于分析资源静态配置的需要，把财富定义为交换决定的价格，把一切暂时不稀缺的资源都不当作财富；有些财产多的人及其理论代表，为了在收入分配中永远处于有利地位，把经由人用劳动改造自然创造的劳动产品财富和自然资源等非劳动产品财富等同起来，否定劳动产品财富对于人类文明进步的特殊意义；还有些人把金钱财富增值作为经济活动的最高目标，把人力只作为和机器原料一样的为了追求金钱财富必须贬损、别无用处的资本，无视人力对人所具有的直接财富意义。

与这些定义的角度和目的不同，我们的财富概念从马克思主义科学发展观出发，要为研究如何给我国最广大人民带来发展和富裕服务。出于这样的角度和目的，我们的财富定义必然有不同于其他财富定义的以下含义：第一，要把广义的财富定义为一切对人类现在和将来具有使用价值的客观存在，而不是以某个人主观评价为转移可有可无的效用；第二，要把商品财富和非商品财富区别开来，承认对人具有使用价值的非商品，如公共产品和空气等，虽然没有价格、不进入市场，有的现在也不稀缺，但也是财富；第三，为了说明财富的来源，要把劳动产品财富和非劳动产品财富区分开来，把狭义的财富定义为劳动产品财富，并说明劳动产品财富增加对于我国经济发展的决定性的重要意义；第四，为把我国经济活动的目的，确立为最广大人民自由而全面的发展，不能只把物质使用价值称为财富，要把人力使用价值也称为财富，做出物质财富和人力财富的区分。

为了更好的理解财富的定义和区分这几种财富之间的关系，我们以下图示意。（见附页）

在对经济发展的研究中，西方经济学界已出现了强调人在经济发展中的决定性作用的人力资本理论。但是，人力资本这一概念有一个缺陷，就是它把人力只作为增加物质财富或收入的手段，没有把增加人力同时表示为经济发展的最终目的。按照这种称呼，似乎人力和机器原料一样，是专为追求金钱收入增值而耗损的东西，本身对人毫无用处。而在马克思主义的科学发展观看来，人力不应像机器原料一样在经济发展中被贬损，相反却应在经济发展中得益和壮大。经济发展是手段，人的发展才是目的。

经济发展是人发挥主体作用改造自然的结果，经济发展虽然不能自动解放人，但却能为人类解放提供必要的条件，经济发展最终要为实现社会和个人的整体发展提供必要的物质基础，例如，马克思指出：“真正的财富就是所

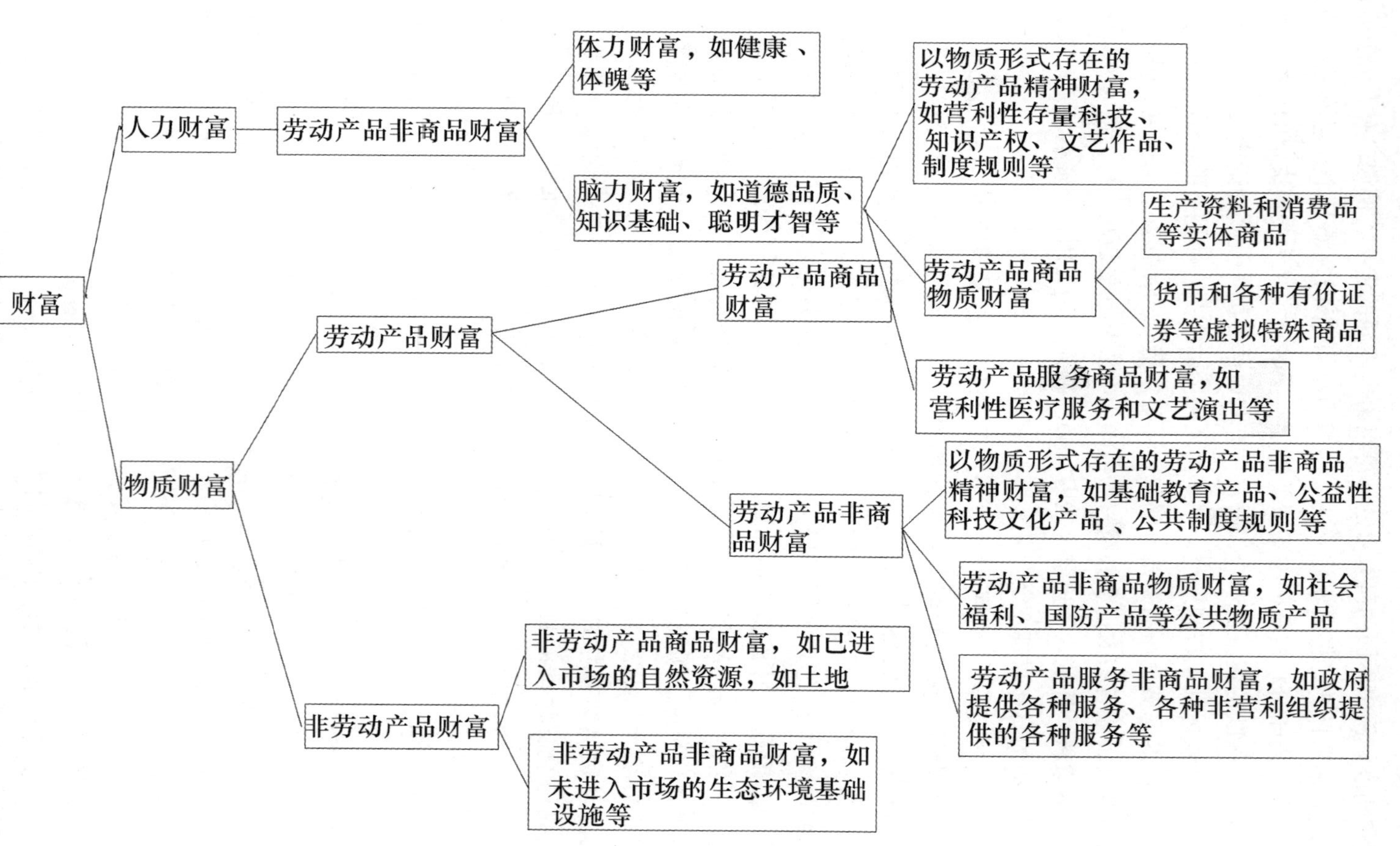
财富
人力财富
劳动产品非商品财富
体力财富，如健康、体魄等
脑力财富，如道德品质、知识基础、聪明才智等
以物质形式存在的劳动产品精神财富，如营利性存量科技、知识产权、文艺作品、制度规则等
劳动产品商品物质财富
生产资料和消费品等实体商品
货币和各种有价证券等虚拟特殊商品
劳动产品服务商品财富，如营利性医疗服务和文艺演出等
物质财富
劳动产品财富
劳动产品商品财富
劳动产品非商品财富
以物质形式存在的劳动产品非商品精神财富，如基础教育产品、公益性科技文化产品、公共制度规则等
劳动产品非商品物质财富，如社会福利、国防产品等公共物质产品
劳动产品服务非商品财富，如政府提供各种服务、各种非营利组织提供的各种服务等
非劳动产品财富
非劳动产品商品财富，如已进入市场的自然资源，如土地
非劳动产品非商品财富，如未进入市场的生态环境基础设施等

有个人发达的生产力。”[①] 又说“人本身是他自己的物质生产的基础也是他进行的其他各种生产的基础。因此，所有对人的这个生产主体发生影响的情况，都会在或大或小的程度上改变人的各种职能和活动，从而也会改变人作为物质财富、商品的创造者所执行的各种职能和活动。”[②] 经济发展对人类解放和发展的直接作用，就是使人的基本需求不再是物质的，而是变成了内在必然性的要求和对人完满生活的享受，即对个性的全面、丰富和自由的发展的需要。经济发展将改变人们的社会关系，将以人与人的新型关系取代物对人的统治的单纯经济关系。经济发展也将改变人们的消费关系，使得人们对物的关系将不再是利己主义的占有，而是全面丰富的拥有。

因此，这里提出“人力财富”的概念，以取代西方经济学的“人力资本”概念，用以表示人力不仅是经济发展的手段，同时也是经济发展要达到的最终目的的特性。所谓人力财富，是指人们花费在人力保健、教育、培训等方面的开支所形成的财富。这种财富，就其自然属性存在形态来说，是活的人体所拥有的体力、健康、经验、知识和技能及其他精神存量的总称，它可以给人和社会带来幸福或收益。简言之，人力财富的基本特征有二：它是凝结在人身上的“人力”；它是可以使人和社会获益和发展的“财富”。

人力财富都是人类劳动的产品，可以分为体力财富和脑力财富两种。体力财富包括人的健康和体魄等；脑力财富包括人的道德品质、知识基础、聪明才智等。可持续的经济发展，依赖于人们创造财富能力的形成和增强，如何改善一国人力财富的数量和质量，构成了科学发展研究的一个重要内容。

在我国社会主义市场经济条件下，由于劳动与人不可分割，人力财富虽然具有商品的形式，但本质和实际上不是商品。当然，人是可以成为商品的，但要以奴隶制度的存在为前提。在那种制度下，人和牛马一样，也属于一种有用的动物，人对人的占有也可以像人对牛马的占有一样，从中获得使用价值和交换价值。但是，在我国社会主义市场经济条件下，虽然人与其他商品有相似之处，人们为了表达上的方便常常将劳动或劳动力称为商品，但实际上不论人们如何称呼，人都不是奴隶，所以也就不可能是普通商品。

人都是商品财富的占有者和使用者，谁也不可能像对待牛马一样占有和使用别人。他们都是人类社会一切经济活动的主体，具有物所不具备的适应人类需要改造自然的能力，享有物所没有的作为公民的权利。他们是商品财富的源泉，但本身不是商品财富。

---

① 马克思：《马克思恩格斯全集》第46卷下册，人民出版社1979年版，第222页。

② 马克思：《剩余价值理论》第1册，人民出版社1975年版，第300页。

与人不是商品相联系，人的人力财富也不是商品财富。在奴隶制下，奴隶的生产能力是他本身这个可卖商品的一部分，所以可以被看作商品财富，可是当人本身不是商品财富的时候，和人分不开的能力、素质也不是商品财富了。如果拥有这些素质的人什么都不做，这些素质本身就既不能给他带来使用价值和交换价值，也不能给别人带来使用价值和价值。只有他发挥这些素质去做事情，才能或者给自己或者给买者创造出价值和使用价值，尽管这种使用价值和价值不一定体现在物上。例如，一个医生及其技能或知识不是商品财富，可是他做的手术或者他对于一个病症所提的意见却是商品财富。这种财富可以作为劳务价值计入 GNP，只是这种财富没有以物质存量的形式保留和使用。

人的素质和声誉有时可以给人带来收入，这使它们看起来似乎本身就是商品，其实那些收入只是人们对于拥有这些素质和声誉的人以前劳动的延续回报。如果他们以前什么都没做，他们是不可能用其得到商品回报意义上的收入的。他们纯因其素质和声誉得到收入，应看作是人们因种种社会原因给予他们的无偿捐赠。

在国际上，对人力资源的核算从早期的人口统计至联合国 1975 年作为 SNA 的一个重要组成部分的《社会和人口统计体系》（SSDS），已有对人口数量的统计。在 20 世纪 60 年代开始兴起的人力资本理论、70 年代兴起的人本主义管理理论和 90 年代兴起的新增长理论促进下，1995 年世界银行在国家财富测算中，包含了对人力资源既从量的方面又从质的方面做的测算，并得出结论说人力资源的多寡是国家间经济水平差异的重要原因之一[①]。同时在国际上，人力资源的质量特征是用人力资本指标来描述的。广义的人力资本是与总人口指标口径相对应的人口质量指标。它包括狭义的人力资本即使用状态的人力资本和人力资本储备量。狭义的人力资本是指就业人员因医疗、保健、教育、培训和迁移等活动所进行的投资总额。人力资本储备量是指 15 岁以下人口中因医疗、保健、教育、培训等活动所进行的总投资加上 15 岁以上但未参加劳动（主要是学生和军人）的人口中的总投资。

毫无疑问，对人力资源和人力资本，也就是本文所称的人力财富，进行这种统计核算是有意义的，但是，这样计算的人力资源和人力资本的交换价值，并不是人本身及其劳动的交换价值，而是人的生活费用和教育费用的交换价值。这样计算的体现在人身上的财富数量和人实际可以创造出的财富量是两个量。当然，从各国的实际情况可以看出，这两个量之间一般存在着正比例关系，即加大人力财富投资，可以加强人创造财富的能力。为了增强劳动者创造

① 参见徐映梅《国民核算新论》，中国财政经济出版社 2002 年版，第 98、133 页。

财富的能力和促进科学发展，需要加大人力财富投资。

科学发展不仅有赖于人力财富的增长，也有赖于物质财富的增长，特别是物质劳动产品财富的增长。可以真正直接满足人类生产生活需要的物质财富，是体现在机器设备等物质生产资料和食品等生活资料上的对人有用的客观使用价值，又称作资本品和消费品，它们可以脱离人体而独立存在的，大都具有商品形式。

在当代，物质财富将越来越多的以科技知识和服务的形态存在。它们有的可以是商品，如应用型技术专利、文艺演出等；有的则属于非商品，如用于义务教育的用品和政府服务等。其中，科技知识是从调查研究中得到的事实、真理或定律，是人们对艺术或技艺实际了解后形成的文献，是经过整合的已知或可能知道的事。

许多人常将人力财富与科技知识混淆理解，但它们是不同的。科技知识是文字或语言组成的消息或报道，是事实或数据，所以，科技知识是人力财富的原料，就像木材只是桌子的原料一样。航海坐标和海洋地图是科技知识，会应用这些科技知识于航行，将船驶向目的地，就是人力财富。而掌握并会应用这些科技知识的人，就是拥有人力财富的人才。科技知识是由人利用其大脑机能或人体特殊机制反映、再现和认识对象世界而劳动创造出来的，但作为一种“外在化了”的知识存量，它可以独立于人体而存在，因而不可与体现在人身上的知识存量混为一谈，后者是作为人力财富形态存在并发挥作用的。

在市场经济条件下，物质商品财富特别突出地表现为包括纸币、股票、债券、电子货币以及金融市场上的各种衍生工具等的金融资本。有了这些金融资本，商品的交换常常变成一些“指数”的变化和针对指数的交易。这些指数本身看起来很像有着独立的生命，以致很多人忘记了它们与现实财富的联系，把对这些金融资本的积累当成了经济发展的目的和本质。但是，事实上，金融资本积累本身并不能提供任何人类所追求的物质财富和精神享受，人们有时把追求金融资本作为目的，只是因为这种金融资本可以变为满足人类生产生活需要的现实财富，一旦脱离可以满足人类生产生活需要的那些现实财富，它们的虚拟性质就会一览无余，不再被人需要，例如，破产企业的股票、苏联崩溃以后的苏联卢布，等等。

为了研究科学发展问题，需要突破西方经济学边际效用论把物质财富看成以个人主观评价为转移的效用的财富概念。因为按照那种概念，将得出东西越稀缺越好，根本不必进行生产的荒谬结论。例如，我国改革开放以来的财富增长，就是无法用效用财富概念描述的。改革开放以来，我国人民对财富的需求确实有了很大的增加，从 8 亿人增加到了现在的 13 亿人，人口增加后如果供给不变，那么人均财富将减少，东西将更为稀缺。这种稀缺可以使人们主观评价的东西比以前贵，但不能使客观的使用价值比以前多。所以，效用财富概念不去关注他人和社会对财富的评价，也不去研究财富的供给，是根本无法描述客观财富增长的。

也就是说，它从个人对物的需求看问题，只能解释同样大的一张馅饼为什么有的人可以对其评价更高，但不能解释一张馅饼如何可以做得更大，或如何可以使一张馅饼变成两张馅饼。按照这种概念，人们不用生产，只要把东西搞得越来越稀缺，财富也就可以自然增多了。东西越稀缺越好，生产都是没用的，鼓励大家都不去生产，财富反而可以更多。显然，按照这种理论去做，根本无法实现科学发展。

同时，有人依据西方经济学的供求价值论和要素价值论，只把进入市场有价格的商品看作物质财富，把暂时不稀缺的有用物，如空气，都不看成物质财富，抹杀劳动的主体作用，把劳动等同于物质商品，这对于全面研究科学发展问题也有很大局限性。我们看到，1997 年 6 月，世界银行的研究报告《财富测度的扩展：环境可持续发展指标》，把财富归纳为一国拥有的人造资产、自然资源、人力资源和社会资本的总和①。这种划分我们可以借鉴。在我国社会主义市场经济条件下，人造资产中相当大的一部分是进入市场的，属于商品财富，而自然资源、人力资源和社会资本，则大部分属于非商品财富。非商品财富对于商品财富的生产、经济的可持续发展和人民福利水平的提高具有极为重要的影响，因此，只把商品看作财富、把劳动者等同于物质商品的供求价值论和要素价值论的物质财富概念，对于研究科学发展问题是不适用的。我们对这两种理论的物质财富概念不应简单照搬。

科学发展观的贯彻实施，要有一定的制度环境做保障，所以需要专门研究一下制度财富概念问题。关于什么是制度的问题，经济学界有很多不尽相同的定义。有人把制度界定为行为规则，它包括管束结婚与离婚等社会行为的规则，支配政治权力的配置与使用的政治规则，还包括管束资源配置与收入分配等经济行为的经济规则。有人则认为，制度是一个社会的游戏规则，更规范地说，它们是为决定人们的相互关系而人为设定的一些制约。还有人认为，制度是有关人们有序关系的集合，它界定人们的权利、责任、特权以及所面对的其他人的权利，等等。

我们认为，制度主要包括两层含义：一是指人类在一定历史条件下创造的

① 世界银行环境局：《扩大衡量财富的手段——环境可持续发展的指标》，中国环境科学出版社 1998 年版。

权、责、利关系体系；二是指人类在一定历史条件下创造的办事规程和行为准则。但不管何种层次上的制度，都既是人类为适应一定生产力水平下生产生活创造的劳动产品，又是稳定、规范一定社会人类生产生活秩序的保障。

一定的制度环境，是一个企业、一个地区乃至一国经济持续发展的基本前提，好的制度可以通过调整制度来安排和协调经济主体利益关系，有效刺激与规范经济主体的行为，为财富的持续增长不断注入新的活力。因此，有益于科学发展的制度是一种财富，当它存在于人脑中，有益于科学发展时，同时属于人力财富的一部分；当它存在于文献和其他物体中，有益于科学发展时，同时属于物质财富的一部分；当它存在于营利性企业中，有益于科学发展时，属于商品财富；当它存在于公益性组织中，有益于科学发展时，属于非商品财富。中国经济改革的过程，就是科学发展的过程。根据不同的理论，可以得出具有不同内涵的最适合中国科学发展的制度财富概念。

按照马克思主义经济学，广大劳动者都是经济活动的主体，经济发展是广大劳动者共同创造的，我国工人阶级掌权的社会主义制度，比资本主义制度更有利于调动他们的积极性、创造性，保护好他们的利益，是适合社会化大生产发展要求的，有着无限广阔的发展前景。我们不需要推翻这种制度，只需要不断适应生产力发展调整和完善我们的制度，通过渐进协调的改革方式，就可以发展我们的经济。所以，最适合中国科学发展的制度财富，是社会主义的。

按照西方经济学，只有资产者（或称企业家和人力资本）才是经济活动的主体，广大劳动者的作用和物的作用是一样的，经济发展是少数资产者单独创造的，资本主义私有制最有利于保护他们的利益，是永恒不变、最有效率的制度，我们建立社会主义制度最初就搞错了，现在对这种制度怎么改革也没用，只有像原苏东国家那样，实行激进改革彻底推翻它，让资产阶级统治社会，经济才能发展。所以，最适合中国科学发展的制度财富，是资本主义的。

可见，有些人按照西方经济学界的说法，把马克思主义经济学称为激进的经济学，把西方经济学称为建设的经济学，这对于中国科学发展来说是不对的。西方经济学在中国具有明显的激进和误导作用，如果不注意对其做有批判的吸收，它对于中国科学发展将产生很大干扰。依据马克思主义经济学得出的社会主义制度财富概念，才更适合中国的科学发展。

（二）财富的初始源泉与派生源泉

财富的初始源泉是自然和劳动。财富是人类生存、繁衍、发展的物质载体和追求目标。这个载体和目标，一方面，表征着劳动与自然之间的物质、能量、信息的变换关系；另一方面，还表征着劳动者之间在物质、经济、政治、精神等方面的交换关系。正是在这种关系中，自然与劳动这两个财富的初始源泉不断生产出了各种人力、资本、制度、科技等派生源泉，使社会财富不断涌流出来。

1. 财富的初始源泉

财富首先是自然界的一部分。自然界本身合乎规律的发展便产生了社会人类，因此，人类连同他们的血肉和大脑都属于自然界，存在于自然界。但是，撇开自然本身创造的财富不算，由人的劳动参与创造的劳动产品财富同时又是大自然的一个特殊的组成部分，因为它是经过人类意识过滤过并被人类劳动改造过的自然物。所以需要把自然和劳动这两个财富的初始源泉分别做些分析。

（1）财富的自然初始源泉

对于人类财富来说，自然是一种重要的资源，自然资源一般是指在一定空间、地点条件下，能够产生经济价值，以提高自然界对人类当前和将来福利的自然环境因素和条件。① 人类社会的财富创造活动始终是与改造、利用和保护自然资源联系在一起的，因此自然资源也是财富的重要源泉。自然资源的财富源泉作用，特别表现在两个方面：自然物质力的财富源泉作用和自然环境的财富源泉作用。

自然力是自然资源自然可以发出的一种力，自然物质力与我们平常所说的社会生产力不同，它是专指那些自然资源本身可以发出的一种创造财富的物质力量。如土壤、河湖、森林、动植物资源、矿产资源等，在一定条件下都可以发出很大的自然物质力，人类把这种自然物质力开发出来，就可以创造巨大的社会财富。

就人类生产力来说，其中的很大一部分是自然物质力，这在马克思的有关著作中早有表述。马克思曾指出："人在生产中只能像自然本身那样发挥作用，就是说，只能改变物质的形态。不仅如此，他在这种改变形态的劳动中还要经常靠自然力的帮助。"② 他曾提到瀑布，并认为瀑布作为一种自然力是自然存在的。他还提到土地的自然肥力，提到单纯的自然力水、风等，并认为自然力是特别高的劳动生产力的自然基础。可见，自然物质生产力，就是以自然物质形态存在、能够为人所用的财富创造的力量。

自然物质生产力的这种财富源泉作用是显而易见的，比如在农业中，等量的劳动支出，因土壤、气候等因素的不同，而直接影响收获量的多少。优越的自然物质条件，收获量就多些；自然物质条件差些，收获量就少些。在工业生

① 参见徐映梅《国民核算新论》，中国财政经济出版社2002年版，第43页。

② 马克思：《资本论》第1卷，中译本，人民出版社1975年版，第56—57页。

产中也是一样，如同一劳动量用在富矿比用在贫矿能得到更多的金属。自然物质力的财富源泉作用是客观的。

人类财富的创造过程离不开一定的环境条件，既离不开社会环境也离不开自然环境。为什么说人类财富的创造也离不开自然环境呢？这是因为任何人类财富创造活动的存在、运行和发展都需要一定的空间场所和位置，离开了它们，人类创造财富的生产力就成为没有依托的东西，并且不能构成现实的生产力。对于自然物质力来说更是如此，它对自然环境的依赖性更强，是不可分割的。

自然环境中的水土资源、地形、地势、水文、气候等对人类创造财富生产力的发展水平有重大影响，并可在事实上影响财富创造的经济效益，即较好的自然环境可以促进人类创造财富的经济效益的提高，反之亦然。

总之，自然资源是社会经济发展的基础，也是人类创造财富的生产力的组成部分和物质基础。保护自然资源是我国的一项基本国策。保护自然资源就是保护人类创造财富的生产力，就是保护财富源泉和人类自身。

（2）财富的劳动初始源泉

劳动是财富的另一个初始源泉，而且，虽然自然与劳动都是财富的初始源泉，但劳动是能动的源泉，自然是受动的源泉，人类财富的增加不能只靠自然的恩赐，更重要的是要靠劳动的积累，即靠人们不断增加改造自然的能力，用人类特有的劳动提高能力，获取知识，变革制度，发明工具，改造自然。

人类历史的发展揭示，人的需要与利益是社会发展的初始动力。所谓人的需要，是指人对物质生活条件和精神生活条件的依赖关系的反映，是对需要对象的内在的自觉的指向。而利益即通过社会生产关系所实现和满足的需要，是人的需要在生产关系中的现实化。因此，人的需要虽然是人类生存与发展的一般前提和初始动力，但同时它又是一个被制约、被决定的因素。人的需要与动物需要的根本区别在于它的社会属性。离开了社会生产力、生产关系等社会发展动力体系中其他分力的作用，是不能满足与实现人的需要的。持续的物质生产劳动，是原始人的动物性需要变为真正的人的需要的关键，也是人的需要从低级到高级、从简单到复杂，不断变化、发展的真正根据。由劳动积累而产生的生产力的发展，是人类社会进步的最终决定力量。

众所周知，人类在劳动中创造了工具，并利用工具战胜了食肉动物；在劳动中利用火开辟了日常食物来源和新的生活空间；在劳动中发展了语言，使人类可以相互交流，积累经验和教训，并从祖辈继承文化遗产。由此，人类在劳动中创造了自己的文明，人力财富和物质财富增加了，人在自然中的地位也改变了。人类用劳动发明技术去控制自然，通过组织的形成来争取优势。人类在劳动中用文明的进化取代了生物进化，他们不用经过生理上的突变就可以很好地适应周围的自然，人类通过劳动在创新与适应交替作用的过程中，开始掌握了自己的命运。

人类在劳动中创造了多种文明模式。从人与自然相互作用的角度，更确切地说是从劳动生产技术变化的角度，人类文明经历了三个主要阶段：采集狩猎社会、农业社会和工业社会。每个文明阶段，人类劳动都围绕一定的技术和谋生手段，形成人与自然的相互作用方式，而人类劳动的其他方面（组织、制度、消费方式等）也都与之相协调，构成人类劳动与自然系统之间的相互适应模式，这个模式又与整个文明模式是统一的。

在采集狩猎社会，人类劳动靠石料、木材制造的原始工具来捕捉动物，获取天然食物，由于天然食物供给的有限性、不均衡性以及技术的落后，人类要生存，必须有一种协调人与自然关系的机制，因而形成了通过小群体的合作、维持个体延续的低水平物质消费，以及利用原始技术来保证相对充足的食物来源的生存模式。在农业社会，劳动创造的农业技术使人们得到了稳定的食物供给，人类劳动依靠不断扩大农业开发规模和社区组织的广泛联系来满足不断增长的人口的温饱。在工业社会中的劳动与自然相互适应模式则是建立在对矿产资源利用的基础上，通过创造发达的近现代科技成果、高效率的组织管理手段、社会化大生产以及市场体制的建立，不仅满足了人们的生存需求，而且维持了高水平的发展需求。人类的所有文明，都是在劳动这个能动初始源泉的作用下，不断扩大的。

2. 财富的派生源泉

自然和劳动是财富的初始源泉，但不是一切源泉。人不能只靠劳动改造自然和自身，在人类进入农业社会之后，单纯依靠劳动创造改造自然创造财富的情况已经大幅度减少，至少要采用简单的工具和依靠畜力来进行生产。在工业社会里，单纯依靠劳动改造自然创造财富更是日益减少，更多的是操纵各种机器来生产。同时，人们在用劳动改造自然界和自身的过程中，也不断在改造着人类工具、人类科技和人类社会，使人类工具更有效率，人类科技不断涌流形成越来越大的存量，人类社会制度不断演化前进。这一切都造成人们在创造社会财富时不必只依靠自然和劳动这两种初始源泉，而且可以越来越多地依靠人力、资本、科技、制度等这些派生源泉。

（1）财富的人力派生源泉

前面我们已经提出了人力财富的概念，现在则要指出，人力本身不仅是财富，而且是包括人力自身在内的财富的派生源泉。人通过劳动不仅可以改造自然，还可以改造人本身，使人掌握更多的科学技术，提高道德文明、身体素质和健康水平，有更好的能力去从事创新劳动。目前，科技革命引发知识经济的出现，促进了生产力的巨大发展，也带来经济、社会等方面的巨大变化，这就更需要进一步阐明人力作为财富派生源泉的重要意义。

在我国社会主义市场经济条件下，大多数财富创造活动都是在企业进行的，要创办可以生产质高量大财富的企业，企业的创办者必须具有从事经营创新劳动的人力。从在市场竞争中的表现来看，由可以从事经营创新劳动的高人力财富企业家领导的企业，其表现要明显优于其他一般企业，这些企业的官僚程度及“家族化”程度都低于平均值，在市场导向方面处于平均水平或平均水平以上，而且在开拓性方面和企业家精神方面却远远高于平均值。同时它们还具有很强的创新能力和以顾客为中心的意识。

通常说企业是商品生产者、经营者，这是企业拟人化的说法，即企业人的说法。这个企业人不管是自然的企业人，或是法人的企业人，都是由多个个人组成的，其中有经营者也有员工。实现企业产供销多项创新劳动，以及自主经营、自负盈亏、自我发展、自我约束，财富不断增值，不能只能靠企业家也要靠员工。

企业是社会财富的生产者，以生产物质产品、创造效益为职责。这种社会财富的生产者，这种对财富的创造，都要靠劳动者的活劳动去推动。通常，表现生产力水平高低的指标是劳动生产率，即以活劳动量作分母，产出的实物量或价值作分子的相对比的值。可见，企业员工人力财富多少、积极性高低决定着活劳动质量，对于劳动生产率的高低具有至关重要的意义。

所以，就财富的生产过程来说，要取得好的经济绩效，光有高人力财富的企业家的经营创新劳动①是很不够的，高人力财富的工人的技术创新劳动也起着直接的作用。企业好比是经济中的“森林”，企业中的员工则是经济中的“树木”，因此，企业应该说是一个“集合体”。这个“集合体”中的每一个成员的行为影响着“集合体”的行为。如果企业员工人力财富稀少，劳动不努力，不愿创新，没有积极性，他们的个人目标与企业目标不协调，那么企业的工作就不会有高效率。企业的效率低，整个国家的经济发展水平就必然低。

---

① 熊彼特在1912年出版的成名作《经济发展理论》一书中，明确地将经济发展与企业家的创新视为同一物，将创新定义为企业家对生产要素执行新组合的经营创新，称这种创新包括以下五种情况：(1) 采用一种新产品或者一种产品的一种新的特性；(2) 采用一种新的生产方法，也就是在有关的制造部门中尚未通过经验验定的方法，这种新的方法并不必然建立在科学上新的发现的基础之上，它也可以指商业上处理一种产品的新方式；(3) 开辟一个新的市场，也就是有关国家的某一制造部门以前未曾进入的市场；(4) 掠取或者控制原材料或半制成品的一种新的供应来源，也不问这种来源是已经存在的，还是第一次创造出来的；(5) 实现一种工业上的新的组织，比如造成一种垄断地位或者打破一种垄断地位。(参阅熊彼特《经济发展理论》，何畏等译，商务印书馆1990年版，第73—74页。)

差的树木怎么会组成好的森林呢？没有森林的国家又如何有众多的栋梁形成财富的大厦？可见，人力通过影响人的劳动，可以直接影响一个国家的财富多少和经济发展水平，是财富的重要派生源泉。

（2）财富的资本派生源泉

财富的另一种派生源泉是资本。我们这里讲的资本，是指被人们生产出来用于再生产并可以带来收入的各种手段。在现实的社会经济生活中可以看到，资本，从价值形态来看，表现为能够带来增值额的价值；从实物形态来看，就是能够实现价值增值的商品、生产要素、货币和证券。其中货币和证券在经济中是以价值符号起作用的，所以又可以叫做与商品、生产要素等实体资本不同的虚拟资本。

普通供消费用的商品，不进入生产过程，一般不被称为资本。但是，从人力是一种财富，这种商品可以扩大人力财富，从而可以扩大新增价值的角度看，我们也可以把不进入生产过程，但可以扩大人力财富和引致投资、带动生产发展的商品，称为商品资本。应该看到，这种用于消费的商品资本，是当今经济环境中最宝贵的资源之一，也是决定商品价值、市场容量的基础之一。中国的劳动者以高劳动量、低消费量的方式，在数十年中积累了大量的商品资本，成为世界上最大的市场，世界上所有的大品牌、大资本无不试图抢占中国的商品资本资源。

扩大商品资本源泉的主要方式是努力保护劳动者的利益，使劳动者能够通过有效劳动获得收入，并转换成客观的商品资本，扩大人力财富，以支撑产业资本的发展。中国以往大量的商品资本资源被国外企业的产品占用，造成大量劳动积累外流的现象。其中一个最引人注目的问题是，中国人以低级劳动的资金积累购买国外的高附加值产品，使中国蕴藏的商品资本损耗过快。

生产能力也是生产商品资本能力的表现，生产能力决定着生产商品资本的大小。由于民族工业在产业资本上处于劣势，中国的商品资本就不容易增长，导致购买力和生活消费能力难以增长，人力财富和其他社会财富也就难以增长。所以商品资本是我国一个很需要保护和扩大的重要财富派生源泉。

生产要素资本，是指投资在工业、农业、服务业、商业、采掘业、物资运输业、建筑业等生产经营行业中，可以带来经济剩余的各种人力和物力。生产要素资本也就是生产资本和经营资本，它是一个国家凝聚成生产力的资本基础，国家的财富增长要靠生产要素资本的支撑。生产要素资本循环的第一阶段是购买阶段。购买阶段是指企业家用货币去购买生产资料和劳动力。这种货币就是货币资本。货币资本是产业资本在循环过程中采取的第一个职能形式，它的职能作用是购买生产资料和劳动力，为净增价值生产准备条件。生产要素资本循环的第二个阶段是生产阶段。生产阶段是指企业家把买来的生产资料和劳动力相结合，进行劳动和生产，生产出包含增值价值的产品。这种资本叫生产资本。生产资本是产业资本在循环过程中采取的第二个职能形式，它的职能作用是生产净增价值。产业资本循环的第三个阶段是销售阶段。销售阶段是企业家把生产出来的包含增值价值的产品转换成商品并销售出去，以换回货币。这种资本叫商业资本。在市场经济中，生产要素资本的三种职能形式在空间上是并存的。

前面已经谈到货币资本，这里需要再做些说明。货币资本是企业经营活动中流通最快、最便于操作的那一部分资本，它在财富来源中的主要作用是商业流通。企业在经营中，必须保持足够的货币资本量，才能保证这个经营环节不受阻塞。

货币不等于资本，货币作为劳动价值的量化结晶体和储存物，只有投入再生产时，才具有资本的属性。简单地说，资本运行的方式是货币的再投资，是以产生增值价值为目的的活动。货币的产生在人类资本发展史上具有划时代的意义。在奴隶制社会，奴隶主要购买一个奴隶，可能需要用一只羊或一斗谷子去交换，因为没有货币，生产要素之间的交换很不方便。产生货币之后，商业环境才逐步趋于成熟。

在区分货币资本与生产要素等实体资本的前提下，可以进一步把股权融资凭证和债权融资凭证都包括进来，将这些作为价值符号的非实体资本都称为虚拟资本，将构成现实生产要素的资本则称为实体资本。实体资本与虚拟资本是市场经济财富赖以增长的两个轮子，它们相互依赖，是市场经济这个整体中的有机构成部分。没有虚拟资本，实体资本就无法运转。但是实体资本积累是财富增长的基础。

虚拟资本活动中的交易对象是货币资本这个特殊商品，金融交易直接表现为货币资本这个特殊商品的交换关系。在市场经济条件下，财富增长过程包括生产、分配、交换、消费四个环节：生产创造适合需要的对象；分配依照以市场交换为基础的社会条件把生产出的东西分配给不同的主体；交换依照个人需要把已经分配的东西再分配；最后，在消费中，产品脱离这种社会运动，直接变成个人的需要对象。因此，生产表现为起点，消费表现为终点，分配和交换表现为中间环节。

在虚拟资本的运动中，人们是以货币资本这个特殊商品为经营对象，它直接表现为分配和交换关系，虚拟资本并未直接进入生产领域，也未直接用来消费，它处于生产与消费之间的中间环节。所以它的量和运动方式要被实体资本的运动所决定。由于价值和净增价值都是直接由实体资本创造的，所以财富增长必须以实体经济的发展为基础。光是货币和有价证券的增多不能反映财富的扩大，只有当它们所代表的实体资本增长时，才表明财富确实在增多。根据现行国民经济核算中GNP和GDP指标，并不包含股票等有价证券的价格。如果我们把手持的1万元现金存入银行或用它由某证券公司购买股票，这时社会财富并没有增长，只是个人资产结构发生了变化，只有当某种物质资本形成时，才会出现社会财富的增多和经济的发展。所以，在我国社会主义市场经济中，虚拟资本是服务于实体资本的财富派生源泉。

（3）财富的科技派生源泉

人类在生产活动中，不仅生产创造出了越来越多的物质资本、越来越大的人力财富，而且还创造出了越来越先进的科技知识，成为越来越重要的财富派生源泉。

如前所述，科技知识是从调查研究中得到的事实、真理或定律，是人们对艺术或技艺实际了解后形成的文献，是经过整合的已知或可能知道的事。自然科学主要研究人与自然界之间的关系、研究自然现象和自然规律，它追求的是真理，是以真理性的标准来评价一切事物和人类行为的；产业技术以自然科学为指导，虽然追求价值和利益，短期看可能对某些人群不利，但从长远看总是对全人类都有利的。因此，自然科学、产业技术具有客观性、无阶级性，自然科学、产业技术的成果在客观上可以为任何阶级、国家和民族所利用。

社会科学和政治技术主要涉及的是人与人、人与社会、国家与国家之间的相互关系，研究社会现象和社会规律，它追求的真理总是服务于人类社会某一人群的利益和价值。当然，马克思主义的社会科学和政治技术，由于代表的是创造财富主体的劳动人民的利益，劳动人民的财富创造活动是财富增多和生产力发展最重要的动力，所以这种社会科学和政治技术具有最广大的包容性。在一定意义上，它所追求真理所服务于的利益或价值，也是全社会大多数人的根本利益和价值。然而，有些社会科学与政治技术，虽然也揭示了社会和经济中的某些真理、某些规律，却只是以少数人的利益和价值为目的的。它们所具有的片面性和阶级性，是需要我们注意的。只有注意到了它们的片面性和阶级性，我们才能更好地吸收其中的真理因素，用于我们的财富创造。

自然科学、产业技术的真理性是由自然环境决定的，其成立与否与社会环境基本无关，从这个意义上说，它们是没有国家、地区和民族之分的。牛顿的物理学、达尔文的生物进化论和计算机等虽然产生于近代西方社会政治文化的环境之中，但它也适用于东方社会，因此，自然科学、产业技术具有普适性；而某一个民族、国家和地区的社会是不同的，中国的社会和西方各国的社会以及阿拉伯各国的社会是不同的，古代的社会和现代的社会也是不同的，因此，社会科学和政治技术的真理则具有特殊性。历史上，其他社会最有利于财富增长的社会科学和政治技术，在当代，在我国却不一定是最佳的。所以社会科学和政治技术不具有自然科学、产业技术的那种普适性。对于历史上和别国的社会科学和政治技术，我们特别不应该照搬照抄，而应该根据我国社会和经济的实际，吸取其中适合于我国的精华，创造最适合我国财富增长的社会科学和政治技术。

广义的科学技术，包括自然科学和产业技术、社会科学和政治技术，都是人类财富的重要派生源泉。技术对财富创造所起到的推动作用是人们直观感知、显而易见的。而科学却不易直接应用于经济，只有把科学原理或科学理论转化为技术，才能应用到经济中。例如，人们依据牛顿的万有引力定律，发明了各种航天技术，制造并发射了人造地球卫星，用它来预测天气情况，进行天气预报，为工农业生产服务。人们根据英国物理学家麦克斯韦创立的电磁学理论，发明了无线电通信技术，生产出了各种无线电通信设备，促进了经济的迅速发展。因此从这个意义上说，科学是一种间接的、潜在的财富派生源泉。

然而，伴随着计算机科技和信息科技的迅猛发展，科学和技术之间的距离日趋缩短。例如，对于计算机软件，人们很难辨明其中的科学和技术的区别，科学和技术已经在软件上实现了一体化。这样，科学和技术一起促进财富的创造。另外，即使科学和技术之间仍然存在着距离或区别，科学成果转化为技术所需要的周期也越来越短。例如，1782 年，由摄影原理转化为照相机技术，总共需要 56 年时间；1925 年，由雷达原理转化为雷达技术，其周期缩短为 10 年；1987 年，由多媒体理论到多媒体电脑技术，其周期缩短为 4 年。因此，科学在推动财富创造的过程中，它所起到的作用将会日益直接或明显。另外，科学所揭示的我国社会主义市场经济规律与倡导的民主与平等思想，可以对市场经济体制建设起到巨大作用。科学总要追求真理性标准，在人们不断认识真理和接近真理的过程中，经济可以在更加民主和自由的环境中运行。在科学理论的指导下，人们可以有越来越多的机会在市场经济中进行公平竞争，实施民主化、法制化管理。可见，科学对于发展技术和规范市场经济可以起到导向作用，这些都将促进财富的创造。

科技不仅在经济发展和运行中可以对财富创造起到积极作用，而且在环境保护中也可以对财富创造起到积极作用。由于技术带动生产力飞速发展，人们对自然资源的需求量不断增大。在全世界范围内所实施的资源开采量达到人类历史最高水平，以这种速度发展，22 世纪人类将面临资源枯竭的局面，这有可能导致经济的停滞甚至倒退。另外，发达的工业生产所排放的大量废物，不但影响人类正常的健康生活，而且还对自然界物种产生恶劣影响。所有这些问题，必然对财富创造产生制约作用，已经有一些第三世界国家由于环境问题导致人们生活条件恶化，国家经济倒退。可见，如果不发展科技解决这些问题，必然导致社会危机、生态危机，以致经济危机。只有不断创造高科技，协调好环境保护与财富创造的关系，在改造自然的同时改善生存环境，达到财富的可持续增长。

（4）财富的制度派生源泉

人类在用劳动改造自身和自然的过程中，不仅创造了资本和科技，而且创造了越来越先进的社会制度，使制度作为人类文明的成果，本身又愈益成为人类财富的派生源泉。

任何社会的人都不是彼此孤立的，而是总要结成某种生产关系，在一定的生产关系下按照一定的行为规则去从事其他财富的生产。不同的时代，有不同的社会，有不同的制度。在任何社会和时代，都有就当时社会和时代的财富创造来说，好的制度和坏的制度。制度同时又是财富的派生源泉，因为对于一定时代和社会来说，好的制度可以促进财富的创造，坏的制度则会阻碍财富的创造。有效的制度作为行为规则，可以激发劳动者创造财富的积极性，实现有限资源的配置效率。坏的制度，就会起到相反的作用。

比如在我国当代，有了知识产权等良好的制度，能够鼓励人们创新知识，增加现有的知识存量；而不保护知识产权的制度，就会抑制知识创新的积极性。同样，不好的政策会破坏现有的制度，而良好的政策却会培养良性的制度。如在资本主义早期的西方国家，政府希望通过自由放任政策实现经济增长的目标，但是却损害了初始无财产的劳动者成长为企业家的制度资源，导致社会贫富两极分化，社会动乱和经济危机层出不穷。再如当代有些国家的政府希望通过私有化的休克疗法进行激进改革，结果却使社会财富落到了少数寡头之手，损害了大多数人的个人产权的制度资源。

制度的财富派生源泉作用，是在制度创新中实现的。制度创新一般是指制度主体通过建立新的制度构建以获得追加利益的活动，它可以改进现有制度安排或引入一种全新制度以提高制度效率及其合理性，大的如整个国家的经济体制的改革，小的如具体企业的组织形态、运行机制的改革等。

制度创新涉及政治经济生活的各个方面，内容十分丰富，如企业制度创新、人事制度创新、科技制度创新、社会管理制度创新、激励制度创新、分配制度创新、司法制度创新等。制度创新已经在社会创新活动的浪潮中显示出自身更具根本性、稳定性、全局性、指导性的意义。制度创新已成为新的时代条件下财富创造的必备条件和必然要求。制度创新有多种形式，但每种成功的创新都会导致某个领域社会财富的增加。

我国的经济体制改革就是一种制度创新。它主要包括以下几个方面内容：微观基础——转换企业经营机制，建立适应市场经济要求的产权清晰、权责明确、政企分开、管理科学的现代企业制度；市场体系——建立全国统一开放的市场体系，实现城乡市场紧密结合，国内市场与国际市场相互衔接，促进资源通过市场优化配置；宏观管理——彻底转变政府管理经济的职能，建立以间接手段为主，完善的宏观调控体系；收入分配——建立按劳分配为主体、多种分配方式并存的分配制度，鼓励一部分地区、一部分人先富起来，走共同富裕的道路；社会保障——建立多层次的社会保障体制，促进经济发展与社会稳定。

制度在整个创新体系中居于保证地位。无论在哪一种社会制度下，一切活动都是在一定的经济基础之上进行的。在知识经济出露端倪的现今时代，财富的创造主要靠劳动者的技术创新来实现。而劳动者的技术创新作为促进财富创造而进行的新技术应用与商业化活动，是离不开制度约束的。无论是技术创新还是知识创新，如果不和制度创新相结合协调运作，其结果不是有名无实就是事倍功半。如果所有制结构不合理，产权不明晰，权、责、利不匹配，分配制度不合理或者组织治理结构不明确、管理混乱，则创新的成果都将难于变成真正增进社会进步的财富。

制度是一个企业、一个地区乃至一国经济持续发展的基本前提，好的制度可以通过调整制度来安排和协调经济主体利益关系，有效刺激与规范经济主体的行为，为财富的持续增长不断注入新的活力。当前，国与国之间的竞争越来越体现为一种制度的竞争。有效的制度能把人才、科技、资本吸引进来，而无效的制度在经济全球化下将使自己的资源（包括人才、科技、资本等）流失。我们要重视人才、科技、资本，但更要重视使人才、技术、资本能充分发挥作用的制度体系的建立。

（三）劳动积累在财富源泉涌流中的特殊作用

前面我们已经分析了财富的各种初始源泉和派生源泉，现在我们则要研究一下劳动在这些财富源泉涌流中的特殊作用。我们知道，人类财富的初始源泉有两个——自然和劳动。它们分别是财富源泉涌流的初始客体受动力量和初始主体能动力量。没有劳动这个财富涌流的初始主体能动力量，自然这个财富涌流的初始客体受动力量和其他财富派生源泉，除了巧合，都无法自动按照人类的愿望涌流增长，所以，财富源泉的涌流必须依靠劳动的积累。这里讲的劳动积累，是指劳动经验、技术、知识、能力在人身上的积累和劳动改造各种客体财富所创造的资本、科技、制度在物上的积累。没有这种劳动积累，就没有财富源泉的充分涌流。

促成各种财富源泉的充分涌流，是我国面临的最紧迫任务，也是我国马克思主义财富论必须研究的核心问题。在这个问题上，马克思的劳动价值论为我们的研究提供了十分重要的理论基础。西方经济学也包含有对财富的研究，但是，由于其出于政治原因抛弃了劳动价值论，在研究财富价值问题时，没有区分商品财富和非商品财富、劳动产品财富和非劳动产品财富。因此，他们的理论或者用价格理论只去研究现有经济资源的最优配置问题，或者把经济增长归因于全都等同于物的各种生产要素，抹杀了劳动在财富涌流中的特殊作用，回避了劳动产品财富是劳动积累的成果的事实。

与西方经济学家不同，马克思在研究财富问题时，继承和发展了古典经济学的劳动价值论，区分了商品财富和非商品财富、劳动产品财富和非劳动产品财富，根据当时资本主义市场经济的现实和自己面临的历史任务，主要研究了劳动产品商品财富。因为在马克思看来，虽然广义的财富可以定义为一切对人有用的使用价值①，但在市场经济条件下最大量和对经济发展意义最大的财富，是劳动产品商品财富。市场经济条件下人类财富的增多，必须依靠劳动产品商品财富的扩张。

他说："对资本主义社会来说，劳动产品的商品形式，或者商品的价值形式，就是经济的细胞形式。"② 又说："资本主义生产方式占统治地位的社会的财富，表现为'庞大的商品堆积'，单个商品表现为这种财富的元素形式。因此，我们的研究就从分析商品开始。"③"劳动作为主体，作为活动是财富的一般可能性。"④

马克思的这些论述，对于我国社会主义市场经济来说，也是适用的。就我国现实来看，我国社会主义市场经济的财富，也可以说是表现为一个"庞大的商品堆积"，我国财富的增长也主要依靠劳动产品财富的积累，所以我们也应该做出商品财富和非商品财富的划分、劳动产品财富和非劳动产品财富的划分，以便专门研究劳动产品财富，特别是劳动产品商品财富，说明人类财富源泉涌流的能动主体力量。

正如前面指出的，财富有广义和狭义之分，广义的财富是一切对人类现在或将来具有使用价值的客观存在。狭义的财富是广义财富中的人类劳动的产品，它们是由劳动的改造而形成和增多的，具有自然物质和社会产品双重属性，这种双重属性使得它们之中相当多的部分（因为要除去废品），在市场经

---

① 参阅马克思《哥达纲领批判》，人民出版社1965年版，第7页。

② 马克思：《马克思恩格斯全集》第23卷，人民出版社1972年版，第8页。

③ 同上书，第47页。

④ 马克思：《马克思恩格斯全集》第46卷上，人民出版社1979年版，第253页。

济条件下具有使用价值和价值二重性，其价值的表现形式则是交换价值，交换价值不仅劳动产品商品必须具有，充当商品的非劳动产品也可以具有。

1997年6月，世界银行的研究报告《财富测度的扩展：环境可持续发展指标》把财富归纳为一国拥有的人造资产、自然资本、人力资源和社会资本的总和①。在这四种财富中，人造资产、人力资源和社会资本三种都是人用劳动改造自然形成的，自然资本中也将有越来越大的部分受到人类劳动的改造。在当今世界，一个地区的经济发展水平同其自然资源的丰度并没有显著的相关性。有些自然资源丰富的地区却是经济上落后的地区，而有些经济发达地区却原本自然资源贫乏，存在着人们通常所说的“富饶的贫困”和“贫乏的富裕”。这种情况表明，马克思有关财富主要来源于劳动积累的论述是正确的。人类财富的增加不能只靠自然的恩赐，更重要的是要靠劳动的积累，即靠人们不断增加改造自然的能力，用人类特有的劳动获取知识，变革制度，发明工具，改造自然。

现在有些经济学家为了否定劳动在财富源泉涌流中的特殊作用，常常引用马克思在《哥达纲领批判》中说过的一段话，“劳动不是一切财富的源泉。自然界和劳动一样也是使用价值（而物质财富本来就是由使用价值构成的!）的源泉”②，用以说明劳动价值论是错误的，自然资源和劳动在财富增长中的作用是一样的。其实，马克思说这句话的目的，是要说明财富的生产离不开物，而不是要和这些经济学家一样，认为在生产过程中人的作用和物的作用是一样的。他提出劳动价值论要说明的问题是，虽然人和物在生产过程中都是必不可少的，但他们的作用是不同的。物不论多么重要，它在生产过程中都是一个被动的因素，人们不能指望总是靠巧合从它那里得到新财富。人是一个主动的因素，他可以适应人类的需要去改造自然，使物具有对于人来说的新价值，这才是人类财富增多的主要来源。他说：“自然界没有制造出任何机器，没有制造出机车、铁路、电报、走锭精纺机，等等。它们是人类劳动的产物，是变成了人类意志驾驭自然的器官或人类在自然界活动的器官的自然物质。”③

我们看到，人类财富不断涌流，正是随着人类改造自然的劳动积累而实现的。财富的增多虽然是人类劳动积累的结果，但离不开自然和各种派生财富源泉，由劳动积累形成的人与自然及各种派生财富源泉的不同关系，构成了人类文明的不同类型和人类财富创造从少到多的演变。

---

① 参见世界银行环境局迪克逊等《财富测度的扩展：环境可持续发展指标》，中国环境科学出版社1998年版。

② 马克思：《哥达纲领批判》，人民出版社1965年版，第7页。

③ 马克思：《马克思恩格斯全集》第46卷下，人民出版社1979年版，第219页。

在距今400多万年以前，人类作为迄今所知自然界组织程度最高的物质、能量、信息系统，诞生在地球上。作为人类祖先的猿，还是和自然直接同一的。而当人类出现之后，自然界就分化出了具有意识性、能动性的主体。在从动物进化到人的过程中，人类通过劳动的积累才扬弃了单纯的生物性。正是那种不同于生物本能行为的，通过改变自然来达到自己目的的劳动积累，使人类脱离了动物界，有了动物所没有的各种人力财富，实现了由自然史到人类社会史的转变，在地球上建立了不同于一般生物的人与自然关系。

人类诞生以后，在新的条件下开始了新的进化过程。自然界也由此打上了人类实践活动的印记，随着人类劳动生产方式在实践中的发展，出现了劳动在人本身的积累、在农业生产工具上的积累、在自然界的积累、在大机器上的积累和在整个生态系统的全面积累等不同特点，这些积累又促成了劳动在生产方式和社会制度上的不同积累。在劳动积累的过程中，出现了人类进化和自然界人化所构成统一过程的不同阶段，产生了不同的人类文明。通常人们把人类文明划分为原始文明、农业文明、工业文明，以及正在实现的后工业文明（生态文明）①。与此相应，人类财富的涌流也经历了不同的历史阶段，每一阶段都体现出人类劳动积累的质变，以及由此引起的人类创造财富能力的强化。

在人类发展史上，各种派生财富源泉通常是劳动积累的基础，又常是劳动积累发展到一定程度以后转化而来的，是人类过去劳动积累的成果。从生产力运动发展的角度看，每一代劳动者的劳动，都是先前各代劳动者劳动积累的继续。每一代劳动者劳动的前提和条件，都是先前各代劳动者历史地给定的派生财富源泉。这种派生财富源泉对于新一代的劳动者来说，是在相当大程度上可以直接享用的。它们使新一代劳动者从一开始，就可以接近上一代人所达到的生产水平和消费水平。不论被新一代劳动者继承的前一代劳动者的派生财富源泉多么丰富，如果新一代劳动者停止劳动积累，它们除了巧合都无法自动增加。

要促使各种财富源泉不断涌流，每一代劳动者都必须在上一代劳动者留下来的各种财富源泉的基础上，继续从事劳动积累，改变它们原本的运行轨道，带动经济的更大发展。这种劳动积累或者是生产了能满足人类需要的新产品、新服务；或者是开辟了发展的新领域、新途径；或者是创办了协作的新企业、新组织；或者是提出了科学的新原理、新方法；或者是做出了研究的新发现、新发明；或者是制定了制度的新规则、新法律；或者是创造了更有效率的新工具、新手段。在这种艰苦劳动积累中所形成的创新成果，可以转化为巨大的社

① 朱坦主编：《环境伦理学——理论与实践》，中国环境科学出版社2001年版，第102—103页。

会生产力，几倍、几十倍甚至成百上千倍地提高劳动效率，增强人类驾驭自然和改造社会的能力。

劳动积累在人类财富源泉涌流中的特殊作用表明，人与其他动物不同，人不是简单地重复上一代的生活，而是在上代人留下的自然资源和各种派生财富源泉的基础上，除了享用这些财富以外，还可以用劳动积累生产出更多的财富派生源泉，并且不断把这些派生财富源泉继续用于新的财富涌流过程，在创造出更多的物质财富的同时，使人本身改造自然的能力即“人力财富”也同时得到发展。劳动积累和其他财富源泉之间，具有互补关系，没有其他财富源泉，劳动积累无法进行，没有劳动积累，其他财富源泉就不会得到改造和扩充，就没有人类财富的可持续快速涌流。劳动在对其他财富源泉的激活驾驭中，在人本身和在物上的不断积累，是人类财富源泉涌流的基本途径，人类的全部劳动产品财富，都是由此产生和由此涌流的。

二　财富的不同社会堆积形式及其相互关系

（一）国家财产的作用和意义

财富可以有国家财产、集体财产和个人财产等多种社会堆积形式，可以由不同所有者拥有。财产的概念是在财富概念的基础上产生的，是指有归属的财富。当某一特定的财富被界定为属于某人或某些人，这些财富就成为某人或某些人的财产，同时也就形成了各种产权。其中人的知识、技能和健康是个人人力财富的财产存在形式。人力财富天然属于个人，但物质财富并不一定属于个人，它除了有一般社会属性以外，还因归不同人所有而具有多种社会存在形式，可以是个人的，也可以是集体的和国家的，所以需要分别对这些有着不同归属的物质财富做些分析。

广义的国家财产是指一个国家内的一切财富，不论这种财产是国家内部什么机构或个人的；狭义的国家财产是指国家通过政府或国有企业直接占有和支配的财产（包括国家支持的各种非营利组织的财产）。国家财产是综合国力的基础。国家要依靠一定的综合国力才能建立起来、存在下去。而经济实力即创造财富的经济力量是综合国力的基础。因为，国家的存在，要有一套国家机器——国家机构，而国家机构的运转，以及整个国家的运转，即经济建设开展起来，是需要财产支撑的。

从历史看，国家的兴衰，兴旺发达与否，与其经济实力联系极为密切。一个国家（地区）兴旺强盛，根本标志，必定是经济获得了较快的发展，经济实力很强，财产雄厚。实事求是地说，如美国、日本、西欧以及亚洲“四小龙”等，他们之所以综合国力或地区实力强，主要是经济实力较强，经济发展较快，国家或地区财产较雄厚。而一个国家、一个朝代衰败灭亡，除了政治上腐败、反动以外，经济上尤其是在国家财产上，必然是入不敷出，财力衰竭，债台高筑。如国民党政权在垮台之时，“中央政府”财政已不能为继，民财刮尽，物价飞涨，钱如废纸，老百姓穷困潦倒，苦不堪言。

当国家财产由政府控制使用时，就存在政府国家财产；当国家财产由企业控制使用时，就存在企业国家财产。马克思指出，在资本主义市场经济条件下，各种具体资本的分离及其相互竞争过程，是不可能离开国家的“协调”和“监督”的。从这一角度看，资本主义国家及其财产的设置和运用具有两重性，即一方面执行着“由一切社会的性质产生的各种公共事务”的职能；另一方面又执行着“由政府同人民大众相对立而产生的各种特殊职能”①。马克思的这些论述，为我们从实际出发研究如何在社会主义市场经济中，在政府国家财产和企业国家财产的设置和运用时，一方面借鉴资本主义国家协调和管理经济活动的有益经验，另一方面克服这类国家因与人民大众对立而所导致的弊端，提供了重要的思路和指导。

就政府国家财产来说，中国的无产阶级和劳动人民将马克思主义的基本理论与中国的实际相结合争得了革命的胜利，掌握了国家政权，推翻了少数人压迫大多数劳动人民的半封建、半殖民地、半原始资本主义制度，建立了社会主义制度，结束了国家财产与人民大众的根本对立，由劳动人民当家做主的政府掌握了国家财产。这种政府国家财产，也同样存在执行各种公共事务和镇压敌对势力的双重职能。但是，在不同的历史阶段，政府国家财产的这两个方面职能的范围和地位是会有变化的。在阶级矛盾没有激化和趋于妥协的和平时期，与镇压敌对势力相比较而言，公共事物职能具有更重要的意义。

这是因为，中国社会主义国家的人民民主专政是广大人民群众当家做主的社会主义政权，社会主义民主是社会主义制度的本质特点，这种制度决定敌对势力只能是极少数人。在我国，社会生活中大量存在的是人民内部矛盾，正确处理人民内部矛盾主要靠对公共事物的合理管理而不是靠镇压。从人民范围不断扩大的发展趋势看，镇压的范围应越来越小，管理公共事物的范围应越来越大。就我国社会主义市场经济中的国家及财富来说，也像其他实行市场经济的国家一样，需要承担维护市场秩序、提供公共产品、调节经济运行和发展的管理公共事务作用。

① 马克思：《资本论》第3卷，人民出版社1975年版，第432页。

但是，有所不同的是，由于我们的国家是将马克思主义基本理论与中国的实际相结合建立的社会主义国家，政府对国家财产的运用，可以充分承认最广大人民群众在经济建设和社会发展中的主体地位和作用，在执行上述职能时，优先保护的不是少数人的特权利益，而是多数人发展经济和追求幸福的普遍利益；要顺应先进生产力的发展要求，优先保护广大劳动者的劳动创造活动，限制少数人利用对物的占有权对他人和社会劳动成果的无偿占有。

企业国家财产在市场经济中也有很多特殊作用。经验表明，国家充当生产者组建实行生产资料财富国家所有的国有企业，在有良好的管理体制作保障的条件下，是可以有效率的，而且其作用在某些领域是非国有企业难以替代的，效率完全可以不低于甚至高于非国有企业。例如，保卫国家的兵工厂和军队就是如此，现在各国军队使用的武器都是国有财产，大多数国家生产武器的企业都是国有企业，有些国家用非国有企业生产武器，国家也要参与购买和支持。这是符合现代经济结构和战争特点要求的。

但是，并不是组建国有企业和让企业占有国家生产资料越多越好，如果把对国家生产资料的占有扩大到整个社会范围的企业，以致不允许个人拥有生产资料，还会出现妨碍劳动者的自主创业活动，无法形成有效配置经济资源的市场经济体制的不良后果。在竞争性领域，如果不用股份制的办法允许其他所有制成分的资本与企业国家财产混合，则将使国有企业和国有资本丧失很多融资和扩资的渠道和动力。

这是因为，如果在全社会都只允许企业国家财产存在，会使善于独立创业的劳动者（企业家），失去充分发挥其才干的机会，整个经济不能形成优胜劣汰的有效竞争，导致整个国家投资效率的低下。在市场经济中人们存在着各种创业和就业选择的情况下，办一些占有国家生产资料财产的国有企业，这些企业可以在自愿的基础上去招收员工，把那些热心这项企业工作的劳动者吸引到这些企业，这些企业才能取得较大的社会效益和经济效益。用股份制来融资，在很多场合将有利于国有企业利用社会资金，以更快地发展。

所以，让企业占有国家生产资料财产的国有企业，可以在国防企业这样的提供公共产品的企业实行，其他以追求经济效益为首要任务的国有企业，其企业国家财产应该采取股份制的办法和非国有资本混合管理，尽量与包括资本市场在内的各种市场接轨，以便它们可以利用市场资源，用经济效益为主要标准选拔企业领导人和奖励员工。同时，不应把企业国家财产与有其他归属的财富对立起来，在国有企业内部处理好国有产权和个人产权的关系，鼓励个人和各种集体自主创业，允许多种所有制企业并存和相互公平竞争。这样才能人尽其才，物尽其用，使国有企业和非国有企业都充满不断创新发展的生机活力。

（二）集体财产与产权清晰问题

集体财产是归集体成员共同拥有的财富，它存在的基础，是集体存在的必要性。集体可以定义为：为了实现某个特定的目标，两个或两个以上相互作用、相互依赖的个体的组合。集体又可以分为正式集体和非正式集体。集体财产在历史上是在一定的生产力发展水平上产生，并不断随生产力的发展而变化。因为人是社会的动物，总是希望并有可能与他人结成某种紧密的联系，于是某种集体就会从这种联系中产生。有集体存在，当集体中人们都希望共同拥有生产资料从事生产时，就会有集体财产，也就会有集体财产所有权产生。集体财产的作用是通过集体表现出来的。

个人可以有很多理由愿意结成集体。例如，有时为了完成某种特定的目标需要多个人的共同努力，需要集合众人的智慧、力量，如抬重物、伐木、锯木、抢收、在大片土地上赶时间排水、拉纤、为大船划桨、开矿、搭脚手架、敲碎铺路用的石头等。在所有这些工作中，许多人在同一时间、同一地点、以同样方式工作，是绝对必需的。在这种时候，个人就要依赖集体来完成目标。个人也可以有很多理由愿意拥有集体财产，例如，当一台拖拉机就足以满足多个农民的耕地要求时，他们就会集体凑钱购买它和使用它。

不过，多人共同拥有集体财产一起生产，固然有很多优点，但也有它的运作难题，这就是由于在这种集体里，每个人对公有生产资料的所有权是一样的，如果每个人的其他产权不能按照劳动贡献而形成差异的话，就可能会产生人人都想“搭便车”，不愿意多干活的集体惰性病。这里的集体惰性病是指，一个人在集体里工作不如单独一个人工作时更努力。一些研究表明，这种病症在很多集体都存在，因此，拥有一部分集体财产或实行生产资料集体所有制的组织，并不会因为有上面分析过的那些优点，就一定优于只有个人财产的组织，集体财富的运作难题是需要重视和解决的。

导致这种集体惰性病的原因，也许就在于当生产资料所有权对每个集体成员全一样时，又没有其他差异与他们的劳动贡献联系起来，他们就会倾向于认为其他人的劳动贡献可能不如自己大，没有尽到应尽的职责。如果他把别人看作是懒惰或无能的，他可能就会降低自己的努力程度，这样他才会觉得公平。在实行生产资料集体所有制的场合，因为有很多人一起生产，谁也不能独占生产资料增值的结果，在每个人对这种生产资料的责任和利益不清的时候，个人投入与集体产出之间的关系就容易模糊。在这种情况下，个人就会降低他劳动的努力程度，出现“三个和尚没水喝”的现象。换言之，当每个集体成员都认为自己的劳动贡献无法衡量时，集体的效率就会降低。在这种情况下，个人就会降低他劳动的努力程度。换言之，当每个集体成员都认为自己的劳动贡献无法衡量时，集体的效率就会降低。

过去，人们常对马克思倡导的社会主义公有制集体财产有一种偏见，认为马克思设想的未来社会主义公有制，是一种只承认集体利益不承认个人利益的制度。在那种社会，个人的一切都必须服从集体，其中的集体财产是与个人财产对立的，或这样的社会只有集体财产，没有个人财产，个人没有独立于集体的从事经济活动的自由，这是不符合事实的。事实上，马克思从来没有设想过没有个人自由的社会主义，相反，他总是把未来社会称为“自由人的联合体”，并认为在这样的联合体里，“社会化的人，联合起来的生产者，将合理地调节他们和自然之间的物质变换，把它置于他们的共同控制之下，而不让它作为盲目的力量来统治自己；靠消耗最小的力量，在最无愧于和最适合于他们的人类本性的条件下来进行这种物质变换”①。

为了说明集体与个人的关系，马克思还特别区分了“真实的集体”和“虚构的集体”，说明“真实的集体”应是个人自由发展的条件而不是桎梏。他指出，“从前各个个人所结成的那种虚构的集体，总是作为某种独立的东西而使自己与各个个人对立起来；由于这种集体是一个阶级反对另一个阶级的联合，因此对于被支配的阶级来说，它不仅是完全虚构的集体，而且是新的桎梏。在真实的集体的条件下，各个个人在自己的联合中并通过这种联合获得自由……个人是作为个人参加的。它是个人的这样一种联合，这种联合把个人的自由发展和运动的条件置于他们的控制之下”②。也就是说，“真实的集体”认可每个参与者的个人主体性和利益。因此，他曾特别提醒世人：“应当避免重新把‘社会’当作抽象的东西同个人对立起来。”③ 马克思的这些论述，为我们研究集体财产和产权清晰问题提供了重要基础。

在马克思上述理论的基础上，我们可以把集体产权区分为虚构集体产权和真实集体产权。所谓虚构集体产权，是指个人只是在名义上是某个集体共有的生产资料的所有者，但是他却没有如何利用这种所有权为自己服务的明确权利和责任，他多做了劳动贡献，成果要和所有集体成员按与他的劳动贡献基本无关的规则分配，例如按与劳动贡献无关的按劳动时间平均分配；他少做劳动贡献，亏损也可以按与他少做劳动贡献基本无关的规则和所有集体成员分担，例

① 马克思：《资本论》第1卷，人民出版社1972年版，第47页；同上书，第3卷，第926—927页。

② 马克思、恩格斯：《马克思恩格斯全集》第3卷，人民出版社1965年版，第85页。

③ 马克思：《马克思恩格斯全集》第42卷，人民出版社1979年版，第122页。

如，按与少做劳动贡献无关的按等级分配。个人没有让自己及其产权加入和退出集体的选择自由。这种情况下的集体共有产权，对于集体中每个个人来说有虚构的性质，因此可以称为虚构集体产权。

所谓真实集体产权，是指个人不仅在名义上是某个集体共有生产资料的所有者，而且还有如何利用这种产权为自己服务的明确权利和责任，他多做了劳动贡献，可以比其他集体成员多享有产出财富；他少做了劳动贡献，必须自己为这种不良行为承担损失后果。个人有让自己及其财产加入和退出集体的选择自由。这种情况下的集体共有财富，才对集体中的每个个人有真实的意义，所以可以称为真实集体产权。

拥有真实集体产权的集体，则可以称为真实集体。为克服集体财富的运作难题，必须克服人们共同占有生产资料形成的所有权激励约束弱化问题。实际上，集体里除了生产资料所有制产权激励约束以外，还有身份地位等其他产权激励约束。如果在实行集体生产资料所有制，劳动贡献对每个人的集体生产资料所有权差异影响较小时，让劳动贡献差异主要决定身份地位等其他产权差异，那么就可以在相当大的程度上使集体产权关系清晰起来，形成真实集体产权和真实集体，提高集体的生产效率。

（三）个人财产与资本主义私有制的关系

个人物质财富的社会堆积形式是个人财产。长期以来，很多人总是把一切个人产权都与资本主义私有制等同起来，认为个人拥有财产或财产权本身就必然侵害社会利益，就是万恶之源。其实，个人财产或产权，是每个人过上美好生活的保障。人间的种种不幸和罪恶，都不是因个人财产或产权本身引起的。不论人们怎样赞美贫穷，对于一个人来说，你只能是在有了必要的财产以后，才能过上富足文明的生活。个人财产对于每个人的幸福生活，都是必不可少的。我们都知道，没有自己的个人财产，你不仅不能投资创业，连维持自己的生活都很困难，只能挣一个铜板花一个铜板，一旦有灾有难就会拖累社会和他人，甚至陷入难以自拔的困境。

从历史上来看，我国劳动者的个人财产是无产阶级从资产阶级那里争来的，如果个人无产状态很好，那么就没有人会为争取权利去“抛头颅，洒热血”，资产阶级也会毫不吝啬把每个人的劳动所得财产还给每个人。普遍的、个人化的产权与优先保护资产阶级的资本主义私有制，是完全对立的。个人投资、创业本身不是资本主义，放任少数人剥削、压迫广大劳动人民，阻碍广大劳动人民勤劳致富才是资本主义，这个意义上的资本主义私有制正在世界范围内走向没落。

为什么个人要有财产，这要从个人劳动目的的角度看。个人通过劳动得到自己的成果、自己的财产，是劳动者劳动的直接目的。不承认个人可以通过劳动得到自己的财产，是不符合马克思主义的。个人财产是个人存在和权利的基础，也是一个劳动者通过劳动所获得权利的基本经济、物质基础。一个人的基本权利是这个人通过社会劳动才能获得的。劳动成果构成的物质、经济基础成为人的权利的基础。虽然在法律上保护了人权和其他各种权利，但不通过劳动，人仍然没有能力享用、享有这种权利。我们一般不把人权和金钱、财富挂钩，但要和劳动财富挂钩。人的基本权利是人在认识、改造客观世界中获得和建立起来的。

对个人财产的保护，要依赖于个人产权的存在。个人产权是指个人拥有的各种财产权利。由于科斯分别于1937年发表《企业的性质》和1960年发表《社会成本问题》，这两篇文章冲破了新自由主义经济学价格理论不研究产权关系的束缚，用交易成本理论论证了保护个人产权的必要性，促成了新自由主义产权学派的形成，以致被某些人认为是给经济学带来了全新的理论思维视角，掀起了理论分析范式的革命。其实，科斯定理所表达的关于保护个人产权必要性的思想并不新，是历史上很多学者都从不同角度论证过的。

关于保护个人产权必要性最早比较系统的论述，可见于古希腊学者亚里士多德的《政治学》，以后我国汉代历史学家司马迁，法国学者卢梭，英国古典经济学家亚当·斯密、李嘉图等，都对保护私人产权的必要性做过论述。其中英国古典自由主义经济学家虽然已经明确提出了劳动价值论，但他们有关保护个人产权的论述，却不是建立在劳动价值论的基础上的，而是建立在倡导“天赋人权”理论的古典自由主义基础上的。无论是在理论上还是现实中，这些依据天赋人权理论建立的产权理论，都无法从如何有利于生产力发展的角度，对个人产权存在的合理性提供令人信服的解释。马克思的产权理论才是从这个角度提供真正有说服力解释的理论。

需要指出的是，目前国内经济学界对马克思的产权理论存在许多误解。有人孤立地从马克思的某些语录推断说，马克思认为社会主义就是反对个人拥有一切私有产权，要求个人放弃占有生产资料和享乐。例如，他们在引用马克思和恩格斯说过的一句否定私有制的话时，常常不引马克思和恩格斯前面对这段话的意义所作的重要界定，只引这段话的最后一句话，而这段完整的话是：“现代的资产阶级私有制是建筑在阶级对立上面、建筑在一些人对另一些人的剥削上面的生产和产品占有的最后而又最完备的表现。从这个意义上说，共产党人可以用一句话把自己的理论概括起来：

消灭私有制。"① 在我国社会主义市场经济条件下，如果企业家和工人主要不是对立关系而是合作关系，制度可以保证，企业家和工人之间可以在按劳动贡献分配为主和其他生产要素参与分配的原则下分享产出成果，这样形成的个人财产所有权显然与马克思和恩格斯讲的私有制有所不同，并不是消灭的目标。

那种对社会主义的看法忽视了一个最重要的事实，即马克思设想的社会主义反对的不是个人拥有财产本身，而是有人利用这种私人财产对他人劳动成果的无偿占有。因为在马克思看来，这种无偿占有尽管对于封建社会存在的个体小生产来说，是一种进步，但相对于社会化大生产来说，已经不能适合生产力的进一步发展了。也就是说，马克思认为，只有在利用个人产权无偿占有他人劳动成果的意义上，个人财产所有权收益才是相对于劳动者劳动所得收益来说，需要反对的。马克思和恩格斯指出："共产主义并不剥夺任何人占有社会产品的权力，它只是剥夺利用这种占有去奴役他人劳动的权力。"②

马克思运用历史唯物主义观点考察人与人类社会，认为由自然界升华出人类社会的过程，亦是人的生物形态的形成和人的社会形态的形成彼此结合、相互影响的统一过程，这一过程的根本动力和内在机制是劳动的解放。人不同于物的创造性劳动，在人和人类社会的形成和发展过程中具有决定性的意义。劳动者拥有和可以支配的财富、收入、投资、消费及他们的文化素质与经济效率密切相关，把劳动等同于物，总是使劳动者保持贫穷和愚昧，虽然有时可以取得短时期的高效率，但这种效率在各种比例关系失调中无法持久，而且使劳动者受到压制的制度也一定会在受压迫、受剥削者的成长和反抗中改变。因此，按照马克思主义的产权理论，由劳动所得而形成的个人产权不仅不应反对，而且需要保护。对这种个人产权的保护，就是对劳动和劳动所得的保护，就是对劳动者对劳动所得支配权的保护，就是对劳动者积极性、创造性的保护，就是对生产力发展动力根源的保护。

所以，恰恰是马克思的产权理论，从对人与人之间的劳动贡献分析入手，为清晰各种产权，说明消除个人无产状态的必要性提供了最重要的理由，即为保护劳动者的积极性和创造性，需要保护个人的劳动所得权和对劳动所得的支配权，让每个劳动者都能通过劳动享受到自己的劳动果实个人财产，都能运用自己的劳动所得个人财产去创造更多的社会财富。

（四）国家、集体、个人财产的相互关系

国家财产、集体财产和个人财产，都是财富的社会堆积形式。社会财

① 马克思、恩格斯：《马克思恩格斯选集》第1卷，人民出版社1972年版，第265页。

② 马克思、恩格斯：《马克思恩格斯选集》第1卷，人民出版社1972年版，第267页。

富中的国家公共财产，同社会团体集体财产、劳动者个人财产，是辩证统一、相成相辅的，是大河、小河相依的关系。改革开放以前，人们在“左”倾思潮的影响下，把贫穷当作革命的标志、光荣的象征，把富裕视为反动的标志、耻辱的象征。因此“越穷越革命”、“富则变修”的谬论甚嚣尘上，贫穷被道德神圣化了。这种被扭曲了的财富观使我们在国家、集体和个人财产关系的处理上，常有一种把国家、集体财产与个人财产对立起来的倾向，总是认为为了扩大国家和集体财产，就必须限制乃至取消个人财产。这种只强调国家和集体财产重要性而无视个人财产存在必要性，简单地把国家、集体财产等同于个人财产的做法，不仅导致了个人财产贫乏，而且也最终导致了国家和集体财产贫乏，经济发展缓慢。党的十一届三中全会以后，改革开放的一个重大成果，就是从根本上纠正了这种片面的财产关系理念，提出了“贫穷不是社会主义”的重要理念，明确了社会主义的奋斗目标是最终实现共同富裕。①

一个集体，一个国家，一旦绝大多数个人生活贫穷，那么，这个集体、这个国家也就会因大多数人的贫穷而不可能很强大。而国家和集体的不够强大，又反转来导致个人的加速贫穷：贫穷是可以生殖的，个人越是贫穷，很可能导致国家和集体加倍贫穷；国家和集体的加倍贫穷，会生殖出更为贫穷的个人生活。一个国家或集体，光有国家和集体的财产多是不够的。因为，无论是国家还是集体都是由个人组成的。当个人处于贫穷的状况时，远不如当他富裕时有那么多的工作选择和生活选择，也就是说他的工作和生活，都可能没有达到可以让他充分发挥、开发和保护好他的人力财富的程度。

从三种财产的关系来看，我们所追求的“共同富裕”，不应是只有单一、片面的国家财产和集体财产的共同富裕，而应是融进个人财产，实现了国家、集体和个人利益兼顾和结合的共同富裕。即我们追求的共同富裕，就是国家富裕、集体富裕和个人富裕并存的共同富裕。或者说，为了实现共同富裕，我们对所有三种财产都不能舍弃，而是要同时追求，以创造、实现国家、集体和个人财产的共同繁荣。改革开放以来，正因为我们事实上这样处理了三种财产的关系，才有效激励了全国人民的财富创造活动，使广大人民有了为民族的世纪性复兴奋斗的强大动力和能力。

如果国家和集体的行为真正成为创造和维护所有个人财产的行为，那么，国家和集体对个人的激励功能也就获得了最成功效果，国家和集体财产也就会因此壮大起来。过去我国有一种习惯性做法，即要求在处理国家、集体和个人

① 邓小平：《邓小平文选》第3卷，人民出版社1993年版，第64、225、373页。

财富关系时，个人必须无权保护自己的财产，凡事“必须服从”国家和集体。这样做在限制个人财产的同时，也使国家和集体财富的增长受到了很大局限。因此，寻求三种财富的最佳兼顾和结合，首先必须贯彻兼顾和结合原则。这种原则的基本精神应是，即无论是个人，还是国家与集体，其追求自身财产扩大的行为与结果，要尽可能以不损害、阻碍他者（个人、集体、国家）的财产为前提，并以促进他者的财产的扩大为目标。

具体地讲，任何一个行为，无论是个人行为还是国家和集体行为，必须要以他者的财富是否受损为参照，既要看其行为发动的动机是否应当，也要看其行为本身是否正当，同时更要看其行为的结果是否正义。如果其行为的动机不是损害他者的，行为本身没有损害他者，并且其行为结果也没有损害他者，那么这一财产行为就是兼顾和结合的，并符合兼顾和结合原则。例如，在洪水对国家和较多集体构成威胁时，需要放洪淹掉少数个人和集体的财产以排水，就不能简单地认为这些少数人的财产被牺牲是理所当然的，而要认为对于他们为国家和其他集体所放弃的财产，国家和其他集体应以某种方式给以补偿和奖励。这才是三者财产的兼顾和结合，这样也才有利于鼓励个人更多地做有利于国家和集体的事情，有利于国家和集体财产的扩大。

兼顾和结合原则既应该成为处理三种财产关系的基本原则，也应该构成我国社会主义市场经济中个人、集体和国家财产关系行为与社会行为的共同基础。一旦当个人、集体和国家的财富行为有了这样一个共同的基础，个人与国家和集体财产之间潜伏的矛盾与对立，也就完全可以转化成为一种源源不断的、不断增值与升腾的、充满永不枯竭的活力的统一力量，推动社会主义市场经济快速发展。

之所以把个人财富也列在共同基础之中，是因为一切国家和集体财产都是个人共同创造的结果，因而，一切国家和集体财产，都是从所有劳动成员的个人财产部分提取的整体形态。所以，对任何形式的国家和集体财产的追求，都不可能是无边界的，一旦对某种国家和集体财富的追求形成了无边界性，那么，这种对国家或集体财产的追求也就会造成对无数的个人财产的绝对损害与侵犯。比如，一家企业如果规定每个职工都只能得到最低限度的生存工资，每天工作16小时，以扩大集体的共同财产，结果虽然集体财产很多，但每个人都很贫穷，健康水平和受教育水平都很低，就是对集体财产的追求损害了集体中每个人的个人财产。

现实中，在国家或集体的财产只能是由某些个人控制和使用的情况下，常形成对个人财产的剥夺和取消。在许多国家或集体的组织机构里，侵犯个人财产的最常见形式是“国家或集体决定”，所谓“国家或集体决定”，实际上成为掌握“国家或集体”财产的少数个人的意志的体现。“国家或集体决定”之所以有如此侵犯力，就在于人们把“国家或集体”看成是一个凌驾于所有个体成员之上的财产主体，就在于它是以一个本来不存在的财产主体的方式在从事财产活动。所以，这里的“国家或集体决定”，就意味着某些个人“具有以任何他所喜欢的方式来处置其他人的财产”的特权。

所以，个人、集体和国家财产之间的边界与限度，不应该由单方面来决定，比如不能单方面地由政府、集体、单位来决定，如果是这样的话，往往就会形成国家或集体的本位主义，其结果是在直接损害和侵犯个人财产的同时，也会间接损害国家和集体的长远利益。国家、集体和个人财产追求中的明确限度和边界，应该由个人和国家、集体（比如说企业、组织、政府）本着结合与兼顾原则，通过协商共同约定。这里所论证的个人财产与国家和集体财产结合与兼顾原则，同样适用于小的集体财产和大的集体财产之间，如企业财产和国家财产之间。

人的存在需要形成了人的生存展开的群化现实，人的生存展开的群化现实，才是产生国家和集体的人本基础，才构成了国家、集体和个人财产的内在凝聚力或外向的离散力。所以，无论是个人，还是集体与国家，都是实实在在的财产权利体，都以其财产权利作为其存在的灵魂和得以存在的根本理由。个人、集体和国家之间各自的财产权利的相向要求性，构成了最为现实也是最为具体的财产权利关系，这种财产权利关系是否可以兼顾和结合，最主要的不是由个人对财产权利的保持与维护的度决定的，而是由国家、集体对社会化的财产的整体考虑与意向来确立的。

因为，国家和集体拥有社会的公共权力，这种对社会公共权力的拥有事实本身就形成了它的独特的社会地位：它是社会构成中最强势的力量，相对集体而言，所有的个体成员都是弱势成员；相对国家而言，所有的集体都是弱势群体。因而，要确立起国家、集体和个人财产的兼顾与结合，必须对掌握国家机器和集体权力的群体（政府官员和企业家群体）的财产边界做出合理的界定。如果政府官员和企业家的财产权利得不到清晰的界定，将有可能形成政府官员和企业家利用手中的公共权力而把自己的财产权利无限扩张开去，导致整个社会的国家、集体和个人财产关系，滑向不能兼顾和结合的状态，从损害无公共权力个人的财产开始，最后也会损害到各个企业和整个国家的财富增长。

三　适合科学发展的财富分配

（一）财富分配要以财富创造为基础

广大劳动者劳动生产创造的财富，直接决定着经济的科学发展水平和财富分配规模。只有广大劳动者生产创造出的财富多，国家才能集聚较多的财富；只有劳动者生产创造的财富不断增长，财富分配的规模才能不断扩大。

可分配的劳动产品财富是劳动者生产创造出的财富集聚，分配财富首先要生产创造财富，不生产创造财富，便没有国家财富分配的来源。荀子曾说："田野具鄙者，财之本也。"① 即田野里有农民耕种，财富分配就有了财源，反之，没人种田，便没有财源。桑弘羊指出："工不出，则农用乏；商不出，则宝货绝；农用乏，则谷不殖；宝货绝，则财用匮。"② 意即工匠不生产，农业用品就缺乏；商人不经营，金银、货币的来源就会断绝；农业用品缺乏，粮食产量就不能增加；金银、货币没有来源，财富收入就匮乏。古人的这些论述，已说明了财富分配与财富创造的关系。

财富的分配要有财源，不创造财富，财富分配就会成为无源之水。所以财富分配不能光凭人们对已有各种生产要素的主观评价，让财富在非劳动生产要素多的人手中聚集就行了，最重要的是要把财富配置给可以用劳动运用它们创造出更多财富的人手中。不注重发展经济，只片面地在人们主观评价的公平和效用上打算盘的静态财富分配方法，是不可能有财富大幅增加的。不让劳动者主要根据劳动贡献得到财富，不提倡创造财富并在创造财富的条件下为改善物质生活而奋斗，人们创造财富的活动就会失去目的，长此以往人们创造财富的动力就会被削弱，财富的来源就会减少。例如，在早期资本主义国家，工人还没有团结起来建立工会和工党，资产者可以养尊处优，不劳而获、少劳多获，很多游手好闲的富人单凭非劳动生产要素所有权就可以把一切利润财富攫为已有，就因导致工人阶级没有创造财富的积极性和主动性而难以为继，不得不在财富制度上向工人阶级做出了很多重大让步。

财富分配的来源要充足，必须让每个人尽可能按他对社会的劳动贡献分配到他的收入。因为，人类财富的增加不能只靠自然的恩赐，而要靠劳动产品财富的增加，劳动产品财富不是从天上掉下来的馅饼，必须有人创造出来，才谈

---

① 荀况：《荀子·富国》。

② 桑弘羊：《盐铁论·本议》。

得上分配，没有财富，就谈不上分配，谈分配也只是“空头支票”，没有任何意义。财富分配是建立在财富创造基础之上的。很多古人曾产生过“均贫富”的思想，为何不能实现？其中一个重要原因就是这种做法不能鼓励人们创造财富。马克思以前的社会主义者提出了人们平等共享国家的美好愿望，但他们设想的办法都因为没有促成人们大力创造财富的动力基础而落空了。我国 20 世纪 50 年代试图提前进入共产主义，搞按需分配，也造成了财富的匮乏。邓小平指出：“按需分配要物资的极大丰富，难道一个贫穷的社会能够按需分配？”又说：“没有生产力的极大发达，没有物质产品的极大丰富，怎么搞按需分配？”① 这些都说明，创造财富是分配财富的来源，不能激发劳动者创造财富积极性的分配，必然损害所有人的财富。

物质资料的生产是人类社会存在的基础。人类要生存和生活就必须进行物质资料的生产，以满足自己衣食住行等各方面的需要。人类社会要不断发展，生产过程也就必须不断更新、不断重复。因此，财富的生产创造，在任何社会都是社会再生产。马克思指出：“不管生产过程的社会形式怎样，它必须是连续不断的，或者说必须周而复始地经过同样一些阶段。一个社会不能停止消费，同样，它也不能停止生产。因此，每一个社会生产过程，从经常的联系和它不断更新来看，同时也就是再生产过程。”② 再生产过程包括生产、分配、交换、消费四个环节，随着社会的发展，虽然社会再生产过程又具体分为工业、农业、交通运输、商业、外贸、财政金融以及各种服务性活动，但它们仍包括在再生产的四个环节之中。

在社会再生产的四个环节中，生产表现为起点，消费表现为终点，分配和交换表现为中间环节。作为起点的生产，也即创造财富的劳动，在整个社会再生产过程中处于主导地位，它对社会再生产的其他环节起着决定作用。因为只有进行生产，创造出物质资料，才能进行分配和交换，也才能进行消费。没有生产创造劳动，则其他环节的活动就不能进行。马克思指出：“一定的生产决定一定的消费、分配、交换和这些不同要素相互间的一定关系。”③ 同时，生产创造财富的社会性质、发展规模和水平也决定着分配、交换和消费的性质、规模和形式。因此，创造财富是财富分配、交换和消费的前提条件，是关键、是基础。因此，任何一个社会，任何一个国家要想增加财富，都不能压制和削弱劳动者创造财富的积极性和主动性，而必须鼓励和支持劳动者创造财富。在

---

① 邓小平：《邓小平文选》第 3 卷，人民出版社 1993 年版，第 254、228 页。

② 马克思：《马克思恩格斯全集》第 23 卷，人民出版社 1972 年版，第 621 页。

③ 马克思：《马克思恩格斯全集》第 2 卷，人民出版社 1956 年版，第 102 页。

贯彻落实科学发展观的过程中，抛开各种意识形态干扰，把财富分配与财富创造联系起来，让财富分配真正起到支持、鼓励财富创造的积极作用。

（二）高素质劳动者仍需要以劳动贡献参与财富分配

经济的科学发展有赖于劳动者素质的提高。这些素质从一定意义讲，可以和工具的作用相比拟，所以一些经济学家就转而把财富的快速增长和经济的科学发展说成是由脱离劳动的这些素质创造的，出现了很多把这些素质称为“资本”的概念，如智力资本、技术资本、知识资本、人力资本等。

这些有关资本的概念及与之相关的理论，强调了人的素质及对人的素质进行物质投入，对于财富创造和经济科学发展的重要性，这是值得借鉴的，但它们没有表明这些素质只有在劳动中才能获得，在劳动中才能发挥创造财富的作用。我们研究适合科学发展的财富分配，在吸取这些理论中合理因素的同时要着重指出，人的素质和人力素质投资固然十分重要，但它们创造财富、促进科学发展的作用最终必须表现在劳动贡献上。

在我国改革开放以前，不能说我们国家的人全都没有自主劳动的高素质，其实那时很多人也有自主劳动的高素质，很想自己去干一些自己想干的事业，但由于体制的原因，他们的这种高素质无法发挥出来，所以人们的财富创造才不够多。改革开放以后，同样还是那些人，由于人们自主劳动素质变成了自主劳动行为，每天都有成千上万的人以进城打工、停薪留职或辞职等方式加入了寻求发挥自主劳动的行列。从知名度很高的电影明星、劳动模范、知识精英，到默默无闻的农民工、城市居民、政府职员，他们各怀雄心壮志、义无反顾地走上了自我奋斗的道路，人们创造和得到的财富才不断增加了。

现在，有人把高素质看成是少数“人力资本”或“人才”先天具有的才能，认为大多数劳动者都不可能具有。其实，对于一般人来说，先天的资质远没有后天的学习重要。科学泰斗爱因斯坦因创立划时代的相对论而享誉全球，在一般人看来，爱因斯坦一定是个“天才”，脑袋特别发达，与众不同。为了揭示爱因斯坦脑袋的奥秘，美国病理学家玛姆斯·哈维博士在爱因斯坦逝世后，征得他家属的同意，对爱因斯坦的大脑进行了长达20年的解剖、研究，结论是：他的大脑既不比常人大，也不比别人重，至于组织上的变化，也未超出正常范围，脑细胞的数量和结构，也与同龄人没有什么两样。只是他脑细胞上的轴突比常人高一些，颜色也显得深一些，这种现象表明他生前脑细胞的运动频率相当高，也就是说，他是一个勤于思考的人①。由此可以看出，爱因斯

① 参阅陈文安主编《创新工程学》，立信会计出版社2000年版，第13页。

坦之所以能具有高素质，在科学上做出巨大的创造性贡献，主要不是靠天赋，而是靠勤奋，即靠勤于思考、勤于学习、勤于工作的后天努力。

还有些人把素质等同于文凭、学历，认为只要人的学历高，知识多，财富就自然可以被创造出来，企业就自然可以迅速成长，至于人们的素质是否在劳动中发挥了出来则根本不予考虑。实际上，这种观念是十分片面的。高素质对于财富创造来说固然十分重要，但毕竟还需要劳动来实施。如果不能尊重劳动的主体作用，让劳动者充分发挥出主体作用，光有所谓“高素质”还是不可能创造出任何财富的。

就我国目前企业的情况看，大都愿用那些学历高的员工，这是人之常情，可以理解。但应该看到，对于劳动者的劳动绩效而言，高学历只是决定因素之一，劳动者能不能在工作中发挥出好的主体作用，则是一个更重要的决定因素。因为一般人的先天智力差异并不大，爱好是最好的老师，只要有爱好，原本学历低的劳动者是可以通过在干中学提高自己的素质的。那些在学历、政治条件等方面相对而言存在劣势的人，或者年龄大一些的人，或者手慢一点、脑子笨一些、劳动技能差一些的人，并不一定是企业的累赘，只要他们真正愿意从事他们的工作，感觉到自己是工作的主体，他们就可能成长为高素质的人才。

一些只重视学历的人在讨论收入分配问题时通常认为，人们的劳动只不过是和物一样的一种自然力，和物之间无所谓主体客体之分，都是因为人们的素质不同，才导致了人们创造收入的不同，所以不必用劳动发挥主体作用做出贡献决定收入差异，只用人的素质来决定他们的收入差异就行了。但问题是，怎么来确定人的素质高低呢？人们素质的不同不还是要用他们的劳动发挥主体作用做出贡献的不同来体现吗？

一些只重视学历的人还经常说，劳动的主体作用对于高素质的人很容易，所以不必提劳动，只提素质决定贡献和收入就可以了。但既然很容易为什么不做呢？或为什么做不出来呢？让高素质的人做出高劳动贡献再得高收入又有什么不好呢？光说自己有高素质，但又做不出高劳动贡献，这样的高素质算数吗？有用吗？“台上一分钟，台下十年功”，那一分钟的劳动贡献，不是十年辛勤劳动带来的吗？光说有“十年功”，不去表现那“一分钟”，那“十年功”不是白费了吗？而只要按这“一分钟”的劳动贡献决定收入分配，“十年功”的素质也就自然可以得到奖励了。所以从有利于科学发展的角度看问题，决定收入分配的最根本的依据应是人的劳动贡献，而不应是不表现为劳动贡献的人的素质。虽然合法的劳动收入和合法的非劳动收入都应当保护，还是要把劳动贡献收入放到突出地位，给以更多的鼓励。

（三）财产所有者可以有财产所有权收入，但也可以有劳动贡献收入

经济的科学发展必须借助越来越多的新工具。虽然人本身的能力也可以是一种工具，但人们劳动还是要有物质生产工具的。人在各种劳动中的能力的提高，一方面要依靠提高自己的素质，另一方面要依靠新工具。人民有了自己的财产才能更加积极主动地使用越来越多的新工具。为了每个人都能为经济的科学发展做出更多的贡献，不能让每个人都只用双手来劳动，必须使他们拥有足够多的财产以便能使用工具来劳动。

我们并不否认，拥有大量财产的人，有可能凭借财产所有权侵占别人的劳动成果，但是，在现代市场经济条件下，拥有财产的人如果什么都不做，单凭财产所有权只能保留其财产的原有价值也是事实。我们不能因为拥有大量财产的人有可能凭借其财产所有权侵占别人劳动成果，就否认他们利用其财产，即使不侵占别人劳动成果，也能凭借自己的劳动贡献增加其财产价值的事实，以及他们劳动贡献大小，对于他们财产增值大小有重要决定作用的事实。也就是说，在市场经济条件下，同样有一定财产的人，因劳动贡献的不同，其收入是可以有很大不同的。这种纯由财产所有者劳动贡献得到的收入，应归为劳动贡献收入，虽然它们表现为财产所有权收入，并且有时确实和用财产所有权得到的剥削收入混在一起。

显然，我们不能因为财产较多的人有可能凭借其财产所有权侵占别人劳动成果，就规定他们的财产只能用于消费，不能用于生产；人人都只能做雇员，不能做雇主；人人都只能作为无产者工作，不能自己运用劳动增值自己的财产。这种因噎废食的做法，必然使越来越多有财产的人，失去运用自己财产创造社会财富的机会，使大量的财富处于闲置状态，使大量自主劳动无法发挥，不利于社会财富的增长。

下面，我们将撇开财产所有者凭借其财产所有权可能得到的剥削收入，将其表现为财产所有权收入的因自己劳动贡献得到的收入，定义为财产所有者的劳动贡献收入，对三类不同财产所有者运用他们的财产可以得到的劳动贡献收入做些分析。

1. 储蓄者的劳动贡献收入

储蓄的具体含义是把手中暂时剩余的钱财，存放到银行生息，它是财产所有者把货币资金使用权暂时让渡给银行的一种投资信用行为。储蓄是古老的财产运用方式，也是最常见的财产运用方式。说它是古老的财产运用方式，因为自从有了货币、银行以来，就有了这种财产运用活动。并且这种活动的动机是最原始、最单纯的。存钱首先是为了应不时之需，牺牲当前消费而用于未来消

费，与古代社会“积谷防饥”的思想是一脉相承的。

储蓄在现代社会还有一个重要功能，那就是为投资创业做好资金准备。由于储蓄有较强的流动性，一旦有较好的投资机会，便可迅速、方便地将储蓄转为投资。常言道“由俭入奢易，由奢入俭难”，在你收入中拿出一部分来储蓄，总比事到临头仓促筹资要从容得多。

储蓄不仅是一种勤俭节约，缩减当前消费的行为，可以为投资创业做准备，而且要在储蓄中多获得利息，还需要储蓄者花费一定的体力和智力劳动。消费过度或储蓄过度，都不是健康的财产运用方法。在进行消费、储蓄决策时，必须掌握储蓄的额度，以保证消费储蓄两不误。

目前我国的储蓄机构众多，各储蓄机构的储蓄种类、利率相似，似乎到哪儿储蓄差别不大，储户选择余地也很小。其实并不尽然。各储蓄所的经济实力、破产风险、营业时间、规模、远近及采用设备、工作效益和服务态度还是有差别的，而且，随着我国银行市场化改革的进程和外资银行的涌入，这些差别还会加大。选择经济实力较强、破产风险较小、离家较近、存取方便、营业时间长、服务态度好的储蓄机构，才能达到较好的储蓄效果。

我国的《储蓄管理条例》规定，定期储蓄利率一律以存入时的利率为标准进行计息。存期内无论利率是上调还是下调，都不再对已存款项的利率进行相应的调整。所以储蓄者必须准确掌握利率走势，在利率调高时参入储蓄才能得到更多的利息。

由此可见，只有财产所有者储蓄存款的原有价值本金，才应看作是财产所有者的财产所有权收入，财产所有者的储蓄利息，应看作是对他少消费的机会成本的补偿、对社会贡献投资准备资金的奖励和利用体力和智力运用财产的报酬，因此，是一种财产所有者的劳动贡献收入。

2. 投资者的劳动贡献收入

在广义上，储蓄者和投资办厂的实业家也应称为投资者，但这里的投资者是在狭义上讲的，是指冒较大风险运用资金的人，如从事股票、期货、房地产、收藏、外汇等投资活动的人，他们通常要比储蓄者付出更大的劳动贡献才能得到收入，但不必像实业家那样从事很多经营管理劳动。

有人认为，财产所有者的资金运用活动不重要，财产所有者的收入增值都是他们凭财产所有权得到的财产收入，这种说法就像说用铁锹铲土得到的收入是铁锹收入一样不合理，铁锹只能转移旧价值，新增价值是劳动者运用铁锹用较高效率的劳动创造的。请问：你只花费很少的劳动把资金储蓄到银行，银行会把别人运用资本可以创造的东西全都作为利息给你吗？银行自己不要赚钱吗？从银行借到贷款的股东或实业家可以把股息或利润都作为资本的贡献全数交给储蓄者和银行吗？货币会30年不贬值吗？如果这些在现代市场经济条件下都不可能，又怎么能说财产所有者的收入，全是靠财产所有权得到的呢？

以股票投资为例，就是很需要财产所有者花费劳动贡献的。股市风云变幻，牛往熊来，涨跌交替，但又年年不同。“行情年年有，股市岁岁新”，这是股市投资者的共同感叹。股市的特点一年不同一年，使不少资深人士都大跌眼镜。

股票的交易价格在很大程度上由企业当前的总价值决定，这个总价值不仅仅涵盖了诸如机器设备和不动产等有形资产，而且还包括了无形价值：老顾客群、订货状况、产品思路、产品销路和预期盈利以及未来的市场前景。这些无形资产当然就更加难以估算了，因为它们都是建立在预测的基础之上。

除了有形资产和无形资产以外，还有一些难以估算的因素：市场的需求。目前某一个行业或者某一只股票的受欢迎程度如何？有价证券当前的吸引力有多大？一种行业或者一个企业，如果“过时了”的话，就必须将股票以远远低于它的实际价值的价格抛售出去。关于一个国家的某一种行业或是一个公司的发展状况的不良谣言，也会造成股市下跌。此外，还有一些因素也会使整个股市发生动荡，主要有两种：资金数量和投资者的心理。

用于股票投资的可供支配的资金数量与储蓄利率是紧密相连的。简单来说，利率越高，“安全的”投资对投资者来说也就更具吸引力。因此，可供股票投资使用的资金就很少了。这种情况将压低股市行情。反之，利率低了，由于缺少别的选择，所以，流入股市的资金也就多了，股市便上升。除了资金数量以外，如果再对交易状况有一种乐观的判断（即投资者的心理），那么市场将会朝着一个有利的方向发展。所以，股市行情总要受到一种感情因素的影响，这种感情因素会引起股票市场上短期的强烈震荡。

由此可见，从事股票投资并不意味着一定能在股市投资中赚钱。一些研究表明，在股票市场上获利的人仅占投资者总数的10%以下，巨大的投资风险使投资行为失败成为市场中的普遍现象。要想从股票投资中得到收入，财产所有者必须花费劳动贡献承担投资风险，面对可能失败，准备应付因种种偶然因素把以前劳动成果损失掉的惨痛后果。

3. 实业家的劳动贡献收入

这里的实业家是指，自己投资办厂，从事各种实业经营管理的劳动者。他们与企业家不同的地方是，他们同时必须是投资者，承担着企业的投资风险。他们和资本主义国家的资本家不同的地方是，他们不是事实上单方控制政府和社会的统治阶级，而是政治上和其他社会阶层具有同等地位的劳动者。

在人们的心目中，往往把实业家与资本主义社会的资本家相等同，把实业家的经营劳动收入与剥削活动收入相等同。但事实上，我国社会主义市场经济条件下的实业家和资本主义社会的资本家的经济地位虽然有相似之处，但政治地位和社会关系却有很大的不同，他们是作为劳动者和其他社会成员交往合作的，并没有取得单方控制政府和社会的统治地位。在我国社会主义市场经济中，他们的经营活动并不等同于剥削，其中也包含对于我国经济的科学发展至关重要的劳动贡献。

现代经济的科学发展要通过企业来推动，实业家则是各种企业的创办者，他们为了创办企业，必须花费劳动贡献，把人、财、物结合起来，以生产出为社会所需要的产品。这种劳动贡献，是应该和可以获得收入的。投资办实业是需要资金的，你拥有的资金越多，可选择余地就越大，成功的机会也就越多。因此，为了开办企业，实业家必须准备一笔启动资金。如果没有资金，一切就无从谈起。资金的来源可以通过各种渠道筹划，如自有资金、集资、贷款以及与别人合伙等。启动资金越充分越好。这是因为经营启动后可能会遇到资金周转困难的情况。特别是刚开始经商，这种可能性更大。如果准备资金不到位，就可能因一笔微不足道的资金，弄垮他刚刚起步的事业。因此，实业家必须花费劳动贡献充分考虑开业资金的筹措，适时、适量、适度地储备和使用，做好资金使用的统筹安排，力求把风险降到最低程度。

除了资金以外，实业家在创业中还需要花费劳动贡献去发现和雇用其他人，寻找同事和合作伙伴。一位实业家必须具备吸引别人的能力，并能激起别人对他的项目的兴趣。如果他找不到对此感兴趣的人，那他就不得不自己做这项工作了，如果他自己硬撑的话，可能就有劳累过度的危险。实业家组织合作伙伴的劳动贡献很多，比如扩大了就业，让很多劳动者有了施展自己才华和得到收入的机会，使他们的分工合作创造出单独个人劳动不可能创造的那样多的财富。实业家从事组织劳动的贡献和收入，是应该肯定的。

创办企业以后，要使企业中的多人劳动比他们个人的单个劳动创造更大的价值，实业家还需要花费劳动贡献去做决策和监督决策的贯彻实施。为了创造更多财富，实业家必须不断发动变革、寻求机遇。他们要花费劳动通过大量调查和思考确定未来前景和企业的前进方向，然后他们要把自己的意见与其他人交流以求得出更完善的目标，并带领其他人克服障碍达到这一目标。对于决策劳动在企业创造财富中的作用，很多学者都做过专门研究，其中美国俄亥俄州立大学的学者们的研究就很有代表性。他们收集了大量的资料，开始时把实业家的决策劳动的影响列出了1000多项，最后则归纳出了两大类：称之为目标维度和关怀维度。

目标维度（initiating structure）是指实业家要界定自己的和企业的任务，

以建立和完成整个企业的目标。它包括设立工作、工作关系和实现目标的行为。具有高目标维度的实业家要向企业成员分派具体任务，要求员工追求高的工作绩效标准，并强调工作要在适当的最后期限以内完成。

关怀维度（consideration）是指实业家要尊重和关怀下属的看法和情感，要建立与下属相互信任的工作关系。具有高关怀维度的管理者要帮助下属解决个人问题，他友善而平易近人，公平对待每一个下属，并对下属的生活、健康、地位和满意度等问题十分关心。

他们以这些概念为基础进行的大量研究发现，具有目标和关怀维度均高特点的实业家（“高—高”管理者）的决策劳动，常能使下属取得高工作绩效和高满意度，创造出更大的财富和取得更多的收入。①

（四）财富分配需要有利于社会和谐稳定

社会和谐稳定是经济科学发展的必要条件，因为财富创造是需要秩序和规则的。我们每个人都是工作、生活在社会中的人，任何人都是个体人和社会人的统一体。个体人就是个人，就是自我和本我，是可以自主劳动的生命个体。社会人则是指按社会要求塑造出来的人，是一种工作、生活在人群（社会）中的人。在现代社会，任何个人都无法脱离群体和社会而独立生活、独立创造财富，所以每个人必须摒弃一些不适合社会的思想和言行，根据社会财富创造和分配的总体需要，培养自己适应社会的能力。否则，他的财富创造和获取活动，就可能是只对自己有利、对他人和社会不利的，从而难以在社会上立足。为社会所容的个体财富创造和获取活动少，人们把大部分时间和精力都放在你抢我夺、相互争斗上，社会总体创造和可以分配的财富也会随之减少。因此，不仅每个劳动者的劳动及其运用的非劳动生产要素对财富创造有重要影响，而且社会和谐稳定也对财富创造有重要影响。

有人说，一个国家的财富都是由少数企业家（或称“人力资本”）创造的，只有他们才有创新能力，其他劳动者都是只能和物一样发出某种自然力的“劳动”。为促进效率的提高和经济的发展，必须尽力压低劳动者收入，把一切新增价值尽量集中归少数企业家所有，以便他们在可以得到全部利润的激励下积极工作。如果企业家不可能得到全部利润，就会没有公平感，不能把所有能力都发挥出来，而别人分享利润都是没用的，这是不符合实际的。

事实上，一个人的财产只有在他可以独立使用和支配的情况下，自己对其

① 参阅斯蒂芬·罗宾斯《组织行为学》，李原译，中国人民大学出版社 1997 年版，第 321—322 页。

所有权及成果的独占才会比较有效率，例如，一个人有一台机器自己使用，他可以作为完全的所有者工作，除因要占用社会资源缴税以外，收入可以全归自己，多劳多得一般确实可以比较有效率。但是，如果一个人有一万台机器，他就不可能完全由自己使用和支配了，而必须和很多人一起使用和支配这些机器。这时，不能完全由自己使用和支配的所有权已经不是完整意义上的所有权了。在他无法独自使用和支配其机器的情况下，让他依靠政府强权的保护，自己独占很多人和他一起合作产生的产出成果，效率必然会因其他人没有积极性而低下。让他与其他人按劳动贡献分享所有权和产出成果，才是更有效率的。

当然，为了保护个人创业的积极性和生产的延续性，不必把事实上成为社会财产的私营企业收归公有，而是可以通过以市场交换为基础机制的多种机制的调节，让它"私产公用"，以符合社会和各相关劳动者利益的方式运行和发展。在社会化大生产的情况下，最初创办企业的个人所有者根本就不可能作为完全意义的所有者发挥作用，他事实上也是必须代表企业中很多人和社会的利益在工作，不然的话，他的企业就会因遭到社会和他人的反对而垮台。"谁投资，谁所有"，不等于"谁投资，谁独占"。如果投资收益不是投资者一个人创造的，他就必须和社会及他人一起分享产出成果。

从各国财富创造和财富分配的关系来看，各发达国家创造的财富较多，收入分配的基尼系数都是比较低的，贫富差距普遍较小；城乡之间基本没有太大差别，很多富人反而住在乡村。相反，那些贫富悬殊，存在大量穷人的资本主义国家至今都是一些发展中国家，并没有发展起来。这说明，一个国家的财富创造水平和一个国家的体育运动水平一样，单靠少数人不可能有大的发展，只有劳动者的素质普遍提高了，积极性、创造性普遍被调动起来以后，才会有大的和可持续的发展。

例如，我国在20世纪80年代，曾有一个跳高运动员多次打破世界纪录，但他的成绩由于没有带动起广大群众对跳高运动的积极参与，所以他退役后中国的整体跳高水平并没有实质性的提高。可见，有少数几个高水平跳高运动员，并不能说明中国跳高的整体水平是高的。而我国乒乓球水平之所以长盛不衰，就是因为有群众基础，很多人都有很高水平，以至于人才辈出。一个世界冠军退役后，马上可以出现新的领军人物和世界冠军。这才说明，中国的这项运动是真正发展起来了，是发达的。中国经济的科学发展，也必须有创造财富的高素质人才辈出的局面。

同时，在一个较为稳定的社会环境下，人们才能把主要精力花在财富创造而不是相互争斗上，才会有财富的较快增长。在一个社会里，人们的能力和偏好是有很多差异的，这些差异对于财富创造来说，虽然可能作用大小是不同的，但往往又是相辅相成、相互依赖的。要使人们创造财富的能力得到最好的发挥，必须在社会里建立一种以市场机制为基础、其他机制为补充的层级结构，并制定相应的标准、规范，形成纵向、横向流动畅通的网络体系，从而构成人与人之间的相对协调、稳定的相互关系，使所有社会成员都可以按照自己的偏好、素质和能力，找到自己在这个网络上的适当位置。

处于社会上不同层次的不同职位，对劳动者素质能力的要求差别很大。领导层要求很强的决策能力和丰富的管理知识；管理层要求很强的管理能力和一定的决策能力；监督层要求较强的管理能力和丰富的操作知识；而操作层则要求很强的操作知识和能力。由于这些层级上的职位都是财富创造不可缺少的，他们创造财富的作用是很难比较的，为使社会保持稳定和谐，各层次位置上的财富分配差距不应过于悬殊。

俗话说，“每一个成功男人的背后总有一个支持他的女人”、“每一个成功女人的背后总有一个支持她的男人”，为了更有利于财富创造，我们在财富分配中，既要实行按劳动贡献分配为主，鼓励那个“成功的男人”或“成功的女人”，也要考虑非劳动生产要素和社会伦理因素，保障那个“支持他的女人”或“支持她的男人”的利益和发展。

每个劳动者与各种职位和财富分配的对应关系，不应是一劳永逸、一成不变的。随着时间的推移，事业的发展，各个职位及其要求在不断变化，人们的偏好、素质、能力和劳动绩效也在不断变化。因此，应建立每个劳动者与各种职位和收入关系中的能上能下机制。一个人素质能力和劳动绩效相形见绌了，他的职位和收入应有顺畅的机制下调；一个人素质能力和劳动绩效提高很快，他的职位和收入应有顺畅的机制上调，这样才能更好发挥人力发展社会稳定对财富创造的积极作用。

四　财富观问题探讨

（一）社会主义财富观的形成和特点

中国的经济发展必须依靠中国广大劳动者的财富创造劳动，劳动者的财富创造劳动又要受一定财富观的支配。财富观是人们对财富的一般看法，不同的时代、不同的社会和不同的社会人群有不同的财富观。财富观不是脱离历史发展的一种抽象的观念，而是经济基础的反映。同时，财富观作为经济基础之上的一种思想观念，又同其他思想观念（政治观念、法律观念等）交互发生作用。因此，如何在历史唯物主义的基础上，从发生学的观点，从经济和观念的辩证关系的观点，从各种意识形态相互影响的观点，科学地而不是臆测地论述社会主义财富观，是我国财富理论应当讨论的一个重要内容。

从历史发展的长河来看，人类财富观的发展，经历了不同的阶段，有着不同的历史类型，经过了一个从全民财富观到阶级财富观，最后又向全民财富观过渡的历程。财富理论应通过考察人类历史上各种财富观的演变，揭示财富观的社会本质，探索财富观的必然发展规律。不仅如此，我国马克思主义的财富理论还应在研究人类财富观发生、发展和演变的规律的同时，特别着重探讨社会主义财富观发生发展的历史必然性和客观规律性，着重研究我国社会主义市场经济财富观的基本特点，以创新适合中国财富涌流的财富观理论。

财富观历史类型的交替变更，向人们展示了财富观在人类生活中千姿百态的外在形式。但是在这种种形态的财富观背后，是否存在着一条看不见的主线，把这些历史财富观有机地联系起来，使之呈现出一种规律性的运动呢？马克思主义的唯物史观对这个问题的回答是肯定的。按照唯物史观，社会发展的根本原因在于生产力和生产关系的矛盾运动。生产力和生产关系不断矛盾运动，推动了人类历史的次第更替和前进，形成了人类社会从低级到高级的发展，即从原始社会、奴隶社会、封建社会、资本主义社会到共产主义社会（社会主义是它的低级阶段）的发展过程。社会主义财富观，是在生产力和生产关系矛盾运动的历史演变和社会发展中产生和发展的，具有动态的性质。

社会主义财富观是工人阶级的财富观，是批判继承历史上一切财富观遗产的结果。社会主义财富观虽然植根于自己历史时代的社会经济关系之中，是从工人阶级整体利益的需要中引申出来的，但它同整个人类思想文化、道德文化一样，又是在人类以往财富观的基础上发展起来的。人类以往财富观中的优秀因素，是社会主义财富观产生的历史前提和直接出发点。

马克思和恩格斯在讲到18世纪法国唯物主义者提出的一些财富观思想时曾说，他们提出的诸如“关于人性本善和人们智力平等，关于经验、习惯、教育的万能，关于外部环境对人的影响，关于工业的重大意义，关于享乐的合理性，等等的唯物主义学说，同共产主义和社会主义之间有着必然的联系”，其中有的甚至“直接成为社会主义和共产主义的财产”①。

列宁进一步发展了马克思和恩格斯的上述思想，指出：“无产阶级文化并不是从天上掉下来的，也不是那些自命为无产阶级文化专家的人杜撰出来的，如果认为是这样，那完全是胡说。无产阶级文化应当是人类在资本主义社会、

① 马克思恩格斯：《马克思恩格斯全集》第2卷，人民出版社1957年版，第166页。

地主社会和官僚社会压迫下创造出来的全部知识合乎规律的发展。”①

毛泽东也曾结合中国的文化发展实际指出：“中国现时的新政治新经济是从古代的旧政治旧经济发展而来的，中国现时的新文化也是从古代的旧文化发展而来，因此，我们必须尊重自己的历史，决不能割断历史。”② 他明确主张，对于中国历史上的文化，“从孔夫子到孙中山，我们应当给以总结，承继这一份珍贵的遗产”③；除此之外，“还有外国的古代文化，例如各资本主义国家启蒙时代的文化，凡属我们今天用得着的东西，都应该吸收”④，并把它们“作为自己文化食粮的原料”⑤。马克思、恩格斯、列宁、毛泽东的这些论述，对财富观遗产的批判继承同样是适用的。

社会主义财富观的特点在于，它是历史上劳动人民财富观合乎规律的发展。由于受剥削受压迫的工人阶级和历史上的劳动人民曾有过相似的地位、命运和前途，所以工人阶级在利益愿望与要求方面，和历史上劳动人民也就有许多相同和相似之处。在财富观方面，就有许多内在的必然联系。正因为如此，工人阶级的社会主义财富观，应该首先批判继承历史上劳动人民仇视并勇于反对剥削和压迫的思想情感和革命精神；批判继承他们反对封建特权、主张“等贵贱”的平等观念；批判继承他们团结友爱、勤于创造、推崇劳动致富等优良品质。同时，在体制改革和经济建设的实践中进一步把它们发扬光大，使其成为社会主义财富观的积极因素。

当然也要看到，历史上劳动人民由于长期处于封闭的小生产自给自足的经济条件下，小生产者固有的狭隘眼界，也滋生出了一些安于现状、不求进取、自由散漫、平均主义、只顾眼前、贪图小惠等财富观念和行为模式。工人阶级在批判继承古代劳动人民财富观中的优良传统时，应该把那些消极、落后的东西清除掉。

工人阶级在批判继承历史上劳动人民财富观遗产的同时，也要重视对历史上剥削阶级财富观遗产的批判继承。这种继承绝不是继承一切，肯定一切，而是批判地继承，肯定中有否定，在吸取过程中包含着必要的改造；同时这种批判也绝不是否定一切，而是否定中有肯定，在摒弃过程中包含着必要的吸收。这里所说的批判继承，就是运用马克思主义的立场、观点和方法，把财富观遗产放在它当时的社会关系中加以历史地考察，看它是否在一定程度上有利于生

---

① 列宁：《列宁选集》第4卷，人民出版社1960年版，第348页。

② 毛泽东：《毛泽东选集》第1卷，人民出版社1964年版，第668页。

③ 同上书，第499页。

④ 同上书，第667页。

⑤ 同上。

产力的发展和社会的进步；同时，根据工人阶级和广大人民的利益，以科学的批判态度，全面地、缜密地审查、清理财富观遗产中的各种体系、原则、规范、范畴、理论，以及表现于社会的风尚习俗和个人的观念、行为品质；正确地判明、确定这种财富观在历史上的地位及作用，恰当地估量它在现实生活中的作用及其有无生命力，分解出精华和糟粕。然后，在此基础上抛弃其陈腐的过时的原有体系，剔除其反动的或落后的内容，剥取其一切有价值的可资利用的东西。

按照历史唯物主义的观点，人们只能提出现在所能够解决的任务，在财富观上也一样，我们不可能去寻找、建立一个适合社会主义市场经济千秋万代的永恒的财富观体系，也不需要寻找未来的财富观体系。我们当务之急是研究探讨适合从计划经济转向市场经济的转型时期、市场经济确立的初步形态的财富观，因为现实的经济生活向我们大量呈现了新的情况、新的变化、新的问题和新的经验，我们只能从这些经济状况出发，分析研究经济生活中人们财富观的变化，出现的新的财富观原则和规范等。因此，不能指望一劳永逸地去创建什么“社会主义财富观体系”，把它说成是适合一切国家、一切时代的东西。也就是说，研究财富观必须从现实的经济生活出发，而不能从“原则”、“理论”、“人性”出发；阐明符合财富发展需要的财富观，解决经济生活需要解决的问题，这才是有生命力的理论。

同时应当承认，财富观对经济生活具有能动的作用。社会主义财富观的研究，有重要积极意义。我们在这种研究中，可以阐明适合我国社会主义市场经济发展规律的财富观。这是一个艰巨的任务。在这里，关键问题是必须建立适合我国社会主义市场经济发展规律的财富观，才能起促进经济发展的作用，而不是随便建立什么财富观，或者任何个人主观任意设想一些财富观都可以做到这一点。正因为如此，需要理论工作者做艰苦的工作，从经济生活实际出发去研究，而不是从某个理论、某个设想出发去做空头的研究。对社会主义财富观的研究有无理论和实践价值，决定性的因素是看它们是否适应我国社会主义市场经济发展的客观规律。

（二）科学发展的财富价值观

财富的价值观是人们对财富运行和发展的主观评价。人们对财富这种主观评价是同一定人、一定社会的一定需要和利益相关的。有什么样的主体就有什么样的价值标准和价值原则。但是，什么是合理的财富价值观，从来就没有全人类完全一致的共同理解，这是由于人与人之间的具体社会性和历史性差异所造成的。

与早期资本主义发展相适应的传统财富价值观，是一种以物为本的传统财富价值观，它认为追求物质商品财富的无限增加具有至高无上的意义，人力只是增加物质财富的手段，暂时不稀缺的自然资源都不算财富。特别是20世纪30年代以来，凯恩斯主义经济学把国民生产总值作为国民经济统计体系的核心，成为评价经济福利的综合指标和衡量国民生活水准的象征。于是在现实经济生活中，经济发展表现为对国民生产总值，对经济高速度增长目标的热烈追逐，驱使着人们的发展行为和发展方式。在现代人类发展的历史上，这种发展观长期占据统治地位，支配着现代人类的一切活动和现代经济社会的各个领域。虽然说它在实现经济增长和工业化方面确实起过历史作用，但是，随着现代经济社会的发展，它的片面性、局限性及其弊端逐渐暴露并日益突出。这种传统财富价值观的主要缺陷在于：它忽视了经济发展的目的在于人的解放和发展，同时也违背了经济不断增加和物质财富日益增加要以生态环境良性循环为基础这个基本法则。

与这种以物为本的财富价值观不同，我国社会主义市场经济的财富价值观，要服务于中国最广大人民实现共同富裕和全面发展的根本利益。这样的财富价值观，必然有一种科学发展的价值取向。这种科学发展财富价值观的基本内涵是，在以经济建设为中心，大力解放和发展创造财富生产力的同时，树立以人为本、全面协调可持续发展的科学理念。把促进财富创造与促进人的全面发展统一起来，把不断满足人民群众需求和促进人民群众的全面发展，作为谋财富、促发展的出发点和落脚点。坚持财富发展为人民，财富发展靠人民，财富发展成果惠及全体人民，切实保障人民群众创造和享用财富的基本权利。把最广大人民群众创造财富生产力的解放和发展，作为一切经济工作的根本出发点和落脚点，把促进最广大人民的全面发展和共同富裕，作为经济社会发展的最高价值追求。

这里提出的科学发展的财富价值观，是与中国共产党在改革开放新时期提出的科学发展观精神相一致的。改革开放以来，我国综合国力显著增强，人民生活不断改善，国际地位明显提高。同时，国际环境和国内发展条件有了重大变化。在国际上，由于能源资源日趋紧张、生态环境急剧恶化等一系列全球性问题凸现，可持续发展理念逐步成为国际社会的共识。在国内，由于经济社会发展与资源环境的矛盾日益突出，粗放型经济增长方式已难以为继；解决发展不全面、不协调、不平衡的问题日益紧迫；就业压力依然较大，收入分配中的矛盾较多；影响发展的体制机制问题亟待解决，处理好社会利益关系的难度加大。在新的更高发展平台上，必须解决好这些深层次的矛盾和问题，才能继续推进现代化建设。实践的发展，新情况、新问题的出现，必然要求我们党在指导发展的理论上有新的概括，以解决前进中的新问题，科学发展观正是在这样的现实背景下提出来的。

党的十六大在全面分析国际国内形势的基础上，明确提出了我国21世纪实施社会主义现代化建设第三步战略部署特别是头20年全面建设小康社会的目标和任务。党的十六届三中全会进一步明确提出了“坚持以人为本，树立全面、协调、可持续的发展观，促进经济社会和人的全面发展”；强调“按照统筹城乡发展、统筹区域发展、统筹经济社会发展、统筹人与自然和谐发展、统筹国内发展和对外开放的要求”，推进改革和发展。这样完整地提出科学发展观，是对马克思主义财富理论的新发展。

建立与科学发展观相一致的科学发展财富价值观，对于正确认识和评价财富，全面发展社会主义市场经济具有重要意义。目前，有些人从少数人的利益出发看财富，把计划经济等同于社会主义经济，把市场经济等同于资本主义经济，把适合中国财富增长的经济体制定为“纯粹的”市场经济。他们所说的“纯粹的”市场经济，实际上指的就是资本主义市场经济，只不过他们有时又自相矛盾地假装把这种市场经济称为社会主义市场经济。

但是，计划并不是社会主义经济特有的东西，市场也不是资本主义经济特有的东西，谁来主导财富生产和分配，才是社会主义和资本主义的主要分歧。在这个问题上，后者主张由少数资产者来单独主导，前者主张由广大劳动者来共同主导，从而使人们对什么是适合中国财富增长的经济体制有了不同的理解和评价。

科学发展的财富价值观要求财富的增长要符合最广大人民群众的根本利益，这就决定了我国的市场经济必须是一种以市场交换协调机制为基础、以其他协调机制为补充的有中国特色社会主义市场经济，而不可能是一种有些人倡导的只用市场交换一种机制协调人们利益关系的“纯粹的”市场经济，因为如果没有其他协调机制的补充，单纯依靠市场交换一种协调机制的市场经济，只能是一种资本主义不和谐的市场经济。

这是因为，市场交换单独可以协调好广大劳动者的利益关系，实现资源最优配置，所需要的假设条件是极为苛刻的，正如物理学中的“真空”状态的假设一样，这种尽善尽美的市场交换的外部条件并不存在，一些经济学家关于纯粹的市场经济，就是可以最佳兼顾广大劳动者利益的均衡和谐市场经济的观点，是不能成立的。

事实上，那样的市场经济必然导致资本主义两极分化，这种两极分化来自：在现实市场经济中人与人之间并不是完全平等的，人们的财产和权利是存在巨大差异的，人的理性是有限的，垄断因素是客观存在的，信息是不完全和不对称的，存在公共物品，存在外部效应和存在交易费用等。要建立和完善社会主义市场经济，必须打破西方经济学“纯粹的”市场经济和谐均衡神话，在科学发展的财富价值观指导下，以有中国特色的经济转型逐步建立起各种有中国特色的具体生产管理体制和收入分配制度。

主张建立资本主义“纯粹”市场经济的经济学家，大都倡导按照西方经济学理论实行苏东国家式的激进改革经济转型，并认为这样可以没有腐败和不和谐，效果最好。但事实并不是这样的。在这些国家的经济转型中，霍多尔科夫斯基等少数资产者和官僚的积极性得到释放并暴富，多数劳动者的积极性受到新的压抑和走向贫困。苏联四分五裂，民族矛盾加剧，恐怖事件接连不断，经济和人民群众生活水平遭到了空前的衰退，西方国家对它也没给多少援助，还不断使用双重标准打击它。而从苏联分裂出去的一些小国的广大人民更惨，因内部斗争导致军事冲突和政治动乱频繁发生，颜色革命此起彼伏，搞得国家满目疮痍，血流成河，很多人国破家亡，妻离子散，流离失所，经济混乱不堪。

为了避免苏东国家悲剧在我国的重演，我们在经济转型过程中，必须让财富价值观符合科学发展的要求，注重社会安定和谐，坚定不移地把社会主义市场经济作为市场经济类型的目标选择。争取在向这种市场经济类型的不断经济转型中，不仅建设好市场机制和竞争机制来保障资源的合理流动和优化配置，而且建设好政府规范的措施和合理的行为来监控市场主体行为，以使他们自觉地以把经济增长的生态代价和社会成本减少到最低限度为目标，以生态、经济、社会三大效益的有机统一为中心进行经济活动。

（三）共同富裕的财富伦理观

财富的伦理观是指，人们对社会财富创造和分配中的秩序体系的一般看法，其表现是一个民族。一个社会如何通过财富的创造和分配安顿人生，如何调节人与人之间的财富关系和秩序。财富伦理观是民族伦理的深层结构，是民族伦理的内聚力与外张力的表现。财富伦理观体现了人伦关系、伦理规范，其价值取向对民族社会生活的内在秩序的设计具有重要决定作用，具有社会性、民族性和人性这样三个基本特性。

在资本主义社会，资产阶级一切活动的基本点就是最大限度地剥削无产阶级，榨取剩余价值。这种活动反映到财富伦理观念上，就形成了资产者单赢财富伦理观。应该承认，在资产阶级上升时期，他们的财富伦理观在反对宗教禁欲主义和封建特权、强调个人的物质利益和个性解放方面，都起过进步作用。他们的某些哲学理论所主张的人道主义，即把一切人当人看、爱护人、关心人等，在人和人的关系上开创了一种和封建特权不同的新关系。但是，从本质上来看，他们的财富伦理观是为资产阶级尽可能大量地剥削工人阶级服务的。虽然资产阶级的某些理论家如斯密和李嘉图承认劳动者在生产中创造财富的主体作用，但是他们仍然认为，按照自然规律（他们把市场经济运作看成是自然规律），每个人的财产不可能由劳动贡献决定。按照市场交换形成的自然法则，没有非劳动生产要素的劳动者即使劳动贡献很大，也只能得到维持最低基本生活费用的工资；有资本的人即使劳动贡献小，也有权按照资本的贡献得到全部利润；有土地的人即使不劳动，也有权按照土地的贡献得到全部地租。这些都是自然的、不应调节、不可改变的。

他们只讲物质财产对于其所有者自由的重要性，不讲劳动成果对于劳动者自由的重要性，以致虽然在哲学上宣扬人本主义却在经济学上把劳动等同于物，根本不承认劳动者具有创造财富的主体力量，竭力论证非劳动生产要素所得的神圣不可侵犯性，其基本主张是：谁掌握企业的财产所有权，谁就独占企业的剩余索取权，企业中的雇员不论干好干坏，都没有权利分享企业利润，只有得到市场供求决定的均衡工资的权利。他们明明知道单凭市场交换一种协调机制工人只能得到维持最低生活费用的生存工资，社会地位和生活水平没有改善的可能，仍然把市场供求规律说成是自然规律，把工人的贫困说成是市场经济的必然现象，坚决反对工人根据劳动贡献获得财产，参与利润分享，通过多做劳动贡献改变自己的命运和社会地位。

与资产阶级的资产者单赢财富伦理观不同，我国社会主义市场经济相适应的财富伦理观，是一种提倡共同富裕的伦理道德。这种伦理道德体现了我国正处在全面建设小康社会的时代精神。目前我国社会主义建设的中心任务，是通过经济的协调发展和财富的充分涌流，使人民走上共同富裕之路。这一中心任务决定财富伦理观的本质、内容和特性。我国的社会主义财富伦理观应继承发扬中华民族优秀道德传统，吸取一切外国的优秀道德成果，成为预示中国历史发展趋势的前沿性财富伦理观。更为重要的是，它要能够调动全体人民从事现代化建设的积极性、能动性。振奋精神，将发展社会和自我的精神能力转化为以经济行为为主的一切社会行为，其前景将是实现人对世界的主宰，即对自然、社会和人自身的主宰。

这种社会主义的财富伦理观，应推动每个人的自由全面发展。社会主义财富伦理观可以发挥两个作用：一是调动每个人的经济行为的积极性，使伦理信念转化为共同创造财富的巨大动因；二是调动每个人的精神活动的积极性，使伦理信念转化为自我完善、自我实现的内在动因，使人与人之间主要依据劳动贡献形成和谐的而不是对立的财富差异关系。我们可以从社会主义伦理道德的实践中，总结概括出我国社会主义的财富伦理观，这就是我们讲的共同富裕的财富伦理观。它的基本内容是，鼓励每个人创造财富争取富裕的行为，鼓励一部分人先富起来，以带动整个社会的人走向共同富裕。

社会主义共同富裕的财富伦理观的一个要点是，鼓励一部分人先富起来，并把它作为激励人们在社会经济生活中活动的动力。这是与中国传统小农经济的平均主义财富伦理观完全不同的，后者主张不应有先富后富的差别。太平天国农民运动领袖洪秀全的观点最具有典型代表性，他主张平分土地，实行剩余生产物归公。在《天朝田亩制度》中规定："有田同耕，有饭同食，有衣同穿，有钱同使，无处不均匀，无人不饱暖。"① 中华人民共和国成立以后，在计划经济体制下，强调平均，强调避免贫富两极分化，并在财富伦理观上对此加以充分肯定，不提倡、不允许一部分人和一部分地区先富起来，因此在人们的伦理道德评价上始终否定先富的合乎道德性。这些做法都在不同程度上抑制了生产力的发展。

在近代西方历史上，与以自由竞争为特点的市场经济相适应的资产者单赢财富伦理观，则从伦理道德上肯定、鼓励人们用自己的才智去致富，认为社会应当创造同等条件和机会，让人们争相先富起来，起跑线相同而竞争结果是不同的，有的人富，有的人穷。这些观点无疑对我们是有启发的。然而，资产者单赢财富伦理观中的赢者统吃观念，却会造成富者愈富、贫者愈贫的"马太效应"，从而抑制穷人致富，也因此会抑制生产力的发展。而我们的共同富裕财富伦理观中的"鼓励一部分人先富起来"的观点，既肯定了一部分人勤劳先富的合乎道德性，又反对这部分人用自己的先富，压抑其他人和整个社会走向共同富裕，而是要求先富的人要有利于和带动他人和社会逐步走向共同富裕。这里讲的先富起来，已经包含道德的限制，即要求人们按照合乎社会主义市场经济财富伦理观的规则去致富，排除那些不道德的致富方式。"鼓励一部分人先富起来"在财富伦理观上的根本价值在于，它激励人们积极地主动地从事经济活动，激发人们发挥聪明才智去认识、适应社会主义市场经济运行的规律，并且依此行事，既使个人、企业和某一地区先富起来，又使整个社会经济发展。

共同富裕财富伦理观的另一个要点，就是"先富的人要带动整个社会的人走向共同富裕"。这个要点充分体现了这种伦理财富观的划时代创新意义。邓小平在总结中国的社会主义建设的经验和社会主义道德建设的实践中，曾经多次强调共同富裕是社会主义的本质特征，也是社会主义的目的。一部分人和

① 见《中国历代哲学文选》，中华书局1963年版，第238页。

一部分地区先富起来并不是要导致贫富两极分化，也不允许两极分化，而是最终要达到共同富裕。他明确而肯定地说："社会主义的目的就是要全国人民共同富裕，不是两极分化。如果我们的政策导致两极分化，我们就失败了；如果产生了什么新的资产阶级，那我们就真是走了邪路了。我们提倡一部分地区先富裕起来，是为了激励和带动其他地区也富裕起来，并且使先富裕起来的地区帮助落后的地区更好地发展。提倡人民中有一部分人先富裕起来，也是同样的道理。对一部分先富裕起来的个人，也要有一些限制，例如，征收所得税。"①这段论述不仅具有经济的、政治的意义，而且具有财富伦理观上的创新意义。

如果说西方学者韦伯概括的资本主义精神是有道理的，那么他所说的从新教伦理演变而来的新伦理精神则缺乏一个最终的共同目的。在韦伯看来，赚钱是天职的观念，使得人们勤奋努力，促进了资本主义的迅猛发展。但是，有人赚钱多有人赚钱少，必然会发生两极分化，这个结果是否合乎道理，韦伯似乎不予考虑。社会主义的制度及其生产目的，使得建基于此上的共同富裕财富伦理观与韦伯讲的资本主义伦理精神具有本质的区别。一部分地区和一部分人先富起来，目的是鼓励和帮助其他地区和其他人也富起来，这样才使"鼓励一部分人先富起来"的观点有了崇高的伦理价值，在道德上产生了更大的向善鼓动作用。共同富裕是人类千百年来的一个最美好的理想，也是人类财富伦理观上梦寐以求的理想境界。这个目标的实现不是凭空想出来的，也不是历史上的乌托邦所设想的整个人类、整个社会一齐进入共同富裕。社会生产力发展的规律，或者说历史辩证法表明，即使在社会主义社会也只能通过一部分地区、一部分人先富起来，由他们带动、帮助其他地区和个人也富裕起来，最后才有可能实现共同富裕。

（四）民富国强的财富目标观

财富的目标观是人们对财富运行和发展要达到目的的总体看法。一个国家的强大必须有赖于该国人民包括人力财富在内的财富的增多。所以一个国家不能只追求物质财富的增多，还要追求人民的富裕和全面发展。只有在国家物质财富增多的同时，人民也得到了富裕和全面发展，这个国家才能真正强大起来。所以我国社会主义市场经济的财富发展，应该以民富国强为目标。

从我国古代至今，民贫国强的财富目标观事实上一直广为流行。社会各阶层虽然对国强的追求都是很强调的，但对民富尤其是人民个体的富裕则不够重视，民富甚至还不断受到打压。中国古代的经济结构是自然经济或者说是小农

① 邓小平：《邓小平文选》第3卷，人民出版社1993年版，第110—111页。

经济，自给自足，拘囿于小生产，满足于维持生存。小农的自然经济自成一个封闭式的生产系统，互相甚少往来，也甚少流通，《庄子》中对此有生动的描述："民结绳而用之，甘其食，美其服，乐其俗，安其居，邻国相望，鸡狗之音相闻，民至老死而不相往来。"①

现实生活当然不会是如此，但是社会经济生活中，钱作为流通手段确实作用甚少。自然经济又可称匮乏经济，低下的农业生产力只能维持不富裕的社会经济生活，中国古代的统治阶级的传统政策是重农、以农为本，阻碍商业的兴起发展。轻商必然在财富目标观上鄙视金钱，强调金钱在社会生活和人们心灵中所起的邪恶作用，这样也就从根本上压制了金钱在社会流通中的作用。

正因为是匮乏经济，土地资源有限及生产力低下，必须节衣缩食才能维持生存，中国传统财富目标观上形成"安贫"观念。这就使商业发展缺乏根本的经济动力，中国传统生活方式中即使有了钱也是储存起来，而绝不是用钱再去生钱。因此，在现实生活中，金钱对人们是有诱惑力的，但却在强大的卑视金钱的财富目标观的导向下，往往认为追求富裕是不高尚、不道德的，追求富裕的欲望被负罪感所压抑。

新中国成立以后，由于我国曾长期实行计划经济，从理论上和实践上都忽视商品经济，把市场经济与资本主义等同起来。这样必然在财富目标观上，把市场经济必要的流通手段——货币（金钱）也与资本主义画等号。那时，很多人也向往改善物质生活，要求改善衣食住行，提高生活的质量，在经济领域中就表现为希望增加收入（提高工资、奖金即多赚钱）。但这种愿望在财富目标观上往往被视为追求资产阶级腐朽生活方式，被扣上不道德的资产阶级思想帽子。在经济政策上采取高积累低消费，长期不加工资，甚至完全取消奖金。

"文革"时期，"四人帮"将此推向极端，提出"宁长社会主义的草，不要资本主义的苗"、"富则变，变则修"，国家要强大、社会主义要发展就必须让人民保持贫穷，事实上形成了一种"贫穷社会主义"的民贫国强的财富目标观。他们不仅在财富目标观上彻底否定人们要求增加收入、改善物质生活的愿望，而且在政治上采取高压手段，残酷批斗，甚至把物质生活的改善与在中国复辟资本主义联系起来。在当时的中国，人们普遍谈钱色变，致富成为使中国改变颜色的天大的罪过。

改革开放以来，尤其是发展商品经济，确立社会主义市场经济体制之后，中国才在财富目标观上做了拨乱反正，认识到贫穷决不是社会主义，社会主义的本质是发展生产力，不断改善人民的生活水平。邓小平作为中国改革开放的

① 庄周：《庄子》，中国文史出版社2003年版，第111页。

总设计师，比其他人更了解中国特别是传统计划经济体制对中国财富发展所造成的弊端，他身受几次“左”倾错误的冲击也使他比其他人更能深刻认识“左”倾错误路线所造成的危害。因此，1977 年他再度复出后不失时机地向全党全国人民提出了改革的任务，将发展社会生产力，消灭贫穷，建设现代化强国的目标提到了全党全国人民面前。他在人们思想还没有普遍解放的条件下，以马克思主义理论家的气魄，向全党全国人民呐喊，贫穷不是社会主义。

1985 年 4 月，邓小平在会见坦桑尼亚总统穆塞维尼时说：“社会主义的首要任务是发展生产力，逐步提高人民的物质和文化生活水平。从 1958—1978 年这 20 年的经验告诉我们：贫穷不是社会主义，社会主义要消灭贫穷。不发展生产力，不提高人民的生活水平，不能说是符合社会主义要求的。”① 这里，他已把消灭贫穷看作是社会主义的使命。1987 年 4 月 30 日，在会见西班牙副首相格拉时，邓小平又进一步指出：“文革”10 年中，“许多怪东西都出来了，要人们安于贫困落后，说什么宁要贫困的社会主义和共产主义，不要富裕的资本主义。这就是四人帮搞的那一套。哪有什么贫困的社会主义，共产主义！马克思主义的理想是实现共产主义。……马克思主义讲的共产主义是物质产品极大丰富的社会”②。

目前，邓小平倡导的民富国强财富目标观，已在我国社会主义市场经济中越来越深入人心。民富国强的财富目标观有两个构成要素：民富和国强。虽然包括人力财富在内的民富是国强的基础，但民富必然要表现为国强，没有国强的民富不是真正的民富，这一点可以从国强的基本内涵和构成要素看出。我们所说的国强，是指综合国力的强大。评价任何一个国家的国力，不能只从它的某一方面力量的强弱来衡量，而应从构成国家力量的多种因素综合加以衡量。

一个国家的综合国力要反映一个主权国家在国际社会体系中谋求的根本利益——国家利益，即生存与发展，诸如国家安全、政治稳定、经济、科技、外交、文化、军事等全面协同发展的根本需求。在实质意义上，国强的基本含义是：一个主权国家生存与发展所拥有的全部实力（物质力和精神力）及国际影响力的合力强大。

决定国强的综合国力，是一个主权国家所拥有的实力，它是实际存在的综合力量，在实质上它包含有生存力、发展力和国际影响力；在形式上它表现为一种“力场”中的矢量——具有大小、方向和作用的力。它取正方向，即表

① 邓小平：《政治上发展民主，经济上实行改革》，《邓小平文选》第 3 卷，人民出版社 1993 年版，第 116 页。

② 邓小平：《吸取历史经验，防止错误倾向》，《邓小平文选》第 3 卷，人民出版社 1993 年版，第 227—228 页。

示国家综合国力增长，国家强盛；它取负方向，即表示综合国力下降，国家衰落。综合国力是动态变量，但实力是可以度量和测算的。

同时，这种综合国力是一个综合性的概念，表现为由诸多要素构成的非线性动态大系统。它既包括具有物质形态的“硬”实力，也包括精神智力形态的“软”实力；既包含自然因素，也包含社会（人为）因素；既包含实力，也包含潜力和由潜力转化为实力的机制。系统的非线性意味着投入与产出将不成比例，初始状态的微细改变将引起结果的巨变。因此，孤立地强调任何一个因素（比如军事力量）都不能完整、准确地体现一个国家的综合国力；即使是某些作用很强的指标（比如国内生产总值或人均国民收入）也代表不了一个国家的综合国力。

在现代，一个国家行为（对内、对外）的基本动因是“国家利益”，而国家利益的“核心”则主要体现在关系到国家命运的生存力与发展力以及国际影响力等三个方面上。而这三个方面又是相互依存、相互关联、相互影响和相互协调的。因此，综合国力的实质就是关于国家生存力、发展力以及国际影响力的优化协同合力。国强也就是在这种合力的强大中表现出来的。

民富对于国强的基础作用，不仅表现在人民拥有的物质财富多，所以整个国家的财富才会多，才会有更大的经济基础上，而且，更表现在人民拥有的物质财富多，他们的生活才会好，才有条件拥有更多的人力财富去增强整个国家的综合国力上。如前所述，我国计划经济时期尤其是“文革”时期，曾一度对民富和提高人民生活质量不够重视，给我国综合国力的增强造成了巨大损失。改革开放以后，在人民走向富裕的同时，我国的综合国力才有了显著增强。目前，随着我国经济生活的改善和社会改革的加快，建设高度的社会主义精神文明，建立文明、科学、健康的生活方式，已成为我国财富发展进程中的重要目标。人民的富裕和生活质量的提高，都已经引起我国政府和理论界的重视。总结、汲取、扬弃已有的科研成果和实践经验，无疑将有利于我国民富国强目标的早日实现。

由民富而形成的生活质量提高之所以是国强的基础，是因为它可以从以下五个方面增加人民的人力财富，使人民有更高的能力增强国家的综合实力。

第一，民富和生活质量提高可以增强人民的智力开发。在现代化的准备阶段人的温饱未解决之前，人们更关注的是生活水平的提高、健康状况以及人际关系等外延要素的发展。而在中国走进全面小康时代，富裕起来以后，人们的注意力聚焦点可以转向发展的内涵质量上来。那时候，城乡居民可以不再停留在要求少生病、吃饱饭的水平上，而是更加注意健美、养生和自我价值实现，要求有大容量的智力开发和更高层次的精神生活内涵。

第二，民富和生活质量提高可以促进人民的全面发展。随着社会生产力的不断提高和走向富裕，人民的直接生产时间可以越来越少，人的素质开发可以逐步由“八小时以内”为主转向“八小时以外”为主，将业余时间的文体生活、个人兴趣、业余进修和他的职业素质、劳动技能提高相结合，从而实现人的各种专业素质、科技文化素质以及精神素质提高过程同经济生产及社会的发展过程同步化、一体化，发展越来越全面。

第三，民富和生活质量提高可以增强人民的综合技能。在以往的社会分工模式中，大多数人贫穷，只能掌握从事简单专一操作的低技术，人民富裕以后，才会有更多的人可以去接受更多的教育，尝试更多的工作，成为现代化社会中特别需要的纵横结合的“T”形人才，既有雄厚的专业基础知识，功底扎实、有一技之长，又有广博的知识面与较高的智商和情商，具有综合的工作能力和发展潜力，从而可以适应快速发展且变化万千的信息时代的需要。

第四，民富和生活质量提高可以使老年人发挥较多余热。近年来的老年社会学理论已强调，人的社会化过程必须具有全程性，即要对人的素质进行终生开发。老年的社会化同青壮年的社会化同样重要。在贫穷的社会里，社会化的主体是青少年，人的质量开发的职业生活时期，同生产、工资、报酬等直接挂钩的劳动、工作、学习是人的质量开发的重点，也是主要目的，贫穷的老年人只能被社会抛弃。人民富裕以后，可以有越来越多的人做到活到老、学到老，促进生命潜能的开发，从而不断发挥余热，继续为国家做出贡献。

第五，民富和生活质量提高可以增强人民的个体能力开发。在贫穷的状态下，大多数人没有必要的财力从事自己想从事的事业，只能受雇于人，这就会削弱他们的个体能力开发。在富裕以后，将有更多的人依靠自己的财产促进自己个性的丰富、主体意识的崛起和个体积极性的充分发挥，可以在人的质量开发中，将个体开发和群体开发有机结合，以个体能力开发为基础，实现群体结构的不断优化，增加国家的整体集体实力。

（原文载于杨圣明主编、陈筠泉副主编《社会主义市场经济基本理论问题研究》第二章，经济科学出版社 2008 年版）

中国出口品国内技术含量升级研究

——来自全国、江苏省和广东省的证据

姚 洋　　张 晔

姚洋，1964年生于西安。1986年毕业于北京大学地理系本科，1989年毕业于北京大学管理科学中心，获经济学硕士学位，1996年毕业于美国威斯康星大学农业与应用经济学系，获发展经济学博士学位。现为北京大学国家发展研究院院长、中国经济研究中心教授和主任，是金融40人论坛成员。获2008年度孙冶方经济科学奖、第一届和第二届浦山国际经济学奖（2008年、2010年）、第二届张培刚发展经济学奖（2008年）；被评为2006年北京大学十佳教师。主要研究领域包括中国制度转型、开放条件下的中国经济增长以及农村发展。

张晔，1976年生，女，江苏高邮人，经济学博士，2006年于南京大学经济学院博士毕业，北京大学城市与环境学院区域经济博士后。现为南京大学经济学院国际贸易系教师，副教授。曾在《中国社会科学》、《经济研究》、《中国工业经济》等学术期刊发表经济类论文近20篇，主持及参与科研项目十余项。

一　问题的提出

自20世纪90年代初期以来，我国采用大规模进口核心部件和资本品，再大规模出口最终产品的方式参与国际产品内分工，导致出口加工贸易迅猛增长，加工贸易占总出口的比重从1981年的6%提高到1990年的38%和近年来的55%左右。[①] 对此，一类代表性观点认为，这种技术发展战略有可能使我国

① 根据《中国统计年鉴》相关年份的原始数据计算，中国咨讯行数据库。

长期处于技术含量较低的出口加工环节，从而沦为一个“世界组装车间”①；不仅如此，中间品的大规模进口还可能使关键技术的研发活动变得无利可图，企业被长期锁定在低端生产环节，从而形成新的中心——外围格局。② 另一类观点则认为，发展出口加工业，是发挥我国比较优势，参与新国际分工的重要形式；更重要的是，通过参与国际产品内分工，企业能够获得进口品的技术溢出，以及与国外客户的知识交流，并产生强烈的边干边学效应。③因此，发展出口加工业，我们也许可以学会核心部件和重要资本品的制造，从而取代原先的进口，并逐渐提高产品的国内技术含量，实现产业升级。

那么，从实际情况来看，我国积极参与国际产品内分工，发展出口加工业，到底是形成了对进口品的依赖，自身技术水平有所倒退，还是实现了本国技术含量的提升？显然，对这一问题的回答对我国出口加工业的发展具有重大意义。但遗憾的是，由于目前缺乏对产品国内技术含量定量分析的方法，因此，发展出口加工业对我国技术水平究竟有何种影响并没有得到确切的答案。

本文建立了一种新的定量分析方法，对产品国内技术含量（Domestic Technological Contents，DTC）的动态变化及其规律加以研究。这个方法首先借鉴了国际上测算产品技术含量的最新成果，然后利用投入—产出表和中间品的进出口比例，扣除进口中间品对最终产品技术含量的贡献，从而得到产品国内技术含量。我们的主要目的在于回答两个方面的问题：第一，中国出口品的国内技术含量是否有所下降，或者说，中国出口品的国内生产部分是否有低技术化的倾向；第二，产品国内技术含量的动态变化是否具有长期趋势。广东省和

---

① 有关争论可查看《中国经济周刊》2006 年第 43 期的评论：从《世界加工厂》到“世界工厂”，http：//www. gotoread. com/vo/3023/page318418. html；以及《环球时报》2006 年 6 月 26 日的评论：《当世界的加工厂，值吗?》，http：//finance. sina. com. cn/review/20060626/11532681209. shtml.

② F. Frobel, J. Heinrichs and O. Kreye, *The New International Division of Labor: Structural Unemployment in Industrialized Countries and Industrialization in Developing Countries*, Cambridge: Cambridge University Press, 1980; C. Cramer, “Can Africa Industrialize by Processing Primary Commodities? The Case of Mozambican Cashew Nuts”, *World Development*, Vol. 27, No. 7, 1999, pp. 1247 – 1266; 刘志彪：《中国贸易量增长与本土产业升级：基于全球价值链的治理视角》，《学术月刊》2007 年第 2 期。

③ J. Lin, “Development Strategy and Economic Convergence”, The Inaugural D. Gale Johnson Lecture, Mimeo, CCER, Beijing University, 2001; A. Amighini, “China in the International Fragmentation of Production: Evidence from the ICT Industry”, *The European Journal of Comparative Economics*, Vol. 2, No. 2, 2005, pp. 203 – 219; D. Ernst, “Global Production Networks and Industrial Upgrading— A Knowledge – Centered Approach”, *Working Paper*, East West Center, 2001; H. Francis, “Globalization and the ‘Newer’ International Division of Labor”, *Labor and Management in Development Journal*, Vol. 4, No. 6, 2004, pp. 441 – 455; G. Gereffi , J. Humphrey, “The Governance of Global Value Chains”, *Review of International Political Economy*, Vol. 12, No. 1, 2005, pp. 78 – 104.

江苏省是外向型经济较为明显的地区，分别是中国对外开放的“第一梯队”和“第二梯队”，其出口品的国内技术含量变动趋势可能较具启示性，因此，除全国的情况外，我们还同时对广东省和江苏省的 DTC 进行了测算。

我们的测算结果发现，全国和江苏省的产品国内技术含量在 1997—2002 年间确实下降了，而且下降速度很快，这说明，近年来中国出口品在全球产品内分工中的相对技术地位确实有下降的迹象。但是，广东省的产品国内技术含量在 1992—2002 年间经历了迅速下降后却出现了大幅上升。广东省是一个较早通过出口加工贸易参与国际产品内分工，并逐步实现技术学习和积累的地区，其 DTC 的变动或许能够反映出口加工业对产品国内技术水平的影响，并预示中国未来的 DTC 变动趋势。因此，我们认为，在发展出口加工业的过程中，中国可能存在着产品国内技术含量的 V 形反转趋势，即将经历一个 DTC 先下降后上升的过程。这也意味着，中国产品国内技术含量的下降可能只是一个暂时现象。

本文余下部分结构安排如下。第二部分对已有相关文献进行梳理回顾；第三部分给出出口品国内技术含量的定义、测算方法，并介绍我们所使用的数据；第四部分测算全国和江苏省 1997 年和 2002 年的产品国内技术含量值，考察其变动轨迹；第五部分考察广东省产品国内技术含量长期变动趋势，提出产品国内技术含量 V 形反转假说，并给出几个可能的解释；第六部分总结全文并讨论其政策含义。

二　文献回顾

近 10 年来，学者们开始广泛注意到现实中所发生的，由越来越多的国家所进行的特定产品内的不同环节或区段的生产活动，以及随之而来的大规模的产业内贸易现象，并赋予其不同的称呼，如价值链切片（Slicing The Value Chain）、[①]产业内贸易（Intra－industry Trade）、[②]产品内分工、[③]地点分散化

① P. Krugman, “Growing World Trade: Causes and Consequences”, *Brookings Papers on Economic Activity*, Vol. 1, 1995, pp. 327－377.

② D. R. Davis, “Intra－industry Trade: A Heckscher－Ohlin－Ricardo Approach”, *Journal of International Economics*, Vol. 39, No. 3/4, 1995, pp. 201－226; D. R. Davis and D. Weinstein, “An Account of Global Factor Trade”, *American Economic Review*, Vol. 91, No. 5, 2001, pp. 1423－1431.

③ 卢锋：《产品内分工》，《经济学季刊》2004 年第 4 卷第 1 期（总第 14 期）。

(Delocalization)、[①]中间品贸易（Intra – mediate Trade）[②] 和垂直专业化（Vertical Specializing)[③]等。这些文献都指出了这样一个事实，即一国出口的产品并非全部是由本国生产的。这就意味着，一国的出口品包含的全部技术含量并不等于其实际生产的技术含量。在发展中国家的出口加工贸易中，表现得尤为明显。在这样的产品内分工秩序中，发展中国家往往承担的是技术含量较低的劳动密集型环节的生产，即使是在所谓的高技术产业中，发展中国家从事的生产环节的技术含量也不高。[④]

已有研究对中国出口品技术含量的变化趋势给出了不同的结论。使用豪斯曼（Hausmann）等[⑤]或类似方法（详见下节），一些学者对中国出口品技术含量的变动进行了研究，发现我国出口品的技术含量指标有上升的趋势。比如，使用豪斯曼（Hausmann）修正过的方法，罗德里克（Rodrik）发现中国出口品的技术水平已经远远高于类似收入水平的国家。[⑥]关志雄比较了中国和日本等东亚其他国家的出口品技术含量结构，认为中国出口品的技术含量提高很快。[⑦]齐俊妍则比较了中国和韩国出口品的技术结构，得出了类似的结论。[⑧]杨汝岱、姚洋发现中国出口品的技术含量不断提升，已经从以低技术为主转变到了以中等技术为主的出口结构。[⑨]樊纲等发现中国出口品的技术含量正在提高，尤其表现为中高技术和高技术产品出口份额的增加，但还没有达到世界平均水平，而进口仍以中高技术产品为主。[⑩]

① E. E. Learner, "In Search of Stolper – Samulson Effect on U. S. Wages", *NBER Working Paper*, No. 5427, January 1996.

② Antweiler, Werner and Daniel Trefler, "Increasing Returns and all that: A View from Trade", *American Economic Review*, Vol. 92, No. 1, 2002, pp. 93 – 119.

③ Hummels, David, Jun Ishii and Kei – Mu Yi, "The Nature and Growth of Vertical Specialization in World Trade", *Journal of International Economics*, Vol. 54, No. 1, 2001, pp. 75 – 96.

④ S. Lall and M. Albaladejo, "China's Competitive Performance: A Threat to East Asian Manufactured Exports", *World Development*, Vol. 32, 2004, pp. 1441 – 1466；关志雄：《从美国市场看“中国制造”的实力》，《国际经济评论》2002 年第 8 期；卢锋：《产品内分工》，《经济学季刊》2004 年第 4 卷第 1 期。

⑤ R. Hausmann, Y. Huang and D. Rodrik, "What You Export Matters", *NBER Working Paper*, No. 11905, 2005.

⑥ D. Rodrik, "What's So Special about China's Exports", *NBER Working Paper*, No. 11947, 2006.

⑦ 关志雄：《从美国市场看“中国制造”的实力》，《国际经济评论》2002 年第 8 期。

⑧ 齐俊妍：《基于产品技术含量和附加值分布的国际贸易结构分析方法研究》，《现代财经》2006 年第 8 期。

⑨ 杨汝岱、姚洋：《有限赶超和经济增长》，北京大学中国经济研究中心讨论稿，No. C2007016，2007 年。

⑩ 樊纲等：《国际贸易结构分析：贸易品的技术分布》，《经济研究》2006 年第 8 期。

另外，也有一些使用其他方法对出口技术含量的分析，一种是参考官方或相关机构公布的高技术产品目录，或进一步按照技术构成将出口品加以分类。比如，劳尔（Lall）、[①]劳尔（Lall）和维斯（Weiss）[②]提出了一种定性方法，将出口品根据技术构成分为10个等级；在最新一项国家发改委委托的课题中，[③]费兰蒂诺（Ferrantino）等则在6位数产品分类的基础上将产品按照技术构成重新加以分类。使用类似方法的还有张小蒂、[④]林珏、[⑤]范爱军、[⑥]江小涓[⑦]和杨汝岱[⑧]等。另一种方法是以发达国家（主要是OECD国家）的出口结构作为"标准的高技术出口结构"，将发展中国家的出口结构与之比较而得到的结构相似度（或偏差度）作为衡量出口技术含量的指标。该方法由芬格（Finger）和克赖宁（Kreinin）[⑨]提出，并被关志雄[⑩]、肖特（Schott）[⑪]、方塔格恩（Fontagne）、戈利耶（Gaulier）和齐格南格（Zignago）[⑫]以及王直等[⑬]所使用。这两种方法得到的结论与上述文献类似。

但是，也有一些学者对中国出口品技术含量的变化提出了不同看法。比如，许斌[⑭]基于对豪斯曼（Hausmann）等人方法的修正，发现近年来中国出

---

① S. Lall, "The Technological Structure and Performance of Developing Country Manufactured Exports", *Oxford Development Studies*, Vol. 28, 2000, pp. 337－369.

② S. Lall and J. Weiss, "The Sophistication of Exports: A New Trade Measure", *World Development*, Vol. 34, 2006, pp. 222－237.

③ Michael Ferrantino, Robert Koopman, Zhi Wang and Falan Yinug, Ling Chen, Fengjie Qu and Haifeng Wang, "Classification and Statistical Reconciliation of Trade in Advanced Technology Products—The Case of China and the United States", *Working Paper*, October 2007. http://www.ccer.edu.cn/cn/ReadNews.asp?News ID＝8215.

④ 张小蒂等:《我国出口商品结构变化的实证分析》,《数量经济技术经济研究》2002年第8期。

⑤ 林珏:《中国产品国际竞争力之分析》,《财经研究》2006年第11期。

⑥ 范爱军:《中韩两国出口制成品的技术结构比较分析》,《国际贸易》2007年第3期。

⑦ 杨汝岱:《中国对外贸易结构和竞争力分析:1978－2005》,工作论文,2007年9月。

⑧ 江小涓:《我国出口商品结构的决定因素和变化趋势》,《经济研究》2007年第5期。

⑨ J. M. Finger and M. E. Kreinin, "A Measure of 'Export Similarity' and Its Possible Uses", *Economic Journal*, Vol. 89, 1979, pp. 905－912.

⑩ 关志雄:《从美国市场看"中国制造"的实力》,《国际经济评论》2002年第8期。

⑪ P. Schott, "The Relative Sophistication of Chinese Exports", *NBER Working Paper*, No. 12173, 2006.

⑫ Fontagne, Lionel, Guillaume Gaulier and Soledad Zignago, "Specialisation across Varieties within Products and North－South Competition", *CEPII Working Paper*, No. May 2007.

⑬ Z. Wang and S. J. Wei, "The Rising Sophistication of China's Exports: Assessing the Roles of Processing Trade, Foreign Invested Firms, Human Capital and Government Policies", *Working Paper*, October 2007. http://www.ccer.edu.cn/cn/ReadNews.asp?NewsID＝8215.

⑭ B. Xu, "Measuring China's Export Sophistication", *Working Paper*, China Europe International Business School, 2007.

口品的技术复杂度并没有罗德里克（Rodrik）[①]所认为的那么高。[②]杜修立和王维国[③]也对豪斯曼（Hausmann）等人的方法进行了修正，在重新估算各类产品技术含量的基础上，分析了近20年来中国出口贸易技术结构的变动，认为中国出口贸易的技术结构高度并没有显著提升，并且在短期内具有阶段性变化。他们发现，在改革开放之前，中国出口贸易的技术结构高度最高，甚至高于东欧和发展中国家的平均水平，但随后出现下滑，一直到1986年达到样本区间的最低点，以至于尽管从1995年到2003年中国的出口技术结构高度出现了较长时期的提升，也没能够达到改革开放前的最高水平。而劳尔（Lall）等[④]对中国出口贸易篮子的复杂度指数的计算则显示，2000年中国出口篮子的复杂度指数低于1990年的水平，尽管两者的数据口径不同使得结论的可靠性受到了影响，但使用了世界排名以后，他们也没有发现中国出口品的相对技术复杂度有明显的提高。

以上方法都是把产品技术含量作为一个整体来进行研究的，即只研究了产品所包含的全部技术含量（Whole Technological Contents，WTC），而没有考虑国家间在不同产业环节上的分工，把一国国内所从事的生产环节的技术含量（即DTC）从整个产品的技术含量中分离出来。我们需要将国际产品内分工纳入视野，重新设计测量产品国内技术含量的方法，并在此基础上探讨一国的国内产品技术含量的变动及其长期趋势。

为了解决这个问题，学者们已经做了一些有益的探索。其中一种重要的方法就是使用出口品中所包含的进口中间投入品的比例来测定垂直专业化水平。胡梅尔斯（Hummels）等[⑤]使用投入—产出表，把一国的进口品分为国内消费和出口再生产两种用途，并使用后者占出口的比重来计算垂直专业化比率。这个方法能够有效计算一国出口结构中本国生产的比例，因而被许多研究者采用。比如，使用该方法，刘志彪等[⑥]计算了中国和东亚地区的垂直专业化比率，分析了垂直专业化与全球贸易一体化之间的联系；北京大学中国经济研究

---

① D. Rodrik, "What's So Special about China's Exports", *NBER Working Paper*, No. 11947, 2006.

② 对许斌以及下述杜修立和王维国修正方法的讨论，详见下节。

③ 杜修立、王维国：《中国出口贸易的技术结构及其产业变迁1980—2003》，《经济研究》2007年第7期。

④ S. Lall and J. Weiss, "The Sophistication of Exports: A New Trade Measure", *World Development*, Vol. 34, 2006, pp. 222 - 237.

⑤ Hummels, David, Jun Ishi and Kei - Mu Yi, "The Nature and Growth of Vertical Specialization in World Trade", *Journal of International Economics*, Vol. 54, No. 1, 2001, pp. 75 - 96.

⑥ 刘志彪、吴福象：《贸易一体化与生产非一体化》，《中国社会科学》2006年第2期。

中心课题组[①]计算了近10年来中国与美国、韩国，以及日本之间的垂直专业化比率。而张小蒂和孙景蔚[②]进一步将比较优势与垂直专业化相联系，分析了垂直专业化水平对中国贸易竞争力指数的影响。但是，上述方法都不是对产品国内技术含量的直接测量。

三　方法和数据

（一）方法

本文提出了一个测量产品国内技术含量的方法，其基础来源于迈凯利（Michaely）提出的一个分析出口产品技术复杂度的指标，[③]它是生产一种产品的国家的人均真实GDP以该国该种产品出口额占世界该种产品出口总额的比例为权重的加权平均。这个指标的重要假设来自于李嘉图的比较优势理论[④]。其基本逻辑是，生产某种产品的劳动生产率是显示这种产品技术含量的最好指标。尽管任何一种产品都有很多的潜在生产国，但是这些国家却具有不同的劳动生产率，且较高的劳动生产率对应较高的工资。根据李嘉图的理论，在存在国际贸易的情况下，一国生产何种产品取决于生产该产品的相对成本。当低工资的国家能够以低成本生产低技术含量的产品时，高工资的国家只能依靠自己的技术优势来生产高技术含量的产品。于是最终结果是，一种产品的技术含量和生产这种产品的国家的工资水平相关联，技术含量越高的产品越可能由较高工资水平的国家生产。因此，产品技术含量能够表示为出口该产品的各个国家的工资水平按照其出口占世界出口总额的份额的加权平均。由于工资水平与一国人均GDP密切相关。因此，我们可以使用人均GDP来代替一国的工资水平。

在迈凯利（Michaely）[⑤]的基础上，关志雄[⑥]以世界市场中各出口国占该产品的份额作为权数，乘以出口国人均GDP得到的值为出口产品的技术含量

---

① 北京大学中国经济研究中心课题组：《中国出口贸易中的垂直专门化与中美贸易》，《世界经济》2006年第5期。

② 张小蒂、孙景蔚：《垂直专业化分工的中国产业国际竞争力分析》，《世界经济》2006年第5期。

③ M. Michaely, *Trade*, *Income Levels and Dependence*, Amsterdam: North – Holland, 1984.

④ P. Krugman, "A Technological Gap Model of International Trade", In P. Krugman, *Rethinking International Trade.* , Cambridge, Mass: MIT Press, 1990. 杨汝岱、姚洋：《有限赶超和经济增长》，北京大学中国经济研究中心讨论稿，No. C2007016，2007年9月。

⑤ M. Michaely, *Trade*, *Income Levels and Dependence*, Amsterdam: North – Holland, 1984.

⑥ 关志雄：《从美国市场看"中国制造"的实力》，《国际经济评论》2002年第8期。

（附加值）水平，来计算一国出口结构高度及其偏差值。然而，迈凯利（Michaely）和关志雄的方法会导致出口小国的影响基本消失。为了避免这样的情形，豪斯曼（Hausmann）等[①]和罗德里克（Rodrik）[②]将权重改为一种商品在一国总出口中的比例相对于世界总水平的份额（即显示比较优势指数），构建了新的产品技术复杂度指标，来克服这一偏差。劳尔（Lall）等[③]与关志雄的方法类似，但对产品的附加值进行了标准化处理，得到经标准化处理的产品附加值指数。樊纲等[④]在关志雄的基础上，用显示技术赋值原理来识别贸易品技术含量，并提出了四种贸易品技术分布的结构分析方法。

但是，许斌[⑤]最近指出了将豪斯曼（Hausmann）等[⑥]的方法用于中国存在的两个问题。他认为中国的出口分布具有极大的不平衡性。比如2004年中国90%的出口来自于排在前面的九个省，它们均位于东部沿海；同时它们的收入也是全国平均水平的1.3倍到4.5倍，因此使用中国人均GDP和其他国家比较是有缺陷的。其次，许斌认为价格是反映产品质量水平的重要指标，而中国的出口品价格比世界平均水平低得多，因此应使用单位产品价格对技术复杂度加以调整。然而，出口分布不均在所有的国家都存在，仅仅调整中国可能会低估中国在世界出口的相对地位；而价格更多的是反映成本而不是质量，中国的优势恰恰就在于质优价廉的劳动力和地方政府招商引资而导致的低廉的土地价格。

我们的方法是在豪斯曼（Hausmann）等人的技术复杂度指数基础上，设计一个计算产品国内技术含量的指标。我们的基本思路是，某一产品的全部技术含量不仅是由所在环节的技术含量决定的，也是由其中间投入品的技术含量决定的；我们的目标是剥离中间投入品技术含量中进口所贡献的份额，从而得到产品的国内技术含量。这一思路必须借助投入—产出表的帮助。

我们首先简要介绍豪斯曼（Hausmann）等[⑦]的技术复杂度指数的计算方法。用j表示国家，k表示商品，x（X）表示出口额，Y表示人均真实GDP，

---

① R. Hausmann, Y. Huang and D. Rodrik, "What You Export Matters", *NBER Working Paper*, No. 11905, 2005.

② D. Rodrik, "What's So Special about China' s Exports", *NBER Working Paper*, No. 11947, 2006.

③ S. Lall and J. Weiss, "The Sophistication of Exports: A New Trade Measure", *World Development*, Vol. 34, 2006, pp. 222 -237.

④ 樊纲等：《国际贸易结构分析：贸易品的技术分布》，《经济研究》2006年第8期。

⑤ B. Xu , "Measuring China's Export Sophistication", *Working Paper*, China Europe International Business School, 2007.

⑥ R. Hausmann, Y. Huang and D. Rodrik, "What You Export Matters", *NBER Working Paper*, No. 11905, 2005.

⑦ Ibid.

国家 j 的出口为 $X_j = \sum x_{jk}$，则我们可以将产品 k 的技术复杂度指数（Technological Sophistication Index，TSI）定义为：

$$TSI_k = \sum_j \frac{x_{jk}/X_j}{\sum_j (x_{jk}/X_j)} Y_j \tag{1}$$

为了使得该指标的口径能够与投入—产出表的部门口径相一致，我们按照产品出口占部门出口的份额进行加权，得到投入—产出表中部门层次的技术复杂度指数。

上述方法只能计算可贸易部门的技术复杂度指数。然而在124个部门的投入—产出表中，[①]大约有40个部门为不可贸易部门。由于这些部门不是传统的物质部门，往往被SITC和HS两类国际贸易商品的分类体系排除在外。但是，这些服务部门同样向其他部门提供中间品，甚至拥有进出口贸易。如果剔除了这些部门的贡献，将会导致计算产品国内技术含量的偏差。为此，我们采用下面的方法将数据补齐。以第 n 个不可贸易部门为例。假设它共向 Q 个可贸易部门提供中间投入品，TSI_r 代表其中的第 r 个可贸易部门的技术含量，α_{nr} 为不可贸易部门 n 在可贸易部门 r 中的直接消耗系数。于是，第 n 个不可贸易部门的 TSI 可以定义为它所服务的 Q 个可贸易品部门的 TSI 的加权平均：[②]

$$TSI_n = \sum_{r=1}^{r=Q} TSI_r \frac{\alpha_{nr}}{\sum_r \alpha_{nr}} \tag{2}$$

接下来，我们使用投入—产出表测算产品国内技术含量。我们首先定义产品的复合技术含量。以 j 表示某个最终产品，i 表示它的一个中间品，α_{ij} 表示投入—产出表给出的生产一价值单位 j 所需要的 i 种投入的价值量（即直接消耗系数）。这里 i 不等于 j。由于产品 j 的单位价值包含了生产该部门产品的最后工序价值，因此 α_{ij} 对 i 的求和小于1，于是，产品 j 的复合技术含量定义为：

$$v_j = \sum_i \alpha_{ij} TSI_i + (1 - \sum_i \alpha_{ij}) TSI_j \tag{3}$$

它的含义是，一种产品的复合技术含量由它的投入品的技术含量和生产它的工序的技术含量构成，前者是各种投入品的技术复杂度指数，后者是这种产品本身的技术复杂度指数，它们的加权平均就是这种产品的复合技术含量。用

---

① 需要进一步说明的是，1997年和2002年的投入产出部门的口径有少许差异，1997年为124个部门，而2002年则是122个部门，其中各部门所涵盖的部门范围也略有不同。我们在文中所指的124个部门的投入—产出表，一律应该作此区分。

② 计算的结果发现，采用这一方法将数据补齐后，这些服务部门一般都显示出较高的TSI，原因可能在于这些服务部门本身就使用了较高技术含量的中间品投入。但不管如何，这跟通常认为的服务业具有较高人力资本和技术含量的观念是一致的，说明我们的方法是正确的。

直接消耗系数作为投入品的权重是合适的，因为它反映一种投入品对最终产品价值的贡献比例。我们用（$1-\sum_i \alpha_{ij}$）表示最终品的生产（组装）过程对它的价值的贡献率，即这个过程新创造的价值占产品总价值的比例。这里的一个暗含假设是，一种产品的技术复杂度指数反映的是生产该产品的最终工序的技术含量。这个假设是合理的，因为我们需要关注的是一个国家在生产一种产品时究竟做了什么，技术程度有多高。

接着，以 β_i 表示第 i 种投入品的进口中间品占使用量的比例，则我们定义产品 j 的国内技术含量为：

$$v_j^D = \sum_i \alpha_{ij}(1-\beta_i)TSI_i + (1-\sum_i \alpha_{ij})TSI_j \tag{4}$$

它度量的是产品 j 在国内制造部分的技术含量。最后，我们可以定义产品国内技术含量指数，即：

$$DTC_j = \frac{v_j^D}{v_j} \tag{5}$$

对于多数产品而言，产品国内技术含量是一个介于 0 和 1 之间的一个数值。但是，对于少数进口量非常大的中间品（如石油），β_i 可能大于 1（即当年的进口大于使用量），这样产品国内技术含量可能小于 0。我们在分析中剔除了这些产品。

于是，根据式（3）、式（4）、式（5），我们能够得到部门层次的技术含量 v_j、v_j^D 和 DTC_j。在此基础上，用 λ_j 代表第 j 个部门的出口份额，则我们可以进行加权平均，[①]得到一国或地区层次上出口产品的全部技术含量值 v、国内技术含量值 v^D，以及产品国内技术含量指数 DTC，即

$$v = \sum_j \lambda_j v_j \tag{6}$$

$$v^D = \sum_j \lambda_j v_j^D \tag{7}$$

$$DTC = \sum_j \lambda_j DTC_j \tag{8}$$

其中，全部技术含量值 v 代表了一国或地区出口产品中所包含的全部技术含量；国内技术含量 v^D 测算了该国或地区的出口品中自身所生产的技术含量；而国内技术含量指数 DTC，则衡量了出口品的国内生产部分的技术含量占全部技术含量的比重，它是本文分析我国在世界产品内技术分工体系地位的重要指标。

① 如果某个部门没有出口，那么该部门权重为 0，这是与我们研究出口品的国内技术含量的目标相一致的。

对于我们的测量方法，还有几点需要说明。第一，产品复杂性指数本身是一个相对指标，随时间有微小的变化；一国或地区的产品技术含量反映的是该国或地区在世界产品分工中的相对地位。但是，产品国内技术含量仍然能够反映一国或地区自身的技术水平，因为全部技术含量值和国内技术含量值这两个相对指标的影响刚好相互抵消。第二，“国内产品”意味着在中国的所有企业生产的产品，既包含了本土企业，也包括了在中国投资的三资企业。我们没有对此做出区分，是因为中国的投入—产出表没有区分这两类企业。第三，由于所有的投入—产出表都无法区分一国的进口品中究竟是用于中间品投入还是最终消费，因此我们将进口全部作为进口的中间品投入来得到 β_i 。刘遵义等①构建了中国非竞争型投入占用产出模型，可以区分进口品中最终消费和中间投入的比例，但是他们只计算了一年的投入占用产出模型，而我们需要多年的投入—产出模型。②第四，由于投入—产出表也无法区分出一个部门的产出品是用于国内消费还是出口，因此我们参考了胡梅尔斯（Hummels）等计算垂直专业化比例的方法，③在加总得到各部门的技术复杂度指数以及加总得到一国的产品国内技术含量时，使用了出口占总出口的比例作为权重来反映出口部门的技术含量。

（二）数据

对技术复杂度指数的计算需要世界各国的贸易数据和人均 GDP 数据。贸易数据有两个来源。1965—2000 年数据来自 World Trade Flow，④该数据采用 SITC Rev. 2 四位数分类，排除了四位分类商品中年贸易额小于 1000 美元的贸易流，并统一采用商品当年的到岸美元价格，这样可以更准确地反映商品贸易的实际发生额，同时可以完善和补充一些没有向联合国报告贸易数据

---

① L. Lau：《非竞争型投入占用产出模型及其应用——中美贸易顺差透视》，《中国社会科学》2007 年第 5 期。

② 北京大学中国经济研究中心课题组（2006）使用了另一种替代性的方法，但是这一方法需要两个很强的假设。第一，国民经济所有部门使用的 i 部门中间投人品中，进口投入品的比例在各个部门必须相同；第二，中间产品中进口与国内生产的比例必须等于最终产品中进口与国内生产的比例。我们认为，这两个假设与现实有很大的出入，因此我们没有采用该方法。

③ Hummels, David, Jun Ishii and Kei - Mu Yi, “The Nature and Growth of Vertical Specialization in World Trade”, *Journal of International Economics*, Vol. 54, No. 1, 2001, pp. 75 - 96. 该文中出口中的垂直专业化指数为 $\frac{1}{X}\sum_{i=1}^{n}\left(\frac{M_i}{Y_i}\right)X_i=\sum_{i=1}^{n}\left(\frac{M_i}{Y_i}\right)\frac{X_i}{X}$ ，其中 X 为总出口，X_i为部门出口，M_i为部门进口中间品，Y_i为部门的总产出。即垂直专业化指数是进口投入品占总产出的比重乘以部门出口对总出口的加权平均。

④ R. Feenstra, R. Lipsey, H. Deng, A. Ma, and H. Mo, “World Trade Flows, 1962 - 2000”, NBER Working Paper, No. 11040, 2005.

的国家的贸易数据。[①] 2001—2002 年数据来自联合国商品贸易统计数据库（COMTRADE），该数据采用 HS 四位数分类，进口额为到岸价，出口额为离岸价，由于联合国商品贸易统计数据由各个国家申报，有些小国的数据时滞较长，这使得最近几年的数据有一些缺失，112 个样本国家中约有十多个国家没有申报数据，但这些国家的进出口规模都非常小，不会影响到本文的结论。此外，对于两个数据集分类体系和贸易额记录方法的差异，本文没有做统一的调整，原因是中国的投入—产出表只有 124 个部门，我们要将四位数的千余种商品分类加总到这 124 个部门，计算它们的技术复杂度指数。具体归类办法是，将四位数的商品与国家统计局公布的《中国 2002 年投入—产出表编制方法》[②]中各部门所划分的产品范围进行一一对应，再归类到表中各部门。GDP 数据来源分为三个部分，1965—2000 年来自 PWT6. 1。[③] 2001—2002 年中绝大部分数据均来自 GGDC，[④]还有一部分国家的 GDP 数据来自联合国发展署。[⑤]所有的 GDP 数据均为美元计价且经过购买力平价调整。

尽管我们有 112 个国家或地区在 1965—2005 年大多数年份的贸易和人均 GDP 数据，但是在我们随后的分析中只使用 1992 年、1997 年和 2002 年的数据，因为我们只有这些年份的投入—产出表。（国家统计局和各地方统计局每隔五年编制一份投入—产出 表）。我们收集了全国和江苏省 1997 年和 2002 年的投入—产出表以及广东省 1992 年、1997 年和 2002 年的投入—产出表。广东省 1997 年和 2002 年的投入—产出表分别有 124 个和 122 个部门，而 1992 年的只有 32 个部门。对于广东省，我们将提供基于两种分类的计算结果。

---

① R. Feenstra, R. Lipsey, H. Deng, A. Ma, and H. Mo, "World Trade Flows, 1962 - 2000", *NBER Working Paper*, No. 11040, 2005.

② 国家统计局：《中国 2002 年投入产出表编制方法》，中国统计出版社 2005 年版。

③ A. Heston, R. Summers and B. Aten, Penn World Table, Version 6. 1. Center for International Comparisons at the University of Pennsylvania (CICUP), October 2002.

④ 由于我们采用的是经过 PPP 调整的人均 GDP 数据，而对于 PPP 序列，不同的学者有不同的研究方法，我们希望尽可能采用和 Heston et al. （2002）类似的调整方法，具体可以参考：Groningen Growth and Development Centre and the Conference Board, Total Economy Database, May 2006, http：//www. ggdc. net。

⑤ 下列国家 2001—2002 年的人均 GDP（PPP）数据来自联合国发展署 *Human Development Report*（2004 年和 2003 年）。这些国家包括：Malawi、United Rep. of Tanzania、Burundi、Madagascar、Niger、Zambia、Mali、Central African Rep、Benin、Mozambique、Burkina Faso、Rwanda、Nepal、Uganda、Senegal、Togo、Gambia、Guinea、Cameroon、Zimbabwe、Bolivia、Papua New Guinea、Honduras、Nicaragua、Jamaica、Guyana、Paraguay、El Salvador、Dominica、Fiji、Gabon、Panama、Tunisia、Uruguay、Costa Rica、Trinidad and Tobago、Mauritius、Barbados、Seychelles。

四 全国和江苏省的产品国内技术含量及其变动

根据上节的测量方法，我们首先测算了1997年和2002年全国和江苏省投入—产出表上124个部门的技术含量。我们之所以把江苏省和全国放在一起研究，是因为它们的技术含量值显示了相似的性质。我们先计算了四位数贸易分类产品的技术复杂度指数，然后将其按照产品归属加总到投入—产出表上的各个部门，每个部门的技术复杂度指数是它属下的四位数产品的技术复杂度指数的加权平均，权重是每个产品出口占该部门出口总量的比例。这样，我们就可以根据式（6）、式（7）、式（8）计算出全国和江苏省1997年和2002年的v、v^D和DTC,①结果如表1所示。

表1　全国和江苏省1997年和2002年出口品国内技术含量值及其变动

		1997年	2002年	变化值
全国	v	12214	11595	-619. 1
	v^D	10977	9394	-1583. 5
	DTC	0. 91	0. 83	-0. 08
江苏省	v	12513	11774	-739. 4
	v^D	11461	8878	-2582. 2
	DTC	0. 92	0. 78	-0. 14

注：v和v^D的单位为PPP美元。

表1显示了一些有意义的结果。首先，全国和江苏省的v值都基本保持不变，并有轻微下降，5年间分别降低了约5%和6%。这说明近年来，中国出口品中所包含的全部技术含量相对于世界水平而言并没有提高，呼应了劳尔（Lall）等②认为中国的出口品技术复杂度在世界排名并没有显著提高的结论。但是，这个结论和认为中国出口产品技术含量的绝对水平在提高的结论不矛盾：中国出口产品存在技术升级，但是升级速度没有赶上发达和较发达国家技术升级的速度。这个推论得到其他一些研究的支持。比如，关志雄发现中国出口产品的技术含量在上升，但和日本的差距在拉大；③而齐俊妍则发现中国出

① 在124个产业部门中，大约有10个服务业部门完全没有出口，它们的权重均为0。

② S. Lall and J. Weiss, "The Sophistication of Exports: A New Trade Measure", *World Development*, Vol. 34, 2006, pp. 222-237.

③ 关志雄：《从美国市场看"中国制造"的实力》，《国际经济评论》2002年第8期。

口产品的技术升级速度低于韩国。①

相比全部技术含量，全国和江苏省的国内技术含量值下降非常快，尤其是江苏省。1997 年，全国和江苏省的 v^D 值分别为 10977 和 11461；但到 2002 年，则下降为 9394 和 8878，5 年间分别降低了约 14% 和 23%。这些变化至少说明了两个问题。首先，中国的产品国内技术含量出现了迅速下降的趋势；这说明学术界和政策制定者们的担心并非没有理由。其次，这一情况在江苏省得到了进一步的验证，并且江苏省的国内技术含量下降得比全国更快。这可能和江苏省的出口加工业比例高于全国水平有关。从 20 世纪 90 年代后期以来，江苏省的对外开放加快了速度，出口加工贸易紧追广东省，成为全国第二大加工贸易省份。②

最后，从标准化指标 *DTC* 来看，1997 年，江苏省和全国的 *DTC* 水平大致相当，在 0.90 左右，即产品技术含量中的 90% 来自于国内企业的制造能力。但是，从 1997 年到 2002 年，全国的 *DTC* 值从 0.91 下降到 0.83，下降了 8 个百分点；而江苏省则从 0.92 下降到 0.78，更是下降了 14 个百分点。可以看出，全国和江苏省 *DTC* 指数的下降是和它们的 v^D 值的下降相呼应的，反映了同样的问题。

图 1 进一步显示了 1997 年和 2002 年全国各部门按当年 *TSI* 排列的 *DTC* 值。从图中可以直观地看出两个趋势。首先，两年的 *DTC* 都随 *TSI* 的增加而降低，即产品的技术复杂度越高，我国产品的国内技术含量越低。其次，和 1997 年相比，2002 年 *DTC* 呈现总体下降趋势，而且较高技术复杂度指数的产业下降更明显。

不过，图中某些部门的 *DTC* 向右下方的移动可能和技术复杂度指数本身发生的变化有关。一个可能原因是，从 1997 年到 2002 年，更多的低收入水平国家参与了某些产品部门的国际产品内分工，从而降低了这些部门的产品技术复杂度水平。为了使技术复杂度指数前后可比，我们以 1997 年各部门的技术复杂度指数值为参照，③将各部门 1997—2002 年 DTC 的变化值画在图 2 中。从图中可以看出，除了少数异常点以外，1997—2002 年的 *DTC* 变化值基本保持

---

① 齐俊妍：《基于产品技术含量和附加值分布的国际贸易结构分析方法研究》，《现代财经》2006 年第 8 期。

② 1995 年江苏的加工贸易进出口总额仅为 72 亿元，不足广东 747 亿元的 1/10；然而 2000 年就迅速增长到 230 亿元，占广东 1210 亿元的 1/6 强；2004 年更进一步增长到接近广东的 1/2。根据各年的《广东统计年鉴》和《江苏统计年鉴》数据计算。

③ 2002 年和 1997 年投入产出表的细分类部门口径略有不同，于是我们将具有口径差异的相关部门合并，使得前后数据可比，最终得到 109 个部门的数据。以下江苏和广东在进行 DTC 差值比较时，也做了同样的数据处理。

在 0 到 -0.2 之间，并微微向右下倾斜；尤其当 *TSI* 值在 12000 以上时，*DTC* 下降较为明显。这再一次说明，我国的出口加工贸易切入了高技术产业的低端环节，使得这些部门的国内技术含量水平下降。

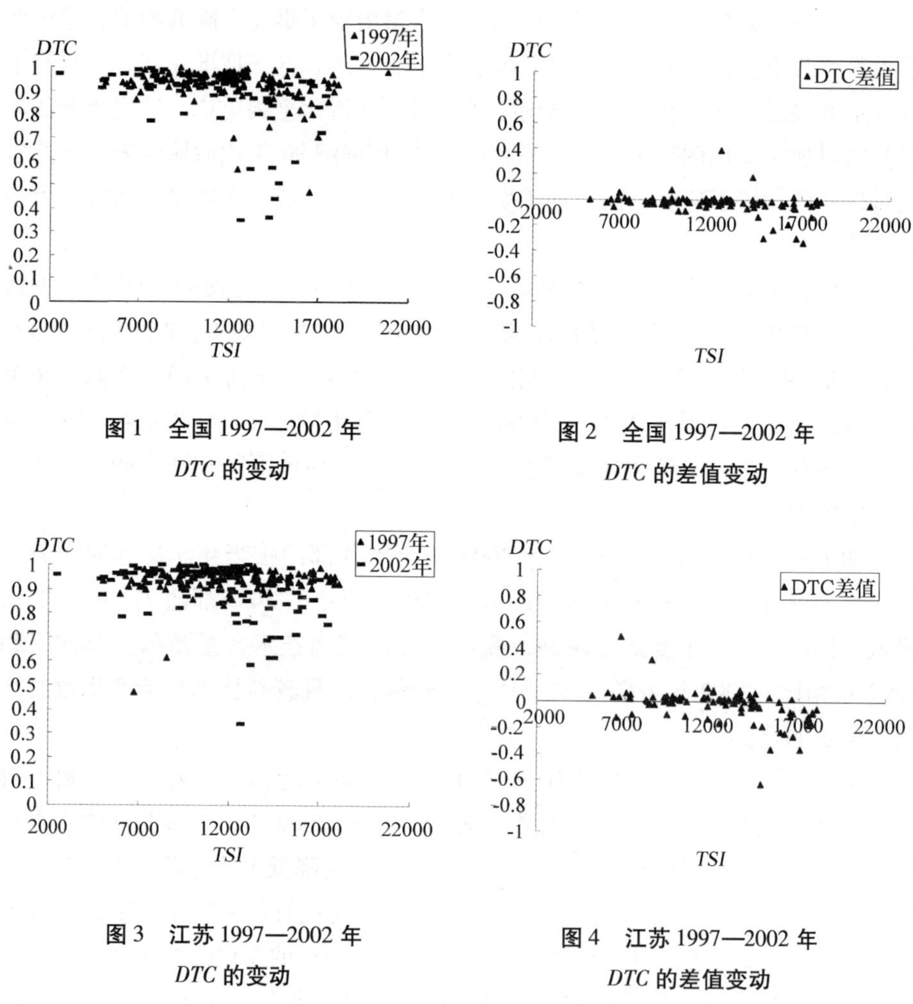

图 1　全国 1997—2002 年 *DTC* 的变动

图 2　全国 1997—2002 年 *DTC* 的差值变动

图 3　江苏 1997—2002 年 *DTC* 的变动

图 4　江苏 1997—2002 年 *DTC* 的差值变动

图 3 和图 4 分别刻画了 1997 年和 2002 年江苏省各行业按技术复杂度指数排列的 *DTC* 值以及以 1997 年技术复杂度指数值为参照排列的 *DTC* 差值。可以发现，江苏省的结果与全国的情况基本类似，即 2002 年的国内技术含量水平比 1997 年明显下降了，而且在较高技术复杂度指数产业上的下降更大；尤其是当技术复杂度指数大于 12000 时，*DTC* 的变化绝大多数为负值。根据以上结果，我们似乎可以得出结论，即加工贸易的增加导致产品国内技术含量的下

降。但是，以上结果的一个潜在问题是，它们可能只反映了短期的变化，而没有反映长期的变化。一个可能性是，即使是加工贸易也存在干中学的机制，虽然短期内国内技术含量会下降，但在长期，学习效应会提升本土技术水平，从而导致国内技术含量的上升。我们在下一节对广东的研究正表明了这一点。广东是我国开放最早且加工贸易最发达的省份，对广东的考察有利于我们认清加工贸易的长期效应。

五　广东省国内技术含量的长期变动趋势

我们有广东省 1992 年、1997 年和 2002 年三年的投入—产出表，但是，1992 年的表中只有 32 个部门。为了实现可比性，我们计算了两套结果，一套是 1997 年和 2002 年 124 个部门的结果，一套是 1992 年、1997 年和 2002 年按 1992 年投入—产出表中的 32 个部门计算的结果。图 5 和图 6 显示了这两套结果下广东出口产品的国内技术含量的总体变化情况。

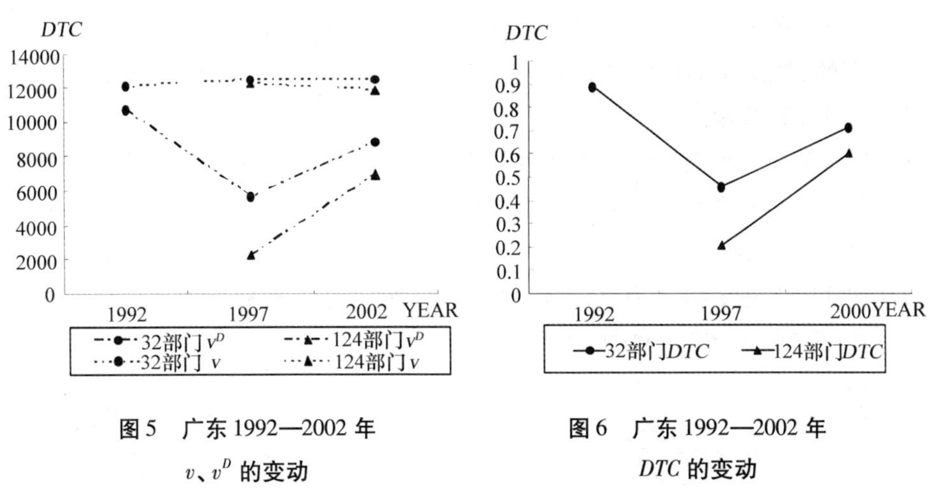

图 5　广东 1992—2002 年 v、v^D 的变动

图 6　广东 1992—2002 年 DTC 的变动

从总体出口技术含量的变化来看，广东省 124 个部门的出口技术含量从 1997 年到 2002 年略有下降，从 12238 下降到 11851，下降了约 3%；按 32 个部门计算的结果却略有上升，1992—1997 年间和 1997—2002 年间分别上升了 2.9% 和 0.4%。因此，与全国和江苏省相比，广东省出口的整体技术含量已经相对稳定或略有上升，这可能与广东省近些年来大规模的电子信息产品的出口有关。

我们更关注的是国内技术含量的变化。首先，无论哪套结果，广东省的

v^D 和 DTC 在 1997—2002 年间都上升了，而不是像全国和江苏省那样下降。按 124 个部门计算，广东省在 1997 年的 v^D 和 DTC 值分别只有 2215 和 0.21，但 2002 年上升为 6955 和 0.61，v^D 值上升了 214%，而 DTC 值则整整上升了 40 个百分点。从 32 个部门的结果来看①，广东省 2002 年的 v^D 值和 DTC 值比 1997 年分别上升了 56% 和 25 个百分点。32 个部门口径计算的结果可能比较粗糙，但是基本结论仍与 124 个部门的类似。考虑到广东省的出口加工贸易在 1997 年到 2002 年之间只会上升，不会下降，而且仍然领先全国，因此，从上述结果来看，那种认为出口加工业肯定降低产品国内技术含量的观点是不成立的。

其次，我们注意到，从 1992 年到 1997 年，广东的 v^D 值和 DTC 值有剧烈的下降。按照 32 个部门的口径计算，v^D 值从 10755 下降到 5640，而 DTC 值则从 0.89 下降至 0.46，分别下降了 48% 和 43 个百分点。因此，从 1992 年到 1997 的下降，再到 2002 年的上升，两个阶段一起共同构成了一个 V 字形曲线。这说明，在参与国际产品内分工、发展出口加工业的过程中，发展中国家的国内技术含量水平有可能是先下降后上升的。当然，从总体来看，2002 年广东省的 v^D 值和 DTC 值仍然低于 1992 年的水平，因此，较下降过程而言，国内技术含量的上升似乎相对缓慢。而且，根据 124 个部门的结果，广东省在 2002 年的 v^D 值和 DTC 仍然低于全国和江苏省的水平，这也说明其国内技术含量的上升比较缓慢。

进一步地，我们将广东省 1992—1997 年、1997—2002 年 32 个部门口径的 DTC 值按当年的产品技术复杂度指数分别列于图 7 和图 8 中。②显然，从 1992 年到 1997 年，绝大多数部门的 DTC 值出现了迅速下降，而且技术复杂度指数较高的部门下降更多；相反，从 1997 年到 2002 年，我们观察到大面积的回升，且在技术复杂度指数中部值域上的上升较大。

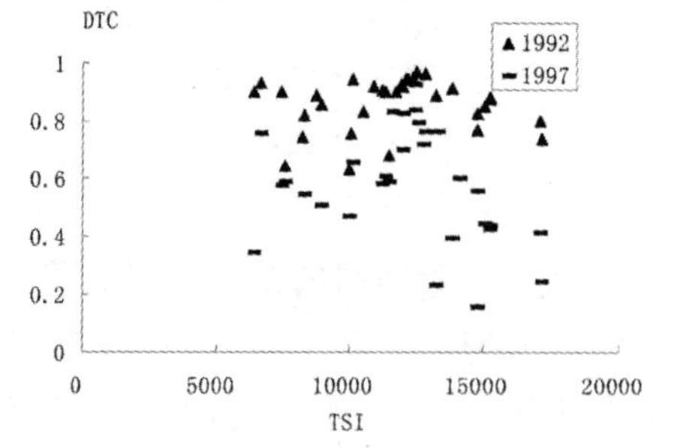

图 7　广东 1992—1997 年 DTC 的变动

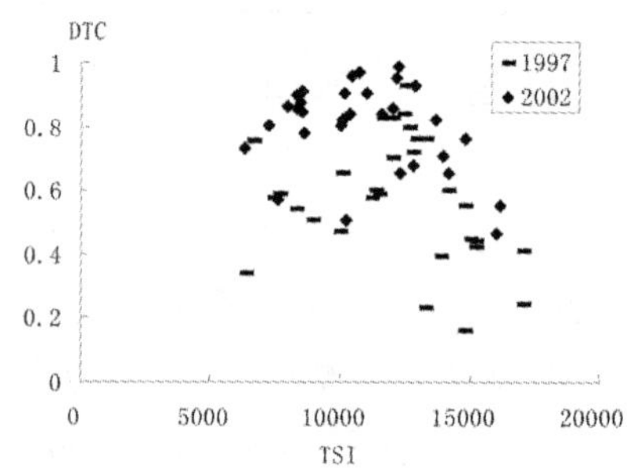

图 8　广东 1997—2002 年 DTC 的变动

① 32 个部门中有 8 个部门为服务业部门，均存在进出口。

② 此处，我们在样本中剔除了电力及蒸汽热水生产和供应业、炼焦煤气及煤制品业这两个 DTC 异常的部门。

为了得到更为直观的认识，我们以 1997 年的 TSI 为坐标，将 1992—1997 年以及 1997—2002 年的各部门 DTC 变化值列在图 9 中，将 1992—2002 年各部门 DTC 的变化值列在图 10 中。从图 9 中可以看出，广东省 1992 年到 1997 年 32 个部门的 DTC 差值全部为负值，而 1997—2002 年的差值则全部为正值，这证明广东省 DTC 的 V 形反转趋势在产业层次上仍然成立。但是，图 10 显示，与 1992 年相比，2002 年广东各行业的 DTC 仍然较低，两年的差值基本为负。32 个产业部门中，仅有 7 个部门为正值，并且，部门 TSI 值越高，DTC 下降得越明显；经出口份额加权后，两年间的均值从 0.89 下降至 0.71。这说明，广东省出口加工业经过 10 年左右的发展，绝大多数部门的国内技术含量仍然低于初期水平，而且 DTC 出现提升的首先是那些中等技术含量的部门，而在高技术部门，DTC 提升较为缓慢。①

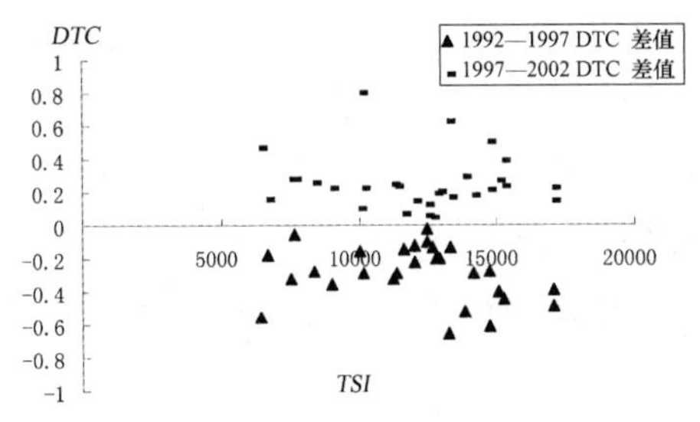

图 9　广东 1992—1997 年、1997—2002 年 DTC 差值变动

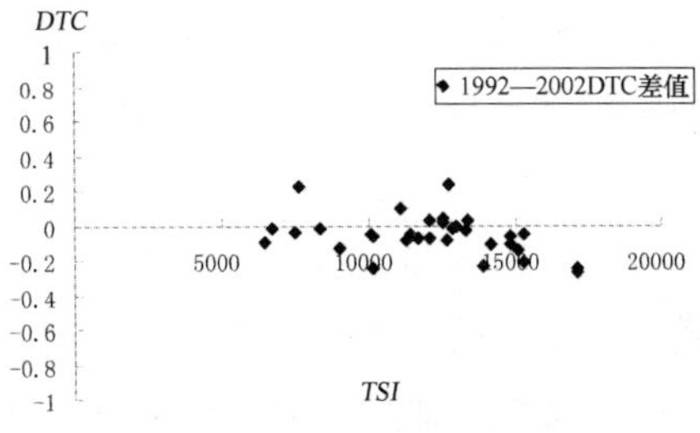

图 10　广东 1992—2002 年 DTC 差值变动

接下来我们尝试对以上两节的发现，特别是广东省的 V 形曲线给出一个粗略的解释。在出口加工的早期阶段，发展中国家的比较优势决定了其必然从事的是技术含量较低的生产环节，即从发达国家进口技术含量较高的中间品和资本品，进行劳动密集型的加工组装后再大规模出口。确实，对于许多拥有庞大低成本劳动力的国家，如中国而言，能够很快把它们的生产体系扩展到高技术复杂度的产品；但是他们生产核心部件和技术的能力并没能相应地发展起

① 另外，DTC 的反转似乎还显示出一些值得注意的产业特征。比如，在那些技术含量较高的制造业，如电气机械及器材制造业、电子及通信设备制造业、仪器仪表及其他计量器具制造业等，1997 年的国内技术含量下降得很快，且在 2002 年提升也非常有限，以致 10 年间的 DTC 差距很大，说明这些产业的核心部件和资本品仍然主要依赖于进口，所以 DTC 仍然处于较低水平。而技术含量较低的制造业，如食品制造业、纺织皮革业和文教制品业等，尽管 DTC 一度下降较大，但是提升也非常快，以至于 2002 年 DTC 与原先的值已经非常接近了。考虑到这些产业部门在国际竞争力的不断加强，我们认为它们的 DTC 水平还将进一步提高。限于篇幅，我们没有在文中展开这方面内容的分析。

来，因此他们不得不大量进口核心部件和原材料，从而导致了DTC的下降。无论是广东、江苏，还是全国，均经历了或正在经历这一时期。①尤其在那些高技术产业中，由于核心技术要求高、生产环节可分离以及所需资源禀赋差异大等特性，特别适宜发达国家与发展中国家之间展开产品内的垂直分工，从而使得后者高技术产业的DTC下降得尤其迅速。在出口加工的中后期，发展中国家的DTC之所以会出现上升趋势，我们认为有两个可能的解释。第一是本地企业的干中学效应。发展中国家企业在进口中间品和资本品的过程中，能够通过逆向工程（Reverse Engineering）这样的干中学措施，吸收发达国家的技术溢出而获得生产高技术中间品的能力。这一效应已经在诸多的研究中得到了证明。②具体到广东的个案来看，许多产业的成功经验，像广东顺德的家电业和深圳的通信和信息产业之所以能够开始走上自主技术创新的道路，在加工贸易中逐渐积累的技术能力和知识经验功不可没。③另一方面，由于发展中国家企业所处的生产环节是镶嵌在全球价值链中的一个环节，其国外的上下游客户为了提高自身产品的国际市场竞争力，也愿意主动帮助其提高技术水平，④而这正是我国众多承接跨国公司外包的本土企业的一个重要的学习机会和途径。广东很多企业都得益于此，比如TCL、格兰仕等著名企业就是从为国外大客户做代工起家的。此外，伴随着出口加工业的发展，发展中国家的资源禀赋也逐渐发生变化，比如人力资本的开发和积累，以及企业研发投入的增长等，也对当地企业提高吸收能力起了重要作用。

另一个解释是跨国公司内部生产环节的垂直分离（Vertical Disintegration）。垂直分离实际上是跨国公司在其公司内部实现的产品内垂直分工，以

---

① 以出口加工设备进口和外资设备进口占进口总额的比重为例，广东在1992年曾达到21.9%，1997年下降为15.7%，2002年则进一步下降到8.5%；而江苏1997年该比例为25%，到2002年仍占11.4%；全国这一比值相对较低，1997年为13.4%，2002年则下降到6.4%。资料来源：根据《广东统计年鉴》、《江苏统计年鉴》和《海关统计》相关年份的原始数据计算，中国咨讯行数据库。

② G. M. Grossman and E. Helpman, "Trade, Knowledge Spillovers, and Growth", *European Economic Review*, Vol. 35, 1991, pp. 517 – 526; L. Jabbour, "Determinants of International Vertical Specialization and Implications on Technology Spillovers", *Paper Presented at the 4th Europaeum Economic Workshop*, University of Bologna, 2005. http://www.dse.unibo.it/EUROPAEUM/jabbour.pdf.

③ 有关资料与评论可查看2006年2月11日经济日报网络版的报道：《顺德当好创新“实干家”》，http://www.southcn.com/news/china/china05/2006lh/2006lhpl/200603070414.htm；新华网专题报道：《深圳建设自主创新型城市》，http://www.xinhuanet.com/politics/zt20070121/ywjj.htm；以及2005年11月1日深圳市贸易工业局技术发展处发布：《深圳外资对技术转移和提高自主创新能力的关系研究》，www.baoc.baoan.gov.cn/upfiles/。

④ G. Gereffi and R. Korzeniewicz, *Commodity Chains and Global Capitalism*, Westport: Praeger, 1994; J. Humphrey and H. Schmitz, *Developing Country Firms in the World Economy: Governance and Upgrading in Global Value Chains*, INEF Report, No. 61, 2002. http://www.ids.ac.uk/ids/global/vwpap.html.

及特定生产工序在发展中国家的分支机构间的重新配置。目前越来越多的跨国公司正在将那些在本国失掉竞争力的生产环节转移到发展中国家，而且这一转移有加快的趋势。因此，对于发展中国家而言，原本进口才能获得的中间品或零部件，现在可以从外资企业那里获得。目前，外资出口加工企业在我国东部沿海形成大量集聚，尤其在广东的东莞和江苏的苏州等地区非常突出。这些外资企业建立后，为降低成本必然转向当地采购或形成外资企业间的供应链，使得国际生产能力逐步向发展中国家和地区转移。伴随着更多的外资企业开始生产原先的进口中间品，东道国的国内技术含量也会因此而得到提升。①

显然，第一种因素导致的 DTC 提升对发展中国家更有意义。但是，应该注意到的是，无论哪种因素，都和本地生产能力，特别是人力资本水平的上升有关。对于内资企业，这是无须说明的；对于外资企业，它们之所以能够顺利地把技术含量较高的生产工序转移到发展中国家，是因为后者的工人素质得到较大的提高。

六　结论与进一步研究

本文的主要贡献有两点。第一，本文首次提出了“产品国内技术含量”这一概念，并提出了测量该指标的一套方法，其特点是在测算贸易品技术复杂度的基础上，利用投入—产出表计算各种产品的国内技术含量。据我们所知，这在国际上尚属首次。第二，根据对全国、江苏省和广东省产品国内技术含量的测算结果，我们得到了两个有趣的发现。其一，全国和江苏省的国内技术含量确实有下降趋势，而且下降速度很快。中国正在出口更多的高技术产品，但出口的整体技术含量相对于世界先进水平并没有提高，同时国内生产技术含量迅速下降。其二，广东省的产品国内技术含量无论是在省级层次还是在部门层次上，都呈现出先下降、后上升的 V 形动态变化。

根据对广东省的研究，本文似乎可以得出这样的推论，我国产品国内技术含量在短期内的下降不是一个非常令人担心的问题。但值得注意的是，相对于早期的 DTC 下降过程而言，后期的回升过程要来得缓慢得多；而且，越是高技术含量的行业越是如此。这可能说明，中国的产品国内技术含量要越过 V 形曲线的拐点出现上升趋势，仍然存在诸多障碍，尤其是在那些高技术的产业

---

① Z. Wang and S. J. Wei，“The Rising Sophistication of China's Exports：Assessing the Roles of Processing Trade，Foreign Invested Firms，Human Capital and Government Policies”，*Working Paper*，October 2007. http：//www. ccer. edu. cn/cn/ReadNews. asp? NewsID =8215. 王直等人将中国出口的技术复杂度与外资出口份额进行回归，认为外资企业倾向于提高了中国出口品的技术复杂度水平。

部门中。

当然，本文只是一项初步的研究工作。我们认为，我们的工作至少在两个方面值得进一步深化。首先，我们对 V 形曲线的发现是在对广东这个最先对外开放的省份及其属下 32 个产业部门的研究基础上提出来的。我们还需要更长时期的以及跨省或跨国的数据来对这个趋势进行验证，并就其形成的原因进行深入的分析。其次，由于我国目前还没有权威性的、多年份的非竞争性投入—产出表，我们把所有的进口都当作了中间投入品，这可能对我们的结果产生影响，使我们低估我国产品的国内技术含量。国家统计局正在计划编制全国的非竞争性投入—产出表，在这个工作完成之后，我们可以对我们的结果进行进一步的验证。

（原文载于《中国社会科学》2008 年第 2 期）

第十四届获奖论文

（2010年度）

AMBIGUITY, RISK, AND ASSET RETURNS IN CONTINUOUS TIME

陈增敬　Larry Epstein

陈增敬，男，1961 年 9 月生，汉族，博士生导师。国家杰出青年基金获得者，教育部“长江学者”特聘教授。现任山东大学金融研究院院长兼数学院副院长；民建中央委员、民建中央财政委员会委员；中国数学学会常务理事。

1　INTRODUCTION

1.1　Outline

It is intuitive that many choice situations feature ‘Knightian uncertainty’ or ‘ambiguity’ and that these are distinct from ‘risk’. The Ellsberg Paradox and related evidence have demonstrated that such a distinction is behaviorally mean ingful. However, the distinction is not permitted within the subjective expected utility framework, or even more broadly, if preference is ‘probabilistically sophisticated’. Because continuous – time modeling has universally assumed probabilistic sophistication, it has focussed on risk and risk aversion as the important characteristics of choice situations, to the exclusion of a role for ambiguity. This paper presents a formulation of utility in continuous – time that permits a distinction between risk aversion and ambiguity aversion, as well as a further distinction between these and the willingness to substitute intertemporally. This three – way distinction is accomplished through an extension of stochastic differential utility (Duffle and Epstein 1992a) whereby the usual single prior is replaced by a set of priors, as in the atemporal model of Gilboa and Schmeidler (1989). We call the resulting model recursive multiple – priors utility. ①

Our model of utility is the continuous – time counterpart of that in Epstein and Wang (1994, 1995). It is well known that continuous – time modeling affords considerable analytical advantages. These are manifested here in our application of recursive multiple – priors utility to a representative agent asset pricing setting to study the effects of the ambiguity associated with asset returns. We show (Section 5) that excess returns for a security can be expressed as a sum of a risk premium and an ambiguity premium. We elaborate shortly (Section 1.2) on the potential usefulness of such a result and more generally, of admitting that security returns embody both risk and ambiguity, for addressing two long standing empirical puzzles. At this point, we wish to emphasize that none of the asset pricing results and potential applications discussed in this paper are discussed in the cited papers by Epstein and Wang. Their focus is on the connection between ambiguity and the indeterminacy of equilibrium. In particular, a decomposition of excess returns into risk and ambiguity premia is not presented, nor is it apparent in the discrete – time framework, though it jumps off the page in the continuous – time setting.

The paper proceeds as follows. The rest of this introduction elaborates on potential applications. Section 2 specifies recursive multiple – priors utility. This is accomplished in stages, beginning with an outline of the essential ingredients of the atemporal model. Section 3 provides some examples. Ambiguity and ambiguity aversion are examined in Section 4 and the application to asset pricing is provided in Section 5. Proofs are collected in appendices.

1.2 Ambiguity in Markets

The importance of the Ellsberg Paradox is that it is strongly suggestive of the importance of ambiguity also in nonexperimental settings. Asset markets provide an obvious instance. The risk – based models that constitute the paradigm in this literature have well documented empirical failures; and introspection suggests (at least to us) that ambiguity is at least as prominent as risk in making investment decisions. An illustration of the potential usefulness of recognizing the presence of ambiguity is provid-

① To explain this nomenclature, note that stochastic differential utility is the continuous – time counterpart of recursive utility (Epstein and Zin, 1989).

ed by the equity premium puzzle (Mehra and Prescott ,1985)—the failure of the representative agent model to fit historical averages of the equity premium and the risk - free rate. One aspect of the puzzle is that animplausible degree of risk aversion is needed to rationalize the observed equity premium. Naturally, the equity premium is viewed as a premium for the greater riskiness of equity. The alternative view that is suggested by our analysis is that part of the premium is due to the greater ambiguity associated with the return to equity, which reduces the required degree of risk aversion.

Another potential role for ambiguity is in addressing the home - bias puzzle, whereby investors in many countries invest 'too little' in foreign securities. Naturally, too little is from the perspective of a model where securities are differentiated only via their risk characteristics. However, if foreign securities are more ambiguous than domestic ones, then admitting this possibility into the model may help to resolve the puzzle. This approach has been developed, with some success, in Epstein and Miao (2001).①

Further applications of our model are suggested by the related work on robust decision - making; see Hansen and Sargent (2000) and Anderson, Hansen, and Sargent (2000), for example. Though these authors refer to 'model uncertainty' rather than 'ambiguity', their model is also motivated in part by the Ellsberg Paradox and it is proposed as an intertemporal version of the Gilboa - Schmeidler model. The utility function specification supporting the robust control approach is described in Hansen and Sargent (2001) and a detailed comparison of the two models of utility is provided in Epstein and Schneider (2001a).② In spite of the substantial differences between the models described there, the commonality in motivation and spirit suggests that the macroeconomic applications discussed by these authors [see also Hansen, Sargent, and Tallarini (1999) and Cagetti et al. (2002)] are potential applications of our model as well. These include also normative applications, for example, to optimal monetary policy in a setting where the monetary authority does not know precisely the true model describing the environment [Onatski (2000) and Onatski and Stock (2002)].

To provide some perspective on the above applications, consider two issues that

① Once again, continuous - time plays an important role.

② One difference is that the robust control model violates the usual notion of dynamic consistency. Another difference is that its underlying updating rule is such that conditional preference at time t > 0 depends on what might have happened in other unrealized parts of the event tree.

may have already occurred to readers, namely, (i) observational equivalence and (ii) learning.

For (i), consider the alternative deviation from rational expectations modeling whereby we continue to assume probabilistic sophistication (a single prior) but relax the rational expectations hypothesis that the agent knows the true probability law. This approach is adopted in Abel (2002) and Cecchetti, Lam, and Mark (2000) in order to address the equity premium puzzle. Our model ultimately delivers a 'distorted probability measure', selected endogenously from the agent's set of priors, that would deliver the identical representative agent equilibrium were it adopted as a primitive specification of beliefs. That is, there is an observational equivalence if one restricts attention to a single dynamic equilibrium. Nevertheless, our approach has several advantages.

First, the observational equivalence fails once one connects the dynamic equilibrium to behavior in other settings. For example, the equity premium puzzle concerns not only the historical equity premium but also behavior in other settings and introspection regarding plausible choices between hypothetical lotteries these are used to determine the range of plausible risk aversion. Implicit is that the prospects involved in all these settings are purely risky, justifying the transfer of preference parameters across settings. Such transfers are inappropriate, however, under our working hypothesis that prospects faced in an assetmarket are qualitatively different than hypothetical lotteries where prizes are determined by the outcome of a coin flip, for example. In this way, even though any excess return that can be generated by our model could also be delivered by a model in which equity is viewed exclusively as risky but where perceived riskiness is relative to erroneous beliefs, reinterpretation of the equity premium asdue partly to ambiguity has potential empirical significance.

Second, there is an appeal to basing an explanation of asset market behavior on a phenomenon, namely ambiguity aversion, that is plausibly important in a variety of settings, rather than on a particular and invariably ad hoc specification of erroneous beliefs. Finally, an agent using the wrong probability measure may plausibly be aware of this possibility and thus be led to seek robust decisions. Such self – awareness and a desire for robust decisions lead naturally to consideration of sets of priors.

The second natural question concerning our model is "would ambiguity not disappear eventually as the agent learns about her environment?" For example, given an Ellsberg urn containing balls of various colors in unknown proportions, it is intuitive that the true color composition would be learned asymptotically if there is repeated sampling (with replacement) from the urn. However, intuition is different for the modified setting where there is a sequence of ambiguous Ellsberg urns, each containing balls of various colors in unknown proportions, and where sampling is such that the nth draw is made from the nth urn. If the agent views the urns as "identical and independent", then one would not expect ambiguity to vanish. Indeed, Marinacci (1999) and Epstein and Schneider (2001b) prove LLN results appropriate for beliefs represented by a set of priors in which the connection between empirical frequencies and asymptotic beliefs is weakened to a degree that depends on the extent of ambiguity in prior beliefs. The latter paper adopts the discrete – time counterpart of recursive multiple – priors utility and thus is directly relevant. "Identical and independent" is modeled there by conditional one – step – ahead beliefs that are independent of history and time. The continuous time counterpart corresponds to the special case of our model called IID ambiguity (Section 3.4), where, roughly speaking, the increments $\{dW_t: t \geqslant 0\}$ of the driving state process (W_t) constitute the counterpart of the set of Ellsberg urns. (See the end of Section 2.4 for further discussion of learning.)

2 MULTIPLE – PRIORS UTILITY

2.1 Atemporal Model

Consider an atemporal or one – shot choice setting where uncertainty is represented by the measurable state space $(\Omega, \mathcal{F})$. The decision – maker ranks uncertain prospects or acts, maps from Ω into an outcome set $\mathcal{X}$. According to the multiple – priors model, the utility $U(f)$ of any act f has the form:

(2.1) $U(f) = \min_{Q \in \mathcal{P}} \int u(f)\, dQ$ where $u: \mathcal{X} \to \mathcal{R}^1$

is avon Neumann – Morgenstern utility index and $\mathcal{P}$ is a subjective set of probability measures on $(\Omega, \mathcal{F})$.① The subjective expected utility model is obtained when the set of priors $\mathcal{P}$ is a singleton. Intuitively, the multiplicity of priors in the general

① The set 5 $\mathcal{P}$ is required to be weakly compact (the weak topology is that induced by the set of bounded measurable functions) and convex. Because $\mathcal{F}$ and its closed convex hull generate the identical utility function, closedness and convexity are normalizations that ensure uniqueness. See Gilboa and Schmeidler (1989) for further details. Note, however, that probability measures are assumed there to be only finitely additive, while we assume countable additivity.

case models ambiguity about likelihoods of events and the infimum delivers aversion to such ambiguity.

In anticipation of the technical requirements of continuous time, consider a specialization of the multiple – priors model for which all priors in $\mathscr{P}$ are uniformly absolutely continuous with respect to some P in $\mathscr{P}$. ① Then $\mathscr{P}$ may be identified with its set H of densities with respect to P, where $H \subset L^1_+(\Omega, \mathscr{F}, P)$ is weakly compact. The identification is via

$$\mathscr{P} = \{hdP : h \in H\}.$$

For further details and behavioral implications of this added structure, see Epstein and Wang (1995, Section 2).

2.2 Discrete Time

The essence of our continuous – time model can be described by considering first a discrete – time setting. ②

Let time vary over $t = 0, \ldots, T$ and let the state space and filtration be given by $(\Omega, \{\mathscr{F}\}_0^T)$. The objects of choice are adapted consumption processes. To for mulate a dynamic version of the multiple – priors model, it is natural to consider the process of conditional preferences and furthermore to assume that each such conditional preference satisfies the Gilboa – Schmeidler axioms (where the outcome set $\mathscr{X}$ consists of consumption streams). Suppose further that conditional preferences are dynamically consistent. Epstein and Schneider (2001a) show that these axioms, plus some "auxiliary" ones, deliver the following representation: ③the time t conditional utility of a consumption process $c = (ct)$ is

$$V_t(c) = min_{Q \in \mathscr{F}} E_Q[\sum_{s=t}^{T} \beta^{s-t} u(c_s) \mid \mathscr{F}_t] \quad (2.2)$$

where 13 and u are as usual and where — is the agent's set of priors on (Ω,

① $\mathscr{P}$ is uniformly absolutely continuous with respect to P if for every $\varepsilon > 0$ there exists $\delta > 0$ such that E$\in$ $\mathscr{F}$ 5r and P(E) $< \delta$ imply $Q(E) < \varepsilon$, $\forall Q \in P$.

② This perspective on Epstein and Wang (1994) does not appear there; it has emerged only with the benefit of hindsight and Epstein and Schneider (200la).

③ As in Gilboa and Schmeidler (1989), an Anscombe – Aumann style domain is adopted where the axioms are both necessary and sufficient for the representation. The auxiliary axioms deal primarily with the ranking of objective lotteries rather than ambiguous prospects.

$\mathcal{F}_T$). The set $\mathcal{P}$ satisfies the regularity conditions described above for the atemporal model and also a property that (following earlier versions of this paper) is called rectangularity. Because of rectangularity, utilities satisfy the recursive relation

$$(2.3) \qquad V_t(c) = \min_{Q \in \mathcal{P}} E_Q[\sum_{s=t}^{r-1} \beta^{s-1} u(c_s) + \beta^{(r-1)} Vr(c) \mid \mathcal{F}_t]$$

for all $\tau > t$, which in turn delivers dynamic consistency if $\mathcal{P}$ is updated by applying Bayes' Rule prior by prior. It merits emphasis that such a recursive relation is not valid for general sets of priors because the minimization destroys the additivity available in the standard model.

To understand the meaning of rectangularity, observe that the recursive relation for utility depends on $\mathcal{P}$ only via the sets of one - step - ahead conditional measures that it induces at each (t, ω). Thus it must be that in a suitable sense — is completely determined by these one - step - ahead conditionals. To see how, think of a discrete - time event tree that represents $(\Omega, \{\mathcal{F}_t\})$, where nature determines motion through the tree and where $\mathcal{F}_T$ describes the set of terminal states or events. At each node, $\mathcal{P}$ induces a set of conditional probability measures over the state next period. Conversely, the sets of conditional - one - step - ahead mea sures for all time - event pairs can be combined in the usual probability calculusway to deliver a set $\mathcal{P}$' of measures on $\mathcal{F}_T$. In this construction, admit all possible selections of a conditional measure at each time - event pair. In general, $\mathcal{P}$' is strictly larger than $\mathcal{P}$ though they induce the identical sets of one - step - ahead measures. Call $\mathcal{P}$ rectangular if $\mathcal{P}$' $= \mathcal{P}$. It is apparent that rectangularity ensures an equivalence between global minimization over $\mathcal{P}$, as in (2.2), and repeated local minimization over the set of one - step - ahead conditional measures, as in (2.3).

For later use, note that if a reference probability measure P is given on $\mathcal{F}_T$, then conditional measures can be expressed in terms of their densities with respect to the conditional measures induced by P. Thus the preceding sketch can be reformulated in terms of sets of one - step - ahead densities. Further, these can be taken to be primitives and specified arbitrarily. Then the above construction delivers a rectangular set—and any rectangular set can be generated in this way.

A (nonaxiomatic) generalization of (2.2) has the form

$$(2.4) \qquad V_t(c) = \min_{Q \in \mathcal{P}} V_t^Q(c), \text{where}$$

$V_t^Q(c) = W\left(c_t, E_Q\left[V_{t+1}^Q(c) \mid \mathcal{F}_t\right]\right)$ for each Q in $\mathcal{P}$. Here W is an aggregator function (strictly increasing in its second argument) analogous to that appearing in Epstein and Zin (1989) and motivated there by the desire to disentangle risk aversion from other aspects of preference. As above, rectangularity for $\mathcal{P}$ delivers the recursive relation

$$(2.5) \qquad V_t(c) = W\left(c_t, \min_{Q\in\mathcal{P}} E_Q[V_{t+1}(c) \mid \mathcal{F}_t]\right) = \min_{Q\in\mathcal{P}} W(c_t, E_Q[V_{t+1}(c) \mid \mathcal{F}_t])$$

We proceed shortly to formulate a continuous – time counterpart of (2.4) – (2.5). The key is the construction of rectangular sets of priors in continuous time, that is, sets constructed along the lines described above for the event tree.

2.3 Continuous Time

Consider a finite horizon model, where time t varies over $[0, T]$. Other primitives include:

· a probability space $(\Omega, \mathcal{F}, P)$;

· a standard d – dimensional Brownian motion $W_t = (W_t^1, \ldots, W_t^d)^T$ definedon $(\Omega, \mathcal{F}, P)$;

· the Brownian filtration $\{\mathcal{F}_t\})_{0\leqslant t\leqslant T}$, where $\mathcal{F}_t$ is generated by $\sigma(W_s: s\leqslant t)$ and the P – null sets of $\mathcal{F}$, $\mathcal{F}_T = \mathcal{F}$.

The measure P is part of our description of the consumer's preference and, for that purpose, it is significant only for defining null sets; any equivalent measure would do as well. In particular, P is not necessarily the "tree" measure (with the exception of Section 5).

Consumption processes c take values in C, a convex subset of R^l.① Our objective is to formulate a utility function on the domain D of C – valued consumption processes. It is natural to consider a process of utility values (V_t) for each c, where V_t is the utility of the continuation $(c_s)s\geqslant t$ and V_0 is the utility of the entire process c.

In the case of risk, where P represents the consumer's assessment of likelihoods, Duffle and Epstein (1992a) define stochastic differential utility (SDU). For

① In this paper, $x = (x_t)$ denotes a process, by which we mean that it is: (i) progressively measurable, that is, (for each t) $x:[0, t]x(\Omega, \mathcal{F}_t) \rightarrow R^l$ is product measurable, and (ii) square integrable, that is, $E\int_0^T |x_s|^2 ds < \infty$. The set of all such processes is a Hilbert space under the obvious inner product. Inequalities in random variables are understood to hold P a. e., while those involving stochastic processes are understood to hold $dt\otimes dP$ a. e.

any given c in D, the SDU process (V_t^P) is defined as the solution to the integral equation

(2.6) $V_t^P = E\left[\int_t^T f(c_s, V_s^P)\, ds \mid \mathcal{F}_t\right]$. Here the function f is a primitive of the specification, called an aggregator. The special case $f(c, v) = u(c) - \beta v$, delivers the standard expected utility specification

$$V_t = E\left[\int_t^T e^{-\beta(s-t)} u(c_s)\, ds \mid \mathcal{F}_t\right]. \tag{2.7}$$

The limitation of SDU from the present perspective is that because all expectations are taken with respect to the single probability measure P, the consumer is indifferent to ambiguity. In the next three sections, we describe a generalization of SDU in which the consumer uses a set — of measures as in the atemporal multiple - priors model.

2.4 The Set of Priors

As suggested in the discussion of the discrete - time model, construction of the set $\mathcal{P}$ of priors on $(\Omega, \mathcal{F}_T)$ is key. Ignore rectangularity for the moment and consider the representation of sets $\mathcal{F}$ of measures equivalent to P. This is done by specifying suitable densities.

For this purpose, define a density generator to be an R^d - valued process $\theta = (\theta_t)$ for which the process (z_t^θ) is a P - martingale, where

$$dz_t^\theta = -z_t^\theta \theta_t \cdot dW_t, \qquad z_0^\theta = 1,$$

that is,

$$z_t^\theta \equiv \exp\left\{-\frac{1}{2}\int_0^t |\theta_s|^2\, ds - \int_0^t \theta_s \cdot dW_s\right\}, \qquad 0 \leqslant t \leqslant T.$$

A sufficient condition [see Duffle (1996, p. 288)] is that θ satisfy the Novikov condition

$$E\left[exp\left(\frac{1}{2}\int_0^T |\theta_s|^2 ds\right)\right] < \infty \tag{2.8}$$

Then, because $1 = Z_0^\theta = E[Z_t^\theta]$, Z_t^θ is a P - density on $\mathcal{F}_T$. Consequently, θ generates a probability measure Q^θ on $(\Omega, \mathcal{F})$ that is equivalent to P, where

$$Q^{\theta}(A) = E\left[1_A Z_T^{\theta}\right], \text{for all } A \text{ in } \mathcal{F}_T.$$

In other words,

$$(2.9) \qquad \frac{dQ^{\theta}}{dP} = Z_T^{\theta};$$

more generally,

$$\left.\frac{dQ^{\theta}}{dP}\right|_{\mathcal{F}_t} = Z_T^{\theta} \qquad \text{for each } t$$

Thus, given a set O of density generators, the corresponding set of priors is

$$(2.10) \qquad \mathcal{P}^{\Theta} = \{Q^{\theta}: \ \theta \epsilon \Theta \text{ and } Q^{\theta} \text{ is defined by } (2.9)\}$$

Conversely, any set of equivalent measures can be generated in this way. ①

Turn now to a further restriction on sets of density generators and hence sets of priors in order to obtain recursivity of utility. The discussion of rectangularity in the discrete - time setting pointed to the key property being that $\mathcal{P}$ is equal to the set of all measures that can be constructed via arbitrary selections from primitive sets of one - step - ahead densities. In the present setting, a density generator $\theta = (\theta_t)$ is the process that delivers the counterpart of the (logarithm of) a conditional one - step - ahead density for each time and state and the primitive sets of one - step - ahead densities (in logarithm form) are modeled via a process$(\Theta_t)_{t\epsilon[OT]}$ of correspondences from Ω into R^d; that is, for each t, let

$$\Theta_t : \Omega \rightsquigarrow R^d.$$

Finally, the restriction to the set of all measures that can be constructed by some selection from these sets of one - step - ahead densities corresponds to the restriction to the following set of density generators:

$$(2.11) \qquad \Theta = \{(\theta_t): \ \theta_t(\omega) \in \Theta_t(\omega)\, dt \otimes dP \text{ a.e.}\}.$$

Refer to such sets of density generators and to the corresponding sets of priors $\mathcal{F}^{\Theta}$ as rectangular. ②

Assume throughout the following properties for $(\Theta_t)_{t\in[0,T]}$:

---

① Adapt the argument in Duffle (1996, p. 289).

② An example of a nonrectangular set is $\{(\theta)_t: \ E[\int_0^T |\theta_s|^2 ds] \leqslant \ell\}$, where $l > 0$ is a parameter.

UNIFORM BOUNDEDNESS: There is a compact subset K in R^d such that Θ_t: $\Omega \rightsquigarrow \mathcal{K}$ each t.

COMPACT - CONVEX: Each Θ is compact - valued and convex - valued.

MEASURABILITY: The correspondence $(t, \omega) \mapsto \Theta_t(\omega)$, when restricted to $[0, s] \times \Omega$, is $\mathcal{B}([0, s]) \times \mathcal{F}_s$ measurable for any $0 < S \leqslant T$. ①

NORMALIZATION: $0 \in \Theta_t(\omega)\, dt \otimes dP$ a.e..

Uniform Boundedness ensures that (2.8) is satisfied by any $\theta \epsilon \Theta$ and hence that each Q^θ is well - defined. Normalization ensures that the reference measure P lies in $\mathcal{F}^\Theta$. The roles of the other assumptions are evident.

The primitive $\{\Theta_t\}$ can be represented in an alternative way that is sometimes more convenient. Because each Θ_t is convex - valued, we can use the theory of support functions to provide a reformulation of the preceding structure. Define

$$(2.12) \qquad e_t(x)(\omega) = \max_{y \in \Theta_t(\omega)} y \cdot x, \qquad x \in R^d.$$

Occasionally, we suppress the state and write simply $e_t(x)$. It is well - known that, for each (t, ω), $e_t(.)(\omega)$ provides a complete description of(ω) in that the latter can be recovered from $e_t(.)(\omega)$. Characterizing properties of $e_t(.)(\omega)$ include (Lipschitz) continuity, convexity, linear homogeneity, and non - negativity (because of Normalization). ② Further, by Aliprantis and Border (1994, Theorem 14. 96), the above Measurability assumption is equivalent to:

We use the support function primarily in the special case described in Section 3. 4, where $e_t(.)(\omega)$ is independent of both time and the state.

The above assumptions on $(\Theta_t)_{t \in [0, T]}$, deliver a number of properties for the set of priors. The most important implication of rectangularity, that is, of the special structure (2. 11) for Θ, is recursivity of utility as described in the next section. Here we list properties that are counterparts of those mentioned in the context of the atemporal setting.

THEOREM 2. 1: The set of priors $\mathcal{P}\,\Theta$ satisfies:

(a) $P \epsilon \mathcal{P}^\Theta$.

(b) $\mathcal{P}^\Theta$ *is uniformly absolutely continuous with respect to* P *and each measure in* $\mathcal{P}^\Theta$ *is equivalent to* P.

---

① That is, $\{(t, \omega) \in [0, s] \times \Omega: \Theta_t(\omega) \cap K \neq \varnothing\} \in \mathcal{B}([0, s]) \times \mathcal{F}_s$ for each compact $K \subset \mathcal{F}$ [Aliprantis and Border (1994, Section 14. 12)].

② The proof of Lipschitz continuity is contained in the proof of Theorem 2. 2.

(c) $\mathcal{P}^{\Theta}$ *is convex.*

(d) $\mathcal{P}^{\Theta} \subset ca_{+}^{1}(\Omega, \mathcal{F}_T)$ is compact in the weak topology. ①

(e) For every $\xi \in L^2(\Omega, \mathcal{F}_T, P)$, there exists $Q^* \in \mathcal{P}^{\Theta}$ such that

$$E_{Q^*}[\xi \mid \mathcal{F}_t] = \min_{Q \in \mathcal{P}^{\Theta}} E_Q[\xi \mid \mathcal{F}_t], \qquad 0 \leqslant t \leqslant T.$$

Parts (a) – (d) are self – explanatory, By (d), $\min_{Q \in \mathcal{P}^{\Theta}} E_Q \xi$ exists for any ξ in $L^1(\Omega, \mathcal{F}, P)$, afortiori In $L^2(\Omega, \mathcal{F}, P)$, Part (e) extends the existence of a minimum to the process of conditional expectations.

Finally, consider again the issue of learning. As suggested above, $\Theta_t(\omega)$ can be thought of as the set of conditional one – step – ahead densities (in logarithm) at (t, ω). Because this set depends on data (through to), our general model permits learning. On the other hand, the responsiveness to data permitted by our model is very general and we do not yet have any compelling structure to add, for example, in order to illustrate the response of ambiguity to observation. Thus our principle examples below (Section 3.4) exclude learning.

It may be useful to translate the preceding into the single – prior (and discrete time) context. Typically, the prior is over the full state space and learning amounts to Bayes' Rule. However, the Savage theory does not restrict this priorand its conditional one – step – ahead updates are similarly unrestricted. We adopt the equivalent approach of beginning with the updates and using them to construct the prior. In saying that we do not yet have an interesting structure to suggest for conditional one – step – ahead updates, we are in part acknowledging the widely recognized fact that there is no decision theory available that serves to pin down the prior.

2.5 Definition and Existence of Utility

Let Θ *and* $\mathcal{F}^{\Theta}$ be as above. In addition and in common with SDU [see (2.6)], another primitive component of the specification of utility is an aggregator $f: C \times R^1 \to R^1$② Assume the following:

· f is Borel measurable.

① Let ba$(\Omega, \mathcal{F}_T)$ denote the normed space of finitely additive real – valued functions on $\mathcal{F}_T$ with the total variation norm. The weak topology on ba$(\Omega, \mathcal{F}_T)$ is that induced by the set B$(\Omega, \mathcal{F}_T)$ of all bounded measurable real – valued functions, ca $_{+}^{1}(\Omega, \mathcal{F}_T)$ denotes the subset of countably additive probability measures; it inherits the above weak topology.

② In the terminology of Duffle and Epstein (1992a), f is a normalized aggregator. The transformations of f that lead to ordinally equivalent utility processes below are identical to those described in the cited paper.

- Uniform Lipschitz in utility: There exists a positive constant k such that

$$|f(c,v)-f(c,w)| \le k|v-w|, \quad \text{for all} \quad (c,v,w) \in C \times R^2.$$

- Growth condition in consumption: $E[\int_0^T f^2(c_t, 0)\,dt] < \infty$ for all $c \in D$.

We wish to generalize SDU by allowing the agent to employ the set $\mathcal{P}^{\Theta}$ of priors rather than the single measure P. On purely formal grounds, one is led to consider the following structure: Fix a consumption process c in D. Then for each measure Q in $\mathcal{P}^{\Theta}$, denote by (V_t^Q) the SDU utility process for c computed relative to beliefs given by Q, that is, (V_t^Q) is the unique solution [ensured by Duffle and Epstein (1992a)] to

$$(2.13) \qquad V_t^Q = EQ\left[\int_t^T f(c_s, V_s^Q ds \mid \mathcal{F}_t)\right], 0 \leqslant t \leqslant T.$$

The structure of the atemporal multiple – priors model suggests defining utility as the lower envelope

$$(2.14) \qquad \mathrm{V}_t = \min_{Q \in \mathcal{P}^{\Theta}} V_t^Q, \qquad 0 \leqslant t \leqslant T.$$

We show shortly that (2.14) admits a unique solution (V_t) for each c in D. Thus we can vary c and obtain the utility function $V_0(\cdot)$, or simply $V(\cdot)$ or V. When we wish to emphasize the underlying consumption process, we write $[V_t(c)]$.

The definition (2.14) is the continuous – time counterpart of (2.4). One would expect, therefore, that if our construction of $\mathcal{P}^{\Theta}$ captures the appropriate notion of rectangularity, then we should obtain dynamic consistency of $[Vt(\cdot)]$ by establishing a counterpart of (2.5).① This is achieved in the theorem to follow.

Not surprisingly, the way to exploit fully the analytical power afforded by continuous – time (both in order to prove dynamic consistency and for subsequent analysis) is to express the recursive relation for utilities in differential terms. Accordingly, the theorem shows that the utility process defined by (2.14) can be characterized alternatively as the unique solution to a backward stochastic differential equation (BSDE).②

① Dynamic consistency, defined as in Duffle and Epstein (1992a, p. 373), is the requirement that for all stopping times r and all consumption processes c and c' satisfying $c' = c$ on $[0,\tau]$, $P(V_\tau(c') \geqslant V_\tau(c)) = 1 \Rightarrow V_0(c') \geqslant V_0(c)$, with strict inequality holding if $P(V_\tau(c') > V_\tau(c)) > 0$.

② See Appendix A for a brief outline and El Karoui, Peng, and Quenez (1997) for a comprehensive guide to the theory of BSDE's as well as to previous applications to utility theory and derivative security pricing.

To illustrate, notice that the SDU process (V_t^P) defined by (2.6) can be expressed alternatively as the unique solution to the BSDE

$$(2.15) \qquad dV_t^P = -f(c_t, V_t^P)\,dt + \sigma_t^P \cdot dW_t, \qquad V_T^P = 0.$$

In fact, because the volatility σ_t^P is endogenous and is part of the complete solution to the BSDE, it is more accurate to say that "(V_t^P, σ_t^P) is a (unique) solution". However, as our focus is on the utility component of the solution, we abbreviate and write "(V_t^P) is a unique solution"; similar abbreviated terminology is adopted throughout. To see that the BSDE characterization follows from (2.6), observe that, by the latter,

$$V_t^P + \int_0^t f(c_s, V_s^P)\,ds = E\left[\int_0^T f(c_s, V_s^P)\,ds \mid \mathcal{F}_t\right],$$

which is a martingale under P. Thus the Martingale Representation Theorem delivers (2.15) for a suitable process (σ_t^P) (that depends on c). This argument may be reversed by using the fact that $\int_0^t \sigma_t^P$ Wt is a martingale in order to establish that (2.15) implies (2.6).

A similar reformulation is possible for the SDU process (V_t^Q) defined in (2.13) and corresponding to an agent with probabilistic beliefs given by Q in $\mathcal{P}^\Theta$. If $Q = Q^\theta$ [see (2.9)], then the Girsanov Theorem implies that (V_t^Q) solves the BSDE,

$$(2.16) \qquad dV_t^Q = [-f(c_t, V_t^Q) + \theta_t \cdot \sigma_t^Q]\,dt + \sigma_t^Q \cdot dW_t, \qquad V_T^Q = 0.$$

In comparison with (2.15), the drift is adjusted by the addition of $\theta_t \sigma_t^Q$ in order to account for the fact that (W_t) is not a Brownian motion under Q. ①We are now ready to state our main theorem.

THEOREM 2.2: Let Θ and f satisfy the preceding assumptions. Fix c in D. Then:

(a) There exists a unique (continuous) process (V_t) solving the BSDE

$$(2.17) \qquad dV_t = \left[-f(c_t, V_t) + \max_{\theta \in \Theta} \theta_t \cdot \sigma_t\right] dt + \sigma_t \cdot dW_t, \qquad V_T = 0.$$

① The Girsanov Theorem and the Martingale Representation Theorem are the key tools that we employ from stochastic calculus. They are standard in finance see Duffle (1996), for example.

(b) For each $Q = Q^{\theta} = \mathcal{P}^{\Theta}$, denote by (V_t^Q) the unique solution to (2. 13), or equivalently to (2. 16). Then (Vt) defined in (a) is the unique solution to (2. 14) and there exists $Q^{\theta} = \mathcal{P}^{\Theta}$ such that

$$(2.18) \qquad V_t = V_t^{Q^{\theta^*}}, \qquad 0 \leqslant t \leqslant T.$$

(c) The process (V_t) is the unique solution to $V_t = 0$ and

$$(2.19) \qquad V_t = \min_{Q \in \mathcal{P}^{\Theta}} E_Q\left[\int_t^{\tau} f(c_s, V_s)\, ds + V_{\tau} \mid \mathcal{F}_t\right], \qquad 0 \leq t < \tau \leq T.$$

Part (b) refers to the initial definition (2. 14). Part (a) is the BSDE character ization that is the counterpart to (2. 15). Part (c) makes explicit the recursivity of utility and justifies the name recursive multiple – priors utility for our model of utility. Equation (2. 19) is the promised counterpart of the discrete – time relation (2. 5).

Comparison of (2. 17) and (2. 14) yields some insight into our construction. If the volatility of utility were denoted by $-\sigma_t$ rather than σ_t, then the maximum in (2. 17) would be replaced by a minimum, paralleling (2. 14). With this change of notation in mind, the integral and differential characterizations reveal an equivalence between the global minimization over $\mathcal{P}^{\Theta}$ and the continual instantaneous optimization over Θ, just as in the discrete – time setting. This equivalence is due to our construction of Θ via (2. 11) as rectangular. It is easy to understand the importance of (2. 11). By (B. 1), the maximum in (2. 17) is equal to max $_{yt\epsilon\Theta t}$—0, $_y t \cdot \sigma_t$, the solution of which at every t and to in general permits the optimizer more freedom than does the global optimization problem in (2. 14), where a single measure, or equivalently, a single θ, must be chosen at time 0. Thus if one begins with a general nonrectangular set Θ of density generators, local and global optimization would yield different results. There is equivalence here because (2. 11) imposes that 6} is the Cartesian product of its projections.

Turn to interpretation, particularly the nature of the ambiguity modeled viarecursive multiple – priors utility; a more formal treatment of ambiguity is provided in Section 4. 2. Only one of the measures in $\mathcal{P}^{\Theta}$, namely P, makes the driving process (W_t) a Brownian motion. Thus there is ambiguity about whether (W_t) is a Brownian motion. More specifically, Girsanov's Theorem implies that if $Q = Q^{\theta}$ *is in* $\mathcal{P}^{\Theta}$, then $W_t^Q = W_t + \int_0^t$ fo ds is a Brownian motion under Q. Thus ambiguity concerns (and is limited to) the drift of the driving process. The fact that ambiguity is limited to the drift is a consequence of the Brownian environment and the assumption of absolute continuity.

Several extensions of the theorem seem possible. The assumption of a Brownian filtration can be relaxed along the lines indicated in El Karoui, Peng, and Quenez (1997). The terminal value of 0 in (2.17) can be generalized and utility can be well-defined without the Lipschitz hypothesis (Lepeltier and Martin 1997). Finally, we suspect that the extension from a finite horizon to an infinite horizon can be carried out in much the same way as it is done in Duffle and Epstein (1992a) for stochastic differential utility. Related results for BSDE's defined on an infinite horizon may be found in Chen (1998) and Pardoux (1997). Finally, note that BSDE's have been used to price securities in markets that feature incompleteness, short-sale constraints, or other imperfections. ① These lead to nonlinear BSDE's characterizing (upper or lower) prices that are for mally very similar to the BSDE (2.17) used here to define intertemporal utility. The similarity is suggested by the fact that, with imperfect markets, no-arbitrage delivers a nonsingleton set of equivalent martingale measures. In our setting, the multiplicity of measures arises at the level of utility and is due to ambiguity rather than features of the market.

The coming sections illustrate, interpret, and apply the recursive multiplepriors model of utility.

3 EXAMPLES

3.1 Deterministic and Risky Consumption Processes

It is important to keep in mind that σ_t is endogenous in the BSDE (2.17). To illustrate this endogeneity and the consequent dependence of σ_t on the consumption process, consider (2.17) for two particular consumption processes. First, suppose that c is deterministic. Then $\sigma_t = 0$ and utility is given by the ordinary differential equation

$$dV_t = -f(c_t, V_t)\,dt, \qquad V_T = 0.$$

This is the recursive utility model for deterministic consumption processes pro-

① See EL Karoui, Peng, and Quenez (1997) of some references.

posed in Epstein (1987).

For the second example, let

$$(3.1)\qquad R=\{i:\ 1\leq i\leq d,\ (\theta_t^i)=0 \text{ for all } \theta \text{ in } \Theta\}\quad \text{and}$$

$$(3.2)\qquad \mathcal{F}_t^R=\sigma(W_s^i:\ i\in R,\ s\leq t).$$

Then all measures in $\mathcal{P}^\Theta$ agree with P for events that are $\mathcal{F}_T^R$measurable and it is natural to view such events as unambiguous or purely risky. We elaborate upon this interpretation in Section 4.2. Here we wish merely to clarify the mechanics of the BSDE (2.17). Accordingly, let c be adapted to the filtration $\{\mathcal{F}_T^R\}$. Then $\sigma_t^R=0$ for i ϵR and $\max_\theta \theta\cdot\sigma_t=0$, implying that the SDU utility process V_t^P defined in (2.15) is the solution to (2.17). That is because the consumption process c just described is viewed by the consumer as being purely risky.

3.2 Standard Aggregator

The aggregator underlying the expected additive utility model (2.7) is

$$(3.3)\qquad f(c,v)=u(c)-\beta v,\qquad \beta\geq 0.$$

For this aggregator, there exists a closed-form representation for recursive multiple-priors utility, as we now show (assuming the appropriate measurability for u). By Theorem 2.2(b), it is enough to have a representation for V_t^Q for each Q in $\mathcal{P}^\Theta$. However, from (2.13),

$$V_t^Q=E_Q\left[\int_t^T e^{-\beta(s-t)}u(c_s)\,ds\mid\mathcal{F}_t\right].$$

Conclude that

$$(3.4)\qquad V_t=\min_{Q\in\mathcal{P}^\Theta}E_Q\left[\int_t^T e^{-\beta(s-t)}u(c_s)\,ds\mid\mathcal{F}_t\right],$$

which is the desired closed-form expression.

While this functional form may seem the "obvious" way to formulate a multiplepriors extension of the usual model (2.7), the subtlety is the rectangularity of $\mathcal{P}^\Theta$, which, as explained above, is responsible for recursivity. The latter takes the form [by Theorem 2.2(c)]

$$V_t=\min_{Q\in\mathcal{P}^\Theta}E_Q\left[\int_t^\tau e^{-\beta(s-t)}u(c_s)\,ds+e^{-\beta(\tau-t)}V_\tau\mid\mathcal{F}_t\right],\qquad t\leq\tau.$$

The remaining examples are concerned primarily with illustrative specifications for Θ.

3.3 K - Ignorance

Fix a parameter $K = (K_1, \ldots, K_d)$ in R^d_+ and take

$$\Theta_t(\cdot) = \{y \in R^d : |y_i| \leqslant \kappa_i \text{ for all } i\}.$$

Then

$$\Theta = \{(\theta_t) : \sup\{|\theta_t^i| : 0 \leqslant t \leqslant T\} \leqslant \kappa_i, i = 1, \ldots, d\}.$$

The following notation will be useful. Denote by $|\sigma_t|$ the d - dimensional vector

$$(3.5) \qquad \operatorname{sgn}(x) \equiv \begin{cases} |x|/x & \text{if } x \neq 0, \\ 0 & \text{otherwise,} \end{cases}$$

with ith component $|\sigma_t|$, and similarly for other d - dimensional vectors. Define

and $k \otimes \operatorname{sgn}(\sigma_t) \equiv (k_1 \operatorname{sgn}(\sigma_t^1), \ldots, \mathrm{Kd}\operatorname{sgn}(\sigma_t^d))$.

Then

$$\max_{\theta \in \Theta} \theta_t \cdot \sigma_t = \theta_t^* \cdot \sigma_t = \kappa \cdot |\sigma_t|,$$

where

$$(3.6) \qquad \theta_t^* = \kappa \otimes \operatorname{sgn}(\sigma_t), \quad \text{or} \quad \theta_t^{*i} = \begin{cases} \kappa_i |\sigma_t^i| / \sigma_t^i & \text{if } \sigma_t^i \neq 0, \\ 0 & \text{otherwise.} \end{cases}$$

tConsequently, the utility process solves

$$(3.7) \qquad dV_t = [-f(c_t, V_t) + \kappa \cdot |\sigma_t|]\, dt + \sigma_t \cdot dW_t, \quad V_T = 0.$$

Though it is customary to think of a volatility such as σ_t as tied to risk, the above BSDE cannot be delivered within the risk framework of SDU. We inter pret the term $k \cdot |\sigma_t|$ as modeling ambiguity aversion rather than risk aversion (see Section 4.2). For example, in the two - dimensional case, $k_1 = 0$ and $k_2 > 0$ indicate that W^2 is ambiguous but W^1 is purely risky. Further interpretation of the K - ignorance specification is provided in the next section.

3.4 Ⅱ D Ambiguity

For a generalization of k - ignorance, let $K \subset R^d$ be a compact and convex set containing the origin and define

$$\Theta_t(\cdot) = K \qquad \text{for all } t.$$

Recalling the interpretation of $\Theta_t(\omega)$ as the set of one – step – ahead conditionals, the constancy of this set indicates the lack of learning from data. As suggested in the introduction, there are situations in which some features of the environment remain ambiguous even asymptotically. The current specification models the agent after he has learned all that he can. The label " ⅡD ambiguity" is natural given the analogy with the case of a single – prior that induces one – step – ahead conditionals that are constant across time and states; further support is given shortly.

The utility process generated by this specification for (Θ_t) solves

$$dV_t = [-f(c_t, V_t) + e(\sigma_t)]\,dt + \sigma_t \cdot dW_t, \qquad V_T = 0,$$

where $e(\cdot)$ is the support function for K defined by

$$(3.8) \qquad e(x) = \max_{y \in K} y \cdot x, \qquad x \in R^d,$$

corresponding to a special case of (2.12) where the support function is independent of both time and the state.

By the theory of support functions (Rockafeller, 1970), the process θ^* asserted by Theorem 2.2(b) is given by $\theta^* \in \partial e(\sigma_t)$ for every t, where $\partial e(x)$ denotes the set of subgradients of e at x.

Denote by K^i the projection of K onto the /th coordinate direction and let d_1 denote both $\{1 \leqslant i \leqslant d : K^i \neq \{0\}\}$ and its cardinality. We can decompose K into a product $\{0_{d-d_1}\} \times K_1$, where $K_1 \subset R^{d1}$. It will be convenient to add the assumption that

$$(3.9) \qquad 0_{d_1} \in \text{int}(K_1) \subset R^{d_1}.$$

In words, for those process $(W_t^i)_{i \in d1}$, for which there is not complete confidence that P describes the underlying distribution, then P is not on the "boundary" of the set of alternative conceivable measures. The corresponding property of e is that, for all $x \in R^d$, ①

$$(3.10) \qquad e(x) = 0 \Longrightarrow x_i = 0 \quad \text{for all } i \text{ such that } K_i \neq \{0\}.$$

① $e(x) = 0$ iff $y \cdot x \leqslant 0$ for all $y \in K$. Suppose there exists i such that $K^i \neq \{0\}$. (Otherwise, (3.10) is obvious.) Then it follows from (3.9) that $x_i = 0$. The reverse implication in (3.10) is evidently also true. Alternatively, (3.9) is equivalent to the assumption that the polar of K is $\{0\}$.

The assumption (3.9) is included in any reference below to ⅡD ambiguity.

The special case

$$(3.11) \qquad K = \{y \in R^d : |y_i| \leq \kappa_i \text{ all } i\}$$

delivers K – ignorance. An alternative special case has

$$(3.12) \qquad K = \left\{ y \in R^d : \sum_{\{i: \kappa_i \neq 0\}} \kappa_i^{-1} |y_i|^2 \leq 1 \right\},$$

where K – $(K_1, \ldots, K_d) \geq 0$, leading to $e(x) = (K \cdot \chi^2)^{1/2}$; χ^2 denotes the dimensional vector with/th component χ_i^2.

By restricting the aggregator f, we can compute utility explicitly for consumption processes of the form

$$(3.13) \qquad dc_t / c_t = \mu^c \, dt + s^c \, dW_t,$$

where μ^c and s^c are constant. Suppose the aggregator is given by

$$(3.14) \qquad f(c, v) = \frac{c^\rho - \beta(\alpha v)^{\rho/\alpha}}{\rho(\alpha v)^{(\rho-\alpha)/\alpha}},$$

for some $\beta \geq 0$ and nonzero ρ, $\alpha \leq 1$.① This is the continuous – time version of the so – called Kreps – Porteus functional form [Duffle and Epstein (1992a, p. 367)]. It is attractive because the degree of intertemporal substitution and risk aversion are modeled by the separate parameters ρ and α respectively. The homothetic version of the standard aggregator (3.3), with $u(c) = c^\alpha / \alpha$, is obtained when $\alpha = \rho$.

The corresponding utility process can be computed explicitly by verifying thetrial solution

$$V_t = A_t c_t^\alpha / \alpha,$$

where

$$A_t^{\rho/\alpha} = \lambda^{-1}(1 - e^{\lambda(t-T)}),$$
$$\lambda = \beta - \rho(\mu^c - (1-\alpha)s^c \cdot s^c/2 - e(s^c)).$$

The associated volatility is

$$(3.15) \qquad \sigma_t = A_t c_t^\alpha s^c.$$

① This aggregator violates the Lipschitz condition for Theorem 2.2 and thus existence of utility is not ensured. See further discussion in Section 5.4.

Evidently the utility of the given consumption process is increasing in initial consumption and in $(\mu^c-(1-\alpha)s^c\cdot s^c/2-e(s^c))$,, the mean growth rate adjusted both for risk (via the second term) and ambiguity (via the third term). Support for the latter interpretation will follow in Section 4.2 from the interpretation provided there for α and $e(\cdot)$.① Observe that the risk premium is quadratic in the consumption volatility s^c, whereas the ambiguity premium is linearly homo geneous in s^c. The ambiguity premium is $k\cdot|s^c|$ in the case of k – ignorance.

Finally, we clarify the meaning of IID ambiguity and k – ignorance by describing properties of the utility processes that they deliver. Because (W_t) is a P – Brownian motion, P induces the following properties: (i) (W_t) is Markovian with identically and independently distributed increments; (ii) increments are contemporaneously independent and (iii) normally distributed with the familiar means and variances. A natural question is which of these properties, suitably reformulated, survive under $\mathcal{P}^\Theta$, that is, in spite of ambiguity. The next theorem shows that (i) survives under ⅡD ambiguity, while (ii) is also valid under K – ignorance. Thus in the latter case, $\mathcal{P}^\Theta$ models ambiguity about (iii) alone.

When we wish to vary the length T of the horizon and want to make explicit the particular horizon being discussed, we write $V_0^T(\cdot)$ for the utility function defined as in Theorem 2.2.

THEOREM 3.1: Suppose that Θ is given by IID ambiguity. For each r in $[0, T]$, let $\mathcal{G}_t^r=\sigma(W_s-W_r\colon t\geq s\geq r)$ *for* $t\geq r$ and $=\{\varnothing,\Omega\}$ otherwise.

(a) If c is adapted to the filtration $\mathcal{G}_t^r$, then $(V_t(c))$ is deterministic for $t\leqslant r$.

(b) If $c'=c$ on $[0,r]\times\Omega$, and both processes are adapted to $\mathcal{G}_t^r$, then

$$(3.16)\qquad V_0^T(c')\geq V_0^T(c)\Longleftrightarrow V_0^{T-r}({}^rc')\geq V_0^{T-r}({}^rc).$$

(C) If c_t is $\sigma(W_t)$ – measurable for each t in $[0, T]$, then so is $V_t(c)$.

(d) If Θ is given by k – ignorance and if c is adapted to the filtration $\{\mathcal{F}_t^{\leq\ell}\}$,, where $\pi\leqslant$ d and $\mathcal{F}_t^{\leq\ell}=\sigma(W_s^i\colon S\leqslant t,\ i\leqslant\pi)$, then $(V_t(c))$ is also adapted to $\{\mathcal{F}_t^{\leq\ell}\}$,.

For interpretation, consider each of these statements when $\Theta=\{0\}$ and thus

① For further interpretation of $e(.)$, see Lemma A.2.

when beliefs are represented by the single prior P. Suppose as in (a) that consumption is deterministic until time r and thereafter depends only on increments $W_s - W_r$. Because (W_t) is Brownian motion relative to P, such increments are independent of $\mathcal{F}\ t$ for any $t < r$. Thus the time t conditional utility $V_t(c)$ is deterministic until r. We are led to interpret (a) as expressing a form of independence in beliefs about future increments even when Θ is a nonsingleton.

Part (b) implies that calendar time matters only because it implies a different length for the remaining horizon. Under P, this is due to the stationarity of Brownian motion (the unconditional distribution of $W_s - W_r$ is identical to that of W_{s-r}). Accordingly, we interpret (b) as expressing a form of stationarity in beliefs under IID ambiguity.

With regard to (c), let $\tau > t$. Then the Markov property of Brownian motion implies that, under P, time t conditional beliefs about W— and hence also conditional utility at t depend only on W_t. Part (c) asserts that this Markov-type property is preserved under IID ambiguity.

For a general IID model, $V_t(c)$ can depend on $W\frac{t}{2}$ even if c is adapted to $\sigma(W\frac{1}{s}: s \leqslant t)$; this may happen because of a contemporaneous dependence between components of W_t. Part (d) states that this is impossible, however, given k-ignorance. Thus (d) expresses a form of contemporaneous independence between components of the driving process. This reflects the fact that under k - ignorance, the set $\{\theta_t^i \in R^d : |\theta_t^i| < \kappa_i\}$ of admissible distortions in coordinate i is independent of the distortions in other coordinates.

It merits emphasis that each of the properties in the theorem has behavioral significance. The latter is explicit for (b). Given two consumption processes c'and c as in part (c), their conditional ranking at t depends on time t information only via W_t. Similarly, for the significance of (a) and (d).

4 AMBIGUITY

Under suitable assumptions, the utility function we have defined has a number of classical properties, such as monotonicity, concavity, and continuity. They can be proven as in Duffle and Epstein (1992a) or El Karoui, Peng, and Quenez (1997, Prop. 3.5). As noted prior to Theorem 2.2, dynamic consistency is an immediate consequence of the recursive construction of utility via (2.17).①

In the sequel, we focus primarily on properties of preference related to ambiguity.

4.1 Behaviorally Distinct

This subsection supports earlier claims that probabilistic sophistication (suitably defined) provides a behavioral distinction between recursive multiple – priors utility and all other continuous time intertemporal utility functions in the current literature.② Probabilistic sophistication implies indifference to ambiguity, both informally in that it is contradicted by Ellsberg – style behavior, the canonical illustration of non indifference to ambiguity, and also on formal grounds [Epstein and Zhang (2001) and Ghirardato and Marinacci (2002)]. Thus only recursive multiple – priors can accommodate a concern with ambiguity.

The formulation of our result is complicated by the fact that the Machina Schmeidler (1992) notion of probabilistic sophistication is not appropriate in a dynamic setting. It requires "primarily" that there exists a probability measure $\bar{P}$ on $(\Omega, \mathcal{F}_T)$ such that the utility of any c depends only on the probability distribution induced by c: $\Omega \rightarrow R^{t[0,T]}$ and $\bar{P}$. However, it imposes also, through their adoption of the Savage Axiom P3 or the associated property of monotonicity with respect to "first – order stochastic dominance", restrictions on intertemporal aspects of preference that have nothing to do with probabilities. For example, SDU is probabilistically sophisticated in the sense of Machina and Schmeidler only in the special case of the standard intertemporally additive expected utilityfunction. Thus we describe a variation of probabilistic sophistication that excludessuch extraneous restrictions and isolates the property that preference is based on probabilities.

Denote by $D_t \subset D$ the set of consumption processes c such that (i) c_T is deter ministic for $0 \leqslant \tau \leqslant t$ and (ii) c_τ is $\mathcal{F}_t$ – measurable for each $t \leqslant \tau \leqslant T$. Processes in D_t are such that all uncertainty is resolved at the single instant t and thus we refer to elements in $U_{T=0}^{T} D_t$ as timeless prospects. Call the utility function V: $D \rightarrow R^1$ probabilistically sophisticated for timeless prospects if V restricted to $U_{T=0}^{T} D_t$ is probabi-

① More precisely, it follows from the Comparison Theorem A. 1 for BSDE's stated in Appendix A.

② These include, for example, SDU and utility functions with intertemporal nonseparabilities due to habit formation or learning – by – doing.

listically sophisticated in the sense of Machina and Schmeidler.

The Machina – Schmeidler axiomatization may be adapted to deliver an axiom atization of our modified notion. Thus probabilistic sophistication for timeless prospects is a meaningful behavioral notion. Finally, it is satisfied by all existing models of continuous – time utility, but typically not by the multiple – priors model, as we now show. ①

THEOREM 4. 1: The recursive multiple – priors utility function V defined in Theorem 2. 2 is probabilistically sophisticated for timeless prospects if and only if it conforms to SDU.

It is well known that in an atemporal setting, there exist probabilistically sophis ticated multiple – priors preferences where priors do not agree on all events. Thus, Marinacci (2000) establishes such global agreement only under the supplementary assumption that there exists an "interior" event where all measures in the set of priors agree. It is note worthy that in our setting where the set of priors is rect angular, corresponding to dynamic consistency of preference, no supplementary assumption is needed.

4.2　Ambiguity, Ambiguity Aversion, and Risk Aversion

We attempt now to treat ambiguity and ambiguity aversion more formally.

At a formal level, ambiguity (or unambiguity) is most naturally defined as a property of events. Identify the class μ of unambiguous events as consisting of those events where all measures in $\mathcal{P}^{\Theta}$ agree, that is,

$$(4.1)\qquad \mathcal{U}=\{B\in\mathcal{F}_T : Q(B)=P(B)\text{ for all }Q\text{ in }\mathcal{P}^{\Theta}\}.$$

Call all other events ambiguous.

Foundations for this identification are provided by the two behavioral or preference – based definitions of ambiguity in the literature, namely Ghirardato and Marinacci (2002) and Epstein and Zhang (2001). For the former definition, it is immediate that (4. 1) characterizes unambiguous events. For the latter definition, the characterization (4. 1) is valid for "most" events under the assumption of IID ambi-

① Continuous time is not important for this result or for Theorem 4. 4 below. Similar results can be proven in the discrete – time model of Epstein and Wang (1994) assuming nonatomic priors, though that was not apparent at the time that paper was written. We now have the benefit of Marinacci (2002) as well as of recent advances (Epstein and Zhang (2001) and Ghirardato and Marinacci (2002), for example) in understanding the behavioral meaning of ambiguity.

guity (see Lemma E. 1). [①]

To obtain a further characterization in terms of the primitive density generators, let

$$\Theta^i = \{\theta^i = (\theta^i_t):\ \theta \in \Theta\} \qquad (i = 1, \cdots, d).$$

Denote by $\{\mathcal{F}^i_t\}$ the filtration generated by the/th driving process (W^i_t). For IID ambiguity, we can prove the following lemma.

LEMMA 4. 2: Let Θ correspond to lid ambiguity. Then for any $F \in \mathcal{F}^T$, all measures in $\mathcal{P}^\Theta$ agree on F (that is, $Q(F) = P(F)$ for all $Q\ \mathcal{P}^\Theta$) if and only if: for each i,

$$(4.2) \qquad \Theta^i = \{0\} \quad or \quad P(F \mid \mathcal{F}^i_T) = 0 \quad or \quad P(F \mid \mathcal{F}^i_T) = 1.$$

Consequently,

$$\mathcal{U} = \{F \in \mathcal{F}_T :\ \text{for each } i, \Theta^i = \{0\} \text{ or } P(F \mid \mathcal{F}^i_T) = 0 \text{ or } 1\}.$$

To illustrate, in the k – ignorance model let $k_1 = 0$ and $k_i > 0$ for $i > 1$. Then unambiguous events are those determined by the first driving process (W^1_t).

Given the preceding designation of unambiguous events, we adopt the approach advocated in Epstein (1999) and Epstein and Zhang (2001) to define the distinct notions of ambiguity aversion and risk aversion. Roughly, the approach is to identify consumption processes that are adapted to $\{\mu \cap \mathcal{F}_t\}$ as the unambiguous processes. The restriction of utility V to unambiguous consumption processes embodies attitudes towards risk. The decision – maker's attitude towards ambiguity, on the other hand, is reflected in the way in which ambiguous processes are ranked relative to unambiguous ones (in a sense to be made precise). In this way a conceptual distinction can be achieved between attitudes towards risk and towards ambiguity.

To proceed more precisely, define c to be an unambiguous consumption process if c_t is μ – measurable for each $t < T$. When it is important to make explicit the underlying utility function, refer to c as V – unambiguous.

Given utility functions V and V^* with corresponding classes μ and μ^* of unam-

$$(4.3) \qquad \mathcal{U} \supset \mathcal{U}^* \text{ and}$$

$$(4.4) \qquad V(c^{ua}) \geqslant (>) V(c) \Longrightarrow V^*(c^{ua}) \geqslant (>) V^*(c),$$

① We suspect, but have not been able to prove, that (4. 1) characterizes all unambiguous events.

biguous events, say that V * is more ambiguity averse than V if bothfor all consumption processes c and c^{ua}, the latter V^* – unambiguous. The inter pretation is that if V prefers the $V*$ – unambiguous process c^{ua}, which is also unambiguous for V, then so should the more ambiguity averse V^*. The weak nesting condition (4. 3) ensures that the more ambiguity averse decision – maker views more events as ambiguous.

Say that V^* is more risk averse than V if both

$$(4.5) \qquad \mathcal{U} \subset \mathcal{U}^*$$

and

$$(4.6) \qquad V(\bar{c}) \succcurlyeq (>) V(c^{ua}) \Longrightarrow V^*(\bar{c}) \succcurlyeq (>) V^*(c^{ua}),$$

for all V – unambiguous consumption processes c^{ua} and deterministic processes $\bar{c}$. Symmetric with the prior definition, the more (risk) averse agent is assumed, via (4. 5), to perceive more risk. Implicit is the presumption that "unambiguous" and "risky" are synonymous and thus that unambiguous consumption processes constitute the appropriate subdomain for exploring risk attitudes. For comparative purposes, "unambiguous" must apply to both utility functions and hence mean "V – unambiguous". Finally, the intuition for the definition is that any risky process that is disliked by V relative to a riskless g', should be disliked also by the more risk averse V^*.

Consider an extreme case where

$$\mathcal{U}^* = \{\varnothing, \Omega\},$$

that is, all nontrivial events are ambiguous according to V^*. Then V^* is more risk averse than V if and only if $\mathcal{U} = \{\emptyset, \Omega\}$ and V^* and V agree in the ranking of deterministic processes. This may seem odd at first glance, but is a natural consequence of the fact that there is no risk according to either agent. Accordingly, differences in the "certainty equivalents" assigned to any consumption process by V and V^* are attributed entirely to differences in ambiguity aversion. In particular, in this case V^* is more ambiguity averse than V if and only if

$$V(\bar{c}) \succcurlyeq (>) V(c) \Longrightarrow V^*(\bar{c}) \succcurlyeq (>) V^*(c),$$

for all c and $\bar{c}$, the latter deterministic. Similarly, ambiguity aversion is uninteresting at the other extreme where $\mu^* = \mathcal{F}_T$ and there is no ambiguity.

The definitions are best clarified by application to canonical functional forms Kreps – Porteus aggregators (3. 14) and g – ignorance for Θ. The utility function V

generated by any such pair (f, Θ) can be identified with a quartet of parameters (β, ρ, α, k). The temptation, to which we have yielded above, is to interpret β and ρ as describing time preference and willingness to substitute intertemporally given deterministic processes, α as a risk aversion parameter, and to view k as modeling ambiguity aversion. Partial support is provided by the facts that the ranking of deterministic processes uniquely determines β and ρ and that it is unaffected by a and k. Additional support for the above interpretations is described next. ①

THEOREM 4.3: (i) $(\beta^*, \rho^*, \alpha^*, k^*)$ *is more ambiguity auerse than* (β, ρ, α, k) *if* $(\beta^*, \rho^*, \alpha^*) = (\beta, \rho, \alpha,)$ *and* $k^* > k$. *The converse is ture if* $k_i^* = 0$ *for some* i.
(ii) $(\beta^*, \rho^*, \alpha^*, k^*)$ *is more risk averse than* (β, ρ, α, k) *if* $(\beta^*, \rho^*) = (\beta, \rho)$, $\alpha^* \leqslant \alpha$ *and for each* $i, k_i = 0$. *The concerse is true if* $k_i = 0$ *for some* i.

Ambiguity aversion alone is increased by increasing the ignorance parameter, while risk aversion alone is increased by reducing a. In this comparative sense these two aspects of preference are modeled by separate parameters, and separately from properties of the ranking of deterministic process. ②

The above theorem generalizes in a straightforward way to general aggregators and IID ambiguity.

THEOREM 4.4: Consider aggregators f and f^* and let Θ and Θ^* correspond to IID ambiguity with corresponding sets K and K^* as described in Section 3.4. Then:

(i) (f^*, g^*) is more ambiguity averse than (f, K) if

$$(4.7) \qquad f = f^* \quad \textit{and} \quad K^* \supset K.$$

The converse is true if $K^{*i} = \{0\}$ for some i.

(ii) (f^*, K^*) is more risk averse than (f, K) if

$$Q^* \in \mathcal{P}^{\Theta}$$

for some transformation h with $h' > 0$ and $h'' \leqslant 0$, and for each i, $K^i = \{0\}$ implies $K^{*i} = \{0\}$.

The proof is similar to that of the preceding theorem, with reliance also on

① We continue to ignore the existence and uniqueness issues for the Kreps – Porteus aggregator.

② It is not possible to change the two forms of aversion simultaneously, because the change from α to α^* makes ambiguity attitudes noncomparable. This parallels the inability within the Kreps – Porteus functional form to change simultaneously the elasticity of intertemporal substitution $(1-\rho)^{-1}$ and the degree of risk aversion; the change from ρ to ρ^* makes risk attitudes noncomparable.

Sections 3. 3 and 5. 6 of Duffle and Epstein (1992a) in order to deal with (4. 8). We refer the reader to the justcited paper for clarification of (4. 8) and for an alter native to (4. 8) that is more intuitive (but too involved to include here). We merely note that the transformation in (4. 8) implies that $V^* = h(V)$ when restricted to deterministic consumption processes. Thus they rank such processes identically, which is a necessary condition for their risk attitudes to be comparable.

The converse in (ii) is not true in general because of the presumption in (4.8) that the function h relating V^* and V is twice differentiable. However, if we restrict attention to this case and if $K^i = \{0\}$ for some i, implying that there is some nontrivial risk common to both utility functions, then V^* more risk averse than V implies the conditions stated in the theorem.

We use the preceding theorems to justify the interpretation of various expressions as capturing the effects of risk aversion or of ambiguity aversion. An example is the lognormal consumption process described in Section 3.4, where we suggested that $(1 - \alpha)s^c \cdot s^c/2$ represents a premium for the riskiness of c and that $e(s^c)$ represents a premium for its ambiguity. A later example is a decomposition of the equity premium (5.22).

5 ASSET RETURNS

5.1 Supergradients

The asset pricing applications to follow make use of the notion of supergradients for utility. A supergradient for V at the consumption process c is a process (π_t) satisfying

$$(5.1) \qquad V(c') - V(c) \leqslant E\left[\int_0^T \pi_t \cdot (c'_t - c_t)\, dt\right],$$

for all c' in D. Denote by $\partial V(c)$ the set of supergradients at c.

Because V is a lower envelope of SDU functions V^Q [Theorem 2.2(b)], we can use a suitable envelope theorem to relate $\partial V(c)$ to supergradients of $\{V^Q: Q \in \mathcal{P}^\Theta\}$. For each SDU function V^Q, the set of supergradients may be completely characterized, following Duffle and Skiadas (1994), under the added assumption that there exists $k > 0$ such that

$$(5.2) \qquad \sup(|f_c(x, v)|, |f(x, 0)|) < k(1 + |x|), \qquad \text{for all } (x, v) \in C \times R^1.$$

The above reasoning leads immediately to the following characterization of $\partial V(c)$. It uses the notation

$$\Theta_c = \{\theta^* \in \Theta : \theta_t^* \in \arg\max_{y \in \Theta_t} y \cdot \sigma_t \text{ all } t\},$$

for any $c \in D$, where (σ_t) is the (unique) volatility of utility defined by (2.17); recall (B.1).

LEMMA 5.1: Suppose that f is continuously differentiable and that it satisfies (5.2) and the assumptions of Theorem 2.2. Then: (a)

$$\text{(5.3)} \qquad \partial V(c) \supset \Pi$$
$$\equiv \left\{\pi : \exists \theta^* \in \Theta_c, \pi_t = \exp\left(\int_0^t f_v(c_s, V_s(c))ds\right) f_c(c_t, V_t(c)) z_t^{\theta^*} \text{all } t\right\}.$$

(b) Suppose further that V is concave and that c lies in the interior of the domain D. Then $\partial V(c) = \Pi$.

See Appendix D for a proof. The set Π is alternatively expressed as

$$\Pi = \{\partial V^Q(c) : Q = Q^{\theta^*} \text{and } \theta^* \in \Theta_c\},$$

the set of of supergradients for the SDU functions VQ^* where Q^* satisfies (2.18). Evidently, $\partial V(c)$ is a nonsingleton in general. For example, if c is deterministic, then $\Theta_c = \Theta$ because the appropriate $o - t$ vanishes. Under the conditions in (b), the containment in (5.3) can be strengthened to equality. The scope of (b) is limited, however, by the fact that the non-negative orthant of the Hilbert space of square integrable processes has empty interior. Thus the interiority assumption can be satisfied only if V is well-defined for some processes where consumption may be negative. We include (b) in order to show a sense in which divergence between $\partial V(c)$ and H can be viewed as "pathological". In the asset pricing application that follows, we restrict attention to supergradients lying in H and thus possibly to a proper subset of equilibria.

5.2 The Optimization Problem

Consider a consumer with recursive multiple-priors utility. Her environment is standard [see Duffle (1996) for elaboration and supporting technical details]. There is a single consumption good, a riskless asset with return process r_t and d risky securities, one for each component of the Brownian motion W_t. Returns R_t to the risky securities are described by

$$dR_t = b_t dt + s_t dW_t,$$

where s_t is a $d \times d$ volatility matrix. Assume that markets are complete in the usual sense that s_t is invertible almost surely for every t. Market completeness delivers a (strictly positive) state price process π_t. Let

$$(5.4) \qquad -d\pi_t / \pi_t = r_t dt + \eta_t \cdot dW_t, \quad \pi_0 = \mathbf{1},$$

where $\eta_t = s_t^{-1}(b_t - r_t 1)$ and is typically referred to as the market price of risk. We refer to it as the market price of uncertainty to reflect the fact that security returns embody both risk and ambiguity.

Denote time t wealth by X_t and the trading strategy by ψ_t, where ψ_t^i is the proportion of wealth invested in risky security i. Thus $1 - \psi_t \cdot 1$ equals the proportion invested in the riskless asset. The law of motion for wealth is

$$(5.5) \qquad dX_t = ([r_t + \psi_t^\top (b_t - r_t \mathbf{1})] X_t - c_t) dt + X_t \psi_t^\top s_t dW_t, \quad X_0 > 0 \text{ given.}$$

Budget feasible consumption processes may be characterized by the inequality

$$(5.6) \qquad E\left[\int_0^T \pi_t c_t \, dt\right] \leqslant X_0.$$

First - order conditions for optimal consumption choice are expressed in the usual way in terms of the supergradient of utility at the optimum c.① In particular, c is optimal if

$$(5.7) \qquad \exp\left(\int_0^t f_v(c_s, V_s(c)) \, ds\right) f_c(c_t, V_t(c)) z_t^{\theta^*} = f_c(c_0, V_0) \pi_t, \quad \text{for all } t,$$

for some process θ^* in Θ_c, where, as mentioned earlier, we are restricting attention to supporting supergradients in the set Π defined in (5.3). The multiple priors model is reflected in the presence of the factor $z_t^{\theta^*}$ on the left side; $z_t^{\theta^*}$ is identically equal to 1 if beliefs are represented by P.

To develop implications of these fist - order conditions, assume henceforth that

---

① See Duffle and Skiadas (1994) and Schroder and Skiadas (1999) for details regarding first - order conditions and their connection to security pricing.

the consumer has a Kreps – Porteus aggregator (3.14), which affords a simple parametric distinction between the effects of intertemporal substitution and risk aversion. ① Suppose further that optimal consumption is an It process with time varying drift and volatility, that is,

$$dc_t/c_t = \mu_t^c\, dt + s_t^c \cdot dW_t. \tag{5.8}$$

Then (5.7), (5.4), and Ito's Lemma imply that for any process θ^* in Θ_c,

$$\begin{aligned}(1-\rho)^{-1}(r_t-\beta) = {} & \mu_t^c - \frac{(2-\rho)}{2} s_t^c \cdot s_t^c - \theta_t^* \cdot s_t^c \\ & + (\alpha-\rho)\left(\frac{\sigma_t}{\alpha V_t}\right) \cdot \left[s_t^c + 2^{-1}\rho(1-\rho)^{-1}\left(\frac{\sigma_t}{\alpha V_t}\right)\right]\end{aligned} \tag{5.9}$$

and

$$(1-\rho)s_t^c = (\alpha-\rho)\left(\frac{\sigma_t}{\alpha V_t}\right) + (\eta_t - \theta_t^*), \tag{5.10}$$

where V_t and σ_t are the level and volatility of utility along the optimal consumption process. Write

$$dX_t/X_t = b^M dt + s^M \cdot dW_t, \tag{5.11}$$

where b^M is the mean return to wealth (the market portfolio) and s^M is its volatility. Then

$$\sigma_t/(\alpha V_t) = \rho^{-1}[s_t^M + (\rho-1)s_t^c], \tag{5.12}$$

along the optimal path. ② Finally, substitution into (5.10) yields the following restriction for the market price of uncertainty:

---

① Theorem 2.2 and Lemma 5.1 do not apply because, for example, the Lipschitz condition is violated. We proceed assuming existence of an optimum and focus on its characterization. Schroder and Skiadas provide conditions for existence given a Kreps – Porteus aggregator and no ambiguity. It remains to be seen how their analysis may be extended to accommodate ambiguity. A second point is that the implied utility function V is concave and first – order conditions are sufficient for all admissible parameter values. Schroder and Skiadas prove this in the absence of ambiguity, while the multiple – priors structure "adds concavity." A final point is that we have defined the Kreps – Porteus aggregator so as to exclude zero values for α or ρ. However, it can be defined for those parameter values in the usual limiting fashion and some of the results to follow remain valid in those cases.

② Multiply through (5.7) by c_t, and integrate over time and states, using $dt \otimes dP$, to obtain

$$E\left[\int_0^T \exp\left(\int_0^t f_v(c_s, V_s(c))\, ds\right) c_t f_c(c_t, V_t(c)) z_t^{\theta^*} dt\right]$$
$$= f_c(c_0, V_0) E\left[\int_0^T \pi_t c_t dt\right] = f_c(c_0, V_0) X_0 = c_0^{\rho-1} X_0 (\alpha V_0)^{(\alpha-\rho)/\alpha},$$

where we use the Kreps – Porteus aggregator. Given the latter, utility is homogeneous of degree α, that is, $V(\lambda c) = \lambda^\alpha V(c)$ for all $\lambda > 0$.. Therefore, by a form of Euler's Theorem, the left – hand – sideabove equals αV_0. Deduce that $\alpha V_0 = (c_0^{\rho-1} X_0)^{\alpha/\rho}$. In the same way, $\alpha V_t = (c_0^{\rho-1} X_0)^{\alpha/\rho}$ for all t. Now apply it's Lemma to obtain the desired expression for the volatility of V_t.

$$(5.13)\qquad \eta_t=\rho^{-1}[\alpha(1-\rho)s_t^c+(\rho-\alpha)s_t^M]+\theta_t^*.$$

The coming sections exploit this relation. Unless otherwise stated, k - ignorance is assumed.

5.3 Optimal Portfolio

Examine the optimal portfolio when the risk - free rate and market price of uncertainty are deterministic constants. Then the optimal consumption process is geometric. Thus①

$$(5.14)\qquad s_t^M=s_t^c,$$

and (5.13) implies that the market price of uncertainty satisfies

$$(5.15)\qquad \eta_t=(1-\alpha)s_t^c+\theta_t^*.$$

Therefore,

$$\mathrm{sgn}(s_t^{c,i})=\mathrm{sgn}(\eta_t^i-\kappa_i\ \mathrm{sgn}(s_t^{c,i}))\quad \text{for each } i.$$

Assume that ambiguity aversion is small in the sense that

$$(5.16)\qquad 0\leq\kappa_i<|\eta_t^i|\quad \text{for all } i.$$

Then

$$s_t^{c,i}>(<)0\quad \text{if}\quad \eta_t^i>(<)0.$$

From (3.6), (5.12), and (5.14), infer that $\theta_t^*=\kappa\otimes\mathrm{sgn}(\eta_t)$ and

$$(1-\alpha)s_t^c=\eta_t-\kappa\otimes\mathrm{sgn}(\eta_t).$$

Finally, it follows from (5.5) and (5.14) that the optimal portfolio of risky assets is given by

$$\psi_t=(1-\alpha)^{-1}(s_t^{\top})^{-1}(\eta_t-\kappa\otimes\mathrm{sgn}(\eta_t)).$$

Evidently, the optimal portfolio is not instantaneously mean - variance efficient if P is used to compute variance. Our interpretation is that this is due to ambiguity

① By the homogeneity of intertemporal utility, c_t, and wealth X_t, are related by $c_t=a_tX_t$ for some deterministic a_t. The claim follows by Ito's Lemma.

being present in addition to risk. ① The mutual fund separation property is valid if and only if K is common to all agents. Though the composition of risky assets is independent of the risk aversion parameter α, it depends on preferences through κ.

5.4 Ambiguity and Risk Premia

Next we view consumption described by the Ito process (5.8) as a given endowment and we focus on characterizing the risk - free rate and market price of uncertainty that support it, in the sense of satisfying (5.7), as a representative - agent equilibrium.

Re - examine briefly the first - order condition (5.7) from this perspective. A difficulty in fitting aggregate time - series data to this relation when $z^{\theta}{}_t^* = 1$, is that the observed volatility of consumption is too small relative to that of state prices to be consistent with this equation (Hansen and Jagannathan 1991). The presence of the factor $\boldsymbol{\theta}_t^*$ has the potential to increase the variability of the left side and thus come closer to fitting observed moments. See (5.20) for elaboration.

Focus now on the implications of ambiguity for excess returns. From (5.13), we have the following model of excess returns: ②

$$(5.17) \qquad b_t - r_t = s_t \eta_t = \rho^{-1}[\alpha(1-\rho)s_t s_t^c + (\rho - \alpha)s_t s_t^M] + s_t \theta_t^*.$$

The right side expresses excess returns as the sum of a risk premium (the first term) and the ambiguity premium $s_t\, \theta_t^*$. The risk premium is identical to that derived in Duffle and Epstein (1992b).

For the ambiguity premium, observe that, using common notation,

$$s_t^i \cdot \theta_t^* = -\mathrm{cov}_t(dR_t^i, dz_t^{\theta^*}/z_t^{\theta^*}),$$

for each security i = 1, . . . , N, where s_t^i denotes the ith row of s_t and $z\theta_t^*$ is as in (5.7). Thus the premium is positive if the asset's return has negative instantaneous covariation with $dz\theta_t^*/z\theta_t^*$. Recall from (2.9) that $z\theta_t^* = dQ\theta_t^*/dP$,

① Alternatively, mean - variance efficiency is optimal if variance is computed using the appropriate measure $Q^{\theta*}$, as provided by Theorem 2.2(b). However, $Q^{\theta*}$ depends on preferences through κ and thus the meaning of mean - variance efficiency is individual specific.

② Much of what follows in the remainder of this section extends from K - ignorance to IID ambiguity. Whenever we refer to "expected returns" or other moments, the intention is expectation with respect to the reference measure P. When making connections to data, assume that P is the true probability measure.

where $Q^{\theta_t^*}$ the restriction of $Q^* = Q^{\theta_t^*}$ to $\mathcal{F}_t$.

Alternatively, some insight into the ambiguity premium is provided by applying (5.12) to deduce that θ_t^* solves

$$\max_{y \in \Theta_t} y \cdot [\rho^{-1} s_t^M + (1-\rho^{-1}) s_t^c].$$

This characterization of θ_t^* is not completely satisfactory because though s_t^c is exogenous in our endowment economy model, the volatility of the market return is endogenous.① Thus we consider three specializations of the endowment process, presented in increasing order of complexity, that permit sharper characterizations.

Geometric Consumption Process: Suppose that in (5.8) both μ_t^c and s_t^c are deterministic constants. From (3.6), (5.12), and (5.14),

$$\theta_t^* \text{ solves } \max_{\theta_t \in K} \theta_t \cdot s_t^c,$$

where $K \subset R^d$ is the set corresponding to k – ignorance defined in (3.11). If

$$(5.18) \qquad s_t^{c,j} \neq 0$$

for each component $j = 1, \ldots, d$, then we have the closed – form expressions

$$(5.19) \qquad \theta_t^* = \kappa \otimes \mathrm{sgn}(s_t^c).$$

Thus (5.13) leads to the following expression for the market price of uncertainty:

$$(5.20) \qquad \eta_t = (1-\alpha) s_t^c + \kappa \otimes \mathrm{sgn}(s_t^c).$$

In particular, η_t^i can be large even if consumption volatilities are small because the second term depends only on the sign of these volatilities and not on their magnitudes.

For excess returns, we have

$$(5.21) \qquad b_t^i - r_t = (1-\alpha) s_t^i \cdot s_t^c + \kappa \cdot (s_t^i \otimes \mathrm{sgn}(s_t^c)).$$

The ambiguity premium (represented by the second term) for asset is large if s

① A similar criticism applies to the risk premium in (5.17) if $\alpha \neq \rho$. See Campbell (1999) and the references therein for further discussion and for proposed solutions in risk – based models.

$^{i}{}_{t}{}^{j} sgn(s\, ^{c}{}_{t}{}^{j}t)$ is large and positive for components j of the driving process W_t that are very ambiguous in the sense of having large k_j. Because the premium depends on the endowment process only via the signs of $s\, ^{c}{}_{t}{}^{j}t$, $j = 1, \ldots, d$, large ambiguity premia can occur even if consumption is relatively smooth.

Of special interest is the excess return to the market portfolio given by

$$(5.22) \qquad b_t^M - r_t = (1-\alpha)s_t^c \cdot s_t^c + \kappa \cdot |s_t^c|,$$

providing a decomposition of the equity premium in terms of risk (the first term) and ambiguity (the second term). ① The ambiguity premium for the market portfolio vanishes as sc approaches zero. However, because it is a first - order function of volatility, it dominates the risk premium for small volatilities.

Combine the preceding to yield

$$b_t^i - r_t = \left[\frac{[(1-\alpha)s_t^i \cdot s_t^M + \kappa \cdot (s_t^i \otimes \mathrm{sgn}(s_t^M))]}{(1-\alpha)s_t^M \cdot s_t^M + \kappa \cdot |s_t^M|}\right](b_t^M - r_t),$$

a variant of CAPM. Ambiguity leads to a large excess return for asset i if S $^{i}{}_{t}{}^{j}$S $^{M}{}_{t}{}^{,j}$ > 0 for components j of the Brownian motion for which k_j is large.

For the risk - free rate, substitute (5.12) and (5.14) into (5.9) to obtain

$$(5.23) \qquad r_t - \beta = (1-\rho)\left(\mu_t^c - \frac{(1-\alpha)(2-\rho)}{2(1-\rho)} s_t^c \cdot s_t^c - \kappa \cdot |s_t^c|\right),$$

which is decreasing in risk aversion $(1-\alpha)$ and in ambiguity aversion k.

Markov Consumption Process: Assume that the drift and volatility in (5.8) are of the form

$$V_t = H(c_t, t),$$

for functions $\hat{\mu}$ and $\hat{s}$. Then, under suitable restrictions, the corresponding utility process has the form

$$(5.24) \qquad \mu_t^c = \hat{\mu}(c_t, t) \quad \text{and} \quad s_t^c = \hat{s}(c_t, t)$$

① Under IID ambiguity, the ambiguity premium on the right side of (5.22) is given by $e(s^c)$.

for some function H.① If H is differentiable in the consumption argument, then the volatility of utility is simply $\sigma_t = c_t H_c(c_t, t) s_t^c$. In particular, if the notedderivative is everywhere positive (intertemporal utility is an increasing function of current consumption), we obtain the following simple characterization:

$$\theta_t^* \text{ solves } \max_{\theta_t \in K} \theta_t \cdot s_t^c,$$

where $K \subset R^d$ is defined in (3.11), or more generally, K is the set corresponding to IID ambiguity as in Section 3.4. Under k-ignorance, the formulae (5.19) and (5.21) are extended thereby to the present Markov specification.

Stochastic Drift and Volatility: Generalize the Markov model by permitting more general specifications for the stochastic nature of the drift and volatility of consumption growth. Specifically, suppose that there exists an R^t-valued state variable W_t such that the joint process (C_t, W_t) is Markovian, that is (using slightly abused but transparent notation),

$$dc_t/c_t = \mu_t^c(c_t, \omega_t)\,dt + s_t^c(c_t, \omega_t) \cdot dW_t$$

and

$$d\omega_t = \mu_t^\omega(c_t, \omega_t)\,dt + s_t^\omega(c_t, \omega_t)\,dW_t.$$

The new twist in this model relative to the earlier one is that we exploit the auxiliary state process (ω_t) in order to model a situation in which there is ambiguity about the stochastic evolution of the drift and volatility of consumption growth but not about its conditional distribution. Formally, suppose the k-ignorance specification satisfies

$$(5.25) \qquad \kappa_i s_t^{c,i} = 0, \quad \text{for} \quad i = 1, \ldots, d.$$

This suggests the decomposition $W_t = (W_t^c, W_t^\omega)$ such that consumption growth is driven by W_t, cat is driven by both W_t^c and W_t, and there is ambiguity only about the latter.

By arguments similar to those outlined for the Markov model, one can justify the following expression for the utility of the endowment process:

$$(5.25) \qquad \kappa_i s_t^{c,i} = 0, \quad \text{for} \quad i = 1, \ldots, d.$$

$$V_t = H(c_t, \omega_t, t),$$

for a suitable H. If the latter is differentiable, Ito's Lemma yields Apply (5.25) to deduce that

$$\sigma_t = c_t H_c(c_t, \omega_t, t) s_t^c + H_\omega(c_t, \omega_t, t) s_t^\omega.$$

① A detailed derivation could be based on the 4-step procedure from Ma, Protter, and Yong (1994) applied to solve the FBSDE consisting of (2.17), (5.8), and (5.24). Intuitively, the point is simply that under IID ambiguity and the Markov property for consumption, current consumption is the only state variable that is relevant for defining the utility process for (c_t).

If some components of $H_{\omega}S_t^w$ are zero, then $\max_{y\in\Theta_t} y\cdot\sigma t$ has many solutions. Focus on that given by (3.6) and on the corresponding equilibrium.

The implied excess returns are obtained from the appropriate form of (5.17). For convenience, we reproduce the result here in the special case $\alpha=\rho$:

$$b_t - r_t\mathbf{1} = (1-\alpha)s_t s_t^c + s_t[\kappa\otimes \mathrm{sgn}(H_\omega s_t^\omega)].$$

Three features of this result are noteworthy. First, in the standard expected utility risk-based model, mean excess returns at any time and state of the world depend on the endowment process only via its current volatility and hence via the associated conditional distribution of consumption. In contrast, ambiguity aversion leads, through S_t^w, to a dependence also on the instantaneous change in the conditional distribution of consumption.

Second, observe that the ambiguity premium can be large even if S_t^w is small in norm. For example, take the case where ω_t is real-valued and suppose that H_ω, is everywhere positive (a globally negative sign would do as well). Then the ambiguity premium for the ith asset equals $s_t^i\cdot[k\otimes \mathrm{sgn}(S_t^w)]$ which depends on s_t^ω only through its sign.

Finally, the ambiguity premium undergoes discrete jumps at points where components of $H_\omega S_t^\omega$, change sign, even though the stochastic environment is Brownian and hence continuous. For example, if $l=1$ and S_t^w is constant, then θ_t^* jumps wherever H_ω, changes sign and rates of return follow a two-state switching model.

Dept. of Mathematics, Shandong University, Jinan, China 250100; czengjing@hotmail, com,

and

Dept. of Economics, University of Rochester, Rochester, NY 14627, U. S,4; lepn @ troi. cc. rochester, edu; http://www, econ. rochester, edu/Faculty/Eps - tein, html.

Manuscript received November, 1999; final revision received September, 2001.

A. APPENDIX: BSDE's AND RELATED RESULTS

For the convenience of the reader, this appendix outlines informally some material regarding BSDE's. See El Karoui, Peng, and Quenez (1997) and Peng (1997) for further reading and formal details that are ignored here.

The stochastic environment $(\Omega, \{\mathcal{F}_t\}_0^T, P)$ used throughout the paper is assumed.

Given $\xi \in L^2(\Omega, \mathcal{F}_T, P)$ and a function g: $R^1 \times R^d \times \Omega \times [0, T] \to R^1$, consider the problem of finding processes (y_t) and (σ_t) satisfying the BSDE

$$\text{(A.1)} \qquad dy_t = g(y_t, \sigma_t, \omega, t)\,dt + \sigma_t \cdot dW_t, \quad y_T = \xi.$$

The existence of a unique solution may be proven under Lipschitz and other technical conditions forg. ① Our definition of intertemporal utility for a given consumption process c (Theorem 2.2) deals with the special case

$$g(y, \sigma, \omega, t) = -f(c_t(\omega), y) + \max_{\theta \in \Theta} \theta_t(\omega) \cdot \sigma.$$

The following result [l Karoui, Peng, and Quenez (1997, Theorem 2.2)] was referred to in the text and is used in the sequel.

THEOREM A.1 (Comparison) Consider the BSDE above corresponding to (g, ξ) and that associated with another pair (g, ξ). Let corresponding unique solutions be (y_t, σ_t) and (y_t, σ_t). Suppose that

$$\xi' \geqslant \xi \text{ and } g'(y_t, \sigma_t, \omega, t) \leqslant g(y_t, \sigma_t, \omega, t) \quad dt \otimes dP \text{ a. e.}$$

Then $y_t' \geqslant y_t$ for almost every $t \in [0, T]$. Moreover, the comparison is strict in the sense that if, in addition, $y_\tau' = y_\tau$, on the event $A \in \mathcal{F}_\tau$, then $\xi' = \xi$ on A and

$$g'(y_t, \sigma_t, \omega, t) = g(y_t, \sigma_t, \omega, t) \text{ on } [\tau\ T] \times A \quad dt \otimes dP \text{ a. e.}$$

A further specialization of (A.1) has $f = 0$, or

$$\text{(A.2)} \qquad dy_t = [\max_{\theta \in \Theta} \theta_t \cdot \sigma_t]dt + \sigma_t \cdot dW_t,\ y_t = \xi.$$

For a given Θ (satisfying our assumptions) and each t, the map $\xi \to y_t$ defines a nonlinear functional from $L^2(\Omega, F_T, P)$ into $\mathcal{F}_t$ - measurable random variables. Use the notation $\mathcal{G}[\xi \mid \mathcal{F}_t]$ for Y_t, suggesting a form of *nonlinear conditional expectation* (Peng, 1997). In fact,

$$\mathcal{G}[\xi \mid \mathcal{F}_t] = \min_{Q \in \mathcal{P}^\Theta} EQ[\xi \mid \mathcal{F}_t]$$

Evidently, $E[\xi \mid \mathcal{F}_t] - \mathcal{G}[\xi \mid \mathcal{F}_t]$ is a form of premium due to ambiguity.

LEMMA A.2: Consider a consumption process c satisfying

$$\text{(A.3)} \qquad dc_t = \mu_t^c dt + s_t^c \cdot dW_t, 0 \leqslant t \leqslant T, c_0 \text{ given}$$

where (μ_t^c) and (s_t^c) are continuous and bounded (adapted) processes. Let e(·)

① The analysis in El Karoui, Peng, and Quenez relies on the predictability of $(\omega, t) \to g(y, \sigma, \omega, t)$. In our context, this would require predictability of consumption processes. However, the arguments in Pardoux and Peng (1990) and Peng (1997) rely only on progressive measurability of the above map for each fixed (y, σ). Thus the key existence and comparison theorems are valid for our setting.

be as in (3.8). Then

$$\lim_{\tau \to r^+} \frac{E[c_\tau \mid \mathcal{F}_r] - \mathcal{G}[c_\tau \mid \mathcal{F}_r]}{\tau - r} = e(s_\tau^c)$$

where the limit is in the sense of $L^2(\Omega, \mathcal{F}_T, P)$.

The lemma provides the interpretation for $E(\cdot)$ promised in Section 3.4 – it provides an instantaneous, per unit time premium for ambiguity. A proof may be found in the working paper version of this paper that is available on request.

B. APPENDIX: DENSITY GENERATORS AND THE SET OF PRIORS

Assume throughout that Θ is defined by (2.11), where (Θ_t) satisfies the regularity conditions in Section 2.4.

Say that Θ is stochastically convex if for any real – valued process $(\lambda_t,)$ with $0 \leqslant \lambda_t \leqslant 1$,

$$\theta \text{ and } \theta' \text{ in } \Theta \text{ implies that } (\lambda_t \theta_t + (1-\lambda_t)\theta_t^l) \in \Theta$$

Abbreviate $L^\infty([0, T] \times \Omega, \mathcal{B}([0, T]) \otimes \mathcal{F}_T, dt \otimes dP)$ *by* $L^\infty([0, T] \times \Omega)$ and similarly for L^l.

LEMMA B.1: The set of density generators Θ satisfies:

(a) $0 \in \Theta$ and $\sup\{\|\theta\|_{L^\infty([0, T]\times\Omega)} : \theta \in \Theta\} < \infty$.

(b) For any R^d – valued process (σ_t), there exists $(\theta_t^l) \in \Theta$ such that.

(B.1) $$\theta_t^* \cdot \sigma_t = \max_{\theta \in \Theta} \theta_t \cdot \sigma_t = \max_{y \in \Theta_t} y \cdot \sigma_t .$$

(c) Θ is stochastically convex and weakly compact in $L^1([0, T] \times \Omega)$.

Part (a) describes a normalization and also the norm – boundedness of Θ. Though the existence of $\max_{y \in \Theta_t(\omega)} y \cdot \sigma_t$ is apparent for each (t, ω) pair, (b) ensures that the maximizers $\theta_t^*(\omega)$ can be chosen to satisfy the measurability needed in order that $\theta^* = (\theta_t^*)$ constitutes a process. Then θ^* achieves the first maximum in (B.1) for every t and there is equality between the two maximizations shown.

PROOF: (b) The process θ^* is delivered by the Measurable Maximum Theorem [Aliprantis and Border (1994, Theorem 14.91)], which ensures that there exists a progressively measurable selection from arg $\max_{y \in \Theta_t(\omega)} y \cdot \sigma_t(\omega)$. To apply the Maximum Theorem, use the progressive σ – field on $[0, T] \times \Omega$[Revuz and Yor (1999, p. 44)]. It ensures also that the value function for the latter problem is suitably measurable.

(c) Stochastic convexity is obvious. Weak compactness follows from Dunford and Schwartz (1958, Theorems IV. 8.9, V. 6. 1). Q. E. D.

PROOF OF THEOREM 2. 1: (b) Fix $A \in \mathcal{F}_T$ and $Q^{\theta} \in \mathcal{P}^{\Theta}$. By Girsanov's Theorem, $Q\epsilon(A \mid \mathcal{F}_t) = y_t$, where (y_t, σ_t) is the unique solution to

$$dy_t = \theta_t \cdot \sigma_t\, dt + \sigma_t \cdot dW_t, \quad y_T = 1_A.$$

By the bounding inequality in El Karoui, Peng, and Quenez (1997, p. 20) and Uniform Boundedness, there exists $k > 0$ such that

$$(Q^{\theta}(A))^2 \leqslant kE(1_A) = kP(A),$$

where k is independent of θ. This delivers uniform absolute continuity. Equivalence obtains because $z_t^{\theta} > 0$ for each θ.

(c) For $i = 1, 2$, let Q^i be the measure corresponding to $\theta^i \in \Theta$ and the martingale z_t^i as in (2.9). Define $\theta = (\theta_t)$ by

$$\theta_t = \frac{(\theta_t^1 z_t^1 + \theta_t^2 z_t^2)}{z_t^1 + z_t^2}.$$

(Recall that z_t^1 and z_t^2, are strictly positive.) Then $\theta \epsilon \Theta$ and $d(z_t^1 + z_t^2) = -(z_t^1 + z_t^2)\theta_t \cdot dW_t$, which implies that $(z_t^1 + z_t^2)/2$ is the density for $(Q^1 + Q^2)/2$. Conclude that the latter lies in $\mathcal{F}^{\Theta}$. Conclude similarly for other mixtures.

(d) Using the weak compactness of Θ (Lemma B. 1), one can show that $Z = \{{}_T^{\theta}: \theta \epsilon \Theta)$ is normclosed in $L^1(\Omega, \mathcal{F}, P)$. [The argument is analogous to the proof of Lemma B. 2 in Cuoco and Cvitanic (1996).] Because Z is convex, it is also weakly closed. Clearly, Z is norm-bounded ($E(|z_T^{\theta}|) = 1$ for all θ). Thus, Z is weakly compact by the Alaoglu Theorem. Finally, Z is homeomorphic to $\mathcal{P}^{\Theta}$ when weak topologies are used in both cases.

(e) follows from Lemma B. 1(b). Q. E. D.

C. APPENDIX: PROOF OF EXISTENCE OF UTILITY

PROOF OF THEOREM 2. 2: (a) First prove Lipschitz continuity of the support function e defined in (2. 12). Let x and x' be in R^d and suppose that $e_t(x') = y \cdot x$ and $e_t(x') = y' \cdot x'$ for y and y' in Θ_t; dependence on to has been suppressed notationally. Then

$$e_t(x) - e_t(x') \leqslant y \cdot (x - x') \leqslant d|y||x - x'|$$

and

$$e_t(x) - e_t(x') \geqslant y' \cdot (x - x') \geqslant -d|y'||x - x'|.$$

Now use Uniform Boundedness ($\Theta_t(\omega) \subset K$ and K compact).

By the existence and uniqueness result in Pardoux and Peng (1990), there exist unique solutions $(V_t, \sigma_t,)$ and (V_t^Q, σ_t^Q) to (2.17) and (2.16) respectively.

(b) The Comparison Theorem and $\theta_t \cdot x_t \leq max_{y \in \Theta_t} y \cdot x_t$ for any x_t, imply that $V_t \leq \min_{Q \in \mathcal{F}^\Theta} V_t^Q$. On the other hand, by Lemma B.1(b), there exists θ^* in θ such that

$$dV_t = [-f(c_t, V_t) + \theta_t^* \cdot \sigma_t]dt + \sigma_t dW_t, \quad V_T = 0; \tag{C.1}$$

in other words, $V_t = V_t^{Q^{\theta^*}} \geq \min_{y \in \Theta_t} V_t^Q$, proving equality and hence (2.14). Uniqueness is covered by the uniqueness results in Peng (1997).

(c) Case 1: Suppose that $f(c, \cdot)$ is decreasing for each c in C.

Let $\tau = T$. By Girsanov's Theorem,

$$V_t^Q = E_Q\left[\int_t^T f(c_s, V_s^Q)\, ds \mid \mathcal{F}_t\right].$$

Thus

$$V_t = \min_{Q \in \mathcal{P}^\Theta} V_t^Q = \min_{Q \in \mathcal{P}^\Theta} E_Q\left[\int_t^T f(c_s, V_s^Q)\, ds \mid \mathcal{F}_t\right]$$
$$\leq \min_{Q \in \mathcal{P}^\Theta} E_Q\left[\int_t^T f(c_s, \min_{Q \in \mathcal{P}^\Theta} V_s^Q)\, ds \mid \mathcal{F}_t\right] = \min_{Q \in \mathcal{P}^\Theta} E_Q\left[\int_t^T f(c_s, V_s)\, ds \mid \mathcal{F}_t\right].$$

On the other hand, (C.1) and Girsanov's Theorem imply that

$$V_t = E_{Q^*}\left[\int_t^T f(c_s, V_s)\, ds \mid \mathcal{F}_t\right] \geq \min_{Q \in \mathcal{P}^\Theta} E_Q\left[\int_t^T f(c_s, V_s)\, ds \mid \mathcal{F}_t\right].$$

For general τ, denote V_τ, by ξ. Then (V_t, σ_t) is the unique solution to the BSDE (on $[0, \tau]$)

$$dV_t = \left[-f(c_t, V_t) + \max_{\theta \in \Theta} \theta_t \cdot \sigma_t\right] dt + \sigma_t dW_t, \quad V_\tau = \xi.$$

The fact that the terminal value ξ is nonzero is of no consequence for the preceding arguments. In particular, (V_t) solves

$$V_t = \min_{Q \in \mathcal{P}^\Theta} E_Q\left[\int_t^\tau f(c_s, V_s)\, ds + \xi \mid \mathcal{F}_t\right].$$

Case 2: Let f be arbitrary. For the given process c, define

$$F(t, v) \equiv -Kv + e^{Kt} f(c_t, e^{-Kt} v),$$

where K is the Lipschitz constant for f. Then, $F(t, .)$ is decreasing and thus by Claim 1 (the time dependence is of no consequence), there exists a unique (V_t^I) solving

$$V_t' = \min_{Q \in \mathcal{P}^\Theta} E_Q\left[\int_t^T F(s, V_s')\, ds \mid \mathcal{F}_t\right]. \tag{C.2}$$

For this fixed (V_t^I), define further the function

$$H(t,v) \equiv -Kv + e^{Kt} f(c_t, e^{-Kt} V_t').$$

Again by Claim 1, there exists a unique $(\overline{V}_t)$ solving

$$\text{(C.3)} \qquad \overline{V}_t = \min_{Q \in \mathcal{P}^\Theta} E_Q\left[\int_t^T H(s, \overline{V}_s)\, ds \mid \mathcal{F}_t\right].$$

Comparison of (C.2) and (C.3) and the uniqueness of solutions yield the equality

$$\text{(C.4)} \qquad V_t' = \overline{V}_t.$$

Furthermore, by (b), we have

$$\text{(C.5)} \qquad \overline{V}_t = \min_{Q \in \mathcal{P}^\Theta} V_t^Q,$$

where (V_t^Q) solves the BSDE

$$dV_t^Q = [-H(t, V_t^Q) + \theta_t \sigma_t]\, dt + \sigma_t\, dW_t, \quad V_T^Q = 0.$$

This linear BSDE has explicit solution

$$V_t^Q e^{-Kt} = E_Q\left[\int_t^T f(c_s, e^{-Ks} V_s')\, ds \mid \mathcal{F}_t\right], \quad \forall Q \in \mathcal{P}^\Theta.$$

Combine with (C.4) and (C.5) to deduce that

$$V_t' e^{-Kt} = \overline{V}_t e^{-Kt} = \min_{Q \in \mathcal{P}^\Theta} V_t^Q e^{-Kt} = \min_{Q \in \mathcal{P}^\Theta} E_Q\left[\int_t^T f(c_s, e^{-Ks} V_s')\, ds \mid \mathcal{F}_t\right],$$

implying that $V_t = V_t^i e^{-kt}$ solves $V_t = \min_{Q \in \mathcal{F}^\Theta} E_Q[\int_t^T f(c_s, V_s)\, ds \mid \mathcal{F}_t]$. Similarly for $\tau < T$.

Q. E. D.

D. APPENDIX: PROOFS OF PROPERTIES OF UTILITY

PROOF OF THEOREM 3.1: (a) and (b): To make explicit the dependence on the driving process (W_t), write $V_t^T(c, W)$ to denote the solution of

$$V_t^T(c, W) = \int_t^T [f(c_s, V_s^T(c, W)) - e(\sigma_s(c))]\, ds - \int_t^T \sigma_s(c) \cdot dW_s.$$

Let $\overline{\mathcal{F}}_t = \sigma(W_{s+r} - W_r : s \leq t)$ and $\overline{W}_t - W_{t+r} - W_r$ for $0 \leq t \leq T - r$. Then $(\overline{W}_t)_{0 \leq t \leq T-r}$ is $\{\overline{\mathcal{F}}_t\}$ - Brownian motion under P and $(\bar{c}_t)_{0<t<T-r} = (c_{t+r})_{0<t<T-r}$ is $\{\overline{\mathcal{F}}_t\}$ -adapted. Thus there is a unique solution $(V_t^{T-r}(\bar{c}, \overline{W}), \sigma(\bar{c}))$ to

$$V_t^{T-r}(\bar{c}, \overline{W}) = \int_t^{T-r} [f(\bar{c}_s, V_s^{T-r}(\bar{c}, \overline{W})) - e(\sigma_s(\bar{c}))]\, ds - \int_t^{T-r} \sigma_s(\bar{c}) \cdot d\overline{W}_s,$$

where t varies over $[0, T-r]$. After the change of variables $l = t + r$, this can be rewritten as

$$V_{l-r}^{T-r}(\bar{c}, \overline{W}) = \int_{l-r}^{T-r} [f(\bar{c}_s, V_s^{T-r}(\bar{c}, \overline{W})) - e(\sigma_s(\bar{c}))]\, ds - \int_{l-r}^{T-r} \sigma_s(\bar{c}) \cdot d\overline{W}_s,$$

for $r \leq l \leq T$. The further change $u = s + r$ yields

$$V_{l-r}^{T-r}(\bar{c}, \overline{W}) = \int_l^T [f(\bar{c}_{u-r}, V_{u-r}^{T-r}(\bar{c}, \overline{W})) - e(\sigma_{u-r}(\bar{c}))]\, du - \int_l^T \sigma_{u-r}(\bar{c}) \cdot d\overline{W}_{u-r}.$$

Because $\bar{c}_{u-r} = c_u$ and $d\overline{W}_{u-r} = dW_u$, deduce that $(V_{t-r}^{T-r}(\bar{c}, \overline{W}), \sigma_{t-r}(\bar{c}))_{r \leq t \leq T}$

solves (on $[r, T]$)

(D.1) $$V_t^T(c, W) = \int_t^T [f(c_s, V_s^T(c, W)) - e(\sigma_s(c))]\, ds - \int_t^T \sigma_s(c) \cdot dW_s.$$

That is, $V_{t-r}^{T-r}((\bar{c}, \bar{W}) = V_t^T(c, W)$ and $\sigma_{t-r}(\bar{c}) = \sigma_t(c)$ for $t \in [r, T]$. In particular, choosing $t = r$, we have $V_t^T(c, W) = V_0^{T-r}(\bar{c}, \bar{W})$, which is deterministic.

Rewrite (D.1) as

$$V_t^T(c, W) = V_r^T(c, W) + \int_t^r [f(c_s, V_s^T(c, W)) - e(\sigma_s(c))]\, ds - \int_t^r \sigma_s(c) \cdot dW_s, \text{ for } 0 \leqslant t \leqslant r.$$

By hypothesis, ct is deterministic for $0 \leqslant t \leqslant r$. By the unicity of solutions and the fact that $V_t^T(c, W)$ is deterministic, it follows that $(V_t^T(c, W), 0)$ is the solution of the ODE

$$V_t^T(c, W) = V_r^T(c, W) + \int_t^r f(c_s, V_s^T(c, W))\, ds,$$

for $0 \leqslant t \leqslant r$, proving (a). Because a corresponding representation is valid for c', (b) follows by the Comparison Theorem (restricted to ODEs).

(c) Let $r \in [0, T]$ and adopt the other notation above. Then $(\bar{W}_t)_{0 \leqslant t \leqslant T-r}$ is $\{\bar{\mathcal{F}}_t\}_{0 \leqslant t \leqslant T-r}$ – Brownian motion under $P(\cdot \mid \sigma(W_r))$. Because c_t is $\sigma(W_t)$ – measurable, $c_t = g(W_t)$ for a suitable function g and thus $c_{t+r} = g(W_{t+r} - W_r + W_r)$ is $\bar{\mathcal{F}}_t$ – measurable relative to the probability space $(\Omega, \bar{\mathcal{F}}_{T-r}, \{\bar{\mathcal{F}}_t\}, P(\cdot \mid \sigma(W_r))$. By arguing as above, we can show that $V_r(c)$ is deterministic relative to this probability space, implying that it is $\sigma(W_r)$ – measurable.

(d) For notational simplicity, let $\ell = 1$ and $d = 2$. Because c is $\{\mathcal{F}_t^{-1}\}$ – adapted, there exists a unique $\{\mathcal{F}_t^1\}$ – adapted solution (V_t, σ_t^1) to

$$dV_t = [-f(c_t, V_t) + \kappa_1 |\sigma_t^1|]\, dt + \sigma_t^1 dW_t^1, \quad V_T = 0.$$

Then $(V_t, \sigma_t^{-1}, 0)$ is the unique $\{\mathcal{F}_t\}$ – adapted solution to the corresponding 2 – dimensional BSDE. Q. E. D.

PROOF OF LEMMA 5.1: (a) Theorem 2.2(b) delivers Q^* in $\mathcal{P}^\Theta$ such that $V_t(c) = V^{Q^*}(c)$. Therefore, for any other c',

$$\begin{aligned} V(c') - V(c) &= V(c') - V^{Q^*}(c) = \min_{Q \in \mathcal{P}^\Theta} V^Q(c') - V^{Q^*}(c) \leqslant V^{Q^*}(c') - V^{Q^*}(c) \\ &\leqslant \int_0^T E_{Q^*}\left[\exp\left(\int_0^t f_v(c_s, V_s^{Q^*}(c))\, ds\right) f_c(c_t, V_t^{Q^*}(c))(c_t' - c_t)\right] dt \\ &= E_P\left[\int_0^T \pi_t (c_t' - c_t)\, dt\right]. \end{aligned}$$

The second inequality is due to the nature of supergradients for the stochastic differential utility function $V^{Q^*}(\cdot)$, as established in Duffle and Skiadas (1994).

(b): The argument is virtually identical to the proof of Lemma 2.2 in Epstein and Wang (1995). Q.E.D.

PROOF OF THEOREM 4.1: Assume probabilistic sophistication relative to $\overline{P}$. Then nonatomic.

Fix $0 < t1 < t2 < T$. Let B_1^* and $A_1^* \subset R^d$ be Borel sets such that

(E.1) $$0 < \overline{P}(B_1 \cap A_1) < 1, \text{where}$$
$$B_1 \equiv \{\omega : W_{t_1} \epsilon B_1^*\} \text{ and } A_1 = \{\omega : W_{t_2} \epsilon A_1^*\}$$

Such sets exist by the nonatomicity of $\overline{P}$. We show that all measures in $\mathcal{P}^\Theta$ agree on $B_1 \cap A_1$. Then Marinacci (2002) implies that they agree on all events in $\mathcal{F}_{t_2}$. Since $t_2 < T$ is arbitrary, they agree on $\mathcal{F}_T$.

Define $A_2 = A_1$, $A_3 = A_4 = A_1^{*c}$, $B_3 = B_1$, and $B_2 = B_4 = B_1^{*c}$. Then $\{B_i\}_{i=1}^2$ and $\{B_i \cap A_i\}_{i=1}^4$ form partitions of Ω.

A real-valued and $\mathcal{F}_{t_2}$-measurable random variable (or act) f can be associated with a consumption process c^f such that $c_t^f = 0$ for $t < t_2$ and such that $f(\omega) = V_{t_2}(c^f, \omega)$, the continuation utility of c^f. By the recursivity of utility, any such c^f induces the identical utility $V_0(c^f)$, which can therefore be viewed as "the utility of f". In this way, we can think of utility and preference as defined on acts f rather than on consumption processes. Abuse notation and write $V_0(f)$. The acts of particular relevance m what follows have the form $f = \Sigma_1^n x_i 1_{B_i \cap A_1}$, where the x_i's are real numbers.

The hypothesis of probabilistic sophistication implies that

(E.2) $$f \equiv x_1 1_{B_1 \cap A_1} + x_2 1_{B_2 \cap A_2} + \sum_{i>2} x_i 1_{B_i \cap A_i} \sim x_2 1_{B_1 \cap A_1} + x_1 1_{B_2 \cap A_2} + \sum_{i>2} x_i 1_{B_i \cap A_i},$$

because under (E.1) the two acts induce the same distributions over outcomes under $\overline{P}$. We establish further implications from the fact that the stated indifference applies for all x_i's.

Rectangularity of $\mathcal{P}^\Theta$ implies that the utility of f can be computed in the following two-stage manner:

(E.3) $$V_0(f)=\min_{Q\in\mathcal{P}^\Theta}\left[\begin{array}{l} Q(B_1)\min\limits_{q\in\mathcal{P}^\Theta}(x_1q(A_1\mid B_1)+x_3q(A_3\mid B_1)) \\ \quad +(1-Q(B_1))\min\limits_{q\in\mathcal{P}^\Theta}(x_2q(A_2\mid B_2)+x_4q(A_4\mid B_2)) \end{array}\right]$$

Step 1: Let $x_4<\min\{x_1,x_2\}<\max\{x_1,x_2\}<x_3$. Then

(E.4) $$V_0(f)=\min_{Q\in\mathcal{P}^\Theta}\left[\begin{array}{l} Q(B_1)([\max\limits_{q\in\mathcal{P}^\Theta}q(A_1\mid B_1)](x_1-x_3)+x_3) \\ \quad +(1-Q(B_1))([\min\limits_{q\in\mathcal{P}^\Theta}q(A_2\mid B_2)](x_2-x_4)+x_4) \end{array}\right]$$

$$=\min_{Q\in\mathcal{P}^\Theta}\left[Q(B_1)\left(\left[\max_{q\in\mathcal{P}^\Theta}q(A_1\mid B_1)\right](x_1-x_3)-\left[\min_{q\in\mathcal{P}^\Theta}q(A_2\mid B_2)\right](x_2-x_4)+x_3-x_4\right)\right]$$

$$+\left[\min_{q\in\mathcal{P}^\Theta}q(A_2\mid B_2)\right](x_2-x_4)+x_4.$$

For many x_i's the bracket multiplying $Q(B_1)$ is positive and thus Q is chosen to minimize $Q(B_1)$, leading to

$$V_0(f)=\left[\min_{Q\in\mathcal{P}^\Theta}Q(B_1)\max_{q\in\mathcal{P}^\Theta}q(A_1\mid B_1)\right]x_1+\left[\max_{Q\in\mathcal{P}^\Theta}Q(B_2)\min_{q\in\mathcal{P}^\Theta}q(A_2\mid B_2)\right]x_2+h(x_3,x_4),$$

for a function h whose definition does not matter for what follows. By (E.2), the right-hand-side is symmetric in x_1 and x_2. Deduce that

(E.5) $$\min_{Q\in\mathcal{P}^\Theta}Q(B_1)\max_{q\in\mathcal{P}^\Theta}q(A_1\mid B_1)=\max_{Q\in\mathcal{P}^\Theta}Q(B_2)\min_{q\in\mathcal{P}^\Theta}q(A_2\mid B_2).$$

Similarly,

(E.6) $$\max_{Q\in\mathcal{P}^\Theta}Q(B_1)\min_{p\in\mathcal{P}^\Theta}q(A_1\mid B_1)=\min_{Q\in\mathcal{P}^\Theta}Q(B_2)\max_{q\in\mathcal{P}^\Theta}q(A_2\mid B_2).$$

Step 2: Let $x_1<x_3=x_4<x_2$. Then (E.4) is valid and calculations paralleling those above deliver

$$V_0(f)=\left[\max_{Q\in\mathcal{P}^\Theta}Q(B_1)\max_{q\in\mathcal{P}^\Theta}q(A_1\mid B_1)\right]x_1+\left[\min_{Q\in\mathcal{P}^\Theta}Q(B_2)\min_{q\in\mathcal{P}^\Theta}q(A_2\mid B_2)\right]x_2+h'(x_3,x_4).$$

Step 3: *Let* $x_2<x_3=x_4<x_1$. For x_4-x_2 sufficiently larger than x_3-x_1, compute

$$V_0(f)=\left[\max_{Q\in\mathcal{P}^\Theta}Q(B_1)\min_{q\in\mathcal{P}^\Theta}q(A_1\mid B_1)\right]x_1+\left[\min_{Q\in\mathcal{P}^\Theta}Q(B_2)\max_{q\in\mathcal{P}^\Theta}q(A_2\mid B_2)\right]x_2+h''(x_3,x_4).$$

The last two equations and (E.2) imply that

$$\max_{Q\in\mathcal{P}^\Theta}Q(B_1)\max_{q\in\mathcal{P}^\Theta}q(A_1\mid B_1)=\min_{Q\in\mathcal{P}^\Theta}Q(B_2)\max_{q\in\mathcal{P}^\Theta}q(A_2\mid B_2).$$

Similarly,

$$\max_{Q\in\mathcal{P}^\Theta}Q(B_2)\max_{q\in\mathcal{P}^\Theta}q(A_2\mid B_2)=\min_{Q\in\mathcal{P}^\Theta}Q(B_1)\max_{q\in\mathcal{P}^\Theta}q(A_1\mid B_1).$$

Combine with (E.6) to deduce that $min_{q\in\mathcal{P}^\Theta}q(A_1\mid B_1)=max_{q\in\mathcal{P}^\Theta}q(A_1\mid B_1)$ and

(E.7) $\{q(A_1\mid B_1)\colon q\in\mathcal{P}^\Theta\}$ is a singleton.

Now (E.5) - (E.6) imply

$$1\geqslant\frac{\min_{Q\in\mathcal{P}^\Theta}Q(B_1)}{\max_{Q\in\mathcal{P}^\Theta}Q(B_1)}=\frac{\max_{Q\in\mathcal{P}^\Theta}Q(B_2)}{\min_{Q\in\mathcal{P}^\Theta}Q(B_2)}\geqslant 1,$$

and thus $\{Q(B1_)\colon Q\in\mathcal{P}^\Theta)$ is a sing! eton. Combine with (E.7) to obtain that $\{Q(B_1)Q(A_1|B_1)\colon Q\in\mathcal{P}^\Theta\}=\{Q(A_1\cap B_1).\ Q\in\mathcal{P}^\Theta\}$ is a smgleton. Q.E.D.

PROOF OF LEMMA 4.2: Assume (4.2). Given Q^{θ} *in* $\mathcal{P}^{\Theta}$, $Q^{\theta}(F) = Yo$ where (y_t, σ_t) is the unique $\{\mathcal{F}_t\}$ - adapted solution to the BSDE

$$dy_t = \theta_t \cdot \sigma_t dt + \sigma_t \cdot dW_t, \quad y_T = 1_F.$$

If $F \in \mathcal{F}_T$, then $\sigma_t^{ir} = 0$ if $P(F \mid \mathcal{F}_t^i) = 0$ or 1. Thus $\theta_t \cdot \sigma_t = 0$ and the BSDE reduces to the one defining $P(F)$, namely where $\theta = 0$. Therefore, $Q(F) = P(F)$.

For the converse, suppose that all measures agree on F. Then $y_0 = y'_0$, where

$$dy_t = \max_{\theta \in \Theta} \theta_t \cdot \sigma_t dt + \sigma_t \cdot dW_t, \qquad y_T = 1_F,$$

$$dy'_t = \max_{\theta \in \Theta} \theta_t \cdot \sigma'_t dt + \sigma'_t \cdot dW_t, \qquad y_T = 1_F.$$

By the strict portion of the Comparison Theorem A.1,

$$\max_{\theta \in \Theta} \theta \cdot \sigma_t = \min_{\theta \in \Theta} \theta_t \cdot \sigma'_t,$$

or, in terms of the support function (3.8), $e(\sigma_t) = -e(-\sigma'_t)$. By the nonnegativity of e, $e(\sigma_t) = 0$. Apply (3.10) to conclude that if $K^i \neq \{0\}$, then $\sigma_t^i = 0$, which implies $P(F \mid \mathcal{F}_t^i) = 0$ or 1. Q. E. D.

PROOF OF THEOREM 4.3: (i) $\Leftarrow$: Because $k_i^* = 0$ implies $k_i = 0$, it follows from Lemma 4.2 that $\mathcal{U}^* \subset \mathcal{U}$. The consumption processes that are unambiguous for V^* are those that are adapted to the filtration generated by $\{W_t^i : k^* = 0\}$. On such processes, V and V^* coincide with V^P, the Kreps - Porteus utility having measure P and parameters (β, ρ, α). That is,

$$V(c^{ua}) = V^*(c^{ua}) = V^P(c^{ua}).$$

Therefore, it is enough to prove that $V^*(c) \leqslant V(c)$ for all consumption processes c. This follows from $k^* \geqslant k$, (3.7), and the Comparison Theorem A. 1.

$\Rightarrow$: The above argument is reversible. First, $\mathcal{U}^* \subset \mathcal{U}$ implies that $k_i = 0$ whenever $k_i^* = 0$. From the definition of "more ambiguity averse" it follows that V and V^* agree in the ranking of V^* - unambiguous consumption processes. These processes are deterministic if $k^* \gg 0$, in which case we can conclude only that V and V^* agree in the ranking of deterministic processes and therefore that $(\beta^*, \rho^*) = (\beta, \rho)$. However, under the assumption that $k_i^* = 0$ for some i, there exist sufficiently many stochastic processes that are V^* - unambiguous in order to conclude that the risk aversion parameters α *and* α^* must be equal. Finally, apply (4.4), (3.7), and the Comparison Theorem to deduce that $k^* \geqslant k$.

(ii) $\Leftarrow$: It follows from Lemma 4.2, that on V - unambiguous processes, V^* agrees with $V^{P,(\beta^*, \rho^*, \alpha^*)}$ the Kreps - Porteus utility with measure P and parameters

$(\beta^*, \rho^*, \alpha^*)$, while V agrees with $V^{P,(\beta,\rho,\alpha)}$, defined similarly. Thus the comparative risk aversion statement follows from Duffle and Epstein (1992a). The converse is similar to (i). Q. E. D.

Consider finally the relation between the designation (4.1) and the definition of ambiguous events in Epstein and Zhang (2001). It is immediate that an event where all measures agree is unambiguous in the sense of that paper. We show that, under IID ambiguity, and for "many" events the converse is valid.

LEMMA E. i: Suppose that Θ conforms to lid ambiguity. Let E be unambiguous according to Epstein - Zhang. If also $E \in \sigma(W_s: to < s < t)$ for some $0 < to < t < T$, then $Q(E) = P(E)$ for all Q in $\mathcal{P}^\Theta$.

PROOF: Exclude the trivial case $\Theta \equiv \{0\}$. Then there exists A in $\mathcal{F}_{t_0}$ such that

$$0 < \min_{\mathcal{P}^\Theta} Q(A^c) \neq \min_{\mathcal{P}^\Theta} Q(A) > 0. \tag{E.8}$$

(Under IID ambiguity, if all measures agree on $\mathcal{F}_{t_0}$, then Lemma 4.2 implies that they agree on $\mathcal{F}_T$ and hence $\Theta \equiv \{0\}$. This is the only point at which IID ambiguity is used; thus the lemma admits substantial generalization.) Define $E_1 = E \cap A$, $E_2 = E \cap A^c$, $A_1 = A \cap E_1^c$, *and* $A_2 = A^c \cap E_1^c$.

Proceed as in the proof of Theorem 4.1 to translate preference over consumption processes into preference over $\mathcal{F}_t$ - measurable real - valued random variables. In terms of this derived preference order, E unambiguous implies that

$$x^*1_{A_1} + x1_{A_2} + z1_E \sim x1_{A_1} + x^*1_{A_2} + z1_E \quad \text{iff}$$
$$x^*1_{A_1} + x1_{A_2} + z'1_E \sim x1_{A_1} + x^*1_{A_2} + z'1_E.$$

The fact that this invariance is required to hold for all choices of x^*, x, z, and z', regardless of relative magnitudes, is the source of its power.

Proceed as in the proof of Theorem 4.1 to exploit rectangularity and compute utilities in two stages, delivering thereby closed - form expressions for the utilities of the above acts. Then tedious algebra and application of (E.8) deliver

$$\max_{\mathcal{P}^\Theta} Q(E_2 \mid A^c) = \min_{\mathcal{P}^\Theta} Q(E_2 \mid A^c) = \min_{\mathcal{P}^\Theta} Q(E_1 \mid A) = \min_{\mathcal{P}^\Theta} Q(E_1 \mid A),$$

which implies, by the noted two - stage calculation, that

$$\min_{\mathcal{P}^\Theta} p(E) = \min_{\mathcal{P}^\Theta}\left\{p(A)\min_{\mathcal{P}^\Theta} Q(E_1 \mid A) + (1-p(A))\min_{\mathcal{P}^\Theta} Q(E_2 \mid A^c)\right\}$$
$$= \min_{\mathcal{P}^\Theta} Q(E_1 \mid A) = \max_{\mathcal{P}^\Theta} Q(E_1 \mid A) = \max_{\mathcal{P}^\Theta} p(E).$$

Hence all measures in $\mathcal{P}^\Theta$ agree on E. Q. E. D.

REFERENCES

ABEL, A,"An Exploration of the Effects of Pessimism and Doubt on Asset Returns", *Journal of Economic Dynamics and Control*, 2002(26), 1075 - 1092.

ALIPRANTIS, C., and K. BORDER (1994): *Infinite Dimensional Analysis*. Berlin: Springer - Verlag.

ANDERSON, E., L. P TANSEN, and R. J. SARGENT (2000): "Robustness, Detection and the Price of Risk", Mimeo, Stanford University.

CAGETTI, M., L. HANSEN, T. SARGENT, and N. WILLIAMS (2002): "Robustness and Pricing when Growth is Hidden," *Review of Financial Studies*, 15, 363 - 404.

CAMPBELL, J., (1999): "Asset Prices, Consumption and the Business Cycle," *in Handbook of Macroeconomics I*, ed. by J. Taylor and M. Woodford, Amsterdam: North - Holland, 1231 - 1303.

CECCHETTI, S., P. LAM, AND N. MARK ,"Asset Pricing with Distorted Beliefs: Are Equity Returns too Good to be True?" *American Economic Review*,2000(90), 787 - 805.

CHEN, Z,"Existence and Uniqueness for BSDE with Stopping Time," *Chinese Science Bulletin*, 1998 (43), 96 - 99.

CUOCO, D., AND J. CVITANIC,"Optimal Consumption Choices for a 'Large' Investor," *Journal of Economic Dynamics and Control*, 1996(22), 401 - 436.

DUFFIE, D, *Dynamic Asset Pricing Theory*, 2nd ed. Princeton: Princeton U. Press.

DUFFLE, D., AND L. G. EPSTEIN (1992a): "Stochastic Differential Utility," *Econometrica*, 1996 (60), 353 - 394 (Appendix C with C. Skiadas).

——(1992b): "Asset Pricing with Stochastic Differential Utility," *Review of Financial Studies*, 5, 411 - 436.

DUFFIE, D., and C. SKIADAS,"Continuous - Time Security Pricing: A Utility Gradient Approach," *Journal of Mathematical Economics*, 1994(23), 107 - 131.

DUNFORD, N., AND J. T SCHWARTZ (1958): *Linear Operators Part I: General Theory*. New York: John Wiley.

EL KAROUI, N., S. PENG, AND M. QUENEZ (1997): "Backward Stochastic Differential Equations in Finance," *Mathematical Finance*, 71 - 71.

EPSTEIN, L. G,"The Global Stability of Efficient Intertemporal Allocations," *Econometrica*, 1987(55), 329 - 358.

——(1999): "A Definition of Uncertainty Aversion," *Review of Economic Studies*, 66, 579 - 608.

EPSTEIN, L. G., AND J. MIAO (2001)′"A Two - Person Dynamic Equilibrium under Ambiguity," *Journal of Economic Dynamics and Control*, forthcoming.

EPSTEIN, L. G., AND M. SCHNEIDER (2001a): "Recursive Multiple - Priors," Mimeo, University of Rochester.

——(2001b): "IID: Independently and Indistinguishably Distributed," Mimeo, University of Rochester.

EPSTEIN, L. G., AND T. WANG, "Intertemporal Asset Pricing under Knightian Uncertainty,"*Econometrica*, 1994(62), 283 - 322.

——(1995): "Uncertainty, Risk - Neutral Measures and Security Price Booms and Crashes," *Journal of Economic Theory*, 67, 40 - 80.

EPSTEIN, L. G., AND J. ZHANG,"Subjective Probabilities on Subjectively Unambiguous Events," *Econ-*

ometrica, 2001(69), 265 -306.

EPSTEIN, L. G., AND S. ZIN, "Substitution, Risk Aversion and the Temporal Behavior of Consumption and Asset Returns: A Theoretical Framework," *Econometrica*, 1989(57), 937 -969.

GHIRARDATO, P., and M. MARINACCI, "Ambiguity Made Precise: A Comparative Founda tion," *Journal of Economic Theory*, 2002(102), 251 -289.

GILBOA, I., AND D. SCHMEIDLER, "Maxmin Expected Utility with Nonunique Prior," Journal of Mathematical Economics, 1989(18), 141 -153.

HANSEN, L., AND R. JAGANNATHAN, "Implications of Security Market Data for Models of Dynamic Economies," *Journal of Political Economy*, 1991(99), 225 -262.

HANSEN, L., AND T. SARGENT (2000): "Acknowledging Misspecification in Macroeconomic Theory," Sargent's Frisch Lecture at the 2000 World Congress of the Econometric Society.

——(2001): "Robust Control and Model Uncertainty," *American Economic Review*, 91, 60 -66.

HANSEN, L., T. SARGENT, AND T. TALLARINI, "Robust Permanent Income and Pricing," *Review of Economic Studies*, 1999(66), 873 -907.

KARATZAS, I., AND E. SHREVE (1988): *Brownian Motion and Stochastic Calculus*, New York: Springer - Verlag.

LEPELTIER, J. P., AND J. S. MARTIN, "Backward Stochastic Differential Equations with Con tinuous Coefficients," *Statistics and Probability Letters*, 1997(32), 425—430.

MA, J., P. PROTTER, AND J. YONG, "Solving Forward - Backward Stochastic Differential Equa tions Explicitlya Four Step Scheme," *Probability Theory and Related Fields*, 1994(98), 339 -359.

MACHINA, M., AND D. SCHMEIDLER, "A More Robust Definition of Subjective Probability," *Econometrica*, 1992(60), 745 -780.

MARINACCI, M, "Limit Laws for Non - Additive Probabilities and their Frequentist Interpre tation," *Journal of Economic Theory*, 1999(84), 145 -195.

——(2002): "Probabilistic Sophistication and Multiple Priors," *Econometrica*, 70, 755 -764.

MEHRA, R., AND E. C. PRESCOTI, "The Equity Premium: A Puzzle," *Journal of Monetary Economics*, 1985(15), 145 -161.

ONATSKI, A. (2000): "Robust Monetary Policy under Model Uncertainty: Incorporating Rational Expectations," Harvard University.

ONATSKI, A., AND J. STOCK, "Robust Monetary Policy under Model Uncertainty in a Small Open Economy," *Macroeconomic Dynamics*, 2002(6), 85 -110.

PARDOUX, E. (1997): "Generalized Discontinuous BSDE's," *in Backward Stochastic Differential Equations*, Pitman Research Notes in Mathematics 364, ed. by N. El Karoui and L. Mazliak. Essex: Addison Wesley Longman, 207 -219.

PARDOUX, E., AND S. PENG, "Adapted Solution of a Backward Stochastic Differential Equation," *Systems Control Letters*, 1990(14), 55 -61.

PENG, S. (1997): "BSDE and Related g - Expectation," *in Backward Stochastic Differential Equations*, Pitman Research Notes in Mathematics 364, ed. by N. El Karoui and L, Mazliak Essex: Addison Wesley Longman, 141 -159.

REVUZ, D., AND M. YOR (1999): *Continuous Martingales and Brownian Motion*, Berlin: Springer -

Verlag.

ROCKAFELLER, R. T (1970): *Convex Analysis*, Princeton: Princeton University Press.

SCHRODER, M., AND C. SKIADAS, "Optimal Consumption and Portfolio Selection with Stochastic Differential Utility," *Journal of Economic Theory*, 1999(89), 68 – 126.

（原文载于《经济计量学》2002 年 7 月）

EFFECTS OF CHANGES IN OUTPUTS AND IN PRICES ON THE ECONOMIC SYSTEM: AN INPUT - OUTPUT ANALYSIS USING THE SPECTRAL THEORY OF NONNEGATIVE MATRICES

曾力生

曾力生（LISHENG ZENG）现任中国社会科学院数量经济与技术经济研究所研究员，被评为享受国务院政府特殊津贴的专家，被聘为中国社会科学院首批长城学者。主要研究领域是投入产出分析的理论和应用及其相关的矩阵代数理论，已在国际权威经济学和数学期刊上发表了多篇研究论文。

1 Introduction

In order to research the socialist price mechanism Brown et al. (1973, 1977) introduced the "price adjustment model". As its dual form, we offer the (physical) *out - put adjustment model* in this paper. Dietzenbacher (1997) discussed the relationship between the Ghosh's "supply - driven" input output model and the Leontief's traditional "demand - driven" input output model, where the price adjustment model and the output adjustment model in value terms were included, though he did not use such terminology.

Based on the output adjustment model and the price adjustment model, we quantitatively analyze the effects of alterations of one sectoral (physical) gross output and of one sectoral price on another sectoral (physical) gross output and on another sectoral price, respectively. The elasticity analysis reveals that the above influences can be conveniently calculated via the entries in the Ghosh inverse matrix and in the monetary Leontief inverse matrix. Employing these results and the previous consequences [cf. (Zeng, 2001a)] we show that the main diagonal element in each column of the Ghosh inverse matrix is the maximal element of this column, and the principal diagonal entry in each row of the monetary Leontief inverse matrix is the maximal entry of this row.

It is easy to prove that (i) if all sectoral (physical) gross outputs are changed by the same percentage then the matrix of intermediate output coefficients is constant, and (ii) if all sectoral prices alter at the same ratio then the matrix of monetary intermediate input coefficients is unchanged. Nevertheless, the inverses of the aforementioned two implication propositions are false. A necessary and sufficient condition and the corresponding economic meaning that the two inverses hold are presented. Accordingly Dietzenbacher's (1997, pp. 642—643) additional assumption about the necessary and sufficient condition for the "absolute joint stability" of intermediate output or input coefficient matrix is relaxed properly.

Via investigating the effects of changes in outputs on the final output rates and on the input multipliers, we find that (i) any adjustment of output system enables neither all sectoral final output rates to rise collectively nor all sectoral final output rates to fall jointly; and (ii) any adjustment of output system enables neither all sectoral input multipliers to increase together nor all sectoral input multipliers to decrease cooperatively. Also, by investigating the effects of changes in prices on the value - added rates and on the output multipliers, we find that (i) any adaptation of price system enables neither all sectoral value - added rates to rise collectively nor all sectoral value - added rates to fall jointly; and (ii) any adaptation of price system enables neither all sectoral output multipliers to increase together nor all sectoral output multipliers to decrease cooperatively. Applying the spectral theory of nonnegative matrices we still discover some necessary and sufficient conditions and the matching economic interpretation that (i) an alteration of output system enables some sectoral final output rates to rise (or fall) and all others to be fixed, or (ii) the accommodation of output system enables some sectoral input multipliers to increase (or decrease) and all others to be constant, or (iii) an adjustment of price system enables some sectoral value - added rates to rise (or fall) and all others to be unchanged, or (iv) the adaptation of price system enables some sectoral output multipliers to increase (or decrease) and all others to be fixed. It is simple to prove that all sectoral final output rates and input multipliers are constant if all sectoral (physical) gross outputs are changed by the same percentage. Similarly, it is also easy to prove that all sectoral value - added rates and output multipliers are unchanged if all sectoral prices alter at the same ratio. However, the inverses of the above two propositions are not true. Some necessary and sufficient conditions and the corresponding economic explanations that the two inverses hold are shown, respectively. The above - mentioned economic interpretation and economic explanations are expressed via the state of classes of intermediate output or input coefficient matrix.

In an economy, usually, a sectoral final output rate may not equal another, and the input multiplier may be different from sector to sector. Comparably, a sectoral value - added rate may be unequal to another, and the output multiplier may differ across the sectors. Nevertheless, the respective adjustments of output system and price system enable all sectors to have an equal final output rate and an even input multiplier, and all sectors to have an equal value - added rate and an even output multiplier. From the spectral theory of nonnegative matrices [cf. (Zeng, 2001b)], we obtain some necessary and sufficient conditions and the matching economic meanings for possibility and uniqueness of the economic adjustment that enables every sector to have an equal final output rate and an even input multiplier in the new output system, and every sector to have an equal value - added rate and an even output multiplier in the new price system. The aforesaid economic meanings are also represented by the condition of classes of intermediate output or input coefficient matrix.

The paper is organized as follows.

In Sect. 2, we present the *output adjustment model* via using the physical Leontief input - output model and the intermediate output coefficient matrix, and by defining the *vector of output adjustment* coefficients. Moreover, we build the "price adjustment model" via employing the Leontief input - output price model and the intermediate input coefficient matrix in value terms, and by defining the *vector of price adjustment coefficients*. Also, we pose and answer two input - output economic questions about the influences of alterations of one sectoral (physical) gross output and of one sectoral price on another sectoral (physical) gross output and on another sectoral price. Accordingly, the respective basic characters of the Ghosh inverse matrix and the Leontief inverse matrix in value terms are obtained.

In Sect. 3, we analyze some conditions concerning the effects of changes of output system on the intermediate output coefficient matrix, and of price system on the intermediate input coefficient matrix in value terms. Applying the output adjustment model, the price adjustment model, and the spectral theory of nonnegative matrices, we pose and solve eight input – output economic problems about the influence of alterations of output system on final output rates and input multipliers, and of price system on value – added rates and output multipliers. Theorems 1 and 2 are the core, whose proofs are placed in Appendix 1.

In Sect. 4, we pose and answer six input – output economic questions concerning the equalities of final output rates, of input multipliers, of value – added rates, and of output multipliers for the various sectors in an economy. Theorem 3 that is mainly obtained from the spectral theory of nonnegative matrices is the kernel.

In Appendix 2 some spectral properties of a nonnegative matrix that has a positive right eigenvector are discussed via Theorem A1. That is, various equivalence relations between the state of final classes of the nonnegative matrix and the nature of a semipositive left eigenvector of the nonnegative matrix associated with the spectral radius are established. Furthermore, the class relations between a nonnegative matrix and an associated nonsingular M – matrix are proved by Theorem A2. They generalize or improve the previous results and are used in the proofs of Theorems 1 and 2.

For the general notation and terminology, let $\neg$, and $\Leftrightarrow$ stand for negation, disjunction, and equivalence, respectively. By $\Gamma \Rightarrow \Omega$, or $\Omega \Leftarrow \Gamma$, we denote thal Γ implies Ω. Let 0 be zero, a zero vector or zero matrix. A vector or matrix $M > 0$ means that M is *semipositive*, i. e., every entry of M is nonnegative, and $M \neq 0$. A vector or matrix $M \gg 0$ means that *M is positive*, i. e. every element of M is positive. A vector or matrix M is called *strictly semipositive*, if $M > 0$ and at least one entry is zero. Evidently, M is semipositive if and only if M is positive or strictly semipositive. Via M^t we indicate the transpose of vector or matrix M. Let $\rho(M)$ and *rank* (M) represent the spectral radius and the rank of matrix M, respectively. Let $\hat{H} = \mathrm{diag}(H) = \mathrm{diag}(h_1, h_2, \ldots, h_n)$ be the diagonal matrix with $h_1, h_2, \ldots, h_n$ as its main diagonal entries, where H is a column or row vector. The identity matrix is symbolized by I. The unit column vector $E = (1, 1, \ldots, 1)^t$. Let W denote a permutation matrix. The uniqueness of an eigenvector H of a matrix associated with an eigenvalue means that H is unique up to a scalar multiple.

The notation applied to Sects. 2 - 4 is as follows. Let $q = (qi)_{n\times 1} \gg 0$ be a column vector of physical gross outputs; $p = (p_j)_{1\times n} \gg 0$, a row vector of prices; $X = \hat{p}q = (xi)_{n\times 1} \gg 0$, a column vector of gross output values (i. e. a column vector of monetary gross outputs); $\bar{F} = (\bar{f}_i)_{n\times 1} > 0$, a column vector of physical final outputs; $F = \hat{p}\bar{F} > 0$, a column vector of final output values (i. e. a column vector of monetary final outputs); $Y = \hat{q}^{-1}\bar{F} = \hat{X}^{-1}F > 0$, a column vector of final output rates; $V = (vj)_{1\times n} > 0$, a row vector of valuesadded, $R = \hat{V}X^{-1} > 0$, a row vector of value - added rates; $\bar{A} > 0$, a matrix of physical intermediate input coefficients; $\bar{B} = (I - \bar{A})^{-1} > 0$, a physical Leontief inverse matrix; $\vec{A} = (\vec{a}ij)_{n\times n} > 0$, a matrix of intermediate output coefficients; $\vec{B} = (I - \vec{A})^{-1} = (\vec{b}ij)_{n\times n} > 0$, the Ghosh inverse matrix; $G = \vec{B}E = (gi)_{n\times 1}$, a column vector of input multipliers; $A = (aij)_{n\times n} > 0$, an intermediate input coefficient matrix in value terms (i. e. a matrix of monetary intermediate input coefficients); $B = (I - A)^{-1} = (bij)_{n\times n} > 0$, the Leontief inverse matrix in value terms (i. e. the monetary Leontief inverse matrix); $D = E^tB$, a row vector of output multipliers; where $\vec{A} = \hat{q}^{-1}\bar{A}\hat{q} = \hat{X}^{-1}A\hat{X}$, $\vec{B} = \hat{X}^{-1}B\hat{X}$, $A = \hat{p}\bar{A}\hat{p}^{-1}$ [cf. (Miller and Blair (1985), Chap. 9)], and $\rho(\bar{A}) = \rho(\vec{A}) = \rho(A) < 1$.

2 Output adjustment model and price adjustment model and their basic properties

It is well known that the fundamental equation of the physical Leontief input - output model is $\bar{F} = (I - \bar{A})\, q$ *or* $q = \bar{B}\,\bar{F}$, *where* $\bar{A}$ is constant via the usual hypothesis. Therefore, q changes if and only if $\bar{F}$ changes. For investigating the alteration of output system we define the column vector of *output adjustment coefficients* (*or output change indexes*) to be

$$Q = \hat{q}^{-1}q^{\#} = (Q_1,\ Q_2,\ \cdots\cdots,\ Q_n)^t, \qquad (1)$$

where $q^{\#} \gg 0$ is a column vector of the redefined new physical gross outputs. Clearly, $Q \gg 0$. Let the superscript # correspond to the new output system. By $\bar{F} = (I - \bar{A})$

q, $\vec{A}=\hat{q}^{-1}\bar{A}\hat{q}$, and (1), we have $\bar{F}^{\#}=(I-\bar{A})\ q^{\#}=(I-\hat{q}\vec{A}\hat{q}^{-1})\ \hat{q}Q=\hat{q}\ (I-\vec{A})\ Q$, i. e. $\bar{F}=(I-\bar{A})\ q$ becomes

$$\bar{F}^{\#}=\hat{q}(I-\vec{A})Q \quad \text{or} \quad Q=\vec{B}\hat{q}^{-1}\bar{F}^{\#}, \tag{2}$$

which is the fundamental formula of *physical output adjustment model or physical output change model*. When theprice system is fixed, i. e. p is constant, $F^{\#}=\hat{p}\bar{F}^{\#}=\hat{p}\hat{q}\ (I-\vec{A})\ Q=X\ (I-\vec{A})\ Q$ via (2). Namely, the fundamental formula of *output adjustment model in value terms or output change model in value terms is* $F^{\#}=X\ (I-\vec{A})\ Q$ or $Q=\vec{B}X^{-1}$ [see also (Dietzenbacher 1997, formula (12))]. From $\vec{A}=\hat{q}^{-1}\bar{A}\hat{q}$and (1), we can obtain , $\vec{A}^{\#}=(\hat{q}^{\#})^{-1}\bar{A}\hat{q}^{\#}=(\hat{q}\hat{Q})^{-1}\bar{A}\hat{q}\hat{Q}=\hat{Q}^{-1}\vec{A}\hat{Q}$, i. e

$$\vec{A}^{\#}=\hat{Q}^{-1}\vec{A}\hat{Q} \tag{3}$$

[see also (Dietzenbacher ! 997, formula (16))], hence

$$\vec{B}^{\#}=\hat{Q}^{-1}\vec{B}\hat{Q} \tag{4}$$

It is plain that

$$Y=(I-\vec{A})\ E \qquad or \qquad \vec{B}Y=E$$

Since q changes if and only if $\bar{F}$ changes in the physical Leontief model, the essence of adjustment of output system is the adaptation of physical final output vector, which is due to demand - pull, thus it leads to a series of chain reaction by the direct or indirect transactions among various sectors. Afterward this yields the alteration of physical intermediate output and achieves the adjustment of output system. Simply speaking, the physical final output takes the initiative in accommodating, and the physical intermediate output is passively adapted via the chain reaction.

Suppose that the physical final output of sector i is adjusted, and the others are not. That is, $\bar{f}_i^{\#}=\bar{f}_i+\Delta\bar{f}_i\neq\bar{f}_i$, and $\bar{f}_j^{\#}=\bar{f}_j\ (j=1,\ \cdots,\ i-1,\ i+1,\ \cdots,\ n)$ Since $\Delta\bar{f}_i\neq 0$, and $\bar{b}_{ii}=b_{ii}\geqslant 1\geqslant 0$ via $\vec{B}=\hat{X}^{-1}BX$ and [Berman and Plemmons 1994, (2. 1) Lemma, p. 133], we have

$$Q_i=(\vec{b}_{ii}\Delta\bar{f}_i\Big/q_i)+\sum_{k=1}^{n}\vec{b}_{ik}\bar{f}_k\Big/q_k=(\vec{b}_{ii}\Delta\bar{f}_i\Big/q_i)+1\neq 1 \tag{6}$$

by (2) and (5), i. e. the physical gross output of sector i changes because of the accommodation of this sectoral physical final output. Similarly, we have

$$Q_j=(\vec{b}_{ji}\Delta\bar{f}_i\Big/q_i)+1. \tag{7}$$

If $\vec{b}_{ji} > 0$, namely, sector j supplies the intermediate products directly or indirectly to sector i, then $Q_j \neq 1$ via (7). This means that though the physical final output of sector j does not alter, the physical gross output of sector j changes because of the alteration of the physical final output of sector i (hence the physical gross output of sector i is changed) and the connection between the two sectors. For sector j, the adaptation of gross output is due to the adjustment of physical intermediate output, which is a chain reaction to the alteration of the physical final output of sector i. One question arises immediately.

Question 1 How is the degree of the chain reaction as compared with the accommodation of the gross output of sector i ?

We shall answer this question later.

It is also well known that, as the dual form of the physical Leontief model, the fundamental eguation of the Leontief input - output price model is $V = p\ (I - \bar{A})\ \hat{q}$ or $p = Vq^{-1}\ \bar{B}$, where $\bar{A}$ is still fixed. We assume that the output system q is also unchanged in the Leontief price model. Then p changes if and only if V changes. For investigating the alteration of price system, the row vector of "price adjustment coefficients" (or *price change indexes*) is defined to be

$$P = p^* \hat{p}^{-1} = (P_1, P_2, \ldots, P_n), \tag{8}$$

where $p^* \gg 0$ is a row vector of the redefined new prices. Obviously, $P \gg 0$. Let the superscript * correspond to the new price system. From $V = p(I - \bar{A})\hat{q}$, $A = \hat{p}\bar{A}\hat{p}^{-1}$, and (8), we can obtain $V^* = p^*(I - \bar{A})\hat{q} = P\hat{p}(I - \hat{p}^{-1}A\hat{p})\hat{p}^{-1}\hat{X} = P(I - A)\hat{X}$, that is, $V = p\ (I - \bar{A})\ \hat{q}$ becomes

$$V^* = P(I - A)\hat{X} \quad \text{or} \quad P = V^*\hat{X}^{-1}B, \tag{9}$$

which is the fundamental formula of "price adjustment model" or *price change model* (see also [Dietzenbacher, 1997, formula (9)]). By $A = \hat{p}\bar{A}\hat{p}^{-1}$ and (8) we have $A^* = \hat{p}^*\bar{A}\ (\hat{p}^*)^{-1} = \hat{P}\hat{p}\bar{A}\ (\hat{P}\hat{p})^{-1} = \hat{P}A\hat{P}^{-1}$, i. e.

$$A^* = \hat{P}A\hat{P}^{-1} \tag{10}$$

(see also [Dietzenbacher, 1997, formula (15)]), thus

$$B^* = \hat{P}B\hat{P}^{-1} \tag{11}$$

It is manifest that

$$R = E^t(I - A) \quad \text{or} \quad RB = E^t \tag{12}$$

Since p changes if and only if V changes in the Leontief price model, the essence of adjustment of price system is the accommodation of value - added (or primary input) vector, which may be due to cost - push, hence it leads to a series of chain reaction via the direct or indirect transactions among various sectors. Afterwards this brings about the alteration of intermediate input value and finishes the adaptation of price system. Simply speaking, the value added takes the initiative in adjusting, and the intermediate input value is passively altered by the chain reaction.

Assume that the value - added of sector j is accommodated, and the others are not. Namely, $v_j^* = v_j + \Delta v_j \neq v_j, v_i^* = v_i (i = 1, \ldots, j-1, j+1, \ldots, n)$. Since $\Delta v_j \neq 0$, and $b_{jj} > 0$, we have

$$P_j = (b_{jj}\Delta v_j / x_j) + \sum_{k=1}^{n} v_k b_{kj} / x_k = (b_{jj}\Delta v_j / x_j) + 1 \neq 1 \tag{13}$$

via (9) and (12), i. e. the price of sector j changes because of the adjustment of this sectoral value added. Similarly, we have

$$P_i = (b_{ji}\Delta v_j / x_j) + 1. \tag{14}$$

If $b_{ji} > 0$, that is, sector i demands the intermediate products directly or indirectly from sector j, then $P_i \neq 1$ by (14). This means that though the value - added of sector i does not change, the price of sector i alters because of the adaptation of the value - added of sector j (thus the price of sector j is changed) and the connection between the two sectors. For sector i, the adjustment of price is due to the accommodation of intermediate input value, which is a chain reaction to the change of the value - added of sector j. Another question arises too.

Question 2 How is the degree of the chain reaction as compared with the adaptation of the price of sector j ?

In order to answer the above two questions we can quantitatively analyze them via borrowing the concept of elasticity.

We define the output elasticity of q_j with respect to q_i to be $c_{ji} = (\Delta q_j / q_j) \div (\Delta qi / qi)$, then c_{ji} reflects the influence of alteration of the physical gross output of sector i on the physical gross output of sector j. We still define the price elasticity of p_i with respect to p_j to be $e_{ij} = (\Delta p_i / p_i) \div (\Delta p_j / p_j)$, then e_{ij} reflects the effect of change of the price of sector j on the price of sector i.

Proposition1 (i) If $\bar{f}_i^{\#} = \bar{f}_i + \Delta \bar{f}_i \neq \bar{f}_i$, and $\bar{f}_j^{\#} = \bar{f}_j$ $(j = 1, \cdots, i-1, i+1, \cdots, n)$ then

$$0 \leqslant c_{ij} = \vec{b}_{ij} / \vec{b}_{ii} \leqslant \min (1, \vec{b}_{ij}) \tag{15}$$

(ii) if $v_j^* = v_j + \Delta v_j \neq v_j$, and $v_j^* = v_i$ $(i = 1, \cdots, j-1, j+1, \cdots, n)$, then

$$0 \leqslant e_{ji} = b_{ij} / b_{jj} \leqslant \min (1, b_{ji}) \tag{16}$$

for $i, j = 1, 2, \cdots, n, i \neq j$

Proof Since $Qk = (q_k^{\#}/q_k) = 1 + (\Delta q_k / q_k)$, and $P_k = (p_k^*/p_k) = 1 + (\Delta p_k / p_k)$, for $k = 1, 2, \cdots, n$, we have $(\Delta q_i / q_i) = Q_i - 1 = \vec{b}_{ii} (\Delta f_i / q_i) \neq 0$, $(\Delta q_j / q_j) = Qj - 1 = \vec{b}_{jj} (\Delta f_i / q_i)$, $(\Delta p_j / p_j) = Pj - 1 = b_{jj} (\Delta v_j / x_j) \neq 0$, and $(\Delta p_i / p_i) = Pi - 1 = b_{ij} (\Delta v_j / x_j)$ by (6), (7), (13), and (14), respectively. Thus, $c_{ij} = (\Delta q_j / q_j) / (\Delta q_i / q_i) = \vec{b}_{ji} / \vec{b}_{ii}$, and $e_{ij} = (\Delta p_i / p_i) / (\Delta p_j / p_j) = b_{ji} / b_{jj}$. Via $\vec{b}_{ji} \geqslant 0$, $\vec{b}_{ii} \geqslant 1$, $b_{ji} \geqslant 0$, and $b_{jj} \geqslant 1$, we have $0 \leqslant c_{ij} \leqslant \vec{b}_{ji}$, and $0 \leqslant e_{ij} \leqslant b_{ji}$. Form "Corollaries 3 and 4" in (Zeng, 2001a), we can, respectively obtain $c_{ij} \leqslant 1$ and $e_{ij} \leqslant 1$, so (15) and (16) hold,

Proposition 1 gives computational methods and numerical ranges of both c_{ji} and e_{ij}. Since $B = \hat{X} \vec{B} \hat{X}^{-1}$, we have $c_{ij} = 0 \Leftrightarrow \vec{b}_{ji} = 0 \Leftrightarrow b_{ji} = x_j \vec{b}_{ji} x_i^{-1} = 0 \Leftrightarrow e_{ij} = 0$. Namely, the initial adjustment of the gross output of sector i does not affect the gross output of sector j, if and only if sector j supplies neither directly nor indirectly the intermediate products to sector i, which means that sector i demands neither directly nor indirectly the intermediate products from sector j, which is equivalent to the condition that the initial adaptation of the price of sector j does not affect the price of sector i.

The following Corollary 1 reveals a fundamental property of the Ghosh inverse matrix and a fundamental property of the Leontief inverse matrix in value terms.

Corollary 1 (i) *In the Ghosh inverse matrix each column entry is less than or equal to the main diagonal entry of this column.* (ii) *In the Leontief inverse matrix in value terms each row entry is less than or equal to the main diagonal entry of this row.*

Proof By Proposition 1, $\vec{b}_{ji} \leqslant \vec{b}_{ii}$ and $b_{ji} \leqslant b_{jj}$, for $i, j = 1, 2, \cdots, n, i \neq j$.

3 Some fluences of changes in outputs and in prices on the economic structure

Here, the economic structure is represented via the intermediate output coefficient matrix, the intermediate input coefficient matrix in value terms, the column vector of final output rates, the row vector of value - added rates, the column vector of input multipliers, and the row vector of output multipliers.

Perhaps an adjustment of output system enables the intermediate output coefficient matrix and the Ghosh inverse matrix to be altered, since $\vec{A}=\hat{q}^{-1}\bar{A}\hat{q}$. Maybe the adaptation of price system enables the intermediate input coefficient matrix in value terms and the Leontief inverse matrix in value terms to be changed, since $A=\hat{p}\bar{A}\hat{p}^{-1}$. But any adjustment of output system cannot alter the intermediate input coefficient matrix in value terms and the Leontief inverse matrix in value terms when the price system is fixed; and any adaptation of price system cannot change the intermediate output coefficient matrix and the Ghosh inverse matrix when the output system is constant. In (Dietzenbacher 1997, pp. 642 - 643) the condition $\vec{A}^{\#}=\vec{A}$ or $A^{*}=A$ was called to be "absolute joint stable".

Definition 1 (i) A column vector of output adjustment coefficients, Q, is called trivial if there exists a positive number λ, such that $Q=\lambda E$. Otherwise, we say that Q is nontrivial. (ii) A row vector of price adjustment coefficients, P, is called trivial if there is a positive number λ. such that $P=\lambda E$. Otherwise, we say that P is nontrivial.

Remark 1 The triviality of vector of output (or price) adjustment coefficients means that every sectoral physical gross output (or price) alters in accordance with the same ratio.

Definition 2 A square matrix M whose order is greater than or equal to 2 is said to be completely reducible, or simply, C - reducible, if

$$WMW^{t}=\begin{bmatrix}M_{11} & 0\\ 0 & M_{22}\end{bmatrix},$$

where M_{11} and M_{22} are square submatrices not necessarily of the same order. If no such permutation matrix W exists we say that M is not completely reducible, or simply, *C - irreducible.*

Proposttton 2 *In an economy*

(*a*) *the column vector of output adjustment coefficients is trivial, if and only if every sectoral final output changes in accordance with the same ratio, which implies that the accommodation of output system does not alter the intermediate output coefficient matrix, i. e.* $Q=\lambda E\Leftrightarrow\overline{F}^{\#}=\lambda\overline{F}\Leftrightarrow F^{\#}=$

$\lambda F \Rightarrow \overline{A}^{\#} = \vec{A}$

(*b*) *the row vector of price adjustment coefficients is trivial, if and only if every sectotal value added changes in accordance with the same ratio, which implies that the adaptation of price system does not alter the intermediate input coefficient matrix in value terms, i. e.* $P = \lambda E^t \Leftrightarrow V^* = \lambda V \Rightarrow A^* = A$;

(*c*) *the foUowing conditions are equivalent*

(c_1) *the column vector of output adjustment coefficients is trivial if the accommodation of output system does not change the intermediate output coefticient matrix, i. e.* $\vec{A}^{\#} = \vec{A} = Q = \lambda E$;

(c_2) *the row vector of price adjustment coefficients is trivial if the adaptation of price system does not alter the intermediate input coefficient matrix in value terms, i. e.* $A^* = A = P = \lambda E^t$;

(c_3) *the economy cannot be divided into* $r \geqslant 2$ *subeconomies that are independent of each other, i. e.* $\vec{A}$ *or* A *is* C *- irreducible.*

Proof We prove part (a). Via (2), (5), and (3), $Q = \lambda E \Rightarrow \overline{F}^{\#} = \hat{\lambda q} (I - \vec{A}) E = \hat{\lambda q} Y = \lambda \overline{F}$, and $\overline{F}^{\#} = \lambda \overline{F} \Rightarrow Q = \lambda \vec{B} \hat{q}^{-1} \overline{F} = \lambda \vec{B} Y = \lambda E \Rightarrow \vec{A}^{\#} = (\lambda I)^{-1} \vec{A} \lambda I = \vec{A}$. Apparently, $\overline{F}^{\#} = \lambda \overline{F} \Leftrightarrow \overline{F}^{\#} = \hat{p} \overline{F}^{\#} = \hat{\lambda p} \overline{F}^{\#} = \lambda F$

Proof of part (b). Form (9), (12), and (10), $P = \lambda E^t \Rightarrow V^* = \lambda E^t (I - A) \hat{X} = \lambda \hat{R} X = \lambda V$, and $V^* = \lambda V \Rightarrow P = \lambda \hat{V} X^{-1} B = \lambda R B = \lambda E^t \Rightarrow A^* = \lambda I A (\lambda) I^{-1} = A$

Next we prove ¬ (c_3) ⇔ ¬ (c_1). Since $\vec{A}$ is C - reducibe if and only if A is C - reducibe , we only require proving that $\vec{A}$ is C - reducibe if and only if ¬ (c_1) holds. Let $\vec{A}$ be C - reducibe, i. e.

$$W\vec{A}W^t = \begin{bmatrix} \vec{A}_{11} & 0 \\ 0 & \vec{A}_{22} \end{bmatrix}, \tag{17}$$

When $\vec{A}_{11}$ is a submatrix of order m and $\vec{A}_{22}$ is a submatrix of order $n - m$, $1 \leqslant m \leqslant n - 1$. Let the output adjustment coefficient vector Q satisfy

$$W\hat{Q}W^t = \begin{bmatrix} I_1 & 0 \\ 0 & \varepsilon I_2 \end{bmatrix}, \quad 0 < \varepsilon \neq 1, \tag{18}$$

where I_1 is the identity matrix of order m , and I_2 is the identity matrix of order $n - m$, then

$$W\vec{A}^{\#}W^t = W\hat{Q}^{-1}W^t\begin{bmatrix}\vec{A}_{11} & 0\\ 0 & \vec{A}_{22}\end{bmatrix}W\hat{Q}W^t$$

$$=\begin{bmatrix}I_1 & 0\\ 0 & \varepsilon^{-1}I_2\end{bmatrix}\begin{bmatrix}\vec{A}_{11} & 0\\ 0 & \vec{A}_{22}\end{bmatrix}\begin{bmatrix}I_1 & 0\\ 0 & \varepsilon I_2\end{bmatrix}=\begin{bmatrix}\vec{A}_{11} & 0\\ 0 & \vec{A}_{22}\end{bmatrix}$$

by (3), (17) and (18). Thus, $\vec{A}^{\#}=\vec{A}$ via (17). That is, ¬ (c_1) holds, Conversely, suppose that

$$W\vec{A}W^t=\begin{bmatrix}\vec{A}_{11} & \vec{A}_{12} & \cdots & \vec{A}_{1r}\\ \vec{A}_{21} & \vec{A}_{22} & \cdots & \vec{A}_{2r}\\ \vdots & \vdots & & \vdots\\ \vec{A}_{r1} & \vec{A}_{r2} & \cdots & \vec{A}_{rr}\end{bmatrix},$$

$$W\hat{Q}W^t=\begin{bmatrix}\lambda_1 I_1 & & & 0\\ & \lambda_2 I_2 & & \\ & & \ddots & \\ 0 & & & \lambda_r I_r\end{bmatrix},\quad 0<\lambda_1<\lambda_2<\cdots<\lambda_r, \tag{19}$$

where $\vec{A}_{ii}$ is a square submatrix, and I_i is the corresponding identity matrix, for $i=1, 2, \cdots, r$, $2\leqslant r\leqslant n$. Let $\vec{A}^{\#}=\vec{A}$, then

$$W_t\begin{bmatrix}\lambda_1^{-1}I_1 & & & 0\\ & \lambda_2^{-1}I_2 & & \\ & & \ddots & \\ 0 & & & \lambda_r^{-1}I_r\end{bmatrix}\vec{W}AW^t\begin{bmatrix}\lambda_1 I_1 & & & 0\\ & \lambda_2 I_2 & & \\ & & \ddots & \\ 0 & & & \lambda_r I_r\end{bmatrix}W=\vec{A}$$

by (3) and (19). Therefore,

$$\begin{bmatrix}\lambda_1^{-1}I_1 & & & 0\\ & \lambda_2^{-1}I_2 & & \\ & & \ddots & \\ 0 & & & \lambda_r^{-1}I_r\end{bmatrix}\vec{W}AW^t\begin{bmatrix}\lambda_1 I_1 & & & 0\\ & \lambda_2 I_2 & & \\ & & \ddots & \\ 0 & & & \lambda_r I_r\end{bmatrix}=\vec{W}AW^t$$

Hence $\lambda_i^{-1}\vec{A}_{ij}\lambda_j=\vec{A}_{ij}$ (i, j, $=1$, 2,, $\cdots$, r). Accordingly $\vec{A}_{ij}=0$ (i, $j=i$, j, $=1$, 2, $\cdots$, r, $i\neq j$) via (19), namely, A is C - reducible, The proof of ¬ (c_3) ⇔¬ (c_1) is completed. Dually, we can proce ¬ (c_3) ⇔¬ (c_2)

Remark 2 Evidently, the additional restricted assumption given by (Dietzenbacher 1997, pp. 642 - 643), the irreducibility of Ā (or A), is very sufficient but not necessary for the implication proposition $\vec{A}^{\#}=\vec{A}\Rightarrow Q=\lambda E$ (or $A^{*}=A\Rightarrow P=\lambda E^t$). That is, even if , $\vec{A}$ (or A) is reducible but C - irreducible, the implication proposition holds. This proposition also means that the matrix of intermediate output (or input) coefficients changes if the vector of output (or price) adjustment coefficients is non-trivial.

By (5) and $\vec{A} = \hat{q}^{-1}\bar{A}\hat{q}$, Y may be altered if the output system is adapted. We concern ourselves about the influence of accommodation of output system on the final output rates. Via (12) and $A = \hat{p}\bar{A}\hat{p}^{-1}$, R. may be changed if the price system is adjusted. Since the main part of value-added is wage and profit, the value-added rate approximately measures the relative return. When the wages are fixed, the higher (lower) the value-added rate is, the higher (lower) the profit rate is. Therefore we concern ourselves about the effect of adaptation of price system on the value-added rates.

When the output system is accommodated the column vector of input multipliers, $G = \vec{B}E$, may be altered because the Ghosh inverse matrix $\vec{B}$ may be changed. When the price system is adapted the row vector of output multipliers, $D = E^t B$, may be altered because the monetary Leontief inverse matrix B may be changed. We also concern ourselves about the influence of alteration of output system on the input multipliers, and the effect of change of price system on the output multipliers.

Proposition 3 (*i*) *If the vector of output adjustment coefficients is trivial, then the adaptation of output system alters neither any $ ectoral final output rates nor any sectoral input multipliers, i. e.* $Y^{\#} = Y \Leftarrow Q = \lambda E \Rightarrow G^{\#} = G$. (*ii*) *Ifthe vector of price adjustment coefficients is trivial, then the accommodation of price system changes neither any sectoral value-added rates nor any sectoral output multipliers, i. e.* $R^* = R \Leftarrow P = \lambda E^t \Rightarrow D^* - D$.

Proof Via (5) and part (a) in Proposition 2, $Q = \lambda E \Rightarrow Y^{\#} - (I - \vec{A}^{\#})E = (I - \vec{A})E = Y$, and $Q = \lambda E \Rightarrow \vec{B}\# = \vec{B} \Rightarrow G^{\#} = \vec{B}^{\#}E = \vec{B}E = G$. By (12) and part (b) in Proposition 2, $P = \lambda E^t = R^* = E^t(I - A^*) = E^t(I - A) = R$, *and* $P = \lambda E^t \Rightarrow B^* = B \Rightarrow D^* = E^t B^* = E^t B = D$.

Proposition 4 *In an economy that comprtses n sectors,*

(i) *the adaptation of output system does not alter the final output rate of sector* i, *if and only if* $\vec{A}^{(i)}(Q_i E - Q^{(i)}) = 0$;

(ii) *the necessary and sufficient conditions that the accommodation of output systern enables the final output rate of sector i to rise and to fall are* $\vec{A}^{(i)}(Q_i E - Q^{(i)}$

>0 *and* $\vec{A}^{(i)}$ $(Q_iE - Q_{(i)})$ <0, *repectively.*

(iii) *an adjustment of output system does not change the input multiplier of sector* i, *if and only if* $\vec{B}^{(i)}$ $(Q_iE - Q^{(i)})$ $=0$;

(iv) *the respective necessary and sufficient conditions that the adaptation of output system enables the input multiplier of sector i to increase and to decrease are* $\vec{B}^{(i)}$ $(Q_iE - Q^{(i)})$ < 0 *and* $\vec{B}^{(i)}$ $(Q_i E - Q^{(i)})$ >0;

(v) *the accommodation of price system does not alter the value – added rate of sector* j, *if and only if* $(p_jE^t - P^{(j)})$ $A^{(j)} = 0$;

(vi) *the necessary and sufficient conditions that an adjustment of price system enables the value – added rate of sector j to rise and to fall are* $(P_jE^t - P^{(j)})$ $A^{(j)})$ $>$ 0 *and* $(P_jE_t - P^{(j)})$ $A^{(j)} < 0$, *respectively*;

(vii) *the adaptation of price system does not change the output multiplier of sector* j, *if and only if* $(P_jE^t - P^{(j)})$ $B^{(j)} >0$;

(viii) *the respective necessary and sufficient conditions that an adjustment of price system enables the output multiplier of sector* j *to increase and to decrease are* $(P_jE^t - P^{(j)})$ $B^{(j)} < 0$ *and* $(P_jE^t - P^{(j)})$ $B^{(j)} > 0$;

where $\vec{A}^{(i)} = (\vec{a}_{i1}, \cdots, \vec{a}_{ii-1}, \vec{a}_{ii+1}, \vec{a}_{in})$, $\vec{B}^{(i)} = (\vec{b}_{i1}, \cdots, \vec{b}_{ii-1}, \vec{b}_{ii+1}, \vec{b}_{in})$, $Q^{(i)} = (Q1, \cdots, Q_{i-1}, Q_{i+1}, \cdots, Q_n)^t$, $A^{(j)} = (a_{1j}, \cdots, a_{j-1j}, a_{j+1j}, \cdots, a_{nj})^t$, $B^{(j)} = (b_{1j}, \cdots, b_{j-1j}, b_{j+1j}, \cdots, b_{nj})^t$, $P^{(j)} = (P_1, \cdots, P_{j-1}, P_{j+1}, \cdots, P_n)$.

Proof From (5), the final output rate of sector i is $1 - \bar{A}_i E$, whose adapted formula is $1 - \vec{A}_i Q / Q_i$ via (3), where $\vec{A}_i$ is the i throw of $\bar{A}$. Hence, we can obtain (i) and (ii). The input multiplier of sector i is $\vec{B}_i E$, whose adjusted formula is $\vec{B}_i Q / Q_i$ by (4), where $\vec{B}_i$ is the i throw of $\vec{B}$. Thus we have (iii) and (iv). Via duality principle we can similarly prove (v) – (viii).

As an immediate consequence we have the following corollary.

Corollary 2 *In an economy*, (i) *if the accommodation of output system enables a sectoral final output rate to rise (fall) then this sector supplies the intermediate products to other sector (s) and this sectoral output adjustment coefficient is not the minimum (maximum) in all sectoral output adjustment coefficients*; (ii) *if the adaptation of output system enables a sectoral input multiplier to increase (decrease) then this sector supplies the intermediate products to other sector (s) and this sectotal output adjustment coefficient is not the maximum (minimum) in all sectoral then this sector supplies* *the intermediate products to other sector (s) and this sectoral output adjustment coefficient is not the maximum (minimum) in all sectoral output adjustment coefficients*; (iii) *if an adjustment of price system enables a sectoral value - added rate to rise (fall) then this sector demands the intermediate products from other sector (s) and this sectoral price adjustment coefficient is not the minimum (maximum) in all sectoral price adjustment coefficients*; (iv) *if the accommodation of price system enables a sectoral output multiplier to increase (decrease) then this sector demands the intermediate products from other sector (s) and this sectoral price adjustment coefficient is not the maximum (minimum) in all sectoral price adjustment coefficients.*

Proposition 5 *Let* λ *be a positive number, Then* (i) $Y^{\#} = \lambda Y = \lambda = \lambda$; (ii) $R^{*} = \lambda R \Rightarrow \lambda = 1$

Proof By (5) $\vec{B}\hat{Y}E = \vec{B}Y = E$, thus ρ $(\vec{B}\hat{Y}) = 1$. Via (3) and (5), $Y^{\#} = \lambda Y \Leftrightarrow \hat{Q}^{-1}(I - \vec{A})Q = (I - \vec{A}^{\#})E = \lambda Y \Leftrightarrow (I - \vec{A}) Q = \lambda\hat{Q}Y = \lambda\hat{Y}Q \Leftrightarrow \vec{B}\hat{Y}Q = \lambda^{-1}Q$. *Since*, ρ $(\vec{B}\hat{Y}) = 1$ and $Q \gg 0$, we have $\vec{B}\hat{Y}Q = \lambda^{-1}Q \Rightarrow \lambda^{-1} = 1 \Leftrightarrow \lambda = 1$ by [Berman and Plemmons 1994, (1.12) Corollary, p. 28]. Dually, $R^{*} = \lambda R \Leftrightarrow \hat{P}RB = \lambda^{-1}P \Rightarrow \lambda = 1$.

Remark 3 From Proposition 5, all sectoral final output rates neither rise at the same ratio $\lambda > 1$ nor fall at the same ration $\lambda < 1$ when the output system is altered. Similarly, all sectoral value - added rates neither increase at the same ratio $\lambda > 1$ nor decrease at the same ratio $\lambda < 1$ when the price system is changed.

Now, we further bring up the following six general problems.

Problem 1 Does an adjustment of output system enable all sectoral final output rates either to rise or to fall collectively, or enable all sectoral input multipliers either to increase or to decrease jointly?

Problem 2 Does the accommodation of price system enable all sectoral value - added rates either to rise or to fall together, or enable all sectoral output multiplies either to increase or to decrease cooperatively?

Problem 3 What is the necessary and sufficient condition that the adaptation of output system enables some sectoral final output rates to rise (or fall) and all others to be constant?

Problem 4 What is the necessary and sufficient condition that a change of output system enables some sectoral input multipliers to increase (or decrease) and all others to be fixed?

Problem 5 What is the necessary and sufficient condition that an alteration of price system enables some sectoral value - added rates to rise (or fall) and all others to be unchanged?

Problem 6 What is the necessary and sufficient condition that an adjustment of price system enables some sectoral output multipliers to increase (or decrease) and all others to be constant?

The following Theorem 1 solves the above six general problems, whose proof is delegated to Appendix 1.

Theorem 1 *In an economy,*

(a) *any adjustment of output system enables neither all aectoral final output rates to rise collectively nor all aectoral final output rates to faUjointly, and enables neither all sectoral input multipliers to increase together nor all sectoral input multipliers to decrease cooperatively;*

(b) *any adaptation oJ) vrice system enables neither all sectoral value - added rates to rise collectively nor all aectoral value - added rates to fall jointly, and enables neither all sectoral output multipliers to increase together nor all sectoral output multt; oliers to decrease cooperatively;*

(c) *the foUowing conditions are equivalent*

(c_1) *the accommodation of output system enables some sectoral final output rates to rise (or fall) and all others to be fixed;*

(c_2) *an adjustment of output system enables some sectoral input multipliers to increase (or decrease) and all others to be unchanged;*

(c_3) *the adaptation of price system enables some sectoral value - added rates to rise (or fall) and all others to be constant;*

(c_4) *the accommodation of price system enables some aectoral output multipliers to increase (or decrease) and all others to be fuced;*

(c_5) $\vec{A}$ *or A has at least one non - final (or non - initial) class;*

(c_6) *$\vec{B}$ or B has at least one non - final (or non - initial) class;*

(c_7) *$\vec{A}$ + $\hat{Y}$ has no positive left eigenvector;*

Obviously, the economic interpretation of (c_5) in Theorem 1 is as follows; the economy that comprises n sectors can be divided into r subeconomies S_1, $\cdots$, S_{r-1}, S_r via the interdependence among the intermediate products, $2 \leqslant r \leqslant n$, each sector of S_k depends on all others in S_k directly or indirectly for its intermediate products, or S_k has only one sector, for $k = 1, \ldots, r-1, r$, *and* S_i does not supply any intermediate products to $S_{i+1} \ldots, S_r$, for $i = 1, \ldots, r-1$, but there is at least one subeconomy Sj ($1 \leqslant j \leqslant r-1$), which demands the intermediate products from at least one subeconomy within $S_{j+1}, \ldots, S_r$.

From Theorem 1, we can evidently obtain a corollary.

Corollary 3 Suppose that (i), $\vec{A}$ or A is irreducible; or (ii) $\vec{A}$ or A is reducible and the classes of $\vec{A}$ or A are all final (or all initial). Namely, (i) each sector of the economy depends on all others directly or indirectly for its intermediate products; or (ii) the economy can be divided into r subeconomies $S_1, \ldots, S_{r-1}, S_r$ via the interdependence among the intermediate products, $2 \leqslant r \leqslant n$, each sector of S_k depends on all others in S_k directly or indirectly for its intermediate products, or S_k has only one sector, for $k = 1, \ldots, r-1, r$, and S_i neither supplies any intermediate products to $S_{i+1}, \ldots, Sr$ nor demands any intermediate products from $S_{i+1}, \ldots, Sr$, for $i = 1, \ldots, r-1$. Then (i) if the adaptation of output system enables some sectoral final output rates to rise (fall), then in the other sectors there is at least one sector whose final output rate falls (rises); (ii) if the accommodation of output system enables some sectoral input multipliers to increase (decrease), then in the other sectors there exists at least one sector whose input multiplier decreases (increases); (iii) if an adjustment of price system enables some sectoral value - added rates to rise (fall), then in the other sectors there is at least one sector whose value - added rate falls (rises); and (iv) if a change of price system enables some sectoral output multipliers to increase (decrease), then in the other sectors there exists at least one sector whose output multiplier decreases (increases).

Remark 4 From the viewpoint that the value - added rate approximately measures the relative return, a change of price system leads to a redistribution of economic benefit among various sectors. Part (b) in Theorem 1 shows that an alteration of price system is neither profitable to all sectors nor unprofitable to all sectors. Corollary 3 displays that when A is irreducible, if the adaptation of price system is profitable (unprofitable) to some sectors then it is surely unprofitable (profitable) to the others.

Corresponding to Proposition 3, we pose still two interesting problems.

Problem 7 What is the necessary and sufficient condition that the inverse of implication (i) in Proposition 3 is also true?

Problem 8 What is the necessary and sufficient condition that the inverse of implication (ii) in Proposition 3 is also tree?

Remark 5 The inverse of implication (i) in Proposition 3 means that the vector of final output rates (or input multipliers) changes if the vector of output adjustment coefficients is nontrivial, i. e. at least one sectoral final output rate (or input multiplier) alters if at least two sectoral physical gross outputs change in accordance with different ratios. The inverse of implication (ii) in Proposition 3 means that the vector of value - added rates (or output multipliers) alters if the vector of price adjustment coefficients is nontrivial, i. e. at least one sectoral value - added rate (or output multiplier) changes if at least two sectoral prices alter in accordance with different ratios.

The following Theorem 2 solves the above two problems, whose proof is also delegated to Appendix 1.

Theorem 2 *In an economy*,

(a) *the following conditions are equivalent*

(a_1) *if an adjustment of output system does not change any sectoral final output rates, then the vector of output adjustment coefficients is trivial, i. e.* $Y^{\#} = Y \Rightarrow Q = \lambda E$;

(a_2) *if the adaptation of output system does not alter any sectoral input mul tipliers, then the vector of output adjustment coefficients is trivial, i. e.* $G^{\#} = G \Rightarrow Q = \lambda E$;

(a_3) $\vec{A}$ *or* A *has only one final class*;

(a_4) *$\vec{B}$ or B has only one final class*;

(a_5) *1 is a simple eigenvalue of $\vec{A}+\hat{Y}$*;

(a_6) *E is a unique right eigenvector of $\vec{A}+\hat{Y}$ associated with 1*;

(a_7) *$\vec{A}+\hat{Y}$ has a unique semipositive left eigenvector corresponding to 1.*

(b) *the following conditions are equivalent*

(b_1) *if the accommodation of price system does not change any sectoral value - added rates, then the vector of price adjustment coefficients is trivial, i. e. $R^* = R \Rightarrow P = \lambda E^t$*;

(b_2) *if an adjustment of price system does not alter any sectoral output mul tipliers, then the vector of price adjustment coefficients is trivial, i. e. $D^* = D \Rightarrow P = \lambda E^t$*;

(b_3) *A or $\vec{A}$ has only one initial class*;

(b_4) *B or B has only one initial class*;

(b_5) *1 is a simple eigenvalue of A + R*;

(b_6) *E^t is a unique left eigenvector of A + R associated with 1*;

(b_7) *A + R has a unique semipositive right eigenvector corresponding to 1.*

The economic explanation of (a_3) in Theorem 2 is as follows; ① each sector in the economy depends on all others directly or indirectly for its intermediate products; or ② the economy that comprises n sectors can be divided into r subeconomies S_1, S_2, ..., S_r by the interdependence among the intermediate products, $2 \leqslant r \leqslant n$, each sector of S_k depends on all others in S_k directly or indirectly for its intermediate products, or S_k has only one sector, for $k = 1, 2, ..., r$, and S_j does not demand any intermediate products from $S_1, ..., S_{j-1}$, but S_j supplies the intermediate products to at least one subeconomy within $S_1, ..., S_,$ for $j = 2, ..., r$.

The economic meaning of (b_3) in Theorem 2 is as follows; ① each sector in the economy depends on all others directly or indirectly for its intermediate products; or ② the economy that comprises n sectors can be divided into r subeconomies S_1, ..., S_{r-1}, S_r via the interdependence among the intermediate products, $2 \leqslant r \leqslant n$, each sector of S_k depends on all others in S_k directly or indirectly for its intermediate products, or S_k has only one sector, for $k = 1, ..., r-1, r$, and S_i does not supply any intermediate products to $S_{i+1}, ..., S_r$, but S_i demands the intermediate products from at least one subeconomy within $S_{i+1}, ...,$

S_r, for $i = 1, \ldots, r-1$.

4 Uniformity conditions for each of the four kinds of indicators in various sectors

Here the four kinds of indicators are the final output rate, the value – added rate, the input multiplier, and the output multiplier.

In an economy, the final output rate may differ across the sectors, and the input multiplier may be different from sector to sector. Comparably, the value – added rate may differ across the sectors, and the output multiplier may be different from sector to sector. In a "long – period position" [cf. (Kurz and Salvadori, 1995, Chap. 1)], however, if the value – added rate can approximately represents the profit rate then the economy may have a uniform value – added rate under the condition of "free competition".

Proposition 6 *Let* $\mu = 1 - \rho(A)$. *(i) If a sectoral final output rate is larger (less) than ix, then there is at least one sector whose final output rate is less (larger) than or equal to* μ. *(ii) If a sectoral input multiplier is larger (less) than* μ^{-1}, *then there exists at least one sector whose input multiplier is less (larger) than or equal to* μ^{-1}. *(iii) If a sectoral value – added rate is larger (less) than* μ, *then there is at least one sector whose value – added rate is less (larger) than or equal to* μ. *(iv) If a sectoral output multiplier is larger (less) than* μ^{-1}, *then there exists at least one sector whose output multiplier is less (larger) than or equal to* μ^{-1} *Moreover, if* $\vec{A}$ *or* A *is irreducible then the "or equal to" in (i) – (iv) ought to be canceled.*

Proof If conclusion (i) did not hold, $Y - \mu E \gg 0$ *or* $\mu E - Y \gg 0$ would hold. Therefore, by (5), $\rho(A)E - \vec{A}E \gg 0$ or $\vec{A}E - \rho(A)E \gg 0$, which contradicts (Minc 1988, Theorem 1. 1, p. 24). If conclusion (ii) did not hold, $\vec{B}E - \mu^{-1}E \gg 0$ or $\mu^{-1}E - \vec{B}E \gg 0$ would hold. This also contradicts (Minc 1988, Theorem 1. 1, p. 24) because μ^{-1} is apparently the spectral radius of $\vec{B}$. Via the duality principle we can similarly prove conclusions (iii) and (iv).

Let $\vec{A}$ *or* A be irreducible. If conclusion (i) where "or equal to" is removed did not hold, $Y - \mu E > 0$ or $\mu E - Y > 0$ would hold. Namely, $\rho(A)E - \vec{A}E > 0$ or $\vec{A}E - \rho(A)E > 0$, which contradicts (Minc, 1988, Theorem 1. 1, p. 24). If conclusion (ii) where "or equal to" is canceled did not hold, $\vec{B}E - \mu^{-1}E > 0$ or $\mu^{-1}E - \vec{B}E > 0$ would hold. This still contradicts (Minc 1988, Theorem 1. 1, p. 24). By the duality principle we can similarly prove conclusions (iii) and (iv) where "or equal to" is removed.

Remark 6 From Proposition 6, we can guess that $1 - \rho\ (A)$ may be the mean of various sectoral final output rates and of various sectoral value - added rates, and $[1 - \rho(A)]^{-1}$ may be the mean of various sectoral input multipliers and of various sectoral output multipliers.

Now we bring up the following four questions.

Question 3 What is the necessary and sufficient condition that every sector has an equal final output rate?

Question 4 What is the necessary and sufficient condition that the input multipliers are equalized for all sectors?

Question 5 What is the necessary and sufficient condition that every sector has an equal value - added rate?

Question 6 What is the necessary and sufficient condition that the output multipliers are equalized for all sectors?

The following proposition answers the above four questions.

Proposition 7 *In an economy*

(a) *the following conditions are equivalent*

(a_1) *every sector has an equal final output rate, i. e.* $Y = \mu E$;

(a_2) *the input multipliers are equalized for all sectors, i. e.* $G = \mu^{-1}E$;

(a_3) *the intermediate output coefficient matrix is generally row stochastic, i. e.* $\vec{A}E = (1 - \mu)\ E$;

(a_4) *the column vector of gross output values is a right eigenvector of intermediate input coefficient matrix in value terms, i. e.* $AX = (1 - \mu)\ X$;

(a_5) *the column vector of gross output values is a right eigenvector of the Leontief inverse matrix in value terms, i. e.* $BX = \mu^{-1}X$.

(b) *the following conditions are equivalent*

(b_1) *every sector has an equal value - added rate, i. e.* $R = \mu E^t$;

(b_2) *the output multipliers are equalized for all sectors, i. e.* $D = \mu^{-1} E^t$;

(b_3) *the intermediate input coefficient matrix in value terms is generally column stochastic, i. e.* $E^t\vec{A} = (1-\mu)\ E^t$;

(b_4) *the row vector of gross output values is a left eigenvector of intermediate output coefficient matrix, i. e.* $X^t\vec{A} = (1-\mu)\ X^t$;

(b_5) *the row vector of gross output values is a left eigenvector of the Ghosh inverse matrix, i. e.* $X^t\vec{B} = \mu^{-1}X^t$;

where $\mu = 1 - \rho\ (A)$.

Proof It is clear that (a_2) $\Leftrightarrow \mu E = (I - \vec{A})E = Y \Leftrightarrow$ (a_1) $\Leftrightarrow \vec{A}E = E - Y = (1-\mu)E \Leftrightarrow$ (a_3) $\Leftrightarrow AX = \hat{X}\vec{A}\hat{X}^{-1}X = \hat{X}\vec{A}E = (1-\mu)\hat{X}E = (1-\mu)X \Leftrightarrow$ (a_4) $\Leftrightarrow (I - A)X = \mu X \Leftrightarrow X = \mu BX \Leftrightarrow$ (a_5). As the dual form of the proof of part (a), we can similarly prove part (b). Via [Berman and Plemmons, 1994, (1.12) Corollary, p. 28], $\rho\ (A) = 1 - \mu$ *i. e.* $\mu = 1 - \rho\ (A)$.

As an immediate consequence we have the following corollary.

Corollary 4 (*i*) *A necessary condition that every sector has an equal final output rate or an even input multiplier is that* $\vec{A}$ *or* A *has a positive right eigenvector.* (*ii*) *A necessary condition that every sector has an equal value - added rate or an even output multiplier is that* A *or* $\vec{A}$ *has a positive left eigenvector.*

If $\vec{A}$ has a positive right eigenvector, but E is not the right eigenvector of $\vec{A}$, which means that the necessary condition in part (i) of Corollary 4 is only satisfied, then some sectoral final output rates are unequal yet, and some sectoral input multipliers are uneven yet. If A has a positive left eigenvector, but E^t is not the left eigenvector of A, which means that the necessary condition in part (ii) of Corollary 4 is only satisfied, then some sectoral value - added rates are unequal yet, and some sectoral output multipliers are uneven yet. The next two questions arise.

Question 7 How do we enable every sector to have an equal final output rate and an even input multiplier when the necessary condition in (i) of Corollary 4 is only satisfied?

Question 8 How do we enable every sector to have an equal value – added rate and an even output multiplier when the necessary condition in (ii) of Corollary 4 is only satisfied?

Manifestly, we have to adjust $\vec{A}$, such that E is a right eigenvector of the adjusted $\vec{A}$, and to adapt A, such that E^t is a left eigenvector of the adapted A.

From Sect. 3, we must adjust $\vec{A}$ by means of changing the output system, and adapt A by means of changing the price system. For the two purposes, the following Proposition 8 gives some necessary and sufficient conditions that the column vector of output adjustment coefficients and the row vector of price adjustment coefficients must be satisfied, which offer the solution formulas for the two vectors.

Proposition 8 *In an economy*

(a) *the following conditions are equivalent*

(a_1) *an adjustment of output system enables every sectoral final output rate to equal* μ *in the new output system, i. e.* $Y^{\#} = \mu E$;

(a_2) *the adaptation of output system enables every sectoral input multiplier to equal* μ^{-1} *in the new output system, i. e.* $G^{\#} = \mu^{-1} E$;

(a_3) *the column vector of output adjustment coefficients is a right eigenvector of the intermediate output coefficient matrix, i. e.* $\vec{A}Q = (1 - \mu)\ Q$;

(a_4) *the column vector of output adjustment coefficients is a right eigenvector of the Ghosh inverse matrix, i. e.* $\vec{B}Q = \mu^{-1} Q$;

(b) *the following conditions are equivalent*

(b_1) *an adjustment of price system enables every sectoral value – added rate to equal* μ *in the new price system, i. e.* $R^* = \mu E^t$;

(b_2) *the adaptation of price system enables every sectoral output multiplier to equal* μ^{-1} *in the new price system, i. e.* $D^* = \mu^{-1} E^t$;

(b_3) *the row vector of price adjustment coefficients is a left eigenvector of the intermediate input coefficient matrix in value terms, i. e.* PA

$= (1-\mu)\ P$;

(b_4) *the row vector of price adjustment coefficients is a left eigenvector of the Leontief inverse matrix in value terms, i. e.* $PB=\mu^{-1}P$;

where $\mu = 1-\rho\ (A)$.

Proof Via (5), (a1) $\Leftrightarrow G^{\#} = \vec{B}^{\#}E = \mu^{-1}\vec{B}^{\#}Y^{\#} = \mu^{-1}E \Leftrightarrow$ (a2). By (3) and (5), (a1) $\Leftrightarrow \hat{Q}^{-1}(I-\vec{A})Q = (I-\vec{A}^{\#})E = Y^{\#} = \mu E \Leftrightarrow (I-\vec{A})Q = \mu Q \Leftrightarrow$ (a3) $\Leftrightarrow$ (04). Dually, we can similarly prove part (b).

From Proposition 8, and (Zeng, 2001b, Theorem 2. 1) and its dual form, we can obtain the following Theorem 3, which shows some necessary and sufficient conditions for possibility and uniqueness of the economic adjustment that enables every sector to have an equal final output rate and an even input multiplier in the new output system, and enables every sector to have an equal value – added rate and an even output multiplier in the new price system.

Theorem 3 *In an economy*

(a) *the following conditions are equivalent*

(a_1) *there exists a unique column vector of output adjustment coefficients such that every sectoral final output rate is equal to* $1-\rho\ (A)$ *in the new output system*;

(a_2) *there is a unique column vector of output adjustment coefficients such that every sectoral input multiplier equals* $[1-\rho\ (A)\ ]^{-1}$ *in the new output soystem*;

(a_3) $\vec{A}$ *has a unique positive right eigenvector*;

(a_4) $\vec{B}$ *has a unique positive right eigenvector*;

(a_5) $\vec{A}$ *has exactly one basic class, which is also the only final class*;

(a_6) $\vec{B}$ *has exactly one basic class, which is also the only final class*;

(b) *the following conditions are equivalent*

(b_1) *there exists a unique row vector of price adjustment coefficients such that every sectoral value – added rate is equal to* $1-\rho\ (A)$ *in the new price system*;

(b_2) *there is a unique row vector of price adjustment coefficients such that every sectoral output multiplier equals* $[1-\rho\ (A)\ ]^{-1}$ *in the new price system*;

(b_3) *A has a unique positive left eigenvector*;

(b_4) *B has a unique positive left eigenvector;*

(b_5) *A has precisely one basic class, which is also the only initial class;*

(b_6) *B has precisely one basic class, which is also the only initial class.*

Using the economic language, (a_5) *in Theorem* 3 *means that* ① *each sector of the economy depends on all others directly or indirectly for its intermediate products; or* ② *corresponding to the normal form* (25), *the economy that comprises* n *sectors can be divided into* r *subeconomies* S_1, S_2, …, S_r *via the interdependence among the intermediate products*, $2 \leq r \leq n$, *each sector of* S_j *depends on all others in* S_j *directly or indirectly for its intermediate products, or* S_j *has only one sector, for* $j = 1, 2, \ldots, r$, *and* S_i *does not demand any intermediate products from* $S_1, \ldots, S_{i-1}$, *but* S_i *supplies the intermediate products to at least one subeconomy within* $S_1, \ldots, S_{i-1}$, *for* $i = 2, \ldots, r$, *moreover, the spectral radius* $\rho(\vec{A}_{11})$ *of the intermediate output coefficient submatrix* $\vec{A}_{11}$ *corresponding to* S_1 *is greater than all others, i. e.,* $\lambda = \rho(\vec{A}) = \rho(\vec{A}_{11}) > \rho(\vec{A}_{ii})$, $i = 2, \ldots, r$, *where the column vector of output adjustment coefficients of* S_1, $Q_{(1)}$, *is a unique positive right eigenvector of* $\vec{A}_{11}$, *and each output adjustment coefficient of* $S_2, \ldots, S_r$ *is the linear function of components of* $Q_{(1)}$, *whose analytic expression is* $Q_{(2)} = (\lambda I_2 - \vec{A}_{22})^{-1}\vec{A}_{21}Q_{(1)}$, *or when* $u_0 = 1 < r-1$,

$$Q_{(k)} = (\lambda I_k - \vec{A}_{kk})^{-1}\left\{\vec{A}_{k1} + \sum_{e=1}^{k-2}\left[\sum_{u_1=2}^{k-e}\cdots\sum_{u_e=u_{e-1}+1}^{k-1}\vec{A}_{ku_e}\times\prod_{x=e}^{1}(\lambda I_{u_x} - \vec{A}_{u_x u_x})^{-1}\vec{A}_{u_x u_{x-1}}\right]\right\}Q_{(1)} \quad (k = 3, \ldots, r). \tag{20}$$

Employing the economic language, (b_5) *in Theorem* 3 *means that* ① *each sector of the economy depends on all others directly or indirectly for its intermediate products; or* ② *corresponding to a normal form of* A *that has* r *classes, the economy that comprises* n *sectors can be divided into* r *subeconomies* $S_1, \ldots, S_{r-1}, S_r$ *via the interdependence among the intermediate products*, $2 \leq r \leq n$, *each sector of* S_i *depends on all others in* S_i *directly or indirectly for its intermediate products, or* S_i *has only one sector, for* $i = 1, \ldots, r-1, r$, *and* S_j *does not supply any intermediate products to* $S_{j+1}, \ldots, S_r$, *but* S_j *demands the intermediate products from at least one subeconomy within* $S_{j+1}, \ldots, S_r$, *for* $j = 1, \ldots, r-1$, *besides, the spectral radius* ρ (Arr) *of the mone-*

tary intermediate mpm coefficient submatrix Arr *corresponding to* S_r *is larger than all others*, *i. e.*, $\lambda = \rho(A) = \rho(Arr) > \rho(Ajj)$, $j = 1, \ldots, r-1$, *where the row vector of price adjustment coefficients of* S_r, $P_{(r)}$, *is a unique positive left eigenvector of* Arr, *and each price adjustment coefficient of* $S_1, \ldots, S_{r-1}$ *is the linear function of components of* $P_{(r)}$, *whose analytic expression is* $P_{(r-1)} = P_{(r)} A_{rr-1} (\lambda I_{r-1} - A_{r-1r-1})^{-1}$, *or when* $\mu_0 = r > 2$,

$$P_{(k)} = P_{(r)} \left\{ A_{rk} + \sum_{e=1}^{r-1-k} \left[\sum_{u_1=r-1}^{k+e} \cdots \sum_{u_e=u_{e-1}-1}^{k+1} \times \prod_{x=1}^{e} A_{u_{x-1}u_x} (\lambda I_{u_x} - A_{u_x u_x})^{-1} A_{u_e k} \right] \right\} (\lambda I_k - A_{kk})^{-1} \quad (k = r-2, \ldots, 1). \tag{21}$$

Remark 7 *In* (*Krause*, 1981, *Appendix*) *or* [*Kurz and Salvadori*, 1995, *Exercise* 6.13, *p.* 123) *the author* (*s*) *offered the term* "*Sraffa matrix*", *and obtained the conclusion*: *a nonnegative matrix* T *has a unique positive* (*right*) *eigenvector if and only if* T *is a Sraffa matrix. Evidently*, *this conclusion for the Sraffa matrix was generalized or perfected by* (*Zeng*, 2001*b*, *Theorem* 2. 1), *where a new concept* "*basic characteristic sub vector*" *was defined and the analytic expression displaying the linear relations between each remnant component and a basic characteristic subvector of the unique eigenvector was discovered. Therefore*, *the above formula* (20) *and its dual form* (21) *are presented.*

Appendix 1

Proof of Theorem 1 Firstly, let us prove part (a). By part (i) in Corollary 2, if the adaptation of output system enabled all sectoral final output rates to rise (fall) collectively, then there would be no the minimum (maximum) in all sectoral output adjustment coefficients. This is impossible. Similarly, via part (ii) in Corollary 2, if the accommodation of output system enabled all sectoral input multipliers to increase (decrease) jointly, then there would be no the maximum (minimum) in all sectoral output adjustment coefficients. This is also impossible. The proof of part (a) is completed.

By the duality principle we can similarly prove part (b).

Proof of part (c). Clearly, $\vec{A} + \hat{Y}$ is row stochastic, i. e.

$$(\vec{A}+\hat{Y})E=E. \tag{22}$$

From (3) and (5), $\hat{Q}^{-1}\vec{A}Q=\vec{A}^{\#}E=E-Y^{\#}$, i.e., $\vec{A}Q=\hat{Q}(E-Y^{\#})=Q-\hat{Y}^{\#}Q$ Namely,

$$(\vec{A}+\hat{Y}^{\#})Q=Q \tag{23}$$

Since $Q\gg 0$, via (22), (23), and [Berman and Plemmons, 1994, (1. 12) Corollary, p. 28], we have

$$\rho(\vec{A}+\hat{Y}^{\#})=1=\rho(\vec{A}+\hat{Y}). \tag{24}$$

Suppose that $\vec{A}$ has a lower triangular Frobenius normal form

$$W\vec{A}W^{t}=\begin{bmatrix}\vec{A}_{11} & & 0\\ \vdots & \ddots & \\ \vec{A}_{r1} & \cdots & \vec{A}_{rr}\end{bmatrix}, \tag{25}$$

where $1\leqslant r\leqslant n$. Let $Y^{\#}-Y=C$.

First let us prove $(c_1)\Rightarrow(c_5)$. Let (c_1) hold. Then $\vec{A}$ is reducible, i. e. $r>1$. Otherwise, $\vec{A}+\hat{Y}$ would be irreducible. Thus, if some sectoral final output rates rise and all others are constant, that is, C is strictly semipositive, then $\rho(\vec{A}+\hat{Y}^{\#})>\rho(\vec{A}+\hat{Y})$ by [Berman and Plemmons, 1994, (1. 5) Corollary, p. 27]. This contradicts (24). Via the similar principle, if some sectoral final output rates fall and all others are unchanged, namely, $-C$ is strictly semipositive, then $\rho(\vec{A}+\hat{Y}^{\#})>\rho(\vec{A}+\hat{Y})$. This still contradicts (24). Hence $\vec{A}$ must be reducible. Corresponding to (25), let

$$E=\begin{bmatrix}E_1\\ E_2\\ \vdots\\ E_r\end{bmatrix},\ WQ=\begin{bmatrix}Q_{(1)}\\ Q_{(2)}\\ \vdots\\ Q_{(r)}\end{bmatrix},\quad W\hat{Y}W^{t}=\begin{bmatrix}\hat{Y}_1 & & & 0\\ & \hat{Y}_2 & & \\ & & \ddots & \\ 0 & & & \hat{Y}_r\end{bmatrix},$$

$$W\hat{C}W^{t}=\begin{bmatrix}\hat{C}_1 & & & 0\\ & \hat{C}_2 & & \\ & & \ddots & \\ 0 & & & \hat{C}_r\end{bmatrix}. \tag{26}$$

By (23) we have $W(\vec{A}+\hat{Y}^{\#})W^{t}WQ=W(\vec{A}+\hat{Y}^{\#})Q=WQ$

$$W(\vec{A}+\hat{Y}^{\#})W^{t}WQ=WQ \tag{27}$$

If the classes of $\vec{A}$ are all final (or all initial), i. e. $\vec{A}_{ij}=0$ ($i=2,\ldots,r$, $j=1,\ldots,i-1$), then, via (25) - (27), we have

$$\begin{bmatrix} \vec{A}_{11}+\hat{Y}_1^{\#} & & & 0 \\ & \vec{A}_{22}+\hat{Y}_2^{\#} & & \\ & & \ddots & \\ 0 & & & \vec{A}_{rr}+\hat{Y}_r^{\#} \end{bmatrix} \begin{bmatrix} Q_{(1)} \\ Q_{(2)} \\ \vdots \\ Q_{(r)} \end{bmatrix} = \begin{bmatrix} Q_{(1)} \\ Q_{(2)} \\ \vdots \\ Q_{(r)} \end{bmatrix},$$

namely, $(\vec{A}_{kk}+\hat{Y}_k^{\#})Q_{(k)} = Q_{(k)}, k=1,2,\ldots,r$ On the other hand, from (22) and (26),

$$E = W(\vec{A}+\hat{Y})W^t E = \begin{bmatrix} (\vec{A}_{11}+\hat{Y}_1)E_1 \\ (\vec{A}_{22}+\hat{Y}_2)E_2 \\ \vdots \\ (\vec{A}_{rr}+\hat{Y}_r)E_r \end{bmatrix},$$

i. e. $E_k = (\vec{A}_{kk}+\hat{Y}k)$, E_k, $k=1, 2,\ldots, r$. Thus, by $Q \gg 0$ and [Berman and Plemmons, 1994, (1. 12) Corollary, p. 28],

$$\rho(\vec{A}_{kk}+\hat{Y}_k^{\#}) = 1 = \rho(\vec{A}_{kk}+\hat{Y}_k) \quad (k=1,2,\ldots,r). \tag{28}$$

If the adaptation of output system enables some sectoral final output rates to rise and all others to be fixed, i. e., C is strictly semipositive, then $\exists e \in \{1,2,\ldots,r\}$ such that $C_e > 0$. Since $\vec{A}_{ee}+\hat{Y}_e^{\#}$ is irreducible or a matrix of order one via (25), $\rho(\vec{A}_{ee}+\hat{Y}_e^{\#}) > \rho(\vec{A}_{ee}+\hat{Y}_e)$ by [Berman and Plemmons 1994, (1. 5) Corollary, p. 27]. This contradicts (28). If an adjustment of output system enables some sectoral final output rates to fall and all others to be constant, i. e., $-C$ is strictly semipositive, then $\exists m \in \{1,2,\ldots,r\}$ such that $-C_m > 0$. Hence, via the similar principle, $\rho(\vec{A}_{mm}+\hat{Y}_m^{\#}) < \rho(\vec{A}_{mm}+\hat{Y}_m)$. This contradicts (28) too. The above two contradictions prove that $\exists i \in \{2,\ldots,r\}$ and $\exists j \in \{1,\ldots,i-1\}$ such that $\vec{A}_{ij} > 0$, i. e. (c_5) holds.

Conversely, i we prove (c_5) $\Rightarrow$ (c_1). Suppose (c_5) holds, the set $K = \left\{k \,\middle|\, \vec{A}_{km} > 0,\ k > m\right\}, a = \max(K)$, and $0 < \varepsilon \neq 1$,, then $2 \leqslant a \leqslant r$

$$W\hat{Q}W^t = \begin{bmatrix} I_1 & & & & & & 0 \\ & \ddots & & & & & \\ & & I_{a-1} & & & & \\ & & & \varepsilon I_a & & & \\ & & & & I_{a+1} & & \\ & & & & & \ddots & \\ 0 & & & & & & I_r \end{bmatrix}, \tag{29}$$

where I_j is the corresponding identity matrix, for $j = 1, 2, \ldots, r$. From (3), (29), and (25),

$$\vec{A}^{\#} = W^t \begin{bmatrix} I_1 & & & & & & 0 \\ & \ddots & & & & & \\ & & I_{a-1} & & & & \\ & & & \varepsilon^{-1} I_a & & & \\ & & & & I_{a+1} & & \\ & & & & & \ddots & \\ 0 & & & & & & I_r \end{bmatrix} W \vec{A} W^t$$

$$\times \begin{bmatrix} I_1 & & & & & & 0 \\ & \ddots & & & & & \\ & & I_{a-1} & & & & \\ & & & \varepsilon I_a & & & \\ & & & & I_{a+1} & & \\ & & & & & \ddots & \\ 0 & & & & & & I_r \end{bmatrix} W$$

$$= W^t \begin{bmatrix} \vec{A}_{11} & & & & & & 0 \\ \vdots & \ddots & & & & & \\ \vec{A}_{a-11} & \cdots & \vec{A}_{a-1a-1} & & & & \\ \varepsilon^{-1}\vec{A}_{a1} & \cdots & \varepsilon^{-1}\vec{A}_{aa-1} & \vec{A}_{aa} & & & \\ 0 & \cdots & 0 & 0 & \vec{A}_{a+1a+1} & & \\ \vdots & & \vdots & \vdots & \vdots & \ddots & \\ 0 & \cdots & 0 & 0 & 0 & \cdots & \vec{A}_{rr} \end{bmatrix} W.$$

Therefore

$$Y^{\#} - Y = \vec{A}E - \vec{A}^{\#}E = (1 - \varepsilon^{-1}) W^t \begin{bmatrix} 0 \\ \vec{A}_{a1}E_1 + \cdots + \vec{A}_{aa-1}E_{a-1} \\ 0 \end{bmatrix} \neq 0.$$

Thus, $Y^{\#} - Y$ is strictly semipositive when $\varepsilon > 1$, i. e. the accommodation of output system enables some sectoral final output rates to increase and all others to be unchanged; and $Y - Y^{\#}$ is strictly semipositive when $\varepsilon < 1$, i. e. an alteration of output system enables some sectoral final output rates to decrease and all others to be fixed. That is, (c_1) holds. The proof of (c_1) $\Leftrightarrow$ (c_5) is completed.

By (4) we have $\hat{G}^{\#}Q = QG^{\#} = \vec{Q}B^{\#}E = \vec{B}\vec{Q}E = \vec{B}Q$. Hence, let $G^{\#} - G = H$ and $\delta > \max_{1 \leqslant i \leqslant n} (g_i^{\#}, g_i)$, then $\delta I = \hat{G}^{\#} + \vec{B} > 0$, $\delta I - \hat{G} + \vec{B} > 0$, and

$$(\delta I - \hat{G}^{\#} + \vec{B})Q = \delta Q. \tag{30}$$

It is plain that

$$(\delta I - \hat{G} + \vec{B})E = \delta E. \tag{31}$$

Thus, via [Berman and Plemmons 1994, (1. 12) Corollary, p. 28], we have

$$\rho(\delta I - \hat{G}^{\#} + \vec{B}) = \delta = \rho(\delta I - \hat{G} + \vec{B}). \tag{32}$$

Correspondingly (25), by conclusion (i) in Theorem A2 of Appendix 2, $\vec{B}$ has also a lower triangular Frobenius normal form

$$W\vec{B}W^t = \begin{bmatrix} \vec{B}_{11} & & 0 \\ \vdots & \ddots & \\ \vec{B}_{r1} & \cdots & \vec{B}_{rr} \end{bmatrix}. \tag{33}$$

Next we prove $(c_2) \Rightarrow (c_6)$. Let (c_2) hold. Then $\vec{B}$ is reducible. Otherwise, $\delta I - \hat{G} + \vec{B}$ would be irreducible. Hence, if some sectoral input multipliers rise and all others are constant, namely, H is strictly semipositive, then $\rho(\delta I\ \hat{G}^{\#} + \vec{B}) < \rho(\delta I - \hat{G} + \vec{B})$ via [Berman and Plemmons, 1994, (1. 5) Corollary, p. 27]. This contradicts (32). By the similar principle, if some sectoral input multipliers fall and all others are fixed, namely, $-H$ is strictly semipositive, then $\rho(\delta I - \hat{G}^{\#} + \vec{B}) > \rho(\delta I - \hat{G} + \vec{B})$. This still contradicts (32), so $\vec{B}$ must be reducible. Corresponding to (33), let

$$W\hat{G}W^t = \begin{bmatrix} \hat{G}_1 & & & 0 \\ & \hat{G}_2 & & \\ & & \ddots & \\ 0 & & & \hat{G}_r \end{bmatrix}, \quad W\hat{H}W^t = \begin{bmatrix} \hat{H}_1 & & & 0 \\ & \hat{H}_2 & & \\ & & \ddots & \\ 0 & & & \hat{H}_r \end{bmatrix}. \tag{34}$$

If the classes of $\vec{B}$ are all final (or all initial), i. e. $\vec{B}_{ij} = 0$ $(i = 2, \ldots, r, j = 1, \ldots, i-1)$, then $(\delta I_k - \hat{G}_k^{\#} + \vec{B}_{kk})Q_{(k)} = \delta Q_{(k)}$ via (30), (33), (34) and (26), for $k = 1, 2, \ldots, r$. Comparably, by (31), (33), (34) and (26), $(\delta I_k - \hat{G}_k + \vec{B}_{kk})E_k = \delta E_k, k = 1, 2, \ldots, r$. Thus, via [Berman and Plemmons, 1994, (1. 12) Corollary, p. 28], we have

$$\rho(\delta I_k - \hat{G}_k^{\#} + \vec{B}_{kk}) = \delta = \rho(\delta I_k - \hat{G}_k + \vec{B}_{kk}) \quad (k = 1, 2, \ldots, r). \tag{35}$$

If a change of output system enables some sectoral input multipliers to increase and all others to be constant, i. e., H is strictly semipositive, then $\exists e \in \{1, 2, \ldots, r\}$, such that $H_e > 0$. Since $\vec{B}_{ee}$ is irreducible or a positive matrix of order one, $\rho(\delta I_e - \hat{G}_e^{\#} + \vec{B}_{ee}) < \rho(\delta I_e - \hat{G}_e + \vec{B}_{ee})$ via [Berman and Plemmons 1994, (1. 5) Corollary, p. 27]. This contradicts (35). If an adjustment of output system enables some sectoral input multipliers to decrease and all others to be fixed, i. e., $-H$ is strictly semipositive, then $\exists m \in \{1, 2, \ldots, r\}$, such that $-H_m > 0$, therefore, similarly to the aforesaid principle, we have $\rho(\delta I_m - \hat{G}_m^{\#} + \vec{B}_{mm}) > \rho(\delta I_m - \hat{G}_m + \vec{B}_{mm})$. This contradicts (35) too. The above two contradictions prove that $\exists i \in \{2, \ldots, r\}$

and $\exists j \in \{1, \ldots, i-1\}$ such that $\vec{B}_{ij} > 0$, i. e. (c_6) holds.

Similarly to the proof of (c_5) $\Rightarrow$ (c_1), we can prove (c_6) $\Rightarrow$ (c_2). The proof of (c_2) $\Leftrightarrow$ (c_6) is completed. By conclusion (ii) in Theorem A2 of Appendix 2, (c_5) $\Leftrightarrow$ (c_6).

As the dual form of the proof of (c_1) $\Leftrightarrow$ (c_5), we can similarly prove (c_3) $\Leftrightarrow$ (c_5). As the dual form of the proof of (c_2) $\Leftrightarrow$ (c_6), we can similarly prove (c_4) $\Leftrightarrow$ (c_6).

Obviously, (c_5) holds if and only if , $\vec{A} + \hat{Y}$ has at least one non - final (or noninitial) class, which is equivalent to (c_7) via (22) and conclusion (c) in Theorem A1 of Appendix 2. By the duality principle, we can prove (c_5) $\Leftrightarrow$ (c_8). The proof of part (c) is completed.

Proof of Theorem 2 We prove part (a). From (23), $Y^{\#} = Y \Rightarrow (\vec{A} + \hat{Y})Q = Q$. Inversely, via (23), $(\vec{A}+\hat{Y})Q = Q \Rightarrow \hat{Q}(Y^{\#} - Y) = (\hat{Y}^{\#} - \hat{Y})Q = 0 \Rightarrow Y^{\#} = Y$. Thus, by (22) and conclusion (d) in Theorem A1 of Appendix 2, (a_1) $\Leftrightarrow$ [$(\vec{A} + \hat{Y})Q = Q \Rightarrow Q = \lambda E] = (a_6) \Leftrightarrow (a_k)$, $k = 3, 5, 7$. Let $\alpha \geqslant \max\limits_{1 \leqslant i \leqslant n}(g_i)$, then $\alpha I - \hat{G} + \vec{B} > 0$. Plainly, $(\alpha I - \hat{G} + \vec{B})E = \alpha E$, hence $\rho(\alpha I - \hat{G} + \vec{B}) = \alpha$ via [Berman and Plemmons, 1994, (1. 12) Corollary, p. 28]. From (4), $G^{\#} = G \Leftrightarrow \hat{Q}^{-1}\vec{B}\hat{Q}E = G \Leftrightarrow \vec{B}Q = \hat{Q}G = \hat{G}Q \Leftrightarrow (\alpha I - \hat{G} + \vec{B})Q = \alpha Q$. So, ($a_2$) $\Leftrightarrow$ $[(\alpha I - \hat{G} + \vec{B})Q = \alpha Q \Rightarrow Q = \lambda E]$, which means that E is a unique right eigenvector of $\alpha I - \hat{G} + \vec{B}$ associated with α. Clearly, $\alpha i - \hat{G} + \vec{B}$ has only one final class if and only if (a_4) holds. Thus (a_2) $\Leftrightarrow$ (a_4) by conclusion (d) in Theorem A1 of Appendix 2. Via conclusion (iii) in Theorem A2 of Appendix 2, (a_3) $\Leftrightarrow$ (a_4). As the dual form of the proof of part (a), we can similarly prove part (b).

Appendix 2

Theorem A1 *If a nonnegative $n \times n$ matrix T has a positive right eigenvector R, then*

(a) *the following conditions are equivalent*

(a_1) *T is irreducible*;

(a_2) *T has a unique positive left eigenvector*;

(a_3) *$\rho(T)$ is a simple eigenvalue of T and T has a positive left eigenvector*;

(a_4) *T is C - irreducible and T has a positive left eigenvector*;

(a_5) *the reducibility oft implies that T has no class which is both final and initial; moreover, T has a left eigenvector corresponding to* $\rho(T)$, *whose components are all nonzero.*

(b) *the following conditions are equivalent*

(b_1) *T is reducible and the classes oft are all final (or all initial)*;

(b_2) *T has a nonunique positive left eigenvector.*

(c) *the following conditions are equivalent*

(c_1) *T has at least one non - final (or non - initial) class*;

(c_2) *T has no positive left eigenvector.*

(d) *the following conditions are equivalent*

(d_1) *T has only one final class*;

(d_2) $\rho(T)$ *is a simple eigenvalue of T*;

(d_3) *R is a unique right eigenvector oft associated with* $\rho(T)$;

(d_4) *R is a unique positive right eigenvector of T*;

(d_5) *T has a unique semipositive left eigenvector corresponding to* ρ (T);

(d_6) *rank* $[\rho(T) I - T] = n - 1$.

(e) *the following conditions are equivalent*

(e_1) *T is reducible and T has only one final class*;

(e_2) *T has a unique strictly semipositive left eigenvector L corresponding to* $\rho(T)$;

where if a lower triangular Frobenius normal form of T is

$$T = \begin{bmatrix} T_{11} & & 0 \\ \vdots & \ddots & \\ T_{r1} & \cdots & T_{rr} \end{bmatrix}, \tag{36}$$

then T has a basic right characteristic subvector R_1 *and a basic left characteristic subvector* L_1, *each remnant component of R is the linear function of the components of* R_1, *whose analytic expression is formula* $(2.\ 3)_1$ *or* $(2.\ 4)_1$ *in* [Zeng, 2001*b*], *hence R is a unique positive right eigenvector of T, and each remnant component of L is zero*;

(f) *cthe above conditions satisfy the following logical relations*

$[(a_i) \vee (b_j)] \Leftrightarrow \neg(c_k)$; $(a_i) \Rightarrow [(a_i) \vee (e_m)] \Leftrightarrow (d_l)$; $\neg(a_i) \Leftrightarrow [(b_j) \vee (c_k)] \Leftarrow (c_k) \Leftarrow (e_m)$; $i = 1, 2, \ldots, 5,\quad j, k, m = 1, 2,\quad l = 1, 2, \ldots, 6.$

Proof *Firstly, let us prove conclusion* (a). *The implication* $(a_1) \Rightarrow (a_2)$ *is well known. From* [*Berman and Plemmons*, 1994, (3. 10) *Theorem*, *p.* 40] *the basic classes of* T *are exactly the final classes of* T. *By* (a_2) *and the dual form of* [*Zeng*, 2001*b*, *Theorem* 2. 1], T *has precisely one basic class*, *which is also the only initial class. Thus*, T *has only one class that is both final and initial. Namely*, (a_1) *holds. The proof of* $(a_1) \Rightarrow (a_2)$ *is completed. Following from* [*Berman and Plemmons*, 1994, (3. 15) *Corollary*, *p.* 42] *we can obtain* $(a_1) \Rightarrow (a_3)$. *It is apparent that* $(a_1) \Rightarrow (a_4) \Rightarrow (a_5)$ *holds. Next we prove* $(a_5) \Rightarrow (a_1)$, *or equivalently*, $\neg (a_1) \Rightarrow \neg (a_5)$. *Let* T *be reducible. We only require proving that if* T *has no class which is both final and initial then any left eigenvector of* T *associated with* ρ (T) *has at least one null component. We assume without loss of generality that* (36) *is a Frobenius normal form of* T. *Then* $r \geqslant 2$ *via the reducibility of* T. *Corresponding to* (36), *let* $R = (R_1^t, R_2^t, \ldots, R_r^t)^t$ *and* $\lambda = \rho$ (T). *Then*

$$(\lambda I_k - T_{kk}) R_k = \sum_{j=1}^{k-1} T_{kj} R_j \quad (k = 2, \ldots, r), \tag{37}$$

where I_i *is the appropriate unit matrix and* R_i *is the corresponding subvector for* $i = 1, 2, \ldots, r$. *Since* $\lambda = max\ [\rho\ (T_{11}), \rho\ (T_{22}), \ldots, \rho\ (T_{rr})]$, *we have* $\lambda \geqslant \rho\ (T_{ii})$ *for* $i = 1, 2, \ldots, r$. *Let*

$$A_k = \sum_{j=1}^{k-1} T_{kj} R_j \quad (k = 2, \ldots, r).$$

We prove $\lambda = (T_{kk}) \Rightarrow A_k \Rightarrow 0$ $(k = 2, \ldots, r)$. *Let* $\lambda = \rho\ (T_{kk})$. *If* T_{kk} *is a matrix of order one, then* $\lambda = T_{kk}$. *Hence* $A_k = (\lambda - T_{kk})\ R_k = 0$ *by* (37). *If the order of the irreducible* T_{kk} *is not one, then in each column of* $\lambda I_k - T_{kk}$ *there exists at least one negative nonprincipal diagonal element and each principal diagonal element is positive via* (*Minc*, 1988, *Theorem* 5. 1, *p.* 19). *Therefore, if* $A_k > 0$, *each column of* $\lambda I_k - T_{kk}$ *would be linearly independent of* A_k, *i. e.*, *for the augmented matrix* $[\lambda I_k - T_{kk} \mid K_k]$ *we wouldhave rank* $[\lambda I_k - T_{kk} \mid K_k] = rank\ (\lambda I_k - T_{kk}) + 1$. *Hence*, *by the theory of linear equations system*, $(\lambda I_k - T_{kk})\ R_k = A_k$ *would be an inconsistent equations system. This contradicts* (37), *so* $A_k = 0$. *Suppose that* T *has no class which is both final and initial. Since* $\lambda = \rho\ (T_{rr})$ *implies* $A_r = 0$ *meaning* $T_{rj} = 0$ $(j = 1, \ldots, r-1)$ *via* $R \gg 0$, *which contradicts the above supposition*, *we have* $\lambda > \rho\ (T_{rr})$. *Hence* $\lambda I_k - T_{kk}$ *is a nonsingular* M*-matrix or a positive matrix of order one. Let* $N = (N_1, N_2, \ldots, N_r)$ *be any left eigenvector of* T *associated with* λ, *where* N_i *is the corresponding subvector for* $i = 1, 2, \ldots,$

r, *then* N_r $(\lambda I_k - T_{kk}) = 0$. *Thus* $N_r = 0$. *This means that* N *has at least one null component. Accordingly* $\neg(a_1) \Rightarrow \neg(a_5)$ *holds. The proof of conclusion* (*a*) *is completed.*

From [*Berman and Plemmons*, 1994, (3. 10) *Theorem*, *p.* 40] *and its dual form as well as conclusion* (*a*), *we can obtain conclusion* (*b*). *Via conclusions* (*a*) *and* (*b*), *we have conclusion* (*c*).

Proof of conclusion (*d*). *By* [*Berman and Plemmons*, 1994, (3. 10) *Theorem*, *p.* 40], [*Berman and Plemmons*, 1994, (1. 12) *Corollary*, *p.* 28], *and* (*Zeng*, 2001*b*, *Theorem* 2. 1), *we have* $(d_1) \Rightarrow (d_2) \Rightarrow (d_3) \Rightarrow (d_4) \Rightarrow (d_1)$. *It is obvious that* $(d_3) \Rightarrow (d_6) \Rightarrow (d_5)$.

Proof of conclusion (*e*). *From* [*Berman and Plemmons*, 1994, (3. 10) *Theorem*, *p.* 40], *if* (e_1) *holds*, *then condition* (*i*) *in* (*Zeng*, 2001*b*, *Theorem* 2. 1) *holds*, *hence* T *has a unique semipositive left eigenvector* L *corresponding to* λ. *Via conclusion* (*a*), $L = (L_1, L_2, \ldots, L_r)$ *must be strictly semipositive. Thus* (e_2) *holds by* (*Zeng* 2001*b*, *Theorem* 2. 1) *and the dual result of* (*Lanzkron et al.*, 1991, *Lemma* 6. 2), *where* $L_k = 0$, $k = 2, \ldots, r$. *Conversely*, *suppose that* (e_1) *does not hold. If* T *is irreducible*, *then* (e_2) *does not hold via conclusion* (*a*). *If* T *has at least two final classes*, *then* (d_5) *does not hold by conclusion* (*d*), *namely*, *the semipositive left eigenvector of* T *associated with Z is not unique*, *so* (e_2) *does not hold. Conclusion* (*f*) *is plain.*

Remark 8 *Berman and Plemmons* [1994, (3. 13) *Theorem*, *p.* 222] *the author gave a necessary and sufficient condition that a row stochastic matrix* T *is the transition matrix associated with an ergodic Markov chain. This necessary and sufficient condition comprises two conjunctive sub – conditions*, *where sub – condition* (*a*) *is that* "*one is a simple eigenvalue of* T", *and sub – condition* (*b*) *is that* "*there exists a row vector* $x \gg 0$, *unique up to positive scalar multiples*, *with* $xT = x$". *Now*, *applying conclusion* (*a*) *in Theorem A*1 *to a row stochastic matrix*, *sub – condition* (*b*) *holds if and only if* T *is irreducible. Hence*, *via* $(a_i) \Rightarrow (d_1)$ *in Theorem Al*, *sub – condition* (*b*) *implies sub – condition* (*a*). *Thus sub – condition* (*a*) *is superfluous*, *which should be canceled. Furthermore*, *we can see that* [*Berman and Plemmons*, 1994, (3. 14) *Corollary*, *p.* 222] *was directly obtained from* [*Berman and Plemmons*, 1994, (3. 13) *Theorem*, *p.* 222]. *In fact*, *part* "*If*" *in* [*Berman and Plemmons*, 1994, (3. 14) *Corollary*, *p.* 222] *cannot be derived from part* "*If*" *in* [*Berman and Plemmons*, 1994, (3. 13) *Theorem*, *p.* 222] *unless sub – condition* (*a*) *is removed. Evidently*,

Theorem A1 generalizes or betters [*Berman and Plemmons*, 1994, (3. 14) *Theorem and* (3. 15) *Corollary*, *pp.* 41 - 42], *and* [*Berman and Plemmons*, 1994, (3. 13) *Theorem*, *p.* 222].

Theorem A2 *Let T be a nonnegative matrix of order n*, $\mu > \rho\ (T)$ *and* $G = (\mu I - T)^{-1}$. *Then* (*i*) *formula* (36) *is a Frobenius normal form oft if and only if*

$$G=\begin{bmatrix} G_{11} & & 0 \\ \vdots & \ddots & \\ G_{r1} & \cdots & G_{rr} \end{bmatrix} \tag{38}$$

is a Frobenius normal form of G, where

$$G_{ii}=(\mu I_i-T_{ii})^{-1}\gg 0\quad (i=1,\ldots,r), \tag{39}$$

$$G_{i+1i}=(\mu I_{i+1}-T_{i+1i+1})^{-1}T_{i+1i}(\mu I_i-T_{ii})^{-1}\quad (i=1,\ldots,r-1), \tag{40}$$

$$G_{ji}=(\mu I_j-T_{jj})^{-1}N_{ji}(\mu I_i-T_{ii})^{-1}\quad (j=3,\ldots,r,\ i=1,\ldots,j-2), \tag{41}$$

$$N_{ji}=T_{ji}+\sum_{k=1}^{j-1-i}\left(\sum_{b_1=i+1}^{j-k}\cdots\sum_{b_k=b_{k-1}+1}^{j-1}T_{jb_k}\prod_{x=k}^{1}G_{b_xb_x}T_{b_xb_{x-1}}\right),\quad b_0=i<j-1, \tag{42}$$

and Ii is the corresponding identity matrix for i = 1, ..., *r*; (*ii*) *T has at least one non-final* (*or non-initial*) *class*, *if and only if G has at least one non-final* (*or non-initial*) *class*; (*iii*) *T has only one final class if and only if G has only one final class*; *and* (*iv*) *T has only one initial class if and only if G has only one initial class.*

Proof By $\mu > \rho\ (T)$ and [Berman and Plemmons, 1994, (3. 11) Theorem, p. 145], $\mu I - T$ is a nonsingular M-matrix and $G = (\mu I - T)^{-1} > 0$.

Proof of conclusion (i). First, let us prove "Only If". Suppose that (36) is a Frobenius normal form of T. Then T_{ii} is irreducible or a nonnegative matrix of order one, for $i = 1, \ldots, r$. Corresponding to the partition of (36), let

$$G=\begin{bmatrix} G_{11} & \cdots & G_{1r} \\ \vdots & & \vdots \\ G_{r1} & \cdots & G_{rr} \end{bmatrix},$$

then

$$\begin{bmatrix} \mu I_1-T_{11} & & 0 \\ \vdots & \ddots & \\ -T_{r1} & \cdots & \mu I_r-T_{rr} \end{bmatrix}\begin{bmatrix} G_{11} & \cdots & G_{1r} \\ \vdots & & \vdots \\ G_{r1} & \cdots & G_{rr} \end{bmatrix}=(\mu I-T)G=I. \tag{43}$$

Via (43), we have evidently

$$G_{ij}=0 \quad (i=1,\ldots,r-1,\quad j=i+1,\ldots,r), \tag{44}$$

$G_{ii}=(\mu I_i-T_{ii})^{-1}$ $(i=1,\ldots,r)$, and (40). Since $\rho(T_{ii})\leqslant p(T)<\mu$ and T_{ii} is irreducible or a nonnegative matrix of order one, $G_{ii}\gg 0$ holds by [Berman and Plemmons, 1994, (3. 11) Theorem, p. 145], for $i=1,\ldots,r$. Hence (39) holds and (38) is a Frobenius normal form of G.

Next we observe (41) - (42). Let $H(b_e,\ldots,b_1)=T_{b_eb_{e-1}}G_{b_{e-1}b_{e-1}}T_{b_{e-1}b_{e-2}}\cdots G_{b_2b_2}T_{b_2b_1}G_{b_1b_1}T_{b_1b_0}$, $b_s\geqslant b_{s-1}+1$, $s=1,2,\ldots,e$, $2\leqslant e\leqslant j-i$, $b_e\leqslant j$, $b_0=i$. From (43) and (44) we can obtain $(\mu I_j-T_{jj})G_{ji}=T_{ji}G_{ii}+T_{ji+1}G_{i+1i}+\cdots+T_{jj-1}G_{j-1i}$ when $j>i+1$. Let this formula and (39) - (42) be simultaneous, then $N_{ji}G_{ii}=T_{ji}G_{ii}+T_{ji+1}G_{i+1i}+\cdots+T_{jj-1}G_{j-1i}$, i.e.,

$$\begin{aligned}N_{ji}&=T_{ji}+T_{ji+1}G_{i+1i+1}T_{i+1i}+T_{ji+2}G_{i+2i+2}N_{i+2i}+\cdots\\&\quad+T_{jj-1}G_{j-1j-1}N_{j-1i}=T_{ji}+\sum_{k=i+1}^{j-1}T_{jk}G_{kk}T_{ki}\\&\quad+T_{ji+2}G_{i+2i+2}H(i+2,i+1)\\&\quad+T_{ji+3}G_{i+3i+3}\sum_{k=1}^{2}\left[\sum_{b_1=i+1}^{i+3-k}\cdots\sum_{b_k=b_{k-1}+1}^{i+2}H(i+3,b_k,\ldots,b_1)\right]+\cdots\\&\quad+T_{jj-1}G_{j-1j-1}\sum_{k=1}^{j-2-i}\left[\sum_{b_1=i+1}^{j-1-k}\cdots\sum_{b_k=b_{k-1}+1}^{j-2}H(j-1,b_k,\ldots,b_1)\right],\end{aligned}$$

i.e.

$$\begin{aligned}&\sum_{k=2}^{j-1-i}\left[\sum_{b_1=i+1}^{j-k}\cdots\sum_{b_k=b_{k-1}+1}^{j-1}H(j,b_k,\ldots,b_1)\right]\\&=H(j,i+2,i+1)+\sum_{k=1}^{2}\left[\sum_{b_1=i+1}^{i+3-k}\cdots\sum_{b_k=b_{k-1}+1}^{i+2}H(j,i+3,b_k,\ldots,b_1)\right]\\&\quad+\cdots+\sum_{k=1}^{j-2-i}\left[\sum_{b_1=i+1}^{j-1-k}\cdots\sum_{b_k=b_{k-1}+1}^{j-2}H(j,j-1,b_k,\ldots,b_1)\right].\end{aligned}\tag{45}$$

If we can prove that (45) is an identity, then the proof of "Only If" is completed. It is not hard to prove the identity.

We next prove "If". Suppose that (38) is a Frobenius normal form of G. Corresponding to the partition of (38), let

$$T = \begin{bmatrix} T_{11} & \cdots & T_{1r} \\ \vdots & & \vdots \\ T_{r1} & \cdots & T_{rr} \end{bmatrix},$$

then

$$\begin{bmatrix} \mu I_1 - T_{11} & \cdots & -T_{1r} \\ \vdots & & \vdots \\ -T_{r1} & \cdots & \mu I_r - T_{rr} \end{bmatrix} \begin{bmatrix} G_{11} & & 0 \\ \vdots & \ddots & \\ G_{r1} & \cdots & G_{rr} \end{bmatrix} = (\mu I - T)G = I. \tag{46}$$

Via (46), we have obviously $T_{ji} = 0 (i = 2, \ldots, r, j = 1, \ldots, i-1)$, and G_{ii} $(\mu I_i - T_{ii})^{-1} (i = 1, \ldots, r)$. Similarly to the above principle we have also (40) (42). Fromthe "Only If" of conclusion (i), if T is reducible (i. e. $r \geqslant 2$) then G is also reducible. Accordingly, the reducibility of T_{ii} implies the reducibility of G_{ii}, for $i = 1, \ldots, r$. However, for $\forall i \in \{1, \ldots, r\}$, G_{ii} is irreducible or a positive matrix of order one, since (3 8) is a Frobenius normal form of G. Thus, for $\forall i \in \{1, \ldots, r\}$, G_{ii}, T_{ii} is also irreducible or a matrix of order one. By $\rho(T_{ii}) \leqslant \rho(T) < \mu$ $(i = i, \ldots\_, r)$ and [Berman and Plemmons, 1994, (3. 11) Theorem, p. 145], (39) holds and (36) is a Frobenius normal form of T. The proof of conclusion (i) is completed.

Next we assume without loss of generality that (36) is a Frobenius normal form of T. Via conclusion (i), this means that (38) is a Frobenius normal form of G.

Proof of conclusion (ii). We prove "Only If". Suppose that T has at least one non-final (or non-initial) class. Then T is reducible, which means that G is reducible. From (39) - (42), if the classes of G are all final (or all initial), i. e. 0, j = 2, ..., r, i = 1, ..., i = 1, then $T_{ij} = 0$, j = 2, ..., r, i = 1, ..., j - 1, *i. e. the classes of* T *are all final (or all initial), which contradicts the supposition. Hence* G *has at least one non-final (or non-initial) class. We can prove "If" by the same principle.*

Proof of conclusion (iii). From conclusion (i), T *is irreducible (i. e.* r = 1) *if and only if* $G \gg 0$ (i. e. r = 1). *Next, we consider the case of reducibility. Suppose that* T *has only one final class. Via (39) and (40), if* $T_{i+Ii} > 0$, i = 1, ..., r - 1, *then* $G_{i+Ii} > 0$, i = 1, ..., r - 1. *From (39), (41) and (42), if* $T_{ij} > 0$, j = 3, ..., r, $i \in \{1, \ldots, j-2\}$, *then* $G_{ji} > 0$, j = 3, ..., r, $i \in \{1, \ldots, j-2\}$. *Thus* G *has only one final class. Conversely, suppose that* G *has only one final class. By (39) and (40), if* $G_{i+Ii} > 0$, i = 1, ..., r - 1, *then* $T_{i+Ii} > 0$, i = 1, ..., r - 1.

From (39), (41) *and* (42), *if* $G_{ji} > 0$, *for* $\forall j \in \{3, \ldots, r\}$, $\forall i \in \{1, \ldots, j-2\}$, *then the submatrix*

$$\left(T_{ji}\ T_{ji+1}\ \cdots\ T_{jj-1}\right) > 0 \tag{47}$$

for $\forall j \in \{3, \ldots, r\}$, $\forall i \in \{1, \ldots, j-2\}$. *Hence*, *if* $G_{ji} > 0$, $j = 3, \ldots, r$, $i \in \{1, \ldots, j-2\}$, *then* (47) *holds for* $j = 3, \ldots, r$, $i \in \{1, \ldots, j-2\}$. *Therefore* T *has only one final class.*

Via the duality principle we can similarly prove conclusion (*iv*).

Remark 9 *Theorem A2 generalizes or advances* [*Berman and Plemmons*, 1994, (3. 11) *Theorem*, *p.* 145].

References

Berman, A., Plemmons, R. J., *Nonnegative Matrices in the Mathematical Sciences*, SIAM, Philadelphia, 1994.

Brown, A. A. Licari, J. A.: "Price Formation Models and Economic Efficiency", In: Abouchar, A. (ed.), *The Socialist Peice Mechanism*, Duke University Press, NC (1977).

Brown, A. A., Owen, P. H., Licari, J. A.: "Priace Adjustment Models for Socialist Economics: Theory and an Empirical Technique," *Studies ib East European and Soviet Planning*, *Development and Trade* 18, Indiana University International Development Research Center, Bloomington (1973).

Dietzenbacher, E.: *In vindication of Hte Ghosh Model*: *a Reinterpretation as a Price Model*, J Regio Sci 37, 629 - 651 (1997).

Krause, U.: *Heterogenepous Labour and the Fundamental Marxian Theorem*, Rev Econ Stud 48, 173 - 178 (1981).

Kurz, H. D., Salvadori, N.: *Theory of Production*: *a Long - period Analysis*, Cambridge University Press, Cambridge (1995).

Lanzkron, P. J., Rose, D. J., Szyld, D. B.: *Convergence of Nested Classical Iterative Methods for Linear Syetems*, Numer Mathe 58, 685 - 702 (1991).

Miller, R. E., Blair, P. D.: *Input - output Analysiss. foundations and Extensions*, Prentice - Hall New Jersey (1985).

Minc, H.: *Nonnegative Matrices*, Wiley New York (1988).

Zeng, L.: *A Property of the Leontief Inverse and its Applications to Comparative Static Analysis Econ Syst Res* 13, 299 - 315 (2001a).

Zeng, L.: "Some Applications of Spectral Theory of NonneKative Matrices to Input - output Models", *Linear Algebra App*, 336, 205 - 218 (2001b).

（原文载于 *Economic Theory*, 2008, 34）

计量经济学应用研究的总体回归模型设定

李子奈

李子奈，1946年11月出生，1970年毕业于清华大学工程物理系并留校工作，1986年开始任教于清华大学经济管理学院。主要教学和研究方向为计量经济学理论、方法与应用。

一　问题的提出及其重要性

计量经济学模型方法，说到底就是回归分析方法。任何一项计量经济学应用研究课题，首先的也是最重要的工作是设定总体回归模型。只有设定了正确的总体回归模型，才能通过严格的数学过程和统计推断，得到正确的研究结果。因此，它决定了应用研究的成败。

在我国，计量经济学模型已经成为经济理论研究和实际经济分析的一种主流的实证研究方法。以《经济研究》发表的文章为例，我们对1984—2006年《经济研究》发表的3100余篇论文进行统计分析，以计量经济学模型方法作为主要分析方法的论文占全部论文的比重（见图1），1984年为0%，到1998年为11%，然后迅速提高，2004年为40%，2005年为56%，2006年为53%。这个比重已经超过美国同类刊物《美国经济评论》（*American Economic Review*）同期的水平。而且研究对象遍及经济的各个领域，所应用的模型方法遍及计量经济学的各个分支。其他经济类刊物，例如《金融研究》、《世界经济》等，无不如此。在经济学门类各个学科的研究生学位论文中，为了提高和体现论文的学术水平，建立与应用计量经济学模型更成为一种普遍现象。所有这些，是我国经济学教学与研究走向现代化和科学化的重要标志，其主流必须予以充分肯定（李子奈，2007）。

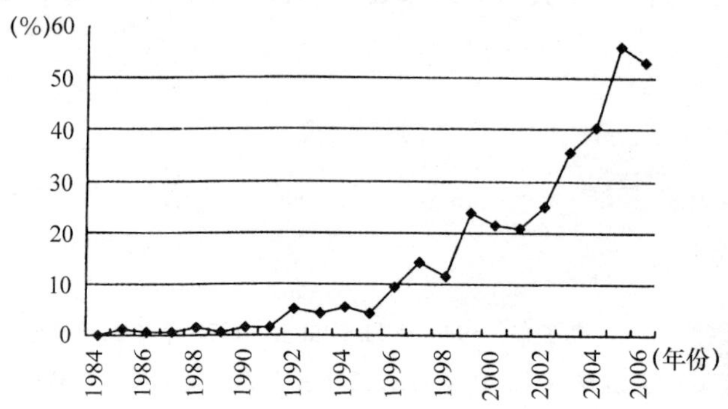

图 1 《经济研究》历年计量经济学应用研究论文的比重

但是，计量经济学应用研究中存在的问题很多，错误还比较普遍。重要原因之一，是缺少对于计量经济学模型方法论基础的研究和理解。作为一种方法论，它的哲学基础、经济学基础、数学基础和统计学基础还没有受到足够的重视。计量经济学模型方法论基础集中体现于总体回归模型的设定，一般称为模型的总体设定，本文试图用通俗的语言就这个问题进行讨论。

为了说明问题的严重性和讨论的方便，不妨以某刊物的某期为例，其中共发表论文 11 篇（未计会议综述），有 8 篇应用了计量经济学模型，这些论文都具有较高的学术水平和重要的应用价值。但是，从计量经济学模型总体设定的角度看，其中至少 5 篇论文在模型设定方面是值得讨论的。

本文首先对计量经济学模型总体设定的任务加以说明；接着对实际应用研究中的研究目的导向、经典计量经济学模型的先验理论导向和现代时间序列模型的数据导向分别进行分析与评价；最后提出计量经济学模型总体设定的经济主体动力学关系导向的框架。

二 计量经济学模型的总体设定

任何科学研究，无论是自然科学还是社会科学，都是试图回答休谟诘问：如何从经历到的过去、特殊、局部，推论到没有经历到的未来、一般、整体？都遵循以下过程：首先是关于偶然的、个别的、特殊的现象的观察；其次是从对偶然的、个别的、特殊的现象的观察中，提出假说，或者是理论，或者是模型，这些假说是关于必然、一般、普遍现象而言的；然后对假说进行检验，检验方法一般包括实验的方法、预测的方法和回归的方法；最后是发现，关于必然、一般、普遍的规律的发现。经济学研究也是如此。不同于自然科学的是，在推论过程中，在提出假说阶段，根据是否引入价值判断，经济学研究有规范研究和实证研究之分。如前所说，计量经济学模型是一种主流的实证经济学研究方法论（李子奈，2007）。

计量经济学模型的总体设定，就是上述从观察到的样本出发，提出关于总体的假设的过程，并用计量经济学模型的形式加以表述。有两种基本的总体模型：一是静态的总体模型，主要是描述经济因素之间不随时间演变的静态平衡结构，力图揭示经济系统的平衡关系法则，对应的总体是不随时间变化的静态随机分布，通常利用截面数据来估计总体模型参数。二是动态的总体模型，主要是描述持续演变的经济因素之间的动态平衡结构，力图揭示经济系统的演变法则，对应的总体是在时间维度上持续发生的随机过程，通常利用时间序列数据来估计总体模型参数。从研究对象划分，可以是单方程模型，或者是联立方程模型，分别描述单一的经济活动或者经济系统。

冯燮刚（2007）以单方程计量经济学模型为例，对总体模型的设定给出了准确的界定。给定任何被解释变量 y，要对其进行完全的解释，需考虑所有对其有直接影响的因素集 Ω。按照与被解释变量关联关系的恒常性和显著性两个维度，可以对 Ω 进行分解：显著的恒常性因素集 X、显著的偶然性因素集 T 与无数单一因素影响可以忽略的非显著因素集 I，它们满足 $\Omega = X\cup T\cup I$，$X\cap T = X\cap I = T\cap I = \emptyset$。这里的“恒常性”，或者覆盖所有的截面个体，或者覆盖时间序列的所有时点。计量经济学的任务是找到被解释变量与恒常性因素之间的关联关系，即所谓的经济规律。对于显著的偶然因素，通过数据诊断发现存在这些因素的“奇异点”，然后通过技术手段消除其影响。但对于非显著因素，无论是恒常性的还是偶然性的，尽管它们的单独影响可以忽略不计，却不能简单忽略掉无数非显著因素的影响。Greene（2003）指出，没有什么模型可以期望处理经济现实的无数偶然因素，因此在经验模型中纳入随机要素是必需的，被解释变量的观察值不仅要归因于已经清楚了解的变量，也要考虑来自人们并不清楚了解的偶然性和无数微弱因素的影响。

由于存在无法确定的无数非显著因素，发现经济规律的过程变得非常复杂，也很难按照确定性的方式发现确定性的经济规律。因此，作为计量经济分析起点的总体模型可由方程 $\Psi(y, X) = v$ 来描述，其中 Ψ 为函数形式。随机抽样取得的数据正是在该总体模型之下生成的，因此从数据生成过程的角度来看，该总体模型即数据生成过程。

因此，模型总体设定的实际过程将主要包括三个部分：一是围绕被解释变量 y，界定影响因素集 Ω，并进行有效分解，得到显著恒常因素集 X、显著偶然因素集 T 与非显著因素集 I。其中，I 无法经验界定，只能在确定显著因素集 X 和 T 后取补集，即 $I=\Omega \backslash (X \cup T)$。二是确定可以近似 Ψ 的函数形式 f 与在 f 下 y 和 X 的关系参数 Θx。三是确定随机扰动项 v 的概率分布特性和相应的概率分布参数 Θ_U。最终得到待估总体模型方程 $f(y, X, \Theta_x) = v(\Theta_v)$，其中 Θ_x 与 Θ_v 为待估参数。

三　计量经济学模型总体设定的“唯一性”和“一般性”原则

任何应用研究都有特定的研究目的，例如分析某两个经济变量之间的关系，或者评价某项经济政策的效果。于是，按照特定的研究目的进行的计量经济学模型总体设定，成为计量经济学应用研究的普遍现象和最严重的问题。

计量经济学模型总体设定，必须遵循“唯一性”原则。对于同一个作为研究对象的被解释变量，它和所有影响因素之间只能存在一种客观的正确的关系。或者说，对于一组被解释变量样本观测值，只能由一种客观的数据生成过程生成。所以，正确的总体模型只能是一个。不同的研究者、不同的研究目的、不同的数据选择方法、不同的数据集，会对模型的约化和简化过程产生影响，会使得最终的应用模型有所不同。但是，作为研究起点的总体模型必须是唯一的。如何保证“唯一性”，引出了下面的“一般性”。

计量经济学模型总体设定，必须遵循“一般性”原则，即作为建模起点的总体模型必须能够包容所有经过约化得到的“简洁”的模型。具体讲，它应该包含所有对被解释变量产生影响的变量，尽管其中的某些变量会因为显著性不高或者不满足正交性条件等原因在后来的约化过程中被排除。计量经济学模型发展的历史上，曾经倡导过“从简单到一般”的建模思路，那是由于历史的局限，已经被“从一般到简单”的建模思路所取代。为什么？计量经济学模型方法是一种经验实证的方法，它是建立在证伪和证实的不对称性的逻辑学基础之上的。一旦总体模型被设定，利用样本数据进行的经验检验只能发现已经包含其中的哪些变量是不显著的，而不能发现没有包含其中的显著变量；只能发现已经被采用的函数关系是不恰当的，而不能发现没有被采用的正确的函数关系。

前面提及的刊物的一篇进行中国和印度不平衡发展的比较研究的论文，着重分析了不平衡增长对贫困的影响。为了分析产业间的增长不平衡对贫困的影响，以贫困率为被解释变量，以人均 GDP 和三大产业在 GDP 中的份额为解释变量，建立了一组回归模型；为了分析居民收入增长不平衡对贫困的影响，以贫困率为被解释变量，以农村居民平均收入增长率、城市居民平均收入增长率，以及人口流动效应为解释变量，建立了另外一组回归模型。读者肯定会问，既然贫困率受到产业间的增长不平衡和居民收入增长不平衡的共同影响，为什么不建立一组包括两方面因素的模型而要分别建立模型？分别建立的模型的估计结果和统计推断有意义吗？贫困率除了受到不平衡增长的影响外，制度因素、政策因素等也有重要影响，为什么在模型中未予考虑？如果能够证明产业增长不平衡、居民收入增长不平衡是相互独立的，那么模型的结果是可靠的，但是论文中并未见到这样的证明。而且从建模思路讲，还是应该从“一般”到“简单”，而不是从“简单”到“简单”。

另一篇关于居民社会信任水平的影响因素分析的论文，通过二值 Probit 模型分析居民的社会信任水平与各个影响因素之间的关系。作者利用实际调查的微观数据，以二值离散变量表示居民的社会信任水平，如果受访者表示社会上大多数人可以信任，该变量赋值为 1；反之为 0。论文严肃科学地分析了居民社会信任水平的影响因素，将其分为三类：个人因素，例如性别、年龄、受教育程度、收入水平、就业情况、宗教信仰等；社区因素，例如在本市居住的时间、日常语言类型等；社会因素，例如是否参加社会团体、对政府的评价、对媒体的评价等。论文首先选择个人因素作为解释变量建立模型，估计其参数；然后“控制”个人因素，引入社区因素作为解释变量建立模型，估计其参数；最后“控制”个人因素和社区因素，引入社会因素作为解释变量建立模型，估计其参数。一个显而易见的问题是，为什么不直接建立一个最“一般”的包括所有影响因素的总体模型？既然影响因素包括三部分，那么以其中某一部分作为解释变量建立模型，其参数估计结果有意义吗？同样，如果能够证明个人因素、社区因素、社会因素是相互独立的，那么模型的结果是可靠的。但是论文中并未见到这样的证明，这也不符合从“一般”到“简单”的建模思路。

另一篇基于工业行业数据研究外包对生产率的影响的论文，在经典的超越对数生产函数中引入反映外包因素的变量，建立了行业生产函数模型，采用 38 个工业行业 2 年的数据估计模型。关于我国工业行业生产函数的模型，已有研究无数。为了研究研发投入对生产率的影响，有人引入了反映研发因素的变量；为了研究 FDI 对生产率的影响，有人引入了反映 FDI 因素的变量；为了研究制度对生产率的影响，有人引入了反映制度因素的变量；这里为了研究外包对生产率的影响，就引入了反映外包因素的变量。读者一定会问：难道生产函数模型中包括的解释变量可以任人设定吗？是否存在一个作为不同研究者的共同起点的最“一般”的工业行业生产函数总体模型?

更有甚者，许多应用研究以研究目的作为模型总体设定的导向，想研究什么，就设定什么模型。例如，一篇研究我国制度变迁与经济增长的关系的论文，以 GDP 为被解释变量，仅以“制度变迁指数”作为解释变量，建立了一元对数线性模型，估计结果显示，制度变迁对于 GDP 的弹性系数为2．1，即制度变迁变化1%，国内生产总值将变化2．1%。再如，一篇研究我国证券市场发展对宏观经济影响的论文，为了分析证券市场发展对财政收入的影响，以我国财政收入为被解释变量，以股票融资额为解释变量，建立了一元线性模型，估计结果显示，股票融资额增加 1 亿元，财政收入将增加 4．729 亿元。之所以出现这些问题和错误，甚至是荒谬的笑话，其原因是不懂得为什么必须正确设定总体模型和如何正确设定总体模型，违背了总体模型的“唯一性”和“一般性”原则。

所以，计量经济学总体回归模型的正确设定，是计量经济学应用研究的前提和基础。如何进行计量经济学总体模型的设定，在计量经济学近 80 年的发展过程中，经历了先验理论导向、数据关系导向和经济关系导向的历程。

四　计量经济学模型总体设定的“现实性”原则

20 世纪 30 年代至 70 年代发展的经典计量经济学模型，经济理论在其总体模型设定中起着导向作用。计量经济学根据已有的经济理论进行总体模型的设定，将模型估计和模型检验看作自己的主要任务。经济理论可以被认为是嵌入计量经济学模型中的，相对经验数据而言具有先验性。Klein（1974）指出，经济理论能够提出一些用数学形式表达，然后再从计量经济学观点加以检验的假设，但是必须指出，学院式的经济理论仅仅是建立假设的来源之一。但是，在经典计量经济学模型的应用研究中，直接依据经济学理论设定总体模型的现象十分普遍，因此经典计量经济学模型通常被认为是先验理论导向的。

经典计量经济学模型理论方法体系是基于截面数据建构的。截面数据的关键特征是，数据来自随机抽样，数据顺序与计量分析无关，随机抽样隐含了待界定的特定总体。在经典的 Gauss – Markov 假设和随机扰动项服从正态分布假设下，基于来自总体的一个随机抽样，按照最大可能性或最小偏差的统计法则，对总体模型参数进行统计推断，得到估计的总体模型，称为样本回归模型。由于抽样的随机性，统计推断确定的参数和总体模型都具有随机性，因此，计量经济学知识是统计推断确定的或然知识。只要 Gauss – Markov 假设隐含的总体模型足够现实，只要样本容量足够大，大数定律保证了估计量的一致性，即渐近无偏性，而中心极限定理则为大样本下随机扰动项渐近服从正态分布提供支持，并保证了估计量的渐近有效性。于是，估计得到的总体模型方程与自在的原型方程的偏差是可以忽略的。因此，按照计量分析规则建立的知识是可资依赖的，这就规避了陷入不可知论的危险。

问题在于，能否以先验的经济学理论作为计量经济学模型总体设定的导向？答案是否定的。因为在它们之间，至少存在两个主要障碍。第一，正统经济学以经济人假设和理性选择为其理论体系的基石，任何一种理论都建立在决策主体是理性的和决策行为是最优的基础之上。而计量经济学模型总体设定的目的，是建立能够描述人们实际观察到的经济活动之中蕴藏着的一般规律的总体模型，毫无疑问，实际经济活动既不是“理性”的，也不是“最优”的。第二，正统经济学理论强调“简单”，认为只有简单的理论才能够揭示本质。而计量经济学模型恰恰相反，它强调“一般”，必须将经济活动所涉及的所有因素包含其中。所以，即使经济学理论是正确的，也不能据此设定计量经济学模型，因为它舍弃了太多显著的因素。通俗地讲，经济学理论所揭示的是理想的经济世界，而计量经济学模型描述的是现实的经济世界。计量经济学模型总体设定，必须遵循“现实性”原则。

由于这些障碍，先验理论导向的模型总体设定，至少存在以下问题。第一，对于同一个研究对象，不同的研究者依据不同的先验理论，就会设定不同的模型。例如，以居民消费为研究对象，分别依据绝对收入消费理论、相对收入消费理论、持久收入消费理论、生命周期消费理论以及合理预期消费理论，就会选择不同的解释变量和不同的函数形式，设定不同的居民消费总体模型。第二，模型具有结构关系不变性。先验的经济理论认为它具有“覆盖性”，对于所有截面个体或者所有时点普遍适用，所以模型所表现的变量之间的结构关系对于所有截面个体或者所有时点都是不变的。第三，破坏了模型随机扰动项的“源生性”。随机扰动项已经不仅仅包含无数非显著因素的影响，还必须包含被经济理论舍弃掉的显著因素的影响，那么，针对“源生性”随机扰动项的 Gauss - Markov 假设和正态性假设将不一定被满足。进而建立在这些假设基础上的统计推断将不具有可靠性。

在前面提及的刊物的一篇实证研究我国货币—产出非对称影响关系的论文中，作者采用多元 STAR 模型研究我国货币—产出关系，模型系统中包括的变量有表示产出的实际工业产出指数、表示货币的 M1 和表示价格的消费价格指数，而货币流通速度被合理地省略了。显然，如此选择模型系统的变量，所依据的是经典的货币需求理论。虽然论文采用了先进的模型方法和分析技术，人们仍然要问：经典的货币需求理论是否反映我国的实际？以此作为描述货币—

产出关系的总体模型设定的依据是否可靠？按照经济学中经典的货币需求理论，货币需求系统仅包含货币需求量、经济活动总量、价格和货币流通速度，按照理论导向，该论文中设定的总体模型是正确的。但是，人们都知道，经济学在它的发展过程中，出现了许多货币需求理论，那么不同的研究者依据不同的理论就可以设定不同的总体模型。更为重要的是，论文研究的是“我国”的货币与产出之间的关系，而在我国的货币需求系统中，相互有关联的因素远不只是论文所涉及的3个。那么，论文中的模型就不是一个“一般”的模型，模型随机扰动项也不仅仅包含非显著因素的影响，可能包含大量的“模型设定误差”，Gauss-Markov假设和正态性假设将被破坏。

在另一篇关于人民币汇率的均衡、失调、波动与调整的论文中，作者通过理论分析和经验检验，得到描述实际汇率（reer）与相对供给（su）、相对需求（de）之间长期均衡关系的模型：reer = -0.33su +0.26de +4.59，并在此基础上建立了反映短期变化之间关系的误差修正模型。显然，经典的汇率决定理论在该模型总体设定中起了导向作用。人们同样会问：经典的汇率决定理论是否反映我国的实际？以此作为选择模型变量的依据是否可靠？

对计量经济学模型总体设定的先验理论导向的批评并不意味着完全否定经济学理论在模型设定中的作用。描述理想经济世界的经济学理论可以指导我们正确分析现实经济世界的动力学关系；简洁的经济学理论至少揭示了“一般”经济系统中的一部分经济关系。经济学理论将作用于经济关系分析，而不是直接作用于模型总体设定。

基于随机抽样截面数据建构的经典计量经济学模型被大量地应用于基于时间序列数据的宏观经济分析，它所带来的问题除了上述的三条外，还必须加上两条：第一，如果总体模型中包含的时间序列是非平稳的，随机扰动项将违背Gauss-Markov假设；第二，时间序列数据的序列相关性破坏了经典模型赖以建立的关键假定——随机抽样假定。这些将进一步破坏模型精密的数学基础。

五　计量经济学模型总体设定的“统计检验必要性”原则

在第二次世界大战以后的20多年中，由于当时主流的经济理论，特别是宏观经济理论与现实经济活动之间较好的一致性，以先验理论为导向的经典计量经济学模型得到了迅速的扩张和广泛的应用。但是，经典模型对20世纪70年代经济衰退和滞胀的预测和政策分析的失效，引来了著名的“卢卡斯批判”。Lucas（1976）从模型结构参数随时间变化的现实出发，指出使用计量经济模型预测未来经济政策的变化所产生的效应是不可信的。Sargent（1976）

则以货币政策为例，认为经典结构模型对于评价政策似乎是无能为力的。Sims（1980）指出，以先验理论为导向设定的结构模型实际上是对模型施加了许多约束，而这些约束是不可信的，因此建议采用以数据为基础的向量自回归（VAR）模型，从而避免结构约束问题。卢卡斯批判从表面上看是对结构模型和模型结构不变性的批判，而实质上是对模型总体设定先验理论导向的批判，它直接导致了计量经济学总体模型设定转向数据关系导向。

基于截面数据的经典模型面临先验理论与经济现实的脱节，而被迫更多地转而依赖数据关系，依赖统计分析。对于截面数据的统计分析主要是相关分析，一直被人们视为模型总体设定的一种工具，或者用于变量的选择，或者用于变量之间关系的设定。但是，相关关系只是因果关系的必要条件，而非充分条件，这已经为人们所熟知。在经济行为上毫无关系的变量，在数据上可能显示很强的相关性。另外，相关关系掩盖了直接影响和间接影响的区别，也可能导致变量的错误选择。

基于时间序列数据的计量经济学模型由于存在非平稳性和序列相关性，其统计分析理论方法得到了迅速的发展，一方面为模型总体设定提供了强大的工具；另一方面又将模型设定引入仅仅依赖数据的歧途。数据的时间序列性破坏了计量经济学静态模型的随机抽样假定，取消了样本点之间的独立性，样本点将具有序列相关性。如果序列相关性不能足够快地趋于零，在统计推断中发挥关键作用的大数定律、中心极限定理等极限法则缺乏应用基础。只有对满足渐进不相关的协方差平稳序列，才可以应用基于截面数据的统计推断方法，建立时间序列模型。这样，协方差平稳性和渐进不相关性在时间序列分析中扮演了一个非常重要的角色，为时间序列分析适用大数定律和中心极限定理创造了条件，替代了截面数据分析中的随机抽样假定（Wooldridge，2003）。但是经济现实中的随机过程都很难符合这些条件。在不适用大数定律和中心极限定理的情况下，经典模型的计量分析常会产生欺骗性的结论。Clive Granger（1974）对非平稳随机变量回归的系统分析表明，无论随机变量间是否存在因果关系，这些随机变量的不平稳性越高，回归方程拟合程度就越高，发生谬误回归的可能性就越大。这是基于时间序列进行统计推断必须跨越的障碍。

对包含非平稳随机变量的模型的谬误回归，引出两个问题，一是是否存在这样的可能，可以统计确定具有恒常关系的非平稳随机变量之间的模型；二是如何处理非平稳随机过程，为应用统计方法建立模型创造条件。对后者，通过差分法可以把不平稳的高阶单整（integration）过程转化为平稳的零阶单整过程。对前者，即随机过程协整（cointegration）。于是，对时间序列的非平稳性的识别与处理，即单位根检验，在非平稳随机过程之间建立恒常的数据关系，即协整检验，成为模型总体设定的主要任务。

这样，带来的新的问题是，计量分析的理论基础——产生时间序列数据的动力学过程或总体界定反而被忽略了。脱离产生数据的动力学过程谈随机过程的平稳性是没有意义的。就协整关系而言，随机过程的数据协整关系是结果，而不是原因；由于经济现实的系统关联性，满足统计协整关系的变量很多，但是可以纳入基于动力学关系建立的动态均衡模型的变量并不多。因此，协整关系检验是确定模型动态相容的必要条件，但不是充分条件。必须在动力学关系分析基础之上，才能有效发挥协整检验的作用。

举一个比较极端的例子。在一项关于我国城镇居民收入的研究中，作者为了检验城镇居民收入对农村居民消费存在影响，对城镇居民人均收入和农村居民人均消费两个时间序列数据进行了严格的统计分析。首先进行单位根检验，发现它们都是二阶单整序列。然后进行 Granger 因果关系检验，发现在 5% 的显著性水平上，城镇居民人均收入是农村居民人均消费的 Granger 原因。最后进行协整检验，发现它们之间存在（2，2）阶协整。于是得到了描述二者之间长期均衡关系的模型：农村居民人均消费 = 558.07 + 0.1817 城镇居民人均收入。更进一步指出，城镇居民人均收入提高 100 元，可以使得农村居民人均消费提高 18.17 元。这个结论显然是错误的，但是所有统计检验却是严格的。问题在哪里？对农村居民消费行为进行分析，不难发现农村居民收入是最主要的影响因素。将农村居民人均收入引入模型，容易发现，城镇居民收入并不显著。

因此，需要正确认识、对待统计分析在计量经济学模型总体设定中的作用。在充分分析总体原型，正确设定因素组合之后，由于对实体之间动力学关系的认识永远难以达到完备的境界，人们很难准确地确定模型的形式。单位根检验和协整检验理论，给出了探索特定因素组总体模型的有效工具。这就是计量经济学模型总体设定的“统计检验必要性”原则。

六　计量经济学模型总体设定的“经济主体动力学关系导向”原则

如前所述，计量经济学基于统计抽样形成的经验数据，运用随机数学分析工具完成或然知识的建构，并按照统计意义的标准进行评价，在回避了休谟质疑的同时，也规避了陷入不可知论的危险。但计量经济学作为统计推断的知识，像任何其他科学知识一样，应当符合科学的基本原则——独立于研究者、独立于样本、具有超越特定时间和空间的某种程度的必然性和普遍性。统计推断逻辑的严密性，只能尽可能防止在统计推断过程中出现新的错误，但并不足以为计量经济学知识提供依据。对计量经济学知识依据的追问，仍然要溯及统计推断的前提——总体设定。因此，总体设定过程的可靠性，决定了计量经济学知识的可靠性。

冯燮刚（2007）指出，对计量经济学模型总体设定的讨论，必须首先明确两个问题。第一，要确定的不是经济主体内在的本质意义的属性，而是经济主体之间的关系意义的属性。第二，要确定的是主体之间的动力学关系，不是作为主体经济活动结果的经济变量之间的数据关系。这就是计量经济学模型总体设定的“经济主体动力学关系导向”原则。

而事实上，无论先验理论导向，还是数据关系导向，计量经济学模型总体设定所忽视的正是经济主体之间的动力学关系。计量经济学模型分析的目的不是确定在主体关系意义上无所指的经济变量之间的关系。经济变量及相关数据是经济主体活动的结果，脱离主体互动关系建构的变量，不过是纯粹的数字。计量经济学模型分析的目的是发现塑造整个经济世界的经济主体之间的互动规律。从关系论的角度看，主体的任何行为，都应在主体和其身处的环境之间寻找原因。正像自然科学的动力学研究一样，物体运动状态发生变化的根本原因是物体之环境与物体之间的作用力。同样地，经济主体发生任何行为，都必然由主体与其身处的环境之间的作用引起。

经济主体与其身处的环境之间的动力学过程，是真正的数据生成过程。与经济主体的特定动力学过程相关的数据，将为相应动力学关系的描述提供经验基础。以经济主体与环境之间的动力学关系分析为基础和前提，基于该动力学过程生成的数据，以数据统计分析为必要条件，验证确定的经济主体与环境的互动关系，正是计量经济学总体模型所要界定的因果关系。只有动力学关系的理论分析，没有基于统计相关性的经验支持，是无法确认这样的动力学关系的。同样，只有数据关系的统计分析，没有具有良好的公度性的动力学关系理论框架，会使统计分析进入歧途。正是在这个意义上，基于主体动力学关系的计量经济学模型总体设定，可以实现先验理论导向和数据关系导向的综合。Hendry（1994）虽然没有提出“经济主体动力学关系导向”，但是他阐述的从数据生成过程经过一系列约化得到自回归分布滞后模型，再经过一系列简化得到误差修正模型的建模型过程，以及检验、检验，再检验的方法论，交替使用经济理论和数据关系，已经体现了总体模型设定的“经济主体动力学关系导向”。

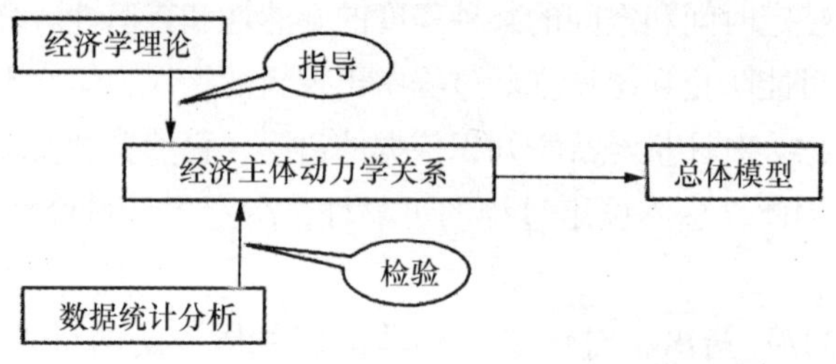

图2 理论、数据、动力学关系与总体模型

可以用图2清晰地描述先验的经济理论、数据的统计分析、经济主体的动力学关系与计量经济学总体模型之间的关系。在这里，先验的经济理论并不直接作为总体模型设定的导向，而是指导经济主体的动力学关系分析；数据的统计分析也不直接作为总体模型设定的导向，而是对经济主体的动力学关系进行检验；而对总体模型设定起直接导向作用的，是经济主体的动力学关系。

以经济主体的动力学关系为导向设定的总体回归模型，毫无疑问满足上述“现实性”原则和“统计检验必要性”原则，但是它是否满足“唯一性”和“一般性”原则，仍然需要检验。检验的准则就是总体模型随机扰动项的源生性和正态性。如果模型设定正确，随机扰动项所包含的仅仅是非显著因素的影响，这样的随机扰动是源生的。只要保证随机扰动项的源生性，它所包含的因素满足独立性，以及对随机扰动的影响均匀小的条件，根据中心极限定理，这样的随机扰动项服从正态分布。所以，在动力学关系导向的计量经济学模型总体设定中，中心极限定理仍然居于十分重要的地位。就中心极限定理的适用条件而言，模型的动力学关系应当充分准确，只有总体模型足够准确，才可以将其他因素归于不显著的动力学关系，而纳入源生的随机扰动项，才能适用中心极限定理。

七 结论与启示

首先，本文从计量经济学总体模型设定的任务和目标出发，通过对计量经济学应用研究中普遍存在的总体模型设定研究目的导向的分析与评价，提出总体模型设定的“唯一性”和“一般性”原则；其次，通过对经典计量经济学模型先验理论导向的分析与评价，提出总体模型设定的“现实性”原则；再次，通过对现代时间序列模型数据导向的分析与评价，提出总体模型设定的“统计检验必要性”原则；最后，提出计量经济学模型总体设定的“经济主体动力学关系导向”原则和框架。

显然，总体回归模型的设定，是计量经济学应用研究的首先的和最重要的任务。但是，在目前的计量经济学教科书和课程教学中，始终将模型估计和检验作为最主要的内容，几乎不涉及总体回归模型的设定。可见，从改善计量经济学教科书和课程教学内容入手，将总体回归模型设定理论纳入其中，是我们必须进行的最急迫的工作。

参考文献

冯燮刚：《知识何以可能——从经济学的关系论转向看》，经济科学出版社 2007 年版。

李子奈：《计量经济学模型方法论的若干问题》，《经济学动态》2007 年第 10 期。

Granger, C. and Newbold, P., "Spurious Regressions in Econometrics", *Journal of Econometrics*, 1974 (2).

Greene, W. H., *Econometrie Analysis* (5E), Prentice Hall, Inc, 2003.

Hendry, D. F., *Dynamic Econometrics*, Oxford University Press, 1994 .

Klein, L. R., *A Textbook of Econometrics* (2E), Prentice - Hall, Inc , 1974.

Lueas, R. E., "Econometric Policy Evaluation: A Critique", *Journal of Monetary Economics*, Supplementary Series, 1976, 1 (2).

Wooldrige, J. M., *Introductory Econometrics* (2E), South - Westem, 2003.

（原文载于《经济研究》2008 年第 8 期）

外资进入对中国银行业的影响：后评价分析和政策建议

张晓朴

张晓朴，研究员，经济学博士，金融学博士后，现供职于中国银监会政策研究局。享受国务院政府特殊津贴的专家。清华大学、中国人民大学、中央财经大学、西南财经大学兼职教授，博士生导师。美国斯坦福大学亚太研究中心访问学者。巴塞尔银行监管委员会研究工作组成员，联合论坛（Joint Forum）金融集团监管原则工作组成员。

2005 年、2011 年获第十一届、第十四届孙冶方经济科学奖。2009 年入选“新世纪百千万人才工程”国家级人选。2007 年获中央国家机关优秀青年“学习奖”。曾获首届“黄达—蒙代尔经济学奖”（Mundell – Huang Prize），中国金融学会第六届全国优秀金融论文评比一等奖（最高奖），“二十一世纪银行家论坛”一等奖（最高奖），第六届全国统计科学研究优秀成果二等奖，连续两次荣获中国世界经济学会“会长奖”等。

一　引言

20 世纪 90 年代以来，外资银行大量进入中东欧、拉美以及东南亚等新兴市场，成为新兴市场金融体系的重要组成部分（Claessens 等，2001）。据国际货币基金组织统计，2005 年全球 105 个国家外资银行总资产占本国银行总资产的平均比重为 35%，较 1995 年上升 12 个百分点（IMF，2007），其中，东欧地区上升了 28 个百分点，拉美地区上升了 15 个百分点（参见表 1）。从国际上看，银行业对外开放主要包括五种形态：（1）外资银行完全收购或部分入股国内银行；（2）外资银行与国内银行结成联盟；（3）外资银行设立子行；（4）外资银行设立分行；（5）金融服务外包等（Song，2004；Hawkins 和 Mihaljek，2001）。

表 1　　全球主要地区外资银行资产占比

地区（国家数）	1995 年				2005 年						
	银行总资产（10亿美元）	外资银行总资产（10亿美元）	外资银行总资产占比（%）	各国外资银行资产均占比（%）	银行总资产（10亿美元）	外资银行总资产（10亿美元）	外资银行总资产占比（%）	各国外资银行资产平均占比（%）	外资银行资产变化（10亿美元）	外资银行总资产比例变化（%）	各国外资银行资产平均比例变化（%）
所有国家（105）	33169	5043	15	23	57165	13039	23	35	7996	8	12
北美（2）	4467	454	10	8	10242	2155	21	17	1701	11	9
西欧（19）	16320	3755	23	24	31797	9142	29	30	5387	6	6
东欧（17）	319	80	25	21	632	369	58	49	289	33	28
拉丁美洲（14）	591	108	18	14	1032	392	38	29	284	20	15
非洲（25）	154	13	8	38	156	12	8	35	-1	-1	-3
中东（9）	625	85	14	14	1194	202	17	17	117	3	3
中亚（4）	150	3	2	4	390	9	2	5	6	0	1
东亚和大洋洲（13）	10543	545	5	6	11721	758	6	7	213	1	1

资料来源：IMF，2007 年《全球金融稳定报告》。

当前国际上对银行业开放理论的研究基本围绕两个维度展开：一是发达银行跨国经营和投资的动因，二是东道国开放银行业的目的以及正负面影响。发达银行跨国经营和投资的动因主要包括（1）“追随客户”理论，为其客户提供优质的全球服务；（2）提高效率，主要是通过扩大规模、国际化、扩展产品和分销渠道实现规模经济；（3）风险分散，通过跨国经营实现收益和风险的多元化；（4）规避管制（Herrero 和 Simón，2003）。

过去十年来，学术界围绕外资银行通过设立子行和分行进入对新兴市场的影响进行了大量实证研究，例如，被广泛引用的克莱森（Claessens 等，2001）、赫米斯和伦辛克（Hermes 和 Lensink，2003）等人的研究。相比较而言，国际学术界单独就外资金融机构以参资入股形式进入新兴市场进行的研究并不多见。2002 年 11 月，全球金融体系委员会（Committee on the Global Financial System，CGFS）设立了一个工作小组，专门研究 FSFDI 给新兴市场经济体带来的影响。全球金融体系委员会（2004）认为，金融部门的外商直接投资有助于推动新兴市场经济体的金融部门融入全球金融体系的一体化进程。

金融部门的外商直接投资会给东道国金融机构带来技术和相关专业知识的转移，有利于提升东道国金融体系的效率。同时，东道国的客户可以直接从外商直接投资引入的新金融产品和服务中受益。

迄今为止，外资银行进入中国已经有近30年的历史，早期主要以外资银行在华设立分行的形式为主。截至2007年底，我国境内有外商独资银行24家，合资银行2家，有23个国家和地区的71家外国银行在华设立了117家分行，外资金融机构的资产达到1.25万亿元人民币。截至2007年底，我国共有25家中资商业银行引入33家境外机构投资者，投资总额212.5亿美元（参见表2）。由于境外战略投资者参资入股中资银行近乎始于2003年，因此，有关境外战略投资者进入对中国银行业影响的学术研究①还较为有限。

表2　　　　　　　　我国商业银行引进境外投资统计表

	2003年以前	2004年	2005年	2006年	2007年	累计
引进境外投资的中资银行	5	6	7	6	4	25*
引进投资（亿美元）	2.6	23.5	111.9	52.2	22.3	212.5
境外上市筹资额（亿美元）	—	—	113.9	299.0	42.2	455.1
合计（美元）	2.6	23.5	225.8	351.2	64.5	667.6

数据来源：银监会2006—2007年报。

*该数与表中相加的数有出入，是因为有的银行在不同时间引入了多家战略投资者。

本研究旨在对外国战略投资者进入中国银行业的影响进行较为深入的理论和实证研究，客观评估我国引入境外战略投资者的效果及其作用机制。本研究第二部分比较了跨国研究的结果，第三部分对外资进入给中国银行业带来的收益进行了深入的后评价研究；第四部分分析了外资进入给中国银行业带来的风险和挑战；第五部分提出了管理银行业对外开放进程的政策建议。本研究表明，我国基本实现了引入境外战略投资者的预期效果，在银行业开放进程中，我国开创了一种有别于其他新兴市场经济体的、独特的、以持有少数股权的境外战略投资者促进国内银行经营机制转变为主要内容的银行业开放模式。银行

① 例如王一江和田国强（2004）、楼文龙和肖远企（2007）、廖岷（2008）。

业开放成就的取得归因于决策层、监管部门、商业银行三位一体的协同。

二　新兴市场的跨国研究和国别经验

近十多年来，围绕外资银行进入新兴市场所产生的影响，国际学术界进行了大量的实证研究。按照研究对象的不同，大致可以分为三类：对新兴市场银行业盈利能力、效率所产生影响的研究；对新兴市场金融体系稳定性影响的研究；对新兴市场金融监管影响的研究。

（一）对银行业盈利能力、效率影响的研究

大多数研究都表明外资银行进入有利于提高东道国银行业效率，但在短期内会对东道国银行业的盈利产生不利影响，也有少数研究认为影响不大。具有代表性的研究主要有：

克莱森等人（Claessens 等，1999）对含发达国家和新兴市场国家在内的80 个国家中的外资银行与本地银行在 1988—1995 年间样本数据进行的分析表明，与新兴市场经济中本地银行相比，外资银行具有较高的盈利水平，而且，外资银行进入新兴市场经济后的一段时期内，本地银行的盈利水平普遍出现滑坡。由此可见，外资银行进入确实在短期内给新兴市场经济的本地银行带来了强大的竞争压力。

丹尼泽尔（Denizer，1999）检验了外资银行进入对土耳其银行业的影响，发现外资银行进入降低了国内银行的盈利和管理费用，认为这是外资银行进入引起国内银行效率提高的证据。克拉克等人（Clarke 等，1999）对外资银行进入阿根廷进行了实证研究，发现外资银行进入会在某些领域与国内银行形成竞争，但是由于外资银行所专长的领域与国内银行并不构成直接竞争关系，所以竞争在一定程度上被弱化。巴拉哈斯（Barajas，1999）研究了外资银行进入哥伦比亚对其金融业所产生的影响，发现外资银行进入引起银行利差缩小、贷款质量恶化以及行政成本增加。但是，若考虑外资银行进入哥伦比亚的数目等因素后，他们认为银行利差的缩小并不是由外资银行进入引起的。

萨伊茨（Zajc，2002）对中东欧地区的定量研究表明，不论是外资银行资产占银行业总资产的比重，还是外资银行占银行总数的比重，均与非利息收入和税前利润呈负相关，而与经营费用呈正相关，这说明，外资银行的进入加剧了银行业的竞争，降低了银行业的盈利能力。

尤奈特和沙利文（Unite 和 Sullivan，2003）对菲律宾向外资开放后国内银行的情况做了实证研究，使用随机效应模型对 1990—1998 年间菲律宾 16 家大中型银行的经营状况进行分析，发现外资银行的进入引起国内银行的利差缩小、利润下降、贷款质量恶化，但是利差缩小主要集中于家族企业附属银行。同时外资银行的进入促进了银行经营效率的提高，但是由于外资银行占有股份增加，国内银行的效率提高幅度低于外资银行。此外，尤奈特和沙利文认为外资银行的进入对经济增长具有积极的正面影响，并可以增强经济抵御外部冲击的能力。

赫米斯和伦辛克（Hermes 和 Lensink，2003）利用包含成熟和新兴市场经济在内的48 个国家的990 家银行在1990—1996 年间的财务数据研究外资银行进入在短期内对东道国的影响。结果表明，在经济发展的初级阶段，外资银行进入会导致国内银行成本和利差增加，但是如果经济发展处于较高级的阶段，外资银行进入对国内银行盈利能力的影响要小得多。由此可见，外资银行进入对新兴市场经济银行业盈利能力的不利影响大于成熟市场。

尤伯平（Uiboupin，2004）对保加利亚、克罗地亚和捷克共和国等10 个中东欧国家的319 家银行在1995—2001 年间的经营业绩变化进行了定量研究。该研究发现外资银行的进入导致上述国家银行的税前利润、非利息收入、平均贷款利率和贷款损失准备金降低，短期内还会提高银行的管理费用。他们还发现市场份额越高的银行，其收入和贷款损失准备金受外资银行进入的影响越小。由于这些转轨经济国家的银行业的时间序列较短，故难以分析外资银行进入产生的长期影响。总的来说，外资银行进入导致中东欧银行的竞争程度加剧。

奥田和朗松布恩（Okuda 和 Rungsomboon，2004）对外资银行进入泰国所产生的影响进行了实证研究，结果表明外资银行进入导致泰国本地银行经营费用增加、利润减少、国内银行利差扩大。但是，他们认为外资银行进入在短期内可能对国内银行产生负面影响，但从长期看反而会促进国内银行的经营。

（二）对银行体系稳健性影响的研究

大多数研究结论都支持外资银行进入带来的股权分散等有利于增强新兴市场经济国家银行体系的稳健性，但也有部分研究认为外资银行未必能真正起到稳定金融体系的作用。具有代表性的研究主要有：

埃里科和穆萨伦（Errico 和 Musalem，1999）对亚洲金融危机前后泰国和马来西亚进行了个案研究。1993—1996 年间，通过曼谷国际银行（设在泰国国内的离岸金融中心，由大量外资金融机构组成）流入泰国的外国短期资本以每年38%的速度递增，到1996 年末，在泰国的外国短期资本已经达到320 亿美元。泰国在对外开放时并没有很好地实现对国内金融机构的有效监管，也没有对外国短期资本的投向进行监控，短期资本主要投向制造业、房地产和金融业，而且通常没有进行套期保值，蕴含大量外汇风险。因此，短期资本流动被认为是泰国泡沫经济形成和破裂的重要原因。1997 年底，马来西亚中央银行改革了对外资银行的监管制度，开始对设在马来西亚离岸金融中心的外资银行进行全面稽核，结果发现某些银行存在严重亏损，中央银行已承诺将对存款者的保护制度扩展到外资银行。因此，总的来说，有研究表明，如果监管不力，引进外资银行很可能不利于东道国的金融稳定，外资银行将成为引发金融危机和促使金融危机加剧的重要原因。

戈德伯格等人（Goldberg 等，2000）对墨西哥和阿根廷的实证研究表明：外资银行的贷款增长速度高于国内银行并且波动性更小，对银行信贷体系的稳定具有重要的作用，而且外资银行在金融危机时及金融危机后依然保持较高的贷款增长速度。在阿根廷，外资银行与国内银行在贷款组合及贷款的波动性上十分相似。在墨西哥，本地银行和外资银行贷款损失率均较低，所有权结构不同的银行在贷款组合及贷款的周期性波动上也极为相似。戈德伯格等人认为银行的健康状况，而非所有权结构，才是影响银行贷款的增长、波动和周期性变化的重要因素。但是，外资银行进入所带来的更加分散的所有权结构有助于提高银行信贷体系的稳定性。

全球金融体系委员会（2003）也就这一问题对亚洲国家进行了实证研究。研究表明，1997 年的亚洲金融危机与东南亚各国资本账户开放和脆弱的国内银行体系有重要关系，而外资银行进入并不是主要原因。例如，虽然泰国和印度尼西亚两国对外资银行的开放程度相对较小，但它们受到的打击却最为严重。相反，研究认为外资银行有助于稳定国内银行体系，例如外资银行可以通过总部或母银行或银行间市场增加贷款投放等。

法诺克斯等人（Famoux 等，2004）对波兰的实证研究表明，外资银行进入促进波兰银行业效率提高，且没有证据表明风险最高的贷款集中在国内银行，中小企业也没有遭遇信用紧缩。外资银行进入促进了波兰的金融稳定，分析表明外资银行进入所带来的居民外汇贷款的迅猛发展是重要原因。莱文（Levine，1999）通过经济计量分析表明，新兴市场经济国家外资银行数与这些国家金融危机发生的概率呈负相关关系，说明引进外资银行有助于减少东道国金融危机发生的可能性。拉科斯特（Lacoste，2005）对阿根廷的研究则发现，外资银行并没有真正起到稳定金融体系的作用。

欧洲央行（2004）对申请加入欧盟的东欧国家的实证研究表明，这些国家在 20 世纪 80 年代末 90 年代初时，由于对经济（包括对银行业）的全面改革、重组引起银行危机，然而，在 90 年代后期，大量的外资银行进入后却实现了银行业的稳健经营，并没有发生大规模的银行危机。主要得益于：（1）成立子公司比设立分行更稳定，因为外资银行倾向于扩展跨国经营的时限；（2）外资银行购买国内银行，大量公众资金得以用来整合国内银行、清算破产金融机构；（3）这些国家向非金融部门的贷款与货币错配较少，提供了相对稳定的金融环境；（4）建立良好的法律制度，有效实施稳健监管。因此，研究结论认为外资银行进入实现了银行业从危机到稳健经营的转变。

（三）对金融监管影响的研究

戈德伯格（2004）对墨西哥和阿根廷进行的实证研究表明：外资银行进入给东道国监管当局带来一定的挑战。例如，大型跨国银行通过提供OTC衍生产品、结构性债券和股票互换等新型的规避风险的金融工具来扩大市场份额。而有些新产品是用来逃避监管当局的审慎监管的，存在巨大的风险，特别是在一些金融体系脆弱、监管不够完善的国家里。因此，监管当局需要及时更新相应的知识和技术体系，以更好地估计和控制创新产品的影响力。总的来说，外资银行进入可以促进东道国加强监管，提高监管水平，但如果监管当局没有及时做好对外资银行带来的新产品和新技术的评估准备，可能会导致监管能力的改善出现时滞。

宋应万（2004）对一些新兴市场国家的研究表明，外资银行的进入给国内的监管当局带来了诸多挑战：第一，对外资银行发放执照的问题，在新兴市场国家，对外资银行执照的发放往往出于政治上的考虑，而不仅仅是审慎的选择标准，监管当局也可能难以有效地对外资银行的管理和股东进行履职测试；第二，如何对大型跨国银行进行监管，监管当局不仅需要掌握大型跨国银行在国内的分支机构及子公司的财务状况，还应包括跨国银行本身的情况；第三，外资银行进入后为扩大市场份额会提供大量的新型衍生金融产品，这些新产品虽然有利于客户套期保值，但也为逃避审慎监管提供了一条途径，带来更大的风险；第四，监管当局要了解如果分支机构发生困难或危机时，母银行会在什么时候以及多大程度上给予支持；第五，银行市场存在被外资银行主导的可能性；第六，银行跨国经营带来的系统性风险，大型跨国银行的倒闭会带来严重的系统性风险，会破坏国内金融市场的稳定；第七，如何更好地监管金融控股公司。

综上所述，近十年来国际上众多学者对外资银行进入对新兴市场银行业的影响进行了大量研究，这些研究具有广泛的代表性，具有重大的理论意义和政策含义。

（1）绝大多数研究都表明外资进入从长期看有利于提高国内银行体系的效率，降低银行的管理成本和利润，增强国内银行体系的稳健性。高效的银行体系对于经济的可持续增长至关重要。概括而言，外资银行进入对东道国的作用渠道主要体现在：增加竞争，引起国内银行利差缩小，促进本国银行经营效率的提高；采用现代商业银行经营管理技术，改善金融服务的质量和可获得性；外资银行可以通过其在保险、经纪、投资组合管理等其他金融领域的知识和经验帮助整合国内银行体系，形成规模经济；促进金融市场发展，特别是深化银行间市场的发展；促进银行监管和法律体系的发展和完善等。

（2）由于研究地区和方法不同，上述研究所得出的研究结论也不尽相同，有些甚至相左。例如，尤伯平（2004）的研究发现，外资银行的进入导致相关国家银行的管理费用提高，丹尼泽尔（1999）则发现，外资银行进入降低了土耳其国内银行的管理费用。

（3）外资进入会给新兴市场监管当局带来较大的挑战。外资银行引进的部分新产品有可能会规避监管当局审慎监管，在金融体系脆弱、监管不够完善的国家里，这会孳生巨大风险。因此，监管当局需要及时更新相应的知识和技术体系，以更好地估计和控制创新产品的影响力，提高监管水平。

（4）几乎所有的研究都认为，外资银行进入产生的影响依赖于其他方面的金融改革，如放松国内金融管制、加强监管体系建设、开放资本账户和银行私有化等。新兴市场经济国家要想从银行业开放中获得收益，必须加大国内的经济和金融改革力度。

（5）不少研究仍具有一定局限性。有些国家的银行业的时间序列较短，难以分析外资银行进入产生的长期影响。相反，有些国家外资银行进入已经历了很长一段时间，但实证研究中难以将外资进入与其他因素产生的影响准确地进行区分。

三　外资进入对中国银行业的影响:后评价分析

外资进入对我国银行业的影响始终是银行业界、学术界和监管部门密切关注的问题，笔者（张晓朴，2006）从收益和挑战角度出发，构建了一个较为规范的、简明的银行业对外开放影响分析（impact analysis）框架。笔者在理论上归纳出银行业对外开放的六方面收益：（1）股权多元化将使国有银行改革成为一个不可逆转的过程，并有利于消除国有银行的“免费资本幻觉”；（2）外资参股有助于完善公司治理；（3）有助于促进竞争，改进运营模式；（4）改善金融服务的质量和可获得性，激励金融创新；（5）有助于促进金融市场发展；（6）有助于改善中国的金融体系基础设施建设。

我国银行业对外资开放的时间较短，如此有限的时间序列数据尚不足以支撑对外资进入后的影响进行有效的计量经济学分析。为了评估外资进入对我国银行业理论上的收益是否以及在何种程度上得到了实现，本文对引入境外战略投资者的实际效果进行了更加有普适性的后评价分析，涵盖的样本为引入境外战略投资者的25家中资商业银行，时间区间为2001—2007年。

（一）外资参股是否促进了股权多元化，是否有助于消除国有银行的“免费资本幻觉”

股权结构是指股份公司总股本中不同性质的股份所占的比例及其相互关系，主要包括股权属性和股权集中度。随着外资参资入股中资商业银行，我国商业银行，尤其是国有商业银行的股权结构明显多元化。上市后，中国工商银行、中国银行、中国建设银行已经由纯粹的国有银行转变为股权相对分散的公众银行（参见表3）。从相关数据可以看出，外资参股是丰富我国银行业股权结构的重要途径之一，国有股“一股独大”的问题有所缓解。杨德勇、曹永霞（2007）就我国境内上市的五家银行在股权结构方面的不同安排与其绩效进行了实证研究。结果表明，我国上市银行第一股东的持股比例与银行绩效呈显著负相关。

表3　　部分国内银行2007年年末股权结构比例表　　（单位：%）

股东持股比例 / 国内银行	国有股	其他内资股（限售）	外资持股	人民币普通股	境外上市外资股	其他
工商银行	70.66	5.09	7.24	3.61	13.40	0.00
中国银行	70.79	0.51	13.91	2.05	12.74	0.00
建设银行	67.97	0.00	10.31	3.85	14.84	3.03
交通银行	41.87	6.45	18.65	4.56	28.47	0.00
北京银行	29.17	36.27	20.10	14.45	0.00	0.00
兴业银行	46.35	13.65	19.98	14.02	0.00	6.00
深圳发展银行	0.20	8.02	15.18	76.60	0.00	0.00
华夏银行	38.87	7.60	13.37	40.16	0.00	0.00

数据来源：各银行2007年年报。

在实施财务重组和引进战略投资者之前，我国商业银行长期以来所有者缺位问题严重，从而导致国有资本实际上被国有银行的经营者当作一种免费资本而筹集和配置（张杰，2004）。同时，在传统的股权结构下，国家作为银行唯一股东所关心的往往不是银行自身经营的好坏，更多的是宏观经济目标的实现、对国有经济发展的支持等，商业银行难以将利润最大化和银行价值最大化作为经营目标。引入境外投资者和在资本市场公开上市后，银行股权多元化促使了良好公司治理机制的形成，有助于委托代理问题的改善和形成有效的监督与制衡机制，从根本上保证股东和存款人的利益，实现商业银行价值最大化。特别是外资进入后，使得政府大规模救助国有银行成为小概率事件，有助于减少国有银行的“败德”行为。

银行的相关财务数据表明，外资参股后银行的盈利能力不断增强（参见表4），总资产收益率等主要财务指标较股改前有大幅提高，已经接近国际先进银行水平，不良贷款率持续下降。伯格等人（Berger 等，2006）对我国多家商业银行 1994—2003 年的经营状况进行的实证研究结果显示，不管是国有银行还是国内私人银行，随着外资的参股，银行国有股权的降低和外资持股比例的增加，对银行的效率产生了巨大的积极影响，包括利润效率和成本效率都得到了明显改善。

表 4　　部分国内银行经营绩效和资产质量情况　　（单位：%）

指标 / 国内银行	总资产收益率			不良贷款率		
	2007 年	2006 年	2005 年	2007 年	2006 年	2005 年
工商银行	1.01	0.71	0.66	2.74	3.79	4.69
中国银行	1.09	0.95	0.71	3.12	4.04	4.62
建设银行	1.15	0.92	1.11	2.6	3.29	3.84
交通银行	1.07	0.8	0.74	2.05	2.54	—
北京银行	1.07	0.85	0.77	2.06	3.58	4.38
兴业银行	1.17	0.7	0.6	1.15	1.53	2.33
深圳发展银行	0.75	0.54	0.15	5.62	7.98	9.33
华夏银行	0.41	0.36	0.39	2.25	2.73	3.05

数据来源：各银行 2005—2007 年年报。

（二）外资参股是否有助于完善公司治理

尽管我国商业银行财务指标的可持续和在经济周期下滑时的表现还有待观察，同时，财务指标的改善有多大比重可以归因于外资入股和股权多元化因素，尚难以精确量化，但境外战略投资者入股带来的“多股制衡”的股权结构，在很大程度上帮助中资银行引入了良好的公司治理战略。例如，交通银行引入汇丰银行作为战略投资者后，汇丰银行作为该行的第二大股东，参与董事会战略决策十分积极，使董事会开始有了不同的声音（蒋超良，2006）。外资参股中资银行后，对中资银行改善公司治理的积极影响是普遍的、显著的。概括起来，这种影响主要表现在以下方面：

1. 促进了现代商业银行公司治理整体框架的初步形成，董事会议事逐渐规范并依法运作。各行普遍构建了以股东大会、董事会、高级管理层、监事会为主体的现代公司治理基本架构。董事会下设的专门委员会齐全，几乎所有银行都设立了关联交易控制委员会、风险管理委员会、薪酬与考核委员会、提名委员会、战略与发展委员会等专门委员会。同时，董事会召开的频率增加，以

2006年为例，大型银行平均每年召开近10次董事会会议和25次专职委员会会议，每家银行董事会平均审议议案近50项，而专门委员会平均审议议案近55项（蒋定之，2007）。董事会决策的专业性得到提高，董事会议事效率提高，董事会成员履职能力提高，越来越敢于发表不同意见；董事会开始逐渐发挥在公司战略制定和风险管理中定调子的作用等。董事会的议事范围涵盖了战略发展规划、资本补充、公司治理、风险管理、内部控制、财务审计、激励约束、重大投资、项目合作、呆账核销和基本制度建设等涉及全行层面的各个领域，核心决策职能得以逐步强化。以外资参股为契机，各行及时制定和完善了《董事会议事规则》、《股权管理办法》、《董事、监事薪酬制度》及各专门委员会《工作规则》等公司治理细则。

表5　部分中资商业银行境外董事、高管情况一览表

银行	人数	姓名（所属国家或地区）	金融业从业年数
光大银行	3	Steven Hoagland（美）/Francis Edward Hawke（美）/吴明华（英）	23/10/7
浦东发展银行	5	Richard Stanley（美）/王幼章（台）/王也胜（马）/林永源（新）/曾宽扬（台）	23/7/12/19/20
民生银行	3	苏庆赞（新）/王联章（港）/王彤世（港）	25/18/36
兴业银行	3	陈国威（港）/蔡培熙（新）/罗强（港）	32/35/21
渤海银行	4	梁菁菁（港）/包为客（港）/彭耀杰（港）/希孟（英）	16/17/21/16
华夏银行	1	Colin Grassie（英） Frank Newman（美）/Damiel Curroll（美）	23
深圳发展银行	9	AuNgai（港）/单伟健（美）/张桐以（美）/Michae Hanlon（美）王博民（港）/李文活（港）/孙涤（港）	35/18/11/17/12/25/12/28/7
上海银行	4	孟克文（美）/薛关燕萍（港）/郭锡志（港）/叶逢生（港）	21/30/35/24
南京银行	4	罗强（台）/谢华礼（法）/林伟光（新）/艾飞立（法）	24/31/16/23
西安市商业银行	3	泰瑞（加）/京沛德（加）/叶麦克（美）	25/18/27
济南市商业银行	1	欧思陶（澳）	25

续表

银行	人数	姓名（所属国家地区）	金融业从业年数
杭州市商业银行	1	伯瑞特（澳）	22
南充市商业银行	3	顾玲（德）/史蒂芬（德）/朗格瑞（德）	12/7/15
北京银行	3	侯德民（比）/Bachar Saturn（美）/Ralph Lange（荷）	21/17/10
宁波银行	2	张树光（新）/蔡裕祥（新）	28/11
天津银行	3	Douglas Red（美）/Chirben Huans（台）/Lynne	26/16/11
工商银行	3	Christopher A. Cole（美）/梁锦松（港）/John L. Thomton（美）	—/20/—
中国银行	6	Cooke（英）/Patrick de Saint - Aignan（美）/余林发（新）/Alberto Togni（瑞士）	—/30/30/30/—/40
建设银行	4	Gregory L. Curl（美）/谢孝衍（港）/Elaine La Roche（美）/Peter Keith Levene（英）	—/30/27/—
交通银行	4	王冬胜（英）/史美伦（港）/Tan R. Wilson（英）/Thomas J. Manning（美）	—/—/30/20

资料来源：楼文龙，肖远企（2007）及有关银行年报。

2. 直接派驻董事。截至2007年底已经引入境外战略投资者的25家中资银行中，所有境外战略投资者都在入股银行派驻了董事（参见表5）。很多中资银行五年来的实践证明，这些董事一方面积极参与银行重大事项决策，另一方面为持股银行带来了先进的经营管理理念和技术，提升了持股银行的经营管理水平。例如，中国工商银行董事会中来自高盛的董事在资金业务发展规划、投资银行业务战略、内部控制制度建设和风险管理战略等方面积极向中国工商银行传递知识和经验，在多个领域提出了有价值的建设性意见①。汇丰银行先后向交通银行提名了柯清辉先生和冯国纶先生以及王冬胜先生和史美伦女士担任该行董事及专门委员会委员②，他们具备丰富的商业银行管理经验、高度的敬业精神，在交行董事会和专门委员会工作中发挥了不可替代的作用，提高了董事会决策的科学性。华夏银行的外籍董事提出了设立首席风险官③、强化资本有效管理、成立独立的风险管理机制等有益建议。同时，各行独立董事的履职能力得到加强，在很大程

① 中国工商银行网站，《中国工商银行年报》，2007年。

② 交通银行网站，《交通银行首次公开发行股票（A股）招股意向书》，2007年。

③ 《华夏银行30余位首席信用风险官将上任》，《第一财经日报》2008年2月14日。

度上发挥出了对大股东和执行董事的制约、制衡作用。

3. 境外战略投资者协助构建规范的信息披露和投资者关系管理体系。充分的信息披露和完善的投资者关系管理，对充分保障各利益相关方对银行经营管理的知情权、监督权、参与权至关重要，也是健全公司治理架构的重要组成部分。我国国内资本市场投资者关系管理（IRM）尚处于起步阶段，在没有成熟经验可资借鉴的背景下，境外战略投资者提供了诸多有价值的帮助，包括帮助设计投资者关系管理整体框架，制定投资者关系实施目标和实施进度表，进行分析师、投资者和同业竞争者数据库的建设等。例如，高盛集团成立专门的工作小组协助中国工商银行构建投资者关系管理体系，并派驻香港联交所前首席财务官为该行的信息披露和投资者关系管理提供现场指导①。截至2006年，我国对社会公众披露经营管理信息的银行已达到101家，占我国商业银行总数的80%（刘明康，2007）。

4. 推进内部审计与合规管理。我国商业银行的内部审计过去普遍以合规性审计为主，审计资源配置不合理且流于形式，审计的监督作用难以得到有效发挥。在境外战略投资者派遣的内审专家的指导下，绝大多数银行不断改进审计流程，制定现场审计和持续审计规程，开始逐渐由合规性审计向风险导向审计模式转变。外方专家还对我国商业银行审计条线的管理提出了大量丰富细致、有价值的管理建议，包括审计条线的独立性、审计部门的管理、审计计划的制订、审计资源的配置、审计标准的建立、报告制度的改进、审计的后续跟进等。在合规管理方面，外方向我国商业银行提供了包括合规政策制定、合规检查方法、对违规人员的处理等合规具体职能的经验，分享了国际著名商业银行的合规管理模式。汇丰银行于2005—2006年间派遣内部审计专家到交通银行审计部门工作②。在汇丰银行的协助下，交通银行已建立了总行、地区、分行三级垂直独立的审计体制架构，建立审计计划、审计检查、审计评价、审计报告、审计追踪和持续审计六个环节构成的循环审计流程。中国工商银行与高盛公司就国际大型商业银行内部审计的经验及合规管理模式进行了研究，制定了改进内部审计体系、完善合规管理的具体实施方案，高盛公司还向工行提供了审计计划阶段、审计执行阶段的流程设计思路、审计方法应用模板及相应的审计表格范例③。通过与高盛管理控制部的合作，工行基本掌握了高盛审计实施阶段采用的风险控制（RCT）方法。

---

① 中国工商银行网站，《工商银行与高盛集团正式启动战略合作》2006年3月21日。

② 《引进境外战略投资者给沪上三家银行带来了什么》，《金融时报》2005年12月5日。

③ 中国工商银行网站，《工行限量限期发售“珠联币合”理财产品》2006年5月15日。

5．公司治理培训加强。例如，国际金融公司（IFC）专门聘请麦肯锡咨询公司为北京银行董事、监事和高管人员进行公司治理培训，有针对性地提出了改进公司治理的“24条改进措施”，切实将完善公司治理机制落到了实处，取得了很好的效果（闫冰竹，2007）。汇丰银行派出了多名专家，专门给交通银行董事会、管理层以及总行有关部门详细介绍了汇丰在公司治理架构、董事会运作、董事会战略规划实施等方面的情况（蒋超良，2006）。

总之，境外战略投资者入股中资银行后，明显帮助中资银行改进和完善了公司治理架构和机制，影响是积极的、显著的、普遍的。然而，从长期看，引入境外战略投资者和良好的公司治理架构给银行创造的价值最终要反映到银行的盈利能力和风险控制上。如何将良好的公司治理融入到银行的日常风险管理中，如何最终将良好的架构、理念、技术反映到银行的绩效和财务状况中，真正实现“产权多元化→良好的公司治理→较高的银行效率和绩效”的良性传导，既是各行面临的现实问题，也是最终考量国有银行改革成效的重要参照系。

（三）外资参股是否有助于改进运营模式

境外战略投资者入股中资银行后，帮助入股银行诊断和分析业务和管理流程缺陷，在此基础上，帮助中资银行改进业务运营模式，实施流程再造。主要表现在：

1．引入和强化了“以客户为中心”、“流程银行”等经营管理理念。中资银行所引入的战略投资者基本都是国际先进银行，它们长期以来极其重视客户关系的维护和服务质量的改进。中资银行在引入境外战略投资者后，成功借鉴其经验和成果，逐步形成科学的经营理念并有效落实。在强调客户重要性的基础上，各银行开始真正关注客户需求，通过各种有效途径及时了解客户的真实需求，进一步确定满足客户需求的具体措施和方法，并不断通过调查等途径进行客户反馈，由反馈信息检验业务质量并进而加以改进。另外，在参股外资银行的协助下，通过流程变革项目的实施，大多数银行逐渐形成了业务和管理的流程化理念，有效地促进了“流程银行”观念的形成，从而促进了中资银行的不断创新和业务流程优化。

2．推进组织架构改革。长期以来，中资商业银行，尤其是大型国有银行的组织架构是流程分割的职能部门型和单线回报的科层式总分行制，这种具有浓厚行政色彩的组织架构愈发不适应市场经济的发展要求，存在诸多的弊端，不利于银行经营效率的提高。为了使所参股的中资银行更清楚更好地了解其自身的组织架构，许多战略投资者通过专项技术援助协助探究分析中资银行在组织构架方面的问题，并提出具有针对性的改革建议。在引入境外战略投资者后，部分国内银行在借鉴境外战略投资者组织架构的基础上，初步建立了以客户为中心的、按业务条线进行垂直管理的矩阵式组织架构，通过明确前、中、后台的职责，合理划分业务板块等具体措施，克服原有组织架构的弊端，强化资源配置能力，提高服务效率和品质。

例如，深圳发展银行在境外战略投资者——新桥的帮助下，按业务线建立了新的组织架构，按公司、零售、同业和资产保全四条业务线分别预算，实行条块结合的矩阵式考核①，业务考核以业务线（“条”）为主，而利润考核以分行（“块”）为主。高盛向中国工商银行金融市场部派驻的资金交易业务专家对工行资金交易流程体系提出了建议②。主要贡献包括：为金融市场部建立有效的风险管理机制，整合现有系统平台，协助设计每日损益表等。

3. 改进业务管理流程，提高银行运营效率。外资参股后，借助外资股东的先进经验和技术支持，大多数中资银行逐渐形成了科学、规范和高效的分工协作体系和业务流程，开始向“流程银行”转变。部分银行开始实行客户经理制，设计了“一站式”的全方位服务流程，实现银行和客户之间的单点接触，提高了银行业务效率。例如，高盛集团向工商银行详细介绍了资产托管业务经验，包括资产管理人、主托管人、次托管人之间的业务流程；介绍了人力资源管理信息化建设发展历程和绩效管理的信息化运用情况，对工商银行改进业务和管理流程提供了很有价值的帮助（楼文龙、肖远企，2007）。渤海银行在渣打银行支持下，借鉴国际银行业的流程再造理念，按照前、中、后台相分离的原则设置部门，并根据业务需要在部门内部设立相应的业务单元，并依据“以客户为中心”和集中运营、风险可控的原则，搭建了集中营运的大后台，进行集中运营和品质管理。中国建设银行和美国银行个贷中心项目的实施，完善了个贷业务新流程，力求中国建设银行在全行范围内实现个人贷款业务流程的标准化。此外，中国建设银行还通过缩短从客户递交贷款申请到贷款资金发放的办理时间和减少所需贷款资料数量及客户签名等措施，提高了个贷业务的工作效率和客户满意度③。其与美国银行的个贷中心项目在广东省分行推广时，辖下珠海、东莞、中山、汕头四家分行的快速放款方式使个人住房贷款平均办理时间减少了10.85天，工作效率提高了55%（参见表6）。

表6　　中国建设银行广东分行个贷业务流程优化对比分析表

指标名称	上线前	上线后	变化幅度
平均值	19.6天	8.746天	-55%
最大值	133天	23.2天	-83%
最小值	7天	1.26天	-82%

① 人民网，《深发展见证金融业成长》2008年1月16日。

② 《战略合作项目启动工行高盛步入蜜月》，《上海证券报》2006年3月10日。

③ 中国建设银行网站，《中国建设银行年报》，2007年。

（四）外资参股是否有助于改进风险管理

衡量商业银行风险管理体系是否完善，国际上一般从以下四个维度加以判断：(1)董事会和高级管理层是否实现了对风险的妥善监控；(2)商业银行是否具备完善的风险管理的政策和程序；(3)是否具有有效的识别、计量、监测、控制风险的体系；(4)是否有完善的内部审计和外部审计。根据调查和访谈，外资参股中资银行后显著提高了这些银行的风险管理水平。境外战略投资者在协助中资银行开发和健全风险管理体系、构建全面风险管理架构等方面发挥了显著作用。

1. 董事会和高级管理层对风险的监控显著增强。在风险管控中，董事会承担风险管理的最终责任，负责确定银行的风险偏好和风险容忍度；董事会负责制定银行的风险管理政策和程序，有责任确保银行拥有健全的风险管理体系（巴塞尔银行监管委员会，2005）。外资入股后，商业银行董事会对风险的管控明显加强。在董事会的主持下，银行制定和修改了风险管理委员会章程、专业风险管理委员会工作规则、风险限额管理制度、新产品风险管理制度、风险报告制度等一系列制度性文件。董事会和董事会下设的风险管理委员会开始对高级管理层在银行的信用风险、市场风险、流动性风险、操作风险、法律风险、合规风险、声誉风险等的管理活动实施监督。所有银行都在董事会下设了由独立董事担任负责人的关联交易委员会或风险管理委员，负责对银行风险和关联交易的审批和控制。有些银行规定，关联交易控制委员会的主任委员和副主任委员对关联交易有一票否决权。中国建设银行、中国工商银行、渤海银行等设立了首席风险官，专司风险管控①。

2. 引进了国际银行业先进的风险管理理念，全面风险理念逐渐确立。通过和外方合作，越来越多的银行开始意识到，风险管理不只是风险管理部门的事，业务部门是风险管理的第一道防线。风险管理应贯彻“四眼”原则、“双线报告制度”及“矩阵式报告体系”。很多银行着手强化全面风险管理，完善各类风险管理政策，推进内部信用评级和经济资本管理建设。外方通过提供资料、培训、建议、要求、具体操作等多种方式将国际通行的风险管理理念逐步灌输给国内商业银行的员工，尤其是高级管理层，为中资银行建立风险管理体系奠定了良好的基础。例如，渤海银行在业界较早地制定出了风险偏好政策②，风险管理部门根据风险偏好政策来监控银行的经营是否偏离预设标准，确保银行承担的全部风

① 各上市银行2007年年报。

② 《渤海银行争取成为滨海新区金融业综合经营试点》，《南方都市报》2006年7月29日。

险在可控范围之内。

3. 促进了独立风险管理架构构建。中资银行充分借鉴外方合作伙伴的经验,构建全面、独立的风险管理组织架构。例如,筹建风险管理总部,建立风险监控部门;按照独立原则,建立地区审计中心和地区审批中心,风险监控部门实行双线报告,其他部门实行业务单元型风险管理模式。

4. 引进先进的风险管理工具。在外方专家的指导和帮助下,中资银行陆续引进了一系列风险管理工具。例如,建立风险过滤和监控名单,通过财务分析工具和非财务信号,将风险监控关口前移;开发了贷款评级矩阵表,对客户评级和贷款评级进行二维分类。在外方的推动和建议下,不少商业银行开始尝试运用商业保险技术补偿风险,例如,有些银行投保了财产险和雇员忠诚险等险种,以有效对冲风险。对风险进行情景分析和压力测试,压力测试涵盖了房地产、钢铁、水泥、制造业等受宏观调控影响明显的行业,并逐渐开始对利率风险和汇率风险等市场风险进行压力测试。

5. 协助建设风险监控系统,夯实全面风险监控技术基础。很多银行建立了矩阵式风险报告体系。银行分支机构开展的每项业务,在横向上对分行高管负责,在纵向上对总行(条线)负责。很多银行健全了管理信息系统,从根本上保证了管理数据的可得性和管理工具的实用性,全面提升了银行的风险理念和风险监控水平。

6. 信用风险、市场风险、操作风险等主要风险类别的识别、计量、监测、控制得到较大提升。大多数中资银行与境外战略投资者签订了信用风险管理,市场风险管理、操作风险管理等主要风险类别的技术支持与协助协议,这些技术援助项目已按照实施计划逐步推进,有力地提升了中资银行的风险管理水平。

(五)外资参股是否有助于促进金融创新

从外资参股中资银行的实践来看,很多中资银行都充分利用境外战略投资者的相关优势,积极开展金融产品与业务创新,以更好地适应我国利率市场化进程的深化以及资本市场的发展等金融新环境。主要表现在:

1. 完善研发机构设置,奠定研发基础。引入境外战略投资者后,中资银行越来越重视新产品开发,不断加大研发投入,有些银行还专门设置了负责产品研发的机构,负责新产品开发的可行性分析、合规性分析和风险控制等关键因素,增强产品开发的科学性、严谨性。例如,渤海银行借鉴了渣打银行的经验,在总行下设了产品开发部门,专职负责相应的产品开发与管理工作①。产品条线均以

---

① 《渣打:中国全面开放金融市场将是一件能够实现“三赢”的事情》,《中国新时代》2007 年第 1 期。

价值中心的形式出现，产品的设计与开发遵循“以客户为中心”、“以利润为导向”的原则，在深入开展市场调研和深刻理解客户需求的基础上，进行全面成本收益分析，提高了新产品研发的科学性和成功率。

2. 与参股外资金融机构开展合作研发，不断提升研发能力。国内银行所引入的境外战略投资者绝大部分都有经验丰富的研发力量，这些专家大都有着丰富的创新经验和突出的创新能力，他们帮助中资银行提高产品定价、模型设计、风险控制、计算机控制等能力，提高产品创新能力。同时，很多中资银行积极主动地与境外战略投资者开展研发合作，共同设计和开发适合中国本土需求的新产品。2007 年 3 月，中国银行与苏格兰皇家银行合作在国内首开私人银行业务（参见表 7），为金融资产在 100 万美元以上的个人高端客户提供专属的私人银行和投资专家服务，并为客户量身定制理财产品，中行的客户还将在法律许可的范围内全面享有苏格兰皇家银行客户所享有的全球范围的私人银行服务[①]。中国工商银行与其战略投资者高盛集团共同研发了国内第一款同汇率和利率挂钩的代客境外理财产品，包括与欧元兑美元汇率挂钩、与美元掉期利差挂钩的两款产品[②]；2006 年共同开发了第一款人民币结构性理财产品——“珠联币合”；2007 年又合作推出了一款全球旅游主题的“珠联币合”理财产品——“旅游股票挂钩型产品”。

表 7　　国内中资银行开展私人银行业务情况一览表

银行名称	开办时间	开办城市	客户门槛	已推出的服务或专属产品
中国银行	2007 年 3 月	北京、上海	个人金融资产在 100 万美元以上	“奥运主题”证券投资集合资金计划、金融股权投资计划
中信银行	2007 年 8 月	北京	个人金融资产在 800 万元人民币以上	“基金专户”：保守型 2 号、稳健型 1 号、积极型 1 号
工商银行	2008 年 3 月	上海、广州	个人金融资产在 800 万元人民币以上	
交通银行	2008 年 3 月	北京、上海、杭州、广州、深圳	个人金融资产在 200 万美元以上	海外全权委托投资服务、境内 PE 产品

① 《与苏格兰皇家银行合作，中行首推私人银行业务》，《国际金融报》2007 年 3 月 21 日。

② 中国工商银行网站，2006—2007 年。

3. 中资银行自主业务创新能力有所增强。引入境外战略投资者后，不少中资银行的自主创新能力得以改进和提高。在业务合作中，中资银行通过项目实践深入了解了国际先进银行在开展新产品项目时的具体操作手法，例如项目筛选、尽职调查的业务流程、方法及经验，为自主业务创新奠定了基础。如交通银行借助汇丰银行提供的技术和人力资源支持，确立了信用卡业务由中心集中处理、各分行前台营销的运营新模式，构建了严密规范的卡业务内控架构和全流程风险管理体系。目前，太平洋信用卡中心业务发展势头良好，活卡率和带息本金率等指标均高于同业平均水平①。北京银行充分利用其境外战略投资者之一的荷兰国际集团（ING）在世界保险业的独特地位，引进其先进的保险产品，推进了“银保合作”的发展②。

（六）是否有助于促进我国的金融市场发展和金融体系基础设施建设

金融体系基础设施建设对于新兴市场国家改善金融发展和促进金融深化至关重要（沈联涛，2004）。境外战略投资者在一定程度上促进了我国金融基础设施建设。主要表现在以下几个方面：

1. 促进了金融法律法规体系的健全和完善。例如，在制定《物权法》过程中，有担保债权的优先受偿权、应收账款等浮动抵质押物权的合法性在很长时间内悬而未决。在国际金融公司等外资金融机构的推动下，2005 年，在广泛进行问卷调查和详细资料分析的基础上，国际金融公司联合世界银行完成了《中国信贷人权利的法律保护》等一系列调查报告（吴晓灵，2005）。这些调查报告指出，中国商业银行目前可接受的担保资产范围太窄，有关动产担保的法律很不完善。报告提出了完整的立法和监管建议，包括扩大可供担保的资产范围、简化担保的设立、建立清晰完整的优先权规则等。相关调研、建议对于《物权法》最后确定有担保债权的优先受偿权、应收账款等浮动抵质押物权的合法性发挥了重要作用。此外，近年来境外战略投资者对入股银行抵债资产的处置、司法判决的关注和参与也在一定程度上促进了司法判决的公正性，减弱了地方政府对司法判决的干预。

2. 有助于会计准则和审计制度的国际化和标准化。为了引入境外战略投资者、在海外上市并持续地符合上市的证券监管机构的要求，中国建设银行、中国银行、中国工商银行、交通银行等在 2002 年后就已经采用严格的国际会计准则编制和披露财务报告，并聘请“四大”会计师事务所进行财务审计。在业界引领了其他中资商业银行采取更接近国际标准的财务会计准则，提高信

① 《特色服务打造交通银行未来核心竞争力》，《第一财经日报》2007 年 4 月 13 日。

② 《荷兰 ING 集团全面“进军”北京银行开卖分红保险》，《北京青年报》2005 年 6 月 2 日。

息披露质量。此外，上海银行从1998年起就聘请国际权威的普华永道会计事务所出具符合国际会计准则的年度报告，按照国际标杆和上市公司的要求规范会计核算和信息披露。

3. 促进了银行审慎监管有效性的提高。第一，银行合规意识的提高，为有效银行奠定了坚实的基础。境外战略投资者普遍十分注重合规经营，它们的基本共识是，合格是银行经营的生命线，因此，外资入股后，从中资银行董事会到管理层都格外关注合规风险，主动与监管当局沟通银行监管相关问题，有效促进了我国银行审慎监管规则的实施。例如，南充市商业银行的德方股东提出，南充市商业银行的资本充足率在任何时点上都不应该低于12%①，有效促进了严格资本监管制度的实施。第二，促进了银行监管规章的准确性、可操作性。境外战略投资者对我国法律法规和监管要求的明文规定非常认可，但对于监管法规中的“监管机构规定的其他条件”等模糊语言以及监管部门内部掌握、口头指示等做法难以理解，这些质疑会有助于提高我国银行监管立法的质量。第三，促进了银行监管机构对金融创新的关注和学习。

（七）是否有助于我国银行业专才的培养

专业人才的培养是引进外资战略合作中“引智”、“引制”最直接、最重要的形式。绝大部分中资银行都与境外合作方制订了专才培训计划，使我国银行业得以在短时间内加速培养了一批熟悉现代银行经营的专业人才。

1. 提高银行现有员工的业务能力和职业素养。在引入外资后，中资银行切实结合境外战略投资者的相关资源优势，积极开展形式多样、内容丰富的人员培训：培训受众覆盖面广，包括中高级管理层、业务骨干和普通职员等各层次员工；培训领域广泛，不仅有零售业务、资金交易、资产托管、投资银行等具体的业务，还有职业道德教育，以及风险管理、信息披露以及人力资源管理等重要的内容。美国银行与中国建设银行在开展战略协助和经验分享过程中，提供了涵盖零售业务、资产负债管理、风险管理等银行经营管理重要领域的培训多达20余期②。工商银行与高盛集团开展了多类培训合作项目，主要包括“松树街”领导力培训项目、高级专业精英人才培训项目等③。

2. 完善人才引进机制，为银行注入优良的新鲜血液。有些银行开始实施旨在选拔、培养和储备未来高级管理人员后备人才的管理培训生项目，为自身业务的可持续发展储备必要的人才。交通银行是国内较早实施管理培训生项目

① 黄光伟，2008年7月6日在“中国银行业改革开放热点问题”学术论坛上的演讲，www. peopledaily. com. cn。

② 中国建设银行网站，《中国建设银行2007年年报》。

③ 中国工商银行网站，《中国工商银行2007年年报》。

的银行，在这一过程中，汇丰银行派驻的人力资源管理专家直接参与了该项目的执行过程，并在流程设计和人员选聘等方面发挥了重要的作用①。深发展也于2006年启动了总行的“管理培训生”项目。很多中资银行直接从战略合作的外资银行引进外籍管理人才或业务骨干，借鉴其管理和业务的先进理念、经验和技术。

3. 健全完善薪酬激励和绩效管理体系，激励员工提高自身才能的主动性和积极性。外方股东通过向中方银行详细介绍本行或国际先进银行的薪酬基本结构、销售类员工的佣金预付考核制度、支持类员工年资制，以及针对不同年限员工的绩效考核和培训联动机制等，帮助中资银行引入先进的薪酬激励与绩效考核方法。例如，交通银行借鉴汇丰银行的先进工具和做法，采用平衡计分卡作为改革人力资源绩效考核体系的核心方法。深圳发展银行对其考核激励制度进行创新，规范了绩效管理体系。

（八）引进境外投资者的经验总结

后评价分析表明，我国基本实现了引入境外战略投资者的预期效果，引资成效初步显现。在银行业开放进程中，我国开创了一种有别于其他新兴市场经济体的、独特的、以持有少数股权的境外战略投资者促进国内银行经营机制转变为主要内容的银行业开放模式。这一模式的核心要素有三点：一是只允许外资取得中资银行20%以内的少数股权（minority equity），这与东欧国家、拉美国家完全让渡控制权的开放截然不同；二是股权的转让对象主要限于能够给中资银行提供管理经验和技术的战略投资者，强调引进外资主要不是为了引进资金，而是为了促进中资银行完善公司治理结构，提高管理水平；三是开放的根本目标是提高中资银行竞争力，强调开放为我所用。银行业开放成就的取得归因于三位一体的协同：

一是我国政府决策层对银行业开放的科学认识和适度把握。长期以来，我国始终坚持以我为主、为我所用的对外开放基本原则。近年来，我国进一步确立了“以我为主、循序渐进、安全可控、竞争合作、互利共赢”（温家宝，2007）的金融业开放方针。在这些思想和认识的指引下，中国银行业对外开放的目标被确定为：提高中国银行业整体竞争力，建立一个健康、发达的银行体系。

二是监管机构的适时引导和技术辅导。在整个银行业开放和国有银行改革中，相关部门始终把推进公司治理改革作为核心和着力点。银行监管部门通过颁布《境外金融机构投资入股中资金融机构管理办法》等监管规章，确定了

① 交通银行网站，《交通银行2007年年报》。

外资的资格条件和入股比例限制，为中外资银行股权合作提供了法律依据。在此基础上，确定了引入境外战略投资者的五项标准，明确引导境外战略投资者关注中长期利益。

三是商业银行在具体引入外资过程中，对既定共识、高层决策和监管要求的严格有效执行和主观能动性的充分发挥。在筛选潜在境外战略投资者阶段，相关银行结合自身实际，严格按照监管机构要求对入围投资者进行尽职调查，保证了境外战略投资者的质量和合作意愿。在签订入股合同时，除在入股比例、交易价格等技术细节方面与境外战略投资者达成协议外，各商业银行还努力通过协议争取更多的合作溢出效应，如要求境外战略投资者承诺提供包括产品开发、风险管理、业务经营等多方面的先进经验和技术援助。为了保证合同的有效实施，各银行还普遍成立了专门工作组，建立了有效的工作机制。

四　银行业对外开放的风险和挑战

收益和风险是一枚硬币的两面。中国银行业在享受外资进入带来的收益的同时也必须面对随之而来的各种风险和挑战。这些风险和挑战很大程度上就是中外资银行竞争的组成部分或主要内容，中资银行或监管当局唯一的选择是主动适应、积极应战。银行业对外开放可能带来以下四方面的风险和挑战：

（一）金融安全

学术界对金融安全并不存在统一的定义。王元龙（1998，2003）、梁勇（1999）和张铁强等（2007）从不同角度定义了金融安全。从现有的研究文献看，金融安全这一概念明显具有两个特征：

（1）这是一个近乎中国特有的概念，国外的学者在研究有关金融问题时，普遍运用金融稳定的概念而几乎没有文章使用过金融安全的概念[①]。在法律上，欧美法律中也几乎见不到有关金融安全的直接表述，但有关金融的立法却时常可以见到国家安全的字眼。

（2）就其实质而言，金融安全已经不单纯是一个经济概念，包含了较强的政治性。金融安全状态赖以存在的基础是经济主权独立。如果一国的经济发展已经受制于他国或其他经济主体，那么金融安全就无从谈起。金融安全概念的政治性极大地加大了有关金融安全研究的难度和复杂性。

① 胡祖六在2005中国国际金融论坛上提及：“我很难把金融安全这个词翻译成英文跟国外的学者交流，我刚才特意问了我的朋友渣打银行的 Stephen Green 先生，问他金融安全用英文怎么讲。他告诉我，金融安全这个词是很少用的，就是指你家里要有一个收入的保障和稳定的工作养家糊口，但是说到一个国家的体系像金融安全反而会引起很多误解。”

笔者认为不妨将金融安全做如下定义：

金融安全 = 金融稳定 + 国家安全

金融稳定是指金融体系处于能够有效发挥其关键功能的状态。国家安全是指国家不受侵犯和危险或潜在威胁。在金融领域，国家安全包括金融资源控制权，金融市场不受到投机性攻击，信息安全等。一般而言，金融稳定已经包括金融效率的含义，如果要特别强调金融效率，可将上述等式扩充为：

金融安全 = 金融稳定 + 国家安全 + 金融效率

这里我们主要分析引入外资对国家安全的影响，引入外资对金融稳定的影响将做单独分析。银行业在国民经济中的特殊性，决定了社会各界不可避免会格外关注引入外资对国家安全的影响。由银行业引入外资导致的金融安全问题主要是金融资源的控制权问题。外资进入我国银行业会在两方面给我国的金融安全带来挑战：一是中资银行一旦被外资过度控制，也就意味着中国经济的命脉和核心被外国所控制，中国的金融安全就会面临着严重威胁。二是在外资主导的市场环境下，国内宏观调控的有效性会严重受限，中国政府对经济和金融的调控力就会被削弱乃至丧失。

有很多研究认为，对于处于国民经济特殊地位的银行业，各国在开放中给予一定的保护已成为惯例，即便是欧美这样的发达国家对银行业的开放也非常谨慎。如在美国，外国银行的分支机构如果经营零售业务，就必须参加美国的存款保险，但是，美国的存款保险机构则规定，分支机构不能参加美国的存款保险，这就把许多外资银行隔离在美国的零售市场之外。波兰等东欧国家被视为由于银行业过度开放导致金融主权丧失的典型案例。波兰国家银行提供的资料显示，1993 年，波兰共有 87 家商业银行，其中 48 家由波兰人控股，10 家由外资控股，其余 27 家由财政部直接和间接控股，2 家由国家中央银行控制；但是到 2003 年，商业银行总数缩减为 60 家，由波兰人控股的银行减少到 6 家，而由外资控股的则增加到 46 家，且外资所占股份超过 80%。令人诟病的是，波兰银行业绩效的改善是以出让银行绝对控股权为代价换取的。与此相似的还有捷克、匈牙利等东欧转型国家及俄罗斯，这些国家商业银行治理结构和经营绩效的改善所付出的代价是金融资源控制权和金融财富收益权的丧失。通常认为，这种模式并不适合于中国这样一个人口和经济大国。

（二）金融稳定

外资银行进入对东道国金融稳定的影响一直是学术界和政策界关注的问题。虽然有诸多研究认为，外资银行的进入有利于促进银行体系的稳定（例如，Caprio 和 Honahan，2000；Goldbcrg 等，2000；Dages 等，2000；Demirgüç－Kunt 和 Detragiache，1998；Mathieson 和 Roldos，2001）。然而，也有研究认为，外资进入可能会加大一国金融业的系统性风险。1997 年，当东南亚国家遭受金融危机的时候，设立在这些国家的外资银行纷纷撤离，外资银行的这种行为一度成为危机后东南亚国家限制外资银行进入的一条重要理由。1996—1998 年，当巴西经历金融危机的冲击时，本国商业银行的贷款额还在继续上升，但在巴西的外资银行贷款额却明显减少（Mathieson 和 Roldos，2001）。有学者通过比较阿根廷在 1994 年墨西哥危机和 2001 年金融危机时的短期国际资本流动和外资银行的短期信用额度，发现外资银行在后一次危机中并没有真正起到稳定金融体系的作用（Lacoste，2005）。在亚洲金融危机期间，在华外资银行的表现证明它们不一定是金融货币体系中的稳定因素。1997 年下半年，在华外资银行在两三个月内就提前收回外汇贷款 5 亿多美元。外资银行的本外币资产置换增加了外汇市场的压力，给当时外汇市场稳定造成了负面影响。在面临国际、国内外部冲击的情况下，外资银行的过度反应可能会影响金融稳定，增加监管当局风险处置的复杂性。

事实上，国际上引入境外战略投资者也不乏反面案例。例如，1998 年捷克政府将 IPB 银行（当时国内第三大银行）36% 的股份出售给日本的野村证券，但野村证券旨在获取短期盈利，无意重造 IPB 的治理结构。2000 年，IPB 银行陷入严重的流动性危机，直接损失 13.1 亿美元，捷克政府被迫重新接管该行并转卖给比利时的 CSOB。IPB 银行的教训表明，并非所有的外资金融机构都是能够对国内银行进行有效改造的战略合作伙伴，引进战略投资者应更注重发展战略的一致性和追求中长期回报。

（三）对银行审慎监管的挑战

大量文献强调银行业开放进程中构建有效银行监管体系的重要性。银行业开放给银行监管带来的挑战主要表现在三个方面：

一是境外战略投资者和大型跨国银行通常会通过提供场外交易的衍生产品、结构性债券等大量的新型规避风险的金融工具来扩大市场份额。这些新产品在帮助客户规避风险的同时，也为外资银行逃避东道国监管当局的监管提供了一条途径，特别是在一些金融体系脆弱、监管不够完善的国家里（Garber，2000）。如果监管当局不能及时适应外资银行带来的新产品和新技术，可能会导致监管的改善出现时滞，并使某些衍生品业务在国内处于监管真空的状态。

二是银行跨国经营带来的系统性风险的增大，监管当局不仅需要掌握外资银行在国内的分支机构及子公司的财务状况，还需要密切关注外资银行总行的风险状况和风险抵补水平。如果母行出现重大问题，必然会影响到其在国内的分支机构。监管当局需要了解如果分支机构发生困难或危机时，母银行会在什么时候以及多大程度上给予支持。此外，外资银行为资本外逃提供便利的途径，也可能在市场（不论是东道国还是母国）发生危机时撤出资金，资本外逃和撤资都会破坏国内银行信贷的稳定性。因此，新兴市场国家金融体系的稳定越来越依赖于严格、高效的跨境审慎监管（Song，2004）。伴随着外资银行的进入以及对中资银行的股权投资力度的加大，外资银行正在加速实现与中国银行业的整合，形成较强的关联度与群动效应。一旦大型跨国银行发生严重危机甚至倒闭，将会影响国内金融市场的稳定。提高银行的审慎监管水平是中国金融市场对外开放环境下摆在银行监管当局面前的一个重要挑战。

三是境外战略投资者同时在境内从事银行、保险、投资银行等业务，事实上在从事综合经营。例如，混业经营的荷兰国际集团（ING）在上海、深圳分别设立了分行，取得了商业银行执照。2005 年以 19.01 亿元人民币认购北京银行 19.9% 的股份，成为北京银行第一大股东。同时，它的全资子公司巴林作为投资银行在上海设立了代表处，其基金管理公司和保险公司（荷兰保险和收购的美国安泰保险公司，其中后者已与太平洋保险合资）在北京分别设立了代表处和分公司。此外，荷兰国际集团的资产管理公司还参与国内产业基金的管理。荷兰国际集团的房地产业务也在北京和上海拓展。因此，荷兰国际集团目前在中国实际上可以从事商业银行、B 股和 H 股境外承销、公司理财、直接投资（参股创维集团）、保险、房地产等多种业务。它的市场营销人员面对整个中国市场全方位地推销各类金融产品，寻找商机。它们的业务虽然源于中国境内，但操作和处理环节完全可以拿到中国境外去做。外资银行在境内从事综合经营加大了银行监管的难度。

（四）“摘樱桃”行为，即外资银行会将国内最优质的市场或客户吸引走，将风险较高的客户留给中资银行

从国际经验看，外资银行进入一国后，获取盈利的一个主要策略就是争取高端客户，这通常被称为“摘樱桃”(cherry - picking) 行为（Garber，2000），即外资银行会将国内最优质的市场或客户吸引走，将风险较高的客户留给竞争能力次之的国内金融机构。例如，在外资银行大量进入墨西哥后，墨西哥中小企业和中小农户的信贷处于持续萎缩状态，银行对私人企业的贷款占银行总贷款的比重从 1997 年的 57% 下降到 2003 年的 35%，中小企业贷款难就成了墨西哥经济发展的主要阻力之一①。

在华外资银行一直以来都将大企业客户和高端客户作为重点的服务对象，

① 截至目前，尚未有充分证据显示，境外战略投资者或外资银行的进入加大了我国中小企业的贷款难度。相反，外资银行在华中小企业贷款业务近年来有所扩大。渣打银行等外资银行率先在国内开发出针对中小企业的无抵押贷款，无抵押贷款的最高额度由起初的 50 万元提升至 100 万元。

此类客户不仅是对银行利润贡献最高的群体之一，也是外资银行和中资银行互相竞逐的焦点区域。外资银行通过其母行可以为客户提供优质高效、方便快捷的全球金融服务，并为高端客户量身定制收益率较高的理财方案，分流了相当一部分中资银行的高端客户。目前最典型的案例是南京爱立信事件。2002 年 3 月，由于中资银行无法为客户提供无追索权的保理业务，南京爱立信公司突然凑足巨资提前归还了南京工商银行、交通银行 19.9 亿元贷款，转而再向花旗银行上海分行贷回同样数额的巨款，敲响了中资银行优质客户流失的警钟。

五 政策建议

从全球视角考察可以发现，中国银行业开放程度仍然较低。2007 年年底，外资银行资产占我国全部银行业资产的比重为 2.4%，远低于全球 35% 的平均水平。即便与直观上通常认为比较保守的日本（2007 年外资银行资产占 8.5%，境外机构投资入股日本银行业情况见表 8）、新加坡（2005 年外资银行资产占 76%）等国家相比，我国银行业对外资开放的程度也要低得多。

表 8　　境外机构投资入股日本银行业一览表

分类	银行名称	目前主要外资股东	持股比例
外资控股银行	新生银行 青空银行 东京香河银行	J. C. Flowers 美国基金 Ceberus 美国基金 龙星基金美国基金	32.6% 60.5% 68.2%
大型金融集团	三菱日联集团	道富银行及信托公司 大通曼哈顿银行 NA 伦敦 外资股东总数：1100	1.89%（第五大股东） 1.31%（第九大股东） 外资合计持股比例：35%
	三井住友集团	大通曼哈顿银行 NA 伦敦 道富银行及信托公司 外资股东总数：1058	2.49%（第三大股东） 1.96%（第五大股东） 外资合计持股比例：40%
	瑞穗集团	大通曼哈顿银行 NA 伦敦 道富银行及信托公司 外资股东总数：1085	1.25%（第五大股东） 1.03%（第九大股东） 外资合计持股比例：30%
地方中小银行（部分）	冲绳银行 东和银行	Silchester 英国基金 Liberty Square 美国基金	8.2% 7.3%

资料来源：刘春航（2008）。

在“金砖四国”中，巴西、俄罗斯、印度外资银行资产占本国银行总资产比重分别为22%、8.3%、7%，我国的外资银行资产占比最低（参见图1）。这在某种程度上与我国长期以来重视货物贸易自由化，审慎推进资本和服务业自由化的政策导向密切相关。金融改革开放进程过慢引发了许多不良后果，导致了巨额的不良资产和严重的道德风险，给国家和社会带来了沉重负担（郭树清，2006）。日本的教训表明，服务业劳动生产率的提高对于一国经济的可持续增长和经济均衡发展至关重要，封闭的、低效的服务业（包括金融业）会严重损害一国经济①。

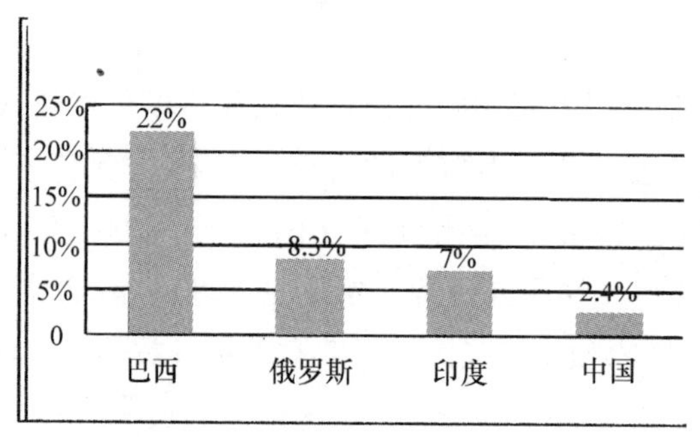

图1　“金砖四国”外资银行占本国银行总资产比例比较

资料来源：IMF报告、银监会年报等，其中巴西数据为2003年，俄罗斯数据为2005年，印度和中国的数据为2007年。

从成本收益分析看，我国银行业对外资开放利多弊少。在开放进程中，开放的目标函数应是最大化收益，最小化风险，即通过对开放进程、方式、技术的管理，尽可能获得最佳收益成本比。针对境外战略投资者进入所带来的风险和挑战，本文提出以下九项政策建议：

（一）进一步把握好开放的节奏，审慎开放股权

过去三十年来，我国银行业开放所积累的一条重要经验是：银行业开放的进程要与我国的监管能力、市场承受能力相适应。从我国银行业开放的风险控制看，对开放进程的控制和把握是其中的关键要素。可以预见，随着我国经济的持续发展和金融服务需求的快速增长，外资会持续进入银行业，银行业跨境并购活动将可能非常活跃，这将涉及金融稳定、金融安全、资本账户开放、人

① 日本内阁府2007年的一项调查显示，日本的制造业和计算机软件等IT相关行业的劳动生产率和美国不相上下，但服务业的劳动生产率只相当于美国劳动生产率的60%，这种状况损害了日本经济的稳健发展。

民币汇率等重大问题。为了审慎把握银行业开放的进程，建议：

1. 鉴于我国银行业的稳健性尚待检验和进一步提高，资本账户的开放应循序渐进，短期跨境资金流动的开放应相当谨慎。亚洲金融危机的教训之一就是，在本国金融体系存在强烈的政府担保、银行监管薄弱无力的状况下，过早地实行了资本项目自由化（Kaminsky 和 Reinhart，1999）。我国当前外汇储备充足、国际收支持续盈余，但这些都远非资本项目完全开放的充分条件，建议在遵循整体渐进、分步实施的原则下，先放开长期资本流入，再逐渐有控制地审慎开放短期资金流出入。

2. 协调推进银行业改革和开放。充分协调银行业改革、监管与开放的关系，把中资商业银行竞争力和银行监管能力作为决定银行业开放程度的重要考虑因素和制约条件。银行业对外开放的目标是提高中资银行的竞争力，提高金融资源配置效率。在银行业开放问题上，新加坡政府就明确提出，必须确保开放能够提升本国银行的市场竞争力（Lee，2001）。新加坡金融管理局认为，开放带来的竞争不能自发地解决所有问题，政府需要前瞻性地管理竞争，采取措施帮助本国银行迎接竞争挑战，不断发展壮大，如果开放削弱了本国银行的竞争力和市场地位，开放就是失败的。

3. 坚持对内开放与对外开放的统一。尽管境外战略投资者在改善银行治理结构和提升业务竞争力上具有特定优势，但国内战略投资者也具备投资稳定、文化认同，尤其是有“竞争回避”的优势。随着国内资本市场的发展和公司治理的完善，应该继续赋予国内合格的战略投资者更多的投资机会。

4. 关于外资入股中资银行的比例限制，可采取按照中资银行的影响力和重要性区别对待的政策。对于四大国有商业银行的外资持股比例目前应该维持单个境外投资者不得超过 20%、多个境外投资者不得超过 25% 的比例限制。对于落后省份或问题银行，主要包括中小城市商业银行、农村商业银行、农村合作银行等，则可以将持股比例适度放宽，甚至个案允许外资银行收购境内问题银行。

5. 无论如何，各地方政府不应再给予外资入股或设立外资银行以任何优惠政策。例如，武汉市政府 2008 年 1 月公布了《促进外资金融机构来汉发展的政策意见》，设立支持外资金融机构发展专项基金 1 亿元人民币，专项用于鼓励、支持外资金融机构发展，对在武汉新设外资金融机构给予 400 万—1000 万元人民币的一次性奖励，对于新设外资银行在汉购买、租赁办公房屋给予补贴和优惠；对新设外资银行给予大幅税收优惠等政策。从全国统筹的角度看，地方政府的优惠政策应避免由于“过度竞争”和公共资源、公共利益的不当让渡，造成新的中外资不平等的竞争环境；应避免与国家对东北、中西部、

"三农"等实施的区域发展政策产生矛盾或不协调。

6. 随着我国开放进程的推进，有必要研究和关注开放式保护主义，做到既积极开放，又适当保护。开放式保护主义是指一国政府一方面保持市场总体对外开放的大环境，另一方面又根据本国利益的需要，以公益性、社会性、程序性等类非商业性诉求为依据，以制定专项法规、形成定向约束、设计特殊管理体系等为手段，以对国外竞争者设置制度化市场障碍为目的，在维持甚至扩大国内市场整体开放的同时，实现对局部市场的特定保护（姜建清、赵江，2003）。美国对金融业的保护就是典型的开放式保护主义模式，其一直在金融业实行亦明亦暗、亦放亦收、既竞争又保护的政策。这种开放式保护主义思想，以及按照这一思想推行的开放式金融保护主义政策，值得我国学习、研究和借鉴。

（二）建立金融安全审查机制或听证制度

美国、加拿大、法国、日本、印度、新加坡等国家都通过立法等形式，确立对外资并购本国企业的审查机制。以美国为例，1957 年，美国政府即颁布行政命令，组建美国外国投资委员会（CFIUS），对外资特别是来自中东国家的企业投资进行国家安全审查。1988 年，美国国会出台了《埃克森—佛洛里奥法》，限制外资对美国资产进行并购，授权总统及 CFIUS 对外资投资或收购美国企业进行国家安全审查。2007 年 7 月 26 日，美国国会又发布了《外国投资与国家安全法》，进一步提高了外资并购美国公司的安全门槛，增加了国家安全方面的限制性解释，包括购并案件是否有外国政府控制，购并企业所在国在不扩散、反恐、技术转移等方面的记录以及购并对长期能源、关键资源需求的影响等。2008 年 4 月，美国财政部又发布了《外国人兼并和收购管理条例》（Regulations Pertaining to Mergers，Acquisitions，and Takeovers by Foreign Persons）征求意见稿，准备就执行和实施《外国投资与国家安全法》进一步作出明确规定。近年来，中海油公司并购美国优尼科石油公司、迪拜港务公司收购美国 6 家港口管理公司等并购案例都因没有通过美国外国投资委员会的审查而被迫放弃。

长期以来，我国在外资并购国内企业的安全审查立法上几乎空白。最近几年，外资并购的安全问题才开始得到关注。2006 年，商务部、国务院国有资产监督管理委员会、国家税务总局、国家工商行政管理总局、中国证券监督管理委员会、国家外汇管理局等六部门制定并下发的《关于外国投资者并购境内企业的规定》第十二条规定："外国投资者并购境内企业并取得实际控制权，涉及重点行业、存在影响或可能影响国家经济安全因素或者导致拥有驰名商标或中华老字号的境内企业实际控制权转移的，当事人应就此向商务部进行申报。当事人未予申报，但其并购行为对国家经济安全造成或可能造成重大影响的，商务部可以会同相关部门要求当事人终止交易或采取转让相关股权、资产或其他有效措施，以消除并购行为对国家经济安全的影响。”国家发展和改革委员会2006年11月发布《利用外资“十一五”规划》则指出，我国将加强对外资并购涉及国家安全的敏感行业重点企业的审查和监管，确保对关系国家安全和国计民生的战略行业、重点企业的控制力和发展主导权。2007年8月30日颁布，2008年8月1日起施行的《中华人民共和国反垄断法》第三十一条规定：“对外资并购境内企业或者以其他方式参与经营者集中，涉及国家安全的，除依照本法规定进行经营者集中审查外，还应当按照国家有关规定进行国家安全审查。”这是我国首次在经济立法中出现有关国家安全的条款和表述。

为了推动金融安全审查机制的相关立法，一种方案是制定适用于金融、军工、能源、电信等各类行业的、统一的外国投资安全法或外国投资安全条例，另一种方案是制定专门的国家金融安全法或国家金融安全条例，相比较而言，第一种方案即制定统一的外国投资安全条例似乎更加可行，条例的主要内容应包括需要进行投资安全审查的情形、审查的原则、审查的程序、法律责任等。建议条例明确，在国务院领导下成立外国投资安全委员会，该委员会的主要职责是对外资投资入股国内企业进行国家安全审查，对某些可能危害国家经济安全的事项实行主动性介入和审查；有权阻止外资投资入股国内企业。对于特别重大的并购项目，还可以引入听证会机制。金融行业的并购申请既可以由统一的外国投资安全委员会审查，也可以考虑到金融行业的专业性和特殊性由单独设立的金融安全审查委员会审查。

需要强调的是，对待金融安全问题，应该注意避免陷入两种极端：一种极端是忽视金融安全问题，认为既然改革开放了，市场公平竞争，自由交易，对金融安全丧失了警惕；另一种极端是僵化理解金融安全，只顾安全不求效率，甚至妖魔化外资，并以此对开放政策质疑。因此，一方面要在金融领域的跨境并购中引入国家安全审查机制，另一方面又不能使之成为金融业改革开放的障碍。相反，为了保障金融安全，应继续推进金融业的改革开放（成思危，2007）。

（三）加强对拟引进境外投资者的甄选

后评价分析和相关研究表明，中资银行所引进的战略投资者的实力、合作意愿、技术援助力度、合作关系等直接影响着中资银行的引资效果和业务转型。在选择战略投资者时，应该重点遵循以下原则：

1. 在明确自身战略定位和战略目标的基础上，选择最有利于实现本行战略目标、最符合本行战略定位的境外战略投资者作为合作伙伴。其要义在于两方面：一是双方在经营发展战略上的一致性，可以减少战略融合成本和风险，更能确保外方作为“战略投资者”的稳定性；二是讲求“优势强化”，而不局限于“优势互补”，有利于在日趋激烈的竞争中巩固已有的市场地位，并通过双方合作不断开拓国内国外两个市场（刘勇，2006）。在引进境外战略投资者时，要特别重视战略合作双方的匹配性，总体原则是要有利于产生协同、互补、共赢效应，以有效调动战略合作双方的积极性，深入挖掘合作潜力和不断拓展合作领域，使战略合作收到长期成效。例如，如果中资银行未来的业务发展重点在个人业务，则应该选择一家在个人业务领域拥有专长和优势的合作伙伴。

2. 中资银行在选择引资对象时应因行制宜、因时制宜，保持足够的自主性和理性，选择与自身发展战略和企业文化较易融合的银行，不应局限于超大型境外金融机构，应该把一些具备业务专长、适合本行的中上等乃至中等银行纳入视野。同时，很多中上等规模银行在华尚未设立分支机构，与之股权合作更能实现“竞争回避”。

3. 境外战略投资者要真正具有长期投资意愿和承诺。战略投资者给入股银行带来的积极效应要通过较长一段时间的援助、输入和流程改造，才能逐渐显现。只有与入股银行长期合作，战略投资者才有可能积极帮助入股银行改善公司治理，实现技能转移。另外，与普通工商企业相比，银行要具备更稳定的股东关系和资本结构才能实现持续稳健经营。在引进境外战略投资者时，要特别重视战略合作关系的相对稳定性。因此，中资银行应选择那些具有长期投资承诺的境外战略投资者进行合作，以免其在有利于自身利益时出售股份而退化为财务投资者和投机者。从过去五年的实践看，要求战略投资者入股中资银行至少锁定三年的时间可能偏短，从不少国家情况看，境外机构入股银行的时间一般为五年。建议有关部门将战略投资者的持股期限从至少三年调整为五年乃至十年，同时，应要求境外战略投资者在资金撤出后，将业务合作和技术援助再延续一年至三年时间。

4. 境外战略投资者要具有帮助拟入股银行提高经营管理水平的明确意愿，合作态度要真诚可靠。引入境外战略投资者的主要目的是引进技术、智力和机制，这就要求在甄选境外投资者时要格外关注其是否具有帮助本行改进经营管理水平的良好意愿和动机。成功的合作通常要建立在充分理解、相互尊重的基础上。境外战略投资者合作的诚意和强烈程度是决定后续合作成功与否的重要因素，应该予以特别关注。

（四）进一步改进引入境外战略投资者的引资方式、股权定价等技术细节

尽管广发行重组曾经一波三折，但它探索出的全新引资模式值得后续银行借鉴。与以往的银行业重组不同，广发行重组方案不是由国家先注资，在财务指标改善后再引资。其方案之一，是采取由外资先报价的方式，持股比例、控股权、管理权都向竞标财团敞开，由外资自行提出入股金额和“门票费”。此外，在筛选战略投资者和股权定价上，建议今后逐渐引入拍卖和招投标方式，完善银行股权转让的价格发现机制。一段时间以来，国内银行在战略投资者筛选上通常只选择少数或单一入股对象，然后进行竞价，尽管这种方式因目标明确、成本低而在国际上也被广泛采用，但其缺陷是可能因竞价不充分导致股权价格被低估。在中国建设银行、中国银行等已有经验的基础上，今后银行引入境外战略投资者应逐渐建立多方询价渠道和多方竞价平台，引进股权拍卖和招股投标方式。国内商业银行在引进境外战略投资者时，要充分了解境外战略投资者的价值观和投资意图，事先评估境外战略投资者对发展战略带来的可能的干扰，完善在持股比例、竞业限制、退出机制等方面的协议条款，为实施战略提供保障。

为了达到引进技术、智力和机制的目的，中资银行应该与境外战略投资者签署详细的技术支持与协助协议，约定境外投资者在哪些领域、哪些业务条线、哪些产品给入股银行提供何种程度的技术支持和援助，同时在业务合作条款中也要制定明确的进度安排条款和违约责任。对于一些核心技术的转让在相关协议中也要详细约定。

（五）妥善处理国际化与本土化的关系，构建和强化本土化核心竞争力

境外投资者的价值判断、战略选择、管理经验等往往基于发达国家或地区成熟的市场经济体系，以及与之相匹配的信用环境。简单照搬国际标准或国际惯例，忽视我国作为新兴转轨市场经济国家金融发展的特定阶段，会极大地限制战略协同效应的发挥，甚至阻碍中资银行的改革和发展。从过去五年的实践看，部分境外战略投资者对推进适应于本土化的、属于入股银行自身的核心能力和核心竞争力建设不够重视。境外战略投资者的支持通常局限于移植自身模式和派出人员，而轻视培养中方的经营管理人员，不能积极支持、配合中方管理人员结合中国实际情况构建适应本土化需要的、能促进业务发展的管理模式、人力资源和基本客户群。例如：在某中小银行业务量、产品线、机构网点还十分有限的情况下，境外战略投资者全盘引入了该行母行的矩阵式组织管理模式，同时不重视培养熟悉本土市场的中方高中级管理人员，而是直接从母行派驻没有总行部门经营管理经验的管理人员来掌控该行的核心业务条线。此外，一些境外战略投资者的银行反映，由于国情、经营管理水平及市场环境等

方面的差异，外方提供的建议和培训较多，有针对性的实际解决方案少。一些经营管理理念非常先进，但由于市场环境及客户环境的差异，以及我国经济基础薄弱、金融生态环境落后，导致短期内不具备实施基础；还有一些得到认可与接受的经营理念，由于缺乏具体的实施操作办法，暂时无法落实。

因此，在引入境外战略投资者过程中，要妥善处理好国际化与本土化之间的冲突，在积极借鉴境外金融机构先进服务理念、管理经验及经营模式的同时，要对其管理和技术进行充分研究，研发出更适应国内市场需求的产品、更适应未来发展的技术、更具有自身特色的经营理念和管理经验，在“国际化”与“本土化”之间寻找平衡点。国内商业银行要意识到，最终依然要依靠自主创新来掌握市场竞争的主动权。因此，中资银行要积极提高自主创新能力，尽快消化吸收境外战略投资者先进的国际经营理念、技术、流程，在此基础上，结合我国的市场特点和竞争状况，生成本土化的经营机制、业务流程和金融产品。

（六）妥善解决境外战略投资者存在的利益冲突问题

现在的境外战略投资者中，一方面在一家或两家中资银行中持有股权，另一方面又在我国境内设有子行或分支机构。随着我国银行业对外开放的不断扩大，目前对外资银行的各种限制已经取消，外资银行可以通过开设法人银行或分行的形式从事全面或部分人民币业务。例如，花旗银行在上海设有子行，可以经营全面人民币业务，同时又先后入股了上海浦东发展银行和广东发展银行。这些子行或分支行在主营批发业务的同时，也在不断拓展零售业务，客户定位于母国公司、我国境内的外资企业以及中资涉外企业。随着银行市场竞争日趋激烈，境外战略投资者在华的子行或分支行与其入股的中资银行的局部利益竞争将难以避免。

当一家战略投资者投资两家以上同质中资银行时，很可能使得被入股的中资银行有同样的业务结构或客户群体，从而出现利益冲突。目前，国际金融公司共入股 8 家中资银行，包括南京银行、上海银行、兴业银行、北京银行、中国民生银行等；淡马锡入股了 3 家银行，包括中国银行、中国建设银行、中国民生银行。不少中资银行反映，在“一投多”的情况下，外方投资者的技术资源和人力资源往往显得捉襟见肘，合作协议中的很多项目不能得到有效落实。例如，汇丰银行入股交通银行后，对上海银行的支持力度有所减弱，上海银行在汇丰银行战略发展中的地位和作用也日趋弱化。

为了妥善解决外资入股中资银行中存在的利益冲突问题，可以考虑引入以下机制和措施。第一，在甄选合格的境外投资者时，拟引资银行应该深入了解本行在外资银行在华整体战略中的地位和作用，详细了解外资金融机构准备如何处理入股中资机构与发展自身网络的关系，如何处理两者之间的竞争关系。第二，严格执行合作协议中签订的竞争回避条款，让外方退出容易引起利益冲突的业务条线。例如，美国银行入股建行后，即将其上海分行的零售业务移交给建行上海分行，终止了在华的零售业务。第三，可以借鉴中国工商银行的做法，引入投资银行、保险公司等非商业银行型投资机构。但中国工商银行的引资模式对中小银行并不具有普适性，引入非商业银行合作伙伴对于中小银行改进业务运营模式和流程难以发挥积极和实质性作用。第四，一家战略投资者入股的同质银行不宜超过两家的限制应该得到严格执行。

（七）进一步关注文化融合问题

很多银行在引入境外战略投资者后，暴露出合作双方的文化上的冲突，中外方高管和职员在文化背景、沟通交流方面存在的问题逐渐显露。

一是语言障碍大，严重影响了管理决策的效率。很多境外战略投资者派驻的外方高管、董事和技术人员不懂中文，为了协助外方更好、更高效地工作，很多银行专门为外方配置了队伍庞大的翻译，多的达到 30 多人。在有外方参加的会议中，往往需要事先准备好双语资料，在需要翻译较多会议文件的时候导致会议时间的被迫拖延。同时，由于不可能所有会议都能达到同声传译效果，外方发言的时间往往会影响会议时间，这些都会使决策时滞延长。尽管配备了翻译，但在讨论很多专业问题时，由于项目的专业性和讨论的深度，中外方人员的交流仍存在较大困难，客观上降低了合作项目推进的效率。

二是东西方文化和思维差异较大。例如，外方习惯于照章办事，国内不少银行一直以来则习惯于特事特办，往往需要对一些紧急业务或紧急情况进行临时决策，很容易使外方产生反感情绪。特别是在没有事先准备文字材料的情况下，会导致决策效率更为低下。另外，外方专家在银行经营管理技术方面均拥有较深的造诣，同时银行工作经验丰富，但由于其来华时间较短，对市场环境的了解还不充分，对中方员工队伍的适应能力和执行能力预期过高，并常常坚持技术手段的普适性，因此其项目建议常常缺乏实施的现实基础。另一方面，中资银行项目管理人员和业务骨干往往强调自身实际情况，对技术项目的转化能力不够，不能及时根据实际情况对项目设计进行改造，提出系统、有效的本土化方案，影响了合作项目的深入实施。

总之，由于中外双方的国情、社会制度、文化背景、经营理念、技术水平、管理方式等方面的不同，加大了双方融合的难度。一方面要加强了解沟通，加速双方磨合；另一方面又要通过制度建设，不断探索建立良好的沟通机制。例如，可以考虑通过设立专门负责合作的部门或项目办公室的方式，建立双方高层定期碰头、互访、经常交换意见的制度，不断推进双方的合作力度和深度。

（八）银行监管部门要进一步加强对引入境外战略投资者的效果评估，加大督导力度

1. 监管部门应及时跟踪和评估引入战略投资者的实际效果，建立持续的后评价机制。针对发现的问题和普遍的不足，指导中资商业银行有针对性地对引资和合作中的问题加以关注和改进。对申请再次入股中资银行的外资银行，应充分评估其此前已入股中资银行的实际效果，据此决定核准与否或设置附加的审批条件，真正引入对提升中资银行经营管理水平有明显帮助的战略投资者。

2. 建议相关监管部门进一步考虑补充完善引进境外战略投资者的指导性原则与指引，就引进境外战略投资者过程中涉及的境外战略投资者标准、股权结构安排、定价、排他性、反稀释条款等一系列具有共性的问题，出台有针对性的指引意见和最佳做法。为加强集中撤资的风险管理，可以考虑进一步延长持股年限、增加减持条件、只允许股份分步减持等。

3. 相关监管机构应提高境外战略投资者提名担任中资银行高级管理人员的任职核准条件。一是要求派驻的高管应具备较高的专业水平、丰富的经营管理经验并在海外担任过相对称的高管职位；二是考虑到语言文化的重要性，应要求派驻的高管会流利地使用中文进行交流，了解中国文化，熟悉中国的市场和法律。

4. 更普遍地利用市场化机制选聘银行高管。与建立现代化公司治理机制不相适应的是，国有银行改革中用人机制改革缺失（胡祖六，2004）。大部分银行只是在裁撤一些分支机构和减少部分冗员，并没有触及传统用人机制尤其是行长、副行长、执行官等高管人事制度。尽管不少银行在尝试从国际市场上招聘高管专才，包括副总裁，首席风险官、首席运营官等，但这种市场遴选人才的范围还不够广，还未形成主流的人才选聘机制。如何具体落实党的十六届三中全会提出的“要坚持党管干部原则，并同市场化选聘企业经营管理者相结合”，是今后摆在国有银行改革议程上的一项重要议题。上述问题最终会影响银行的财务绩效。

（九）业务合作中衍生产品不当销售或收取超额费用等问题值得关注

中外资银行合作中存在的普遍的现象是，作为外资股东的外资银行积极向入股中资银行销售衍生产品。为了转移部分信用风险或市场风险，从外方合作银行中按照公允价格购买部分衍生产品，自然无可厚非。然而，外资银行能否以公允价格向中资银行出售适合其入股银行风险特征的衍生产品则是值得关注的一个风险点。在合作中，部分外方机构为了推销总部研发的衍生产品并从中

赚取丰厚利润，有可能会从事不当销售：即将复杂衍生产品出售给中资银行用以规避本来可以通过简单衍生产品就可以规避的风险。中资银行在购买衍生产品时，应该选择最适合自己的衍生品，而不是最复杂的产品；同时要坚持通过多边询价，以公允价格达成交易。另外，个别境外战略投资者向入股银行收取超额业务费用的现象也值得警惕。部分银行委托境外战略投资者代理国际业务时，外方合作伙伴全然不顾双方的特殊合作关系而收取超额费用，导致中资银行此类业务出现亏损。

综上所述，银行业开放是我国银行业发展战略的一个重要组成部分，但不能替代发展战略本身。引入境外战略投资者对我国银行业重组改造无疑意义重大，但在整个银行业改革的路线图中，引入境外战略投资者只是其中的一个环节、一个组成部分，不能指望境外战略投资者进入就能解决我国原有银行体制中的所有痼疾。例如，从目前的实践看，引入境外战略投资者有助于改善公司治理，但不能决定最终的公司治理成效。此外，国有银行改革的成效在相当程度上取决于政府能否做到以市场化的方式行使对商业银行国有股权的管理——诸多实践证明这是最有效的模式。

最恰当的做法是将境外战略投资者定位为银行改革的催化剂。催化剂能改变（加速或减慢）其他物质的化学反应速率，但能否发挥作用、能在多大程度上发挥作用取决于化学反应（银行内部改革）的性质。银行业改革最终能否成功取决于中国能否把外部先进的理念、制度、技术与本土的市场、人才、文化有机融合起来，形成真正本土化的银行业发展策略。

部分主要参考文献

Berger, Allen N. , *Bank Ownership and Efficiency in China: What Will Happen in theWorld′s Largest Nation?* www. fib. gov, 2006.

Brock, Philip L. , and Suarez, Liliana Rojas, Understanding the Behavior of Bank Spreads inLatin America, *Journal of Development Economics*, 2000, 63, 113 - 134.

Caprio, G. and Honohan, P. *Finance for Growth: Policy Choices in a Volatile World. World Bank*, Washington DC, 2000.

Claessens, S. , Demirgü - Kunt, A. , Huizinga, H. , " How does Foreign Entry Affect the Domesticbanking Market? ", *Journal of Banking and Finance*, 2001, 25, 891 -911.

Demirgüç - Kunt, A. , Levine, R. and Min, H. - C. , 1998, "Opening to Foreign Banks. Issues of Stability, Efficiency, and Growth", In: Seongtae Lee (ed.), *The Implications of Globalization of World Financial Markets*, Bank of Korea, Seoul.

Denizer, C. , *Foreign Entry in Turkeys Banking Sector, 1980 - 1997*, Unpublished Manuscript, IFC/World Bank, 1999.

Goldberg , Linda, 2004, "Financial FDI and Host Countries: New and Old Lessons", *NBER Working Pa-*

per, No. 10441.

Kroszner, R. , *On the Political Economy of Banking and Financial Regulatory Reform Inemerging Markets*, Unpublished manuscript, 1998.

Levine, R. , "Foreign Banks, Financial Development, and Economic growth", In: Song , Inwon, *Foreign Bank Supervision and Challenges to Emerging Market Supervisors*, Working Paper, International Monetary Fund, No. 04/82 , 1996.

Uiboupin, Janek, Effects of Foreign Banks Entry on Bank Performance in the CEE Countries. *Faculty of Economics and Business Administration University of Tartu* Working Paper No. 33, 2004.

郭树清:《积极稳妥地推动中国金融业进一步对外开放》,《国际经济评论》2006 年第 4 期。

胡祖六:《关于政府参/控股商业银行治理的国际经验与启示》,《比较》第 12 辑,中信出版社 2004 年版。

姜建清、赵江:《美国开放式金融保护主义政策分析——兼论开放式保护主义》,《金融研究》2003 年第 5 期。

刘春航:《日韩银行业对外开放政策、绩效及启示》,2008 年打印稿。

吴晓灵:《中国动产担保物权与信贷市场发展》,中信出版社 2005 年版。

张杰:《注资与国有银行改革:一个金融政治经济学的视觉》,《经济研究》2004 年第 6 期。

张晓朴:《如何应对中国银行业对外开放面临的挑战》,《国际经济评论》2006 年第 4 期。

(原文载于《比较》2008 年 9 月)

碳预算方案：一个公平、可持续的国际气候制度框架

潘家华　陈　迎

潘家华，男，湖北枝江人，1992 年获剑桥大学博士学位。任中国社科院城市发展与环境研究所所长、研究员、博士生导师；享受国务院特殊津贴专家；中国生态经济学会和中国能源学会副会长；国家气候变化专家委员会、国家外交政策咨询委员会和北京市政府专家顾问委员会委员。国家“973”项目首席专家。2010 年 2 月应邀在中央政治局第 19 次集中学习时讲解控制温室气体排放目标。获中国社科院优秀科研成果一等奖（论文，2004）和二等奖（专著，2000）、孙冶方经济科学奖（2010）。2010/2011 中国年度绿色人物。

陈迎，1969 年 4 月生于北京，1997 年毕业于清华大学化学工程系，获工学博士学位。现任中国社科院城市发展与环境研究所可持续发展经济学研究室主任，研究员。主意研究方向为可持续发展经济学，全球气候治理和气候政策等。

一　引言

气候变化问题是当前全球热点问题，全球应对气候变化的国际制度和行动必将对未来世界经济和国际政治产生长远而深刻的影响。2007 年底在印尼巴厘岛召开的《联合国气候变化框架公约》（United Nations Framework Convention On Climate Change，UNFCCC）第 13 次缔约方会议达成了《巴厘行动计划》，[①]

① UNFCCC，*Bali Action Plan*，http：//unfccc. int/.

在公约下启动了促进长期合作行动的谈判进程,① 目标是到2009年底在丹麦哥本哈根召开的第15次缔约方会议上，就2012年后的国际气候制度达成新的协议。当前国际气候谈判的5大关键要素是：对全球长期合作行动的共同愿景(shared vision)、减缓（mitigation)、适应（adaptation)、技术和资金,② 其中的核心问题是如何反映各国具体国情，公平地进行温室气体减排义务的分担或排放权分配，并通过相应的国际机制保障其实施。中国作为发展中国家，在国际气候谈判中的地位举足轻重，也面临日益强大的国际压力。

现有《京都议定书》模式，以1990年的排放为基础，通过谈判确定发达国家各自的减排义务。③ 本文跳出现有京都模式的思维定势，基于人文发展基本碳排放需求理论与方法,④ 研究形成全球温室气体减排的碳预算方案。该方案不仅能够更好地体现气候公约确立的“共同但有区别责任”的原则，而且能够实现全球中长期的减排目标，是构建更为公平、有效的国际气候制度的一个综合方案。

二 碳预算方案的基本理念和公平含义

从经济学的角度看，大气具有全球公共物品的属性，具有消费的非排他性和非竞争性。如果不加以管理，将可能上演“公地悲剧”，对全球环境造成难

---

① 目前，国际气候谈判采用双轨并行的模式：一是公约下的长期合作行动特设工作组（Ad Hoc Working Group on Long - term Cooperative Action under the Convention，AWG - LCA)，二是在《京都议定书》下就发达国家和转轨经济（Economies in Transition）国家后续承诺期减排义务进行谈判的特设工作组（Ad Hoc Working Group On Further Commitments for Annex I Parties under the Kyoto Protocol，AWG - KP)，二者共同推动国际气候谈判进程。参见 http：//unfccc. int/。

② 人类社会应对气候变化主要有减缓和适应两大途径。减缓是指减少温室气体排放或增加碳汇的人为活动，适应是指自然或人为系统对新的或变化的环境做出的调整。根据《巴厘行动计划》的规定，共同愿景应包括一个减排温室气体的全球长期目标。减缓包括所有发达国家的减缓承诺、发展中国家适合国情的减缓行动，以及减少发展中国家毁林和森林退化导致的排放问题。适应行动是为减少所有缔约方的脆弱性而采取的各种行动，包括防灾减灾、风险管理、促进多元化等。技术和资金是指以支持减缓和适应行动为目的的技术开发和转让以及提供资金资源与投资支持的行动。

③ 《京都议定书》规定，在特殊情况下，少数国家允许选择其他基准年。《京都议定书》主要缔约方达成的减排目标为：欧盟减排8%，日本6%，美国7%。其中，欧盟作为整体承诺的减排目标通过内部谈判进一步分解到各成员国，如英国减排12.5%，德国21.7%等。2001年，美国宣布退出该议定书，因此其在议定书下的减排义务不具有法律效力。详细情况参见《京都议定书》文本。http：//unfccc. int/.

④ Pan Jiahua，“Fulfilling Basic Development Needs with Low Emissions - China’s Challenges and Opportunities for Building a Post - 2012 Climate Regime”，in Taishi Sugiyamaed.，*Governing Climate*：*The Struggle/for a Global Framewor R beyond Kyoto*，International Institute for Sustainable Development（IISD)，2005，pp. 87 - 108.

以逆转的严重影响。温室气体主要来自人类活动，尤其是大量化石燃料的燃烧，在全球能源系统仍以化石能源为主的情况下，温室气体排放是人类社会发展难以避免的“副产品”，因此，为了保护全球气候系统，大气容纳温室气体排放的有限的环境容量成为一种稀缺资源。温室气体排放权与一般经济学意义上的产权（如土地等的产权）有本质不同，主要表现在大气空间具有均质性特征，一旦排放就均匀扩散到大气层中，其所造成的影响是全球性的。而土地资源有级差，土地等级不同，土地收益便不同，地租额也就不同。且土地资源不存在主权争议，不涉及发展权益的分配，而温室气体的主权属性尚未明确，也不可能进入市场交易。因此，国际社会有必要通过谈判达成国际气候制度，促进有限碳排放权资源的合理使用，使全球福利最大化。

迄今为止，国际上对于2012年后国际气候制度下的减缓问题已经提出了许多方案,[①] 其中多数是发达国家学者提出的,[②] 由于受到国家立场的局限，这些方案都难以兼顾公平和可持续原则，即使是为发展中国家利益考虑的方案，也难以从根本上体现发展中国家的国情和根本利益。

比如，英国全球公共资源研究所（Global Commons Lnstitute，GCL）提出的“紧缩趋同”（Contraction & Convergence，C&C）方案,[③] 设想发达国家与发展中国家从现实出发，以人均排放量为标准，逐步实现人均排放量趋同，最终在未来某个时点实现全球人均排放量相等。这种方案从公平角度看，默认了历史、现实以及未来相当长时期内实现趋同过程中的不公平。虽然符合发达国家占用全球温室气体排放容量完成工业化进程后向低碳经济回归的发展规律，但对仍处于工业化发展进程中的发展中国家的排放空间构成严重制约，因此，客观上并不公平。

巴西案文是考虑历史责任方案的代表。[④] 因为温室气体在大气中有一定的

---

① 政府间气候变化专门委员会（Intergovernmental Panel On Climate Change，IPCC）的第四次评估报告（AR4）对此有全面详细的介绍。详见 IPCC，*Climate Change* 2007：*Mitigation of Climate Change*，Contribution of Working Group Ⅲ to the Fourth Assessment Report of the Intergovernmental Panel On Climate Change，2007。

② D. Bodansky，S. Chou and C. Jorge – Tresolini，*International Climate Efforts beyond* 2012，Pew Center On Global Climate Change，Dec. 2004，http：//www. pewclimate. org/docUploads/2012% 20new. pdf. Accessed On July 2，2009.

③ Aubrey Meyer，“GCI Briefing：Contraction & Convergence”，*Engineering Sustainability*，01/12/2004.

④ 巴西案文是巴西政府在京都会议前夕向公约秘书处提交的一份有关减排义务分担方法的建议。Brazil，*Proposed Elements of a Protocol to the UNFCCC*，presented by Brazil in response to the Berlin mandate，1997（FCCC/AGBM/1997/M1SC. 1/Add. 3），Bonn：UNFCCC. http：//unfccc. int/cop4/resource/docs/1997/agbm/misc0la3. htm. Accessed On July 2，2009.

寿命期，今天的全球气候变化主要是发达国家自工业革命以来二百多年间温室气体排放的累积效应造成的，因此，在考虑现实排放责任的同时，追溯历史责任，才能更好地体现公平。巴西案文原本只针对发达国家，后来发达国家学者将这一方案扩展到发展中国家。① 但是，这种基于历史责任的减排义务分担方法，只考虑国家的排放总量，而未考虑人均排放量；只强调污染者要为历史排放付费，而没有考虑处于不同发展阶段的各国当前及未来发展需求，因此，从公平角度看依然失之偏颇。

瑞典斯德哥尔摩环境研究所（Stockholm Environment Lnstitute，SEL）学者提出的温室发展权（Greenhouse Development Rights，GDR）框架认为，② 只有富人才有责任和能力减排，通过设置发展阈值，保障低于发展阈值的穷人的发展需求。该方法采用超过发展阈值的人口的总能力（经购买力平价调整的GDP）和总责任（累积历史排放）两个指标，对实现全球升温不超过2℃目标所需要的全球减排量进行减排义务分担。但是，该方法只考虑各国排放的历史责任，不考虑未来排放需求。而且，发展阈值的假设、累积历史排放的计算，以及所需统计数据的来源等问题也存在争议。

本文提出的碳预算方案依据人文发展理论，③ 从人的基本需求的有限性和地球系统承载能力的有限性公理出发，强调国际气候制度应保障优先满足人的基本需求，促进低碳发展，遏制奢侈浪费，同时满足公平分担减排义务和保护全球气候的双重目标。④ 碳预算方案从全球普遍认同的公平理念出发，提出公平原则应该具有以下几层含义。

第一，公平的本意是人与人之间的公平，这与人均排放方法的基本出发点是一致的。尽管当代国际社会是以国家政治实体为单元，通过政府间的国际气候谈判来解决气候变化问题，但是，伦理学上公平的本意，不是保障国家之间的"国际公平"，而是促进人与人之间的"人际公平"。这是因为衣、食、住、行、用等个人消费都要消耗能源，社会正常运转所必需的公共消费也需要消耗能源。在以化石能源为基础的能源体系还难以彻底改变的情况下，温室气体排

---

① L. Pinguelli Rosa and S. Kahn Ribeiro, "The Present, Past, and Future Contributions to Global Warming of CO_2 Emissions from Fuels: A Key for Negotiation in the Climate Convention", *Climatic Change*, Vol. 48, 2001, pp. 289－308.

② P. Baer, T. Athanasiou, S. Kartha and E. Kemp－Benedict, "The Greenhouse Development Rights Framework: The Right to Development in a Climate Constrained World", 2008 (revised second version). http://www. ecoequity. org/docs/The GDRs Framework, pdf. Accessed on July 2, 2009.

③ A. Sen, *Developmentdac Freedom*, Oxford: Oxford University Press, 1997.

④ 潘家华：《满足基本需求的碳预算及其国际公平与可持续含义》，《世界经济与政治》2008年第1期。

放权显然是保障人生存和发展的基本人权的重要组成部分。

第二，促进人与人之间的公平，关键是保障今天生活在地球上的当代人的权利，使每个人都能公平地享有作为全球公共资源的温室气体排放权。温室气体排放归根到底来源于人的消费需求。事实证明，控制人口的政策对于减缓全球气候变化具有重要意义。[①] 这就需要选定基准年人口作为排放权分配的基础。我们认为，当代人是历史的传承，掌控着未来人口。如果以当代人作为排放权分配的基础，新增人口就不能获得新增的排放权，而只有通过“稀释”现有人口的人均排放权来保障新增人口的基本需求。如果未来人口减少也不削减已经分配的排放权，那么，相对现有人口人均排放权增加就可以使当代人享受到“人口红利”。这似乎是对未来人的不公平。但是，碳排放源自人的消费需求，合理的气候制度不应鼓励通过人口增加来获取更多的排放权，而且从技术外溢的后发优势看，由于技术进步，未来人获取同样的消费所需的碳排放会比当代人低。因此，以当代人口数量作为排放权分配的基础，符合公平要求。当然，排放权作为一种人权，人口迁移，排放权也相应迁移。

第三，促进人与人之间的公平，关键不是现实或未来的某个时点上流量（年排放量）的公平，而是包括历史、现实和未来全过程的存量公平，可以从历史评估起始年（例如 1900 年）到未来评估截止年（例如 2050 年）总累积排放量来衡量。温室气体排放是伴随工业化、城市化和现代化而迅速增加的，工业化、城市化进程的完成表明城市基础设施、房屋建筑和区域性的交通、水利等基础设施基本到位，一旦完成，无须继续增加，只需对存量维护和更新。发展中国家开始工业化进程较晚，历史上消耗排放权较少，积累的社会财富较少，其当代人的发展水平也较低，基本需求尚未满足的现象仍普遍存在，因而未来在实现工业化进程中的排放需求较大。历史排放与未来需求之间存在负相关关系，因此寻求从历史、现实到未来全过程的存量公平，较之默认历史排放不公平而只看未来剩余排放空间的分担方法，更具合理性。

第四，促进人与人之间的公平，需要反映各国的具体国情，充分考虑气候、地理、资源禀赋等自然因素对未来满足基本需求的影响，从而对碳排放量进行客观、必要的调整。

① Jiang Leiwen and K. Hardee, “How Do Recent Population Trends Matter to Climate Change”, Population Action International, April, 2009, http://www.populationaction.org/Publications/Working-Papers/April-2009/population-trends-climate-change-FINAL.pdf. Accessed On July 2, 2009.

三 碳预算总额及其初始分配

如何兼顾保护全球气候的可持续性目标和保障每个人基本需求的发展目标？大致可以有两种不同思路，一种是“自下而上”的方法。这需要首先界定人的基本需求及其标准，根据各国国情对基本需求进行调整，然后在一定社会经济和技术条件下估算各国满足基本需求所需的碳排放量，经过加总得到全球总排放量，据此判断能否满足保护全球气候的长期目标。如果超出，就需要对基本需求的界定及其标准进行相应调整，形成反馈机制。[①] 另一种是“自上而下”的方法。这需要首先确定全球长期目标，从该目标出发计算满足全球长期目标的全球碳预算，将全球碳预算对各国进行公平分配，并根据各国具体国情进行必要的调整，然后各国在碳预算约束下制定满足人的基本需求的发展和减排政策，判断其能否满足调整后的碳预算。如果不能满足，则需要对减排政策进行调整，由此形成反馈机制。[②] 前者的重点在于优先满足人的基本需求，计算过程相对繁琐，技术细节争议较多，而后者的重点是优先满足全球长期目标，计算过程相对简单易行。本文试图将“自上而下”和“自下而上”的方法结合起来，采用“自上而下”的方法，在确定全球减排目标的基础上，进行碳预算的分配、调整和转移，采用“自下而上”的方法，讨论各国现实排放趋势，以及如何在碳预算约束下满足其基本需求。

全球碳预算总量的确定，是一个科学认知不断深化和政治意愿形成共识的过程。作为一种制度框架的构建，为简化起见，我们以大略满足大气温室气体浓度450ppm当量水平的排放量作为碳排放预算额度，[③] 以当前的科学认知水平和政治意愿承诺作为研究方案的基础。联合国政府间气候变化专门委员会于2007年完成的第四次评估报告明确提出，到2050年全球温室气体至少要比当前削减50%。[④] 2008年7月，八国集团峰会在其宣言中明确承诺，认可2050

① 朱仙丽：《人文发展基本需要的碳排放》，博士学位毕业论文，中国社会科学院研究生院，2006年。

② 潘家华：《满足基本需求的碳预算及其国际公平与可持续含义》，《世界经济与政治》2008年第1期。

③ ppm，容量浓度单位，百万分之一。在全球未来排放情景的设计中，全球长期目标可以有多种不同的表达方式，例如：京都模式的排放目标是大气中温室气体稳定浓度为450ppm，欧盟倡导全球升温不超过2℃。排放、浓度和升温目标之间虽然存在一定的函数对应关系，但也不是一一对应，存在一定的不确定性。

④ Core Writing Team, R. K. Pachauri, and A. Reisinger, eds., “IPCC Climate Change 2007 Synthesis Report”, released on 17 November 2007, Valencia, Spain, http://www.ipcc.ch/ipccreports/ar4-syr.htm. Accessed On July 2, 2009.

年全球排放减排 50% 的长期目标，以及斯特恩报告提出的 2050 年人均排放 2 吨碳的趋同目标等。① 本研究应用情景分析方法，以 2005 年为评估基准年，2050 年为评估截止年，未来排放路径在满足全球减排目标的条件下设置了两种排放情景，A 假设全球排放在 2015 年封顶，峰值高于 2005 年水平大约 10%；B 为全球排放在 2025 年封顶，峰值高于 2005 年水平大约 20%。

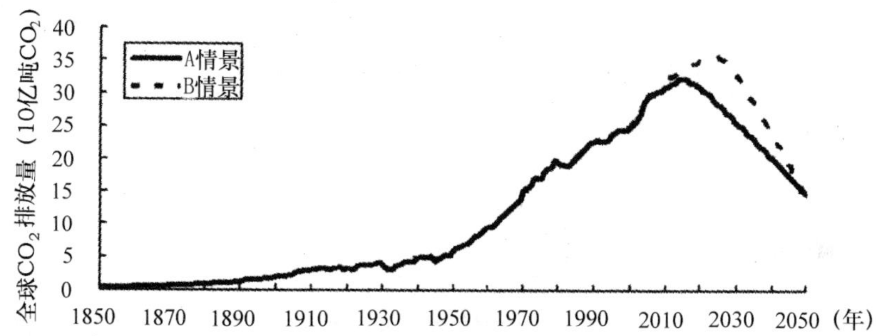

图 1　全球化石能源排放的 CO_2 及未来排放情景

确定未来全球排放情景和相应排放路径之后，全球碳预算即是从起始年到评估年累积的全球排放总量，② 为简化起见，采用直接累计的计算方法，计算结果见表 1。尽管英国的工业革命始于 18 世纪中叶，但当时的排放总量不大，而且当年的排放多已自然衰减，对当前的增温潜力几乎可以忽略不计。不仅如此，以 1850 年或 1900 年为起始年算起，差别也只有 1.7% 左右，非常小。但随着经济全球化发展，尤其是工业化发达国家的增多和工业化进程的加快，全球排放总量逐年增长，从 1900 年为起始年与从 1960 年为起始年算起，全球历史累积排放量相差大约 23%，差别变得比较明显。以 2050 年为评估截止年，1900 年到 2050 年计 151 年，与 CO_2 在大气中的寿命期 142 年比较相近，因此选择以 1900 年为起始年，计算历史排放的累积责任可以明确看出发达国家与

① N. Stern, *Key Elements of a Global Deal On Climate Change*", The London School of Economics and Political Science (LSE), April 30, 2008, http://www.1se.ac.uk/collections/granthamlnstitute/publications/Key Elements Of A Global Deal - 30Apr 08. pdf. Accessed On July 2, 2009.

② 限于现有温室气体的统计数据，化石能源消费和工业生产过程排放的 CO_2 数据较之土地利用、土地利用变化和林业（Land Use, Land Use Change and Forestry, LULUCF）排放的 CO_2 以及非 CO_2 更为丰富、可靠，因此，本研究仅针对化石能源和工业生产过程排放的 CO_2。全球及各国历史排放数据均来自美国橡树岭国家实验室数据库，CDIAC, *Global, Regional and National Fossil Fuel CO_2 Emissions*, http://cdiac.ornl.gov/trends/emis/meth - reg, tm, updated on Aug. 27, 2008, Accessed On July 2, 2009。

后发的发展中国家之间的巨大差异。在假设的A情景和B情景下，全球未来碳预算相差大约14%。同样，为了满足2050年相对2005年减排50%的目标，拐点出现越晚，拐点处的排放峰值越高，排放空间相对也越大。反之，拐点出现越早，拐点处的排放峰值越低，则排放空间相对也越小。

表1 **全球碳预算** 单位：10亿吨 CO_2

	全球碳预算（Y—2050年）		历史实际累积排放量（Y—2004年）	未来碳预算（Y—2050年）	
起始年（Y）	A情景	B情景		A情景	B情景
1850	2311.1	2472.0	1143.5		
1900	2272.5	2433.4	1104.9		
1960	2019.1	2180.0	851.5		
2005				1167.6	1328.5

表1结果表明，在A情景下，1900—2050年的151年间全球碳预算约为2.27万亿吨 CO_2，2005年全球总人口大约64.6亿，[①] 人均累积排放约为352.5吨 CO_2，平均到每人每年的碳预算约为2.33吨 CO_2。如果按B情景计算，1900—2050年这151年间，按2005年人口总量平均，人均累积总量为376.7吨 CO_2，每人年均为2.5吨 CO_2。

根据国际能源机构（International Energy Agency，IEA）2008年的估计，[②] 2006年能源燃烧所排放的 CO_2 全球人均为4.28吨，发达国家（含已完成工业化的苏联、东欧国家）人均为11.18吨，而广大的发展中国家，人均只有2.44吨。在《京都议定书》的基准年即1990年，全球人均排放为3.99吨，发达国家为11.82吨，发展中国家只有1.58吨；1990—2006年，发达国家的人均 CO_2 排放量下降了5.4%，而发展中国家的人均 CO_2 排放量增加了4.3%。即使是拒绝履行《京都议定书》承诺的美国，在此期间，尽管总量上增加了17.1%，但人均 CO_2 排放量也下降了2.3%。

按汇率计，1990年发展中国家每天人均GDP只有2.86美元（以2000年不变价格计），按世界银行每天人均2美元的生存收入要求，1999年发展中国家人均1.5吨 CO_2 的排放水平，尚不能满足生存需要。2006年2.44吨 CO_2 的

① 全球及各国人口数据来自世界银行数据库。http：/www. worldbank. org/.

② IEA，*CO_2 Emissions from Fuel Combustion*，Paris：OECD Publishing，2008.

排放水平，所对应的每天人均 GDP，按汇率计（以 2000 年不变价格计）也只有 4.85 美元。尽管有的发展中国家收入水平已经较高，或者一些贫困国家或地区的富人收入或许也已经很高，但是从整体上看，发展中国家 2006 年的排放水平尚处于满足基本需求阶段。

如果要将大气温室气体浓度稳定在 450ppm 水平，全球人均年排放水平就只有 2.33 吨（情景 A，2015 年封顶）到 2.5 吨（情景 B，2025 年封顶）。这就意味着，为了保护全球气候，全球的碳预算总量在当前的技术经济和消费格局下只能满足 65 亿人口的基本需求。从公平的角度看，在全球有限的碳预算约束下，每一个地球村民均有分享保障基本需求的权利。从社会福利改进的角度看，在边际水平上，高收入群体的排放增量所带来的福利改善递减，甚至为负；而低收入群体的排放增量所带来的福利改善却处于递增阶段。[①] 这就意味着，高收入群体带有奢侈消费性质的高排放，占用了低收入群体用于满足基本需求乃至生存的碳预算。由于全球碳预算总额度相对于 65 亿规模的地球村民而言，在当前的技术经济及消费模式下，已经没有多少可供奢侈浪费的空间，伦理学意义上的公平和经济学意义上的福利改进，均要求有限的全球碳预算应该为地球村民人均分享。因此，本文的全球碳预算初始分配，按全球人均核定。

由于各国人口规模相去甚远，以此为依据进行的各国碳预算初始分配表明，一个国家在总体上的温室气体排放空间取决于其基准年人口占全球总人口的比例。为了说明碳预算在各国之间的分配及调整情况，我们依据国际气候谈判主要国家和国家集团的划分，选取了一些典型国家进行深入分析。在《联合国气候变化框架公约》附件Ⅰ（以下简称附件Ⅰ）国家中重点考察欧盟、加拿大、日本、俄罗斯、美国、澳大利亚，其中欧盟重点考察法国、德国、意大利、英国。[②]《联合国气候变化框架公约》非附件Ⅰ（以下简称非附件Ⅰ）国家中重点考察巴西、中国、印度等发展中大国，以及韩国、墨西哥、南非等工业化程度较高的其他发展中国家。[③] 各国碳预算初始分配的计算结果如图 2 所示。由于人口众多，中国和印度以国家政治实体为单元的碳预算初始分配总额最大；而经济相对发达但人口相对较少的加拿大、澳大利亚按人口平均的初始分配碳预算总量则相对较小。

---

① Pan Jiahua, "Welfare Dimensions of Climate Change Mitigation", *Global Environmental Change*, Vol. 18, No. I, 2008, pp. 8 - 11.

② 附件Ⅰ国家包括 39 个发达国家和经济转轨国家。经济转轨国家，指苏联、东欧国家。

③ 非附件Ⅰ国家包括除附件Ⅰ国家外的其他发展中国家。

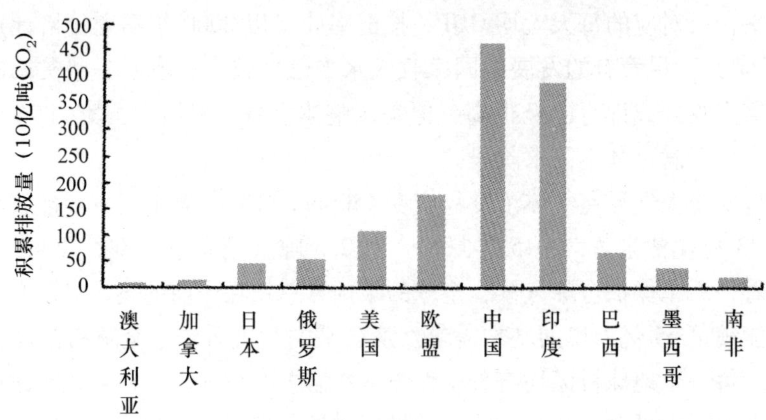

图2　1900—2050年各国碳预算初始分配情况：A情景

四　碳预算的调整与转移支付

从原则上讲，人们对碳排放的需求源于对能源的消费需求。在气候变化的国际谈判和全球气候制度构建中，均要求考虑各国的国情。[①] 碳预算的初始分配，只是简单人均，并未考虑国情特点。而国情特点，无外乎自然条件和社会经济状况两类。自然条件涉及气候、地理和能源资源禀赋等内容，而社会经济状况的核心是碳预算的供求平衡。具体来讲，人作为生物学个体，有一个适宜的温度范围。高或低于这一范围，社会经济乃至生命活动都将受到影响。显然，在极端高温和极端低温的情况下，保持一个适宜的温度范围所产生的碳排放，属于满足基本需求的范畴。同样，地广人稀地区与人口密集地区相比，前者用以满足交通基本需求的碳排放量要明显高于后者。而且，一个国家的能源资源是以高碳的煤炭为主，还是以较为清洁的石油、天然气为主，或者以零碳的核能、水能、风能、太阳能和碳中性（carbon neutral）的生物质能为主，[②] 对应于同样的能源服务，产生的碳排放显然有所不同。因此，需要根据排放的大致格局和相关的技术参数，对各国的初始碳预算分配进行调整。总体来讲，分析结果表明，各国的自然条件对碳预算的调整幅度并不大；而实际需求与碳预算初始分

① 在《联合国气候变化框架公约》和《京都议定书》中，均有明确条款强调考虑国情差异。

② 碳中性，是指绿色植物从大气中通过光合作用固定二氧化碳，又通过燃烧或腐烂释放二氧化碳。在平衡状态下，生物质能吸收和排放的二氧化碳等值。

配之间的巨大反差，则需要通过转移支付来保持全球碳预算的总体平衡和各国碳预算的平衡。

（一）基于自然条件的初始碳预算调整

1. 气候因素

气候因素主要影响各国的建筑物耗能和碳排放。发达国家成熟经济体，建筑物能耗大约占其终端能源消费的1/3左右，其中用于供热和制冷的能耗约占建筑物能耗的1/2左右，因此，我们拿出全球碳预算的1/6进行调整。衡量各国自然气候条件和人口分布情况的重要指标是经人口加权的采暖度日数（heating degree days）和制冷度日数（cooling degree days）。[①] 依据该指标进行调整的结果是，气候比较寒冷的国家如俄罗斯、加拿大和气候相对较热的国家如印度、印度尼西亚，碳预算都有所增加，而气候相对温和的国家如南非、澳大利亚、墨西哥、巴西，则碳预算略有减少，调整幅度在-10%—+14%范围内。

2. 地理因素

地理因素主要影响各国交通耗能和碳排放。发达国家作为成熟经济体，交通部门的能耗占其终端能源消费的1/3左右。人口的平均出行里程和运输距离与地域分布密切相关。因此，可将全球碳预算的1/3，根据各国地理因素进行重新分配。衡量人口地域分布的重要指标是受人为活动影响的国土面积。[②] 依据该指标进行调整的结果是，地广人稀的国家如澳大利亚、加拿大、俄罗斯碳预算有较大上升，而人口密度较高的国家如韩国、日本、印度碳预算则略有减少，调整幅度在-14%—+62%范围内。

3. 能源资源禀赋

资源禀赋，尤其是能源资源禀赋与能源消费结构有一定关系。发达国家凭借较强的经济实力可以摆脱资源禀赋的约束，例如日本资源匮乏，几乎消费的所有石油都来自进口，但发展中国家的能源消费结构往往受到本国能源资源禀赋的极大制约。为了满足同样的能源需求，煤炭资源禀赋多或者以煤炭为主要能源的国家碳排放量更大。因此，需要对能源消费结构较重的国家予以补偿，但是，对能源消费结构较重国家的碳预算补偿应该适当，否则将不利于鼓励各

---

① 采暖度日数和制冷度日数是以18℃为标准，将日平均气温距离该标准的差逐日累加并经人口加权计算得到。该指标综合反映了自然气候条件和人口分布状况，某些气候条件极端的地区因居住人口稀少对加权后的综合指标影响较小。该指标数据来自世界资源研究所。WRI，*Carbon Analysis lndicators Tool*（*CAIT*），http：//www. wri. org/prOject/cait.

② 该指标不同于国土总面积，因为交通是人为活动，没有人为活动的国土不会产生交通能源消耗和排放需求。该指标数据来自世界能源研究所（World Resources lnstitution，WRl）。WRI，*Carbon Analysis lndicators Tool*（*CAIT*），http：//www. wri. org/project/calt.

国在促进低碳能源或可再生能源开发方面的努力。因此，我们拿出全球碳预算的1/2，根据各国能源消费的碳强度指标，[①] 对各国的初始碳预算分配方案进行了调整。结果显示，中国、印度和南非等少数几个以煤炭为主要能源的国家，碳预算有所增加；而碳强度较低的发达国家如法国、加拿大、意大利，以及部分使用生物质燃料较多的发展中国家如巴西、肯尼亚，碳预算略有减少，调整幅度在 -40%—+25% 范围内。

综合来看，如图3所示，上述三个因素的调整在一定程度上有彼此抵消的作用，最终各国碳预算的总调整幅度为 -20%—+78%，幅度有所收敛。与当前发达国家和发展中国家之间碳预算初始分配额度相差近5倍的现实相比，这一调整额度微乎其微。美国哈佛大学和澳大利亚国立大学学者在对本碳预算方案的反馈意见中提出，基于自然因素的调整实际意义可能不大，但其引发的争议却可能非常大。这是因为，第一，人类对自然条件有一个适应过程，可以不需要额外增加排放或只需要增加较少的排放（例如对气候因素的适应，生活在热带的人比较耐热）；第二，各国在调整的影响因素和幅度上，难以达成共识；第三，在经济全球化条件下，国际贸易至少可以消除部分自然资源禀赋的不利影响。[②]

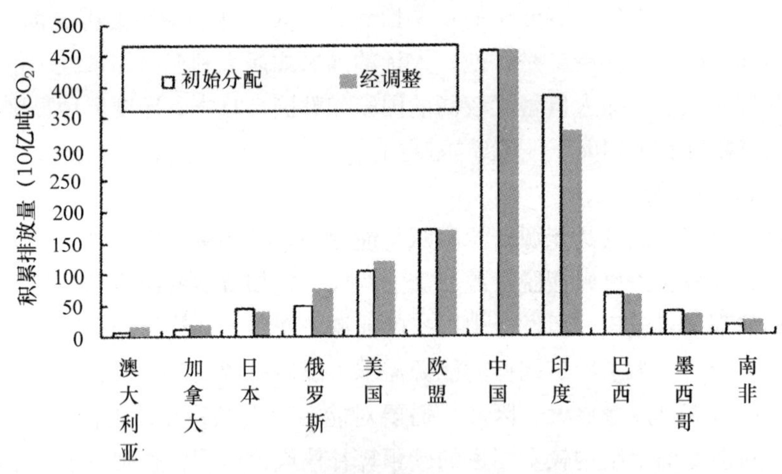

图3 1900—2050年基于自然条件进行的各国初始碳预算的综合调整：A情景

① 采用2004年单位能源消费的碳排放数据衡量，能源消费总量来自世界能源研究所。WRI, *Carbon Analysis lndicators Tool*（*CAIT*），http：//www. wrl. org/project/cait. 碳排放数据来源于美国橡树岭国家实验室数据库。http：//cdiac. ornl. gov/trends/emis/meth - reg. htm.

② 2008年11月10日，潘家华在哈佛大学肯尼迪政府学院举办专题研讨会，与会学者对有关问题展开了深入讨论。2009年4月15日，其在堪培拉“澳中气候论坛”上的专题演讲也得到了与会者的热情反馈。

（二）基于实际需求的碳预算转移支付

要保护全球气候，稳定大气温室气体浓度，全球温室气体排放必须控制在全球碳预算额度内。那么，各国的实际排放和未来需求是否就在各国初始分配或基于自然条件调整后的碳预算总额之内呢？如果各国碳预算平衡，则全球总预算平衡；如果有国家出现赤字，亏缺部分必须要在其未来预算之外从其他国家的预算盈余中调剂，通过维持国家层面的碳预算平衡，达到全球碳预算总平衡的目标，从而确保全球气候的可持续性。这就意味着，国家之间需要进行碳预算的转移支付。

根据前面的计算结果，实现2050年全球减排50%的目标，在A情景假设下碳预算是人均年排放2.33吨CO_2。从历史和现实排放数据可以发现，许多国家，尤其是发达国家的实际碳排放量均数倍于其碳预算；而有一些国家，多为发展中国家，历史排放远低于其碳预算水平，当前排放也多低于或接近其碳预算水平。例如，美国1971年人均排放量即达21吨CO_2，2006年虽有所降低，但仍高达19吨CO_2；即使是能源效率较高的日本，1971年也达7.24吨CO_2，超出预算两倍，2006年更是增加到9.49吨；欧盟成员国卢森堡，1971年人均年排放更是高至45.1吨CO_2，2006年减少近一半，但仍然达到23.64吨CO_2，也就是说，卢森堡当前一年的排放，需要其10年的碳预算。① 可见，不论是历史还是现在，发达国家均已出现高额碳预算赤字。而发展中国家由于工业化进程起步晚、进程慢、水平低，历史和现实排放多低于其碳预算额度。例如，印度1971年人均排放只有0.36吨CO_2，即使是2006年，人均也只有1.13吨，有50%以上的年度预算盈余；孟加拉国1971年人均排放只有0.04吨CO_2，到2006年，人均水平也只有0.24吨CO_2，按此水平，孟加拉国10年的排放，才用掉一年的碳预算；中国1971年人均排放0.95吨CO_2，有60%的年度预算盈余，到2000年人均排放水平已达2.41吨CO_2，年度预算与使用大体持平，到2006年人均水平升至4.27吨CO_2，年度排放已超出预算的83%。

以上考察的是历史上碳预算的平衡情况。未来情况将如何？多数发达国家历史上的赤字必然引起巨额的预算透支。例如，美国历史实际累积碳排放量已经是其总预算的2.6倍，英国为2.9倍。发展中国家未来的预算使用也将出现较大的分化。中国作为工业化程度已经较高的国家，随着工业化、城市化进程的加快和人们生活水平的提高，人均排放量还将进一步提高，未来的碳预算也将出现赤字。亚洲新兴工业化国家，如韩国和新加坡，2006年人均排放均已超过9吨CO_2。而那些工业化刚刚起步或尚未起步的国家，未来碳预算使用无

① IEA, *CO_2 Emissions from Fuel Combustion*.

疑会有大量盈余。

显然，碳预算的转移支付是必要的。第一，发达国家的历史欠账需要偿还，否则，预算难以平衡。第二，发达国家对未来的碳预算已全部透支，一些老牌的工业化国家如英国、美国等，已经没有任何预算可用，但是根据前面讨论的伦理学和经济学原理，基本需求的碳预算又必须保证。因此，从发达国家来讲，需要有碳预算的国际转移支付。对一些工业化程度较高的发展中国家来讲，未来超过碳预算的排放，也可能存在转移支付的必要，但是究竟选择历史盈余的自我跨期转移支付，还是选择国际转移支付，需要视具体情况而定。

由于全球总的碳预算是一定的，国家之间或国家跨期的碳预算转移支付是否可行，取决于是否有碳预算盈余的存在。从原则上讲，欠发达国家由于工业化程度低，商品能源消费有限，未来的工业化进程也存在较大的不确定性，历史和未来的碳预算均存在大量盈余。即使是这些国家在将来某一时间启动工业化进程，考虑到技术外溢的后发优势，同样的工业化发展，较之当前和过去的工业化，碳预算的需求也会大幅降低。当前工业化程度较高的发展中国家，未来的碳预算几乎不可能有盈余，还可能有赤字，但历史上的预算，应该有相当的盈余额可用，例如，韩国尽管进入 21 世纪，人均排放已高至 9 吨 CO_2 以上，但在 1971 年人均排放只有 1.58 吨 CO_2。对于这样的国家，不同时间的碳预算可以进行国家内的跨期转移支付。对于未来严重透支的早期工业化国家，由于资金技术优势可能出现低碳乃至零排放的可能，加之未来人口下降出现的“红利”,[①] 这些国家未来碳预算需求并不一定会出现赤字。这就表明，欠发达国家的总体盈余、工业程度较高的发展中国家的历史盈余以及发达国家人口下降的“红利”和零碳技术选择，均表明碳预算的国际和跨期转移支付是可行的。

碳预算的转移支付，不仅必要而且可行。考虑到气候变化谈判和国际义务的分担，是以国家政治实体为单元出现的，因此本研究重点分析的不是一个国家内部的跨期转移支付，而是国际转移支付。后者包括两个方面：一是发达国家的历史预算赤字，二是保障发达国家国民未来基本需求的碳排放。这两次碳预算转移支付额度有多大?

为发达国家历史透支买单的转移支付，规模约为 3100 亿吨 CO_2。保障发达国家每个人的基本需求进行的第二次碳预算转移支付，规模约为 1456 亿吨 CO_2。二者相加，碳预算转移的总规模约为 4556 亿吨 CO_2，相当于发展中国家

① 由于碳预算按 2005 年基年人口分配而不考虑未来人口增减，如果未来人口减少，则未来人均额度会增加；反之则减少。

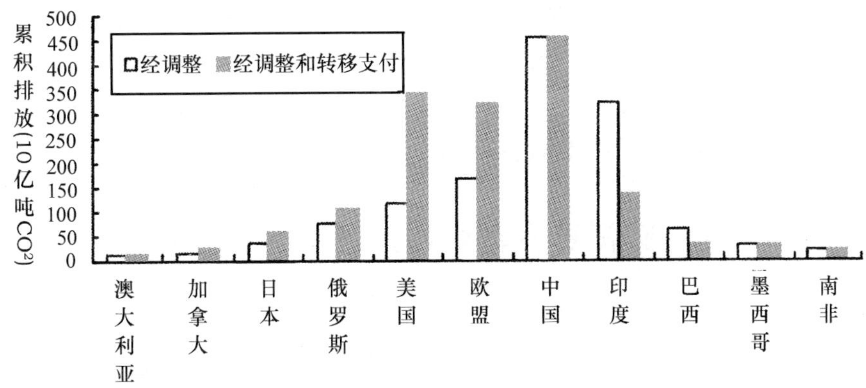

图4 1900—2050年以累积排放量衡量经调整和转移支付后的碳预算：A情景

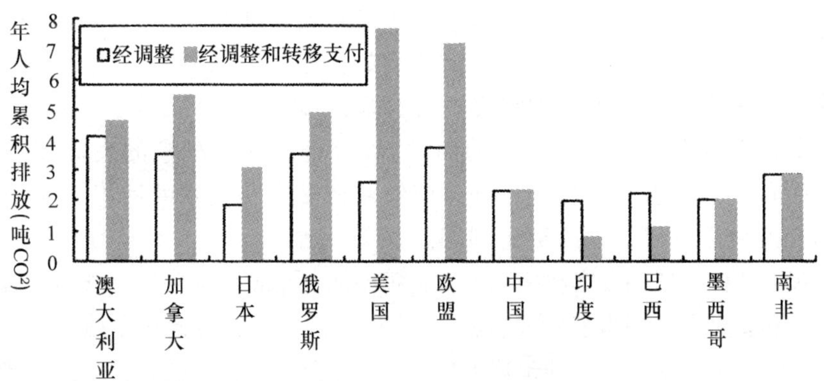

图5 1900—2050年以年人均累积排放量衡量经调整和转移支付后的碳预算：A情景

每人每年0.58吨CO_2，约占碳预算总额的1/4。经过上述两次碳预算的转移支付，发达国家获得的碳预算，以累积排放衡量有明显的增加，如图4所示，美国由1172亿吨CO_2增加到3411亿吨CO_2，欧盟由1666亿吨CO_2增加到3207亿吨CO_2，均增长近3倍。若以年人均累积排放量衡量，发达国家明显高于全球碳预算的平均水平，突破了每个人公平享有碳预算的分配原则。如图5所示，全球碳预算是年人均2.33吨CO_2，美国为7.7吨CO_2，欧盟为7.2吨CO_2。

综合来看，对于由39个发达国家和转轨经济国家组成的附件Ⅰ与其他发展中国家组成的非附件Ⅰ这两大集团的碳预算而言，初始分配时二者碳预算的比例是19.5∶80.5，① 经过自然因素调整后变为21.0∶79.0，而经过发展中国家向发达国家进行历史赤字和未来基本需求两次大规模的碳预算转移后，该比例

① 初始分配以人均碳预算为标准，由于发展中国家人口众多，因此占据较大份额。

变为40.5∶59.5，碳预算的实际使用和温室气体排放格局出现巨大变化。需要注意的是，发达国家的实际排放，可能还会高于此数字，因为发达国家的排放远高于其基本需求水平，而且为了保证其当前的发展水平不受影响，发达国家可能还会从市场上购买预算额度。

五　碳预算方案对特定国家有偏好吗

碳预算方案有其公平和可持续性的双重优势，表面上看起来似乎对人口众多的后发国家有利。诚然，这一方案对于人口众多而又后发的发展中国家而言，保障了其作为弱势一方的居民温室气体排放与发展的基本权益，而且，作为后来者，其不会再去重复早期工业化国家低能源效率排放的技术选择，高起点、高效率、低排放的优势使发展中国家尤其是欠发达国家历史和未来的碳预算都可能存在高额的盈余。因此，这一制度设计保障的是国际社会相对弱势群体的利益，[①] 符合发展中国家的发展需要。尤其是碳预算的转移支付制度，如果能够获得资金和技术的回报，对于发展中国家的低碳发展，无疑更是利好。

正因如此，这一方案在国际上宣讲得到西方学者的第一反应就是该方案的出发点和落脚点都是为了中国的利益。[②] 但是，稍加分析就会发现，这一反应是肤浅的、带有偏见的。碳预算的理论基础是坚实的，方法是科学的，对世界上的每一个人、每一个国家都是适用的，并不是针对某个国家而设计的。当然，任何方案，具体到某个人、某个国家，其含义是明确的。它厘清了发达国家的历史责任，维护了发展中国家的基本权益，保障了包括发达国家富人在内的基本碳排放需求，且碳预算的转移支付与资金、技术回报相衔接，实现了可持续与经济效益的双赢。

那么，具体到中国，该方案的含义何在？

第一，从人口上看。尽管人口多，一个国家的预算额度就大，但是就每一个人而言，都是均等的，没有任何优势可言。中国自20世纪70年代实行计划生育政策以来，减少了约4亿人口的出生，但这并没有计算在碳预算之中。以2005年人口作为基数，是一个现实的客观选择，并非是因为中国在2005年人口数量最大。实际上，按国家计划生育委员会的预测，[③] 中国人口将持续增长

① ［美］约翰·罗尔斯：《正义论》，何怀宏等译，中国社会科学出版社1988年版。

② 例如，Bert Metz，IPCC第三工作组共同主席，曾明确表示这是人口众多的发展中国家的谋略，但后来全面了解情况后，原则上对此方案持认同态度。

③ 国家计划生育委员会：《国家人口发展战略研究报告》，中国人口出版社2007年版。

到2033年前后，届时峰值达15亿。新增的人口是没有预算配给额度的。从这一意义上讲，发展中国家由于人口尚在快速增长，未来人口将高于当前人口，而预算不会因人口增加而增加，这一基年选择，对发展中国家包括中国在内，并不是有利的。而对于发达国家，人口稳中有降，欧洲、日本未来的人口预测均低于当前人口水平，碳预算方案却并未因未来人口减少而削减配额，从这一意义上讲，该方案对这些成熟经济体应该更为有利。当然，美国、加拿大、澳大利亚和俄罗斯地大物博，人口密度低。本土人口自然增长与欧洲、日本类似，但人口迁入会导致这些国家人口的机械增长，由于碳预算方案允许排放配额随人口跨国移动，因此，这些国家人口机械增长的不利影响可基本排除。

第二，中国是一个相对后发的国家。中国当前工业化进程中的技术水平，远比18、19和20世纪早期工业化国家当时的技术水平高。但也要看到，当年的早期工业化国家，以侵略、殖民的手段从落后国家无偿抢掠大量资源，中国在半殖民地半封建社会时被割地赔款，表明早期工业化国家的资本积累，有大量的发展中国家的“贡献”。中国、印度在今天的工业化，以及欠发达国家将来的工业化，虽然具有后发的技术优势，但发展过程所伴随的碳存量的积累只能在本土实现。相对于工业化尚未起步的后发国家，中国当前的技术总体上是较高碳的，如果静态的总量的一次性的碳预算分配对这些国家有利的话，对中国的利好表现只能居中，并不突出。

按照预算方案的总体设计，中国初始碳预算为4588亿吨CO_2，经自然因素调整后为4542亿吨CO_2，对中国的综合影响不大。由于中国是一个相对后发的国家，历史排放并不多。1900—2004年，历史实际排放842亿吨CO_2，只占预算总额的18.5%；2005—2050年，未来剩余碳预算大约为3700亿吨CO_2。未来46年，时间不足总时间段的1/3，而预算尚存总量的81.5%，表面上看来，中国今后碳预算似乎很宽松，但中国的发展只能是渐进的，即使是不断提高能源效率、改善能源结构，也不可能在未来46年达到零排放。如图6所示，如果按照情景1，中国的碳排放将在2030年封顶，比2005年增长105%，2050年比2005年增长90%，未来累积排放将超过可用碳预算801亿吨CO_2。只有通过低碳发展和国际合作，按照情景2，努力实现2030年封顶，并将峰值控制在增长55%，2050年增长45%，才能控制在碳预算内，并没有多余排放额度可供出售。中国2006年相比1990年碳排放总量净增长154%，要实现情景1、情景2到2030年封顶和相应的控制排放增长目标，中国面临的挑战比其他国家更为严峻。

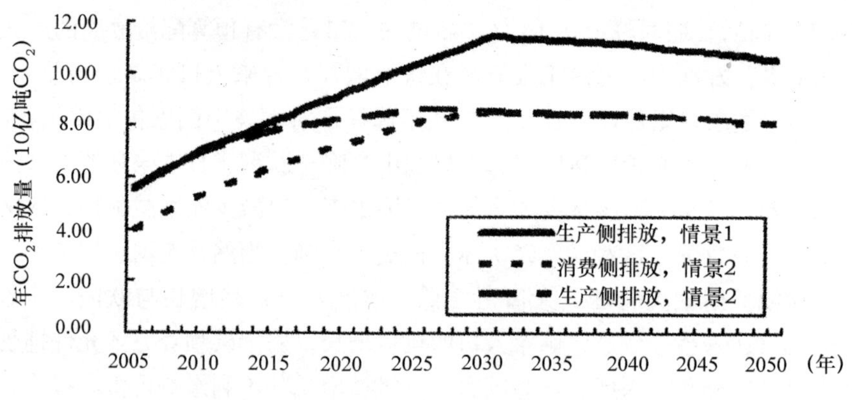

图6　2005—2050年中国基于生产侧和消费侧的碳排放情景

当然，有分析表明，中国作为"世界加工厂"，目前大约有30%的能源消费和排放是商品的进出口造成的。① 如图6所示，如果以消费侧衡量，中国的碳预算约束大约增加了8%。事实上，高能耗、高碳排放产品生产与消费不匹配的情况，在工业革命初期就出现了。英国工业革命时期，是全球纺织品的制造厂，其产品相当比例用于全球的消费，随后欧洲大陆、北美、日本先后都曾成为"世界加工厂"。中国当前是"世界加工厂"，20年或30年后，印度或非洲可能取代中国成为"世界加工厂"。如果将"世界加工厂"的历史旧账和未来新账都拿出来算，无疑是十分困难的。而且，作为"世界加工厂"，通过规模化生产，国内消费部分的碳生产力也应该是有国际竞争力的。况且，消费侧排放的核算，并不能为中国带来大量的预算空间，还会引发不少争论。因此，在本文的碳预算方案中并没有特别强调生产与消费不匹配造成的排放差异。

综上所述，碳预算并不对某一特定国家或国家集团有偏好，而是相对客观的。中国作为发展中人口大国，不可能获益于碳预算方案而减轻其国际减排压力。相反，碳预算作为一种硬约束，表明中国只能走低碳发展之路。

六　相关国际机制设计

碳预算方案涉及初始分配、调整、转移支付、市场、资金机制，以及报告、核查和遵约机制等，其实施需要一整套相应的国际气候制度。碳预算方案

① 陈迎、潘家华、谢来辉：《中国外贸进出口商品中的内涵能源及其政策含义》，《经济研究》2008年第7期。

尽管有其理论和方法上的科学性，但作为一项全球温室气体减排的总体方案，许多内容仍然需要国际政治与外交谈判才能最终形成，本文只对一些关键机制加以讨论，包括市场机制、资金机制、遵约机制等。

（一）市场机制

碳预算方案，从根本上讲是一种“限额贸易”方案（Capand Trade），[①] 但是其限额表现在三个层次上，第一个层次是全球层面，是为了保护全球气候，经科学论证和政治认同的温室气体排放总量；第二个层次是国家层面，是根据一国人口和自然社会经济调整后的国家碳预算总额；第三个层次是个人层面，由于碳预算是每个人的，是保障每个人的基本需求的，完全可以预算到人，且一旦预算核定，国际和人际的贸易原则上就可以进行。

由于发达国家当前的人均排放是碳预算额度的3倍以上，碳预算的转移支付只是保障基本需求，超出的部分，可以通过市场碳排放贸易来获取。一方面，发达国家可以较低代价获取额外碳预算满足其当前的消费需求；另一方面，发展中国家出让部分盈余的预算额度，可以获取必要的资金、技术，促进其低碳发展。未来国际碳市场的实际规模将取决于供求关系和各国的减排努力。如果需求旺盛而供给不足，则碳价格有上升趋势，不仅会刺激发展中国家强化国内减排行动，增加供给，发达国家也将扩大国际合作，实现海外减排。

碳预算的交易，也可以在一个国家内部实现，政府可以将预算额度以拍卖、配给等方式分配给企业或消费者，然后形成碳预算交易市场。当前的排放贸易主要是生产商之间。实际上，由于每个人消费水平的偏好不一，碳排放贸易也可以在消费者之间进行。

（二）资金机制

应对全球气候变化，需要从减缓和适应两个方面着手。减缓温室气体排放需要资金和技术，适应气候变化也需要资金和技术，尤其对于广大发展中国家而言，资金是一个大问题。

资金从何而来？碳预算方案提供了一个很好的资金机制。

第一，碳预算的转移支付。为了保持全球碳预算平衡，我们没有考虑其资产属性，既然碳是一种稀缺资源，就应该是有价的，其转移支付就意味着货币上的回报。当然，对于转移支付，我们需要考虑其特殊性。历史预算赤字是事实，但在1992年以前，温室气体排放没有被列入控制之列，没有法律约束，排放不应负法律责任。然而当前大气中有相当的温室气体仍源自1992年以前的排放，对于这部分转移支付，价格可适当降低些。1992年以来的排放是在

---

① 欧盟的排放贸易方案和当前美国的排放贸易提案，均是约束总量，允许使用者市场交易配额。

法律认定温室气体排放有害的情况下实施的，针对此时的历史预算赤字进行转移支付的碳配额价格就应该高些。未来基本需求的转移支付，由于是基本需求用途，其价格当然不适宜用奢侈浪费排放的价格来要求货币回报。历史赤字和基本需求两次碳预算的转移支付，总量高达4557亿吨CO_2。如果以当前国际市场每吨$CO_2$10欧元估算，碳预算转移支付的总价值高达4.6万亿欧元，平均到未来每年约1000亿欧元，远远高于目前发达国家履行向发展中国家提供资金援助义务所贡献的数额。

第二，由于发达国家当前的人均排放居高不下，区区每人每年2.33吨CO_2的转移支付，只能保障基本需求，不够维持其当前的生活水平，发达国家必然有巨量的碳预算需求。2006年，附件Ⅰ国家人口总额为12.67亿，人均排放11.8吨CO_2，每人平均买5吨CO_2，即有60亿吨CO_2的预算交易，仍按每吨$CO_2$10欧元计，总额将超过600亿欧元。

第三，如果发达国家不改变生活方式，零碳能源生产不能满足减排需要，则需要采用一种惩罚性的资金机制。这一机制是碳排放的累进税制。发达国家当前排放11.2吨CO_2，基本需求的转移支付为2.3吨CO_2，市场购买5吨CO_2，尚有5吨CO_2超过预算。对于超出的部分，需要采用一种惩罚性机制来征收碳税。

征收碳税的依据是实际排放超过碳预算的程度，税率的上限是可再生能源的价格。因为如果税率达到可再生能源的价格，该缔约方就会选择以可再生能源替代传统能源，实现国内减排，而不会选择支付罚款。以美国为例，假设国际市场仅满足其一半的购买需求，未来累积排放将是碳预算额度的2.6倍。按每吨$CO_2$10欧元计算，2005—2050年合计应征税金总额接近4000亿欧元，平均到每年，大约为87亿欧元。这些资金应该注入现有资金机制或成立新的全球基金，以支持发展中国家的减缓、适应行动，促进技术转让。资金的使用和分配应考虑各国对碳预算转移的贡献。印度等国对碳预算转移贡献较大的国家将受益最多。必须指出的是，超过碳预算的部分，即使缴纳了罚款，也不意味着免除减排义务获得额外的碳预算，当前超出的碳预算要从其下一承诺期（2050年前后）相应扣减，从长远来看，必须保证全球碳预算的平衡，否则无法实现保护全球气候的可持续性目标。欧盟的排放贸易制度就是这样一种安排。

（三）遵约机制

由于碳预算的刚性约束，各个国家必须要遵守约定，碳预算方案的公平和可持续特性才能得以体现。前面所讨论的惩罚性资金机制即遵约机制。但是，如何实施这一机制，尚有许多具体问题需要解决。比如，累进税率如何确定？

税款由谁来收，是一国际机制，抑或国家征收？税款是国际统一使用，还是各国自己使用？是用于减排，还是用于适应？是用于发达国家，还是用于发展中国家？这些问题，都需要通过国际谈判协商解决。

总的来看，碳预算方案不仅在排放权分配、调整和转移中具有透明和可预见性，增强了方案的可操作性，而且在国际机制设计上与现有《京都议定书》的机制有很强的兼容性。第一，在确定长期目标基础上分阶段实施。上述机制设计是针对 2005—2050 年的，根据谈判进程，可以分为若干承诺期来执行。第二，拓展市场机制。所有国家都可以参与全球碳市场。第三，强化资金机制。现有资金机制是自愿的，碳预算方案下的资金机制规模扩大，且为强制性机制。第四，衡量、报告和核实机制。由于碳预算分配、调整和转移都是透明和可预见的，只要利用现有报告机制收集相关排放数据，对其是否满足碳预算进行定期评估，就不会在可衡量、可报告和可核实机制方面增加新的困难。第五，强化遵约机制。现有遵约机制很弱，实施碳预算方案需要在现有机制基础上引入强制罚款的资金机制，以强化遵约机制。

七　结论与讨论

本文提出的碳预算方案，秉承人文发展理念，是一个可操作的、兼顾公平和保护全球气候目标，且可量化的排放权分配及相关国际机制的一揽子方案。

确定合理的碳预算水平，面临发展目标与可持续性环境目标之间的取舍。发展目标重点是保障人的基本需求，而可持续性目标必须保护全球气候安全。后者作为硬约束，应该优先考虑。一方面，碳预算强调通用性，将人与人之间排放权的平等扩展到发展的全过程。除人口之外，各国在现阶段的经济社会发展水平及其相关的 GDP、能源消费、排放水平等指标差异只是暂时的，并不作为排放权分配的主要依据。另一方面，碳预算也兼顾了差异性，考虑各国在自然环境方面的不同国情对碳预算做出调整，但无论如何，合理的调整幅度远远小于现实排放的差异。不仅如此，碳预算方案是一个一揽子综合方案，涵盖了发展全过程，不同于《京都议定书》方案，一次只考虑一个时间段，目标也没有全局性。

碳预算建立了一个满足全球长期目标、公平体现各国差异的人均累积排放权标准。每个人都应该努力将个人的“碳足迹”控制在这个合理的范围之内，国家需要有相应的政策措施，保障其基本需求，遏制奢侈浪费，鼓励形成可持续发展的消费风尚。无论是发达国家，还是发展中国家，都有这个责任。

当然，碳预算方案的方法论还有待进一步研究和改进。例如：在上述计算过程中，所有累积排放的计算都采用了直接累积方法，从科学角度看，排放对大气中 CO_2 浓度的增加程度随时间衰减，应该引入衰减函数，采用衰减法进行累积排放的计算。但衰减函数的精确计算需要复杂的气候模式，尤其是涉及未来排放路径对大气浓度的影响，没有观测数据的校正，不确定性很大。① 从定性角度看，发达国家历史排放多，未来有条件大幅度减排，而发展中国家历史排放少，未来排放增长趋势明显。因此，引入衰减函数进行累积排放的计算，淡化了发达国家的历史责任，对发达国家是有利的。

碳预算方案的方法论中有一些参数的选择可能引起争议。例如，全球减排的长期目标、历史累积排放计算的起始年等。有些争议可以通过谈判来解决，有些则可进行敏感性分析，来研究这些参数对计算结果的影响。

但无论如何，碳预算方案是基于科学基础，将优先满足基本需求的公平原则与全球的可持续性目标结合起来，为构建 2012 年以后的国际气候制度而设计的一个完整方案。通过本文对碳预算方案的量化分析，有利于全球对以下重要事实达成一致，即全球碳排放要达到 2050 年减排 50% 的目标面临非常严峻的挑战，主要是因为发达国家历史、现实和未来都不可避免地超越碳预算，严重侵占了作为全球公共资源的排放空间。发展中国家尽管普遍低于碳预算，拥有发展和排放的权利，但为了保护全球气候安全的共同利益，也必须通过低碳发展为减缓气候变化作出贡献。构建 2012 年国际气候制度应该基于上述事实做出合理的制度安排，在公平和保护全球气候的前提下，通过国际合作实现全球应对气候变化的长期目标。这些政策含义对于打破当前国际气候谈判的僵局提供了一些有参考价值的新思路。

（原文载于《中国社会科学》2009 年第 5 期）

① UNFCCC, *Scientific and Methodological Assessment of Contributions to Climate Change*, Report of the Expert Meeting, Document number FCCC/SBSTA/2002/INF. 14, 2002.

垄断行业高收入问题探讨

岳希明　李　实　史泰丽

岳希明，中国人民大学财政金融学院教授。1986 年毕业于内蒙古财经学院，获日本一桥大学经济学硕士和博士学位。1998 年就职于中国社会科学院经济所，2007 年转到人民大学。研究兴趣在于收入分配、政府间财政关系和税收，论文曾发表在《中国社会科学》、《经济研究》、*Review of Income and Wealth*，*Journal Comparative Economics* 等学术杂志上。

李实，江苏省徐州市人。北京师范大学经济与工商管理学院特聘教授，长江学者，博士生导师；北京师范大学中国收入分配研究院执行院长；中国社会科学院研究生院教授、博士生导师。1994 年、2010 年两次获孙冶方经济科学奖。主要研究领域为经济思想、经济转型与发展、收入分配。

史泰丽，女，加拿大西安大略大学经济学教授。于 1976 年在波莫纳学院（Pomona College）取得学士学位，1983 年从耶鲁大学获得经济学博士学位，1993 年就职于西安大略大学，之前曾供职于斯坦福大学和哈佛大学。中国经济专家，论文曾发表在 *The Review of Income and Wealth*，*Journal of Development Economics*，*Journal of Political Economy*，以及《中国社会科学》等学术杂志上。研究对象为中国收入分配、社会福利项目以及住户储蓄。

垄断行业高收入是社会各界普遍关注的对象，人们对垄断行业高收入的不满，可能源于以下四个原因。第一，垄断行业的工资收入明显高于其他行业，而且被认为超出了合理的界限。垄断行业的收入究竟有多高？这一点依赖于垄断行业以及与之比较行业的选择，同时也受收入范围的影响。劳动和社会保障部副部长步正发援引国家统计局数据显示,[①] 按细行业分组，2000 年工资最高的航空运输业为 21342 元，最低的木材及竹材采运业为 4535 元，两者相差 4.71 倍。2004 年工资最高的证券业为 50529 元，最低的林业为 6718 元，两者相差 7.52 倍。这里使用的国家统计局的统计资料仅包括工资，而没有包括工资外收入和职工福利待遇。如果包括这两项的话，收入差距可能更大。第二，垄断行业的高收入主要来源于政府保护下该行业对市场的垄断，而不是这些行业在市场上成功竞争的结果，因此是不公平的。第三，目前受政府保护的垄断行业主要由国有企业组成，作为全民财产的国有企业本应把一般消费者福利放在首位，但实际上并非都如此。垄断企业提供的产品和服务，其大部分与居民日常生活有着密切的关系，价格水平的高低直接关系到居民日常生活消费支出的大小，实际上，垄断行业高收入往往以一般消费者的福利损失为代价。第四，行业垄断已经成为目前我国收入不平等，尤其是城镇职工收入差距的重要成因之一。

行业垄断对我国目前收入不平等的贡献度究竟有多大？泰尔指数按人群组分解可以回答这个问题。[②] 对我们界定的垄断行业和竞争行业进行泰尔指数分解的结果显示,[③] 行业垄断对职工收入差距的贡献度为 8.2%。如果以超过 50% 为标准来判定某一因素是收入差距的决定性因素，那么行业垄断不是城镇职工收入差距的决定性因素。但是现实中，很难找到一个对整体收入差距的贡献度超过 50% 的因素，因此不能判定行业垄断对收入差距的贡献不重要。判断行业垄断对收入差距贡献度的大小，可能需要把它与其他因素进行比较,[④] 观察是否存在其他因素，其对收入差距的贡献度超过行业垄断。这里，我们按

---

① 劳动和社会保障部副部长步正发在 2006 年 5 月 14 日召开的第三届薪酬管理高层论坛的发言，见步正发《某些垄断行业工资过高》,《人民日报》2006 年 5 月 18 日，第 10 版。

② 泰尔指数是衡量收入不平等最常用的指标之一。通过泰尔指数分解测量行业垄断对收入分配的贡献度，是要把包括垄断行业和竞争行业在内的职工工资的泰尔指数分解为垄断行业内部收入差距、竞争行业内部收入差距以及垄断行业与竞争行业之间的差距等三项。其中第三项称为组间差距，它反映垄断行业和竞争行业之间的差距对职工整体收入差距的贡献，组间差距占整体泰尔指数的比重即为行业垄断对职工收入差距的贡献度。

③ 本文的分析对象仅限于城镇从业人员，不包括农村从业人员。农民工在城镇从业人员中占有较大的比重，也被纳入分析对象。我们界定的垄断行业和竞争行业没有包括所有的行业，因为很多行业很难界定为垄断行业还是竞争行业。如果把计算对象扩大为所有的行业，而且设定每个行业是垄断行业或竞争行业，组间差距占泰尔指数的比重将大大降低，从而会低估行业垄断对收入差距的贡献。

④ 在考虑两种以及两种以上因素对收入差距的贡献度时，最理想的分解方法是把所有因素都包括进去，然后同时进行分解，然后观察和比较各个要素的贡献度。目前能够满足这一要求的有基于回归分析的分解（regression - based decomposition）。但是，该方法对虚拟变量的处理存在一定局限性。具体地说，以虚拟变量表示的收入决定因素对不平等指数的贡献度随虚拟变量省略组（作为比较基准被省略的那组人群）的变化而变化。为此我们没有采用这种方法。关于基于回归分析的分解方法，

职工学历、年龄、性别以及是否是农民工等影响职工收入的主要因素对泰尔指数进行了分解，其贡献度超出行业垄断的只有教育。按职工学历进行泰尔指数分解时，组间差距为31.0%，超过了行业垄断，但按本文中其他因素分解得到的组间差距均小于行业垄断。[①]由此可见，在我们的研究范围内，行业垄断虽然不是导致职工收入差距的最主要因素，但也是仅次于教育的第二重要因素。

某一行业职工的高收入本身并不是问题，关键在于导致收入差距的原因是否合理。如果劳动力在不同行业之间能够自由流动，行业间工资差主要取决于职工在文化程度、年龄等个人属性上的差异，由此产生的收入差异应当视为合理的。如果垄断行业职工的受教育程度平均高于其他行业，或其职工多处于高收入年龄段，那么垄断行业职工的高收入并不一定是不合理的，至少可以说，并不是高收入的全部都是不合理的。因此，把垄断行业高收入区分为合理与不合理部分，观察其中不合理部分的比重，对于正确判断垄断行业高收入在多大程度上是合理的，至关重要。[②]这正是本文的目的。

本文以下部分的安排是：第一节界定垄断行业的范围以及与之比较的竞争行业；第二节交代实证方法、数据来源以及收入指标等；第三节给出并讨论实证结果；第四节进行稳定性检验；第五节是本文的主要结论。

一 何谓垄断行业

何谓垄断行业？或者说，垄断行业应当包括哪些行业？尽管人们对垄断行业高收入给予极大的关注，但不难发现，人们对垄断行业并没有一个明确的定

参见 Jonathan Morduch and Terry Sicular，“Rethinking Inequality Decomposition wtth Evidence from Rural China”，*The Economic Journal*，Vol. 112，No. 476，January 2002，pp. 93 – 106；Ximing Yue，Terry Sicular，Li Shi and Björn Gustafsson，“Explaining lncomes and lnequality in China”，in B. Gustafsson，Li Shi and T. Sicular，eds.，*Inequality and Public Policy in China*，Cambridge：Cambridge University Press，2008，pp. 88 – 117。

① 按学历分解时，职工分为未上过学、小学、初中、高中、大学专科、大学本科、研究生及以上等7组，组间差距的贡献度为31.0%。按年龄分解时，职工从16岁到60岁，每5岁为一组，共分9组，组间差距的贡献度为3.4%。按性别分解时职工共分两组，组间差距的贡献度为2.1%。按是否为农民工分解时，职工分为农民工和具有城镇户口的城镇职工两组，组间差距的贡献度为6.1%。

② 参见傅娟《中国垄断行业的高收入及其原因：基于整个收入分布的经验研究》，《世界经济》2008年第7期。该作者使用DFL分解方法对垄断行业和竞争行业的工资差进行了分解，但是其研究使用的数据样本小、行业分类较粗（因此垄断行业和竞争行业的界定缺少准确性）。

义，通常把一些行业列举为垄断行业，但是被列举的行业却因人而异，有时仅涉及一个行业（如电力），有时则涉及几个行业。如何界定垄断行业，是包括本文在内的所有国内垄断行业研究面临的难题之一。

简而言之，垄断指由一个或者少数几个企业操纵的市场状态，是相对于完全竞争而言的。完全竞争的市场状态是指，市场由无数生产者组成，每一生产者提供的产品数量都是微不足道的，从而对产品的价格没有任何影响。或者说，在完全竞争的市场状态下，市场价格对每一个生产者来说都是给定的。现实的市场状态与上述纯理论的假设不同，当市场上只有少数生产者或消费者，市场的进入和退出（尤其是进入）又有一定的限制，生产者或消费者对价格就有了一定的控制能力。因此，就生产的供给而言，某一行业企业个数的多少，企业是否能够自由地进入和退出该行业，个别企业是否对价格具有控制能力，或是否存在价格的管制，就成为衡量该行业市场竞争是否充分，以致是否存在垄断现象的重要标准。不完全竞争条件下的这些标准，也是我们下面界定垄断行业和与之比较的竞争行业时的重要依据。

导致垄断的原因主要有三个。第一，企业合谋会导致垄断。某个行业的几个大企业可以通过不正当合约来操纵产品的产量和价格，以此赢得不正当的高利润。第二，规模经济可以导致垄断，由规模经济导致的垄断叫做自然垄断。一些行业的生产技术决定该行业的企业在开始生产之前必须进行大量的投资，这种投入即固定成本。由于固定成本的存在，企业开始生产之后的单位成本随产品产量的增加而降低。对于存在规模经济的行业，其产品往往由单一企业供应时成本最低，最有效率。但是，这时无法避免企业抬高产品价格以损害消费者利益。电力和通信行业是规模经济的代表性行业。对于自然垄断行业，为了充分发挥其规模经济效益，同时避免自然垄断对消费者福利的损害，各国政府均施加管制，而管制方式无非有两种，一种是政府直接经营，另一种是在民营情况下对产品价格加以限制。第三，行政管制也是导致垄断的重要原因。出于某种特殊的需要或者由于某种特殊的原因，政府对某个或某些行业进行管制是常见现象。例如，银行业是各国政府普遍管制的行业，主要因为该行业具有很强的外部性，即使个别银行的经营不善，也会导致整个银行业甚至整个国民经济不稳定。因此，各国政府均通过设定行业准入标准、限定银行的业务范围以及限制存贷款利率等方式对该行业进行管制。再如，各国政府对电力行业的普遍管制，在防止自然垄断的同时充分发挥规模经济的效率。政府对某些行业的行政管制，是政府干预经济的方式之一，为了解决市场失灵，有效的行业干预能够改善经济效率。但是，作为行政干预的副产品，或者因为干预不当以及缺少有效干预手段等原因，行政干预往往会妨碍被干预行业的竞争，最终出现行政垄断。

在行业垄断的上述三个方面，各国具有共性。但是，与其他国家尤其是发达国家相比，我国行业垄断具有明显的特征，其主要形式是行政垄断。在对付自然垄断上，我国的行政管制不仅没有达到预期效果，反而保护了行业垄断，使潜在的自然垄断变成现实的行政垄断。

下面讨论如何具体界定垄断行业和与之比较的竞争行业。统计上通常用集中率（concentration ratio）衡量不完全竞争条件下垄断的程度。某一行业的集中率，通常定义为该行业销售额最大的几个企业（例如 4 个最大的企业）的市场占有率。在各国的实践中，分行业的集中率通常由本国反垄断当局计算和公布。我国由于没有行业集中率统计可以利用，因此通过集中率来界定垄断行业的做法是不可行的。① 在这种情况下，本研究在界定垄断行业时考虑了行业中企业的个数、是否有进入和退出的限制以及产品或服务价格是否存在管制等因素，并参照了公众讨论中作为垄断行业列举的行业，最终把金融、电力、电信、烟草、石油、石化、运输、邮电等行业（详见表 1 上半部分）列入范围。② 这些行业均具有以下几个特征。第一，这些行业内的企业个数都很少，这是企业操纵市场价格的必要条件。第二，国有企业或者国有控股企业在这些行业中占支配地位，与我国目前行业垄断主要是行政垄断的现实相吻合。③ 第三，这些行业中农民工的从业比重低，说明这些行业并没有通过参与竞争性劳动力市场，以降低劳动成本，而这恰恰是这些行业从业人员尤其是一般工人高收入得以维持

① 我国农业普查和经济普查的数据可以用来计算分行业的集中率。但是，有关方面既未利用该数据计算行业集中率，也未公布经济普查收集到的企业层面数据。

② 人们有时把医疗、教育也列举为垄断行业。但是，在“企业”个数上（医疗行业的医院及诊所等，教育行业的学校），这两个行业和上述我们界定的垄断行业明显不同，竞争者众多，出现患者或生源不足的现象。因此我们没有把这两个行业界定为垄断行业。

③ 有关国有工业企业利润率的实证研究表明，某些国有企业利润率高于同行业平均水平，主要原因是其技术创新投入超出行业平均水平。与此不同，烟草加工业、石油和天然气开采业以及电力、热力的生产和供应业等三大行业中的国有制企业，其利润总额每年超出其他行业国有企业利润总额的 20%，其利润来源不是技术创新，而是行政垄断。参见严海宁、汪红梅《国有企业利润来源解析：行政垄断抑或技术创新》，《改革》2009 年第 11 期。这一研究结果与我们对工业中垄断行业的界定基本吻合。

的前提。①

垄断行业界定之后，需要选择与之比较的行业。当人们非议垄断行业高收入时，通常选择收入最低的其他行业与之比较，以突出垄断行业的高收入。这样的行业选择是可行的，但不是必需的。我国垄断行业高收入的原因主要在于政府对这些行业的保护，因此，作为与垄断行业相比较的其他行业，与其选择收入最低的行业，不如选择市场竞争较充分、政府管制较弱的行业，更能突出由行政垄断导致的垄断行业高收入的不合理性。那么，哪些行业的市场竞争最充分呢？鉴于上述行业集中率统计的缺失，这里遇到与界定垄断行业时相同的困难。我们把某个行业内相互竞争的企业个数众多且没有明显的证据表明一个或者少数几个企业占据该行业市场，作为评定该行业竞争充分的可行性客观标准。此外，从业人员总数中农民工的比重也是我们考察竞争行业的重要指标。虽然这与该行业产品市场的竞争程度（因而是否存在垄断）没有必然联系，但与该行业从业人员的工资水平是否接近竞争性劳动力市场有着直接关系。在城镇就业市场上，农民工是一个工资低、劳动保障条件差、雇佣和解聘较容易的群体，是城镇中最廉价的劳动力。如果某个行业农民工从业比重较高，说明该行业参与了竞争性劳动力市场，而不应该出现不合理的高工资收入。在选择竞争性行业时，应当选择那些农民工从业比重较高的行业。根据企业个数和农民工从业比重两个标准，我们最终把制造业中的轻工业、建筑业、批发和零售业、住宿和餐饮业、居民服务和其他服务业列为竞争行业（表 1 下半部分）。这些行业不仅企业个数多，而且农民工占行业从业人员总数的比重也是最高的(40.0%)。与竞争行业相比，垄断行业从业人员中农民工的比重是非常低的(3.1%)。从整个行业中，选择那些垄断程度较强的行业与市场竞争较为充分的行业进行比较，可以缩小行业界定对分析结果的影响。

① 或许有人反驳说，垄断行业农民工从业比重低，是由于农民工不能胜任这些行业的岗位，而不是对农民工的歧视。我们承认，垄断行业中许多职位不是农民工可以胜任的，但并不是所有的岗位都是农民工不可胜任的，其中许多一般工人的岗位是农民工完全可以胜任的。我们的研究表明，在性别、年龄、教育程度等个人属性完全相同的条件下，农民工在国有企业（包括垄断行业）就业的概率远远低于具有城镇户口的城镇职工。如果我们承认教育程度等个人属性应当是一个人选择职业最重要的决定因素，那么农民工在国有企业就业比重较低的现状，表明存在着对农民工的歧视。关于农民工和城镇职工在就业上的差异，参见 Sylvie Demurger, Marc Gurgand, Shi Li and Ximing Yue, “Migrants as Secondclass Workers in Urban China? A Decomposition Analysis”, *Journal of Comparative Economics*, Vol. 37, No. 4, 2009, pp. 610 - 628。

表 1　　**垄断行业与竞争行业的界定**

行业代码	行业名称
垄断行业（3.1%）	
07	石油和天然气开采业（2.6%）
16	烟草制品业（2.5%）
25	石油加工、炼焦及核燃料加工业（5.1%）
D	电力、燃气及水的生产和供应业（3.0%）
51	铁路运输业（1.4%）
54	水上运输业（6.6%）
55	航空运输业（3.4%）
59	邮政业（7.5%）
60	电信和其他信息传输服务业（5.7%）
J	金融业（1.7%）
竞争行业（40.0%）	
13—15、17—24 41—43**	13. 农副食品加工业；14. 食品制造业；15. 饮料制造业；17. 纺织业；18. 纺织服装、鞋、帽制造业；19. 皮革、毛皮、羽毛（绒）及其制品业；20. 木材加工及木、竹、藤、棕、草制品业；21. 家具制造业；22. 造纸及纸制品业；23. 印刷业和记录媒介的复制；24. 文教体育用品制造业；41. 仪器仪表及文化、办公用机械制造业；42. 工艺品及其他制造业；43. 废弃资源和废旧材料回收加工业（54.0%）
E	建筑业（39.3%）
H	批发和零售业（20.8%）
I	住宿和餐饮业（43.5%）
O	居民服务和其他服务业（40.7%）

注：括号中的百分数为相应行业农民工占该行业从业人员总数的比重，这些百分数为笔者根据2005年全国1%人口抽样调查的部分样本计算而得，并见本文第二节的相关解释。

*行业分类标准为《国民经济行业分类》（GB/T 4754—2002）。行业代码中的数字为大类代码，大写英文字母为门类代码。

**这些部门均为制造业的轻工业部分。与此不同，制造业中金属、机械等部门没有列入此处的竞争行业。之所以如此，是因为制造业中的金属和机械等行业部门包括国资委主任李荣融公布的，今后国有经济保持绝对控制力的军工行业。这些军工企业为垄断企业。在统计上无法把这些军工企业分离出来的情况下，金属、机械等部门不应作为竞争行业来处理。

二　实证方法、数据来源及其他

（一）实证方法

本文的目的在于测量垄断行业高收入中不合理部分的比重。具体的做法是，把垄断行业平均工资和竞争行业平均工资之差分解为合理部分和不合理部分，由此确定平均工资差距中不合理部分的比重。能够满足本研究需要的实证方法是劳动经济学中常用的 Oaxaca - Blinder 分解法。① 该方法最初是为了解释性别工资差距而提出的，但是其后被应用到任何两组人群之间收入差距的分析中。Oaxaca - Blinder 分解的对象是两组人群平均工资的差异，并且以回归分析结果为基础实现的。

以下以垄断行业和竞争行业为例，介绍 Oaxaca - Blinder 分解方法。该分解方法包括两个步骤。第一步是对考察对象的两组人群，分别估计收入方程式，此时使用相同的解释变量。用公式表示如下：

$$\text{In}(y^1)=\alpha_1+\beta_1X^1+\varepsilon^1;\ \text{In}(y^j)=\alpha_j+\beta_jX^j+\varepsilon^j \tag{1}$$

这里，l 表示垄断行业；j 表示竞争行业。y 为小时工资（向量）；X 为解释变量矩阵。完成第一步之后，第二步对垄断行业平均小时工资和竞争行业平均小时工资之差（$\overline{\text{In}\ y^1}$—$\overline{\text{In}\ y^j}$）进行分解。用公式表示如下：

$$\begin{aligned}\overline{\text{In}(y^1)}-\overline{\text{In}(y^j)}&=(\hat{\alpha}_1-\hat{\alpha}_j)+(\hat{\beta}_1\overline{X}^1+\hat{\beta}_j\overline{X}^j)\\&=(\hat{\alpha}_1-\hat{\alpha}_j)+\hat{\beta}_1(\overline{X}^1-\overline{X}^j)+(\hat{\beta}_1-\hat{\beta}_j)\overline{X}^j\end{aligned} \tag{2}$$

这里，“-”表示平均值；“^”表示收入方程式中参数估计值。该等式最右边的第一项表示回归方程常数项对工资差距的贡献；第二项是职工个人属性（教育、年龄等）差异的贡献；最后一项表示（对个人属性）回报率的贡献。这三项分别代表工资差异的不同决定要素，因此具有不同的含义和解释。第二项代表工资差距中由个人属性差异说明的部分，通常称为工资差异中的被解释部分（explained portion of the differential），这部分差异被认为是合理的。除第二项之外的其他两项，表示由个人属性之外的因素所导致的工资差异，通常称为工资差距中的未解释部分（unexplained portion of the differential）。由于这部分差异不是由教育、年龄等从业人员个人属性所导致的，是由歧视（discrimination）造成的，因此通常被认为是不合理的。

在上面分解公式中，在测量个人属性差异（$\overline{X}^l-\overline{X}^j$）对工资差距的贡献

---

① 参见 Ronald Oaxaca，“Male - Female Wage Differentials in Urban Labor Markets”，*International Economic Review*，Vol. 14，No. 3，1973，pp. 693 - 709；Alan S. Blinder，“Wage Discrimination：Reduced Form and Structural Estimate”，*Journal of Human Resource*，Vol. 8，No. 4，1973，pp. 436 - 455。

时，使用了垄断行业的回报率（$\hat{\beta}_1$）；在衡量回报率差异（$\hat{\beta}_1-\hat{\beta}_j$）对工资差距贡献时，使用了竞争行业个人属性的平均值（$\overline{X}^j$）。这种分解通常叫做标准分解（standard decomposition）。除了这一标准分解之外，还存在其他的分解方式，即在计算个人属性的贡献时，使用竞争行业的回报率，在计算回报率的贡献时，使用垄断行业个人属性的平均值。用公式表示如下：

$$\overline{\ln(y^l)}-\overline{\ln(y^j)}=(\hat{\alpha}_1-\hat{\alpha}_j)+\hat{\beta}_1(\overline{X}^1-\overline{X}^j)+(\hat{\beta}_1-\hat{\beta}_j)\overline{X}^j \tag{3}$$

这种分解方式称为逆向分解（reverse decomposition）。标准分解和逆向分解的结果通常是不完全相同的，其中哪一个更能准确地估计收入差距的合理与不合理部分，取决于两组人群中哪一组的回报率估计值更接近竞争性劳动力市场的回报率。对于本文考察的垄断行业和竞争行业两组人群来说，竞争行业的劳动力市场可能更接近竞争性劳动力市场，因此基于竞争行业回报率的逆向分解可能更理想。在解释分解结果时，为了验证分解结果的稳定性，多数研究同时给出按两种分解方式的分解结果。本文亦遵循这一惯例。

由于使用不同的简报率和个人属性均值，标准分解和逆向分解的结果通常是不等的，有时相差相当大，这通常称为指数问题。Oaxaca－Blinder 分解方法出现之后，研究者在解决指数问题上付出了极大的努力，其中最有代表性的是 Cotton 和 Neumark 的研究。① 除了 Oaxaca－Blinder 分解之外，本文还尝试了 Cotton 分解和 Neumark 分解。在垄断行业高收入不合理部分估计值上，三种方法的分解结果基本一致。考虑到读者对 Oaxaca－Blinder 分解较为熟悉，因此本文第四、五节解释分解结果时只给出 Oaxaca－Blinder 分解结果。

（二）数据来源

本研究所用数据来源于 2005 年全国 1% 人口抽样调查，其样本量为

① 关于 Cotton 与 Neumark 研究的原始文献，参见 Jeremiah Cotton，"On the Decomposition of Wage Differentials"，*The Review of Economics and Statistics*，Vol. 70，No. 2，1988，pp. 236－243；David Neumark，"'Employers' Discriminatory Behavior and the Estimation of Wage Discrimination"，*The Journal of Human Resources*，Vol. 23，No. 3，1988，pp. 279－295。有关 Oaxaca－Blinder 分解最新进展的综述，参见 BenJann，"A Stata Implementation of the Blinder—Oaxaca Decomposition"，*ETH Zurich Sociology Working Paper*，No. 5，2008，forthcoming in *The Stata Journal*。该文献可从 http：//repec. ethz. ch/rsc/，ets/wpaper/jann－oaxaca. pdf 下载（2010 年 1 月 15 日访问）。该文是其作者编写的 Oaxaca－Blinder 分解的 Stata 程序说明书，对分解公式以及分解程序等有非常详细的解释。对分解背后的劳动经济学含义感兴趣的读者，可直接阅读该文给出的原始文献。相关的中文文献可参见郭继强、陆利丽《工资差异均值分解的一种新改进》，《经济学》（季刊）2009 年第 8 卷第 4 期，尤其是其中的第一、二节。

996588 户和 2585481 人，样本人数占该年全国总人口的比重超过 2‰（0.00204 = 2585481/1265830000）。在分析行业工资差距上，该数据有以下几个优点。（1）样本量大。（2）行业分类细分到我国国民经济行业分类中的大类（共 95 个行业）。与此不同，绝大多数其他统计调查的行业分类均为门类，由于分类过粗，因此无法精确地界定垄断行业或者竞争行业。例如，无法把石油和天然气开采业从采掘业区分出来；无法把烟草制品业以及石油加工、炼焦及核燃料加工业从制造业中区分开来。（3）有收入数据可以利用。世界上绝大多数人口普查或者人口抽样调查均不收集有关收入的信息，我国以往的人口普查和 1% 人口抽样调查也不例外。但 2005 年全国 1% 人口抽样调查是个例外，它包括从业人员工资信息。工资信息的加入，使其他信息的使用价值大大加强。（4）有劳动时间（工作小时）的信息可以利用。衡量工资差距时，小时工资优于其他形式的工资指标（如月工资、年工资等），能够使工资差距的测量更准确。（5）有关于住户成员的基本信息，如性别、年龄、教育等。

（三）从业人员的定义

本文研究的对象是工资差距，因此，我们首先把样本限定在从业人员上，并对从业人员又做了进一步的限定。第一，只保留城镇从业人员，去掉第一产业的从业人员。[①] 第二，在城镇从业人员中，我们仅仅考察就业身份为雇员的劳动者，就业身份为雇主、自营以及家庭帮工的，不在考察范围之内。把这些人排除在考察对象之外的一个重要理由是，在雇主和自营从业人员的收入中，有一部分是对其投资的报酬。如果收入中有资本所得，而解释收入差距时没有相应的变量，[②] 收入方程式的估计系数以及工资差距中合理部分与不合理部分的估计值，都会出现偏差。第三，满足上述限定条件的从业人员包括城镇职工（具有城镇户口的从业人员）和农民工两部分。对于其中的农民工，除了具备拥有农业户口的条件之外，又增加了两个条件：（1）离开户口登记地超过半年；（2）离开户口登记地是为了务工经商。这些条件是定义农民工时最常见的，限定离开户口登记地必须在半年以上，是为了把农民工当中主要从事农业生产、偶尔外出打工的从业人员排除在外。

城镇就业人员总数中，农民工的比重很高，这是把农民工纳入考察对象的主要理由。但是，考虑到目前我国城镇劳动力市场中，有城镇户口的城镇职工和没有城镇户口的农民工在职业选择自由上仍然存在一定的差异，因此在下一

① 人们议论垄断行业高收入时，涉及的主要是城镇的职工，而不是农村中从事第一产业的劳动者。这是从分析对象中排除第一产业从业人员的主要原因。

② 在我们使用的数据中，不存在解释个人资本收入的要素。

节的实证分析中，除了对包括农民工在内的城镇全体从业人员进行考察之外，还对不包括农民工的城镇职工进行考察。剔除农民工后考察垄断行业和竞争行业之间的工资差距，可以排除刚刚提到的职业选择自由度差异造成的影响。

（四）收入指标的定义

讨论收入差距，离不开对收入指标的定义。相关文献多使用月工资或年工资等指标。但是很明显，与以月或年为单位计算的工资相比，按小时计算的工资（通常称为工资率）更能准确地反映工资差距。即使月工资或年工资完全相同的两个人，如果工作时间不同，以小时工资衡量的工资差距依然存在。如果月收入与工作时间之间存在负的相关关系（这正是我们后面所观察的），使用月收入指标会低估工资差距。2005 年全国 1% 人口抽样调查提供了收入与劳动时间的数据，因此，本研究主要用小时工资来测算行业工资差。

三 实证结果与解释

这一节通过对垄断行业和竞争行业的工资差距分解，区分其中合理与不合理部分的比重。在进入分解之前，首先通过描述性统计观察两个行业之间的差异，表 2 给出了相关信息。

表 2　　垄断行业和竞争行业差异的描述性统计

	月工资（元）	周工作时间（小时）	小时工资（元）	男性比重（%）	受教育年限（年）	年龄（岁）	观测值数
包括农民工							
垄断行业	1465.2	42.9	8.0	0.62	12.4	36.6	29092
竞争行业	1009.2	51.0	4.9	0.51	10.2	32.8	106792
全体样本	1106.8	49.3	5.5	0.53	10.6	33.6	135884
垄断行业与竞争行业之差	456.0	-8.1	3.2	0.11	2.3	3.8	—
垄断行业与竞争行业之比	1.45	0.84	1.65	1.23	1.22	1.12	—
不包括农民工							
垄断行业	1474.7	42.7	8.1	0.62	12.5	36.8	28189
竞争行业	1065.4	47.8	5.4	0.50	11.1	35.7	64096
垄断行业与竞争行业之差	409.4	-5.1	2.7	0.1	1.4	1.1	—
垄断行业与竞争行业之比	1.38	0.89	1.49	1.24	1.13	1.03	—

首先观察包括农民工在内的垄断行业与竞争行业之间的差异。垄断行业职工的月工资为1465元，竞争行业为1009元，前者是后者的1.45倍。从工作时间来看，竞争行业的周工作小时远远高出垄断行业，前者是后者的1.19倍。按小时工资衡量，垄断行业为竞争行业的1.65倍，明显大于按月工资衡量的工资差距。不包括农民工时，垄断行业和竞争行业的月工资均有所上升，但由于后者上升幅度更大，因此两类行业之间工资差距比包括农民工时小。不包括农民工时，竞争行业职工的周工作小时依然大于垄断行业，但是与包括农民工时相比，工作小时的差异有所缩小，竞争行业的周工作小时数为垄断行业的1.12倍。与包括农民工时相比，由于月工资与工作小时差异在垄断行业和竞争行业之间均有所缩小，因此，不包括农民工的两类行业小时工资差距明显降低，垄断行业小时工资为竞争行业的1.49倍，而包括农民工时为1.65倍。①

通过观察两类行业职工属性差异不难发现，在男性职工比重、平均受教育年限以及平均年龄方面，垄断行业均高出竞争行业。具体地说，垄断行业男性职工的比重为62%，高出竞争行业11个百分点；垄断行业职工平均受教育年限为12.4年，较竞争行业长2年以上；垄断行业职工的平均年龄较竞争行业大近4岁。职工收入差异至少部分来源于职工属性的差异。从下面收入方程估计结果可知，男性工资较女性高，职工工资随职工受教育年限和年龄的增加而上升。因此，从职工属性差异来看，垄断行业职工工资高于竞争行业是必然的（在其他情况一定的条件下）。关键是高出的部分在多大程度上是合理的，这正是本节实证的目的。

本文使用Oaxaca－Blinder分解法来测量垄断行业与竞争行业工资差异的合理与不合理部分。该分解方法的第一步是对两类行业分别估计收入方程，所使用的解释变量是相同的。表3给出了包括农民工和不包括农民工的估计结

① 需要说明，以上数据显示的垄断行业与竞争行业之间的收入差距，明显小于人们在谈论垄断行业高收入时出现的收入差距。这主要由于比较对象不同造成的。垄断行业高收入的讨论，通常把垄断行业中的高收入部门与收入最低部门的工资相比。与此不同，作为与垄断行业比较的部门，我们没有选择收入最低的行业，而是选择了市场竞争较为充分的行业部门。上文中步正发副部长在谈论垄断行业收入过高时，把收入最高行业的证券业与收入最低的林业进行了比较，前者的收入为后者的7.52倍。按本研究使用的数据计算，这两个行业的工资差距，按月工资计算为3.74倍（=2658.2/710.3），按小时工资计算为4.01倍（=14.95/3.73），其差距虽然不及步正发副部长援引的数据，但是明显大于正文中垄断行业和竞争行业之间的工资差距。

果。这里考虑的职工属性包括性别、受教育年限、年龄、① 各省的城市生活费指数、② 所在地区以及所从事的职业。③

表 3　收入方程回归结果

	包括农民工		不包括农民工	
	垄断行业	竞争行业	垄断行业	竞争行业
性别(男 =1, 女 =0)	0.1080	0.1880	0.1066	0.2173
	(16.34)***	(57.21)***	(15.91)***	(47.50)***
受教育年限	0.1086	0.0887	0.1085	0.1070
	(77.90)***	(138.93)***	(74.45)***	(114.16)***
年龄	0.0338	0.0301	0.0346	0.0227
	(12.74)***	(28.47)***	(12.64)***	(13.85)***
年龄平方	-0.0003	-0.0003	-0.0003	-0.0002
	(8.33)***	(22.81)***	(8.30)***	(10.78)***
城市生活费指数对数值	1.3243	1.1168	1.3442	1.4958
	(37.02)***	(61.69)***	(36.95)***	(61.38)***
东部	0.1558	0.2348	0.1523	0.218Z
	(17.68)***	(44.03)***	(17.11)***	(32.88)***
中部	-0.1014	-0.0682	-0.1055	-0.0606
	(11.42)***	(11.27)***	(11.79)***	(8.45)***

① Mincerian 收入函数中的工作经历变量应当为职工工龄，而不是职工年龄。工龄较年龄更能准确地测量职工在岗技能积累以及由此产生的劳动生产率的提高。但是在现实中，由于数据资料通常有职工年龄的信息，而没有工龄的信息，因此年龄常常作为工龄的代理变量来使用，2005 年全国 1% 人口抽样调查也是如此。以往研究曾经尝试用职工的年龄和受教育年限，间接估算职工工龄，计算公式通常如下：工龄 = 年龄 - 受教育年限 - 上学年龄（通常使用 6 岁）。这种计算方法会因职工上学年龄的差异以及失业经历而使工龄的估计值出现偏差。在这种情况下，年龄和工龄哪个指标更好，就难以判断。我们按照上述公式计算了职工工龄，用工龄取代年龄后重新估计了收入方程式并进行了 Oaxaca - Blinder 分解，结果变化不大。分解结果可以向笔者索取。

② 各省城市生活费指数来自 Loren Brandt and Carsten A，Holz，"Spatial Price Differences in China: Estimates and Implications," *Economic Deveiopment and Cultural Change*, vol. 55, no. 1, 2006, pp. 43 - 86。另外，关于变量的变化对分解结果的影响将在第四节进行讨论。研究地区间生活费差异影响的另外一种方法是，从解释变量中去掉各省城市生活费指数，用其缩减被解释变量的收入，进行收入方程式估计和 Oaxaca - Blinder 分解。我们尝试了这样的估计和分解，结果发现，无论收入方程式中保留变量的估计系数，还是 Oaxaca - Blinder 分解中不合理部分的比重，都没有实质性的变化。估计结果可以向笔者索取。

③ 以下分析中，一般工人被选择为其他两类职业从业的参照组，因此一般工人虚拟变量没有出现在收入方程式中。为了检验估计结果对参照组选择的敏感性，我们先后在省略了管理人员和技术人员虚拟变量的情况下进行了重新估计，结果变化不大。估计结果可以向笔者索取。

续表

	包括农民工		不包括农民工	
	垄断行业	竞争行业	垄断行业	竞争行业
管理人员	0.2560	0.5562	0.2493	0.5131
	(15.69)***	(54.27)***	(15.21)***	(43.59)***
技术人员	0.0518	0.2615	0.0465	0.2314
	(7.25)***	(40.46)***	(6.45)***	(31.48)***
常数项	-11.1258	-9.4675	-11.2952	-12.6015
	(38.11)***	(64.62)***	(38.12)***	(63.63)***
观测值数	29092	106792	28189	64096
R - squared	0.33	0.33	0.33	0.38

注：括号里的数字为t统计量的绝对值，*、**、***分别表示在10%、5%、1%水平上显著。

从估计系数可知，相对于女性职工，男性职工的回报较高，而且高出程度在竞争行业较大。这在包括农民工和不包括农民工时都没有太大差异。包括农民工时，受教育年限的估计系数在垄断行业为10.86%，在竞争行业为8.87%，前者高于后者。收入方程中受教育年限的估计系数通常称为教育回报率。也就是说，在包括农民工时，垄断行业的教育回报率高于竞争行业。但是当不包括农民工而将样本局限于拥有城镇户口的职工时，垄断行业的教育回报率反而低于竞争行业，但是二者之间的差异不明显，可以视为相等。包括农民工与否，使教育回报率估计值出现明显的差异。具体地说，受教育年限每增加一年所带来的收入增长，具有城镇户口的城镇职工要高于农民工。从年龄及其平方的估计系数来看，工资收入首先随年龄的增加而增长，但是当达到一定年龄后转为下降。根据估计系数计算的这个关键年龄有所变化：垄断行业与是否包括农民工无关，大约在58岁左右，而竞争行业因是否包括农民工存在一定差距，包括时大约44岁，不包括时大约47岁。从估计系数大小来看，工资收入随年龄的增长幅度，垄断行业较竞争行业大。城市生活费指数的估计系数符合预期，生活指数越高的省份，收入也越高。

在得到收入方程的估计结果之后，即可对垄断行业和竞争行业工资差进行分解，分解结果显示在表4中。该表给出了包括农民工和不包括农民工两种情况的分解结果，并对每一种情况实施了标准分解和逆向分解两种分解。从表4可以看出，垄断行业和竞争行业之间的工资差距中不合理部分均超出了50%，与包括农民工相比，不包括农民工时不合理部分的估计值变大，达到60%。Cotton和Neumark分解结果显示，垄断行业高收入中不合理部分的比重也在

50%以上。[①] 由此可见，我们对垄断行业高收入不合理部分的估计值不受分解方法的影响。

表4　　垄断行业和竞争行业工资差距的分解结果

	包括农民工		不包括农民工	
	标准分解	逆向分解	标准分解	逆向分解
合理部分	45.5	43.2	32.9	40.3
不合理部分	54.5	56.8	67.1	59.7
合计	100.0	100.0	100.0	100.0

垄断行业与竞争行业之间的工资差距及其不合理部分的比重可能因职业不同而不同，为此我们进行了分职业分析。表5分管理阶层、技术工人和一般工人给出了垄断行业和竞争行业的工资差距，表中的数字为小时工资的对数值，其含义是垄断行业小时工资高出竞争行业的百分比。从该表可以看出，包括农民工时，垄断行业管理阶层收入较竞争行业高19%，技术人员高出22%，而一般工人则高出48%。不包括农民工时，两类行业的工资差距在三种职业上均有所缩小，但是不变的是，与管理阶层和技术工人相比，一般工人的工资差距最大。

表5　　垄断行业和竞争行业分职业的工资差距

	管理阶层	技术人员	一般工人
包括农民工			
垄断行业	2.37	1.97	1.76
竞争行业	2.18	1.75	1.28
垄断行业与竞争行业之差	0.19	0.22	0.48
不包括农民工			
垄断行业	2.37	1.97	1.77
竞争行业	2.21	1.76	1.31
垄断行业与竞争行业之差	0.16	0.20	0.46

① 包括农民工时，不合理部分的Cotton分解为56.3%，包括垄断行业虚拟变量时，Neumark分解为58.7%，不包括该虚拟变量时，Neumark分解为47.2%。不包括农民工时，相应的估计结果分别是61.3%、63.1%和54.6%。使用Neumark分解，收入方程估计不包括垄断行业虚拟变量会导致不合理部分的低估，参见前面引用的Jann一文。本文以下对所有Oaxaca－Blinder分解同时进行了Cotton和Neumark分解，其结果没有实质性的变化，故以下仅给出Oaxaca－Blinder分解结果。

那么，垄断行业高收入中不合理部分的大小在不同职业之间又有怎样的差异呢？表6给出了分职业的分解结果。该表显示，无论是哪一种职业，工资差距中不合理部分的估计值因分解方法（标准分解和逆向分解），以及是否包括农民工而有所不同，但从四种分解结果的平均值来看，以技术工人最大（77.8%），一般工人次之（70.2%），管理阶层最低（62.7%）。另外，与包括农民工相比，不包括农民工时不合理部分的估计值变大。

表6　　垄断行业和竞争行业分职业工资差异的分解结果

	包括农民工		不包括农民工	
	标准分解	逆向分解	标准分解	逆向分解
管理阶层				
合理部分	41.6	40.6	37.2	29.7
不合理部分	58.4	59.4	62.8	70.3
合计	100.0	100.0	100.0	100.0
技术人员				
合理部分	21.8	28.6	15.8	22.7
不合理部分	78.2	71.4	84.2	77.3
合计	100.0	100.0	100.0	100.0
一般工人				
合理部分	41.3	25.4	27.1	25.4
不合理部分	58.7	74.6	72.9	74.6
合计	100.0	100.0	100.0	100.0

以上有关分职业的分析结果显示，垄断行业和竞争行业之间工资差距及其不合理部分的比例以管理阶层为最低，但对于这一结论需予以特殊的注意。问题来自现行收入统计的缺陷。包括本文使用的2005年全国1%人口抽样调查在内，目前我国的收入统计都不能反映（至少不能完全反映）工资收入之外的其他货币和非货币收入，而收入的这种遗漏现象在垄断行

业表现得更为突出。垄断行业的管理阶层在福利住房占有、公车使用以及公款消费等方面，较竞争行业管理阶层更具有优势。如果把这些非货币收入考虑进去，管理阶层的收入差距在垄断行业和竞争行业之间会明显扩大，其中的不合理部分会因此增大。

以往研究发现，收入差距在地区之间存在显著的差异，东部地区最小，西部地区最大，中部地区居中，但在程度上更加接近西部地区。为了加深对收入差距的理解，我们分东、中、西三个地区考察垄断行业和竞争行业之间的收入差距，重点观察垄断行业高收入中不合理部分的比重是否存在地区差异。

表7分地区给出了垄断行业和竞争行业人均工资的对数值。从反映工资差异的数字可以看出，包括农民工时，垄断行业和竞争行业之间工资差异在中部地区最低，前者高出后者53%，其次为东部地区，差异最大的是西部，但是东部和西部十分接近。不包括农民工时，两类行业之间工资差异以东部最低，中部次之，西部最高。包括农民工与否，对东部地区两类行业工资差距变化的影响较大，其原因是东部地区吸纳了较多的农村流动人口，而流动人口在城市中是收入较低的群体，因此当包括农民工时，该地区垄断行业与竞争行业之间的工资差距明显上升。

表7　　垄断行业和竞争行业分地区的工资差距

	东部	中部	西部
包括农民工			
垄断行业	2.04	1.60	1.71
竞争行业	1.44	1.06	1.10
垄断行业与竞争行业之差	0.60	0.53	0.61
不包括农民工			
垄断行业	2.06	1.60	1.72
竞争行业	1.58	1.08	1.14
垄断行业与竞争行业之差	0.48	0.52	0.57

表8分地区给出 Oaxaca - Blinder 分解结果。该表显示，垄断行业高收入中不合理部分的比重在东部最低，其估计值最大时也只有53%；中部和西部均高于东部，除个别情况外，均在60%以上，但四个地区十分接近。分地区分解结果的含义是，中部和西部两大地区垄断行业和竞争行业之间的工资差距，尤其是其中的不合理部分是导致这两个地区收入分配不平等程度高于东部

的原因之一。

表 8 垄断行业和竞争行业分地区工资差异的分解结果

	包括农民工		不包括农民工	
	标准分解	逆向分解	标准分解	逆向分解
东部				
合理部分	63.1	57.2	47.2	53.1
不合理部分	36.9	42.8	52.8	46.9
合计	100.0	100.0	100.0	100.0
中部				
合理部分	36.3	37.5	31.1	35.4
不合理部分	63.7	62.5	68.9	64.6
合计	100.0	100.0	100.0	100.0
西部				
合理部分	39.7	45.1	29.0	41.6
不合理部分	60.3	54.9	71.0	58.4
合计	100.0	100.0	100.0	100.0

四　稳定性检验

由于政府的保护，垄断行业高收入的一半以上是不合理的，这一实证结果是否可信，是否具有稳定性呢？本节讨论这一问题。

影响上一节实证结果的第一个因素是垄断行业和竞争行业的界定。鉴于上述行业集中率在统计上的缺失，垄断行业或者竞争行业界定范围某种程度的不确定性或变化，可能对垄断行业高收入中不合理部分的估计值产生影响。为了观察垄断行业高收入中不合理部分估计值对垄断行业和竞争行业范围的敏感程度，我们从表 1 的垄断行业和竞争行业中任意抽取部分行业部门进行了多次分解。结果显示，除了极个别的分解结果外，垄断行业高收入中不合理部分的比重均超过 50%。另外，我们还从按大类划分的 95 个行业部门总数中，选取 10% 的人均工资最低的行业部门，与表 1 中的垄断行业进行分解，其结果与表 4 十分接近。这说明，上一节关于垄断行业高收入中不合理部分超出 50% 的分解结果，基本不受两类行业范围界定的影响。①

① 笔者愿意按读者指定的垄断行业和与之比较的行业，提供 Oaxaca - Blinder 分解结果。

影响垄断行业高收入中不合理部分估计值的第二个可能因素是收入方程式中解释变量的变化。对此首先应当说明的是，从第二节 Oaxaca - Blinder 分解公式来看，收入方程式解释变量个数的多少与 Oaxaca - Blinder 分解结果没有直接关系。解释变量的多少可能直接影响收入方程式对个人收入差距的解释能力。一般地说，解释变量越多，R - squared 的值越大，收入方程式的解释能力越强。但是 Oaxaca - Blinder 分解中被解释部分和未解释部分的大小与此没有直接的关系。观察解释变量对垄断行业高收入中不合理部分估计值的影响，只有通过实际改变解释变量后重新估计收入方程式。在收入方程式估计以及 Oaxaca - Blinder 分解时，上一节考虑了从业人员的性别、受教育年限、年龄、所在地区的生活费指数、所在地区和所从事职业等因素。由于 2005 年全国 1% 人口抽样调查搜集的个人与家庭信息有限，因此无法在表 3 的基础之上进一步增加解释变量，而只有通过减少说明变量的办法进行验证。上一节分职业和分地区地分解，实际上已经改变了收入方程式的解释变量。因为分职业分解时，解释变量中已经去除了职业虚拟变量，而分地区分解时，解释变量中则去除了地区虚拟变量。从分职业和分地区的分解结果来看，除了个别情况外，垄断行业高收入中不合理部分的估计值仍然停留在 50% 以上，与表 4 相比没有实质性变化。为了进一步检验解释变量变化对分解结果的影响，我们又进行了多次尝试。在表 3 的基础之上，首先去除职业虚拟变量，然后又去除地区虚拟变量，到最后只保留受教育年限及年龄两个因素，但是分解结果仍没有实质性变化，除极个别情况外，不合理部分的估计值均在 50% 以上。由此可见，解释变量的变化对分解结果并没有实质性影响。

作为可能影响垄断行业高收入中不合理部分估计值的第三个因素，我们考虑无法观测的从业人员能力因素。现实中个人能力的差异是一时难以观察到的，即使能观察到，在统计中也难以反映出来，这是长期困扰收入方程式估计的难题。无法观测的能力差异与受教育年限紧密联系在一起，一般地说，能力越强的人，在校期间成绩也越好，受教育年限也会越长，即个人受教育年限的长短可能与个人能力成正比。在估计收入方程式时，无法观测的个人能力会导致受教育年限系数的高估。如果垄断行业从业人员的个人能力普遍高于竞争行业，那么垄断行业受教育年限系数的高估程度要高于竞争行业，在其他情况一定的条件下，这会直接导致垄断行业与竞争行业工资差异中不合理部分的高估。把个人能力差异造成的收入差异视作不合理的做法，显然是不合理的。从平均水平看，垄断行业从业人员的个人能力可能在实际上高于竞争行业。由于其高收入，垄断行业在人员招聘过程中能够吸引更多能力较强的人应聘，因此有更多的机会选择能力最强或者较强的员工。垄断行业在劳动力市场上的这种优势，有可能导致垄断行业从业人员的个人能力普遍高于竞争行业。若此成立，以上关于垄断行业高收入不合理部分的估计有可能被夸大了。

把从业人员父母的受教育年限作为从业人员不可观测的个人能力的代理变量，引入收入方程式进行估计，是以往文献消除（至少缩小）不可观测的个人能力影响的办法之一。本文亦采取这种办法。从2005年全国1%人口抽样调查数据中，我们首先抽取与户主关系为子女的从业人员，然后建立其父母学历的变量。满足这一条件的家庭，是那些已经工作的子女并与父母居住在一起的家庭。这种家庭在城镇户口中不多，而对在城镇打工的农民工家庭来说就更少。由于满足条件的农民工家庭只有几户，因此我们最终把样本限于拥有城镇户口的家庭。即使如此，父母同在并且与已工作子女生活在一起的家庭也不多，而更多的是只有父母中一方的家庭。当我们把父母的受教育年限同时引入解释变量对收入方程式进行估计时，许多变量的估计系数虽然保持预期的符号，但均因观测值过少而不显著。为了增加观测值，我们仅仅把父亲或者母亲的受教育年限引入解释变量进行估计，由于二者的结果相差不大，这里仅报告基于父亲受教育年限的估计结果。

表9给出了收入方程式的估计结果。为了便于比较，表9除了给出包括父亲受教育年限的收入方程式估计结果之外，同时给出了使用相同样本，但没有包括父亲受教育年限的收入方程式估计结果。通过比较可知，引入父亲受教育年限后估计系数变化最大的变量为从业人员自身的受教育年限，该变量的估计值在引入父亲受教育年限后变小，在变动幅度上，竞争行业较垄断行业大，前者为-0.0144，而后者为-0.0089。

根据表9中收入方程式的估计结果，我们把垄断行业和竞争行业之间的工资差异分解为合理与不合理两部分，分解结果显示在表10中，表明收入方程式中是否包括父亲受教育年限（因而是否考虑无法观测的个人能力差异），对垄断行业高收入中不合理部分的估计值几乎没有影响。① 由此可得出结论，如果父母受教育年限可以反映子女能力，那么，从业人员无法观测的个人能力差异对以上关于垄断行业高收入中不合理部分的估计值没有太大影响。

① 把母亲受教育年限引入解释变量，或者把父母受教育年限同时引入解释变量（尽管一些变量的估计系数失去统计上的显著性）进行分解时，不合理部分的绝对水平及其变化与表10的结果基本相同。分解结果可向笔者索取。

表9　加入父亲受教育年限后的收入方程式回归结果

	自变量中是否包括父亲受教育年限			
	是		否	
	垄断行业	竞争行业	垄断行业	竞争行业
性别(男=1;女=0)	0.0704	0.1090	0.0662	0.1151
	(2.12)**	(5.03)***	(1.99)**	(5.26)***
受教育年限	0.0706	0.0996	0.0795	0.1140
	(8.34)***	(18.66)***	(9.88)***	(22.75)***
父亲受教育年限	0.0208	0.0290		
	(3.28)***	(7.29)***		
年龄	0.1379	0.0746	0.1338	0.0713
	(2.74)***	(2.64)***	(2.65)***	(2.50)**
年龄平方	-0.0020	-0.0010	-0.0019	-0.0010
	(2.00)**	(1.77)*	(1.92)*	(1.68)*
城市生活费指数对数值	1.5619	1.6201	1.5749	1.6254
	(9.11)***	(14.47)***	(9.14)***	(14.36)***
东部	0.1373	0.2714	0.1362	0.2640
	(2.89)***	(8.00)***	(2.86)***	(7.70)***
中部	-0.1288	0.0378	-0.1277	0.0415
	(2.60)***	(1.01)	(2.56)**	(1.10)
管理人员	0.3703	0.6032	0.3972	0.6301
	(2.28)**	(7.11)***	(2.44)**	(7.36)***
技术人员	0.0728	0.1429	0.0811	0.1547
	(2.04)**	(4.01)***	(2.27)**	(4.30)***
常数值	-13.6384	-14.6318	-13.5764	-14.5076
	(9.05)***	(15.31)***	(8.97)***	(15.02)***
观测值数	1069	2404	1069	2404
R-squared	0.33	0.43	0.32	0.41

注：括号里的数字为t统计量的绝对值，*、**、***分别表示在10%、5%、1%水平上显著。

表 10　考虑从业人员个人能力差异的分解结果

	自变量是否包括父亲受教育年限			
	是		否	
	标准分解	逆向分解	标准分解	逆向分解
合理部分	13.7	17.9	12.5	16.7
不合理部分	86.3	82.1	8.5	83.3
合计	100.0	100.0	100.0	100.0

作为影响垄断行业高收入中不合理部分估计值因素，最后需要考虑的是由收入统计缺陷带来的问题。本文使用的月收入指标，仅包括调查月份的收入总额，或者按年收入折算的月收入，包括现金和实物折合现金两个部分。① 但是，这一收入指标没有包含福利住房、用人单位为职工支付的各种形式保险缴费（如企业年金）等福利收入。在垄断行业的各项福利较竞争行业普遍丰厚的条件下，本文使用的收入指标不仅低估了垄断行业与竞争行业之间的收入差距，同时也低估了垄断行业高收入中不合理部分的估计值。② 我们试图测量低估的幅度。由于垄断行业福利收入的测量没有统计数据可以利用，我们采取的办法是，在保持竞争行业职工收入不变的同时，给垄断行业职工收入乘以一个大于 1 的系数，然后进行分解。应当说，收入指标对福利收入的低估，不仅限于垄断行业，竞争行业也存在。即使如此，只要垄断行业的低估程度大于竞争行业，这种做法得出的结论也是成立的。当我们给垄断行业职工收入乘以一个大于 1 的常数时，实际上假定垄断行业职工工资低估的百分比相同，但绝对数随统计工资（统计调查时登记的工资）增加而增加。由于统计工资和统计遗漏的福利收入受从业人员的职位、工龄、学历等相同因素影响，因此这一假定在一定程度上是合理的。

① 详见 2005 年全国 1% 人口抽样调查方案中有关收入指标的解释。

② 被解释变量扩大一定倍数后，解释变量的估计系数会扩大相同倍数。而解释变量估计系数的扩大，直接导致分解结果中不合理部分的扩大。这一点从正文的（2）式和（3）式方程中可以看出，在单变量回归时最明显。比如，当把 y 对 x 进行回归时，x 的估计系数为 $\hat{\beta}=\Sigma(y_i-\bar{y})(x_i-\bar{x})/\Sigma(x_i-\bar{x})^2$；常数项估计系数为 $\hat{\alpha}=\bar{y}-\hat{\beta}\bar{x}$。由此可见，估计系数会随被解释变量数值的增大而增大。假如被解释变量观测值都上升为原来的 1.5 倍，所有解释变量（包括常数项）的估计系数也会扩大 1.5 倍。解释估计系数和被解释变量扩大相同的倍数，这在多元回归时也是如此，只不过计算公式变得复杂而已。

表 11 **调整垄断行业工资水平之后的分解结果** 单位:%

	包括农民工		不包括农民工	
	标准分解	逆向分解	标准分解	逆向分解
观测收入*				
合理部分	45.5	43.2	32.9	40.3
不合理部分	54.5	56.8	67.1	59.7
合计	100.0	100.0	100.0	100.0
1.2 倍**				
合理部分	33.6	31.9	23.6	28.8
不合理部分	66.4	68.1	76.4	71.2
合计	100.0	100.0	100.0	100.0
1.5 倍***				
合理部分	25.4	24.1	17.5	21.4
不合理部分	74.6	75.9	82.5	78.6
合计	100.0	100.0	100.0	100.0
2 倍****				
合理部分	19.3	18.4	13.1	16.1
不合理部分	80.7	81.6	86.9	83.9
合计	100.0	100.0	100.0	100.0

注:* 表示根据 2005 年全国 1% 人口抽样调查登记工资收入的分解结果，该结果与表 4 完全相同;** 假设垄断行业实际收入为抽样调查中工资收入的 1.2 倍;*** 和 **** 以此类推。

作为扩大垄断行业职工工资的系数，我们取 1.2、1.5、2 三个数值。1.2 意味着实际收入（包括遗漏的福利收入）被低估了 16.7%,[①] 1.5 和 2 意味着实际收入被低估的百分比分别是 33.3% 和 50.0%。表 11 显示分解结果。为了便于比较，我们把基于统计收入的分解结果显示在该表的最上面（和表 4 分解结果相同)。

从表 11 可以看出，垄断行业高收入中不合理部分的估计值随该行业收入低估程度的增大而增大。当假定实际收入为统计收入的 1.2 倍时，根据四种不同分解方法得到的不合理部分的估计值均超过 60%。当假定实际收入为统计收入的 1.5 倍时，不合理部分的估计值均超过 70%，当假定实际收入为统计

① 用 W 表示统计工资，包括福利收入在内的实际收入应当是 $1.2W$，实际收入被低估的比例为：$(1.2W - W)/1.2W \times 100 \approx 16.7$。

收入的 2 倍时，不合理部分的估计值甚至超过 80%。

由此可见，由于我国现行收入工资统计遗漏了职工收入中的福利收入，垄断行业与竞争行业之间的收入差距不仅被低估了，垄断行业高收入中不合理部分的比重也被低估了。上一节使用 2005 年全国 1% 人口抽样调查收入数据的分解结果，低估了垄断行业高收入中不合理部分的比重。

五 结论

本文应用 Oaxaca－Blinder 分解方法，通过把垄断行业高收入分解为合理和不合理两个部分，观察垄断行业高收入中不合理部分比重的大小。结果发现，垄断行业与竞争行业之间收入差距的 50% 以上是不合理的，是由该行业的垄断地位造成的。分职业看，垄断行业高收入中不合理部分的比重以技术人员最高，一般工人次之，管理阶层最低。但是与竞争行业管理阶层相比，垄断行业管理阶层在福利待遇和公款消费上更有优势，因此垄断行业管理阶层高收入中不合理部分的比重可能被低估。

与竞争行业相比，垄断行业的高福利不限于管理阶层，而是多少惠及垄断行业全体职工。由于目前收入统计未能反映垄断行业的高福利，因此整个垄断行业高收入中不合理部分的比重不可避免地被低估。为了纠正这一偏差，我们在假定垄断行业实际收入（包括福利等其他收入）为统计收入 1.2 倍的基础之上进行了 Oaxaca－Blinder 分解，结果显示，垄断行业高收入中不合理部分的比重超过 60%；如果假定 1.5 倍的话，不合理部分比重则超过 70%。

当分地区观察垄断行业高收入中不合理部分的比重时，东部地区最低，西部地区最高，中部地区居中，但十分接近西部。关于估计值稳定性检验的结果显示，垄断行业高收入中不合理部分比重的估计值，基本不受垄断行业和竞争行业界定范围以及解释变量变化的影响。把父母受教育年限作为从业人员个人能力代理变量的分解结果显示，无法观测的个人能力差异对垄断行业高收入中不合理部分的估计值没有影响。

（原文载于《中国社会科学》2010 年第 3 期）

马克思主义危机理论和1975—2008年美国经济的利润率

谢富胜　李　安　朱安东

谢富胜，安徽枞阳人，经济学博士，中国人民大学经济学院教授。现任中国人民大学《资本论》教学与研究中心副主任。主要研究马克思主义经济理论和当代资本主义劳动过程。以中、英、法、日、荷兰等语言在《中国社会科学》、*Science & Society*, *Review of Radical Political Economics* 等国内外学术期刊上发表50多篇论文，出版《分工、技术与生产组织变迁》、《控制和效率：资本主义劳动过程理论与当代实践》等著作。先后获得北京市第十届哲学社会科学优秀成果奖二等奖、第十二届哲学社会科学优秀成果奖一等奖等奖项。

李安，美国麻省大学阿默斯特校区经济系博士生，中国人民大学政治经济学硕士。主要研究领域为环境公平和马克思主义经济学。在《中国社会科学》、《马克思主义研究》、《教学与研究》、《中国人民大学学报》、《马克思主义与现实》、*Science & Society*, *Review of Radical Political Ecoonmics* 等期刊上合作发表论文近10篇。

朱安东，1972年3月出生，经济学博士，清华大学马克思主义学院副教授。主要研究领域为政治经济学和宏观经济学，长期研究中国与世界经济、新自由主义和国有企业，已在国内外学术刊物发表文章近30篇，出版专著一部。

一　引言

2007 年始于美国次贷市场的金融危机爆发以来，不同学派的学者对其根源进行了大量的研究。西方主流学者认为这场危机产生于市场失灵、监管不力、金融发展过度、信息不充分和贪婪或恐慌等因素，并认为这些因素并非内生于资本主义本身。这种自我指涉性（Self – Reference）的解释忽略了产生这些问题的结构性前提，在现象之间寻找因果联系。国外马克思主义学者则将其归因为 20 世纪 70 年代中期以来新自由主义的发展，特别是在此背景下金融业的过度发展，即“金融化”。虽然马克思主义的观点对于理解当前的金融危机占有方法论上的优势，但正如莱伯曼所警示的：“我们怎么才能运用我们对基本矛盾的理解对危机进行更高深的分析；我们怎么才能避免不是苍白无力地重申资本主义就是危机和空谈总危机，就是摆出次贷危机、金融衍生品、援助计划、最新进展等无穷无尽的细节?”① 马克思主义经济学认为，利润率是资本主义宏观经济动态波动的重要决定因素。通过 1975—2008 年经验数据来分析美国经济中利润率的波动及其决定因素，能更好地甄别经济周期波动尤其是本次危机的根源。

本文第二部分简要评述了国外马克思主义学者对当前危机的分析；第三部分在评述各种马克思主义经济危机理论的基础上，对利润率下降论和马克思主义的货币、信用和金融危机理论进行新的综合；第四部分计算 1975—2008 年美国非金融公司部门（Non – Financial Corporate Business，NFCB）的季度利润率，通过初步和进一步分解揭示利润率下降的具体原因；第五部分分别计算 1975—2008 年美国 NFCB 部门参与金融活动后的年度利润率和金融部门的年度利润率，分析金融化的发展及其内在矛盾如何导致当前的危机；最后为结论和展望。

二　国外马克思主义学者对当前危机的分析综述

针对当前的美国金融危机，国外马克思主义学者对其性质、根源、传导机制进行了全面的分析，提出了不尽相同的理论解释。(1) 生产过剩论。布伦纳和每月评论派认为，1973 年以来的长期生产过剩造成了经济停滞，迫使发达国家通过降息、放松管制、金融化和推动资本的全球投机等手段拉动经济增长和延缓危机的发生。但是，长期生产过剩背景下生产与消费的矛盾、金融化背

① D. Laibman，“The Onset of Great Depression Ⅱ”，*Science & Society*，Vol. 73，No. 3，2009.

景下投机与生产的矛盾、全球化背景下国家间的矛盾最终引发了当前的金融危机。布伦纳将这一时期的生产过剩归因于来自日、欧和新兴经济体的竞争。每月评论派秉承了斯威齐和巴兰的垄断资本理论，认为垄断造成的消费和投资不足导致了生产过剩和停滞。[①]（2）金融化或金融掠夺论。20世纪80年代以来，资本越来越多地转向金融领域，从金融渠道而非贸易和商品生产中获得了更多利润，形成了新的金融化积累模式。拉帕维查斯认为，由于产业资本对银行贷款的依赖下降了，金融化从控制产业资本转向了控制个人，银行通过不断扩张次贷等个人金融业务从家庭部门的收入中直接榨取利润，进行“金融掠夺”。[②]迪姆斯基认为，金融化中的投机性和预期的不确定性造成了这种积累模式的不稳定性，抵押贷款市场中贷方设置的剥削性信用关系是当前危机的根源。当2007年利息率提高、房价下降和次贷违约率快速提高同时发生时，经济中的流动性和偿付能力遭到了致命的打击，进而通过证券化链条引发了整个金融系统的危机。[③]（3）新自由主义体制失败论。科茨认为，放松管制、削减福利、私有化、打击工会和加剧劳动力市场竞争等措施，有利于增强资产阶级的力量，进一步扩大了社会的不平等。风险极高的金融投机催生了一系列大资产泡沫，形成了通过金融泡沫拉动经济增长的新自由主义社会积累结构。随着债务规模的扩大，经济中的债务负担和金融业的脆弱性不断加重，进而引发了危机。这意味着新自由主义体制已经到了穷途末路。[④]

生产过剩论正确地试图从产业资本运动中寻找危机的基础，却片面地将生产过剩归因于流通领域中的竞争或垄断程度。[⑤]虽然马克思肯定了竞争如何迫使资本家不断提高生产力和扩大再生产，也肯定了资本的集中与积聚将造成生产过剩和停滞，但是竞争或垄断程度只是表现资本主义生产内在规律的资本外部运动。金融化或金融掠夺论分析了危机最先爆发于金融领域的内在过程和具体机制，但未从产业资本和金融业相结合的角度解释金融化的内在矛盾，也未回答为何产业资本先于金融业出现问题却没有爆发危机，以及为何美国的长期贸易逆差和资本流入没有提前诱发危机；而且对金融化和资本全球流动的有效监管并不能从根本上避免危机的发生。新自由主义体制失败论从30多年的较长视角分析了危机爆发的制度背景，从宏观层面描述了引致危机的诸多因素，

① 布伦纳：《全球生产能力过剩与1973年以来的美国经济史》（上、下），《国外理论动态》2006年第2、3期；J. Foster and F. Magdoff, *The Great Financial Crisis*, New York: Monthly Review Press, 2009。

② C. Lapavitsas, “Financialised Capitalism”, *Historical Materialism*, Vol. 7. No. 2, 2009.

③ G. Dymski, “The Political Economy of the Subprime Meltdown”, *Working-Paper*, Sep. 2008.

④ 《目前金融和经济危机》，《当代经济研究》2009年第8期。

⑤ M. Lebowitz, *Following Max*, Leiden: Brill, 2009, pp. 273-297.

但没有结合经济运行过程中各种因素的具体作用来分析资本积累过程的内在矛盾是如何引致危机的，上述三种理论都结合新自由主义和金融化等资本主义的最新进展解释了当前的金融危机，对于我们认识危机的根源和形成机理大有裨益。虽然上述学者都坚持了马克思主义经济学的研究方法，但由于他们的研究角度不同，这些理论解释缺乏一个统一的分析框架，甚至混淆了危机的原因、形式和结果。与以研究经济活动为中心的西方主流分析方法不同，马克思主义经济学着重以资本积累为中心的研究方法。我们需要以马克思的利润率下降理论为基础，发展一个系统的马克思主义经济危机理论，并在实证基础上更深刻地审视30多年来劳资之间以及资本与资本之间的矛盾运动及其与危机的联系。

三　马克思主义经济危机理论:一项新的综合

马克思在其著作中从不同角度分析了资本主义经济危机，但没有对此进行必要的整合。发展一个逻辑一致的、能解释现实的资本主义经济危机的危机理论是马克思主义者的重要任务。在此过程中，后来的学者在解读马克思文本的基础上逐渐形成了消费不足论、比例失调论、利润挤压论和利润率下降论四个代表性理论流派，各持己见地寻求危机的主因，造成了马克思主义危机理论的分野甚至相悖。① 同时，这些理论都着眼于产业资本积累的内在矛盾，相对忽视了马克思对货币、信用和金融的研究。下面我们根据曼德尔的分类，将上述危机理论分为单因论和多因论进行评述；在此基础上，对马克思主义危机理论进行一项新的综合。

（一）单因危机论述评

单因论主要有消费不足论、比例失调沦和利润挤压论。(1) 消费不足论。考茨基和斯威齐等认为，资本主义生产的无限扩张既会超过全社会的总消费力，又会使工人阶级的消费力萎缩，最终引发消费不足的危机。② 卢森堡认为，资本主义经济将强迫一切非资本主义的社会阶级转变为新增的消费力，但终将面临全社会消费力的极限，以致引发消费不足的危机。③ (2) 比例失调论。杜冈和希法亭等认为，只有通过某种手段维持投资在不同部门和企业之间

---

① 许建康:《经济长波论及其各学派分歧的最大焦点》,《经济纵横》2009年第11期;《新帕尔格雷夫经济学大辞典》第3卷，经济科学出版社1996年版，第409页。

② 伊藤诚:《价值与危机》，宋群译，中国社会科学出版社1990年版，第102页；斯威齐:《资本主义发展论》，陈观烈、秦亚男译，商务印书馆1997年版，第10章。

③ 欧内斯特·孟德尔:《〈资本论〉新英译本导言》，仇启华、杜章智译，中共中央党校出版社1991年版，第177页。

的比例性，才能保证资本积累的秩序。但是，由于投资是由个别资本家分散决策的，而且存在竞争或垄断、技术创新和消费结构变化等因素，因而这种比例性必然受到破坏，进而引发比例失调的危机。[①]（3）利润挤压论。克罗蒂、格林和哈里森等认为，工人阶级力量的增强和过度积累导致的产业后备军缩小，将促使劳动生产率下降和实际工资率上升，进而提高收入分配中的工资份额。这将挤压总利润中用于积累的部分，使积累下降，最终引发危机。[②]

这三种单因为的危机理论在马克思的文本中都能找到依据，因而都具有解释资本主义经济危机的合理性，但是上述危机理论都具有一定的片面性。（1）消费不足理论将剩余价值的实现问题简化为工人阶级的有限消费问题，但是没有考虑资本家相互之间的投资需求；卢森堡只是在资本一般的意义上说明危机，忽视了现实的危机只能产生于许多资本之间的竞争。[③]（2）受制于竞争从外部施加的强制性，资本必须不断扩大再生产和追求自身的增值，这使资本积累的不平衡性成为一种常态；比例失调是更深层次的危机的结果，而非原因。[④]（3）消费不足和比例失调论实质上都是从价值实现角度寻找危机的根源，很容易导出修正主义的观点：似乎提高工资或用外部手段保持生产的比例性就能避免危机。实现问题在资本主义经济中始终存在，但是资本主义经济并非总处在危机之中，因此二者不是危机的充分条件。（4）利润挤压只是危机前的短期观象，不是危机的直接原因。它在现实中将导致两个结果：或者资本用机器替代劳动力，从而降低对劳动力的需求和压低工资；或者资本加紧分化工人阶级以重夺优势。

以上三种理论都把危机归因于资本主义经济的一个方面，但是危机的原因却在于资本积累过程所固有的多重限制。危机的发生通常意味着供求关系、不同部门或企业之间的比例关系和劳资关系同时发生紧张，因此必须把三者相互结合起来才能正确地分析危机。

（二）作为多因论的利润率下降论：批评与辩护

按照马克思的定义，价值利润率（p）可用公式表达：

$$p = s/(c + v) \tag{1}$$

其中 s 为剩余价值，v 为可变资本，c 为不变资本。将（1）式的分子和分母同时除以 v，我们得到 p：（s/v）/（c/v + 1），其中 s/v 为剩余价值率，c/v

① 曼德尔：《论马克思主义经济学》（上卷），廉佩直译，商务印书馆1964年版，第386页。

② 伊藤诚：《价值与危机》，第106页。

③ 罗斯多尔斯基：《马克思〈资本论〉的形成》，魏埙等译，山东人民出版社1992年版，第70—79页。

④ M. C. 霍华德、J. E. 金：《马克思主义经济学史》，顾海良等译，中央编译出版社2003年版，第314页。

为资本有机构成。马克思指出，资本追求价值增值和相互之间的竞争不断提高资本有机构成，导致利润率在长期中下降，在促进人口过剩的同时，还促进生产过剩、资本过剩、投机和危机。①

资本有机构成提高引起利润率下降在马克思主义者中引起过激烈的争论，同时形成了三类批评：（1）利润率下降本身不会发生。因为个别资本仅在预期到利润率会提高时才采用新的生产方法，所以以技术创新为基础的积累不会使利润率下降——即“置盐定理”；② 米克等学者用战后等时期利润率的上升反驳这一理论。③（2）利润率下降的内在机制并不确定。斯威齐认为马克思在这里假定剩余价值率不变，然而资本有机构成提高会提高劳动生产率，加之产业后备军扩大造成的工资下降，剩余价值率最终会提高，且不一定比有机构成提高得慢。④ 新李嘉图主义者认为生产率提高将使不变资本贬值并进一步减弱资本有机构成的提高；有机构成提高本身有利于资本更有效地压制劳动，从而提高剩余价值率。⑤（3）利润率下降论缺乏整体性和历史性。一些学者认为利润率下降论忽视了生产和流通、剩余价值生产和实现之间的矛盾，且假定价值增值的使用价值基础和资本积累的主导部门在长期中没有变化。相反，产业部门的多样化可以刺激资本积累，并使利润率恢复。此外，利润率下降论是一个不受具体历史时间约束的抽象趋势，与资本积累的现实动态无关。⑥

这些批评都没有全面地理解利润率下降论。（1）在动态过程中，个别资本采用新的生产力法会通过获得超额利润和扩大利润总量提高个别利润率，但是竞争会使新的生产方法普遍化，进而降低资本整体的平均利润率。⑦ 20 世纪 30 年代大萧条、70 年代滞胀危机等历史上的大危机发生前都伴有利润率的下降。⑧（2）马克思在分析剩余价值率、资本有机构成和利润率之间的联系时，并未简单地假定剩余价值率不变，他明确指出剩余价值率提高和利润率下降相

① 参见《马克思恩格斯全集》第 46 卷，人民出版社 2003 年版，第 270 页。

② 置盐信雄：《技术变革与利润率》，骆桢、李怡乐译，《教学与研究》2010 年第 7 期。

③ M. C. 霍华德、J. E. 金：《马克思主义经济学史》，顾海良等译，中央编译出版社 2003 年版，第 314 页。

④ 斯威齐：《资本主义发展论》，陈观烈、秦亚男译，商务印书馆 2000 年版，第 118—124 页。

⑤ 本·法因、劳伦斯·哈里斯：《重读〈资本论〉》，魏埙等译，山东人民出版社 1993 年版，第 64—71 页。

⑥ 孟捷：《马克思主义经济学的创造性转化》，经济科学出版社 2001 年版，第 104—105 页。

⑦ 参见《马克思恩格斯全集》第 46 卷，第 294 页、第 3 章（数学例子，第 58—82 页）、第 267、263 页。

⑧ G. Duménil and D. Lévy, “Why Does Profitability Matter”, *Review of Radical Political Economy*, Vol. 25, No. 1, 1993.

结合是生产率提高在资本主义经济中表现出来的特殊性。[①] 新李嘉图主义者的批评以比较静态学为基础，但是技术进步的长期动态趋势仍是资本替代劳动，这会进一步压低工资并提高资本有机构成。[②]（3）因为利润率下降反映了资本主义再生产过程的整体问题，所以弄清危机是集中在生产领域还是流通领域既基本上毫无意义，又可能混淆利润率下降的原因和表现形式。消费只是作为结果，而不是起决定作用的目的出现的。[③] 资本有机构成提高正是技术创新和主导产业在长期中变化的体现，新部门在长期中同样不能避免资本有机构成的提高和利润率下降。[④] 利润率趋向下降总是寓于资本积累的现实动态之中，并且在长波的下降期和周期的衰落期表现出来。

在长期中资本有机构成的提高构成资本积累过程的真正限制。但在垄断资本主义阶段，不变资本的节约可能是技术高度发达的工业部门中企业竞争的核心，劳动高度密集型的服务业也可抵消有机构成的持续增长，因而有机构成趋向缓慢提高或相对稳定在一定的高度。[⑤] 因此，除资本有机构成外，还必须考虑马克思提到过的、促使利润率周期下降的另外两个因素：工资提高导致的剩余价值率下降以及商品价值实现问题。[⑥] 利润率下降理论实际上是一种多因论。

在资本主义经济中，利润率是决定资本家利润预期的主要因素。利润率通过利润预期和投资率影响总产量和就业量。在利润率下降条件下，为了保证利润量不变或增加，必须使投资增加的比例大于利润率下降的比例。但是不断增加的投资，达到一定程度时，又引起利润率的进一步下降，不仅降低资本家的利润预期，而且投资的增长也难以持续下去，最终引起经济中总产出和就业水平的下降。积累得越多就越难积累，只有通过一场危机才能恢复积累的秩序。利润率的周期性下降揭示了经济周期波动的基本机制；周期中蕴含的利润率长期下降趋势反映了资本积累的内在矛盾。正是在这个意义上，马克思认为利润率趋向下降规律是现代政治经济学中最重要的规律，是理解最困难的关系的最本质规律。[⑦]

（三）马克思主义危机理论：一项新的综合

① 参见《马克思恩格斯全集》第46卷，第294页、第3章（数学例子，第58—82页）、第267、263页。

② 欧内斯特·孟德尔：《〈资本论〉新英译本导言》，第172页。

③ 参见《马克思恩格斯全集》第26卷第2册，人民出版社1973年版，第573—574页。

④ 参见《马克思恩格斯全集》第46卷，第294页、第3章（数学例子，第58—82页）、第267、263页。

⑤ 施瓦茨：《资本主义的精妙剖析》，魏埙等译，山东人民出版社1992年版，第292—293页。

⑥ 斯威齐：《资本主义发展论》，第167页。

⑦ 参见《马克思恩格斯全集》第31卷，人民出版社1998年版，第148页。

利润率下降意味着积累状况的恶化并预示着危机，作为一种多因论的利润率下降论符合马克思的本意。进一步，现实的危机只能从资本的现实运动、竞争和信用中引出。① 在简单商品经济中，始终存在着货币作为价值尺度与作为交易媒介的潜在矛盾。② 在资本主义经济中，信用通过借贷资本、银行资本和虚拟资本等的具体运动扬弃了资本积累的限制，但同时使这些限制具有了最普遍的形式，进而引发危机，这一过程的基础仍然是货币。③ 完备的危机理论既要将导致利润率下降的多种原因综合起来，又要将信用关系的具体运动考虑为引发危机的内生过程。

1. 利润率公式的新综合

为了利用统计资料从经验上甄别利润率下降的具体机制，国外诸多学者对马克思的价值利润率公式进行了新的分解，例如莫斯利、莱伯曼和莫汉等学者将利润率公式分解为利润份额和资本产出效率的乘积；而韦斯科普夫的方法综合并区分了利润份额、价值实现和有机构成等因素对利润的影响，更适合我们当前的研究。④ 按照韦斯科普夫的方法，利润率可表示为：

$$r = \Pi/K = (\Pi/Y) \times (Y/Y^*) \times (Y^*/K) \tag{2}$$

其中：r 为利润率，Π 为利润，K 为资本存量，Y 为产出，Y^* 为潜在产出，Π/K 为利润率，Π/Y 为利润份额，Y/Y^* 为产能利用率，Y^*/K 为产能资本比。工资份额上升将使利润份额下降；剩余价值实现困难及其引致的投资下降，最终表现为产能利用率下降。其他条件不变，这两种情况都会导致利润率下降。

（2）式的第三项可以被分解为：

$$Y^*/K = (Y^*/Y) \times (Y/W) \times (W/K) \tag{3}$$

其中 W 为工资总额。（3）式等号右侧的第三项是工资总额与资本存量之比，其倒数近似资本有机构成。其他条件不变，资本有机构成提高将通过产能资本比的下降而导致利润率下降。

（2）式将前述部分独立的因素进行了整合，这些因素的相互作用造成了利润率的周期性波动。为了防止从公式出发，经验研究必须结合具体的货币、

---

① 参见《马克思恩格斯全集》第 26 卷第 2 册，人民出版社 1973 年版，第 573—574 页。

② D. Harvey, *The Limits to Capital*, Chicago: Universitry of Chicago Press, 1982, Chap. 9.

③ 参见《马克思恩格斯全集》第 46 卷，第 685、276 页；并参见第 242—251、279 页。

④ F. Moseley, "The Rate of Profit and Future of Capitalism", *Review of Radical Political Ecohomy*, Vol. 29, No. 4, 1997; D. Laibman, "The Falling Rate of Profit", *Science and Society*, Vol. 57, 1993; S. Mohum, "The Australian Rate of Profit", *Journal of Austrialian Political Economy*, No. 52, 2002; T. Weisskopf, "Marxian Crisis Theory of the Rate of Profit in the Postwar U. S. Economy", *Cambridge Journal of Economics*, Vol. 3, No. 4, 1979.

技术和劳资斗争来揭示三种因素在资本积累过程中的现实作用。

2. 货币、信用和金融与危机的发生

马克思揭示了资本积累规律的双重作用："随着资本主义生产方式的发展，利润率会下降，而利润量会随着所使用的资本量的增加而增加。"① 这必然导致"单个资本家为了生产地使用劳动所必需的资本最低限额，随着利润率的下降而增加"。② 资本加速积累的需要迫使资本家不得不更加依赖于生息资本；同时，达不到预付资本最低限额的大量分散的中小资本，由于利润预期的降低不得不进行各种金融投机；于是，催生了金融业的繁荣和泡沫。危机的发生以信用的扩张为先决条件。因此，关键是将实际因素和货币因素结合起来，分析危机的发生机制。

宇野学派将产业资本积累与借贷资本运动相结合，用负债式积累螺旋解释了危机的发生。③ 利润率的持续下降最终使得资本家无力还本付息，只能通过变卖资产或以债养债保全积累，负债规模恶性膨胀，从而形成恶性的负债式积累螺旋，债务链条破裂的普遍发生将引发危机。

宇野学派的负债式积累螺旋危机理论深刻地揭示了黄金货币化制度下的危机机制。但是布雷顿森林体系终结之后，美元成为不兑现黄金的准国际储备货币。美国金融管理当局的货币供给几乎摆脱了任何物质上的限制，可以借助于各种所谓的金融创新保证资本的积累能力。信用关系借助于金融化进一步扩大，把资本主义经济发展成为最纯粹最巨大的赌博欺诈制度。④ 产业资本既为了获得积累所需的货币资本而负债，又将负债用于运作各种金融资产以获得虚拟的利润和摆脱利润率下降的桎梏。金融资本不仅贷款给产业资本以参与剩余价值的分配，而且逐渐从一个适应产业资本积累的辅助系统，演变成使所有其他经济活动从属于自身的特权系统，使一切资本"都周期地患一种狂想病，企图不用生产过程作中介而赚到钱"⑤。金融化通过对整个社会关系领域的渗透不断再生产出新的金融积累能力，工人阶级通过负债和买卖金融产品使个人未来收入资本化。资本的国际流动在全球形成了投机热潮。

金融化无限制地创造信用货币的能力必然侵蚀作为价值尺度的货币基础。货币管理当局始终面临着通过信用创造维持资本积累与维护货币基础的合法性之间的深刻矛盾。金融本身并不产生新价值，其利润最终来源于产业资本的积累，因而金融业的持续发展依赖于新价值的不断流入。当产业资本越来越多地

① 参见《马克思恩格斯全集》第 46 卷，第 685、276 页；并参见本卷第 242—251、279 页。

② 同上。

③ 伊藤诚：《价值与危机》，第 102 页。

④ 参见《马克思恩格斯全集》第 46 卷，第 500 页。

⑤ 《马克思恩格斯全集》第 45 卷，人民出版社 2003 年版，第 67—68 页。

参与金融投机时，新价值的创造将被削弱，进而整个金融化过程将逐渐陷入停滞。货币管理当局不得不通过不断注入更多的货币符号延续金融化过程，用货币流通量的泡沫性膨胀掩盖实体经济运动的低迷。当货币管理当局为了维护本国资本的整体利益而不得不提高利率以捍卫货币基础的合法性时，债务链条的破裂将通过债务压缩机制引发危机。

马克思主义危机理论的新综合表明，资本在积累过程中不断遇到自身的限制：实体资本的积累受到劳资斗争、价值实现和技术进步的影响而出现周期性波动；实体资本通过不断增强金融活动以改善资本盈利能力的同时，金融业自身也变为一个在经济活动中越发具有特权的积累机构；我们可以从经验上来分析实体资本参与金融活动后的利润率和金融部门本身的利润率；金融化的发展不仅进一步弱化了资本积累的能力，而且受到货币本身内在矛盾的限制。这些多重限制只能通过危机得以解决。

四　1975—2008 年美国实体经济利润率及其动态

为了延续韦斯科普夫的研究并与之比较，我们计算和分解了 1975—2008 年美国 NFCB 的实体经济季度利润率。在此期间，美国全部商业部门的收入中平均有 76.7% 来自企业部门，企业部门的收入中平均有 89.7% 来自 NFCB 部门，① 因而 NFCB 部门利润率反映了美国实体经济的发展状况。

（一）利润率的计算及其影响因素的初步分解

有很多不同的方法测算 NFCB 部门的利润率，我们按照韦斯科普夫和杜梅尼尔的方法进行了测算。② NFCB 部门实体经济利润率（r_{NFCB}）的分子为包含存货价值调整（IVA）和资本耗费调整（CCAdj）的税前利润加净利息支出；分母为固定资产（包括软件、设备和建筑物）加存货存量，即有形资产。r_{NFCB}不包含股票或债券的买卖或发行等金融活动的影响。马克思主义经济危机理论通常被用于分析税前利润率，它反映了 NFCB 部门创造全部新价值的能力。图 1 绘出了 NFCB 部门的实际产出和 r_{NFCB}。

$$r_{NFCB}=\frac{\text{包含 IVA 和 CCAdj 的税前利润}+\text{净利息支出}}{\text{有形资产}} \tag{4}$$

① 根据美国商务部经济分析局编《国民收入和产出账户》表 1.13 和 1.14 相关数据计算，http：//bea. gov/national/nipaweb/Index. asp，Nov. 12，2009.

② T. Weisskopf，“Marxian Crisis Theory and the Rate of Profit in the Postwar U. S. Economy”；G. Duménil and D. Lévy，“The Real and Financial Components of Profitability”，*Review of Rodical Polotical Economics*，Vol. 36，No. 1，2004.

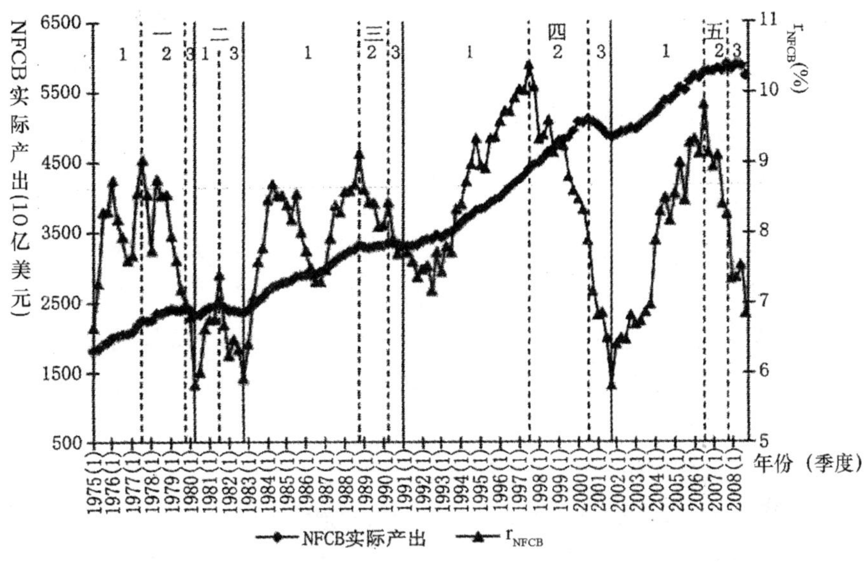

图 1 NFCB 部门实际产出和 r_{NFCB}：周期和阶段的划分

资料来源：利润率根据（4）式计算。其中的“包含 IVA 和 CCAdj 的税前利润”、“净利息支出”和 NFCB 部门实际产出，来自美国商务部经济分析局编《国民收入和产出账户》表 1 有形资产来自美国联邦储备委员会编《资金流量账户》表 B. 102，http：//federalreserve. gov/releases/zl，Nov. 12，2009。需要说明的是，本文中涉及的实际值都以 2005 年为基期进行了调整，1975—2000 年产业分类法为 SIC，2001 年后为 NAICS；除直接可得的季（年）度数据，季（年）度数据为当季各月（当年各季度）数据的平均值。

图 1 表明：（1）实际产出长期上升，r_{NFCB}明显周期性波动并存在某个稳定的范围，说明生产过剩论关于利润率在这一时期基本停滞的判断可能是恰当的。（2）每次 r_{NFCB}的波动都先于实际产出的波动，且在 1991 年后波动更为剧烈，这可能与新经济下美国经济的金融化有关。

根据实际产出的波动，可将 1978—2008 年划分为五个周期；各个周期又可进一步划分为三个阶段：第一阶段从周期开始时的实际产出低谷到 r_{NFCB}高峰，此时 r_{NFCB}和实际产出同时增长，为扩张前期；第二阶段从 r_{NFCB}高峰到实际产出高峰，此时 r_{NFCB}开始下降、实际产出继续增长，为扩张后期；第三阶段从实际产出高峰到周期结束时的实际产出低谷，此时 r_{NFCB}和实际产出同时下降，为收缩期。表 1 列出了周期和阶段的划分与各节点上的 r_{NFCB}和实际产出。

表 1 表明：（1）我们划分的周期节点中只有 4 个不同于美国国民经济研究局（NBER）的划分，且最多相差两个季度，因而反映了美国经济的整体状况并与其他研究具有可比性。（2）r_{NFCB}在每个收缩期开始前的第二阶段就已下降的事实，说明 r_{NFCB}下降是实际产出下降的基础，因此第二阶段是我们的分

析重点。为了分析1975—2008年r_{NFCB}在长期和周期中波动的具体原因，我们根据（2）式中四个基本变量的经验数据，来分析各个因素在多大程度上说明了r_{NFCB}的波动，表2列出了这段时期的r_{NFCB}及其三个影响因素的平均值。

表2表明：（1）1975—2008年r_{NFCB}平均约为8.04%，明显低于1945—1974年按同一方法计算的10.16%，说明r_{NFCB}在近30多年来并没有得到有效恢复。（2）r_{NFCB}长期趋势表现出周期性的波动，从第一至第二周期趋于下降，在第三至第四周期趋于上升，但第四周期收缩期时又降至5.80%，第五周期趋于下降。（3）Π/Y从第二周期最低平均16.01%，恢复到第三至第五周期的平均17.5%以上。这说明里根政府以来打击工会、削减福利和提高劳动力市场竞争程度等措施开始见效，这与科茨等的判断相吻合。（4）1975—2008年Y/Y^*平均仅为79.08%，明显低于1948—1974年的83.55%，这说明价值实现问题更为严重。（5）Y^*/K在第二周期下降，在第三至第四周期连续上升，这可能与20世纪70年代末80年代初用机器替代劳动和90年代以来IT技术的广泛应用有关，进一步分解将说明这是否反映了K/W对利润率的影响。

表1　　NFCB部门实际产出和利润率：周期和阶段的划分

周期	阶段	NBER参考日期	本文日期	本文的节点	利润率（%）	实际产出（10亿美元）
一	1	1975（1）	1975（1）	实际产出低谷	6.64	1810.9
	2		1977（3）	利润率高峰	9.04	2248.3
	3	1980（1）	1979（4）	实际产出高峰	6.98	2400.8
		1980（3）	1980（2）	实际产出低谷	5.82	2320.4
二	1 3	1981（3）	1981（3）	利润率和实际产出高峰	7.39	2488.3
		1982（4）	1982（4）	实际产出低谷	5.91	2351.8
三	1					
	2		1988（4）	利润率高峰	9.13	3314.8
	3	1990（3）	1990（2）	实际产出高峰	8.42	3352.5
		1991（1）	1991（1）	实际产出低谷	7.83	3298.8
四	1					
	2		1997（3）	利润率高峰	10.40	4412.2
	3	2001（1）	2000（3）	实际产出高峰	7.88	5117
		2001（4）	2001（4）	实际产出低谷	5.80	4863.1
五	1		2006（3）	利润率高峰	9.83	5789.9
	2	2007（4）	2007（4）	实际产出高峰	8.26	5904.1
	3		2008（4）	—	6.84	5736.7

资料来源：美国国家经济研究局编:《经济周期参考日期》，http：//nber.org/cycles/cyclesmain.html，Nov.13，2009。

表2　　利润率影响因素的初步分解：整个时期和各周期的平均值　　（单位：%）

时期	整个时期	一	二	三	四	五
r_{NFCB}	8.04	7.85	6.45	8.01	8.51	7.88
Π/Y	17.59	17.82	16.01	17.84	17.45	17.55
Y/Y^*	79.08	80.47	74.89	79.52	80.54	76.20
Y^*/K	57.76	54.71	53.83	56.40	60.44	59.10

资料来源：Y/Y*来自美国联邦储备委员会编《工业生产和产能利用表》，http：//federalreserve.gov/releases/g17/，Nov. 12，2009.

由于我们的研究目的是分析利润率及其影响因素的变化而不是水平，因而需要进一步计算 r_{NFCB} 和三个变量随时间的增长率。将（x）定义为对任意变量 x 取对数，再对时间求导数（下同）。（2）式的增长率方程为：

$$(\dot{r}_{NFCB}) = (\dot{\Pi/Y}) + (\dot{Y/Y^*}) + (\dot{Y^*/K}) \tag{5}$$

表3列出了 NFCB 部门的利润率及其影响因素在各个阶段的增长率。表3表明：（1）Π/Y 是 r_{NFCB} 周期波动的最主要原因，平均解释了第一阶段利润率上升的74.37%，第二阶段利润率下降的80.10%，第三阶段利润率下降的61.23%。第二阶段 Π/Y 的下降印证了马克思关于工资和工资份额在危机的准备时期会普遍提高的判断。①（2）Y/Y^* 是 r_{NFCB} 周期波动的第二位原因，但在第二周期第一阶段与利润率的上升出现了微弱的不一致。（3）Y^*/K 与 r_{NFCB} 的周期波动在大部分阶段中并不一致，其原因需要进一步分解说明。

表3　　利润率影响因素的初步分解：各阶段的增长率　　（单位：%）

周期	一			二			三			四			五		
阶段	1	2	3	1	2	3	1	2	3	1	2	3	1	2	3
r_{NFCB}	3.10	-2.88	-9.10	4.78	-8.49	-4.48	1.81	-1.34	2.45、	1.09	-2.31	-6.11	2.78	-3.48	-4.74
Π/Y	2.01	-2.24	-6.17	4.44	-5.71	-3.13	0.95	-1.11	-1.14	0.66	-2.32	-4.15	2.81	-2.51	-2.56
Y/Y^*	1.23	-0.03	-3.15	-0.15	-3.16	-2.30	0.86	-0.49	-1.85	0.26	-0.35	-2.20	0.56	-0.20	-2.60
Y^*/K	-0.14	-0.61	0.22	0.49	0.38	0.96	-0.01	0.26	0.54	0.17	0.36	0.24	-0.59	-0.77	0.43

（二）利润率影响因素的进一步理论分析

利润率的影响因素包含价格因素和实际因素的两方面作用。W/Y（工资份额）表示 Π/Y 的相反变动，反映了产出品和工资品价格、实际工资率和实际劳动生产率的综合作用。K/W 与 Y^*/K 呈反方向变动，反映了资本品和工资品价格、实际资本劳动比和实际工资率的综合作用。为了具体地分析这些因

① 参见《马克思恩格斯全集》第45卷，第457页。

素，有必要对相关变量做进一步分解。[①]

1. W/Y 可以被分解为：

$$W/Y = (p_w/p_Y) \times [w/(y/L)] \tag{6}$$

其中：y 为实际产出，p_y 为产出价格指数，名义产出 $Y = y \times p_y$；w 为实际工资率，L 为劳动小时数，p_w 为工资品价格指数，名义工资 $W = w \times L \times p_w$；y/L 为实际劳动生产率。可见，$p_w/p_y$ 或 w/（y/L）提高将使工资份额上升。（6）式的增长率方程为：

$$(\dot{W/Y}) = \dot{p_w/p_Y} + (\dot{w}) - (\dot{y/L}) \tag{7}$$

（$\dot{W/Y}$）和（$\dot{\Pi/Y}$）的关系是：

$$\dot{\Pi/Y} = (1 - \dot{W/Y}) = \frac{d(1 - W/Y)/dt}{(1 - W/Y)} = -\frac{d(W/Y)/dt}{\Pi/Y} = -\frac{W}{\Pi} \times (\dot{W/Y}) \tag{8}$$

2. Y^*/K 可以被分解为：

$$Y^*/K = (p_y/p_k) \times [(Y^*/L)/(k/l)] \tag{9}$$

其中，p_k 为资本品价格指数，Y^* 为实际产能，Y^*/L 为潜在实际劳动生产率。可见，p_y/p_k 或（Y^*/L）/（k/L）下降将使 Y^*/K 下降。（9）式的增长率方程为：

$$(\dot{Y^*/K}) = (\dot{p_y/p_y}) + (\dot{Y^*/L}) - (\dot{k/L}) \tag{10}$$

进一步，Y^*/K 的下降间接地反映了 K/W 的上升。K/W 可以被分解为：

$$K/W = (p_k/p_w) \times [(k/L)/w] \tag{11}$$

其中，k 为实际资本存量，$K = k \times p_k$。可见，p_k/p_w 或实际资本—劳动比（k/L）提高使 K/W 上升。（11）式的增长率方程为：

$$\dot{K/W} = (\dot{p_k/p_w}) \times (\dot{k/L}) / (\dot{w}) \tag{12}$$

同时，W/K 提高在现实中通常伴随着技术创新、固定资本更新和更有效的管理，从而使 Y^*/L 提高。因而（10）式隐含了将 Y^*/K 下降归因于 k/L 提高的必要条件：k/L 提高应与（Y^*/L）/（k/L）下降同时发生，并且 p_y/p_k 的变动不足以抵消（Y^*/L）/（k/L）的下降。

将（5）、（7）、（8）、（10）和（$\dot{Y/Y^*}$）综合起来可得：

① 理论上，Y/Y^* 也可进一步分解为表示消费水平、投资水平和部门之间平衡性的变量，但由于与美国消费和投资结构、产业和企业之间的经济活动等有关的完备数据不可得，我们没有做进一步分解。

$$(\dot{r}_{NFCB}) = -\frac{W}{\Pi} \times [(\dot{p_w/p_y}) + (\dot{w}) - (\dot{y/L})] + (\dot{Y/Y^*}) + [(\dot{p_y/p_k}) + (\dot{Y^*/L}) - (\dot{k/L})] \tag{13}$$

(三)利润率影响因素进一步分解的经验分析

为了从经验上分析 r_{NFCB} 波动的具体原因,我们计算了 W/Y、Y/Y* 和 K/W 所包含的价格因素和实际因素的增长率,结果如表 4 所示;为了甄别价格因素之间的关系,我们同时给出了 $p_y p_w$ 和 p_k 的增长率;表 5 列出了各因素增长率分阶段的平均值。

表 4　　利润率影响因素的进一步分解:各阶段的增长率　　单位:%

周期	一			二			三			四			五		
阶段	1	2	3	1	2	3	1	2	3	1	2	3	1	2	3
W/Y	-0.44	0.49	1.10	-0.85	1.16	0.62	-0.20	0.25	0.24	-0.15	0.51	0.68	-0.57	0.64	0.57
p_w/p_y	0.40	0.57	1.16	0.26	-0.40	-0.01	0.24	0.34	0.68	0.33	0.43	0.15	0.18	0.62	0.20
w	0.43	-0.25	-0.95	-0.28	0.55	0.35	0.19	-0.31	-0.29	0.05	0.88	0.31	0.01	0.28	0.47
y/L	1.27	-0.17	-0.90	0.82	-1.01	-0.28	0.63	-0.22	0.14	0.54	0.80	-0.22	0.76	0.26	0.10
Y/Y*	1.23	-0.03	-3.15	-0.15	-3.16	-2.30	0.86	-0.48	-1.85	0.26	-0.35	-2.20	0.56	-0.20	-2.60
Y*/K	-0.14	-0.61	0.22	0.49	0.38	0. 96	-0.004	0.26	0.54	0.17	0.35	0.24	-0.59	-0.77	0.42
p_y/p_k	0.46	0.58	1.21	1.07	0.57	0.63	-0.03	0.39	-0.10	-0.21	-0.73	-0.35	0.05	-0.67	-0.39
Y*/L	0.04	-0.14	2.25	0.97	2.16	2.02	-0.24	0.27	2.00	0.28	1.15	1.98	0.21	0.46	2.71
k/L	0.64	1.05	3.24	1.55	2.35	1.69	-0.26	0.40	1.35	-0.11	0.06	1.39	0.85	0.55	1.89
K/W	-0.65	0.15	1.82	0.51	1.62	0.72	-0.66	-0.03	1.07	-0.27	-0.51	1.28	0.61	0.33	1.61
p_k/p_w	-0.86	-1.15	-2.37	-1.33	-0.17	-0.62	-0.21	-0.73	-0.58	-0.11	0.31	0.20	-0.24	0.05	0.19
k/L	0.64	1.05	3.24	1.55	2.35	1.69	-0.26	0.40	1.35	-0.11	0.06	1.39	0.85	0.55	1.89
w	0.43	-0.25	-0.95	-0.28	0.55	0.35	0.19	-0.31	-0.29	0.05	0.88	0.31	0.01	0.28	0.47
p_y	1.10	1.87	2.44	2.16	1.59	1.18	0.55	0.84	0.67	0.33	0.18	0.31	0.52	0.14	0.11
p_w	1.50	2.44	3.59	2.41	1.19	1.17	0.79	1.18	1.35	0.66	0.61	0.46	0.71	0.76	0.31
p_k	0.64	1.29	1.22	11.08	1.02	0.55	10.58	0.45	0.77	0.55	0.91	0.66	0.47	0.81	0.50

资料来源:该表为(7)、(10)、(12)和(13)式的计算结果,其中 W、Y 和 Y* 来自美国商务部经济分析局编《国民收入和产出账户》表 1.14;p_w 来自美国劳工部劳工统计局编《消费者物价指数》,http://bls. gov/cpi/, Nov. 12, 2009;NFCB 部门名义产出和实际产出之比为 p_y;L 来自美国劳工部劳工统计局的斯普拉格和格雷泽提供的未公布的美国 NFCB 劳动小时数据。k = 非住宅非金融企业实际固定资产 - 非住宅农业实际固定资产 + 住宅实际固定资产 + 实际存货,其中非住宅非金融企业实际固定资产、非住宅农业实际固定资产数据和住宅实际固定资产分别来自美国商务部经济分析局编《固定资产》表 4.1、4.2 和表 5.1、5.2,http: B. ea. gov/national/fa2004/selecttable.

asp, Nov. 12, 2009；实际存货来自美国联邦储备委员会编《资金流量账户》表 B. 102 以及美国商务部经济分析局编《国民收入和产出账户》表 5. 7. 9。

表 5　利润率影响因素的进一步分解：各因素增长率分阶段的平均值　（单位：%）

阶段	1	2	3	阶段	1	2	3	阶段	1	2	3
W/Y	-0.44	0.61	0.64	K/W	-0.09	0.31	1.30	Y^*/K	-0.02	-0.08	0.48
p_w/p_y	0.28	0.31	0.44	p_k/p_w	-0.55	-0.34	-0.64	p_y/p_k	0.27	0.03	0.20
w	0.08	0.23	-0.02	k/L	0.54	0.88	1.91	Y^*/L	0.25	0.78	2.19
y/L	0.80	-0.07	-0.23	w	0.08	0.23	-0.02	k/L	0.54	0.88	1.91

表5 表明：（1）在扩张前期，实际劳动生产率的提高恢复了 NFCB 部门的盈利能力；资本品价格相对于工资品价格的下降使资本的有机构成下降；由于危机过后潜在实际劳动生产率的提高慢于实际资本劳动比的上升，而产出品价格相对于资本品价格并未很快上涨，产能资本比小幅下降，进而减弱了 r_{NFCB} 的提高。（2）在扩张后期，实际工资率的增长和工资品价格相对于产出品价格的更快上升，推动了工资份额的上升；实际资本劳动比的上升成为资本有机构成和产能资本比上升的主要原因。（3）在收缩期，工资品的价格上升和实际劳动生产率的下降，使工资份额继续趋于上升；实际资本劳动比的上升是资本有机构成上升的最主要原因；由于潜在实际劳动生产率的上升快于实际资本劳动比的提高，同时产出品价格比资本品价格上升得快，产能资本比趋于上升。为了揭示实际和价格因素导致 r_{NFCB} 下降的具体过程，下面我们结合表 4 详细分析各周期的第二阶段。

第一周期：（1）20 世纪 70 年代末高通胀下 p_w 的快速上升和福特制危机引起的 y/L 下降，推动了 W/Y 的上升；由于 1977—1979 年失业率平均达到了较高的 6.31%，[①] w 趋于下降。（2）生产过程的重组下企业用机器替代劳动提高了 k/L，这与 w 下降一起推动了 K/W 上升；但 p_w 的更快上涨减缓了这一过程。（3）福特制危机的持续和机器替代劳动导致的生产工人减少，使 Y^*/L 下降和 k/L 上升成为压低 Y^*/K 的主要原因；但高通胀下 p_y 的上升减弱了这一作用。（4）凯恩斯主义扩张总需求政策的延续使 Y/Y^* 的下降并不明显。

第二周期：（1）福特制危机的延续降低了 y/L，同时反凯恩斯主义政策有效压低了 p_w，二者推动了 w 和 W/Y 的上升。（2）资本主义生产过程重组提高了 k/L，并使 K/W 趋于上升；但通胀下降背景下 p_k 增长放缓，与 w 上升一起减缓

① 美国劳工部劳工统计局编：《失业率》，http://data.bls.gov/PDQ/servlet/SurveyOutputServelet?data_ rool - latest_ numbers&series_ id = LNS14000000，Nov. 19，2009。

了K/W上升。(3) p_k 增长放缓提高了 p_y 的相对增长程度，使 Y^*/K 上升；但非生产工人比例的上升进一步降低了 Y^*/L 的增长速度，一定程度减缓了 Y^*/K 的上升。① (4) 国际债务危机引发的美国债务紧缩，使 Y/Y^* 下降较明显。

第三周期：(1) 1986年以来打击工会的措施和美国通胀率的再次上升，使 p_w 提高较快，同时w趋于下降。生产过程向弹性化的转型进一步降低了生产工人的比例，从而使y/L趋于下降，这与 p_w 提高一起推升了W/Y。(2) 20世纪80年代末以来，生产过程逐渐趋于弹性化，② 直接增加非生产工人比例的大棒政策使k/L的增长趋于减缓，这与 p_w 上升和w下降一起压低了K/W。(3) 由于生产过程转型期中y/L和 Y^*/L 表现不佳，同时高通胀下 p_y 提高较快，Y^*/K 趋于上升。(4) 1981年以来美联储的连续降息促进了经济的复苏，进而减弱了 Y/Y^* 的下降。

第四周期：(1) 新经济下失业率从1992年的最高7.6%降至2000年的4%左右，因而w趋于上升，但IT技术扩散、基础设施投资增加等因素引起的y/L提高，降低了w的相对提高程度；同时 p_w 上涨成为W/Y提高的主要原因。(2) IT投资增长和新一轮固定资本更新推动了k/L和 p_k 的上升。但w的更快上升使K/W趋于下降。(3) 资本节约型的IT技术的扩散，推动 Y^*/L 比k/L提高得更快，进而提高了 Y^*/K。(4) 新经济下的繁荣使得 Y/Y^* 下降并不明显。

第五周期：(1) 21世纪初股市泡沫的破裂降低了股票期权给非生产工人带来的收益，同时IT投资的增长及其对生产率增长的贡献也趋于减弱，因而w和y/L的增长率趋于下降；p_w 上升是这阶段W/Y提高的主要原因。(2) 新泡沫经济下投资的增加既提高了 p_k，又提高了k/L，因而K/W趋于上升，但w的增长减弱了K/W上升。(3) 生产工人比例的下降和IT技术对生产率增长贡献的下降，降低了 Y^*/L 相对于k/L的增长速度，加之 p_k 增长较快，因而 Y^*/K 趋于下降。(4) 金融化带来的财富效应使 Y/Y^* 下降幅度很小。

五 1975—2008年美国经济的金融化利润率与当前的危机

上述分析表明，1975年以来美国生产过程的重组并没有使产业资本利润

① 非生产工人为高于生产线监工层级（line - supervisor）的管理者。参见美国商务部普查局编《制造业年度普查》，http：//census. gov/prod/2006pubs/am0531gsl/pdf，Nov. 19，2009。

② 谢富胜：《企业网络》，《经济理论与经济管理》2006年第7期；D. Gordon，*Fat and Mean*，New York：The Free Press，1996，Chao，3。

率得到根本性的恢复。借助于不兑现的美元的准国际储备货币地位，美国资本积累模式逐渐发生转向：产业资本更加依靠金融活动维持盈利能力；金融资本逐渐脱离产业资本循环，形成以未来价值索取权的占有为基础的独立系统；不受限制的美元供给通过境外美元循环进一步促进这种资本自行增值过程。但是金融化促进经济增长的积累模式与美元作为国际价值尺度的职能之间的内在矛盾始终存在，危机的发生表明这种积累模式必须回到它的货币基础。下面我们参照杜梅尼尔等开创的方法，对美国经济的金融化利润率进行测算和分析。①

（一）NFCB 部门参与金融活动后的利润率及其动态

NFCB 部门的实体经济活动和金融活动的划分具有一定程度的随意性，是否将与某些金融活动有关的现金流或资产算作利润或成本并没有公认的标准。为了在现有数据的范围内尽量完整地体现金融活动对利润率的影响，我们将 NFCB 部门参与金融活动后利润率（r^*_{NFCB}）的分子取为实体经济利润加净金融收入，净金融收入等于利息收入、股息收入、资产持有收益（包括共同基金收益和美国对外直接投资收益）和海外收益之和（即金融收入），减去利息和股息支出（即金融成本）；分母取为资产净值，即有形资产减去净负债（负债减金融资产），再加上外国在美直接投资；为了排除通胀对债务的影响，分子还加上了一个调整项，即通胀率乘以净负债。与杜梅尼尔的方法相比，股息支出在这里被算作金融成本的一部分在分子上予以扣除，这更好地体现了全部金融活动对积累的影响。为了比较，我们绘出了 NFCB 部门参与金融活动后的年度利润率和实体经济年度利润率，结果如图 2 所示。

$$r^*_{NFCB}=\frac{\text{包含 IVA 和 CCAdj 的税前利润}+\text{净利息支出}+\text{净金融收入}+\text{调整项}}{\text{有形资产}-\text{净负债}+\text{外国在美直接投资}} \tag{14}$$

图 2 表明：（1）r^*_{NFCB}基本上与 r_{NFCB}同期波动。这说明 NFCB 部门的金融活动与实体经济活动具有很强的相关性；（2）r^*_{NFCB}的波动幅度明显大于 r_{NFCB}，其波动幅度在 20 世纪 80 年代有所减小，但之后不断增大。这说明 NFCB 部门的金融不稳定性随着金融活动的增加逐渐加强。（3）r^*_{NFCB}。在长期中趋于下降。1975—1981 年 r^*_{NFCB}。高于 r_{NFCB}，此后始终低于后者。同时，二者的差距在 1982—1990 年基本稳定在约 2%，在 1991—2008 年逐渐增至 4.94%。这说明 NF-

① G. Duménil and D. Lévy, *The Real and Financial Components of Profitability*.

CB的金融活动在1975年至80年代初开始增加，在80年代基本保持稳定，1991年以后快速增加。这证实了我们对NFCB部门金融活动变化的判断。

导致r^*_{NFCB}周期波动和长期下降的最主要原因是利息和股息支出的变动。1975年以来NFCB部门盈利能力长期无法恢复，内部融资不足以满足资本再生产所需的现金流。同时，受到“股东价值运动”的影响，NFCB部门的行为越来越短期化，把越来越多的现金流投向了股票回购以操纵股价和拉升企业的账面价值，这进一步削弱了内部融资的能力。在这两方面作用下，NFCB部门的金融缺口从1975年的-83.6亿美元增至2008年的2324.2亿美元，[①] 不得不依靠负债和发行股票等外部融资渠道获从得资本再生产所需的现金流来维持积累和一定水平的利润率。但是，外部融资的代价是必须将越来越多的实体经济利润用于支付利息和股息。这不仅使得金融成本占实体经济利润的比例从1975年的73%升至2008年的115%，而且使金融成本超过了各项金融收入，使净金融收入从1975年的-452亿美元降至2008年的-5908亿美元。进而导致了r^*_{NFCB}的周期波动和长期下降。

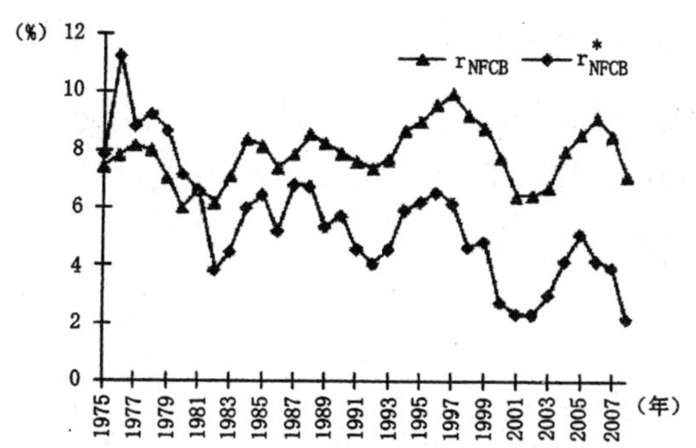

图2　NFCB部门的两种利润率

资料来源：r_{NFCB}所用数据r^*_{NFCB}来源同图1。r^*_{NFCB}根据（14）式计算，其中净金融收入来自美国商务部经济分析局编《国民收入和产出账户》表1.14以及美国联邦储备委员会编《资金流量账户》表R.102和F.102；调整项中的通胀率来自美国商务部经济分析局编《国民收入和产出账户》表1.1.9；净负债和外国在美直接投资分别来自美国联邦储备委员会编《资金流量账户》表B.102、L.102。

（二）金融部门的利润率及其动态

金融部门的利润率表现了金融部门参与利润分配的地位。确定金融部门的范围必须满足两个条件：可以得到充分、可比的数据，计算出的利润率应该有意义。因为房地产部门的资产主要由家庭所有；各种基金不具有企业性质，不是独立的投

① 金融缺口=资产性支出-（内部融资额+IVA）。资料来源：美国联邦储备委员会编《资产流量账户》表F.102。

资渠道，且其本身不创收；个人信贷机构为富人所有，采取委托管理形式，并非独立的企业部门；政府性金融机构不以盈利为目的，所以这些部门不适于计算利润率。因此，我们将金融部门限定为商业银行、储蓄机构、信贷机构、人寿和财产保险公司、证券化产品发行机构、金融公司和证券经纪机构这七个部门。

有限定的金融公司部门（RFCB）利润率（r_{RFCB}）的分子为RFCB部门的税后利润、业主税后收入、股息收入、资产持有收益（包括共同基金收益、股权收益和美国对外直接投资收益）、海外收益和调整项（通胀率乘以净负债）之和；分母为资产净值，即有形资产减去净负债（负债减金融资产），再加上外国在美直接投资。为了比较，我们绘出了RFCB部门的年度利润率和NFCN部门参与金融活动后的年度利润率，结果如图3所示。

$$r_{NFCB}=\frac{\text{税后利润}+\text{业主税后收入}+\text{股息收入}+\text{资产持有收益}+\text{海外收益}+\text{调整项}}{\text{有形资产}-\text{净负债}+\text{外国在美直接投资}} \tag{15}$$

图3表明：（1）r_{NFCB}基本上与r^*_{NFCB}同期波动，但1991年后的大部分年份明显高于r^*_{NFCB}，显示1991年后美国形成新的金融化积累模式。（2）若不考虑20世纪80年代以来发生危机的时期，r_{NFCB}长期中呈明显的上升趋势，表明美国经济的金融化确实促进了RFCB部门参与价值分配的地位的提升。（3）r_{NFCB}的波动幅度

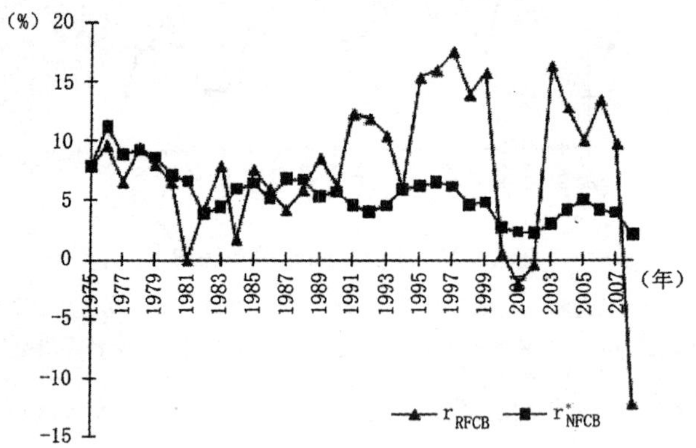

图3　RFCB部门的利润率和NFCB部门参与金融活动后的利润率

资料来源：r_{RFCB}根据（15）式计算，其中税后利润股息收入分别来自美国商务部经济分析局编《国民收入和产出账户》表6.19、7.10；业主收入根据Duménil & Lévy，“The Real and Financial Components of Profitability”一文附录的方法进行计算，数据来自美国商务部经济分析局编《国民收入和产出账户》表6.2、6.4、6.5、6.8、6.17和6.19，以及美国商务部经济分析局编《分产业核算的GDP》，http：//wvvw. bea. gov/industry/xls/GDPbylnd_ VA_ SIC. xls，Jan. 3，2010；资产持有收益根据美国联邦储备委员会编《资金流量账户》表F.102、F.109、F.114、F.115、F.116、P.117、F.126、F.127、F.129、F.229、L.102、L.109、L.114、L.115、L.116、L.117、L.126、L.127、L.129 和L.229进行计算，海外收益来自美国联邦储备委员会编《资金流量账户》表F.102、L.102和L.229。有形资产来自美国商务部经济分析局编《固定资产》表3.1ES；净负债来自美国联邦储备委员会编《资金流量账户》表L.109、L.114、L.115、L.116、L.117、L.126、L.127和L.129；外国在美直接投资来自美国联邦储备委员会编《资金流量账户》表L.229。

明显高于 r^*_{NFCB}，在历次危机发生时都大幅度下降，并在1991年后波动得更为剧烈，例如从1999年的15.8%降至2001年的-2.1%，从2006年的13.5%降至2008年的-12.3%。这说明金融化本身的发展具有高度的不稳定性。

1975年后美国经济的金融化和1991年后新金融化积累模式的形成是美联储、金融业、NFCB部门、家庭部门以及境外美元等多方面综合作用的结果，具体来看：（1）20世纪70、80年代初为了抑制通胀而维持高利率政策导致的沃克尔冲击和1975年以来利润率未得到有效恢复的事实，促使美联储在80年代中期以后不得不连续降低短期利率以刺激经济，借贷成本的下降推动了金融部门的发展。（2）20世纪70年代作为金融业核心的银行业的经营困境迫使金融监管做出让步，银行获准进入投资银行业和保险业等领域，尤其是将抵押贷款证券化并售出，其获利焦点也相应地从净利息边际转向了收取多种业务的中介费，这使得证券化和金融创新快速膨胀。（3）NFCB部门利润率的下降迫使更多的资本投入无须经过生产过程就可获利的金融。这拉升了 r_{NFCB} 并逐渐形成一种正反馈，将更多的资本引入金融部门，1975—2008年RFCB部门和NF-CB部门的资产净值之比增加了127%。（4）1975年以来家庭部门实际收入增长的停滞提升了其两方面信贷需求：以劳动力再生产为目的的“贫穷需求”和以进一步弥补收入不足为目的的“投机需求”。尤其是21世纪以来次贷等个人抵押贷款和这些贷款支持的证券化产品的扩张，形成了抵押贷款—房地产市场—证券化—衍生品联动的金融链条。（5）20世纪70年代后欧洲美元和石油美元的流入为美国经济的金融化供应了巨大的流动性。美国的国际贸易逆差使发展中国家获得了高额的美元外汇储备。为了保持本币的低汇率，预防资本突然外逃和增加外汇储备的收益，发展中国家将大量外汇储备购买以美元计价的资产，进而增加了美国金融市场上的货币流通并压低了长期利率。①

（三）金融化的脆弱性、美联储的两难和当前的危机

美国经济的金融化是以不断扩大的企业、个人和国际负债为基础的。2000年后美国经济逐渐步入了具有高度利息率弹性、风险极高的“庞齐金融”，同时通过金融化促进经济增长的需要和美元的国际价值尺度职能之间的矛盾不断加强。

1. 美国金融化的脆弱性

① 齐昊：《国外马克思主义视角中的美国金融危机》，柳欣、张宇编：《政治经济学评论》2009卷第1辑，总第15辑，中国人民大学出版社2009年版，第149—165页。

表6列出了2000年以来与美国经济的金融化有关的一些重要指标。

表6　　　　2000—2008年美国经济金融化的重要指标

年份	NFCB部门利息支出占实体经济利润的比例（%）(1)	家庭债务支出占可支配收入比率（%）(2)	美国贸易逆差（亿美元）(3)	外国持有的美国金融资产（亿美元）(4)	联邦基金利率（%）(5)	30年期固定利率贷款利率（%）(6)	通胀率（%）(7)	美元与主要货币的实际汇率指数(8)
2000	72.77	12.30	4174.26	10382.24	6.24	8.06	3.38	105.08
2001	82.93	12.84	3982.70	7828.70	3.89	6.97	2.83	112.54
2002	69.86	13.09	4591.51	7951.61	1.67	6.54	1.59	110.92
2003	60.71	13.20	5215.19	8583.03	1.13	5.82	2.27	97.85
2004	47.73	13.26	6311.30	15332.01	1.35	5.84	2.68	90.86
2005	47.05	13.70	7486.83	12473.47	3.21	5.87	3.39	90.67
2006	47.91	13.79	8035.47	20651.69	4.96	6.41	3.24	90.58
2007	56.27	13.87	7265.73	21294.60	5.02	6.34	2.85	86.40
2008	60.68	13.64	7060.68	5340.71	1.93	6.04	3.85	83.44

资料来源：(1)、(3)、(4) 分别来自美国商务部经济分析局编《国民收入和产出账户》表1.14、7.11和4.1。(2) 见美国联邦储备委员会编《家庭部门还本付息和贷款比率》，http：//federalreserve.gov/releases/housedebt/default. htm，Jan. 6，2010。(5) 见美国联邦储备委员会编《部分利率》表H.15，http：//federal reservc. eov/releases/h15，Jan. 6，2010。(6) 见联邦住房抵押贷款公司编《30年期固定利率贷款利率》，http：//freddicemac. com/pmnms/pnmms30. htm，Jan. 6，2010。(7) 见美国劳工部劳工统计局编《消费者物价指数》。(8) 见美国联邦储备委员会编《外汇汇率》表H.10，http：//federalreserve. gov/releases/h10. Jan. 6. 2010。

表6表明：(1) NFCB部门维持负债式积累的前提是有足够的利润可以还本付息，2000—2004年美联邦的降息将NFCB的债务负担降低了42%。但是NFCB部门经营策略上的短期化、组织上的分化和不稳定化以及金融上的投机化迫使其不断扩大债务规模甚至以债养债，2000—2006年净负债占有限资产的比例从2%升至7%，从而提高了积累的利息率弹性。(2) RFCB部门对次贷等个人金融业务的推动使美国家庭债务支出占可支配收入的比例（Debt Service Ratio）在2000—2007年提高了13%，同时家庭部门承担的总负债占可支配收入的比例在2001年后始终高于100%。维持健康的个人债务关系的前提是个人有足够、稳定的可支配收入来偿付不断增加的小息。但是个人负债的增加实际上是以不确定性极高的未来收入作抵押的，极易因利息率提高、房价下

降等冲击而使债务链条断裂。(3) 流入美国的境外美元在2001—2007年增长了172%。这扩大了借贷资本供给、降低了长期利率，并通过推动企业和个人负债的扩张增加了经济的脆弱性。国际主权和非主权主体向美国投资的意愿取决于国家利益、对美元计价资产收益的预期和汇率等多重因素。境外美元的堆积和回流加大了美元贬值和美国通胀的可能性：2001—2007年美元与主要货币的实际汇率指数下降了23%，2002—2005年通胀率上升了113%。由于国际投资主体无法承担美元贬值导致的资产损失风险，同时美国金融化积累模式的基础越来越薄弱，2000年以来的境外美元流入是不可持续的。

2. 美联储货币政策操作目标的内在矛盾

在一个利润主要通过金融活动形成的模式下，对于积累拥有战略地位的金融部门获得了政治和经济权力，经济政策因而必须反映金融化的规则。20世纪70年代滞胀危机后，美联储认为应该通过控制金融不稳定性减弱经济的不稳定性，而控制金融不稳定性的渠道是调节货币流通量、控制通胀和稳定美元币值。美联储必须在维护美元作为国际储备货币的基础地位与促进金融化积累所需要的流动性之间的矛盾下，小心翼翼地扶持投机行为并公开地促使其合理化。①

在现实中，由于金融创新使得货币流通量越来越难以直接控制，美联储选择通过调控利率间接地调节货币量。21世纪初互联网泡沫破裂后，为了快速拉动经济复苏，美联储在4年内将短期利率从6%以上降至1%左右。这推动了2000年以来的金融化及其财富效应，同时使得美国经济中的货币量超出了其质的规定性所允许的范围：2000—2007年NFCB部门的实际净增值增长了14.72%，净增值增长了30.52%，② 而经济中的流动性（M2）增长了52.71%，③ 货币量的增加严重超过了经济中创造新价值的能力；境外美元的流入进一步促进了货币量的膨胀，推动美国的通胀率连续上升，并降低了美元在国内和国际上的价值。

3. 危机的发生

为了控制通胀和维系美元币值，美联储在2004—2007年将短期利率迅速提高了271%。短期利率的提高加重了产业资本的利息负担，使NFCB部门利息支出占实体经济利润率的比例在2005—2007年后上升了约9个百分点，进而如图2所示，促使NFCB部门参与金融活动的利润率和实体经济利润率在

---

① 布伦纳：《高盛的利益就是美国的利益》，《政治经济学评论》2010年第2期。

② 美国商务部经济分析局编《国民收入和产出账户》表1.14。

③ 美国联邦储备委员会编《货币存量指标》表H.6，http：//federalreserve. gov/releases/h6/current/h6. htm，Jan. 17，2010。

2005 年和 2006 年相继下降，减弱了经济增长的动力。

金融化在很大程度上依赖于经济中的借贷资本供给量，而充足的借贷资本量取决于一定水平的长短期利差。如表 6 所示，2001 年以来境外美元的大规模流入压低了美国的长期利率，因而一个较低的短期利率才能为银行提供合理的长短期利差。但是，2003 年以来，美联储的升息使长短期利差从 2004 年的 4.5% 迅速降至 2007 年的 1.32%。长短期利差的缩小不利于经济中流动性和信贷供给的扩大，进而增加了金融化的脆弱性和不可持续性。2007 年，利息率的上升导致了家庭部门债务负担和次贷等贷款违约率的上升，进一步加重经济中的流动性问题和偿付能力问题，并最终通过证券化链条引发了一场全面的金融危机。

上述分析表明，促进金融化积累和维护货币基础合法性之间的内在矛盾是引发金融危机的直接根源。但金融化的发展导源于实体经济利润率的长期停滞。当产业资本试图通过金融活动恢复其利润率时，金融成本的提高反而压低了其实际得到的利润率。金融部门的发展必须依赖于新价值的不断流入，美联储宽松的货币政策短期内有利于金融化的持续，但同时也造成了整个经济中各个部门的脆弱性和风险的累积。美联储为了维护美元的地位和美国资本整体利益而调整货币政策的行为，引发了当前如此严重的金融危机。

我们认为，利润率在长期和周期中的波动是资本积累的核心机制；借助于韦斯科普夫的经典文献，可以将劳资斗争、价值实现和有机构成因素综合起来，用这些因素的相互作用解释利润率的波动或下降的具体根源；现实的经济危机必须将实际因素和货币、信用等金融因素结合起来，在利润率新综合基础上，我们发展了在黄金非货币化条件下经济危机从债务收缩型危机向金融化危机转化的逻辑框架。

经验研究表明：（1）1975 年以来实体经济利润率并未得到有效恢复；利润份额的波动是利润率周期性波动的最主要原因；其具体机制在不同时期并不相同，资本主义生产过程在 1991 年之前的重组和 1991 年之后的弹性化，分别主要导致了机器和非生产工人对生产工人的替代，进而提高了工资份额；产能利用率是利润率周期性波动的第二位原因，在实体经济仍占主导的 1991 年前波动较大，在 1991 年后的金融化积累模式下对利润率波动的作用明显缩小；资本有机构成的波动与马克思的判断相一致，但资本品、消费品和产出品之间的比价关系在一定程度上抵消了有机构成对利润率的影响。（2）对非金融公司部门金融化利润率和有限定的金融部门利润率的分析表明，20 世纪 90 年代初，美国形成了依靠金融活动进行积累的新模式。借助于信用制度维系经济增长，资本被迫通过金融化狂热地追求新的投资和新的冒险，使得虚拟经济严重脱离实体经济而过度膨胀，进一步导致整个利润率的下降和金融市场的脆弱性，回归货币基础的内在机制最终加速了矛盾的总爆发，引发当前如此严重的危机。

当前美国政府通过拯救金融系统来促进经济复苏，但不能从根本上解决矛盾。经济复苏的基础在于实体经济的盈利能力的恢复，而美国经济已经空心化和金融化了；盈利能力的提高必然要求提高工人的价值创造能力，进而必须建立劳资妥协的生产关系，但是美国生产过程的重组使工人原子化、就业弹性化了，必要的劳资协定难以达成，劳动利用效率难以得到实质性改进；美联储采取如此宽松的货币政策只会通过转嫁危机来暂时缓解自身的矛盾，但会加深世界资本主义体系的内部矛盾，这一矛盾将可能以体系内其他国家或地区的危机表现出来。社会化生产与资本主义占有的基本矛盾在资本运行的现象形态上，突出地表现为利润率趋于下降的规律。一方面，科学技术在生产中日益自觉的应用，资本技术构成的不断提高，表明社会生产力具有无限扩大的趋势和潜力。这正是资本保值增值的基本手段，但却与资本积累的目的和动力发生了根本性的冲突。于是在另一方面，生产力发展在资本主义制度下却颠倒地表现为资本利润率趋于下降的规律，说明生产力的发展在根本上受到了资本占有社会化生产这一生产关系的限制，受到了“以广大生产者群众的被剥夺和贫困化为基础的资本价值的保存和增值”的限制。[①] 所以，资本积累“只能在一定的限制以内运动”,[②] 必然是非连续的过程，内存于资本主义生产方式的“各种互相对抗的因素之间的冲突周期性地在危机中表现出来。危机永远只是现有矛盾的暂时的暴力的解决，永远只是使已经破坏的平衡得到瞬间恢复的暴力的爆发”。[③]

（原文载于《中国社会科学》2010年第5期）

---

① 《马克思恩格斯全集》第46卷，第278页。

② 同上。

③ 同上书，第277页。

人口转变、人口红利与刘易斯转折点

蔡 昉

蔡昉，1956年生。毕业于中国人民大学、中国社会科学院研究生院。经济学博士。第十二届全国人大常委会委员；中国社会科学院学部委员、人口与劳动经济研究所所长。兼任中国人口学会副会长、世界经济论坛全球议程老龄化理事会成员等。专著有《中国经济》、《避免中等收入陷阱》等。

一 引言

在理论界和政策研究领域，关于中国经济增长是否正在丧失人口红利的支撑，以及中国经济发展阶段是否已经迎来刘易斯转折点的判断，众说纷纭、莫衷一是，讨论仍然方兴未艾。笔者在一篇合作的文章中（Cai and Wang，2005），以人口抚养比为代理指标，估算了人口红利对1982—2000年期间人均GDP增长率的贡献为26.8%，同时指出，随着大约在2013年人口抚养比由下降转为提高，传统意义上的人口红利趋于消失。在其他的文献中（如蔡昉，2008；Cai，2008），笔者从人口年龄结构变化趋势、劳动力市场供求关系变化、普遍出现的民工荒现象，以及普通劳动者工资上涨等方面的新形势，做出了刘易斯转折点到来的判断，并从经济增长方式转变、收入分配格局变化、劳动力市场制度建设、人力资本培养等方面揭示了转折点到来所具有的政策含义。

对于上述判断，许多学者和政策研究者持赞同的态度，也出现了很多批评意见。在最初的文章和答复性文献中（蔡昉，2008），笔者尝试提供更多的经验证据，从不同角度印证所得出的判断。但是，对于经济现实中的表现，人们从不同的角度，常常得出大相径庭的观察，对相同的现象，也往往会做出不尽相同的解说，得出相异的结论，见仁见智。一个挥之不去的传统观念是：中国人口基数大，劳动力数量多，农村剩余劳动力取之不尽、用之不竭。因此，任何学术观点或政策建议，如果认为（即便是在未来）劳动力会出现总量不足的可能性，农村剩余劳动力即将转移殆尽，以至得出刘易斯转折点到来的结论，都难以获得广泛的认同。[①] 无论是针对笔者的批评意见，还是对于中国人口和劳动力状况的一成不变的认识，主要是因为受到统计数字的迷惑，而统计数字中存在的问题主要有以下几个方面。

第一，关于农业劳动力使用的数据，正规统计制度不能充分反映迅速变化的农业生产现实，从而学者要么对最新的情况懵然无知，要么陷入"数字的暴政"（Young，1992），以致计量经济学分析的数据基础十分不牢靠。正如有学者指出的：中国改革发生得太快，以致统计改革不能及时跟进（Ravallion and Chen，1999）。例如，根据《中国统计年鉴》，2008 年农业劳动力为 3.1 亿人，占全国劳动力的比重至今仍然高达 39.6%。而由于统计口径的因素，农业普查的农业就业数字甚至更高。而事实上，农业成本调查资料所显示的农业生产实际投入劳动的数量，比上述数字要低得多（Cai and Wang，2008）。综合考虑农村劳动年龄人口的增量态势、农业劳动力转移状况，以及农业机械化的提高程度，可以认为农业中实际容纳的劳动力比统计数字所显示的要少得多。因此，基于汇总统计数据得出仍然有大量剩余劳动力可供转移（如 Lau，2010），或者由此进行的计量经济学分析，得出农业劳动边际生产力仍然很低的结论（Minami and Ma，2009），都会因为高估农业中剩余劳动力的数量，而否定刘易斯转折点到来的结论。

第二，关于劳动力市场和城乡就业状况的统计数据，许多学者无法读懂，以致得出偏离实际情况的相关结论。随着产业结构和经济成分日趋多样化，特别是经历了 20 世纪 90 年代后期的劳动力市场冲击之后，城镇就业渠道也呈现多元化的趋势，不仅不再是国有部门和集体部门占主导的就业结构，而且出现了规模庞大的非正规就业。与此同时，大规模农村劳动力在本地或外出从事非农就业，总量超过 2.3 亿人，其中 1.5 亿人进城务工。在常规统计中，城镇居民的非正规就业和农民工的就业，除了通过汇总和分析，可以得出大约 1 亿人的总量和占城镇总就业约 30% 的比重外，通常没有可供进行分部门分析的数

① 本文不拟讨论由对刘易斯转折点含义的理解不同而产生的观点分歧。根据刘易斯本人及稍后研究（参见 Lewis，1972；Ranis and Fei，1961），笔者把劳动力需求增长速度超过供给增长速度，工资开始提高的情形称作刘易斯转折点，此时农业劳动力的工资尚未由劳动的边际生产力决定，农业与现代部门的劳动的边际生产力仍然存在差异；而把农业部门和现代经济部门的工资都已经由劳动的边际生产力决定，两部门劳动的边际生产力相等的情形，称作商业化点，这时才意味着二元经济的终结。

据（Cai，2004）。此外，迄今没有公开发布比登记失业率更反映现实劳动力市场状况的调查失业率数字，这使得许多学者做出没有数据支撑的猜想。因此，许多研究者仅仅依据统计年鉴上的正规就业数据，以及任意性比较强的估计，来判断劳动力市场状况，得出就业零增长或者失业率仍然很高的结论（如Rawski，2001），以致当全国普遍出现民工荒现象时，许多人无法接受其为真实的存在。

第三，关于人口总量增长和结构变化的趋势，统计年鉴发布的汇总数据很难提供整体的特征性描述，通常也没有及时更新的人口预测。实际上，历次人口普查数据都可以提供人口变动的新态势。但是，由于对于诸如总和生育率（total fertility rate）等重要参数的认识不一致，[①] 始终没有定期发布一个权威的、不断更新的，并且得到官方和民间认可的人口预测报告，一般读者更是不知道人口变动的趋势，以致许多人还认为中国人口的峰值在2040年或以后的某一时刻达到，届时人口总量为16亿（如刘遵义，2010）。至于说到人口年龄结构的变化趋势，大多数人都不知道劳动年龄人口的增长已经大幅度减缓，因而劳动力无限供给的人口基础正在消失，以致不愿意相信人口红利的式微和刘易斯转折点的到来。

可见，对于人口转变格局与趋势的认识，将有助于人们对劳动力市场状况的正确理解，更是旨在挖掘经济增长可持续性潜力的相关政策的决策基础。本文的以下部分将说明，人口转变与二元经济发展过程有着共同的起点、相关和相似的发展阶段特征，以及在相当大程度上重合的过程，进而人口转变所促成的人口红利期，是二元经济发展的一个阶段。因此，论证人口红利的消失与证明刘易斯转折点的到来，实际上是同一项学术工作。本文其他部分是这样组织的：第二部分从理论和国际经验角度论证人口转变与二元经济发展过程的逻辑关系；第三部分用数字描述中国的人口转变过程及其对经济增长的影响；第四部分回答如何缩小“未富先老”缺口的问题；第五部分对文章的主要结论进行小结，并揭示政策含义。

二　人口转变与二元经济发展阶段

以刘易斯（Lewis，1954）为代表的二元经济发展理论广为人知。该理论

---

① 2000年进行的第五次人口普查显示，总和生育率仅为1.32，甚至低于1.51的政策生育率。许多人对此提出怀疑（于学军，2002）。自此之后，关于总和生育率究竟是多少，一直存在不同的认识。总体来说，政府部门趋向于认为仍然较高，学者相信的数字偏低。即便如此，争论的幅度也在1.6—1.8之间，远远低于2.1的替代水平。

把一个典型的发展中国家区分为农业经济部门和现代经济部门，前一部门中存在着相对于资本和土地来说严重过剩的劳动力，因而劳动的边际生产力为零甚至负数。随着现代经济部门的扩大，在工资水平没有实质性增长的情况下，剩余劳动力逐渐转移到新兴部门就业，这形成一个二元经济发展过程。这个过程一直持续到某个时刻，这时劳动力需求的增长超过劳动力供给的增长，继续吸引劳动力转移导致工资水平的提高，迎来刘易斯转折点。虽然在学说史上几经沉浮（Ranis，2004），二元经济理论一直是发展经济学中最具有核心地位的理论模型。

但是，甚至在刘易斯最初的文章发表之前，人口转变理论（demographic transition theory）的成熟形式已经公开发表。① 对应工业化前后发展时期，该理论把人口再生产类型区分为三个主要阶段，分别为（1）“高出生、高死亡、低增长”阶段，（2）“高出生、低死亡、高增长”阶段，以及（3）“低出生、低死亡、低增长”阶段。虽然我们无法断定刘易斯是否注意到人口学在这方面的重要文献，但是，刘易斯本人在其文章中不乏类似的人口学假定。在定义二元经济结构中的重要部门农业时，他解释说“相对于资本和自然资源来说人口如此众多，以致……劳动的边际生产力很小或等于零”，因而“劳动力的无限供给是存在的”。这里所隐含的就是人口转变的第二个阶段，即外生的人口死亡率下降和高出生率的惯性，导致人口自然增长率处在很高的水平上。又由于农业是更初级的生产部门，所以过剩的人口和劳动力被积淀在这个部门。

理解人口转变与二元经济发展阶段之间逻辑关系的关键，是理解人口红利的产生和获得的机制。在较早的人口学和经济学文献中，关于人口与经济发展的关系，人们主要着眼于人口总量或人口增长率与经济增长率之间的关系，而关于人口转变的讨论，也仅仅停留在生育率、出生率、死亡率和人口总量的层面上。因此，在这些讨论中，人们忽略了经济发展与人口结构之间的关系，以及人口转变最重要的一个结果是人口结构及劳动力供给特征的变化。随着大多数发达国家和许多新兴工业化国家及地区相继完成了人口转变，人口学家开始观察到这个转变所导致的人口老龄化的后果。进而，经济学家又观察到伴随着人口转变而发生的劳动年龄人口的变化，及其对经济增长源泉的影响（Williamson，1997）。在死亡率下降与出生率下降之间的时滞期间，人口的自然增长率处于上升阶段，需要抚养的少儿人口比重相应提高。再经过一个时间差，

① Thompson（1929）最早区分了人口转变的三个阶段；随后有人又划分了人口转变的五个阶段。但是，由于他们都没有做出关于生育率下降的标准理论解释，所以，人口转变理论之父的称号授予了Notesteln（1945）。关于这个领域的学说史的简述，请参见 Caldwell（1976）。

当婴儿潮一代逐渐长大成人，劳动年龄人口的比重依次上升。随着社会经济发展，生育率下降，人口增长率趋于降低，随后人口开始逐渐老龄化。换句话说，当人口自然增长率先上升随后下降形成一个倒U字形曲线的变化轨迹之后，以大约一代人的时差，劳动年龄人口也呈现类似的变化轨迹。

当人口年龄结构处在最富有生产性的阶段时，充足的劳动力供给和高储蓄率为经济增长提供了一个额外的源泉，这被称作人口红利。相应地，一旦人口转变超过这个阶段，人口年龄结构因老龄化而在总体上不再富有生产性时，通常意义上的人口红利便相应丧失。由于人口转变阶段的变化可以最综合地用总和生育率来反映，我们可以从理论上预期这样一个人口转变与经济增长的关系（图1）：当总和生育率处于很高水平时，经济增长率也相应处在很低的（假设没有人口转变和技术进步）稳态水平上；随着生育率下降，并由于随之逐渐形成了富有生产性的人口年龄结构，经济增长率加快，从而获得人口红利；而当生育率继续下降到更低的水平时，由于老龄化程度提高，经济增长率逐渐回落到较低的（不再有我们认识到的人口转变，但是技术进步处在创新前沿）稳态水平上。相应地，生育率下降从而形成具有生产性的人口年龄结构的特定人口转变阶段，如图1中虚线所标示的，即所谓的“人口机会窗口”。

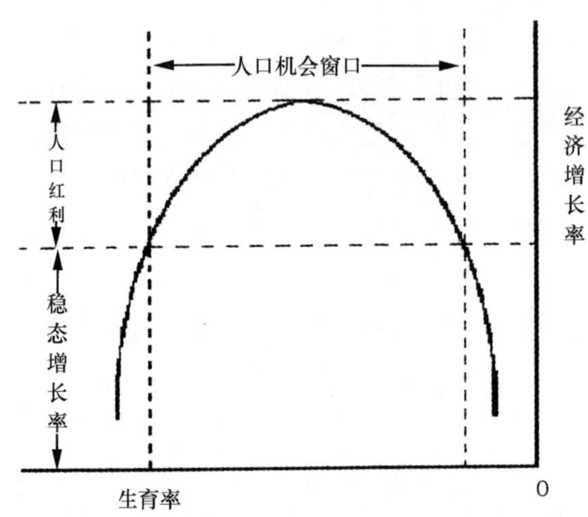

图1　生育率与经济增长率之间关系示意

需要指出的是，影响经济增长表现的因素众多，绝非仅仅人口因素。例如，在捍卫新古典增长理论的实证研究中，经济学家先后找出上百个具有统计显著性的解释变量，尝试揭示经济增长之谜（Sala－i－Martin，1997）。对于低收入国家处于“贫困陷阱”中的极为低下的稳态增长，以及高收入国家处在技术创新前沿上的低稳态增长水平，尤其需要避免以人口因素来进行解释。同时，这里我们也暂且撇开经济增长对人口转变的反作用，[①] 而仅仅关注生育率与经济增长率之间的关系。在做出以上假设的条件下，从人口红利的理论出发，不仅可以做出上述关于两者关系的假设，而且可以从经验上得到检验。

利用世界银行世界发展指数（world development indicators）数据库，我们可以对1960年以来各国GDP年增长率与总和生育率的关系进行一些描述性的统计刻画。在该数据库中，GDP年增长率介于－51%—106%之间。为了避免解释那些极端值的复杂性，在此处的分析中，我们只观察GDP增长率介于0—10%的更反映常态趋势的观察值。根据我们所做的理论预期，GDP增长率与总和生育率之间，并非简单的线性关系，而是呈现较为复杂的非线性关系，表现为随着生育率下降经济增长率先上升随后降低。因此，我们根据理论上得出的GDP增长率与总和生育率以及总和生育率平方项的关系，在图2中画出了GDP增长率的拟合值，并给出95%的置信区间。

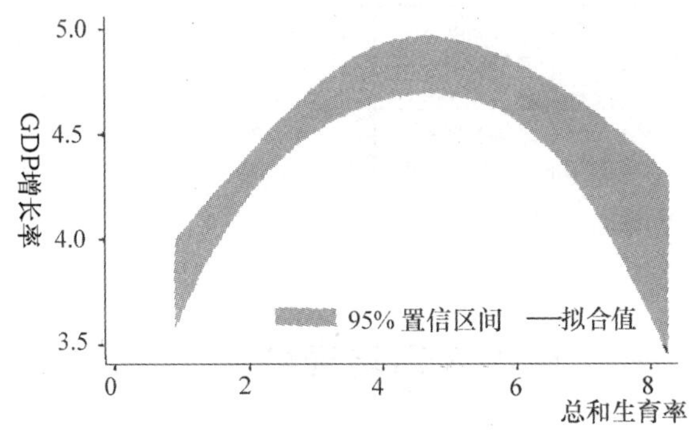

图2 GDP增长率与总和生育率的经验关系

资料来源：根据世界银行世界发展指数数据库数据绘测。

图2直观地告诉我们，总和生育率与GDP增长率之间，呈现一种倒U字形的关系。那些总和生育率处于很高水平的国家，GDP增长率较低；随着总和生育率的下降，GDP增长率上升；而总和生育率下降到一定水平时，GDP增长率达到最高值，相应也达到了一个从上升到下降的转折点；随着总和生育率的进一步下降，那些总和生育率较低的国家，GDP增长率也较低。这个简

① 都阳（2004）发现，计划生育政策、人均GDP水平和人力资本水平对中国生育率的急剧下降有明显作用，同时他也区分了三个变量的不同影响。

单的经验曲线，与前面的理论预期完全一致。

为了进一步分析GDP增长率与总和生育率之间的这种非线性关系，利用前述数据库，我们用GDP增长率做因变量，用总和生育率和总和生育率的平方项做自变量进行回归，回归结果列于表1。从回归结果中可以看到，总和生育率的系数显著为正，而总和生育率平方项的系数显著为负，这进一步展示了GDP增长率随总和生育率下降先提高后降低的倒U字形经验关系。不过，这个统计分析并不尝试去解释影响经济增长的因素，而仅仅关注生育率与经济增长率之间的表面联系。一旦我们从经济理论和国际经验上都确认了这种生育率与经济增长率之间的关系，就可以更一般地认识人口学所认识到的人口转变过程，与人口经济学所确立的人口红利获得过程，进而与经济发展过程中呈现的刘易斯转折点之间的关系。在此基础上，我们可以从中国的人口转变结果出发，分析中国经济增长过程中人口红利的产生与预期的消失，进而判断刘易斯转折点的到来。

表1　　GDP增长率与总和生育率回归结果

	系数	标准误	t值	$P>\|t\|$
总和生育率	0.6852	0.1133	6.05	0.000
总和生育率平方项	-0.0736	0.0137	-5.38	0.000
常数项	3.2359	0.1909	16.95	0.000
观察值	3380			

三　中国人口转变的经济影响

中华人民共和国成立后，随着经济发展和人民生活改善，人口转变进入了第二个阶段，剔除20世纪50年代末60年代初的非正常波动后，主要表现为在死亡率大幅度降低的同时，出生率继续保持在高水平上，因而人口自然增长率过快。相应地，一直到20世纪70年代之前，总和生育率通常处在6的高水平上。然而，并不像许多人想象的那样，生育率下降只是计划生育政策的结果。其实，总和生育率大幅度降低发生在1970—1980年期间，即严格的计划生育政策实施之前，从5.8下降到2.3，共下降了3.5个百分点。而假设目前总和生育率为1.6—1.8的话，1980年以后总共才下降了0.5—0.7个百分点。这个事实验证了经济学家和人口学家关于人口转变规律所取得的学术共识：三个主要的人口转变阶段的依次更替，是经济和社会发展的结果。在这个基础上，随着从第二个阶段向第三个阶段的转变，劳动年龄人口的增长速度快于依赖型人口，其在总人口中的比重逐渐提高，这形成可以把经济增长率提升到稳态水平之上的人口红利。

虽然中国的人口抚养比，即依赖型人口（14 岁以下人口与 65 岁以上人口之和）与劳动年龄人口（15—64 岁人口）之比，早在 20 世纪 60 年代中期就开始下降，但劳动年龄人口总量迅速增长并且比重大幅度提高，从而人口抚养比显著下降，主要开始于 20 世纪 70 年代中期（图 3）。这个有利的人口年龄结构在改革开放年代转化为推动经济高速增长的人口红利。中国经济获得人口红利的原理解说、过程描述和经验检验，笔者在一系列论文和著作中已经有详细的交代（如蔡昉，2008；Cai and Wang，2005）。在这些文献中，笔者也做出了刘易斯转折点到来的判断，并给予实证检验和证明。在本文中，把人口转变、人口红利和刘易斯转折点三个概念和过程集中讨论，目的在于说明三者之间的逻辑联系，并依照这种逻辑关系，对未来中国经济增长面临的诸多挑战做出一致性的阐释。

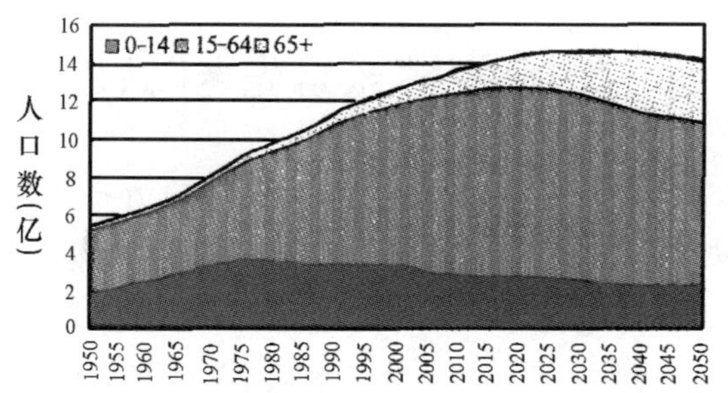

图 3　少儿人口、老年人口与劳动年龄人口变化趋势

资料来源：United Nations。

图 3 中联合国对中国分年龄的人口预测，是根据 2000 年第五次人口普查、2005 年 1% 人口抽样调查以及随后的调查信息，参考官方关于总和生育率等重要参数的估计，按照中位方案于 2008 年做出的最新修正结果。这与中国不同单位所做的预测大体上是一致的。根据这个预测，人口总规模预计在 2030 年达到峰值，届时中国人口为 14.62 亿，而在此之前，15—64 岁劳动年龄人口于 2015 年达到峰值，总量为 9.98 亿。显而易见，虽然这两个人口峰值的预测结果，是可以从公共信息平台上随时获得的，但是，其不仅不为广大普通读者所知，而且相当多的经济学家也并不了然。然而，了解这个变化趋势，对于研究中国经济发展前景的学者，特别是其中那些经常发表意见并对受众产生巨大影响的学者，显然是必需的。

进一步考察上述人口预测结果，我们可以看到，在1970—2010年期间，劳动年龄人口的增长率高于总人口的增长率，而此后则呈现相反的趋势，这意味着人口年龄结构不再朝着具有生产性的方向变化。从劳动力供给的角度看，由于城市是非农产业发展的集中区域，中国高速经济增长所吸纳的就业，主要发生在城市部门，而城市劳动力的供给已经越来越依赖于农村劳动力转移。根据另一项预测（胡英，2009），到2015年，城市劳动年龄人口的新增数量小于农村劳动年龄人口的减少数量。这意味着，在假设吸引农村劳动力转移的激励力度等其他因素不变的情况下，进城农民工的数量不足以填补城市劳动力减少产生的缺口。由于在到达这个时点之前，按照常住人口的口径，即考虑到劳动力从农村向城市流动因素的情况下，农村劳动年龄人口的减少量，已经逐年接近城市劳动年龄人口的增加量（两者相等的那个点就是中国作为一个整体，劳动年龄人口停止增加的时刻），劳动力市场已经在逐步对此做出反应，一方面表现为全国范围不断出现民工荒现象，另一方面表现为农民工工资逐年上涨。而按照定义，这就是刘易斯转折点到来的特征性表现。

四 如何缩小“未富先老”缺口？

世界范围的经验表明，人口转变的主要推动力是经济增长和社会发展，而生育政策仅仅起到外加的且相对次要的助动作用。例如，韩国、新加坡、泰国和中国台湾地区都没有实行过强制性的计划生育政策，但是，这些国家或地区与中国大陆一样，生育率从20世纪50年代大致相同的高起点上，都在90年代以后下降到更替水平以下。而印度由于经济和社会发展绩效较差，人口转变过程相对滞后，但也经历了类似的变化轨迹（林毅夫，2006）。由于中国经济高速发展起始于20世纪80年代，在改革开放期间经历了30年的增长奇迹，但其起步仍然晚于亚洲四小龙，因此，在人均收入水平尚低的情况下进入到人口转变的新阶段，形成“未富先老”的特点。2000年中国65岁及以上人口的比重为6.8%，与世界老龄化平均水平相同；而2001年中国的人均国民总收入（GNL），按照官方汇率计算，是世界平均水平的17.3%，按照购买力平价计算，则是世界平均水平的56.3%。虽然中国严格的计划生育政策不啻一个适度的加速因素，但是，归根结底，人口转变是经济和社会发展的结果，“未富先老”产生的缺口（即人口老龄化向发达国家趋同的速度，超过人均收入趋同的速度），也主要是经济发展水平与发达国家的差距造成的。

尽管发达国家都面临着人口老龄化对经济增长和养老保障制度的挑战，各国在应对老龄化问题上也存在差异，但是，总体上来说，这些国家由于人均收入已经处在较高的水平上，技术创新也处于前沿水平上，因此，主要依靠生产率提高驱动的经济增长仍然是可持续的，迄今也足以应对老龄化危机。相应地，中国应对劳动年龄人口减少、老龄化水平提高的人口转变后果，关键在于保持高速增长势头。换句话说，由于人口转变过程是不可逆转的，即便在生育政策调整的情形下，老龄化趋势仍将继续，已经形成的“未富先老”缺口，应该主要依靠持续的经济增长来予以缩小，并最终得到消除。

随着中国经济总量在世界排位的不断跃升，并预计在2010年超过日本成为世界第二大经济体，由于人口增长率处于低水平，人均GDP的提高也将日益加速。日本经济研究中心（JCER，2007）对中国经济规模和人均收入做了长期预测。根据这个预测，按照购买力平价和2000年不变美元计算，2020年中国GDP总量为17.3万亿美元，2030年为25.2万亿美元，2040年将达到30.4万亿美元。这三个年份相应的人均GDP预测值则分别是1.2万美元、1.8万美元和2.2万美元。美国经济学家Fogel（2007）则更为乐观，预测2040年中国GDP总量高达123.7万亿美元，在人口达到14.6亿的情况下，届时中国人均GDP高达8.5万美元。值得指出的是，这两种预测采用的方法不尽相同，使用的数据来源差异也很大，特别是用购买力平价的计算，与中国官方和学者的口径也不相符。其实，从两种预测结果之间的巨大差异也可以看到各自的局限性。

但是，上述预测反映的一个事实是，从21世纪第二个十年开始，中国将以全球第二大经济体的姿态，加速从中等收入国家向高收入国家转变。如果中国能够保持与过去30年相当或即便略微减速的经济增长率和人均收入增长率，它将以很快的速度与发达国家的富裕程度趋同。因此，这些经济学家的预测，反映的是一种正确的方向和符合规律的前景。因此，在人口转变趋势不变的情况下，经济发展水平与人口老龄化之间的缺口将逐渐缩小。在图4中，我们把2000年和2010年的中国人口年龄结构与发展中国家进行比较，显示出了明显的“未富先老”特征，而把2020年和2030年的中国人口年龄结构与发达国家进行比较，则显示出“未富先老”缺口显著缩小。由此可见，充分挖掘当前人口红利的潜力，创造新的人口红利，并逐渐转向利用新的经济增长源泉，是在后刘易斯转折时期应对人口老龄化的根本出路。

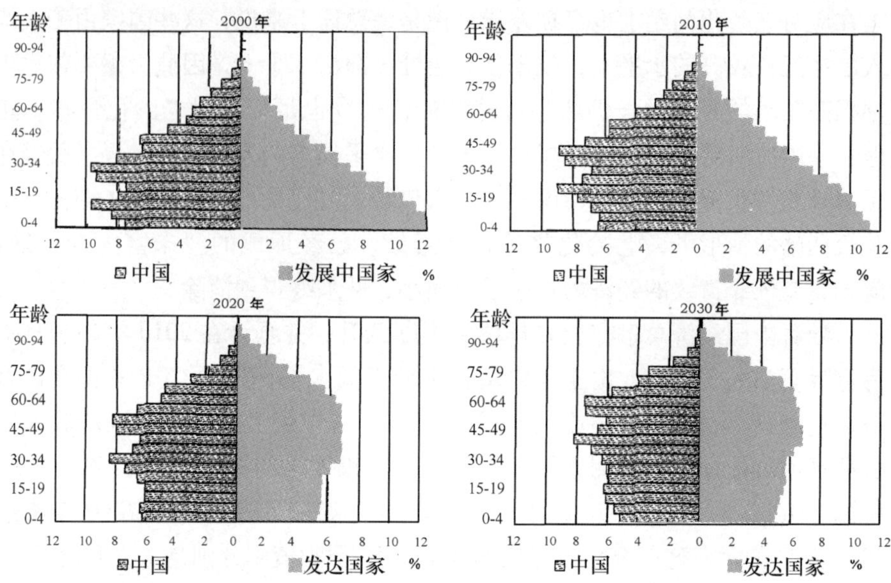

图4 依靠经济赶超缩小"未富先老"缺口

资料来源：United Nations（2009）。

五 结语和政策含义

通过对中国人口转变结果及其经济影响的分析，特别是本文尝试进行的经验检验，我们可以更加确信人口转变与经济发展两个过程之间所具有的内在逻辑联系。因而，做出人口红利式微和刘易斯转折点到来的判断，无论在理论上还是在实证上，都是有充分依据的。对于这样的一些判断所产生的争论本身，在某种程度上提示我们，本文所讨论的这个转折点是否到来，具有很重要的政策含义。

经济发展到达刘易斯转折点，对于一个发展中国家具有至关重要的意义，因为只有通过了这个转折点，传统经济部门与现代经济部门的劳动边际生产力才开始逐步接近，以至最终达到消除差距，二元经济结构特征消失的商业化点。因此，做出刘易斯转折点到来的判断，总体上并不应该引起任何担忧。相反，由于这个转折点是否到来，并不仅仅具有单纯的概念性意义，而且涉及对客观发展规律的自觉把握，因此，正确地预见到这个转折点的到来，并认识到新的发展阶段所面临的新机遇和新挑战，对于政府经济发展政策、企业决策和劳动者行为来说，都将具有极其重要的提示作用，以便继续保持和深入发掘经济增长可持续性的源泉。具体来说，借鉴各国经济发展的经验，在后刘易斯转折时代，关于如何发掘中国经济增长可持续性源泉的探讨，应该从近期、中期和长期三个视角进行。

首先，迄今所加以利用的人口红利仍然有其发掘潜力。如果我们把劳动年龄人口增长快、比重高，因而有利于劳动力供给和形成高储蓄率的人口结构优势称作第一次人口红利，而把未来伴随着老年人口比重提高可能产生新的储蓄动机和新的人力资本供给称作第二次人口红利，那么，目前第一次人口红利尚未发掘殆尽。农村劳动力进入非农产业，实现了就业转换，是第一次人口红利的主要表现形式。2009 年，外出 6 个月以上的农民工人数已经达到 1.5 亿。相应地，农民工进城成为居住 6 个月以上的常住人口，为城市化水平的提高作出了巨大贡献，2009 年含这部分常住流动人口在内的城市化率达到 46%。但是，由于这些被统计在城市人口中的常住农民工没有获得城市户籍或市民身份，他们作为稳定的劳动力供给、新增消费需求、城市基础设施建设需求、社会保障制度贡献者的作用，并没有得到充分发挥。2007 年，中国城市化率为 45%，而具有非农业户籍的人口的比重只有 33%，这意味着现行常住人口意义上的城市化率，与市民意义上的城市化率之间，尚存在 12 个百分点的差距。可见，通过推进户籍制度改革和均等公共服务，从城市化领域可以继续开发第一次人口红利的另一半（蔡昉，2010）。

其次，第二次人口红利有着巨大的开发潜力。一个逐渐老龄化的人口结构，只要具备必要的制度条件，同样可以具有人口的优势，即提供第二次人口红利（蔡昉，2009）。人口老龄化的一个重要原因，是人口预期寿命提高即人们活得更加长寿，这个因素是创造第二次人口红利的重要基础，即延长了的健康余寿可以成为人口红利的新源泉。这种类型的人口红利包括三个主要来源。第一是来自养老保障需求和制度供给。如果建立起一个具有积累功能，而不是主要依靠家庭养老功能或现收现付的养老保障制度，可以利用劳动者的养老期望增加储蓄动机，以及资本市场的增值来保持高储蓄率。第二是来自教育资源的扩大。随着少年儿童人口规模缩小和比重降低，劳动年龄人口供养在学人口的能力相对提高，这意味着通过扩大教育和培训大幅度提高人力资本水平的机遇。第三是来自劳动参与率的扩大。延缓退休是扩大劳动力供给、缓解养老负担的重要途径。在中国，延长退休年龄的主要障碍在于，接近退休年龄劳动者的人力资本存量比较低，在改变这种现状之前，延长退休年龄会使他们陷入脆弱境地。因此，开发这种人口红利的关键是在继续扩大教育特别是高中阶段的普通教育和职业教育，以及加强对就业者培训的基础上，根据条件的成熟程度逐步延长退休年龄，以保持劳动力供给的充足性。

最后，长期来看，经济增长方式转变可以提供全新的经济增长源泉。主要以西方国家为素材发展起来的新古典增长理论，由于假设劳动力是稀缺的生产要素，因此资本会遇到报酬递减现象，从而认为，保持经济增长可持续性的出路是不断提高全要素生产率的贡献份额（Solow，1956）。从这个基本假设出发，许多经济学家曾经质疑过东亚奇迹及其可持续性（如 Young，1992；Krugman，1994）。实际上，正是由于东亚经济曾经有着劳动力无限供给的特征，又通过恰当的经济政策开发出人口红利，在很长时期里避免了资本报酬递减的困扰。而随着一些主要经济体的发展阶段跨越刘易斯转折点，[①] 与此同时，人口转变进入新阶段使得经济增长不再主要依靠传统意义上的人口红利，这些经济体实现了从主要依靠资本和劳动的投入到主要依靠全要素生产率的提高的经济增长方式的转变。这个经验提示我们，随着人口红利逐渐消失和刘易斯转折点的跨越，通过增长方式的转变，中国经济长期增长源泉终将转变到依靠技术进步和生产率提高。既然我们做出了关于中国经济发展阶段的判断，这个增长方式的转变就应该由此加快步伐。

参考文献

蔡昉：《刘易斯转折点——中国经济发展新阶段》，社会科学文献出版社，2008 年版。

蔡昉：《未来的人口红利——中国经济增长源泉的开拓》，《中国人口科学》2009 年第 2 期。

蔡昉：《从农民工到市民：中国特色的深度城市化》，《国际经济评论》2010 年第 2 期。

都阳：《中国低生育率水平的形成及其对长期经济增长的影响》，《世界经济》2004 年第 12 期。

胡英：《分城乡劳动年龄人口预测》，未发表工作论文，2009 年。

林毅夫：《发展战略、人口与人口政策》，载曾毅、李玲、顾宝昌、林毅夫主编《21 世纪中国人口与经济发展》，社会科学文献出版社 2006 年版。

刘遵义：《中国可从四个方面增加内需》，中国新闻网，2010 年 1 月 21 日，http：//www. chinanews. com. cn/cj/cj—ylgd/news/2010/01 - 18/2077952. shtnd。

Bai, Moo - ki, "The Turning Point in the Korean Economy", *Developing Economies*, No. 2, 1982, pp. 117 - 140.

Cai, Fang, "The Consistency of China's Statistics on Employment: Stylized Facts and Implications for Public Policies", *The Chinese Economy*, Vol. 37, No. 5 (September - October), 2004, pp. 74 - 89.

Cai, Fang, "Approaching a Triumphal Span: How Far is China towards its Lewisian Turning Pointt", *UNU - WIDER Research Paper*, No. 2008/09.

① 一般认为，日本在 1960 年，韩国和我国台湾地区大致在 1970 年前后，分别到达刘易斯转折点（如参见 Minami，1968；Bai，1982）。

Cai, Fang and Dewen Wang, "China's Demographic Transition: Implications for Growth", in Garnant and Song (eds.), *The China Boom and Its Discontents*, Canberra: Asia Pacific Press, 2005.

Cai, Fang and Meiyan Wang, "A Counterfactual Analysis on Unlimited Surplus Labor in Rural China", *China & World Economy*, Vol. 16, No. 1, 2008, pp. 51 - 65.

Caldwell, John C., "Toward a Restatement of Demographic Transition Theory", *Population and Development Review*, Vol. 2, No. 3/4, 1976, pp. 321 - 366.

Fogel, Robert W., 2007, "Capitalism and Democracy in 2040: Forecasts and Speculations", *NBER Working Paper*, No. 13184.

Japan Center for Economic Research (JCER), 2007, *Demographic Change and the Asian Economy*, Kong - term Forecast Team of Economic Research Department, Japan Center for Economic Research, Tokyo.

Krugman, Paul, 1994, "The Myth of Asia' s Miracle", *Foreign Affairs*, Vol. 73, No. 6, pp. 62 - 78.

Lau, Lawrence J., 2010, "The Chinese Economy: The Next Thirty Years", presented at the Institute of Quantitative and Technical Economics, *Chinese Academy of Social Sciences*, Beijing, 16 January.

Lewis, Arthur, 1958, "Unlimited Labour: Further Notes", *Manchester School of Economics and Social Studies*, XXVI (Jan.), pp. 1 - 32.

Lewis, Arthur, 1972, "Reflections on Unlimited Labour", in Di Marco, L. (ed.), *International Economics and Development*, New York, Academic Press, pp. 75 - 96.

Minami Ryoshi and Xinxin Ma, 2009, "The Turning Point of Chinese Economy: Compared with Japanese Experience", *Asian Economics*, Vol. 50, No. 12, pp. 2 - 20 (in Japanese).

Minami, Ryoshin, 1968, "The Turning Point in the Japanese Economy", *Quarterly Journal of Economics*, Vol. 82, No. 3, pp. 380 - 402.

Notestein, Frank W., 1945, "Population - The Long View", in Theodore W. Schuhz (ed.), *Food for the World*, Chicago: University of Chicago Press.

Ranis, Gustav, 2004, "Arthur Lewis' Contribution to Development Thinking and Policy", *Yale University Economic Growth Center Discussion Paper*, No. 891 (August).

Ranis, Gustav and Fei, John C. H., 1961, "A Theory of Economic Development", *American Economic Review*, Vol. 51, No. 4, pp. 533 - 565.

Ravallion, Martin and Shaohua Chen, 1999, "When Economic Reform Is Faster than Statistical Reform: Measuring and Explaining Income Inequality in Rural China", *Oxford Bulletin of Economics and Statistics*, Vol. 61, No. 1, pp. 33 - 56.

Rawski, Thomas G., 2001, What' s Happening to China's GDP Statistics? *China Economic Review*, Vol. 12, No. 4, pp. 298 - 302.

Sala - i - Martin, Xavier X., 1997, "I Just Ran Two Million Regressions", *American Economic Review*, Vol. 87, No. 2, pp. 178 - 183.

Solow, Robert M., 1956, "A Contribution to the Theory of Economic Growth", *Quarterly Journal of Economics*, Vol. 70, No. 1, pp. 65 - 94.

Thompson, Warren S., 1929, "Population", *American Journal of Sociology*, Vol. 34, No. 6, pp. 959 - 975.

United Nations, 2009, *The World Population Prospects: The 2008 Revision*, http: //esa. un. org/unpp/.

Wilhamson, Jeffrey, "Growth, Distribution and Demography: Some Lessons from History", *NBER Working*

Paper, No. 6244, 1997.

Young, Alwyn, "A Tale of Two Cities: Factor Accumulation and Technical Change in Hong Kong and Singapore", in Olivier Blanchard and Stanley Fischer (eds.), *NBER Macroeconomics Annual*, Cambridge, Mass.: MIT Press, 1992.

（原文载于《经济研究》2010 年第 4 期）

第十五届获奖论文

（2012 年度）

城镇化：中国经济发展方式转变的重心所在

王国刚

王国刚，江苏无锡人，博士生导师，经济学教授，经济学博士，政府特殊津贴获得者；现任中国社会科学院金融研究所所长，兼任中国开发性金融促进会副会长、中国金融学会副秘书长、中国城市经济学会常务理事、农村金融学会常务理事等职；曾任江苏兴达证券投资服务有限公司总经理、江苏兴达会计师事务所董事长，中国华夏证券有限公司副总裁等职。近年主要从事货币政策、金融运行和经济改革等相关的理论与实务问题研究，已发表《中国企业组织制度的改革》、《资本账户开放与中国金融改革》、《中国资本市场的深层问题》、《建立多层次资本市场体系研究》、《中国金融改革与发展热点》、《资金过剩背景下的中国金融运行分析》等著作40多部，论文800多篇；主持过近百项科研课题，其中包括省部级重大、重点课题20多项，获得了30多项省部级以上科研教学奖。

2008年11月以后，在抵御国际金融危机冲击的背景下，中国政府以扩大内需、刺激经济为宏观经济政策的基本取向，有效保障了2009年国民经济的止跌回升。对一个有着13亿人口的大国来说，总量需求不可能依赖于海外市场解决，因此，扩大内需应是一项长久的基本经济国策。2010年中国经济发展又到了一个转变方式的关键时期，如何认识和把握这一契机，对理清思路，选择对策，保持国民经济稳步较快地健康发展、提高城乡居民的生活水平、实现全面小康等至关重要。

在近15年的历史中，中国已三次提出了转变经济发展方式。从1996年开始的“九五时期”提出过实现经济增长方式的转变，主要含义是在工业经济范畴内实现粗放式经营向集约式经营的转变，以节约资源、提高效率。2002年前后，在形成第二个20年发展战略目标过程中提出了实现经济发展方式转变，主要含义是在推进工业经济结构优化中改变“高耗能、高污染”的状况，实现低耗能、环保型的经济发展。与前两次的经济发展方式转变相比，第三次提出“实现经济发展方式转变”的内涵和重心是什么？弄清楚此次“经济发展方式转变”的取向、重心和内容等问题有着根本性意义。

一 加大消费性投资力度：扩大内需的重心所在

任何一个国家的内需总是分为投资需求和消费需求两方面，由此扩大内需应以扩大消费为重心还是应以扩大投资为重心自然就成为相关研讨的核心问题。长期以来，鉴于中国的固定资产投资增长率居高不下，且这种增长率容易引发经济过热，在贯彻扩大内需的政策中，大多数人从直观感觉出发，强调应以扩大消费需求为主，因此，主张政策取向应以刺激消费需求的扩大为重心。但是，这种政策主张是似是而非的。

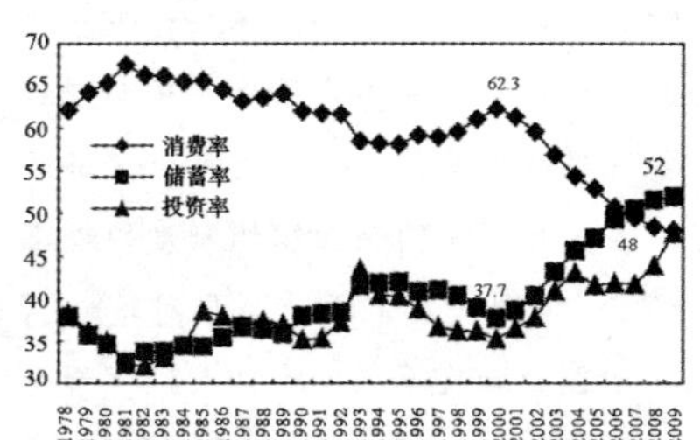

图1 GDP中消费率走势（%）

资料来源：《中国统计年鉴（2010）》。

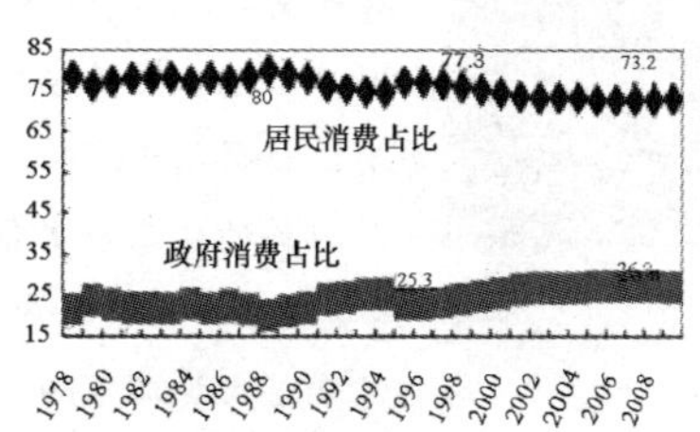

图2 最终消费结构（%）

资料来源：《中国统计年鉴（2010）》。

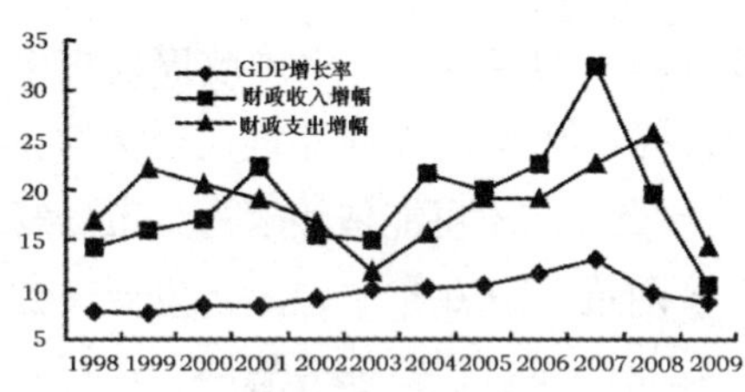

图3 GDP增长率与财政收支增长率走势（%）

资料来源：《中国统计年鉴（2010）》等。

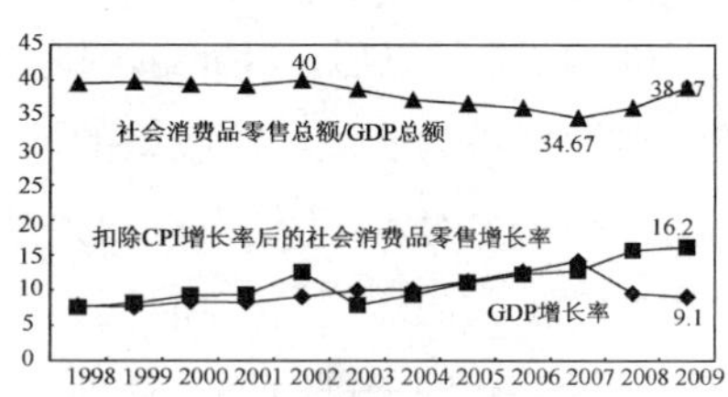

图4 社会消费品销售增长率走势（%）

资料来源：《中国统计年鉴（2010）》。

1998年以后，我国就一直坚持着以扩大消费为重心的政策。但令人不解的是，在图1所示的GDP中消费率却从2000年的62.3%降低到2009年的48%。在国民经济中，最终消费由居民消费和政府消费两部分构成。图2中可见，从政府消费来看，在1998—2008年的12年间，政府消费占最终消费的比重从 24% 上升到了 26.8%（与此对应，居民消费的比重从 76% 降低到 73.2%）；另外，从图 3 中可见，1998 年以后各年的财政收入和财政支出的年增幅都明显高于 GDP 的增长率。由此，可得出结论，GDP 中消费率的降低不是由政府消费减少引致的。从居民消费来看，在这一时期，我们采取了一系列政策措施来扩大城乡居民的消费，其中包括村村通路、通电、通电视和通电话等工程（2009 年以后，更是采取了家电下乡、轿车以旧换新的措施来刺激消费），提高了城镇职工的收入，扩大了基本养老的覆盖面，等等，有效地提高了城乡居民的消费能力。从图 4 中可见，1998 年以后社会消费品零售增长率（扣除了 CPI 增长率）从 7.6% 快速上升到 2009 年的 16.2%，期间虽然个别年份略低于 GDP 的增长率（如 2003—2004 年），但在大部分年份（尤其是 2005 年以后）均高于 GDP 增长率；另外，社会消费品零售总额占 CDP 总额的比重虽然从 1998 年的 39.55% 降低到 2009 年的 38.97%，降幅在 2 个百分点左右，远低于同期 GDP 中消费率降低 14.3 个百分点的降幅。由此，似乎可以得出结论，GDP 中消费率降低的主要成因也不是由“社会消费品销售增长率”指标所反映的城乡居民消费减少所引致的。在此，一个谜团突出地发生了：在消费增长率（政府消费增长率和社会消费品增长率）明显高于 GDP 增长率的背景下，GDP 中的消费率怎么会一路下行?

一些人将 GDP 中消费率降低的成因归结为有效消费需求不足，据此提出了提高居民收入以促进扩大消费的政策主张。但图 3 中社会消费品零售增长率快速上升的走势并不支持这种认识。另外，城乡居民储蓄存款余额的走势及其增长率走势也不支持这种认识。从图 5 中可见，城乡居民储蓄存款余额从 1996 年底的 36373.4 亿元增加到 2009 年底的 260771.66 亿元，年净增额从

图 5　居民储蓄存款走势

资料来源：中国人民银行网站。

1998 年的 7199 亿元增加到 2008 年的 45351.14 亿元和 2009 年的 42886.31 亿元；在 14 年中，城乡居民储蓄存款增长率除个别年份（如 2000 年和 2007 年）略低于 GDP 增长率外，大多数年份都明显高于 CDP 增长率。从这些事实中可得出的直接结论是，城乡居民整体的消费增长率和收入增长率均没有低于 GDP 的增长率。因此，将消费率降低的成因归结于有效消费需求不足是缺乏实践根据的。不难看出，仅仅停留于这一层面是不可能解释清楚图 1 中消费率降低的真实成因，也就不可能真正弄清“扩大内需”究竟是以扩大消费为重心还是以扩大投资为重心的。

要解开消费率降低的谜团，必须进一步细分城乡居民的消费内容、结构和趋势。城乡居民的消费从内容上讲可分为“吃、穿、用”和“住、行、学”等两大类 6 个部分。

随着居民收入的增加，“吃、穿、用”等项支出在居民各项支出中所占比重呈下降走势。恩格尔系数反映的是“吃”在居民支出中的比重。从图 6 中可见，1978—2009 年间，中国城镇居民和农村居民的恩格尔系数分别从 57.5%、67.7%下降到 36.5%和 41%；从图 7 中可见，“穿”和“用”支出占居民各项支出的比重，在 1990—2009 年间分别从 13.36%（1993 年为 14.24%）和 10.14%降低到 10.47%和 6.42%（2005 年为 5.62%）。中国在 2000 年实现了温饱型小康，这意味着对全国绝大多数家庭来说已达到吃穿不愁的生活水平，要持续扩大以支持消费率的提高和 CDP 增长是相当困难的。2009 年，为了抵御国际金融危机的冲击，在扩大内需、刺激经济政策实施过程中，中国推出了家电下乡、汽车以旧换新等扩大消费的措施，取得了一些当年可见的成就。但这些措施的实施不仅以巨额财政补贴为代价，而且只是将随后几年的这些方面消费能力提前到 2009 年实现，因此，很难持久，也很难依此来支撑和保障国民经济的长期可持续发展。

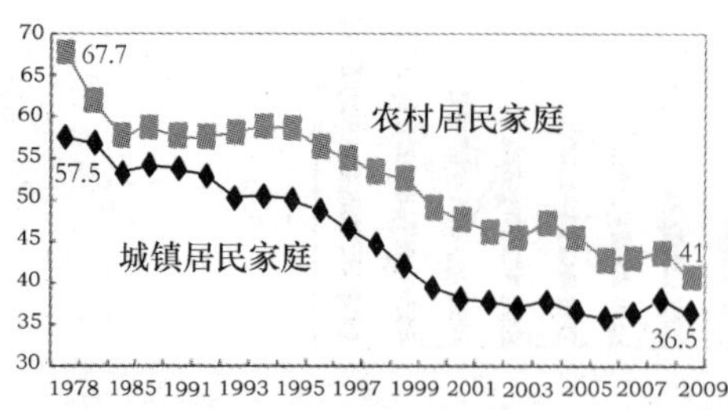

图 6　中国恩格尔系数走势（%）

资料来源：《中国统计年鉴》（2010）。

图 7　“穿、用”占居民支出的比重变化（%）

资料来源：《中国统计年鉴》（2010）。

在城乡居民消费中，“住”指的是住房以及与居住相关的各种消费，“行”指的是医疗保健、道路和通信等方面的消费，“学”指的是各类教育、文化、体育和娱乐等方面的消费。在经济发展和收入水平提高过程中，城乡居民的这类消费占支出的比重呈上升趋势。从图 8 中可以看出，1990—2009 年间，这些内容支出占居民收入的比重变化分别是：居住从 6.63% 上升到 10.02%，医疗保健从 2.01% 上升到 6.98%，交通通信从 1.2% 上升到 13.72%，教育文化从 8.79%（1994 年）上升到 12.01%。由此可见，随着城乡居民收入水平的提高，“住、行、学”在消费支出所占比重呈上升走势。这是消费结构改善的主要内容，也是消费水平提高的主要表现。

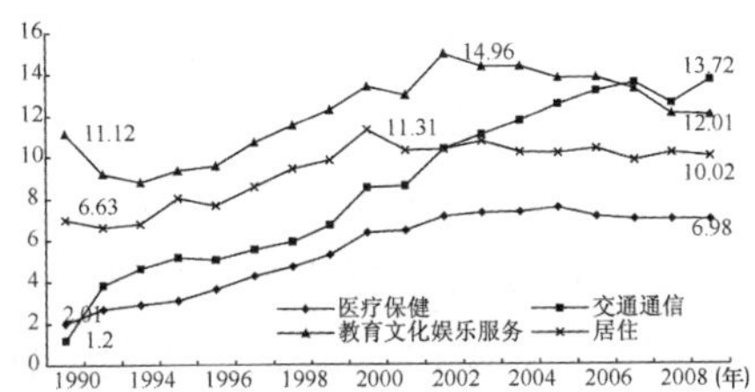

图 8　“住、行、学”占居民支出比重走势（%）

资料来源：《中国统计年鉴》（2010）。

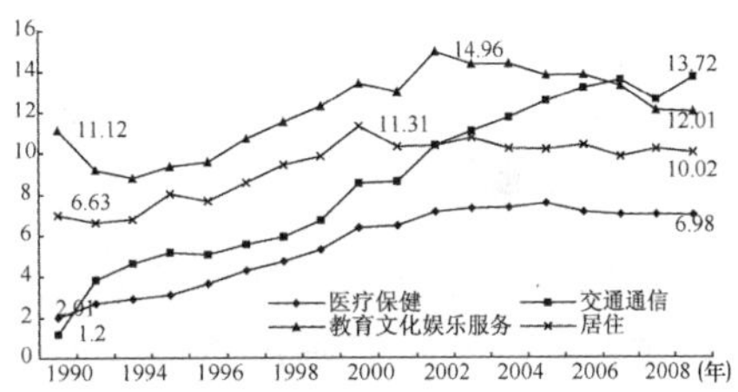

图 9　城镇居民消费增长率与 GDP 增长率走势

资料来源：《中国统计年鉴》的相关各年。

图 9 刻画了 1994—2008 年的 15 年间城镇居民消费中“吃、穿、用”和“住、行、学”的分别增长率与 GDP 增长率之间的走势状况。从中可以看出，在 15 年间，城镇居民消费支出中的“吃、穿、用”的增长率在大多数年份低于 GDP 增长率；与此不同，“住、行、学”的增长率则在大多数年份高于 GDP 增长率，这与图 6—图 8 反映的城镇居民消费结构走势是一致的。但是，在 GDP 占比中，城镇居民在“住、行、学”方面的消费比重增加并不足以抵消在“吃、穿、用”方面的消费比重降低的程度。与 1993 年相比，2008 年的 GDP（按照现行价计算）提高了 7.51 倍，同期城镇居民在“吃、穿、用”方面的消费支出仅增加了 2.96 倍，虽然在“住、行、学”方面的消费支出增加了 8.77 倍，但依然不能抵补“吃、穿、用”占 GDP 的比重的降低。以城镇居民人均消费数额计算，如果“吃、穿、用”的增长率与 GDP 增长率相一致，到 2008 年底，城镇居民在“吃、穿、用”方面的人均消费支出额应达到 13135.94 元，但实际支出额仅为 6117.55 元；同理，城镇居民在“住、行、学”方面的人均消费支出额应为 4012.33 元，实际支出额为 4606.99 元；二者相减差额达到 6423.73 元，占 2008 年城镇居民人均消费支出额 11242.85 元的

比重高达57.14%。由于在城乡居民收入提高的过程中“吃、穿、用”在消费支出中所占比重呈现下落趋势是一个规律性现象（如图6和图7所示），所以，与GDP增长率相比，这一时期的城镇居民消费支出不足的主要成因不能归结于“吃、穿、用”占比的降低，只能归因于“住、行、学”方面的消费支出额增加过慢。由此来看，图1中所反映的消费率占GDP比重下降趋势谜团的正解是，居民消费中用于“住、行、学”方面的支出增长过慢。

中国要在2020年实现全面小康（或更高水平的小康），就居民消费构成来说，主要表现在“住、行、学”方面。换句话说，“全面小康”比“温饱型小康”增加了些什么？主要表现在增加了城乡居民的“住、行、学”等方面的内容。从目前中国城乡居民的消费情况看，真正处于严重短缺的消费对象几乎全部集中在“住、行、学”方面。这决定了，要有效扩大居民的消费，就必须着力解决“住、行、学”的供给问题。1998年以后中国实现了买方市场，但在“住、行、学”方面依然处于严重供不应求的卖方市场格局。中国经济运行中存在的不是有效消费需求不足，恰恰相反，是有效消费供给不足，即“住、行、学”等方面的供给量严重不足，使得广大城乡居民处于缺乏充分选择权的境地之中。

表1　　分部门的投资增长率（%）

年份	固定资产	制造业	交通通信	文化教育	卫生、社会保障	公共事业	房地产
2004	27.6	33.33	17.03	27.04	27.33	13.17	26.9
2005	27.2	35.69	20.34	9.58	28.08	20.08	16.95
2006	24.5	28.27	25.18	5.2	161.34	2.18	25.73
2007	25.8	30.55	14.19	12.2	15.09	5.87	32.27
2008	25.9	27.41	19.9	13.67	30.58	18.4	24.67

资料来源：《中国统计年鉴》（2009）。

如果说城乡居民“吃、穿、用”的绝大多数产品来源于工业生产，是工业化的产物，那么，“住、行、学”中的主要产品（如住宅、学校、医院和道路等）就不可能直接从工业生产线上生产出来，只能通过投资来形成，即通过投资将工业经济中提供的各种建材、设备和技术等集成为满足“住、行、学”消费所需要的消费对象和消费条件。消费性投资是指为形成消费对象和消费条件所进行的投资，与“非生产性投资”相近。① 长期以来，在以工业化推进经济发展过程中，我们对生产性投资比较重视，一旦涉及“固定资产投资”范畴，大多从“生产性投资”的角度进行理解和把握。由此，每当压缩固定资产投资规模总是以压缩消费性投资为重心，使得消费性投资的增长率长期低于城乡居民消费增长的需要，即便不说计划经济时期的欠账，也不说20世纪80年代和90年代的投资不足，从表1中可见。仅2004年以来，与制造业的投资增长率相比，“住、行、学”方面的每年投资增长率通常低5至20多个百分点：制造业投资的增长率始终高于全社会固定资产投资增长率，但“住、行、学”方面的消费性投资只有个别部门在个别年份高于全社会固定资产投资增长率。这一投资的严重不足，是引致“住、行、学”市场严重供不应求的根本成因。

毛泽东在《论十大关系》中曾提出过一个“真想”与“假想”的辩证关系。他认为，对新中国的经济建设来说，“重工业是我国建设的重点。必须优先发展生产资料的生产，这是已经定了的”；“为了平衡工业发展的布局，内地工业必须大力发展”。这是毫无疑义的，但如何发展重工业、内地工业？他强调“如果是真想，不是假想，就必须更多地利用和发展沿海工业，特别是轻工业”②。同样，面对“住、行、学”严重短缺的格局，也有一个“真想”与“假想”的辩证关系问题。要真想解决这一短缺，就必须加大消费性投资的力度，即通过消费性投资的增加来增加“住、行、学”所需的消费对象和消费条件的供给。与此对应的政策取向应当是：分离生产性投资和消费性投资，有效调控生产性投资，适度放松对消费性投资的调控力度，努力使各项消

---

① 需要指出的是，本文使用“消费性投资”而没有使用“基础设施建设投资”的主要原因是，消费性投资与基础设施建设投资不是对等的概念。基础设施（Infrastructure）是一个内容复杂庞大的概念。《牛津高阶英汉双解词典》对其的解释是“国家的固定基本设备，如公路、铁路、发电站、供水装置等”。在中国实践中，“基础设施”泛指为生产、消费及社会活动等提供公共服务的物质工程设施和机构。按照城乡关系划分，它可分为农村基础设施和城镇基础设施两大部分。其中，城镇基础设施从不同角度可作出不同类型的划分。例如，从直接用途角度，城镇基础设施可分为三大类：其一，生产性基础设施。它大致包括服务于生产部门的供水、供电、道路和交通设施、仓储设备、邮电通信设施、排污、绿化等环境保护和灾害防治设施。其二，生活性基础设施。它大致包括服务于城镇居民生活的各种机构和设施，如各种商业、住宿和餐饮业，金融保险机构，各类住宅，公用事业、公共交通、运输和通信机构，医疗保健，教育文化和体育的机构和设施等。其三，公共性基础设施。它大致包括服务于维护社会运行稳定安全的机构和实施，如公安、消防、政法和城市建设规划与管理部门等。由此来看，“消费性投资”只是基础设施投资范畴的一部分。本文使用这一概念的目的在于，突出基础设施投资中用于增加“消费供给”（以改善这方面消费需求严重不足状况）的部分，避免将消费性投资淹没在基础设施投资的大范畴之中。更何况，基础设施建设投资中包含生产性基础设施建设投资，而“消费性投资”是直接针对“生产性投资”提出的，强调此类投资的结果并不引致生产能力的增加。

② 引自《毛泽东选集》第五卷，人民出版社1977年版，第268—271页。

费性投资增长率至少不低于全社会固定资产投资增长率。

就长远发展而言，扩大内需的重心在于提高消费在 GDP 中所占比重的上升。但就目前中国的消费格局而言，要提高消费率，就必须先提高消费性投资的增长率。这决定了，在“住、行、学”短缺格局未改变之前，中国经济运行中的扩大内需重心还在于扩大投资，因此，投资率上行是必然的。与以往不同的是，这种投资扩大的重心不是生产性投资，而是消费性投资，由于“住、行、学”短缺格局的改变不可能一蹴而就，需要有较长的时间（如 20 年以上），因此，投资率居高的走势还将延续相当长的时间（在这段时间内，投资率的走势将沿着先逐步上行、然后在高位运行、最后下行至消费率之下的轨迹展开）。这一时间的长短与消费性投资的增长走势直接相关。

二　城镇化建设投资:经济发展方式转变的主战场

通过扩大消费性投资的路径解决“住、行、学”等供给不足的过程，同时就是城镇化建设过程。如果说 1950—2000 年的 50 年间中国主要是通过工业化来推进经济社会发展的话，那么，在此后的时间内，在积极推进“住、行、学”短缺格局改变的过程中，中国将更多地通过城镇化来推进经济社会的发展。从这个意义上说，经济发展方式转变并不仅仅表现在工业经济中的技术升级、结构优化和节能减排等方面，更重要的还在于增加了城镇化的内容。从这一角度出发，可以将此轮经济发展方式转变表述为：从以工业经济为主要推动力的经济发展方式转变为以城镇经济为主要推动力的经济发展方式。在这个过程中，工业经济的发展将以推进城镇经济发展为取向并根据城镇经济的发展要求而展开。

转变经济发展方式必然要求调整经济结构。但在工业经济范畴内，不论在中外理论上还是在产业关联上，何种经济结构为合理，并没有一个确切或共识的标准。能够达成共识的相对原理是，经济技术规律。但这一规律，在存在多种替代品的条件下已很难在实践中成立。由于不能找到经济结构合理的最优解，在实际分析中，人们只能通过对比方法来寻求经济结构合理的次优解。例如，假定发达国家的经济结构相对合理，然后，以此为价值取向和实践标准，寻找中国经济结构的差距（由此，界定中国经济结构不合理的程度），选择实践对策积极予以修正。美国乃至全球金融危机提出了一个值得深思的问题：中国是否应当按照美国金融泡沫所推高的第三产业占比数据为依据来确立发展中国第三产业的目标？毋庸赘述，经济结构是否合理很难有清晰明确的尺度。但最终产品是所有生产（和服务，下同）的最终“出口”，任何的生产和供给都必须满足消费需求，因此，经济结构是否合理、升级和优化应以满足消费结构的调整、升级和优化为标准。这是不以人的意志为转移的客观规律。中国经济发展必须以满足人民群众日益增长的物质和文化需要为目的，为此，在经济结构调整中需要密切关注消费结构的变化，按照消费结构的变化展开经济结构的调整。从这个意义上说，解决“住、行、学”供给短缺，是在目前条件下调整中国经济结构的主要方向和主要内容。只要这类的消费需求未能得到充分满足，中国的经济结构调整就尚未到位。

经济发展方式转变要求在经济增长的基础上实现经济结构、生活水平和社会发展的“质”的飞跃，它不应当也不可能在经济低增长（或经济增长率大幅降低）的条件下展开。由此，提出了一个基本问题：经济增长的空间在本质上是由什么决定的？西方经济增长理论将决定经济增长的主要成因集中于供给角度，通过生产函数分析，强调的是资本、劳动和技术等因素的作用。这在工业经济发展过程中是有意义的。但仅仅如此是不够的、有缺陷的。对任何一种产品的生产（从而，由所有产品生产所构成的一国生产能力）来说，制约生产潜力（从而经济增长的可能性）大小的因素，不仅在于生产能力（它由一定价格水平条件下资本、劳动和技术所形成的生产可能性决定）方面，更重要的还在于对产品的需求能力方面。从供求关系上看，一种产品的供不应求规模和程度决定了这种产品生产扩大的可能空间。供不应求的规模越大、空间越大，则这种产品生产能力扩大的可能空间越大。在产品供求平衡或供大于求的条件下，这种产品生产增长的空间趋于零，其生产能力的继续扩大的可能性也就严重减弱了。在此条件下，要使得生产能力能够继续扩大，就必须借助于新的技术生产新产品（以替代原有产品）和出口（扩大产品的需求空间）等来展开。自 1998 年以后，中国在“吃、穿、用”方面的绝大多数工业品已进入供过于求的买方市场格局，它意味着在这些方面的生产增长潜力已受到来自需求的严重制约，继续依靠这些产业的发展来支持国民经济持久较快发展是比较困难的。与此相比，在“住、行、学”方面，中国依然存在着严重的供不应求。同时，在消费结构调整过程中，城乡居民在“住、行、学”方面的支出不论是绝对额还是比重都将远远大于“吃、穿、用”。就消费需求而言，如果说自 20 世纪 80 年代以来的中国经济以接近两位数的高速增长主要是通过“吃、穿、用”拉动的话，那么，在今后的 30—50 年间，“住、行、学”短缺状况的解决将成为支持中国经济持久较快发展的主要因素。另外，满足人民群众日益增长的物质文化需要是社会主义的生产目的，也是中国各项经济政策的重心。如果说从提高城乡居民生活水平的政策“抓手”，在过去的 60 年间侧重于“吃、穿、用”方面的话，那么，在实现了温饱型小康之后，在推进全面小康建设过程中，积极解决“住、行、学”的短缺问题就成为基本的政策“抓手”。

解决“住、行、学”的短缺，既是城镇化的内容和推进城镇化建设的动力，也是带动工业化升级的主要因素。工业化有着独自的经济结构，城镇化也有着独特的经济结构，二者虽有关联，但不可相互替代，可选择的对策是互补互动。如果说2002年之前中国经济发展主要依靠工业化推进，2003年以后城镇化对经济发展的贡献率就越来越大了（在近年的全社会固定资产投资中，涉及城镇化的投资占比达到了50%左右）。这决定了，中国经济结构的调整不能仅仅以工业化要求为标准，还必须以城镇化要求为标准和内容。只有通过以城镇化带动工业化、以工业化促进城镇化的相得益彰机制，才能有效保障经济社会持续稳步地较快发展，实现消费结构快速升级和全面小康。

中国幅员广大，各地区差异甚大，城镇化将在五个层面上展开：第一层面为北京、上海等超大型城市，通过20年左右的发展，这些城市的基本定位是全球性城市；第二层面为南京、杭州等长三角中心城市，广州、深圳等珠三角中心城市，天津等渤海湾中心城市，武汉、重庆、成都和西安等区域性中心城市，这些城市通过发展将成为以区域性为主要特点的大型中心城市；第三层面为各省、自治区的首府城市，它们在发展中将形成辐射本省区并对周边省区有重要影响的中心城市；第四层面为各省区辖内的非首府城市，它们将发展成为本地市的经济中心；第五层面为各县镇乡，它们是城镇化的基础性层面，对解决农村人口向城镇转移有着至关重要的作用。在这五个层面中，对中西部的大部分地区和东部的一部分地区而言，今后相当一段时间内可能还将以工业化为经济发展的主要推动力，对它们来说，城镇化是经济发展的一个重要推动力；但对东部地区的主要中心城市而言，城市化将成为经济发展的主要推动力。诸如北京、上海、广州、天津、南京、武汉、重庆、成都和西安等城市将逐步地以教育经济、文化（包括影视、娱乐等）经济、医疗保健经济、养老经济、旅游经济、总部经济、设计研发经济、房地产经济、物流航运经济、金融经济、商业经济和会展经济等为经济发展的主要内容，经济结构也将依此而调整。在这个过程中，将逐步形成以北京、上海、广州、天津、南京、武汉、重庆、成都和西安等为中心的区域性都市经济圈。从全国的总体角度看，与20世纪相比，此轮经济发展和经济结构调整的主要特点在于加入了城镇化的内容。

城镇化作为国民经济的新的增长点，带动着上百个产业部门几万种产品，因此，具有主导性地位。城镇化中的主要新产业集中于第三产业部门，具有低碳、低能耗等特点，这对于改善中国经济发展质量有着至关重要的影响。另外，城镇化又是民生工程，既有利于协调城乡关系，加速社会主义新农村建设，有利于推进城乡居民消费结构的升级，也有利于促进城乡居民的安居、就业，提高他们的生活质量、健康水平与文明水平。

城市化是一个有着丰富内涵的概念。A. 塞尔达（1867）在其《城市化概论》中最初提出了“城市化”（urbanization）一词。有关城市化的海外研究主要沿两条线索展开：其一，人口在城乡之间的分布状况变化。刘易斯（1954）最早提出了一个在劳动力无限供给条件下的二元经济模型，随后，费景汉和拉尼斯（Fei and Ranis）（1964）在考虑了工农业两个部门平衡增长的基础上，修正了刘易斯模型中的假设，形成了古典经济学的 Lewis - Fei - Ranis 二元经济模型。托达罗模型（1969）进一步指出农村劳动力向城市的迁移量取决于城乡工资差距、城市失业率及潜在的移民对机会的响应程度。卢卡斯（2002）将人力资本理论引入城市化研究，对“二战”以后的低收入国家城乡移民状况进行了分析，在此基础上，构建了劳动力从传统的土地技术密集型部门向人力资本密集型部门转移的城乡二元模型。其二，城市化与经济增长的动态关系。鉴于城市“规模外部效应”和“集聚效应”的显著存在，多数学者肯定了城市化的演进对于经济增长的促进作用。但也有人持不同看法。Duranton&Pugals（2004）认为，城市化带来集聚效应的同时也带来交通拥挤、环境污染等不良影响。Ravallion 等（2007）指出，虽然城市化确实对消除总体的绝对贫困起到了作用，但它对城市“贫困”状况改善只是杯水车薪，在诸如拉丁美洲、非洲和东亚等国家和地区中，情况更为严重。Poelhekke（2008）通过对非洲和拉丁美洲等国家自 1980 年以来的数据分析后认为，城市化演进与经济增长呈负相关关系，城市化并没有为这些国家带来经济和就业的增长。在中国，城市化的研究在沿上述线索展开的同时，又增加了一个内容——中国城市化水平是否滞后于经济增长？在分析中，有的选用了钱纳里标准模型（1975）和周一星的对数曲线相关模型（1999），有的选用了中国工业发展与城市发展的比较，有的选用了国际对比，从分析结论看，大致有三种：第一种，辜胜阻（1991）、余新（1994）、周一星（1999）、耿海青（2003）和黄毅（2006）等认为，中国城市化水平明显落后于经济增长（或工业化）；第二种，刘连根（1997）、郭克莎（2001）和李金昌、程开明（2006）等认为，中国城市化水平与经济增长大体一致，不存在城市化严重滞后的现象；第三种，陈阿江（1997）、董黎明（1999）和李强（2006）等认为，中国存在着过度城市化现象。值得一提的是，海外学者研究集中在“城市化”方面，但中国的特点将是“城镇化”。这是中国根据国情并总结他国经验后做出的选择。另外，中国学者虽然从国情出发对城镇化和城市化进行了分析探讨，但从经济发展方式转变角度进行研究的不多，尤其是没有论及在进一步扩大内需中“消费”与“投资”何者为先何者为重、在收入水平（从而支出水平）提高过程中城乡居民消费重心和消费结构的调整、经济结构调整受到居民消费结构的制约以及发展城镇经济与实现全面小康的关系等问题。

对长期在工业化进程中发展的中国来说，发展城镇经济是一个全新的课题，有着一系列新的问题需要研究，其中包括：

第一，衡量城市经济发展的中心指标。在工业化时期，GDP 增长率作为一个综合经济指标，对考核和衡量一个省区的经济增长水平具有重要意义，因此，不论是中央政府还是地方政府对 GDP 增长率的走势都特别关注。但在转向以城市经济为重心的过程中，随着每年新增工业项目（尤其是大型工业项目）的减少和工业的区域推移展开，一些中心城市（特别是东南沿海地区的中心城市）的 GDP 增长率将明显降低。从数据上看，2003 年之后上海、浙江、广东、江苏和山东等地的每年工业增加值增长率就先后呈下落走势；2009 年北京、上海、浙江、广东和海南等的工业增加值增长率均低于 10%，江苏、山东等省也明显低于全国平均数。在此背景下，向城市经济为重心转移的地区，要继续维持 GDP 的高位增长，不仅是困难的，而且是不可能的。由此，对这些地区和城市来说，需要改变对 GDP 增长率的路径依赖，转变观念，调整经济发展的基本考核指标，探寻适合城市经济发展的中心指标和指标体系。

第二，加大消费性投资的价格效应。要加快发展城镇经济，就必然要加大消费性投资，由此提出了一个问题：消费性投资的增加是否必然引致通货膨胀？从图 10 中可以看出，在 1996—2009 年的 14 年间，尽管中国经济运行中固定资产投资增长率处于高位运行（尤其是 2002 年以后在 20% 以上），但同期的 CPI 和 PPI 都没有因此而随之上行，这说明了固定资产投资增长率与物价增长率之间并不必然存在一一对应的关系。消费性投资的直接结果是创造“住、行、学”等方面的消费对象和消费条件，它不会直接改变“吃、穿、用”等方面的供过于求格局。因此，在正常情况下，不至于明显推高 CPI 的增长率。但加大消费性投资不可避免地增加对资源类产品的需求，由此，可能引致 PPI 增长率的上行。PPI 上行是否将引致 CPI 上行，在很大程度上，取决于“穿”和“用”市场的供求格局。在这些产品依然处于比较明显的供大于求的条件下，PPI 的上行主要通过处于“穿”和“用”产业中的企业消化，由此，CPI 不致明显上行。

第三，加大消费性投资的产能效应。一谈到加大投资，有关产能过剩的问题就将提出。在仅仅将投资局限于“生产性投资”的思维中，很容易将扩大投资与增加生产能力联系在一起。但消费性投资并非生产性投资，这些投资完

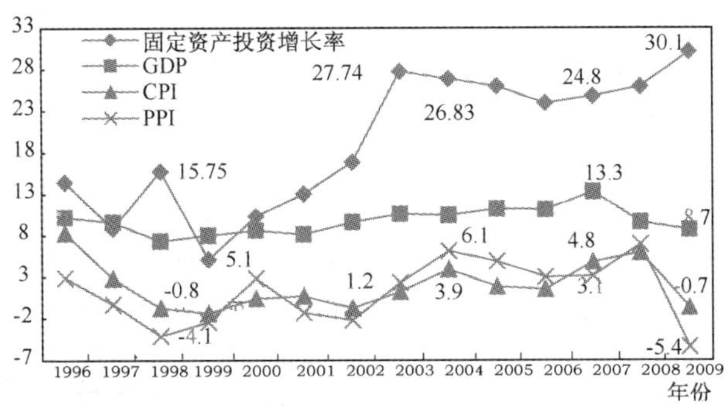

图 10　固定资产投资增长率与物价走势（1996—2009 年）

资料来源：国家统计局网站。

成后，形成的只是消费对象和消费条件，所以，它的增加不仅不会直接引致生产能力过剩格局的强化，而且有利于缓解产能过剩的压力。

在经济运行中，产能过剩大致可分为 8 种情形：其一，正常的产能过剩。市场经济以竞争为基本机制。要展开竞争，在供求关系上就要求供大于求，以达到一方面使消费者在市场上有着较为充分的选择权，另一方面在优胜劣汰条件下能够继续保持供给满足需求的态势。从图 11 中可以看出，2000 年以来，美国的产能利用率一直没有超过 85%。其二，短边性产能过剩。在经济学中有一个“短边规则”，在中国计划经济时期有一个“短线”概念，其含义都是说，由于在相互关联的产业中，某一产业的生产能力不足引致其他相关产业的生产能力不能充分发挥。其三，地域性产能过剩。在世界各国和地区之间，这突出地表现为，某种或某些产品的生产能力就本国或地区的需求数量而言可能过大，但就出口到其他国家或地区而言这些产能并不过剩。因此，如果仅仅局限于本国或地区的需求数量进行考量，就容易得出产能过剩的判断。其四，政策性产能过剩。这有着多种表现，当实行节能减排的政策标准时，不达标的产能就将进入过剩范畴；当实行限制出口的政策时，一部分原先生产出口产品的产能就可能进入过剩范畴；当实行宏观紧缩政策时，一部分产能可能因此而成为过剩产能，如此等等。其五，经济周期性的产能过剩。在经济高涨时期，产能充分发挥，同时，新的产能不断建设和投入使用；在经济衰退时期，这些产能中的一部分停止使用，成为过剩产能。其六，产品生命周期性产能过剩。在产品从研发、批量生产到成熟的过程中，对应产能逐步扩大；在产品达到市场饱和且被新的产品替代过程中，已有产能开始逐步显示过剩，当这种产品进入全面淘汰时期，产能过剩全面发生。其七，季节性产能过剩。受原料的季节性制约，一些产品的生产发挥具有比较明显的季节性特点（如水果罐头等），在原料淡季，产能处于过剩的闲置状态。其八，绝对性产能过剩。在产业升级过程中，一些落后产能（包括高耗能、高污染、低效能等）处于行将淘汰的过剩状态，这些产能属于绝对过剩。

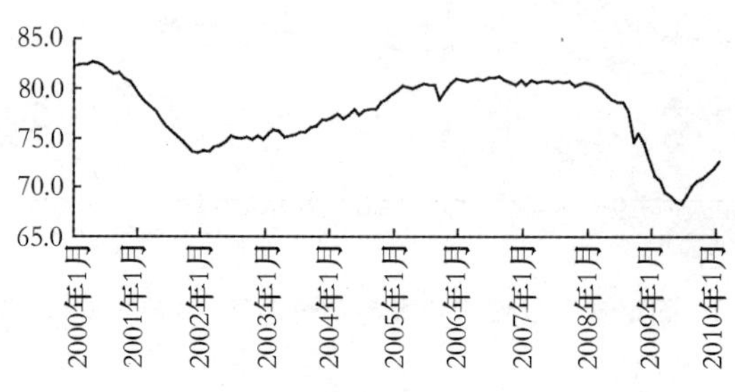

图 11　美国的产能利用率（%）

资料来源：美国圣路易斯联储银行数据库。

1998 年以后，中国的产能过剩主要属于前四种情形，其中，“穿”和“用”方面供大于求的产能过剩还将延续，这是市场竞争、优胜劣汰和技术创新所必需的；短边性产能过剩、地域性产能过剩和政策性产能过剩可以通过加大消费性投资得到缓解。

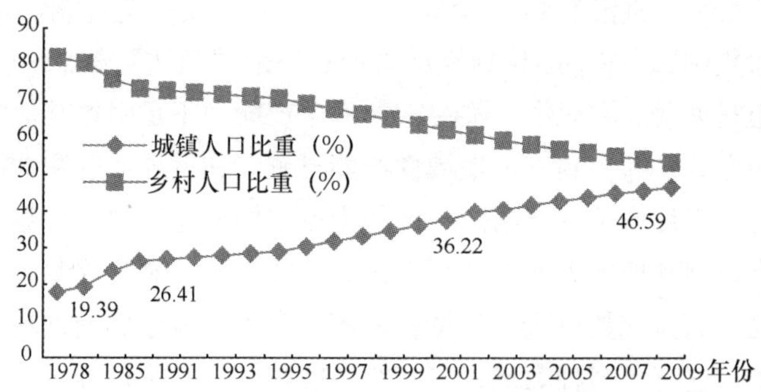

图 12　人口城镇化走势（1978—2009 年）

资料来源：《中国统计年鉴（2010）》。

第四，加大消费性投资与城市政府的财力关系。在扩大消费性投资中，众多公共性基础设施的建设将展开，由此，自然涉及城市政府可用于投资的财力。其中至少有三个问题需要认真探讨：其一，在城市化建设中，城市政府的财力并不仅仅局限于财政收入，可通过多种方式筹集建设所需资金，其中包括，在深化体制改革和机制创新背景下的筹集资金方式的创新。其二，在城市化建设过程中，城市政府的确需要投入大量的财力以支持各种公共性基础设施建设，但这种情形不是一种永久性的投入。在城市化的基础设施建设总体完成以后，城市政府的财政投入将主要集中在维护和修整方面，由此，已无必要再花费城市化建设中如此大的财力。那种强调地方政府的城市化建设将无止境地进行财力投入的认识，是不符合实践进程的。其三，城市化建设中相当多具有商业潜力的项目，并不一定需要由城市政府的财力投入，可以通过社会力量（包括引进外资）来解决投资问题。在这方面最重要的不是投资的资金筹措，而是相关制度的建设和体制机制创新，以划清有关边界、界定行为，促使社会各方面投资者的投资预期形成，保障他们的权益。

第五，城市化发展程度的经济标准。通常用于衡量城镇化水平的指标是城镇人口占总人口的比重。从图 12 中可以看出，2003 年以后，中国的人口城镇化率以每年增加 1 个百分点左右的速度提高。照此速度，到 2025 年前后，中国人口城镇化率可能达到 60% 左右。但是，人口城镇化率只是度量了一国范围内的城镇化水平的一个指标，对于诸如北京、上海等众多中心城市来说，用这一指标衡量和判定城市化发展程度就不太适用了，同样，用这一指标衡量和判定上述五个层次的城镇化差别也不太适用，因此，需要探讨新的更加适用的经济指标。从实践角度出发，也许可以选择城市经济产业创造的 GDP 数量及其在 GDP 总量中的贡献率（或占比）作为衡量指标。由此，一方面根据城市经济产业创造的 GDP 数量来衡量不同城镇之间的城市化经济发展程度的差别，另一方面，根据城市经济产业对 GDP 的贡献率来衡量同一城市的经济发展程度。其次，也许还可以利用中等收入群体的收入水平及其在城市人口中的占比作为衡量指标。由此，一方面根据中等收入群体的收入水平差别衡量不同城镇之间的城市化发展程度的经济差别，另一方面，根据中等收入群体在城市人口中的占比衡量同一城市的经济发展程度。在中国城镇化发展中，还可能创造和总结出更加适合的经济指标。

三　深化体制机制创新:推进城镇经济发展的关键

在 30 多年的改革开放历程中，通过走中国特色社会主义道路，发挥市场在配置资源方面的基础性作用，中国经济社会持续快速地发展，经济实力和居民生活水平都有了举世瞩目的提高，创造了世界近代史上的奇迹。但从城乡居民小康生活的角度看，这些成就还主要集中在解决“吃、穿、用”等方面，是工业经济发展的产物。与此相比，城镇经济发展将是一场更为深刻的变革，必然引致思想观念、生活方式和行为方式等一系列的转变，它的复杂性、艰巨性和可能遇到的困难程度丝毫不低于前 30 年。为此，需要更加有力地深化体制机制创新。

在发展城镇经济中，诸如教育、文化、媒体、医疗、保健、住房和体育等一系列领域将遇到思想观念的严重碰撞和冲突。一个富有挑战性的问题是：这些领域提供的产品和服务是公共品还是私人品？在几十年的中国实践中，这些领域中提供的大多数产品和服务带有明显的福利性质，广大居民对此不仅已经习以为常而且形成了路径依赖，同时，发达国家实施的各种福利政策也似乎证明了这些领域提供的产品和服务具有公共品性质。但如果这些产品和服务均为公共品，它只能依赖于政府部门提供，既没有发挥市场机制配置资源的空间，也缺乏运用市场机制推进城镇经济发展的可能。在此背景下，仅仅依靠政府财政的投入，势必造成短缺状况的持久延续和愈加严重。事实上，教育、文化、医疗、保健、住房和体育等不论在供给层面还是在需求层面都是多层次分类型的，不可笼而统之地一概而论。以教育为例，在中国，从小学到初中的9年义务制教育是一种公共品，为了保障低收入家庭的子女能够有享受大学本科等教育机会，也可以对一部分大学实行公立制度，但另一部分大学本科教育、职业教育和各种类型硕士（包括学术硕士、专业硕士等）教育、博士教育以及成人继续教育等均有着运用市场机制动员社会资本投入来改变目前严重供不应求状况的可能性。在后一部分教育资源的配置中，市场机制发挥着基础性作用，教育的产业化展开就可能成为一种体制机制创新的选择。即便是从小学到初中阶段的教育，也还有诸如美术、音乐、舞蹈、外语、文化、历史、体育和IT等可以运用市场机制发挥社会力量进行补充性教育的空间。“产业”并非只是对一类经济活动的概括，它源于市场竞争，有着三个重要特征：一是在产业市场中，价格既不是由卖方单方面决定的，也不是由买方单方面决定的，它在买卖各方的竞争中形成；二是在市场竞争中贯彻着优胜劣汰的原则；三是在产业间存在着由资本流动引致的资本竞争。在中国目前条件下，教育、文化、媒体、医疗、保健、住房和体育等均有经济活动，但由市场机制导向的产业竞争并未充分展开，产业化的形成依然任重道远。产业化的推进有待于体制机制的创新展开，这一创新的要点在于，通过制度规范划定公共品与私人品之间的边界，推进私人品的产业化。

大量农村人口向城镇转移和城镇人口流动，给城市经济建设和展开提出了一个严重问题：运用何种机制处理好空间范围有限与流入人口近乎敞口的矛盾？换句话说，在户籍制度功能弱化的条件下，各中心城市应当运用什么机制来制约和协调人口的源源不断流入，以避免人口数量严重超过城市承载能力的情形发生？从已有的实践看，运用制度机制和主观机制来限制农村人口向城镇转移或低层次城镇人口向高层次城市转移，是比较困难的。一个必然的客观机制是，通过消费成本高低的差别促使每个人（乃至每个家庭根据自己的收入水平和消费支付能力在人口流动中选择适合各自定位的城镇。在这个过程中，随着居民收入水平（包括财产性收入）的提高，收入水平较高的居民向中心城市迁徙必然拉高这些城市的消费价格水平上升；与此对应，一些原先居住于中心城市的居民可能由于消费支付能力的相对不足而选择转向城市周边或下一层次的城市生活。由此，农村人口向城镇流动和城镇人口在不同层次的城市之间的流动将是不可避免的现象。这种人口流动不仅将引致人们思想观念、行为方式和生活方式的一系列变化，而且将引致城市管理的体制机制、行政区划关系和经济区域关系、相关政策制度等的进一步调整。发展中心城市的经济圈是一个有利于协调各种矛盾的重要机制，它的关键在于通过交通便利（尤其是城市轨道交通）打造 1 小时经济区，以便捷的方式满足工薪阶层的上下班需求和“住、行、学”等方面的需求。一个中心城市的经济圈由若干个功能区构成，每个功能区都具有专业化特点，由此，经济圈成为由各个专业功能区相辅相成所形成的一个城市经济群，但要形成这种城市经济群，从制定规划伊始就必须突破由行政区划所界定的体制机制关系和与此关联的各种权益关系，放眼于经济圈内经济社会的整体发展和可持续发展。

要在 2020 年实现全面小康，未来 10 年左右时间内，城市经济产业的展开大约需要 200 万亿元的消费性投资，如此巨额的投资，仅仅依靠政府财政投资和国有经济部门的投资是远远不够的。中国改革开放 30 多年在体制机制创新方面之所以取得了巨大成就，一个基本成因是有效地推进了多种经济成分的发展；与此对应，发展城市经济产业也需要多种经济成分的共同推动。在发展重化工业中，单一项目所需资金投入量常常达到几百亿元乃至上千亿元，相当多民营经济实体独自承担一个项目的投资建设显得势单力薄，因此，难以迈入产业门槛；与此相比，大多数城市经济产业的单个项目资金投入量相对较低，只要制度有保障，民营经济是比较容易进入的，因此，城市经济产业的发展给民营经济提供了一个新的广阔发展空间。对中国而言，发展城市经济产业是一个崭新的课题，如何适应多层次城镇发展的各自特点要求，如何建立满足“住、行、学”的多层次、多元化、多样化服务体系，在体制机制方面，需要进行一系列复杂且灵活的探索和创新。这种探索和创新，仅仅囿于国有经济部门既难以充分解决，也很难细化，需要发挥民营经济灵活运用市场机制解决相关难题的作用。城市经济产业的发展将推进对外开放进入一个新时期和新阶段。如果说 20 世纪 80 年代以后的对外开放主要是引进海外的资金、设备、技术和管理等来支持中国的工业经济发展的话，那么，在城市经济发展中，引进海外先进的城市管理体制机制、城市经济发展的理念和经验、城市产业发展方略和技术等将成为对外开放的一个重要方面。在这个过程中，不论是在教育经济、文化经济和媒体经济方面，还是在医疗保健经济、养老经济、娱乐经济和体育经济方面，借鉴吸收海外先进经验的同时，创造中国特色的城市经济都是一个必然趋势。为此，在对外开放方面需要探寻新思路和新措施，突破已有的政策框架，深化体制机制创新。

金融是推进城镇经济发展的重要力量。在支持工业经济发展中，金融服务的主要特点是，通过存贷款、资本市场和货币市场等机制将社会各方面暂时闲置资金集中起来转移给相关实体经济部门的企业使用，由此推进这些产业的发展。在城市经济发展中，金融服务的这些功能还将继续发挥，但随着城市经济展开和居民收入提高，直接服务于居民理财（或财富管理）的金融产品和金融服务将明显增加。在这个过程中，金融服务的对象将从“机构”转向“个人”，因此更加突出地体现“以人为本”的特性。由于城镇经济的展开具有多层次特点，各个层次各个城市在发展重心、发展规模、发展水平和发展速率等方面不尽相同，这决定了需要有不同的金融产品和金融服务来满足它们的需要，因此金融产品和金融服务的差异化将成为金融创新的重心。与此对应，金融监管的理念、方式和手段也需要做相应创新，以适应这种差异化的发展。

城镇经济的发展是一个不以人的意志为转移的客观趋势。积极探索和认识这一发展中的规律和机制，深化各方面的体制机制创新，推进这一进程，将加快中国的城镇化建设，从而有效保障经济社会的持续较快发展；反之，将使城镇化建设付出额外的代价和时间延后，给经济社会生活带来较多的摩擦、矛盾甚至冲突，使经济社会发展在波浪式起伏中前行。从理性出发，前一种选择是应积极争取的，后一种状态则应努力避免。

参考文献

阿瑟·奥沙利文：《城市经济学》，北京大学出版社，2008 年版。

陈阿江：《中国城镇化道路的检讨与战略选择》，《南京师范大学学报》（社会科学版）1997 年第 3 期。

董黎明：《90 年代中国城市超前发展战略透视》，《城市》1999 年第 3 期。

傅崇兰、白晨曦等：《中国城市发展史》，社会科学文献出版社 2009 年版。

耻海青：《我国城市化水平滞后的原因分析及未来展望》，《地理科学进展》2003 年第 1 期。

黄毅：《城镇化进程与经济增长相关性分析》，《西南民族大学学报》（人文社会科学版）2006 年第 4 期。

郭克莎：《城市化与工业化关系之我见》，《光明日报》2001 年 8 月 21 日。

辜胜阻：《非农化与城镇化研究》，浙江人民出版社 1991 年版。

霍利斯·钱纳里、莫伊思·塞尔昆：《发展的型式：1950—1970》，中译本，经济科学出版社 1988 年版。

李强:《如何看待我国城市化现象》,《人民日报》2006 年 12 月 8 日。
刘连银:《中国城镇化道路的选择》,《中南民族学院学报》(人文社会科学版)1997 年第 1 期。
刘易斯・芒福德:《城市发展史——起源、演变和前景》,中国建筑工业出版社 2005 年版。
斯蒂芬・马丁:《高级产业经济学》,上海财经大学出版社 2002 年版。
王国刚:《中国银行体系中资金过剩的对策分析》,《财贸经济》2009 年第 3 期。
余立新:《排除认识障碍,加快城镇化发展》,《人口研究》1994 年第 1 期。
周一星:《城市地理学》,商务印书馆 1995 年版。
周一星、曹广忠:《改革开放 20 年来的中国城市化进程》,《城市规划》1999 年第 12 期。

(原文载于《经济研究》2010 年第 2 期)

GROWING LIKE CHINA

宋铮　Kjetil Storesletten　Fabrizio Zilibotti

宋铮，1975 年 8 月出生，现为芝加哥大学布斯商学院经济学副教授，曾任教于复旦大学和香港中文大学。2005 年毕业于斯德哥尔摩大学，获经济学博士学位。研究方向为宏观经济学、政治经济学和中国经济，论文发表于 *American Economic Review* 和 *Econometrica* 等期刊，兼任 *Journal of European Economic Association* 和 *China Economic Review* 编委。

Kjetil Storesletten is a professor at the Department of Economics University of Oslo. He was previously a Monetary Advisor at the Federal Reserve Bank of Minneapolis, and from 1995 through 2003 he was an assistant professor at the Institute for International Economic Studies at Stockholm University. He is also a visiting professor at University of Zurich. During the period 2006 – 2010 he was a Managing Editor of the Review of Economic Studies, and he is now the chairman of the same journal. Since 2012 he has been the editor of the Scandinavian Journal of Economics. He is a regular op – ed contributor to Dagens Naringsliv, the main Norwegian business newspaper. He is currently holding an Advanced Grant from the European Research Council.

Kjetil received his Ph. D. in economics from the Graduate School of Industrial Administration, Carnegie Mellon University, in 1995. His research focuses on quantitative macroeconomics, transition economics, political economy, labor economics, risk sharing, asset pricing, and immigration.

Storesletten's work has appeared in numerous journals, among them the Journal of Political Economy, American Economic Review, Econometrica, Journal of Monetary Economics, Review of Economic Dynamics, and Journal of Economic Theory. He was awarded an Outstanding Young Investigator grant from the Norwegian Science Foundation.

Fabrizio Zilibotti (Bologna, Italy, 1964) is the Chair of Macroeconomics and Political Economy at the University of Zurich, and Scientific Director of the UBS Center of Economics in Society. In 2009, he won the prestigious Yrj? Jahnsson award as the best economist in Europe under 45. He is a Fellow of the Econometric Society, chief editor of the Journal of the European Economic Association, and former managing editor of the Review of Economic Studies. His research interests include economic growth and development (particularly, of China), and macroeconomics. He has published many articles in economics journals including American Economic Review, Econometrica, Journal of Political Economy, Quarterly Journal of Economics, Review of Economic Studies.

Over the last 30 years, China has undergone a spectacular economic transformation involving not only fast economic growth and sustained capital accumulation, but also major shifts in the sectoral composition of output, increased urbanizationand a growing importance of markets and entrepreneurial skills. Reallocation oflabor and capital across manufacturing firms has been a key source of productivity growth. The rate of return on investment has remained well above 20 percent, higher than in most industrialized and developing economies. If investment rates have been high, saving rates have been even higher: in the last 15 years, China has experienced a growing net foreign surplus: its foreign reserves swelled from 21 billion USD in 1992 (5 percent of its annual GDP) to 2,130 billion USD in June 2009 (46 percentof its GDP); see Figure 1.

The combination of high growth and high return to capital, on the one hand, and a growing foreign surplus, on the other hand, is puzzling. A closed – economy neoclassical growth model predicts that the high investment rate would lead to a fallin the return to capital. An open – economy model predicts a large net capital inflow rather than an outflow, owing to the high domestic return to capital. In this paper, we propose a theory of economic transition that solves this puzzle while being consistent with salient qualitative and quantitative features of the Chinese experience.

The focal points of the theory are financial frictions and reallocation of resources across firms. In our theory, both the sustained return to capital and the

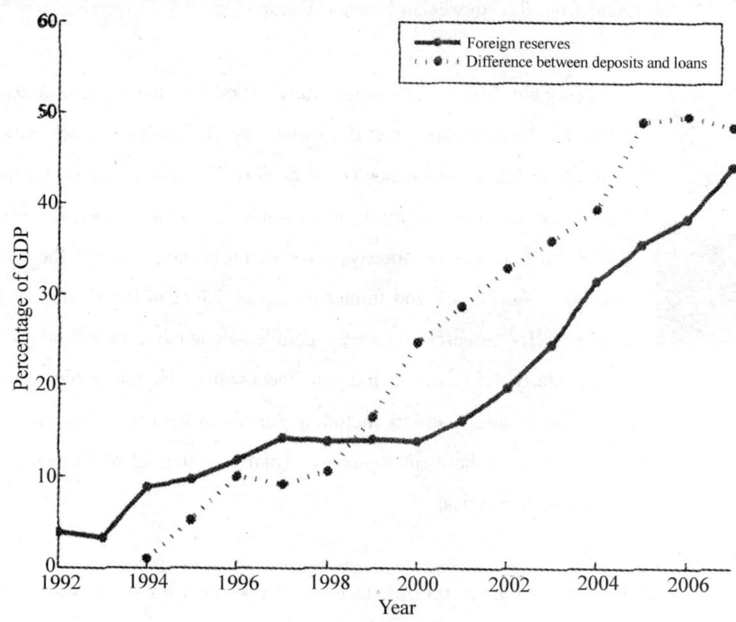

1 FOREIGN RESERVES AND THE DIFFERENCE BETWEEN DEPODITS AND LOANS

Note: The figure plots China's foreign reserves (solid line) and the domestic bank deposits minus domestic loans (dotted line), both expressed as a percentage of GDP.

Source: CSY, various issues.

foreign surplus arise from the reallocation of capital and labor from less productive externally financed firms to entrepreneurial firms that are more productive but have less access to external financing. As financially integrated firms shrink, a larger proportion of the domestic savings is invested in foreign assets. Thus, the combination of high growth and high investment is consistent with the accumulation of a foreign surplus.

Our paper is part of a recent literature arguing that low aggregate total factor productivity (TFP)—especially in developing countries—is the result of micro - level resource misallocation (see Stephen L. Parente, Richard Rogerson, and Randall Wright, 2000; Francesco Caselli and Wilbur J, Coleman II, 2001; Abhijit Banerjee and Esther Duflo, 2005; Diego Restuccia and Rogerson, 2008; Gino Gancia and Fabrizio Zilibotti, 2009; and Chang - Tai Hsieh and Peter J. Klenow, 2009). While pockets of efficient firms using state - of - the - art technologies may exist, these firms fail to attract the large share of productive resources that efficiency would dictate, due to financial frictions and other imperfections. Most of the existing literature emphasizes the effects of resource misallocation on average productivity. In contrast, our paper argues that when a country starts from a situation of severe inefficiency but manages to ignite the engine of reallocation, it has the potential to grow fast over a prolonged transition, since efficient firms can count on a highly elastic supply of factors attracted from the less productive firms.

To analyze such a transition, we construct a model in which firms are heterogeneous in productivity and access to financial markets. High - productivity firms are operated by agents with entrepreneurial skills who are financially constrained who must rely on retained earnings to finance their investments. Low - productivity firms can survive due to their better access to credit markets, since the growth potential of high - productivity firms is limited by the extent of entrepreneurial savings. If the saving flow is sufficiently large, high - productivity firms outgrow low - productivity ones, progressively driving them out of the market. During the transition, the dynamic equilibrium has AK features: within each type of firm, the rate of return to capital is constant due to labor mobility and to the financial integration of the low - productivity firms. Due to a composition effect, the aggregate rate of return to capital actually increases. Moreover, the economy accumulates a foreign surplus. While investments in the expanding firms are financed by the retained earnings of entrepreneurs, wage earners deposit their savings with intermediaries who can invest them in loans to domestic firms and in foreign bonds. As the demand for funds from financially integrated domestic firms declines, a growing share of the intermediated funds must be invested abroad, building a growing foreign surplus. This predictionis is consistent with the observation that the difference between deposits and domestic bank loans has been growing substantially, tracking China's accumulation of foreign reserves (see again Figure 1). After the transition, the economy behaves as in a standard neoclassical model, where capital accumulation is subject to decreasing returns.

Reallocation within the manufacturing sector——the driving force in our model has been shown to be an important source of productivity growth in China. In an influential paper, Hsieh and Klenow (2009) estimate that reallocation across manufacturing firms with different productivity accounted for an annual two percentage point increase in aggregate TFP during 1998 - 2005. Loren Brandt, Johannes Van Biesebroeck, and Yifan Zhang (2009) estimate that up to two - thirds of the aggregate TFP growth in Chinese manufacturing was due to productivity differences between entering and exiting firms during 1998 – 2005.

Our theory yields several additional predictions consistent with the evidence of China's transition：

(i)The theory predicts that the surplus—savings minus investment—should increase with the share of entrepreneurial firms. Consistent with this prediction, we find that the net surplus is significantly higher in Chinese provinces in which the employment share of domestic private firms has increased faster.

(ii) In our benchmark model, all firms produce the same good and differ only in TFP. We extend the theory to a two – sector model in which firms can specialize in the production of more or less capital – intensive goods. This extended model predicts that financially constrained firms with high TFP will specialize in labor – intensive activities (even though they have no technological comparative advantage). Thus, the transition proceeds in stages: first low – productivity firms retreat into capital – intensive industries, and then they gradually vanish. This is consistent with the observed dynamics of sectoral reallocation in China, where young high – productivity private firms have entered extensively in labor – intensive sectors, while old state – owned firms continue to dominate capital – intensive industries.

The theory is related to the seminal contribution of Arthur W. Lewis (1954), who constructs a model of reallocation from agriculture to industry where the supply of labor in manufacturing is unlimited due to structural overemployment in agriculture. While his mechanism is similar in some respects to ours, productivity increases in his model rely on some form of hidden unemployment in the traditional sector. Lewis' theory captures aspects of the reallocation between rural and urban areas in China, while our focus is on the reallocation within the industrial sector. Our paper is also related to Jaume Ventura (1997), who shows that in economies engaging in external trade, capital accumulation is not subject to diminishing returns because resources are moved from labor – intensive to capital – intensive sectors. Ventura's model does not assume any initial inefficiency, nor does it imply that TFP should grow within each industry——a key implication of our theory. ①

Neither Lewis' nor Ventura's theory has any implication regarding trade imbal –

① In this respect, our work is related to the seminal papers of Simon Kuznets (1966) and Hollis Chenery and Moises Syrquin (1975). Who study sources of productivity growth during economic transitions.

ances. Kiminori Matsuyama (2004, 2005) shows that financial frictions may induce trading economies to specialize in industries in which they do not have a technologi - cal comparative advantage. See also the work of Pol Antràs and Ricardo J. Caballero (2009). In our model, by a similar mechanism, less efficient firms can survive and even outgrow more productive ones. Our two - sector extension also predicts that financial constraints generate specialization in spite of the lack of any technological comparative advantage, though the mechanism is different.

Pierre - Olivier Gourinchas and Olivier Jeanne (2009) document that it is common to observe capital outflow from fast - growing developing economies with high marginal product of capital. As in the case of China, countries with fast TFP growth tend to have both large capital outflows and large investment rates, while the opposite is true for slow - growing countries. They label this finding the "allocation puzzle". Our theory can provide a rationale to this observation. In a related paper, Francisco J. Buera and Yongseok Shin (2010) focus on the current account surpluses experienced by a number of Asian economies in the 1980s (with the notable exception of China, which experienced current account deficits during the 1980s). Buera and Shin argue—as we do—that financial frictions can contribute to the explanation of this puzzle. While in our paper the foreign surplus is driven by the dwindling demand for domestic borrowing, due to the decline of financially integrated firms, they emphasize increased domestic savings by agents who are planning to become entrepreneurs but need to save to finance start - up costs.

A few recent papers address the more specific question of why China is accumulating a large foreign surplus. Most papers emphasize the country's high saving rate. Louis Kuijs (2005) shows that household and enterprise saving rates in China are, respectively, 11.8 and 8.6 percentage points higher than those in the United States. Demography, an imperfect financial sector, and the lack of welfare and pension benefits are among the factors proposed as explanations for this (e.g., Aart Kraay, 2000). However, it remains unclear why domestic savings are not invested domestically given the high rate of return to capital in China. Enrique G. Mendoza, Vincenzo Quadrini, and José - Victor Rios - Rull (2009) argue that this may be explained by differences in financial development inducing savers in emerging economies to seek insurance in safe US bonds (see also Caballero, Emmanuel Farhi, and Gourinchas, 2008; and Damiano Sandri, 2010).

Michael P. Dooley, David Folkerts – Landau, and Peter Gather (2007) propose a strategic political motive: the Chinese government would influence wages, interest rates, and international financial transactions so as to foster employment and export – led growth.

Our paper is organized as follows. Section I describes some empirical evidence of China since 1992. Section Ⅱ describes the benchmark model and characterizes the equilibrium. Section Ⅲ discusses quantitative implications of the theory with the aid of a calibrated economy. Section Ⅳ presents an extension to a two – sector environment that captures additional features of the Chinese transition. Section Ⅴ concludes. A technical Appendix available from our Web pages contains the formal proofs.

I The Transition of China: Empirical Evidence

A. Political Events and Macroeconomic Trends

China introduced its first economic reforms in December 1978. The early reforms reduced land collectivization, increased the role of local governments and communities, and experimented with market reforms in a few selected areas. After a period of economic and political instability, a new stage of the reform process was launched in1992, after Deng Xiaoping's Southern Tour, during which the leader spoke in favor of an acceleration of reforms. Since then, China has moved towards a full – fledged market economy. The process gained momentum in 1997, as the 15th Congress of the Communist Party of China officially endorsed an increase in the role of private firms in the economy. The focus of this paper is on the post – 1992 Chinese transition, a period characterized by fast and stable growth and by a pronounced resource reallocation within the manufacturing sector. In spite of very high investment rates (39 percent on average), the rate of return to capital has remained stable: while the aggregate return to capital has fallen slightly (from 28 percent in 1993 to 21 percent in 2005), the rate of return to capital in manufacturing has been increasing since the early 1990s and climbed close to 35 percent in 2003, according to Figure 11 in Chong – En Bai, Hsieh, and Yingyi Qian (2006). High corporate returns have not been matched by the return on financial assets available to individual savers: the average real rate of return on bank deposits, the main financial investment of Chinese households, was close to zero during the same period. Wage growth has been lower than growth in out-

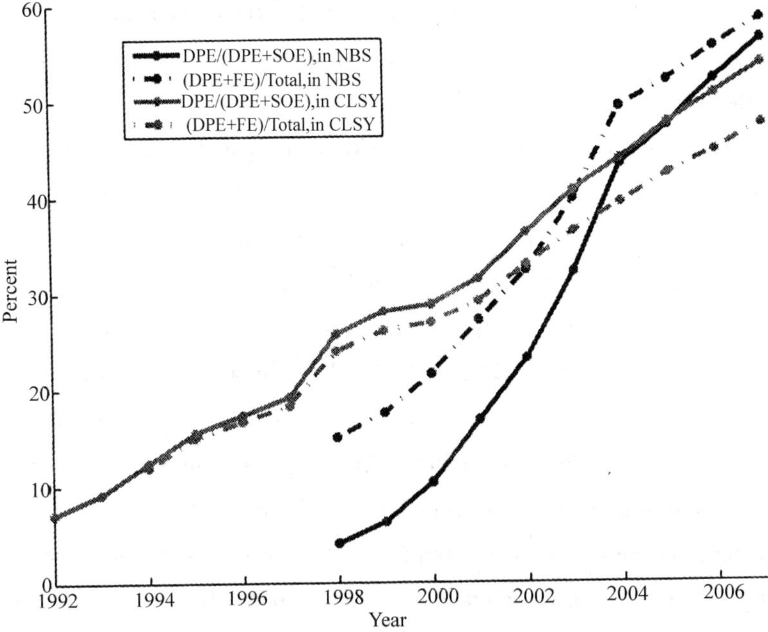

FIGURE 2 PRIVATE EMPLOYMENT SHARE

Notes: The figure shows, first, the DPE share of employment as a share of SOE + DPE employment in manufacturing (NBS 1998 – 2007) and in the urban sector (CLSY 1992 – 2007). Second it plots DPE + FE employment as a share of total employment in manufacturing (NBS 1998 – 2007) and in the urban sector (CLSY 1992 – 2007).

Source: CSY and CLSY, various issues.

put per capita in recent years. ① Similarly, the labor share of aggregate output fell gradually from 59 percent in 1998 to 47 percent in 2007 (Bai and Zhenjie Qian, 2009,

---

① According to Judith Banister (2007, Table 10, based on the China Labor Statistical Ycarbook) the average real annual growth of wages in the urban manufacturing sector between 1992 and 2004 was 7. 5 percent, and a mere 4. 6 percent if one excludes state – pwned and collectively owned enterprises. In the same period, the average growthrate of real GDP per capita was about 9 percent. Using data from the NBS Urban Household Surveys 1992 – 2006, Suqin Ge and Dennis T. Yang (2009) report an annual growth of 4. 1 percent for the basic wage (the lowest skill category) and of 6. 2 percent for workers with "middle – school education and below". These are usefull benchmarks since they separate the wage growth due to technological progress form that due to human capital accumulation – which reflects the increasing quantity and quality of education. Two additional remarks are in order. First wages are deflated using the provincial consumer price index (CPI). The annual CPI growth rate was on average 0. 9 percentage points lower than that of the GDP deflator in these years. Second, the compliance rate for pension contributions paid by employers declined dramatically in this period. Both considerations suggest that the growth of labor costsper workr for firms was lower than the figures above.

Table 4).[①] The falling labor share has contributed to rising inequality even across urban households(Dwayne Benjamin, Brandt, John Giles, and Sangui Wang,2008).

B. Reallocation in Manufacturing

The reallocation of capital and labor within the manufacturing sector is a focal poin of our paper. Figure 2 plots alternative measures of the evolution of the employment share of private enterprises. Our preferred measure is based on annual firm - level surveys conducted by China's National Bureau of Statistics (NBS), which include the universe of Chinese industrial firms (manufacturing, mining, and construction) with sales over 5 million RMB. The solid line plots the proportion of domestic privatent erprises (DPE) as a percent of DPE plus state - owned enterprises (SOE) in the NBS surveys. It shows an increase from 4 percent in 1998 to 56 percent in 2007. This is the most relevant measure for our theory.[②] However, it excludes two important firm categories: foreign enterprises (FE) and collectively owned enterprises(COE). Therefore, for completeness, we also report a broader measure of the private employment share, namely, (DPE + FE)/(DPE + FE + SOE + COE); see the dashed line. The NBS measures of private employment share could be biased downwards,due to the exclusion of small firms and nonindustrial firms. Therefore, we also report the corresponding ratios from aggregate statistics from the China Labor Statistical Yearbook (CLSY).[③] According to this measure, the DPE/(DPE + SOE) share was 19 percent in 1997 and 54 percent in 2007. All measures suggest that the share of DPE was low until 1997 and that most of the transition took place thereafter. This accords well with the political events outlined above.

C. Productivity and Credit Frictions

DPE and SOE differ in two important aspects: productivity and access to financial markets. SOE are, on average, less productive and have better access to external credit than do DPE. This makes ownership structure a natural proxy for the different

---

① Bai and Qian (2009) report data until 2004. The estimates for 2004 - 2007 were kindly provided by Bai and Qian.

② NBS data are available only since 1998. The figure shows the share of firms classified as DPE by the NBS. If,instead, we classify as DPE all firms with a private ownership share above 50 percent, the DPE shares would rise from 12 percent in 1998 to 59 percent in 2007.

③ One problem with the CLSY is that it does not classify ownership for all urban employment. More precisely,the provincial data classifying employment according to ownership add up to only 60 percent of the aggregate measure of urban employment. The dotted line is then computed by assuming that the ratio of DPE to SOE in the unclassifed aggregate data is the same as that in the provincial data.

types of firms in our theory. Figure 3 shows a measure of profitability, i. e. , the ratio of total profits (measured as operation profits plus subsidies plus investment returns) to fixed assets net of depreciation. Based on this measure, the gap between DPE and SOE is about 9 percentage points per year, similar to that reported by Nazrul Islam, Erbiao Dai, and Hiroshi Sakamoto (2006). ① Large productivity differences also emerge from TFP accounting: Brandt, Hsieh, and Xiaodong Zhu (2008, Table 17. 3) estimate an average TFP gap between DPE and SOE of 1. 8 during 1998 – 2004, while Brandt and Zhu (2010) estimate a gap of 2. 3 in 2004. Using a different methodology, Hsieh and Klenow (2009) estimate a "revenue – TFP gap" of 1. 42.

Financial and contractual imperfections are also well documented. In a cross – country comparative study, Franklin Allen, Jun Qian, and Meijun Qian (2005) find that China scores poorly in terms of creditor rights, investor protection, accounting standards, nonperforming loans, and corruption. ② In this environment, Chinese firms must rely heavily on retained earnings to finance investments and operational costs. Financial repression is far from uniform: private firms are subject to strong discrimination in credit markets. The Chinese banks—mostly state owned—tend to offer easier credit to SOE (Genevieve Boyreau – Debray and Wei, 2005). As a result, SOE can finance a larger share of their investments through external financing. Figure 4 shows that SOE finance more than 30 percent of their investments through bank loans compared to less than 10 percent for DPE. Similarly, Dollar and Wei (2007, Table 3. 1) and James Riedel, Jing Jin, and Jian Gao (2007, Table 3. 1) report that private enterprises relysignificantly less on bank loans and significantly more on retained earnings and family and friends to finance investments. Other forms of market financing are marginal for private firms. Despite the rapid growth of the Chinese stock market in recent years, equity and debt markets continue to play an insignificant role

① A concern with the official data is that the ownership classifcation is based on ownership at the time of initial registration. However, many firms have subsequently been privatized. This problem is addressed by David Dollarand Shang – Jin Wei (2007), who use survey data on 12,400 firms, classified according to their current ownership. They find the average return to capital to be twice as high in private firms as in fully state – owned enterprises (Dollarand Wei, 2007, Table 6). Interestingly, collectively owned firms also have a much higher productivity than SOE.

② Interestingly, some reforms of the financial system have been undertaken, including a plan to turn the four major state – owned commercial banks into joint – stock companies. This effort involves consulting foreign advisors to improve the managerial efficiency of banks (Chi Hung Kwan, 2006). In Section IIG we discuss the role of financial development during the economic transition.

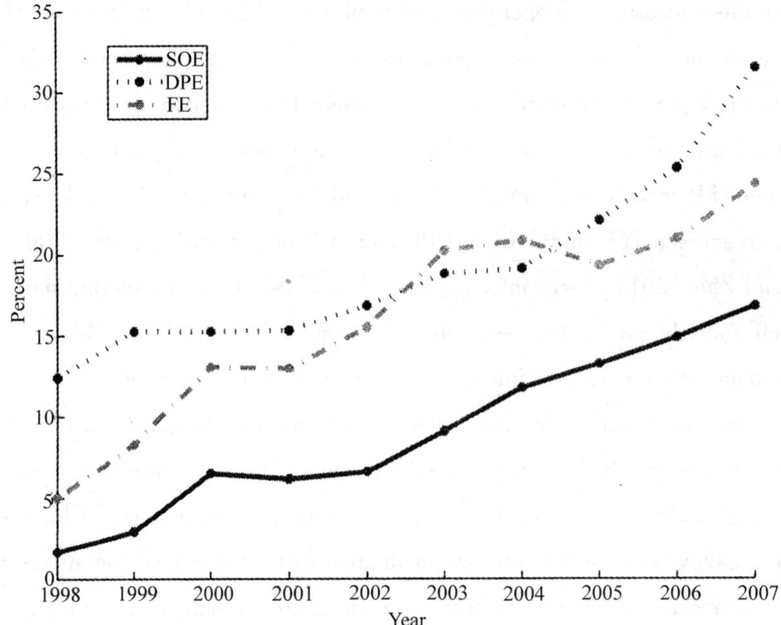

FIGURE 3 TOTAL PROFITS OVER NET VALUE OF FIXED ASSETS

Nots: The figure plots the average ratio between total profits and the book value of fixed assets across firms of different ownership, in percent.

Source: CSY various issues

for DPE, while these markets have become increasingly important for large semiprivatized SOE (Neil Gregory and Stoyan Tenev, 2001; and Riedel, Jin, and Gao, 2007, ch. 7). Another sign that DPE are financially repressed is that both capital - output and capital - labor ratios are substantially lower in DPE than in SOE. In 2006, the average capital - output ratio was 1.75 in SOE and 0.67 in DPE (China Statistical Yearbook (CSY) 2007). In the same year, capital per worker was almost five times larger in SOE than in DPE, although part of this difference reflects the higher average educational attainment of SOE workers. This gap arises from both an intensive and an extensive margin. First, SOE are more capital intensive even within thre e - digit manufacturing industries, both in terms of capital perworker and in terms of the capital - output ratio (Figure AI in the Appendix). Second, DPE have taken over labor - intensive industries, while the share of SOE remains high in capital - intensive industries. Panel A of Figure 5 plots the 2001 SOE share of total employment across

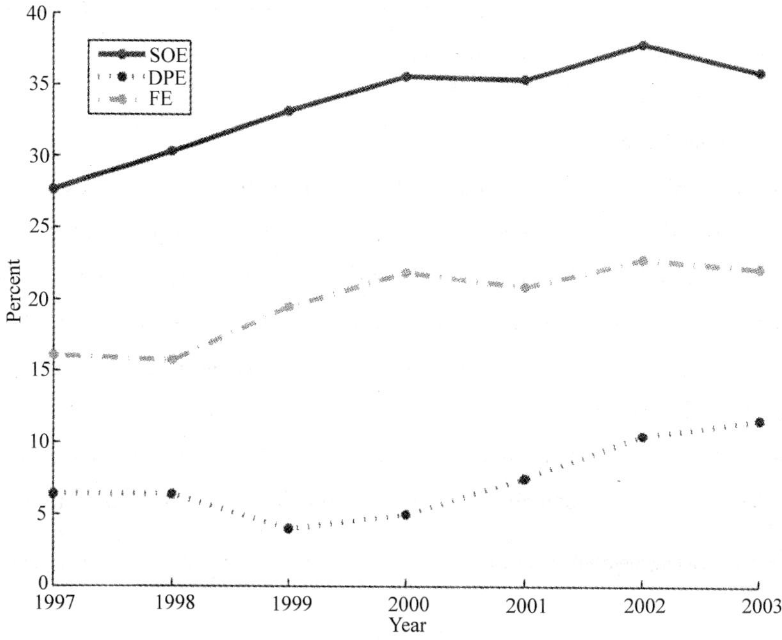

FIGURE 4 SHARE OF INVESTMENT FINANCED BY BANK LOANS AND GOVENMENT BUDGETS

Notes: The figure plots the average share of investment financed by bank loans and government subsidies across firms of different ownershio, in percent.

Sources: CSY 1998 to 2001 and 2003, China Econnmy and Trade Statistical Yearbook 2002 and 2004.

three – digit manufacturing industries against the capital intensity that each of these industries had in the United States (2001 is the first year for which data are available). Already in 2001 SOE were significantly more represented in those industries which are more capital intensive in the United States. For instance, the SOE employment share in the ten most capital – intensive industries was 57. 9 percent, while in the ten least capital – intensive industries it was 25. 8 percent. ① The withdrawal of SOE from labor – intensive sectors has continued thereafter. Panel B of Figure 5 plots the per-

① lndustfies am classified according to tile capital – labor ratio in tile United States in 1996 (classifying according to their respective Chinese ratios would create all endogeneity problem). The US dina are fi – om NBER – CES Manufacturing Industry Database, http://www. nber, org/nberces. We match the industries listed by the 2002, 2003, and 2004 China Industrial Economy Statistical Yearbook (CIESY) to the SIC codes. Among 31 industries in CIESY, only 27 can bematched, 18 at the SIC two – digit level and 9 at the SIC three – digit level. Details are available upon request.

centage change in the SOE employment share between 2001 and 2007 against the capital intensity of the corresponding industry in the United States. The correlation coefficient is highly positive (0.576).

D. Income Inequality

The economic transition of China has been accompanied by increasing income inequality—even within the urban sector. For instance, the Gini coefficient of income in China grew from 0.36 in 1992 to 0.47 in 2004. Our theory suggests that this development may be due in part to the slow growth of wages relative to entrepreneurial income. The pattern of income inequality across regions can offer some insight. We classify Chinese provinces by the percentage of industrial workers who are employed in DPE. Figure 6 shows a high positive correlation between the Gini coefficient at the provincial level in 2006 and the employment share of DPE: provinces with more private firms have

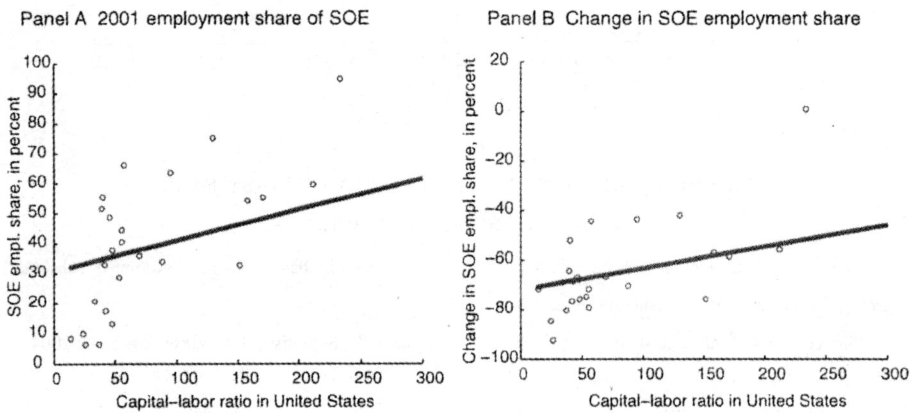

FIGURE 5 SOE EMPLOYMENT SHARES ACROSS INDUSTRIES

Notes: Panel A plots 2001 employment share (in percent) of SOE in 28 major Chinese manufacturing industries against their respective share (in percent) for these 28 industries between 2001 and 2007.

Sources: CIESY and CSY, various issues. We use the 1996 US capital - labor ratios, computed form the NBER - CES manufacturing industry database. The industry petroleum and coal products has extremely high capital labor ratio and is excluded from the figures for visual convenience.

a substantially higher income dispersion.

E. Foreign Surplus and Productivity Growth

Finally, the reallocation process in manufacturing has an interesting statistical relationship with the accumulation of a foreign surplus and the productivity growth. Consider, first, the foreign surplus. At the aggregate level, the timing of structural change from SOE to DPE follows quite closely that of the accumulation of foreign reserves: Both accelerate around year 2000 (Figures 1 and 2). Interestingly, the breakdown of the net surplus (savings minus investment) across provinces suggests the same pattern in the cross section: the net surplus is systematically larger in provinces with a larger increase in the DPE employment share.

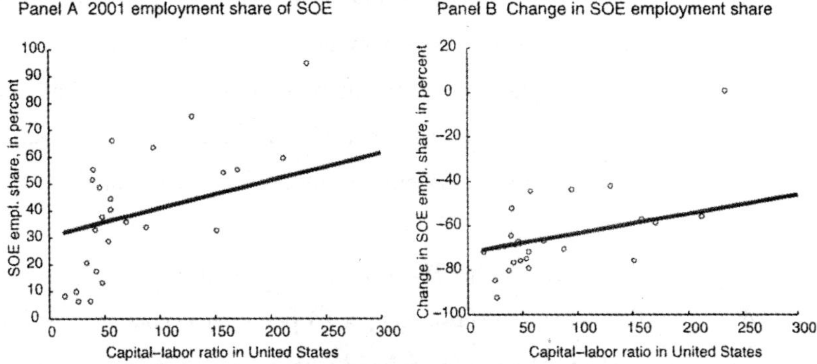

FIGURE 6. SOE EMPLOYMENT SHARES ACROSS INDUSTRIES

Notes: Panel A plots 2001 employment share (in percent) of SOE in 28 major Chinese manufacturing industries against their respective share (in percent) for these 28 industries between 2001 and 2007.

Sources: CIESY and CSY, various issues. We use the 1996 US capital – labor ratios, computed form the NBER – CES manufacturing industry database. The industry petroleum and coal products has extremely high capital labor ratio and is excluded from the figures for visual convenience.

We document this pattern by using data for 31 provinces with NBS data from 2001 to 2007. ① The dataset allows us to construct province – level measurements of investment in fixed assets and savings (defined as provincial GDP minus private and government consumption expenditures). In column 1 of Table 1, we report the results of a regression of the provincial net surplus – to – GDP ratio on the annual change in the employment share of DPE, defined as the employment in DPE divided by the sum of employment in DPE and SOE at the province level. To avoid that the correlation be driven by a common trend in the two variables, we include time dummies. The estimated coefficient is positive and highly significant: a 10 percentage points larger increase in the DPE employment share is associated with an average 10

① The data cover all Chinese provinces for tile years 2001 – 2003 and 2005 – 2007 (data for 2004 are not available). The employment statistics for 2001 – 2003 are from CIESY 2002 – 2004. The CSY 2006 – 2008 provide data for 2005 – 2007. Annual data for investment, saving, and GDP arc from the CSY (2002 – 2008).

percentage point larger net surplus relative to GDP. ① Controlling for lagged provincial GDP percapita reduces the estimated coefficient form 1. 0 to 0. 89, which is significant at the 10 percent confidence level. ②

Consider, next, productivity growth. Columns 3 – 4 of Table 1 show that labor productivity has grown faster in provinces where the DPE employment share has grown faster. A 10 percentage points large increase in the DPE share is associated with a 1. 9 percentage points higher annual productivity growth rate. Similar evidence emerges from looking at the variation of the speed of reallocation across industries; see columns 5 – 6. ③In this case, a direct measure of the DPE employment share is not available before 2005, so we use the employment share of non – SOE over total employment as a measure of reallocation. The coefficient of interest is positive and significant. The quantitative effect is even larger: a 10 percentage points larger increase in the non – SOE employment share is associated with a 14. 3 percentage points higher growth rate of productivity. The correlation is strengthened when controlling for industry – specific lagged productivity.

Table 1

	(S – I)/GDP		Growth rate of GDP p. c.		Growth rate of VA p. w.	
Dependent variable	(1)	(2)	(3)	(4)	(5)	(6)
D. ($EMPL^{PRIV}$)	0. 9964 * * (0. 4889)	0. 8920 * (0. 4659)	0. 1893 * * * (0. 0603)	0. 1903 * * * (0. 0610)	—	—

① There is also a positive and highly significant (>99 percent) correlation between the ratio of net surplus to provincial GDP and the level of the DPE employment share. A 10 percentage point difference in the DPE employment share is associated with a 3. 5 percentage point larger net surplus relative to GDP . In the theory presented in Section Ⅱ, both a high level and a high growth of the DPE share increase the foreign surplus, consistent with the evidence in Table 1.

② All regressions described in this subsection are of the form

$$DEP\_VAR_{rt} = \alpha_t + \beta_1 (EMPL_{rt}^{PRIV} - EMPL_{rt-1}^{PRIV}) + \varepsilon_{rt},$$

where the dependent variable, DEP_VAR_{rt} is the provincial net surplus (savings minus investments) over GDP in columnns 1 and 2, the growth rate of provincial GDP per capita in columns 3 and 4, and the growth rate of the industry – level value added per worker in columns 5 and 6. $EMPL_{rt}^{PRIV}$ denotes the DPE (or non – SOE, as discussed in the text) employment share. In columns 2, 4 and 6, we control for lagged GDP per capita (value added per worker). α_1 denotes time – dummies, included in all regressions. Standard errors are clustered at the province (industry) level. The coefficient of interest is β_1.

③ The data cover 28 major manufacturing industries. The sample period is 2001 – 07 (data for 2004 are not available). The data for 2001 – 03 are from the CIESY (2002 – 04). The data for 2005 – 07 are from the CSY (2006 – 08).

Continued

	(S - I)/GDP		Growth rate of GDP p. c.		Growth rate of VA p. w.	
D. ($EMPL^{NONSOE}$)	—	—	—	—	1.4257 * * * (0.4785)	1.5973 * * * (0.3572)
L. (GDP p. c.)	—	6.6268 * * * (2.3952)	—	-0.0646 (0.2136)	—	—
L. (VA p. w.)	—	—	—	—	—	0.1283 * * * (0.0152)
Year dummy	Yes	Yes	Yes	Yes	Yes	Yes
Observations	124	124	124	124	112	112
R^2	0.0424	0.1984	0.2252	0.2258	0.2104	0.2577

Notes: Dependent variables: (S - I)/GDP * 100 is the provincial ratio of net surplus over GDP. S and I stand for aggregate savings and investment, respectively. S = GDP - C - G, where C and G are household consumption and governtnent consumption expenditures, respectively. GDP p. c. is the real provincial GDP per capita in the value of 10 thousand RMB (adjusted by provincial GDP deflators). VA p. w. is the industry value - added per worker (10 thousand RMB). Growth rates are in percent. Regressors: $EMPL^{PRIV}$ is equal to $DPE/(DPE + SOE) * 100$, i. e., the ratio of private employment over the sum of private and state employment. $EMPL^{NONSOE}$ is equal to $(1 - SOE/Total) * 100$, i. e., the ratio of non - SOE employment over total employment. D. (*) and L. (*) stands for the differenceand the one - period lag, respectively. Standard errors clustered at the province or industry level. Robust standarderrors are in brackets.

* * * Significant at the 1 percent level.

* * Significant at the 5 percent level.

* Significant at the 10 percent level.

The province - level results of columns 1 - 4 are mainly driven by cross - province variation. The estimated coefficients become smaller and statistically insignificant when province fixed effects are included (only marginally insignificant in the productivity regressions of columns 3 - 4). In contrast, the cross - industry results holdup to the inclusion of industry fixed effects, which leave the estimated coefficient almost unchanged. Thus the results of columns 5 - 6 are mostly driven by within - industry variation.

II The Benchmark Model

In this section, we develop a theory of economic transition consistent with the empirical facts documented in the previous section.

A. Preferences, Technology, and Markets

The model economy is populated by overlapping generations of two – period lived agents who work in the first period and live off savings in the second period. Preferences are parameterized by the following time – separable utility function:

$$(1)\qquad U_t = \frac{(c_{1t})^{1-\frac{1}{\theta}} - 1}{1 - \frac{1}{\theta}} + \beta \frac{(c_{2t+1})^{1-\frac{1}{\theta}} - 1}{1 - \frac{1}{\theta}},$$

where β is the discount factor and θ is the intertemporal elasticity of substitution in consumption Ct. We focus on the case when agents' savings are nondecreasing in the rate of return, i. e. , when $\theta \geqslant 1$.

Agents have heterogeneous skills. Each cohort consists of a measure N_t of agents with no entrepreneurial skills (workers), and a measure μN_t of agents with entrepreneurial skills (entrepreneurs) which are transmitted from parents to children①. The population grows at the exogenous rate v; hence, $N_{t+1} = (1+v)N_t$. The rate captures demographic trends, including migration from rural to urban areas. For simplicity v is assumed to be exogenous.

There are two types of firms, both requiring capital and labor as well as one manager. Financially integrated (F) firms are owned by intermediaries (to be defined below) and operate as standard neoclassical firms. Entrepreneurial (E) firms are owned by old entrepreneurs. The entrepreneurs are residual claimants on the profits and hire their own children as managers (cf. Caselli and Nicola Gennaioli, 2006). The key assumption is that, due to financial and contractual imperfections, only some firms (F firms) have access to the deep pockets of banks, which are perfectly integrated in international financial markets. Other firms (E firms) are owned by agents who have superior skills and can run more productive technologies. However, there are frictions restricting the flow of funds from the agents with a deep pocket to those with superior skills. As a result, the latter end up being credit constrained. This, in turn, allows less productive firms to survive in equilibrium.

Different microfoundations would be consistent with heterogeneous productivity across firms to exist in equilibrium. Here, we present one such example: following Daron Acemoglu et al. (2007), we assume that each firm can choose between two

---

① Lowercase characters will denote per capita or firm – level variables; uppercase, aggregate variables.

modes of production: either the firm delegates decision authority to its manager, or it retains direct control of strategic decisions. There is a trade – off. On the one hand, delegation leads to higher total factor productivity (TFP)—e. g. , the manager makes decisions based on superior information. Thus, a firm delegating authority can attain $X > 1$ extra efficiency units per worker compared with a firm retaining centralized authority. On the other hand, delegation raises an agency problem: the manager can divert a positive share of the firm's output for his own use. Such opportunistic behavior can only be deterred by paying managers a compensation that is at least as large as the funds they could steal. The key assumption is that entrepreneurs are better at monitoring their managers, so that E firm managers can steal only a share $\psi < 1$ of output. In contrast, *F* firms are weak at corporate governance and cannot effectively monitor their managers: under delegation, all output would be stolen. Thus, *F* firms will always choose a centralized organization, while *E* firms opt for delegation, given a condition that will be spelled out below. Of course, less productive firms could not survive unless they had the benefit of having better access to external funds. Such advantage is due to entrepreneurs being subject to credit constraints, as explained below.

The technology of *F* and *E* firms are described, respectively, by the following production functions:

$$y_{Ft} = k_{Ft}^{\alpha}(A_t n_{Ft})^{1-\alpha}, \qquad y_{Et} = k_{Et}^{\alpha}(\chi A_t n_{Et})^{1-\alpha},$$

where y is output and k and n denote capital and labor, respectively. Capital depreciates fully after one period. In the case of *F* firms, the input of the manager is equivalent to that of a regular worker and is included in n_F. The technology parameter A grows at an exogenous rate z; $A_{t+1} = (1+z)A_t$.

We now analyze agents' savings. Young workers earn a wage w and deposit their savings with a set of competitive intermediaries (banks) paying a gross interest rate R^d. These workers choose savings so as to maximize utility, (1), subject to an intertemporal budget constraint, $c_{1t}^W + c_{2t+1}^W / R^d = w_t$. This yields the optimal savings $s_t^W = \zeta^W w_t$, where $\zeta^W \equiv (1 + \beta^{-\theta} R^{1-\theta})^{-1}$ Young entrepreneurs in *E* firms earn a managerial compensation, m_t. Their savings can be invested either in bank depositsor in their family business.

Banks collect savings from workers and invest in loans to domestic firms and foreign bonds. The bonds yield a gross return *R*. Contractual imperfections plague the relationship between banks and entrepreneurs. The output of E finns is nonverifiable, and entrepreneurs can only pledge to repay a share η of the second – period net profits. ① In a competitive equilibrium, the rate of return on domestic loans must equal the rate of return on foreign bonds, which in turn must equal the deposit rate. However, lending to firms is subject to an *iceberg cost* ξ, which captures operational costs, red tape, etc. Thus, ξ is an inverse measure of the efficiency of intermediation. In equilibrium, $R^d = R$ and $R^l = R/(1-\xi)$, where R^z is the lending rate to domestic firms. ②

For F firms, profit maximization implies that R^z equals the marginal product of capital and that wages equal the marginal product of labor:

$$w_t = (1-\alpha)\left(\frac{\alpha}{R^l}\right)^{\frac{\alpha}{1-\alpha}} A_t \tag{2}$$

Consider now the value of an E firm, owned by an old entrepreneur with capital k_{Et}. This value is the solution to the following problem:

$$\Xi_t(k_{Et}) = \max_{m_t, n_{Et}} \{(k_{Et})^{\alpha}(\chi A_t n_{Et})^{1-\alpha} - m_t - w_t n_{Et}\} \tag{3}$$

subject to the incentive constraint that $m_t \geqslant \psi (k_{Et})^{\alpha} (A_{Et} n_{Et})^{1-\alpha}$, *where mt;s, again, the payment to the manager, and arbitrage in thc labor market implies that the wage is as in* (2). ③ *The optimal contract implies that the incentive constraint is binding*:

$$m_t = \psi (k_{Et})^{\alpha} (\chi A_t n_{Et})^{1-\alpha} \tag{4}$$

Taking the first – order condition with respect to n_E and substituting in the equilibrium wage given by (2) yields that

$$n_{Et} = ((1-\psi)\chi)^{\frac{1}{\alpha}} \left(\frac{R^l}{\alpha}\right)^{\frac{1}{1-\alpha}} \frac{k_{Et}}{\chi A_t}. \tag{5}$$

Plugging (4) and (5) into (3) yields the value of the firm:

---

① The assumption that output is not verifiable rules out that financially integrated firms hire old entrepreneurs. If the entrepreneurs could comnfit to repay, all firms would be run by private entrepreneurs.

② In the analysis of this section, ξ plays no role, so we could set $\xi = 0$ without loss of generality. However, ξ will become important in the extension about financial development.

③ The managerial compensation must also exceed the workers' wage rate ($m_t > w_t$). We restrict attention to parameters such that the participation constraint is never binding in equilibrium. In contrast, F firms are not subject to any incentive constraint since their managers make no discretionary decisions. Thus, the managers' participation constraint is binding, and they earn the same wage as ordinary workers.

(6) $$\Xi_t(k_{Et}) = (1-\psi)^{\frac{1}{\alpha}}\chi^{\frac{1-\alpha}{\alpha}}R^l k_{Et} \equiv \rho_E k_{Et}$$

where P_E is the E firm rate of return to capital. In order to ensure that $\rho_E > R^l$, we make the following assumption.

ASSUMPTION: 1 $\chi > \underline{\chi} \equiv \left(\frac{1}{1-\psi}\right)^{\frac{1}{1-\alpha}}$.

Given this assumption, (i) E firms prefer delegation to centralization and (ii) young entrepreneurs find it optimal to invest in the family business. If Assumption 1 were not satisfied, there would be no E firms in equilibrium. Thus, a sufficiently large productivity difference is necessary to trigger economic transition.

Consider, next, the contract between banks and entrepreneurs. The E firm's capital stock comprises the savings of the young entrepreneur and the bank loan, $k_{Et} = s_{t-1}^E + l_{t-1}^E$. The incentive-compatibility constraint of the entrepreneur implies that $R^l l^E \leqslant \eta\rho_E(s^E + l^E)$. This constraint is binding if and only if $\eta < R^l/\rho_E$, which we assume to be the case. Thus, the share of investments financed through bank loans is

(7) $$\frac{l_E}{l_E + s_E} = \frac{\eta\rho_E}{R^l}.$$

The entrepreneur's investment problem can be expressed as the choices of l_E and S_E. that maximize discounted utility, U, subject to $c_1 = m - s_E$, $c_2 = \rho_E(l_E + s_E) - R^l l_E$, and the incentive-compatibility constraint, (7). If we use (7) to substitute away l_E, the problem simplifies to

$$\max_{s_E} \frac{(m-s_E)^{1-\frac{1}{\theta}} - 1}{1-\frac{1}{\theta}} + \beta\frac{\left(\frac{(1-\eta)\rho_E R^l}{R^l - \eta\rho_E}s_E\right)^{1-\frac{1}{\theta}} - 1}{1-\frac{1}{\theta}}.$$

This implies that the optimal savings are $s_E = \zeta^E m$, where

$$\zeta^E \equiv \left(1 + \beta^{-\theta}\left(\frac{(1-\eta)\rho_E R^l}{R^l - \eta\rho_E}\right)^{1-\theta}\right)^{-1}.$$

B. Discussion of Assumptions

Before discussing equilibrium dynamics, we review our main assumptions.

The theory describes a growth model characterized by heterogeneous firms that differ in productivity and access to credit markets. In the application to China, the natural empirical counterparts of E firms and F firms are private and state-owned enterprises, respectively. In our model, we do not emphasize the public ownership of less productive firms. However, we focus on two salient features that are relatedto the ownership structure. First, due to their internal bureaucratic structure, SOE are weak in corporate governance and grant less autonomy and incentives to their man - agement. This feature is well documented. For instance, Deqiang Liu and Keijiro Otsuka (2004) show that profit - linked managerial compensation schemes are rare for SOE, while they are 10 to 20 times more prevalent for township and village enterprises. The rigidity of the SOE structure is emphasized by Eric C. Chang and Sonia M. L. Wong (2004). Second, thanks to connections to state - owned banks, SOE enjoy better access to borrowing (as suggested in the evidence discussed in Section Ⅰ).

In assuming F firms to be "competitive", we abstract from other institutional features, such as market power or distortions in the objectives pursued by firms and their managers, that may be important in Chinese SOE. We do so partly for tractability. However, we should note that since the 1990s, SOE have been subject to an increased competitive pressure that has forced many of them to shut down or restructure. Thus, we find the abstraction of competitive profit - maximizing firms to be fruitful since it helps us to focus on the two distortions discussed above (in Section Ⅳ B we explore the implications of granting F firms market power). Also for simplicity, we model the labor market as competitive and frictionless. While the Chinese labor market is characterized by important frictions (e. g. , barriers to geographical mobility), we do not think that including such frictions would change any of the qualitative predictions of the theory, although it would affect the speed of reallocation and wage growth.

The assumption that private firms are less financially integrated is also well rooted in the empirical evidence discussed in Section Ⅰ, showing that Chinese private firms rely heavily on self - financing and receive only limited funding from banks and insignificant equity funding. The assumption that monitoring is easier within flexible organizations—and most notably in family firms—seems natural. In the model, we do not emphasize interfamily altruistic links: parents transmit genetically entre—preneurial skills to their children but also must provide them with incentives to avoid opportunistic behavior. Alternatively, we could have focused on parental altruism and assumed that incentive problems are altogether absent in family firms. In such an alternative model, parents would leave voluntary be quests to their children, who in turn would invest in the family firm.

The essential feature of our model's reallocation mechanism is that financial and contractual frictions obstruct the flow of capital towards high – productivity entrepreneurial firms. If the entrepreneurs could borrow external funds without impediments, the transition would occur instantaneously, and only the more efficient E firms would be active in equilibrium. The fact that the growth of E firms is constrained by the savings of entrepreneurs implies a gradual transition.

C. Equilibrium during Transition

In this section, we characterize the equilibrium dynamics during a transition in which there is positive employment in both E and F firms. We drop time subscripts when this causes no confusion. We start by showing that, due to the disadvantage in raising funds, E firms choose in equilibrium a lower capital – output ratio than do F firms. To see this, denote by $\kappa_J \equiv k_J/(A_J n_J)$ the capital per effective unit of labor. As discussed above, in a competitive equilibrium, the lending rate R^l pins down the marginal product of capital of F firms. Thus,

$$\kappa_F = \left(\frac{\alpha}{R^l}\right)^{\frac{1}{1-\alpha}}. \tag{8}$$

Since κ_F is constant, the equilibrium wage in (2) grows at the rate of technical change, z, as in standard neoclassical open – economy growth models. Equation (5) then implies immediately that

$$\kappa_E = \kappa_F\left((1-\psi)\chi\right)^{-\frac{1}{\alpha}}. \tag{9}$$

LEMMA 1: Let Assurnption 1 hold, i. e. , $\chi > \underline{\chi}$. Then E firms have a lower capitaloutput ratio ($\kappa_E < \kappa_F$) and a lower capital – labor ratio than F firms.

Consider, next, the equilibrium dynamics. The key properties of the model are that (i) K_{Et} and A_t are state variables (where as K_{Ft} is determined by equation (8) and is therefore not a state variable), (ii) capital per effective unit of labor for each type of firm, K_E and K_F, is constant For each type of firm, and (iii) entrepreneurial savings in periodt (hence, K_{Et+1}) is linear in K_{Et}. These three properties imply that the employment, capital and output of E firms grow at a constant rate during transition.

LEMMA 2: Given K_{Et} and A_t, the equilibrium dynamics of total capital and employment of E firms during transition are given by $K_{Et+1}/K_{Et} = 1 + \gamma_{K_E}$ and $N_{Et+1}/N_{Et} = (1+\gamma_{K_E})/(1+z) \equiv 1 + \nu_E$, where

$$1+\gamma_{K_E} = \frac{R^l}{R^l - \eta\rho_E}\left(1+\beta^{-\theta}\left(\frac{(1-\eta)\rho_E R^l}{R^l - \eta\rho_E}\right)^{1-\theta}\right)^{-1}\frac{\psi}{1-\psi}\frac{\rho_E}{\alpha}, \tag{10}$$

and $\rho_E = (1-\psi)^{\frac{1}{\alpha}}\chi^{\frac{1-\alpha}{\alpha}}R^l$ and $R^l = R/(1-\xi)$. There exists $\hat{\chi} = \hat{\chi}(\beta,\chi,\psi,\eta,\alpha,\nu,z,R,\xi) < \infty$ such that the employment share of E firrns N_E/N grows over time (*i. e.* , $V_E > V$) if and only if $\chi > \hat{\chi}$. $\hat{\chi}$ is defined in the Appendix. Moreover, $\hat{\chi}$ is decreasing in β and in η and increasing in r and in z. Thus, the employment share of E firms grows if, ceteris paribus, β or η are sufficiently large or if v or z are sufficiently small.

Equation (10) follows from the aggregation of the E firm investments, afterrecalling that $k_{Et+1} = s_t^E + l_t^E$,Where$s_t^E = \zeta^E m_t$ [with m_t being determined by (4)], and l_t^E is determined by (7). The constant growth rate of K hinges on the facts that the rate of return to capital in E firms is constant and that young entrepreneurs earnings and savings are proportional to E firms' profits. To illustrate this point, suppose that $z = 0$. In this case, the workers' wage remains constant during the transition. However, the managerial compensation, m_t, still grows in proportion to the output of E firms. The growing earning inequality between workers and entrepreneurs is key for the transition to occur, since (i) the investment of E firms is financed by entrepreneurial savings, and (ii) constant wages avoid a falling return to investment. If young entrepreneurs earned no rents and just earned a workers' wage, entrepreneurial investments would not grow over time. Substituting the expression of ρ_E into (10) shows that the growth rate is hump - shaped in ψ. If entrepreneurial rents are low (small ψ), young entrepreneurs are poor, and there is low investment. However, if ψ is large, the profitability and growth of E firms(ρ_E) fall.

Note that both assumptions, that $\chi > \underline{\chi}$ and that $\chi > \hat{\chi}$, require the TFP gap, $\chi^{1-\alpha}$, to be large. Thus, generically, only one of them will be binding. Interestingly, the theory can predict failed take - offs. For instance, suppose that initially both conditions were satisfied. Then, the saving rate ζE would fall, due to, e. g. , a fall in β, sothat$\hat{\chi}(.,\beta) > \chi > \underline{\chi}$ after the shock. Then investment by E firms would continue to be positive, but their employment share would shrink over time.

The equilibrium dynamics of the set of F firms can be characterized residually from the condition that $K_{Ft} = \kappa_F A_t(N_t - N_{Et})$, namely, F firms hire all workers not employed by the E firms, and K_F adjusts to the optimal capital - labor ratio. Standard algebra shows that, as long as the employment share of E firms increases, the growth rate of K_F declines over time. ①The aggregate capital accumulation of F firms is hump - shaped during the transition. Initially, when the employment share of E firms is small, K_F grows at a positive rate (provided that either $v > 0$ *or* $z > 0$). However, as the transition proceeds, its growth rate declines and eventually turns negative.

Finally, standard algebra shows that GDP per worker is given by

$$(11) \qquad \frac{Y_t}{N_t} = \frac{Y_{Ft} + Y_{Et}}{N_t} = \kappa_F^{\alpha}\left(1 + \frac{\psi}{1 - \psi}\frac{N_{Et}}{N_t}\right)A_t \, .$$

The growth rate of GDP per worker accelerates during a transition as long as $\hat{\chi} > \hat{\chi}$, reflecting the resource reallocation towards more efficient firms. Under the samecondition, the average rate of return to capital in the economy increases during the transition, due to a composition effect, even though the rates of return to capital in E firms and F firms are constant. Intuitively, this reflects the increasing share of the capital stock of E firms that yields the high return ρ_E. ②

Figure 7 illustrates the transitional dynamics of employment, wages, output, the average rate of return, foreign reserve over GDP, and the saving rate in themodel economy. In the figure, the transition ends in period T, when all workers are employed by E firms. During the transition, the employment share of E firms grows (panel A). Moreover, the average rate of return (panel B) and the output per effective units of labor (panel D) are growing, whereas wages per effective units of labor (panel C) remain constant.

D. Foreign Surplus, Savings, and Investments

In this section, we derive the implications of the model for the accumulation of foreign surplus, which is a focal point of our theory. Consider the banks' balance sheet:

---

① More formally,

$$\frac{K_{Ft+1}}{K_{Ft}} = \frac{A_{Ft+1}}{A_{Ft}}\frac{N_{Ft+1}}{N_{Ft}} = (1+z)(1+\nu)\left(1-\frac{N_{E0}}{N_0}\left(\frac{1+\nu_E}{1+\nu}\right)^{t+1}\right)\Big/\left(1-\frac{N_{E0}}{N_0}\left(\frac{1+\nu_E}{1+\nu}\right)^{t}\right) \equiv 1+\gamma_{K_Ft} \quad \text{where}$$

$$\frac{d}{dt}\left(1+\gamma_{K_F,t}\right) = (1+z)\frac{N_{E0}}{N_0}\left(\frac{1+\nu_E}{1+\nu}\right)^{t}\left(\ln\frac{1+\nu_E}{1+\nu}\right)(\nu-\nu_E)\left(1-\left(\frac{1+\nu_E}{1+\nu}\right)^{t}\right)^{-2} < 0 \text{ iff } \nu_E > \nu$$

② More formally, the average of return is

$$\rho_t = \frac{\rho_E K_{Et} + \rho_F K_{Ft}}{K_{Et} + K_{Ft}} = \frac{R^l}{1-\left(1-\chi\left((1-\psi)\chi\right)^{-\frac{1}{\alpha}}\right)\frac{N_{Et}}{N_t}}$$, which is increasing as long as N_{et}/N_t increases.

$$K_{Ft} + \frac{\eta \rho_E}{R^l} K_{Et} + B_t = \zeta^W w_{t-1} N_{t-1} \quad (12)$$

The left - hand side of (12) consists of the banks' assets: loans to F firms, loans to E firms (as in equation (7)), and foreign bonds, B_t. The right - hand side of (12) captures their liabilities (deposits). The analysis of the previous section leads to the following Lemma:

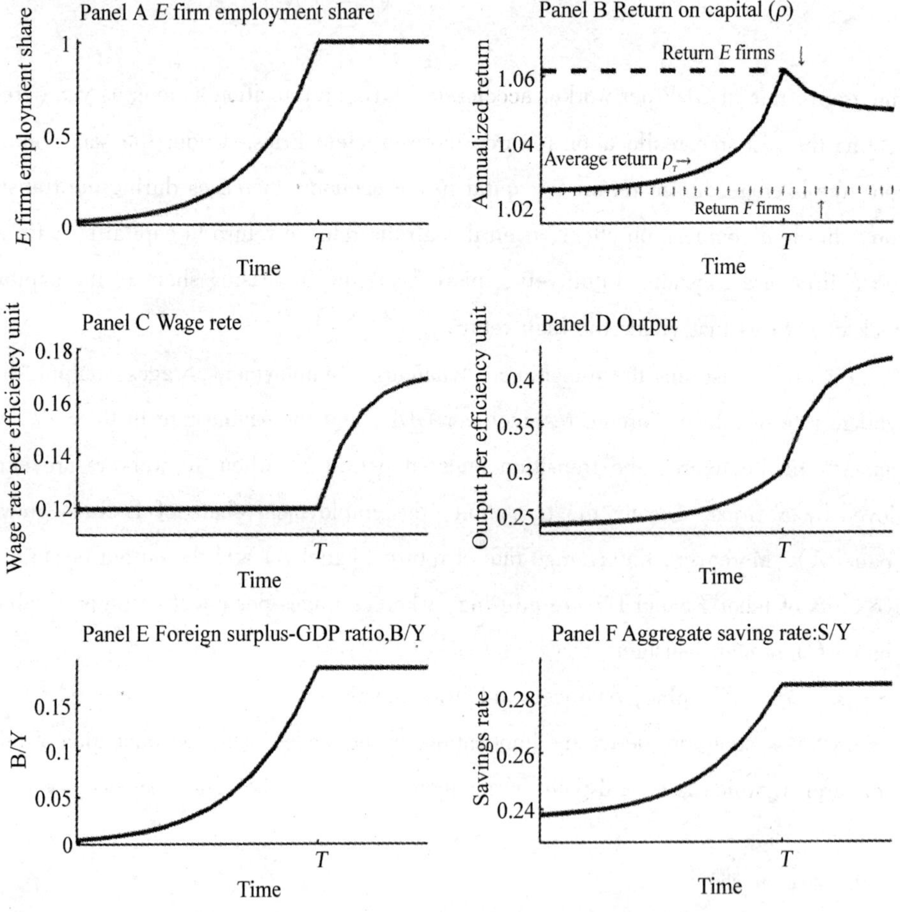

FIGURE 7 TRANSITON THE ANALYTICAL MODEL

Notes: The figure shows the evolution of key variables during and after the transition in the analytical model. Time T denotes the end of the transition. when all workers are employed in E firms.

LEMMA 3: The country's foreign surplus is given by

$$(13) \qquad B_t = \left(\zeta^W \frac{(1-\alpha)\kappa_F^{\alpha-1}}{(1+z)(1+\nu)} - 1 + (1-\eta)\frac{N_{Et}}{N_t}\right)\kappa_F A_t N_t .$$

As long as the employment share of the E firms (N_{Et}/N_t) increases during the transition, the country's foreign surplus per effciency unit, $B_t/(A_tN_t)$, increases. When the transition is completed (in period T, say) and all workers areemployed by E firms ($N_{ET}/N_T = 1$), the net foreign surplus becomes $B_T = (\zeta^W(1-\alpha)\kappa_F^{\alpha-1}/((1+z)(1+\nu)) - \eta)\kappa_F^{\alpha} A_T N_T$. If E firms are suffi ciently credit constrained (i. e. , if η is low), then the transition necessarily ends with a positive net foreign position.

The intuition for the growing foreign surplus is that as employment is reallocated towards the more productive E firms, investment in the financially integrated F firms shrinks. Hence, the demand for domestic borrowing falls and banks must shift their portfolio towards foreign bonds. Although there is a potentially increasing demand of loans from E firms, this is small, due to the financial frictions. The growth rate of the foreign surplus can exceed that of GDP, resulting in a growing B_t/Y_t ratio (as in panel E of Figure 7). This is the case if ψ and η are sufficiently small, i. e. , if (asymmetric) credit market and contractual imperfections are sufficiently severe. ①

During the transition, the country's gross saving rate, S_t/Y_t (where $S_t = \zeta^W w_t N_t + \zeta^E \mu m_t$), increases (panel F of Figure 7), whereas the gross investment rate, I_t/Y_t (where $I_t = K_{Et+1} + K_{Ft+1}$), falls. Both forces contribute to the growing foreign surplus during the transition. The aggregate saving rate grows for two reasons. First, workers employed by the F firms earn a constant share, $1-\alpha$, of the output of those firms and save a fraction ζ^W. In contrast, workers employed by E firms save a fraction $\zeta^W(1-\alpha)(1-\psi)$ of the output of those firms. Second, young entrepreneurs save a share $\zeta^E\psi$. Thus, the saving rate out of the output of E firms equals

① More formally.

$$\frac{B_t}{Y_t} = \frac{\zeta^W \frac{(1-\alpha)\kappa_F^{\alpha-1}}{(1+z)(1+\nu)} - 1 + (1-\eta)\frac{N_{Et}}{N_t}}{1 + \frac{\psi}{1-\psi}\frac{N_{Et}}{N_t}} \kappa_F^{1-\alpha},$$

which is increasing with N_{Et}/N_t provided that

$$\frac{\psi}{1-\eta(1-\psi)} < \frac{\alpha(1+\nu)(1+z)}{(1-\alpha)} \frac{1+\beta^{-\theta}R^{1-\theta}}{R^{l}}.$$

The set of parameters satisfying this condition together with Assumption Ⅰ and the condition of Lemma 2 isnonempty.

$(1-\alpha)\zeta^W + \alpha\psi\zeta^E + (1-\alpha)\psi(\zeta^E - \zeta^W)$ which exceeds the saving rate out of the output of F firms, since$\zeta^E - \zeta^W$. ①

Next, consider the country's investment. Suppose, for simplicity, that $z = v = 0$. Then every worker who is shifted from an F firm to an E firm works with less capital. Therefore, domestic investment falls during the transition (a result which generalizes to positive z and v). We return to this prediction in Section Ⅱ G. For now, we note that the growing foreign surplus does not hinge on a falling investment rate since the saving rate is growing during the transition. The following proposition summarizes the main results so far.

PROPOSITION 1: Suppose that $\chi > \max\{\underline{\chi}, \hat{\chi}\}$. Then, during the transition, the equilibrium employment among the two sets of firms is given by $N_{Et} = K_{Et}/(A_t\kappa_F(1-\psi)^{-1/\alpha}\chi^{-(1-\alpha)/\alpha})$ *and* $N_{Ft} = N_t - N_{Et}$, where K_F is given by (8), and $K_{Et}$and A_t are predetermined in period t. The rate of return to capital is constant over time for both types of firms, and higher in E firms than in F firms: $\rho_F = R^l$ and $\rho_E = (1-\psi)^{1/\alpha}\chi^{(1-\alpha)/\alpha}R^l$. Capital and employment in E firms grow over time as in Lemma 2. The stock of foreign assets per efficiency unit grows over time, as in equation (13). If ψ and /or η are sufficiently small (strong contractual imperfections and/or credit market discrimination), then the foreign surplus - to GDP ratio increases during the transition.

E. Post - Transition Equilibrium

Once the transition is completed (in period T in Figure 7) all workers are employed by E firms. Thereafter, the theory predicts standard OLG - model dynamics. Consider, for instance, the case of $\theta \to 1$ (log preferences). Then, the aggregate capital stock is given by $K_{Et+1} = (\beta/(1+\beta))(R^l/(R^l - \eta\rho_{Et}))m_t$, which implies—after substi tuting in the equilibrium expressions of m_t and ρ_{Et}—a standard neoclassical law ofmotion (see Appendix):

$$(14)\ \kappa_{Et+1} = \frac{\beta}{1+\beta}\frac{\psi}{(1+z)(1+\nu)}\frac{R^l}{R^l - \eta\alpha(1-\psi)\kappa_{Et}^{\alpha-1}}(\kappa_{Et})^{\alpha}.$$

Investments bring about capital deepening until either the rate of return to capital falls to R^l or the capital per efficiency unit converges to a steady state such that the

① To see this, recall that $\rho_E > R^l$. Since the intertemooral elasticity of substitution $\theta \geqslant 1$, the young entrepreneurs have a higher saving rate than the workers: $\zeta^E \geqslant \zeta^W$. This is the only result in the paper that hinges on the restriction that $\theta \geqslant 1$.

rate of return to capital exceeds R^l. Along the converging path, wages and output per effective units, as well as the net foreign surplus, increase, while the rate of return to capital falls.

F. Discussion of Resuhs

Our theory fits some salient features of the recent Chinese growth experience discussed in Section Ⅰ. First, in spite of the high investment and growth of industrial production, the rate of return of firms does not fall. Second, E firms—similarly to DPE in China—have a higher TFP and less access to external financing than other firms. This induces a lower capital intensity in E firms than in F firms (Lemma 1) again in line with the empirical evidence. Moreover, the rate of return to capital is higher in E firms than in F firms, just as in the data DPE are more profitable than SOE. Third, the transition is characterized by factor reallocation from financially integrated firms to entrepreneurial firms, which is similar to the reallocation from SOE to DPE in the data. Fourth, such reallocation leads to an external imbalance as in the data, the economy runs a sustained foreign surplus. Finally, the model predicts a growing inequality between workers' wages and entrepreneurial earnings.

While the focus of our paper is on China, our model can also cast light on the experience of other industrializing countries. In particular, it provides a potential explanation for Gourinchas and Jeanne's (2009) observation that developing countries with high (low) TFP growth experience current account surpluses (deficits). The hallmark of our theory is the reallocation from less to more financially constrained firms, which sustains high productivity growth and feeds a growing gap between domestic saving and investment. ① According to Gourinchas and Jeanne(2009), capital flows out of Korea and Taiwan in the 1980s represent two canonical examples of the "allocation puzzle". Similar to China 20 years later, those economies experienced an acceleration of productivity growth at a time in which they ran large balance of payment surpluses. ②

① Note that a low X can make our mechanism go in reverse. As discussed above, if $\chi < \chi < \hat{\chi}$, the employment share of the E firms would fall over time, causing low TFP growth and a falling foreign balance. This is reminiscent of the negative part of the allocation puzzle.

② The annual growth rate of GDP per worker went up from 4.5 percent (1972 – 1982) to 6.9 percent (1982 – 1992) in Korea, and from 5.3 percent (1972 – 1982) to 6.8 percent (1982 – 1992) in Taiwan (Penn World Tables 6.2).

In the 1960s and 1970s, the industrialization process of South Korea relied substantially on foreign loans. As of the early 1980s, Korea had one of tile highest ratios of foreign debt to GDP ratio among developing countries. Tile imbalance was significantly corrected in the 1980s. Especially in the second half of that decade, Korea experienced booming growth and a sequence of large current account surpluses. This structural change coincided with important changes in the Korean development strategy. In the period 1960 – 1980, the government had provided strong support to the large local conglomerates (chaebol). One pillar of this strategy was the strong integration between banks and chaebol that granted the latter privileged access tolow – cost credit. Barriers to entry were substantial. Ill 1980, the ten largest chaebol accounted for 48 percent of the Korean GNP (Linsu Kim,1997), while the employment share of manufacturing of small and medium enterprises (SME) with fewer than 200 workers had declined from 68 percent in 1960 to less than 50 percent in 1980. Following the crisis of 1979 – 1980, the Korean government set out a major policy shift. The Fair Trade Act of 1980 introduced a set of measures aimed to favor competition and the entry of small firms, by, e. g. , reducing subsidies to large firms, regulating the chaebol's market power, and offering tax breaks to SME (Heather Smith,1994). As a result, the activity of SME soared. Their number more than doubled between 1980 and 1990 (Moon – Gi Sub,1998, Table 3. 13), and their employmerit share in manufacturing increased to 62 percent, a trend that continued in the early 1990s (Jeffrey Nugent and Seung – Jae Yhee,2002, Table Ⅰ). While the Korean reform package included some elements of financial liberalization (privatization of commercial banks), there were no major financial reforms until the 1993 – 1997 Financial Sector Reform Plan. Thus, throughout the 1980s and early 1990s, the growing SME continued to be subject to heavy credit – market discrimination (Yung Chul Park, 1994; and Hyun – Han Shin and Young S. Park,1999). Similar to China, the differential access to bank loans in Korea resulted in different capital intensities: in the period 1979 – 1997 the ratio of gross value added to total assets was 46 percent higher in large enterprises than in SME. Moreover, again similar to China, "in the latter half of the 1980s the chaebol placed an increasingly disproportionate emphasis on capit al – intensive industries, using their ability to raise funds as themain source of their competitiveness" (Smith,2000, 64). During the same period, the chaebol system showed increasing cracks, resulting in a growing share of nonperforming loans and government – sponsored bailouts. ①

Taiwan recorded trade deficits in all but two years during 1951 – 1970 (the surpluses in 1964 and 1966 were merely 0.75 percent and 0.27 percent of GDP, respectively). There after, the trade balance turned consistently positive, except during the oil shock (1974 – 1975) and in 1980, which had a tiny deficit. The size of the surplus became especially remarkable in the 1980s: the annual net export – GDP ratio was astaggering 12 percent in 1982 – 1988. Compared with Korea's, the Taiwanese SME played a more important role all along the process of industrialization. Nevertheless, the U – shaped trajectory of the Taiwanese SME share is reminiscent of that of Korea: the employment share of firms employing fewer than 100 persons fell from 58 percent in 1961 to 36 percent in 1971 and then went up again to 59 percent in 1991. This reversal was encouraged by policy changes, such as the plan of economic liberalization of 1984 (Smith, 1997).

Although bank – firm ties were weaker than in Korea and mainland China, accessto credit markets was highly unequal across Taiwanese firms. Public and large private enterprises satisfied more than 90 percent of their external borrowing from the formal financial sector, while SME had to rely on the informal curb market for alarge fraction of their financial needs. ② Jia – Dong Shea (1994) reports that "over the 1965 – 1988 period the rate of loans from financial institutions relative to value added averaged 47 percent for public enterprises but only 29 percent for private enterprises" (p. 242). This was largely due to an "emphasis on collaterals rather than the profitability or productivity of the borrowers" (p. 241). The interest in the informal lending market was more than twice as high as the bank lending rate for unsecured loans (see Smith 1997, Table 6). Shea (1994) concludes that

---

① Park and Dong Won Kim (1994) note that "it was an open secret that Korea's commercial banks were awash in a sea of nonperforming loans" (p. 212). To remedy this situation, the govermnent often identified healthy companies in the same chaebol and induced them to absorb the troubled companies in exchange for subsidies or preferential credit arrangements. For instance, in 1978 and 1986, Daewoo acquired at the government's request the Kyungnam enterprise, receiving in exchange preferential loans for 230 million USD and a transfer from the Korean Development Bank for 50 million dollars to bail out its shipbuilding activity that was in distress. This influx of money contributed significantly to the subsequent expansion of Daewoo. The Daewoo case is a good example of how credit arrangements were biased in favor of large chaebol.

② The Taiwanese curb market consists of all borrowing and lending activities occurring outside of the supervision and regulation of monetary authorities. According to Smith (1997), private enterprises borrowed 35 percent of their external finance from such an informal market in the period 1981 – 1987. In the same period, SME borrowed about four times as much from it as did large enterprises (see Smith 2000, Table 4.3).

> ... easier access to bank loans by public enterprises and large firms inevitably induced them to adopt more capital - intensive technologies, the result of which is a higher productivity for labor and a lower productivity for capital in larger enterprises relative to private and medium and small enterprises. If we could reallocate resources in such a wayto shift some capital from public and large enterprises to private and medium and small enterprises... the total productivity of the whole economy might increase (p. 244).

Given these premises, the growth in the share of credit - constrained SME during the 1980s contributed to productivity growth in Taiwan. Interestingly, the timing of reallocation coincides with the massive accumulation of foreign reserves.

In conclusion, in spite of important differences, the 1980s experiences of Korea and Taiwan share some commonalities with the recent development of China. All featured a pronounced reallocation within the manufacturing sector characterized by a strong growth of credit - constrained high - productivity firms. The reallocation was accompanied on the macroeconomic front by an acceleration in productivity growth and a foreign surplus. These features are consistent with the predictions of our theory.

G. Financial Development

In Section ⅡD, we noted that the theory predicts falling investment rates during the transition. Different from a standard neoclassical growth model, the investmentrate does not fall in our theory because of capital deepening bringing about decreasing returns. Rather, the fall is due to a composition effect: financially constrained firms—which have a lower capital - output ratio—expand, while financially unconstrained firms contract. However, in the Chinese experience there is no evidence of a falling investment rate: Bai, Hsieh, and Qian (2006) document that this rate has instead followed an U - shaped pattern over the period 1992 - 2006.

One way to reconcile our theory with the data is to introduce a mechanism that generates capital deepening within both E and F firms. A simple such mechanism is a reduction of financial frictions during the transition. This change is motivated by the observation that over the last decade the Chinese government has made considerable effort to improve the financial system. For instance, the lending market has been deregulated, allowing for both more competition and more flexibility in the pricing of loans. ① A symptom of the improvement in the efficiency of the banking system is the sharp reduction in the ratio of nonperforming loans (Podpiera, 2006).

We incorporate financial development into our theory by letting the iceberg intermediation cost, ξ, fall over time, causing a decrease in the lending rate $R_t^l = R/(1-\xi_t)$. *Ceteris paribus*, *a reduction in* ξ *and* R_t^l pushes up wages and capital-labor ratios in both E and F firms. The reduction in ξ. over time can offset the tendency for the investment rate to fall (and for the average rate of return to increase). Such financial development slows the transition via two channels: (i) it increases wages, which in turn strengthens the comparative advantage of F firms—entrepreneurs must save more to attract workers from F firms—and (ii) it reduces ρ_E and the saving rate of entrepreneurs. ② We will return to the effects of financial development in the next section.

Ⅲ Quantitative Analysis

We have focused so far on qualitative predictions of the theory. In this section, we show that a calibrated version of our theory can also account quantitatively for China's growth experience during 1992-2007. In particular, it captures the rise in private employment, the rise in foreign surplus and the U-shaped rates of investment and aggregate savings.

A. The Quantitative Multiperiod Model

Given the goal to match the theory with China's experience over the last 15 years, a two-period OLG model, in which one period corresponds to 30 years, would be inadequate. Therefore, we extend our theory to an Auerbach-Kotlikoff OLG model, in which agents live T periods. Preferences are CRRA as in the model above,

---

① Before 1996, banks in China had to lend at the official lending rate. In 1996, a reform allowed them to set the rate between 0.9 and 1.1 times the official rate. The upper limit gradually increased to 1.3 times for small and medium enterprises in the late 1990s and was eventually removed completely in 2004 (Richard Podpiem, 2006). The increase in competition can also be seen in the loan share of the four major state-owned banks, which fell from 61 percent in 1999 to 53 percent in 2004 and by the growing equity market.

② An alternative form of financial development would be a reduction of η, i. e., better credit market access for entrepreneurs. This would unambigxlously speed up transition without affecting either capital intensity (κ_E) or wages. In China, there is no clear evidence that credit market access of DPE improved relative to SOE; see Figure 4.

$U = \sum_{t+1}^{T} \beta^t ((c_t)^{1-1/\theta} - 1)/(1 - 1/\theta)$. Agents are born with zero wealth and cannot die with negative wealth. Workers supply one unit of labor each period. They retireafter J years of work. Their lifetime budget constraint is $\sum_{t+1}^{T} R^{-t} c_t = \sum_{t}^{J} {}_1 R^{-t} w_t$, where w_t is the wage in period t.

Young entrepreneurs work as managers for $T/2$ periods and as entrepreneurs for the remaining $T/2$ periods—in line with the two - period model above. During each period of their management phase, they earn a compensation given by (4) and deposit their savings in banks. ① As they become entrepreneurs, they invest their accumulated wealth, ${}_{t+1}^{T} R^{T/2-t}(m_t - c_t)$, in E firms. They borrow part of the capital from banks, as in thetwo - period model (see equation (7)). After becoming entrepreneurs, their budget constraint becomes

$$c_t + s_{Et+1} = \frac{R_t^l \rho_{Et}}{R_t^l - \eta \rho_{Et}} s_{Et},$$

where the net return on equity, $R_t^l \rho_{Et} / (R_t^l - \eta \rho_{Et})$, incorporates the gain from levering up equity by borrowing at a rate R_t^l.

Given an aggregate entrepreneurial capital stock K_{Et}, prices and aggregate allocations are determined as in the two - period model. However, capital no longer depreciates fully, so the law of motion for aggregate capital is $K_{t+1} = (1 - \delta) K_t + I_t$, where $\delta < 1$ denotes the constant depreciation rate. Equations (2), (4), (5), and (7) are unchanged, while equations (3), (6), (8), and (9) are modified to incorporate the new assumption that $\delta < 1$. To avoid the counterfactual prediction of declining investment rates, we follow the discussion in Section Ⅱ G and allow ξ_t to change over time due to financial development. Aggregate savings equal aggregate production minus consumption minus intermediation costs. Aggregate bank deposits is the aggregate financial wealth of workers, retirees and managers. The initial distribu-

① We assume that entrepreneurs must pay a (possibly infinitesimal) fixed turnover cost if they replace the manager (e. g. , new managers must be trained). Then, the $T/2$ - period optimal contract has the same solution as the repeated one - period contract. This is easily shown through backward induction. In the last - period stage game the manager would steal unless his incentive constraint, (4), is met. Suppose that in the second - to - last period the entrepreneur offered the manager a lower compensation and threatened to replace him if he stole. Such threat would not be credible, as a new manager would be subject to the same incentive constraint in the last period. In addition, the entrepreneur would have to pay the turnover cost. The same argument applies to earlier periods. So, the optimal contract implies a managerial compensation given by (4) in every period.

tion of wealth is the only state variable. Given this, the model is solved by standard iteration on the sequence of wage rates $\{w_t\}_{t=0}^{\infty}$.①

B. Calibration

The calibration of our multiperiod model focuses on matching empirical moments during 1998 – 2005 because this is the period covered by NBS. Some parameters are calibrated exogenously. The rest are estimated within the model.

Consider, first, the parameters set exogenously. One period is one year. Agents enter the economy at age 28 and live until 78 ($T = 50$). The average retirement age in China is 58, so workers retire after $J = 30$ years of work. The annual deposit rate is $R = 1.0175$, which is the average one – year real deposit rate (deflated by the CPI) during 1998 – 2005. The capital share is set to $\alpha = 0.5$, consistent with Bai, Hsieh, and Qian (2006), and the annual depreciation rate of capital is set to $\delta = 0.1$. The annual population growth rate is set to $v = 0.03$, which is the average urban population growth during 1998 – 2005 (according to the World Bank's World Development Indicators). Finally, the intertemporal elasticity of substitution is set to $\theta = 2$.

We now turn to the remaining parameters, which are estimated within the model. The discount factor β is calibrated to match China's average aggregate saving rates during 1998 – 2005. This gives $\beta = 0.997$.

Recall that SOE report to have a more than three times larger share of investments financed through bank loans than do DPE (Figure 4). Since DPE have some alternative sources of financing in addition to bank loans and with held earnings, such as friends and family, we assume that E firms can finance externally half their investments. This implies that the share of profits entrepreneurs can pledge to repay is $\eta = 0.86$.② The parameters X and ψ are set so as to match two empirical moments: (i) the capital – output ratio of Chinese SOE is 2.65 times larger than that of DPE (aver-

① Given a guess for $\{w_t\}_{t=0}^{\infty}$ and the initial wealth distribution, the prices and allocations are given by the modified version of (2) – (9) and the individuals' savings problems. Recall that in equilibrium W_t must be given by (2) as long as $N_{Et} < N_t$, and it is given by neoclassical dynamics after the end of the transition. If the implied allocations are consistent with the guess for $\{w_t\}_{t=0}^{\infty}$, then an equilibrium has been found. Otherwise, update the guess for $\{w_t\}_{t=0}^{\infty}$. Iterate until convergence.

② In the data, even SOE finance about half of their investments through internal savings (China Fixed Asset Investment Statistical Yearbook, various issues). However, this observation is per se no evidence of SOE being subject to large credit constraints. For our purposes, it is crucial that DPE be significantly more credit constrained than SOE. Therefore, we retain the convenient assumption that SOE are unconstrained.

age 1998 – 2005); and (ii) the rate of return to capital is 9 percent higher for E firms than F firms (in line with Figure 3 and Islam, Dai, and Sakamoto, 2006). This yields $X = 4.79$ and $\psi = 0.45$. This calibration implies a TFP gap of 2.2, which is in the upper end of the range of the estimates in the literature discussed in Section I. ①

The initial iceberg intermediation cost ξ is set so that the gross aggregate rate of return to capital is 20 percent in the 1990s (in line with the estimates of Bai, Hsieh, and Qian 2006). This implies that $\rho_F = 9.3$ percent, $\rho_E = 18.3$ percent and $\xi_t = \xi = 0.069$ for $1992 \leqslant t < 2000$. For $t \geqslant 2000$, the sequence of intermediation costs $\{\xi_t\}_{t=2000}^{\infty}$ is calibrated so as to best fit, given the other calibrated parameters, the time path of aggregate investment. In particular, we assume that $\xi t = 0$ for $t \geqslant 2020$ and set $\xi_t = (1 - ((t - 2000)/19)^v)\xi$ for $t \in [2000, 2019,]$ where $v = 2.38$ is set to match the aggregate investment rate in 2007. The ρ_{Ft} implied by the assumed sequence of ξ_t is illustrated in panel A of Figure 8.

The rate of secular labor – augmenting technical progress is set to $z = 3.8$ percent so as to target an annual 11.2 percent output growth rate over 1998 – 2005. This is slightly lower than the output growth rate of China's urban areas (based on the 35 largest cities, 11.7 percent) and slightly higher than the growth rate of industrial output (10.4 percent).

Finally, consider the initial conditions. The initial entrepreneurial wealth is set so as to match the average DPE employment share during 1998 – 2005. This yields a 1992 E firm employment share of 3 percent, which is close to the empirical observation. The initial life – cycle distribution of wealth for managers and entrepreneurs is similar to a scaled – up version of the distribution of wealth over the life cycle for workers in the initial steady state. The initial assets of the workers and retirees are set to 60 percent of the wealth in a steady state where there are only F firms. This ensures that the model matches China's net foreign surplus – to – GDP ratio in 1992.

C. Results

The dynamics of the calibrated multiperiod economy are illustrated in Figure

① The comparison between TFP in the model and in the data is complicated by the peculiar technology of our E firms. An income – based TFP calculation that excluded the payments to management would yield a TFP gap of 1.62. Given this ambiguity, we chose to calibrate X so as to match the observed rates of return to capital rather than matching TFP differences.

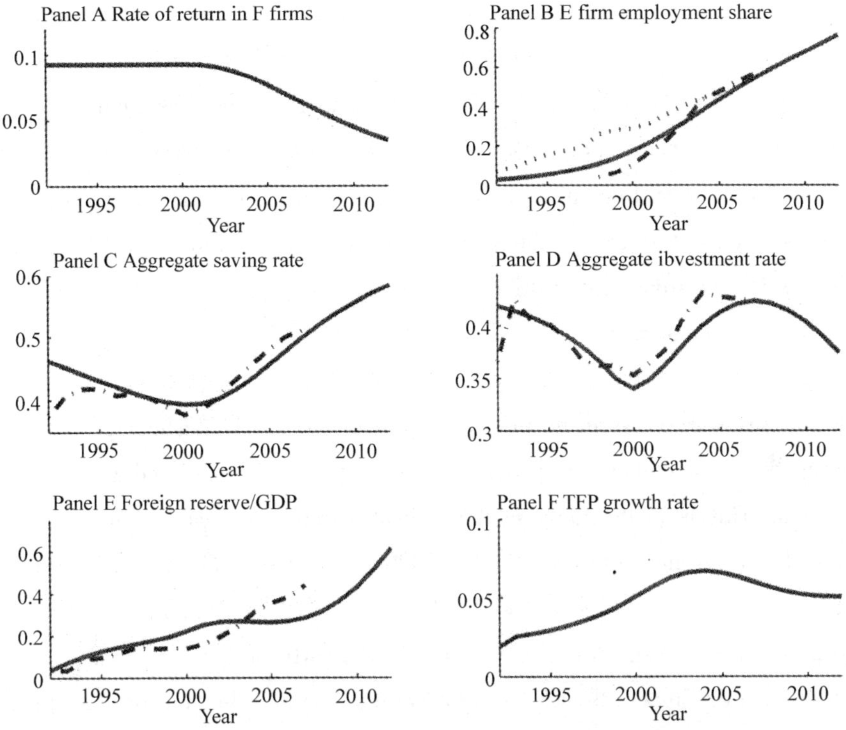

FIGURE 8 TRANSITION IN THE CALIBRATED ECONOMY

Notes: The figure shows the evolution of key variables during and after the transition in the calibrated economy. The solid and dashed lines refer to the simulated results from the model and the data, respectively. The dashed and dotted lines in panel B refer to private employment shares in NBS and CLSY data, respectively (see Figure 2).

8. Panels B – F display various salient macroeconomic outcomes of the model versus the data.

First of all, the calibrated economy generates a speed of employment reallocation comparable to its empirical counterpart (panel B). Second, the aggregate saving rate (panel C) tracks remarkably well the U – shaped dynamics of the Chinese aggregate saving rate. Recall that the economy is calibrated to match the average saving rate, but not its time path. The decline during the 1990s is due to the assumption of low initial wealth of workers, implying that they save a lot initially. The rise after 2000 is driven by the fast reallocation towards E firms, the managers of which have high saving rates. This is the mechanism driving increased savings in the two – period model (Figure 7). Third, the calibrated model matches closely the trend of the net foreign surplus (panel E), although the predicted growth is slightly too high in 1998 – 2002 and slightly too low in 2003 – 2007. Since the model matches the saving rate, its success in this dimension hinges on predicting accurately the investmentrate (panel D). This was not a calibration target because ξ_t determines the investment's dynamics, not its level. Interestingly, the model predicts an acceleration in the foreign surplus from 2007 onwards. This is driven by a continued increase in the saving rate and a declining investment rate.

Consider now the evolution of aggregate TFP, computed as a standard Solowresidual of a one – sector aggregate production function using aggregate capital and labor as inputs. This is plotted in panel F. The 1998 – 2005 annualized growth rate is 5. 9 percent. This is in the range of the estimates from empirical productivity studies. Barry Bosworth and Susan M. Collins (2008) estimate a TFP growth rate in industry of 6. 1 percent over the period 1993 – 2004. Brandt, Van Biesebroeck, and Zhang(2009) report estimates of the annual TFP growth of 4 percent and 7. 7 percent. ① We can decompose the TFP growth rate into one part due to exogenous technical change and another part due to reallocation. Reallocation yields 4. 2 percent annual TFP growth. Thus, about 70 percent of the 1998 – 2005 TFP growth in our model is driven by reallocation from less efficient *F* firms to more efficient *E* firms. This large effect is broadly consistent with the findings of Brandt, Van Biesebroeck, and Zhang (2009), who estimate that between 42 percent and 67 percent of the aggre gate TFP growth in Chinese manufacturing was due to productivity differences between firms entering and exiting during 1998 – 2005. They also document that SOE and collectively owned enterprises represent the lion's share of exiting firms, while

① Brandt, Van Biesebroeck, and Zhang (2009) use the NBS. The 4 percent estimate is obtained by calculating the difference between the weighted average productivity level of all finns active in 2006 and in 1998 (Table 7). The 7. 7 percent estimate is the authors' "preferred estimate" found by averaging year – to – year productivity growthover the entire sample of firms (Figure 3).

most that enter are DPE. See their Figure 1.[①] However, our model implies a substantially larger gain from reallocation than what Hsieh and Klenow (2009) estimate; they find an annual TFP growth gain from reallocation between Chinese manufacturing firms of 2 percent. Finally, the model predicts an increasing TFP growth over time (panel F). This is also consistent with Brandt, Van Biesebroeck, and Zhang (2009), who find an even steeper increase in the growth rate than predicted by our model.

Finally, our model implies an average wage growth of 5 percent per year, which is reasonable given the discussion in footnote 2. In the model, wage growth arises from both technical change and capital deepening. The assumption of a competitive and frictionless labor market implies that during transition the growth of DPE has no effect on wages. Introducing frictions may deliver higher wage growth.

The most problematic feature of our calibration concerns the average rates of return within SOE and within DPE. In the calibration these rates fall due to financial development (recall that ρ_F and ρ_E would be constant in the absence of financial development). However, Figure 3 suggests that both rates of return increased during 1998 – 2005. This hints at the presence of additional sources of efficiency gains within SOE and DPE that offset the decreasing returns. In part, this discrepancy can be related to the stark way in which we have mapped the theory into the data. In particular, we have interpreted F and E firms as SOE and DPE, respectively, abstracting from within – group heterogeneity. Since our theory emphasizes reallocation across firms of heterogeneous productivities, it is natural to expect that some reallocation took place within each group, e. g., through the entry of new efficient firms and the exit of less productive ones. A simple extension of our theory where entrepreneurs differ in human capital and productivity (i. e., with a distribution of X_i across E firms) would be consistent with the observation of an increasing return to capital within DPE. Intuitively, since the growth of E firms is constrained by retained earnings, more productive E firms would grow faster, causing an increase of the average pro-

① Brandt, Van Biesebroeck, and Zhang (2009) conclude that "relative to the US experience, productivity growth in China's manufacturing sector is to a much greater extent due to changes at the extensive maigin, entry and exit". In our model, the number of firms is indeterminate, due to constant returns to scale. Thus, we cannot distinguish between reallocation along an extensive and an intensive margin. Alternatively, we could have considered a model where firms face entry costs and decreasing returns. In such a model, reallocation would occur along both tile extensive and intensive margin.

ductivity of E firms over time. ① No such straight forward extension works for F firms, since there can be no productivity differences across them in equilibrium. This is due to the simplifying assumption that F firms are subject to no credit constraints. In principle, one could relax this assumption and generate reallocation within SOE. We do not pursue this extension. Instead, in the next section we explore an alternative mul ti – industry set – up in which F firms have market power in some industries. This extension predicts increasing profit rates in surviving SOE.

In conclusion, this calibration exercise has shown that reallocation from F firms to E firms can generate quantitative outcomes that are broadly in line with the empirical facts for China, suggesting that our mechanism might be important for understanding the empirical facts laid out in Section Ⅰ.

D. Robustness

To illustrate the behavior of the model we examine four alternative parameterizations: (1) no financial development, (2) no borrowing for entrepreneurs, (3) log preferences, and (4) low TFP advantage. In each case we change β so as to match the average aggregate saving rates during 1998 – 2005, as we did in the benchmark calibration. Suppose first that there is no financial development. This case is labeled experiment 1 and is plotted against the benchmark calibration in Figure 9. The dynamics of the no – financial development economy are very similar to those of the benchmark economy until 1999. As discussed in Section Ⅱ G, the investment rate in this experiment falls monotonically during the transition and increases sharply when the transition is completed. The transition is faster than in the benchmark economy because F firms are not able to borrow at lower and lower interest rates after 1999. Thus, without financial development the foreign reserves and TFP would grow substantially faster after 1999.

Consider now the case when entrepreneurs cannot borrow at all, i. e. , $\eta = 0$ (experiment 2 in Figure 9). For simplicity, we maintain the assumption that ξ_t, is constant(no financial development). The key difference relative to the benchmark e-

① Let χ_i denote firm i' s producttvlty and K_i be the corresponding capital stock. Then, the rate of return to capital for firm i is $\rho_{iE}=(1-\psi)^{\frac{1}{\alpha}}\chi_i^{\frac{1-\alpha}{\alpha}}R^l$. If $\rho_{Et}=\sum\rho_{iE}K_{it}/K_{Et}$ denotes the average rate of return of E firms, it is easy to show that ρ_E grows over time, because the growth rate of K_{it} is increasing in χ_i. Intuitively, more efficient Efirms have higher emnings and can finance larger investments. So they grow faster than less efficient firms, thereby increasing the average rate of return of DPEs over time. We develop this extension in the Appendix.

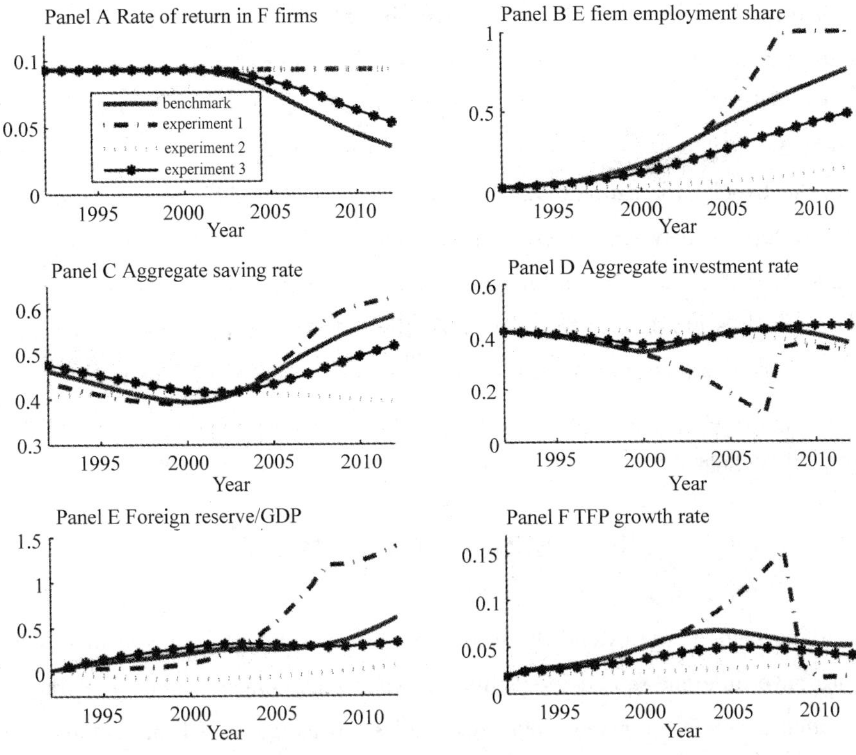

FIGURE 9 SENSITIVITY ANALYSIS

Notes: The figure shows the evolution of key variables in the calibrated economy (solid line) and various alternative parameterizations. Experiment 1 has a constant ξ. Experiment 2 has $\eta = 0$. Experiment 3 has logarithmic preferences.

conomy is that the transition is slower. For example, the E firm employment share reaches 20 percent in 2015, while in the benchmark this level is reached already in 2000. Consequently, both the growth in foreign surplus and TFP are substantially slower than in the benchmark economy. The foreign reserves – to – GDP ratio, for instance, starts to grow only after 2000 and then gradually climbs up to 25 percent in 2017 and 50 percent in 2021.

To examine the role of intertemporal elasticity to substitution θ we solve the model for $\theta \rightarrow 1$, i. e., logarithmic preferences (experiment 3 in Figure 9). We also recalibrated the sequence $\{\xi_t\}_{t=2000}^{\infty}$ so as to match the investment rate in 2007 (recall that the benchmark economy was calibrated in the same way). The results are qualitatively similar to the benchmark case, including a growing foreign surplus. However, the transition is slower. This implies a higher investment rate and a lower growth of foreign reserves and TFP. The two – period OLG model provides intuition for the slow transition. The entrepreneurs' savings rate ζ^E is lower when θ is lower, and Lemma 2 showed that in the analytical model the speed of transition is increasing in ζ^E.

Finally, suppose the TFP advantage of E firms is low, $\chi^{1-\alpha} = 2.0$, compared to 2.2 in the benchmark calibration. This implies a smaller difference $\rho_E - \rho_F$ and a smaller difference between capital – output ratios of E firms and F firms than in the benchmark calibration. This in turn implies a slower transition because entrepreneurial firms are less profitable. To understand why, recall that a lower χ implies a lower return ρ_E. This in turn lowers the rate of transition because entrepreneurs and managers have less income and, hence, less savings. Quantitatively, the low χ economy is almost indistinguishable from experiment 3, so we omitted it from Figure 9.

Ⅳ A Two – Sector Model

In this section, we extend the model to a two – sector environment in which industries have different capital intensities. In such environment, credit – market discrimination generates an endogenous comparative advantage for E firms in labor intensive industries, leading them to specialize in those industries, and inducing F firms to retreat to capital – intensive industries. This prediction is consistent with the empirical evidence: as we documented in Section Ⅰ, the share of SOE has declined dramatically in Chinese labor – intensive industries, while remaining high in capital – intensive industries. The retreat from labor – intensive industries has further widened the gap between the capital – output ratio of SOE and that of private firms since the mi d – 1990s (Robert Dekle and Guillaume Vandenbroucke 2006).

For simplicity, we specialize the analysis to logarithmic utility and assume that $\eta = 0$; i. e. , entrepreneurs cannot get any external financing. Moreover, we assume that $\nu = \xi = z = 0$. None of these assumptions are essential for the results.

A. Capital – and Labor – Intensive Industries

In this section, we assume the final good, Y_t, to be a CES aggregate of two intermediate goods:

$$Y_t = (\varphi (Y_t^k)^{\frac{\sigma-1}{\sigma}} + (Y_t^l)^{\frac{\sigma-1}{\sigma}})^{\frac{\sigma}{\sigma-1}} \tag{15}$$

The superscripts k and 1 stand for capital – and labor – intensive intermediate goods, respectively, and σ is the elasticity of substitution between these goods. Both goods can be produced by either E or F firms, with the following technologies:

$$(16) \qquad y_J^l = (A_J^l)^{1-\alpha} (k_J^l)^{\alpha} (n_J^l)^{1-\alpha}, \quad y_J^k = (A_J^k)^{1-\alpha} k_J^k,$$

where $J \in \{E, F\}$. The production technology for the labor - intensive good is identical to that of our benchmark model. The assumption that the capital - intensive good is produced without labor is for convenience. We assume the same TFP gap between E and F firms in the two industries. More formally, $\chi \equiv A_E^k / A_F^k = A_E^l / A_F^l$. Raising both A_J^k and A_J^l to the power of $1 - \alpha$ ensures that the TFP gap is the same across industries.

We set the final good to be the numeraire. Profit maximization of final producers subject to (15) yields that

$$(17) \qquad \frac{Y^k}{Y^l} = \left(\varphi \frac{P^l}{P^k}\right)^{\sigma},$$

where P^k and P^l are goods prices. The standard price aggregation holds:

$$(18) \qquad (\varphi^{\sigma} (P^k)^{1-\sigma} + (P^l)^{1-\sigma})^{\frac{1}{1-\sigma}} = 1 .$$

When F firms are active in the production of the labor - intensive good, they behave as in the benchmark model of Section Ⅱ. In particular, the following analogues of equations (2) and (8) hold:

$$(19) \qquad w = P_t^l (1 - \alpha) A_F^l (\kappa_F^l)^{\alpha},$$

$$(20) \qquad \kappa_F^l = \left(\frac{P^l \alpha}{R}\right)^{\frac{1}{1-\alpha}} .$$

In addition, when F firms are active in the production of tile capital - intensive good, perfect competition pins down its price level:

$$(21) \qquad P^k (A_F^k)^{1-\alpha} = R .$$

Given these equilibrium conditions, we can determine the return E firms require to invest in each industry. The following lemma characterizes the patterns of specialization of F and E firms. Recall that K_{Et}, is predetermined by the entrepreneurial savings.

LEMMA 4: (i) If, in period t, $K_{Ft}^l > 0$ and $K_{Ft}^k > 0$, then $\rho_{Et}^l > \rho_{Et}^k$, implying that $K_{Et}^l = K_{Et}$ and $K_{Et}^k = 0$. (ii) If, in period t, $K_{Et}^l > 0$ *and* $K_{Et}^k > 0$, then $R \geqslant \rho_{Ft}^k > \rho_{Ft}^l$, implying that $K_{Ft}^l = 0$ and $K_{Ft}^k \geqslant 0$.

Lemma 4 characterizes the dynamics of the equilibrium in the two - sector model. There are four distinct stages of the transition:

Stage 1: Only F firms invest in the capital - intensive sector, while both E and F firms invest in the labor - intensive sector. The employment share of F firms declines as entrepreneurial investment increases. Consequently, the employment share *of F* firms decreases over time in the labor – intensive industry. However, the capital – intensive good is produced only by *F* firms. This is consistent with the retreat of Chinese SOE from labor – intensive industries. Due to this specialization in the capital – intensive industry, the average capital – output ratio of *F* firms increases during the transition, consistent again with the Chinese evidence. Eventually, *F* firms completely abandon the labor – intensive activity.

Stage 2: All workers are employed by *E* firms. Entrepreneurs continue to invest their savings in the labor – intensive sector since it yields a higher return than do both foreign bonds and investment in the capital – intensive industry. However, the labor intensive sector's rate of return falls over time, because employment cannot grow, and investment leads to capital deepening. Consequently, wages grow. Eventually, the incentive to accumulate capital in the labor – intensive industry comes to a halt. If $\chi^{1-\alpha} > \alpha(1+\beta)/(\beta\psi R)$, entrepreneurs turn to the capital – intensive industry and the economy enters stage 3. If $\chi^{1-\alpha} < \alpha(1+\beta)/(\beta\psi R)$, the economic transition stops and the capital – intensive industry remains dominated by *F* firms, in spite of their lower productivity.

Stage 3: *E* firms invest in both industries. Gradually, *F* firms are crowded out of the capital – intensive industry.

Stage 4: The economy enters the post – transition equilibrium of Section Ⅱ E.

Table 2 summarizes the main features of each of the four stages of the transition. The complete characterization of the equilibrium can be found in the Appendix.

In conclusion, this extension of our benchmark model has shown that the presence of asymmetric credit frictions generates comparative advantages for creditconstrained firms to specialize in labor – intensive activities. Since the growth of E firms is only gradual, we see *F* firms first withdrawing from labor – intensive industries and then, possibly, from capital – intensive industries. The theory also offers the interesting possibility that *E* firms never take over capital – intensive industries. The steady state may be characterized by high – productivity firms in labor – intensive industries and low – productivity firms in capital – intensive industries.

B. Monopoly in the Capital – Intensive Industry

As discussed in Section ⅢC, there is evidence that profits have increased over time in surviving SOE. This may seem puzzling since a large number of SOE have been declining. In this section, we extend the two – sector model and assume that the labor – intensive industry is competitive, while the capital – intensive industry is monopolized by a large F firm. With this set - up, the theory predicts that as the transition proceeds, the increased efficiency in the labor - intensive industry increases the profit of the monopolist F firm.

The assumption that SOE have market power in capital - intensive industries is consistent with the industrial policy in China. Since 1997, under the slogan "Zhuada Fangxiao" ("grab the big ones and release the small ones"), the Ninth Five - Year Plan exposed SOE to competition in labor - intensive industries, while promoting the merger and restructuring of SOE in strategic capital - intensive sectors—e. g. , petrochemicals, railway, and telecommunication—into large transregional groups. ①This strategy gave surviving SOE a significant monopoly power in their industries. Arguably, this has been a main reason why SOE profits have soared over the last ten years (Figure 3).

TABLE 2 INVESTMENT PATTERNS IN E AND F FIRMS, ACROSS TRANSITION STAGES

	Stage 1		Stage 2		Stage 3		Stage 4	
Industry	E	F	E	F	E	F	E	F
Labor - intensive	Yes	Yes	Yes	No	Yes	No	Yes	No
Capital - intensive	No	Yes	No	Yes	Yes	Yes	Yes	No

Without loss of generality, we normalize $A_F^k = 1$. Moreover, to guarantee that the problem of the monopolist is well defined, we assume that $\sigma > 1$. The model is identical to the two - sector model of Section ⅣA, except that the capital - intensive sector is now a legal monopoly. We assume the monopoly firm to be one - period lived, and to be owned by a set of old agents ("bureaucrats") who are neither workers nor entrepreneurs, and who neither produce nor consume in the first period of

① By the end of 2001, there were 179 Chinese enterprises with value added over 500 million USD. Of them, 165 were state - owned or state - controlled groups. The stated objective of the policy was to help large SOE be competitive internationally like chaebol in Korea.

their lives. This implies that the monopoly has a static objective function. ①

Formally, the equilibrium allocation differs from the competitive equilibrium of Section IVA in two respects. First, $y_E^k = 0$, since E firms cannot enter the capital - intensive industry. Second, equation (21) does not hold, since there is no competition driving profits to zero in the capital - intensive industry. Instead, P^k is determined by the profit - maximizing choice of a price - setting monopolist, $\max_{P^k} \Pi_t^k \equiv (P_t^k - R)K^k$, subject to technology (16) and the equilibrium conditions (17), (18), and (20).

PROPOSITION 2: The optimal markup set by the monopolist in the capital - intensive industry, P^k/R , is the unique solution satisfying the following condition:

(22)

$$\sigma\left(\left(\frac{P_t^k}{R}\right)^{-1}\right) - (\sigma - 1) = \left(1 - \left(\frac{P_t^k}{R}\right)^{-1}\right)\left(\sigma - 1 + \frac{1}{1-\alpha}\frac{Y_{Ft}^l}{Y_t^l}\right)\frac{\varphi^\sigma R^{1-\sigma}(P^k/R)^{1-\sigma}}{1 - \varphi^\sigma R^{1-\sigma}(P^k/R)^{1-\sigma}}$$

The optimal markup is decreasing in the share of F firms (Y_F^l/Y^l) in the labor - intensive industry. Thus, monopoly power increases during a transition in which the share of F firms declines in the labor - intensive industry.

Note that the left - hand side of (22) is decreasing in P^k/R , while the right - hand side is increasing in P^k . This guarantees that (22) pins down the unique equilibrium solution. Since the right side is increasing in Y_F^l/Y^l , it is then immediate to establish that the markup is decreasing in the share of F firms in the labor - intensive industry. Intuitively, as the productivity of the labor - intensive industry increases during the transition, so does the demand for the capital - intensive good, which strengthens the power of the monopolist. ②

① Since F firms have no equity capital and perfect access to external finance, they face no dynamic investment problem. However, a long - lived monopoly could use its market power to affect the speed of transition, which in turn would affect its future profits. This is an artifact of the assumption (which is made for simplicity) that there is only one large monopolized industry in the economy. If there were a continuum of monopolized industries, each firm would maximize its period - by - period monopoly profit, and the results would be identical to those in this section.

② A closed - form solution obtains as $\sigma \to 1$ (Cobb - Douglas). Then, $P^k/R = 1 + (1-\alpha)(1-\varphi)/(\varphi Y_{Ft}^l/Y_t^l)$. Note that in this particular case the markup goes to infinity as the share of F firms goes to zero, due to the unit demand elasticity.

V Conclusions

In this paper, we have constructed a neoclassical model augmented with financial and contractual imperfections that affect different types of firms in the economy asymmetrically. The model is consistent with salient patterns of the recent Chinese experience, most notably sustained high returns on investment in spite of high capital accumulation, large productivity differences across firms, reallocation from low – productivity to high – productivity firms (as documented by Hsieh and Klenow, 2009), and the accumulation of a large foreign surplus. A calibrated version of the model has been shown to be quantitatively consistent with these facts.

A number of simplifications that were made for the sake of tractability will be relaxed in future research. In particular, we do not explore in depth potential determinants of the high household savings in China. Theories of entrepreneurial savings with financial constraints such as Quadrini (1999) and Marco Cagetti and Mariacristina De Nardi (2006) could add new insights to reinforce and complement the mechanism of our theory. Moreover, by assuming an exogenous rate of TFP growth, we have abstracted from endogenous technology adoption, which may be an important driver of China's performance.

In spite of these limitations, we believe the theory explored here offers a useful tool for understanding one of the major puzzles of the recent growth experience: how is it that China grows at such a stellar rate and at the same time increases its foreign surplus'? Some commentators have tried to explain this puzzle by attributing it to government manipulation of the exchange rate that holds the value of the Chinesecurrency artificially low. This argument is controversial, as it attributes a long – standing imbalance to a nominal rigidity, without explaining why the peg of the nominal exchange rate did not trigger an adjustment of the real exchange rate through inflationary pressure (see Song, Storesletten, and Zilibotti 2010). In this paper we have provided substantial empirical evidence corroborating the economic mechanism of an alternative theory that explains the build – up of a large foreign surplus in China as the outcome of structural imperfections. We believe this is a more credible explanation for a phenomenon that has by now persisted for almost two decades.

REFERENCES

Acemoglu, Daron, Philippe Aghion, Claire Lelarge, John Van Reenen, and Fabrizio Zilibotti. "Technology, Information, and the Decentralization of the Firm", *Quarterly Journal of Economics*, 2007, 122(4): 1759 – 99.

Allen, Franklin, Jun Qian, and Meijun Qian. "Law, Finance, and Economic Growth in China." Jotlrnal of Financial Economics, 2005, 77(1): 57 – 116.

Antras, Poi, and Ricardo J. Caballero. "Trade and Capital Flows: A Financial Frictions Perspec tive." Journal of Political Economy, 2009, Il 7(4): 701 – 44.

Bai, Chong – En, and Zhenjie Qian. "Factor Income Share in China: The Story behind the Statistics." Jingji Yanjiu/*Economic Research Journa*, 20091, 44(3): 27 – 41.

Bai, Chong – En, Chang – Tai Hsieh, and Yingyi Qian. "The Return to Capital in China." *BrookingsPapers on Economic Activity*, 2006(2): 61 – 88.

Banerjee, Abhijit, and Esther Duflo. 2005. "Growth Theory through the Lens of Development Economics." In Handbook of Economic Growth, Vol. 1A. Handbooks in Economics 22, ed. PhilippeAghion, and Steven N. Durlauf, 473 – 552. New York: Elsevier.

Banister, Judith. 2007. "Manufacturing in China Today: Employment and Labor Compensation." Conference Board Economics Program Working Paper.

Benjamin, Dwayne, Loren Brandt, John Giles, and Sangui Wang. 2008. "Income Inequality during China's Economic Transition." In China's Great Economic Transformation, ed. Loren Brandt, and Thomas G. Rawski, 729 – 75. New York: Cambridge University Press.

Bosworth, Barry, and Susan M. Collins. "Accounting for Growth: Comparing China and India." *Journal of Economic Perspectives*, 2008, 22(1): 45 – 66.

Boyreau – Debray, Genevieve, and Shang – Jin Wei. 2005. "Pitfalls of a State – Dominated Financial System: The Case of China." National Bureau of Economic Research Working Paper.

Brandt, Loren, and Xiaodong Zhu. 2010. "Accounting for China's Growth." Institute for the Study of Labor Discussion Paper.

Brandt, Loren, Chang – Tai Hsieh, and Xiaodong Zhu. "Growth and Structural Transformation in China.", *In hina's Great Economic Transformation*, ed. Loren Brandt, and Thomas G. Rawski, New York: Cambridge University Press, 2008, 683 – 728.

Brandt, Loren, Johannes Van Biesebroeck, and Yifan Zhang. 2009. "Creative Accounting or Creative Destruction? Firm – Level Productivity Growth in Chinese Manufacturing." National Bureau of Economic Research Working Paper.

Buera, Francisco J., and Yongseok Shin. 2010. "Productivity Growth and Capital Flows: The Dynamics of Reforms." http://www.artsci.wustl.edu/—yshin/public/bs15.pdf.

Caballero, Ricardo J., Emmanuel Farhi, and Pierre – Olivier Gourinchas. "An Equilibrium Model of 'Global Imbalances' and Low Interest Rates." *American Economic Review*, 2008, 98(1): 358 – 593.

Cagetti, Marco, and Mariacristina De Nardi. "Entrepreneurship, Frictions, and Wealth." *Journal of Political Economy*, 2006, 114(5): 835 – 870.

Caselli, Francesco, and Wilbur J. Coleman, II. "The U. S. Structural Transformation and Regional Convergence: A Reinterpretation. "*Journal of Political Economy*,2001, 109(3): 584 - 616.

Caselli, Francesco, and Nicola Gennaioli. 2006. "Dynastic Management." London School of Economics Centre for Economic Performance Discussion Paper 0741.

Chang, Eric C., and Sonia M. L. Wong. "Political Control and Performance in China's Listed Firms." Journal of Comparative Economics,2004, 32(4): 617 - 636.

Chenery, Hollis, and Moises Syrquin. 1975. Patterns of Development, 1950 - 1970. New York: Oxford University Press.

Dekle, Robert, and Guillaume Vandenbroucke. 2006. "A Quantitative Analysis of China's Structural Transformation." Institute of Economic Policy Research Working Paper 06. 51.

Dollar, David, and Shang - Jin Wei. 2007. "Das (Wasted) Kapital: Firm Ownership and Investment Efficiency in China." National Bureau of Economic Research Working Paper.

Dooley, Michael P., David Folkerts - Landau, and Peter Garber. 2007. "Direct Investment, Rising Real Wages, and the Absorption of Excess Labor in the Periphery." In 7 *Current Account Imbalances: Sustainability and Adjustment*, ed. Richard H. Clarida, 103 - 26. Chicago: University of Chicago Press.

Gancia, Gino, and Fabrizio Zilibotti. "Technological Change and the Wealth of Nations. "*Annual Review of Economics*, 2009,1(1): 93 - 120.

Ge, Suqin, and Dennis T. Yang. 2009. "Accounting for Rising Wages in China." Hong Kong Institute for Monetary Research Seminar Paper 345.

Gourinchas, Pierre - Olivier, and Olivier Jeanne. 2009. "Capital Flows to Developing Countries: The Allocation Puzzle." http://socrates. berkeley. edu/—pog/academic/allocation_june09. pdf.

Gregory, Neil, and Stoyan Tenev. "The Financing of Private Enterprise in China. "*Finance andDevelopment*, 2001,38(1): 14 - 17.

Hsieh, Chang - Tai, and Peter J. Klenow. "Misallocation and Manufacturing TFP in China and India." *Quarterly Journal of Economics*,2009, 124(4): 1403 - 1448.

Islam, Nazrul, Erbiao Dai, and Hiroshi Sakamoto. "Role of TFP in China's Growth. "*Asian Economic Journal*, 2006,20(2): 127 - 159.

Kim, Linsu. 1997. *Imitation to Innovation: The Dynamics of Korea's Technological Learning.* Boston,MA: Harvard Business School Press.

Kraay, Aart. 2000. "Household Saving in China." *World Bank Economic Review*, 14 (3): 545 - 570. VOL. 101 NO. 1 song et al.: growing like china 233.

Kuijs, Louis. 2005. "Investment and Saving in China." World Bank Policy Research Working Paper3633.

Kuznets, Simon. 1966. *Modern Economic Growth: Rate, Structure and Spread.* New Haven, CT: Yale University Press.

Kwan, Chi Hung. "Capital Participation of Foreign Investors in China's State - Owned Commercial Banks - A Win - Win Game. "*Nomura Capital Market Review*,2006, 9(1): 56 - 58.

Lewis, W. Arthur. "Economic Development with Unlimited Supplies of Labor." Manchester School,1954, 22(2): 139 - 191.

Liu, Deqiang, and Keijiro Otsuka. "A Comparison of Management Incentives, Abilities, and Efficiency between SOEs and TVEs: The Case of the Iron and Steel Industry in China. "*Economic Development and Cultural*

Change,2004, 52(4): 759 - 780.

Matsuyama, Kiminori. “Financial Market Globalization, Symmetry – Breaking and Endogenous Inequality of Nations.” *Econometrica*, 72(3):2004, 853 - 884.

Matsuyama, Kiminori. “Credit Market Imperfections and Patterns of International Trade and Capital Flows.” *Journal of the European Economic Association*, 2005,3(2 - 3): 714 - 723.

Mendoza, Enrique G., Vincenzo Quadrini, and José – Víctor Ríos – Rull. “Financial Integration, Financial Development, and Global Imbalances.” *Journal of Political Economy*, 2009,117(3): 371 - 416.

Nugent, Jeffrey B., and Seung – Jae Yhee. “Small and Medium Enterprises in Korea: Achievements, Constraints and Policy Issues.” *Small Business Economics*, 2002,18(1 - 3): 85 - 119.

Parente, Stephen L., Richard Rogerson, and Randall Wright. “Homework in Development Economics: Household Production and the Wealth of Nations.” Journal of Political Economy, 2000,108(4):680 - 687.

Park, Yung Chul. 1994. “Korea: Development and Structural Change of the Financial System.” In The Financial Development of Japan, Korea, and Taiwan: Growth, Repression, and Liberalization, ed.

Hugh T. Patrick, and Yung Chul Park, 129 - 187. New York: Oxford University Press.

Park, Yung Chul, and Dong Won Kim. 1994. “Korea: Development and Structural Change of the Banking System.” In *he Financial Development of Japan, Korea, and Taiwan: Growth, Repression, and Liberalization*, ed. Hugh T. Patrick, and Yung Chul Park, 188 - 221. New York: Oxford University Press.

Podpiera, Richard. 2006. “Progress in China's Banking Sector Reform: Has Bank Behavior Changed?” International Monetary Fund Working Paper 06/71.

Quadrini, Vincenzo. “The Importance of Entrepreneurship for Wealth Concentration and Mobility.” *Review of Income and Wealth*, 1999,45(1): 1 - 19.

Restuccia, Diego, and Richard Rogerson. “Policy Distortions and Aggregate Productivity with Heterogeneous Establishments.” *Review of Economic Dynamics*, 2008,11(4): 707 - 720.

Riedel, James, Jing Jin, and Jian Gao. 2007. *How China Grows: Investment, Finance, and Reform.* Princeton and Oxford: Princeton University Press.

Sandri, Damiano. 2010. “Growth and Capital Flows with Risky Entrepreneurship.” International Monetary Fund Working Paper 10/37.

Shea, Jia – Dong. 1994. “Taiwan: Development and Structural Change of the Financial System.” In The *Financial Development of Japan, Korea, and Taiwan: Growth, Repression, and Liberalization*, ed.

Hugh T. Patrick, and Yung Chul Park, 222 - 87. New York: Oxford University Press.

Shin, Hyun – Han, and Young S. Park. “Financing Constraints and Internal Capital Markets: Evidence from Korean ‘Chaebols.’” *Journal of Corporate Finance*,1999, 5(2): 169 - 191.

Smith, Heather. “Korea's Industrial Policy during the 1980s.” Pacific Economic Papers, 1999, 229 (1994): 1 - 23.

Smith, Heather. “Taiwan's Industrial Policy in the 1980s: An Appraisal.” Asian Economic Journal,1997, 11(1): 1 - 33.

Smith, Heather. 2000. “The State, Banking and Corporate Relationships in Korea and Taiwan.” *InReform and Recovery in East Asia: The Role of the State and Economic Enterprise*, ed. Peter Drysdale,61 - 100. New York: Routledge.

Song, Zheng, Kjetil Storesletten, and Fabrizio Zilibotti. 2010. “The ‘Real’ Causes of China's Trade Surplus. "Vox, May 2. http://www.voxeu.org/index.php? q = node/4985.

Suh, Moon - Gi. 1998. *Developmental Transformation in South Korea: From State - Sponsored Growth to the Quest for Quality of Life*. Westport, CT: Praeger Publishers.

Ventura, Jaume. "Growth and Interdependence." Quarterly Journal of Economics, 1997, 112(1): 57 - 84.

(原文载于 *American Economic Review* 101, *February*, 2011)

中国需要继续深化改革的六项制度

楼继伟

楼继伟，1950年12月24日生，浙江义乌人。1982年2月毕业于清华大学计算机系，1984年12月中国社会科学院数量经济系研究生毕业，研究生学历，经济学硕士，研究员，教授。财政部财政科学研究所博士生导师。主要研究领域为宏观经济调控、财政政策。主要著作：《改革价格体系应多次小幅调整》、《论改革之运动形态及发展前景》、《摆脱我国当前通胀困扰的思路选择》、《中国经济发展中亟待解决的改革问题》、《管住货币，改善调控》、《中央银行货币政策工具的改革与国债市场发展》、《经济体制改革中财政的重要性》、《让市场起作用》。2011年荣获"第一财经金融价值榜"年度金融风云人物殊荣。

经过30多年的改革开放，中国社会主义市场经济体制框架已经建立。这种框架有很多方面特征。最关键是两点：一是资源配置基本上由市场决定。除少数基础设施服务价格之外，绝大多数的价格是自由的。计划经济时期以生产指标为标志的国家计划不复存在，代之以五年长期规划。可以说，生产和消费的决策是自由的。由于长期的对外开放和经常项下可兑换，国际市场也成为资源配置的决定性因素。二是宏观经济稳定是有制度基础的。现行税收制度基本是中性的，税收征管非常有效率，财政收入增长非常强劲，财政状况良好。中央银行和金融监管的职能是健全的。这些制度性因素使我们有能力应对通货紧缩和通货膨胀。当然，还有其他许多特征，但我认为这两点是最本质的。因为它们解决了资源配置和宏观稳定，可以实现福利的最大化。

今天中国倒退到过去的传统计划经济体制是不可能了。但这个框架还不够完整，例如公平和公正的问题，按中国政府的说法，就是不平衡、不协调、不可持续。现在已经采取了一些措施，主要是政策性的，比如增加医疗教育环保方面的支出，也进行了一些制度性的改革。中国政府也进一步指出，要继续深化改革。我认为，这些改革必须从体制上、根源上着手，在今后5—10年推出来。

根据我的观察，需要进行的重大改革很多，而今天是国际经济学的会议，我想用国际比较方法的视角看有哪些重要的改革。与主要经济大国对比，我觉得中国如下有六个制度上的特殊方面，需要改革：

一 社会保障体制改革

在这方面，各国体制有差异，但总体来看，基本上是养老社会保障由中央或联邦政府管理，由于医疗保障更为复杂，有的国家由中央或中央和地方政府协同管理，起码可供中国参照的大国都是如此。如美国，其政府办的基本养老保险由联邦政府负责；例如日本，养老保险由中央政府负责，医疗保险则由中央政府和地方政府共同负责，地方政府在管理方面的责任更大些。而中国目前主要是由地方政府负责具体管理、筹资，中央政府给予补贴。

应当讲，抛开管理层次问题，中国当前的养老保险体制本身是一个缺乏自我约束机制、有道德风险的制度，而且不适合中国当前大规模的劳动力流动和快速的城市化过程。统一市场、公平公正都要求由中央政府负责社会保障体制。这一点尤其适用于养老保障。因此，中国应借鉴其他大国经验，养老保障逐步实现由中央政府直接负责，管理责任要上划。我们原来的养老保障是县统筹、市统筹，2010 年已经完成了各省统筹，接下来要做省级之间、区域之间的账户转移。为什么不维持县统筹、市统筹呢？因为不符合经济规律，倒逼着国家往集中方向走，但是越走麻烦越大，因为养老保障制度本身漏洞太大。原来地方管的时候，由于最终由其承担支付责任，所以地方总是想办法控制成本；但是当中央统筹管理的时候，地方就有扩大成本的动力，所以必须首先要设计出有约束机制的社会保障制度。

这就涉及是否采取基金积累制，对此，目前也有很多争议。我认为应实行基金积累制，但宜采取记账式账户，这样的账户，一是有约束，给付与个人和企业支付的积累挂钩。二是适合于个人积累，无论是劳动力在农业或非农业，还是在地区间或其他行业间转移，甚至间歇性就业，都便于劳动者个人积累。三是有了簿记的账户便于全国流通，有利于劳动力的流动。四是有利于代际平衡。我国人口年龄结构特征决定代际平衡是必然的，而个人实存账户制使得代际平衡成为不可能。我国目前社会基金余额过万亿元，社会上仍认为是“空账”，实际上是以当期做实个人账户制的观点评价的。如果采用记账式个人账户，可以在总体上做好代际平衡。五是明确政策责任。社会保障实质上是国家强制干预人生财富分布。个人偏好不同，有人信心满满，但投资失败，老年贫困交加；有人谨小慎微，日子过得紧巴巴，老年虽有所养，但人生是另一种失败。由于环境变幻莫测，这两种失败并不是极端，而是比较大概率在人际间分布。从国民经济的角度看，这种人生的失败对经济增长也是不利的。所谓国家干预，就是用税收的方式，强制个人和企业将年轻时的财富积累一部分，确保老有所养，从而潇洒一生。无论采取现收现付、个人实存积累还是记账式积累，本质就是，既然是强制性干预，就有责任确保老有所养。

个人实存积累制由个人决定投资，如果出现长期亏损怎么办？智利是最早实行个人实存积累制的国家之一，个人委托经营的特许经营管理人有的严重亏损，但政策责任所在，国家不能不管，只好让经营好的基金去合并失败的，形成另一类的不公平。如果再出现2008年全球股灾导致金融市场大幅下跌，基金大面积亏损怎么办？到最后还是国家来承担。记账式个人账户制度下，个人给付与个人和企业交费是挂钩的，就形成了约束，无外乎国家设定一个保底利率给个人，进而可在严格审慎监管条件下，国家社会保障基金集中投资，而保底利率相当于国家承担最终责任。

医疗保险有些不同，小国常常是国家管，大国往往是中央、地方合管。例如在美国，针对老年人的医疗保险 Medicare 由联邦政府负责；针对贫困人群的 Medicaid 由联邦政府和州政府共同承担，联邦政府建立一个最低标准并提供资金支持，主要的政策制定、管理以及资金筹集由州政府负责。其主要原因是医疗问题的信息复杂程度高，除养老保险所需的个人一般信息外，还遇到医院、药品、不同的疾病等问题，信息管理适用就近原则，因此应以地方为主，中央提供帮助。为什么要中央帮助？因为医疗保险与养老保险一样，涉及人员跨域流动，还涉及医疗资源不平衡问题。如果通过养老保险集中管理，建立一个全国统一的信息管理系统后，医疗保险跨地区转移所需的主要信息就有了，中央还可以帮助地方补充医疗资源。而工伤、生育、失业保险涉及跨地区流动的情况比较少，由地方管理就行了。目前，全国不到20万人管理社会保障是太少了，可以把这些管理人员大部分划到中央来，地方再发展社保管理人员，管理地方社会保障事务。

至于中央如何帮助地方共管医疗保险，主要在三个方面：一是基本信息的集中，保证信息畅通之下的人员流动，这一点养老保险的信息集中已经提供了相应的基础。二是最低标准的制定。由于医疗保险各地成本不一样，各地可以根据最低标准设定不同标准，但是全国统一的最低标准部分必须是可以接续和转移的。比如说，人员从北京流动到上海，假定上海的标准高，但全国统一的部分必须能转，差额部分可以由个人补上。三是医疗的外部效应很大，国家应该对儿童或者部分特殊医院提供补助。

和养老保险一样，医疗保险如果不解决好，依然会影响劳动力的流动。如果养老保险是信息集中化的，基本信息是有的，无外乎是量化转移其他信息，当劳动力跨部门、跨区域流动时，可以为医疗保险的可接续提供制度基础。

二 个人所得税改革

个税问题近几年是社会关注的重点，尤其是其免征额问题。但事实上，当前关于中国个人所得税的讨论，重点应该放在改税制，而不是提高免征额。在税制方面，中国对个人所得，按十一个税项分别征收，就像十一个单独的所得税法。其中，只有工薪所得是累进税率，其他都是比例税，这对工薪阶层并不公平。国际比较可以发现，发达国家基本上是按综合所得纳税。发展中国家也已大部分实现按综合所得纳税，金砖五国中只有中国是分项纳税，像越南这样学习中国的国家也已实现综合税制。其中，俄罗斯的综合税制改革影响很大，主要体现在它不仅实现了综合税制，而且是单一税（flat tax），即税率设计放弃了累进制。

这么多国家采取综合税制不是偶然的，主要是从公平和效率来考虑。相对于综合税制，分项税制不公平，不能根据一个人真正的收入情况综合征税；复杂的分项税制也可能扭曲人们的行为。因此，将来应该转型为综合征收的个人所得税制度。目前正式的提法叫分项和综合征收相结合，而只要有综合征收，就会涉及分专项预征最后做年度汇总算账的问题，实际上就是综合税制了。绝大部分国家在实施综合征收时都有专项，比如说对利息所得专项征收，最后汇总算账就行了。

改革个人所得税的税制设计并不复杂，简单地说，就是放宽税基，设定三项扣除，即赡养、抚养、基本生计（主要是购房）等三项扣除，降低边际税率，减少税收档次，加入资本利得税、个人所得税和企业所得税挂钩的那部分不重复征收等。所以改革的难点不在于税制设计，而是以下两个问题。

一是信息征集问题。个人所得税税基控制要求交叉稽核，个人报税之后，再将本年度所得累加起来，按累进税率计征所得税，已缴纳的分项税从中扣除，以及对个人大额支出的信息比对。实际上，高收入人群的收入来源比较多元，多地点、多渠道获得收入。在税务部门内部信息要集中，然后还要非税务部门的配合。在个人报税之后，要进行收支信息比对，主要针对大额支出（如买房、买车）和个人所报收入等信息，这需要市场供应方、银行等把信息提供给税务当局。目前，世界上主要国家都制定了相关法律，要求公共部门信息、户籍资料等必须共享，市场参与者也必须提供某些信息，等等。因此，今后国家必须在信息征集方面有相应的立法。这些应该是“十二五”重点解决的问题。

二是征管体制。没有一个主要国家个人所得税不是中央征管的，而中国是地方税务局征管的。在现行征管体制下，一个人出一本书，在广州出版，广州税务局扣一笔，而这个人又在北京报税，如果是综合税制，广州税务局和北京税务局要统一汇算，收入归属问题不容易确定，造成了征管的复杂性。个人所得税应当由国家来统一征管，地方分享部分，可按国税局设定的税基，地方税务局依率征收，地方税率各地可有差别。

三　户口制度改革

把人分为城乡、地域、不同城市，人口的自由流动是受限制的。户口又与社会保险、住房购买、教育机会相联系，造成不公平、不公正。这是中国的特殊遗产。尽管中国和苏东都脱胎于传统的计划经济，但原苏东国家在人口流动上也没有中国这么严重的限制。

这种中国的特殊遗产不值得保留。毫无疑问，它不公平且不公正。在目前需要大力增加内需的情况下，这种户口制度阻碍了城市化进程，也有很多效率的损失。应当说，目前关于这方面的改革共识是具备的，我就不细谈。关键是如何实施，如何在注重平衡的基础上保持平稳过渡，逐步推进。

四　中央和地方财政管理体制改革

中央和地方政府的财政关系，在中国历来是一个大问题。当前社会各界对此也有很多讨论。普遍的看法是地方政府财力紧张，中央政府财力雄厚，需要中央下放财权。但是，如果与其他大国相比较，我们可以从另外一个视角来认识这一问题。我们可以举几个数字来说明。

2010 年，我国财政收入占 GDP 比重是 20.2%。据财政部窄口径统计，如果将预算外的收入算进去，上述比例大概增加 5.6 个百分点，而据外界估计，增加 10 个百分点。也就是说，我国财政收入占 GDP 比重应该在 26%—30%，这个比重按说不算很高。以美国为例，它是权力比较分散的国家，联邦税占 GDP 的比重约为 19%，州政府税收占 GDP 的比重为 10% 左右，两者合计为 30% 左右。相比来看，欧洲比较高，达到 40% 以上。当然，欧洲国家在公共事业方面付出得多一点。

另一个数字是中央政府支出占全国财政支出的比重：中国是 20% 左右。这还没有将地方政府社会保险基金支出、来自土地出让金发生的支出全部计算在内。如果将这些计算在内，中央政府的支出比重会更低。而 2009 年经合组织（OECD）成员国非加权平均是 46%，其中与中国可比的大国如美国是 54%，英国是 72%，日本是 40%。各国这一数字虽然差异较大，但都远高于中国。

还有一个数字是中央政府公务员占比。我国公务员（不包括义务教育的教师和军队）共计 800 多万人，中央公务员只占 6%；如果算上义务教育的教师，中央公务员占比还不到 4%。而如图 1 所示，各国中央政府公务员数量均在 12% 以上，很多国家都在 30% 以上，经合组织成员国的平均值为 41.41%。可供中国参照的日本，在多年推行分权化为导向的改革之后，中央公务员占比在 2008 年也有 15%，而在 2000 年更是高达 25%。

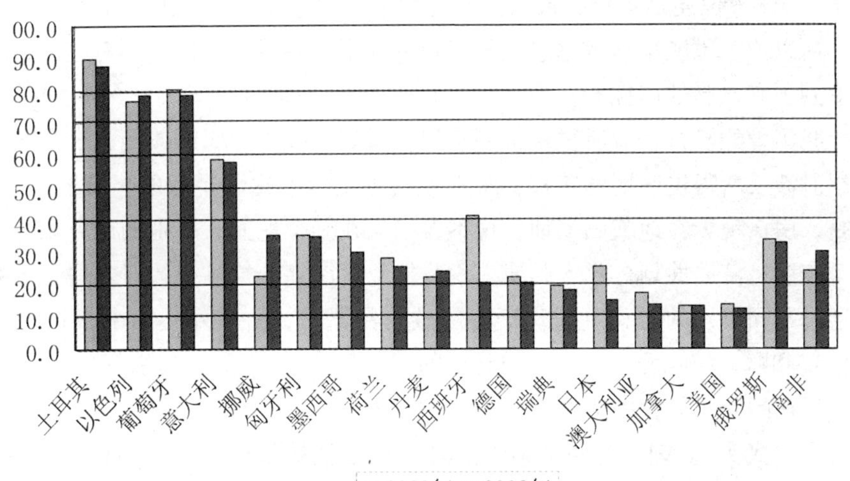

图 1　部分国家中央公务员占比

资料来源：OECD（2011），Government at a Glance 2011，OECD Publishing. http：//dx. doi. org/10. 1787/gov_ glance –2011 – en.

这些数字差异背后显示的事实是：大量应由中央政府管理的事务，在中国基本上是由地方管理，或中央和地方政府合作管理。这从中央财政收入占比和支出占比中也可见一斑。目前我国中央财政收入占比 52%，支出只占 20%，而地方支出却占到 80%，现在的办法是中央财政收入拿出 30 多个百分点转移给地方，未来的方向是什么？现在纷纷提出希望给地方更多的财权，或者给更多的财力。按照正式文件的说法，叫做建立健全各级政府事权和财力相匹配的财政体制，这是十分准确的，而不能说职能或事权（政府支出责任）与财权相吻合，为什么呢？在划分不同级别政府的收入（财权）时，除了满足各级政府的支出需要外，关键还要看税种自身的属性。

比如增值税，世界上极少有国家和地方分享，在我国是中央拿75%、地方拿25%。巴西也是个特例，地方分了20%，相应的出口退税地方承担20%。但是，这造成了一系列的麻烦，由于退税责任上的问题造成了商品不按经济规律在流动。所以原则上来说，增值税应该是国家税。

以出口退税为例，在我国曾经全部由中央承担，后来是地方承担20%，可不到一年就执行不下去了，最后改成地方负担7.5%。典型的例子就是奇瑞的总部安徽芜湖，当时奇瑞出口规模较大，由于出口退税不仅是生产环节上的税，而且是全国采购零部件进行组装，在出口的时候退报。如果要求当地政府负担20%的出口退税，将会把芜湖的财政收入全部退掉。后来改成地方政府承担7.5%，但还是不行，最后国家特别批准对奇瑞的出口退税全部由中央承担。所以说，不能单纯考虑事权和财权的匹配，有时候它们是不对应的，还要考虑到税有自己的属性。

我国曾经实行企业所得税按照隶属关系划分收入归属的体制，在企业兼并重组时涉及所得税归属的转移，马上就会扯皮，干扰了企业的正常经营活动。但是，房产税天经地义归当地，税本身发生在某个地方，跟别的地方无关。税收是按照经济属性划分收入归属，税收按经济属性分给各级政府之后，国家可以通过不同级别的转移支付保证各级政府的财力，所以才提出来事权（支出责任）和财力相匹配，这个方向是对的。

现在的问题是，中央收了“大头”、花了“小头”，地方收了“小头”，却花了“大头”。因而有两个调整方向。一是中央集中太多了，应该多分给地方。这是各地政府纷纷提出的方向。我觉得，能留给地方的税种是很少的，只能增加共享比例。但现实情况是，从大的税种看，所得税已按照六四开共享，而新的房产税还在试点阶段，消费税和关税等却不能共享。对于增值税，如果地方分享多了可能出问题，出口退税谁负担？我不能像巴西那样。对于两个所得税，个人所得税没有一个国家不是中央拿大头，因为个人所得税是一个地域公平性的税，显然是应该国家多拿一点。其他我觉得没有什么余地了。当然，还可以增加中央对地方的一般性转移支付，减少专项转移，这是合理的。另外一个方向是增加中央支出。现在我国中央支出占全部支出的20%，比大多数国家都低，可以说是全世界唯一的。这种支出责任的体制安排是一个分裂的体制，今后应该走常规国家的模式。

支出责任的划分标准主要有三条：第一，要看外部性由谁来承担，如果外部性主要发生在当地，职能就应给当地。第二，要看信息复杂程度，信息复杂程度越高的越适合于基层来管，信息复杂程度低一点，属于全局性的问题适合国家来管，属于全局性信息的事情，其外部性往往也是全局性的。第三，激励相容，即某种制度安排下，各级政府都按划定的职能尽力做好自己的事情，如果可以使全局利益最大化，这种制度安排就是激励相容的。所谓全局利益可以用全国 GDP、就业、收入分配、环境友好等指标综合表达。从三个标准综合衡量，我国政府间职能划分过于分散。首先应该集中上来的是社会保障，主要是前文论述的养老保险和医疗保险。

一部分司法体系也要拿上来。像其他国家分成联邦法院、地方法院等。跨地区纠纷、高级官员贪渎等犯罪应该归国家法院管辖，同时必须建立中央地方分开执法的检察、侦查体系。现实逼迫国家不断改变，目前死刑核准已经上收到最高法院了。还有两件事情也是倒逼，不得不建立中央的队伍，一是缉私警察，原来地方管缉私，后来公安部设立了缉私局；二是证券犯罪侦查，公安部也单独设立了一个局。实际上，这些公共产品必须是全国性的，应该有个几万人的中央直属队伍。

边境事务，国家应当统一管理；海域，也是九龙治水，也应该由国家统一管。比如，这次墨西哥湾 BP 深海漏油就是由美国海岸警卫队统一负责，然后它去和有关方面协调。还有跨流域的河道，包括珠江、长江、黄河、松花江以及淮河等，都应该由国家管。历史上，黄河历朝历代都是朝廷管。到目前为止，也只有黄河的管理相对集中，一直到镇里都有中央的人，但是黄河水利委员会开始变得越来越散。而长江水利委员会不行，它是协调性的机构。松花江、珠江等的管理，有的有协调，有的则没有实质上的协调。这些涉及上下游关系的事情，应该由国家管，包括航运、水利调度、河道污染治理等都不应该让地方财政负担。

食品药品安全问题，在现代国家一般是中央政府的职责，建立执法队伍，设立国家实验室制定标准，检验和发放许可。我国是中央定政策，地方从省到市县层层设机构，做实质管理，实验室成百上千，浪费大量资源。更重要的是激励不相容。食品、药品全国流通，本地的标准高，执法严，本地生产成本就高，就没有竞争力，为保就业，保税收，就可能不严格执法。一些国家就是经历我国目前的惨痛教训后，才把职能上收的。

义务教育在各国不一样，小国由中央直接管；大国则以地方为主管，中央提供帮助。像日本，义务教育是地方事务，一直管到高中，但是中央向地方提供转移支付，按人口测算实际教育需求。在美国，义务教育是州及州以下政府来管，而联邦政府只补助一件事，即如果学校招收了少数族裔的学生，按人数提供补贴。但是，由于政府认为亚裔学生英语好，不会增加教育成本，所以对招收他们并不提供补助，而只是管拉丁语的学生。由于义务教育具有一定地域外部性，不能算是纯粹的地方事务。这次金融危机后，美国地方财政拮据，国家经济刺激计划安排了公立学校教师专项补贴，也是因为义务教育是有一定的地域外部性。笔者上面讲过，在划分支出责任时还要看信息复杂程度，尤其是小学教育信息管理极度复杂，所以大国一般是地方政府管、中央政府提供帮助。

除了适当上收事权，适度集中中央政府的支出责任外，还有一种思路，是加强人口的流动。美国联邦财政对地方转移支付很少，原因是其人口自由流动，居民可以转移到其他地方定居。由于人们教育程度普遍较高，而且必须说英语，到其他地方后也可以生存，这是最经济的办法。现在国家提出要让人民体面地、有尊严地生活，但是对于难以提供基本公共服务的地方，如果国家让人们居住，就要提供配套设施和条件，花费是很多的。比如全国用电同网同价，有时候边远山区一个村只有五户人口也要把电送到，结果是按成本算每度电可能要 10 块钱才能送到，但是在城里只有 0.5 元，所以成本非常高。当然，加大人口流动的办法需要不少条件。但是我国的制度安排阻碍了合理的人口流动，形成所谓民工潮也是事实。

笔者在 20 世纪 80 年代曾撰文，认为我国的政府管理体制是行政性分权，要改为经济性分权。现在这个问题越来越突出了。在计划经济体制下，计划任务层层分解，必然是行政性分权。现在商品的生产和流通已经跨域充分流动了。但政府管理体制并没有按市场经济的要求，实行经济性分权。笔者认为，如果依旧维持目前的事权划分，而仅仅简单地增加对地方的一般性转移支付，是不可能成功的。另外一个方向，应该按照上面提出的三个标准划分支出责任，把中央应该管的事情拿上来，连人带支出都由中央埋单。支出责任上走一般国家通常之路，现在中央相当一部分专项补贴实际上补贴地方干这些事情，拿上来后专项补贴就会相应少一大块。现在搞基层民主，搞直选，基层政权更加局部利益化，如果激励不相容的话，局部行为可能损害整体利益。英国地方政府一段时期工党控制为多，中央政府在工党和保守党之间转来转去，为什么不出事？因为制度安排基本上是激励相容的，可能对全局和其他地方造成损害的责任没有安排给地方。如果支出责任弄不对，搞地方民主化，现在的说法是民主化从地方做起，可能引起一大堆的麻烦。比如某些企业排污把临近的其他地区全给污染了，怎么办？还有，发生跨地区的司法纠纷问题，怎么办？按说这种跨地区的经济或司法纠纷不应该是地方管的事，而应该由国家来管。这些要是不改的话，其他的改革可能将体制弊端进一步显性化，政治矛盾加大，难于收拾。

因为制度上有问题，所以才特别强调局部利益服从全局利益、地方服从中央等这一套口号。我们为什么不改革现有体制，使得地方做得越好，对整体越有利？

关键是分清中央与地方的支出责任，这是正确的方向。现在我们的做法是维持现有不合理的事权，多给地方政府资金让它们办本应由中央政府办的事项，这样做没有出路，这个问题事关重大，如果没搞清楚，就维持现状，不宜压缩中央收入比重。不然，会为今后的改革设置障碍。

五 资本项目可兑换

资本项目是否开放，一直是困扰发展中国家的一个重要政策问题。从国际范围来看，绝大部分发达国家的资本项目是开放的。对于发展中国家，早期的理论认为，开放资本项目可以为其带来充足的资本，有利于分散风险，且可能促进国内金融体系以及相关制度的完善，因此有利于经济增长。但实证研究发现这一结果并不一定存在，而且资本项目开放还可能带来较大的经济风险。后来的理论认为，发展中国家应当在发展到一定的水平，且满足一定的前提条件时，才能从开放资本项目上获益。一般认为，一定规模的金融体系、相对稳健的宏观经济管理和健全的金融监管都是重要的前提条件。现实中，国际货币基金组织（IMF）在20世纪90年代大力推动发展中国家开放资本项目，但在亚洲金融危机之后态度转向谨慎，强调以综合集成的方法推动资本项目开放。从现状来看，包括俄罗斯在内的其他金砖四国，都已实现了资本项目可兑换。

中国是否需要实现资本项目可兑换呢？从当前现状来看，实现资本项目的可兑换有非常重要的意义。首先，实现人民币资本项目可兑换可以促进国内金融市场的建设和金融体系的发展。这也应是其主要意义所在。中国过去改革开放的经验表明，在国内改革存在较大制度惯性的时候，一定程度的开放可以为推进改革带来压力和动力。在未来五年，通过稳步、有序的资本项目开放来推动国内金融业的发展，形成金融改革和资本项目开放间的良性互动，应是我们的一项重要策略。实际上，新近发表的“十二五”规划已经提出了这一目标。其次，实现人民币资本项目可兑换将有利于我们更有效地利用国内国外两个市场和配置国内国外两种资源，是实现“走出去”战略的重要保证。再次，长期来看，由于我们的大国优势，人民币是美元和欧元之外有可能与它们竞争成为主要储备货币的货币。而要达到这一目标，实现人民币资本项目可兑换则是必要的前提条件。最后，由于经济全球化和金融自由化的发展，资本管制措施的有效性与二三十年前相比已大大降低。随着国际贸易和国际交流的规模越来越大，在经常项目下规避资本管制措施已越来越容易。在这种背景下，名义上存在资本管制但实质上却无法做到有效管制，既不能获得资本项目开放所带来的在制度建设上的益处，又需要承担可能的合法和非法的大量资本流动的风险，可能导致较坏的经济后果。

经过30年的改革开放，中国经济在整体发展水平、金融体系建设和宏观管理方面已经取得长足的进步。例如，近年来通过一系列改革，主要国有商业银行的公司治理不断完善，资产质量和风险控制能力已经明显增强；我国目前股票总市值已经居全球第二位，市场成熟度不断提高；近年来我国财政和货币政策也基本保持稳健，经济保持在高增长的轨道；目前外汇储备已经达到3万亿美元的规模，为在极端情况下稳定国际收支和汇率提供了重要保障。这些都为我们进一步推进人民币资本项目可兑换创造了良好条件。我们认为，中国当前的经济和金融体系已经具备在一定程度上抵御国际资本流动风险的能力，并将能够从进一步的资本项目开放中获得重要收益。

目前，进一步推进人民币资本项目开放的主要障碍来自两个方面：第一，我国的债券市场不发达，市场规模小且人为分割，流动性低，产品结构不完善。由于缺乏深度和流动性的国内债券市场难以起到调节资金流动的蓄水池的作用，国际资本流动的变化将可能导致国内资本市场和宏观经济的较大波动。此外，国内债券市场发展滞后还可能导致资本项目开放后国内企业倾向于在海外发债融资，增加了债务的货币和期限错配的可能性。第二，我国的利率和汇率还没有实现市场化，应当有相应的配套改革安排。泰国、韩国等东南亚国家在20世纪90年代初逐步开放资本项目，国民经济得益很大。但它们在资本项目开放的同时仍维持固定汇率，导致资金流入时国内通胀压力增加，而资金大幅流出时，固定汇率则无法维持，并最终爆发货币和金融危机。因此，在资本项目开放的同时，如果利率和汇率没有由市场决定，则它们有可能大幅偏离市场均衡水平，最终诱发大规模的跨境资本流动，冲击经济与金融的稳定。

我们认为，资本项目开放不必要等到所有前提条件都完全具备时才能推进。如果我国的债券市场和利率、汇率形成机制在未来几年维持现状不作任何改进，同时又单方面快速推进人民币资本项目可兑换，这将带来严重的隐患。但若我们明确了发展国内债券市场和推进利率、汇率市场化改革的方向，则资本项目开放可在一定程度上相应推进，并与其他的国内金融改革形成相互促进、相互推动的关系。因此，协调考虑未来5年国内金融改革和资本项目开放并作出相应规划可能是非常必要的。

六　财政和央行账户的关系，主要是如何构建开放条件下的大国经济问题

与其他大国相比，中国外汇储备的管理方式也比较独特，这可以从央行的资产负债表中观察得到。中国人民银行的主要资产是外汇储备资产，2010 年外汇储备资产占中国人民银行总资产的比重为 80%，近期已达 84.4%，远远高于其他大国。大国央行的资产基本是国内债券，主要是国债。例如按最新数据，美、日两家央行所持国债占本国央行资产的比重分别为 57%、61.4%。而且要注意，受金融危机的影响，最近几年各国央行采取了很多特殊的政策。在此之前各国央行持有本国国债的比重更高，如美国长期稳定在 80% 以上。此外，美、日两家央行还持有本国私人金融机构的抵押品（如按揭证券），外汇储备所占比重都很低，美国近乎没有、日本只有 3.5%。欧洲央行情况特殊些，但外汇类资产的比重也仅有 12.1%。只有一些小型开放经济，央行资产才主要是外汇资产。

表 1　　主要经济体央行总资产及结构

美联储（百万美元;%）（2011 年 8 月）		日本央行（10 亿日元;%）（2011 年 8 月）		欧洲央行（百万欧元;%）（2011 年 7 月）		中国人民银行（亿人民币;%）（2011 年 6 月）	
总资产	2896157	总资产	14148	总资产	2000471	总资产	278079
黄金和特别提款权	0.6	黄金	0.3	黄金	18.2	国外资产	84.4
信贷市场工具	97.9	外汇资产	3.5	外汇类资产	12.1	对政府债权	5.5
其中：国债	57	国债	61.4	其中：对非欧元区居民外币债权	10.9	其他	10.1
联邦机构债	3.8	其他	34.8	欧元区政府债券	1.7		
其他	1.5			欧元区居民债券	24.2		
				欧元区信信贷机构的贷款或其他债权	27.8		

资料来源：根据各国央行网站数据整理。

中国的这种外汇储备管理方式，在外汇储备规模不断增加的情况下造成了很多问题。当前，中国央行的外汇资产大概是3万多亿美元，央行为收回这么多外汇资产，大概要放出20万亿人民币，而且这些还属于基础货币。也就是说，随着巨额的外汇储备增长，央行不断放出流动性，然后要想办法自己收回。但是要解决这么大规模的基础货币流出，央行手中并没有合适的工具。如果不能有效收回，造成社会上流动性过剩，由此导致资产价格泡沫、通货膨胀等问题。目前央行采取的措施主要是不断地提高准备金率，现在准备金率已高达21.5%，这也是可比大国中的全球唯一。

造成中国目前这种状况，一个原因是中国作为一个大国，却有一个小国央行的特征。小型开放经济体，依靠其贸易中心、金融中心，甚至避税中心地位发展经济，超强度的商品和资本跨境流动，贸易额和资本流动额往往是其GDP的数倍，要求固定汇率，或者高稳定汇率。但牺牲货币政策的独立性。其货币当局无须持有大规模、高流动性国内资产，如国债券，用于公开市场操作，反而需要持有大规模外汇资产，保持汇率稳定和应对冲击。大国恰恰相反，总需求管理是重点，货币政策独立性是必需的。利率首先服从于国内资金市场出清，而不是服从于国际市场便利资本流动。汇率本质上反映国内商品和服务相对于国际竞争力的变化，从而浮动，而不是固定或者高稳定汇率便利于资金和贸易结算。大国国内市场的规模和深度也远非小型开放经济体可比，因而抗冲击力强，从而央行资产主要是高流动性国内资产，主要是国债，而不应是外汇资产。

资本项目可兑换，以中国的经济规模，人民币很快要成为贸易货币、交易货币甚至储备货币，即所谓国际化。这就产生国际持有人对冲风险的需求。则中国必须提供低风险、高流动性的国内资产，从而发达的足够规模且高流动性的债券市场就是必要条件，其中无风险、高流动性的国债资产要有相当的规模。在现行中国央行格局下，开放资本账户，我们能提供的风险对冲工具将是房地产、股票及央行票据，开放会对国内市场和货币政策带来过大的、不必要的冲击。

改革的方向应该是学习其他大国，用财政发债，把外汇储备买下，自然对冲外汇储备的增长。这样就可以更多地用公开市场操作而不是用准备金率，用利率而非汇率来调节总需求，使经济更加稳定，也为国内债券市场的发展提供基础。

这方面值得中国借鉴的是日本。在日本，按照其1951年制定的《外汇资金特别会计法》，主要由财务省管理外汇资金，委托日本银行（央行）做海外投资，一个主要方式即是通过发行短期债券的方式，筹集日元资金在外汇市场上卖出日元买入外汇。通过这种管理模式，目前日本财务省持有大约90%的外汇，日本央行持有大约5%左右的外汇。可以看出，日本的这种外汇储备管理方式，使得央行的基础货币发行不受外汇储备增长与否的影响；国债增加由于有外汇资产相对应，在实质上也不增加政府债务，壮大的国债市场还方便了公开市场操作和风险对冲。

除以上所提之外，还可以举出一些中国与其他大国的不同或唯一性，但是这可能会涉及有关社会主义性质的争论。上文所分析的六个不同、唯一性与社会主义、资本主义无关，而与市场经济制度的趋同性有关。这些不同的东西就是中国政府所讲到的不平衡、不协调、不可持续的制度性根源。我们需要经过5—10年的时间实施改革才能解决掉。反过来说，它们虽然属于中国市场经济框架的主要部分，但不是最具决定性的部分。最具决定性的部分在过去已经通过重大改革实现了。中国改革不可逆转，体制不会倒退。通过持续的改革，中国将成为国际上更加稳定、增长没有大波动而且更富有全球责任的大国。

（原文载于《比较》2011年第6辑）

THE FUNDAMENTAL INSTITUTIONS OF CHINA'S REFORMS AND DEVELOPMENT

许成钢

许成钢，哈佛大学博士、香港大学“国之基金”经济学讲座教授、清华大学特聘客座教授、欧洲经济政策研究中心（CEPR）研究员、三家国际国内主要学术期刊的联合主编、“中国改革”首席经济学家。曾任伦敦经济学院教授（Reader）、哈佛大学国际发展研究所研究员、韩国首尔国立大学“世界级大学”客座教授、“亚洲法与经济学学会”主席、世行及国际货币基金组织顾问。

1 Introduction

Chinese economic reforms, which have been in flux for three decades, have more than doubled China's economic growth, from an average of 4.4 percent annually before 1978 to an average of 9.5 percent after 1978. Even more impressively, the contribution of TFP to the growth has increased from 11 percent before 1978 to more than 40 percent afterwards (Dwight H. Perkins and Thomas G. Rawski, 2008). This process has transformed the world's largest developing country from a centrally planned economy into a mixed market economy, while simultaneously reducing poverty at a scale unparalleled inworld history (World Bank, 2002). During the reform period, the Chinese per capita GDP increased by almost eight-fold, and China has transformed from one of the poorest countries in the world into a major economic power.①Today's China is the world's largest producerand largest consumer of many conventionalindustrial staples and high-

① At the outset of the reform, China's per capita GDP was about the same as that of Zambia, which was lower than half of the Asian average or lower than two-thirds ofthe African average, and its size was about one half of theSoviet Union (Angus Maddison, 2003). Moreover, it hadalmost no trade with other countries.

tech products, such as steel, ears, television sets, personalcomputers, cell phones, and intemet usage. (National Statistical Bureau, 2006b) and has the world's largest foreign reserves. The current size of the Chinese economy, in terms of GDP, is larger than the sum of eighty – three countries in Eastern Europe, the CIS, and allof Africa (the author's calculation based on Maddison, 2003). This makes a research on China more imperative for understanding the world economy.

However, in sharp contrast to this spectacular performance, it has been reported that, from the viewpoint of standard wisdom, such as the Washington Consensus or the recent empirical literature of cross country studies, Chinese institutions in government, corporate governance, law, and finance look notoriously weak. Moreover, Chinese reform policies are often unconventional and sometimes even look diametrically opposed to "standard" policy suggestions (Martin L. Weitzman and Chenggang Xu, 1994; Dani Rodrik, 2006). ①

According to conventional wisdom, the government should protect private property rights, enforce contracts, and separate itself from business (Douglas C. North 1981; Daron Acemoglu and Simon Johnson, 2005; Rodrik, 2006). Yet, the Chinese government is deeply involved in business, and there is no clear separation between government and business. Using commonly applied standards, China is, in general, below average on most measurements of the application of the rule of law or for governance quality (Franklin Allen, Jun Qian, and Meijun Qian 2005) and is among the most corrupt countries in the world. ② Moreover, throughout most of the three – decade reform process, there was no constitutional protection of private property rights until recently (the 2004 constitutional amendment). To summarize, China's weak institutions are illsuited to achieve economic development. Thus, the Chinese reforms pose great challenges to standard economic theories. Can economic theory explain China's reforms? Is the Chinese reform a miracle? This paper will tackle these challenges through a unified conceptual framework that synthesizes existing literature.

---

① In comparing Chinese and Indian reforms with Washington Consensus policies, Rodrik (2006) said: "... their policies remained highly unconventional. With high levels of trade protection, lack of privatization, extensive industrial policies, and lax fiscal and financial policies through the 1990s, these two economies hardly looked like exemplars of the Washington Consensus. Indeed, had they been dismal Failure instead of the successes they turned out to be, they would have arguably presented stronger evidence in support of Washington Consensus policies."

② China has a "Corruption Perception Index" level of 5, which is similar to Indonesia, Iraq, Myanmar, Nigeria, Sudan, and Somalia (Jacob Svensson, 2005).

Recently, a growing amount of literature on institutions and reforms demonstrate a general consensus among economists and policymakers that a set of institutions must be in place to make markets function well. Therefore, a market – oriented reform should focus mainly on institution building to protect property rights. Nevertheless, a vital chalenge faced by all transition economies and developing economies is how to build these requisite institutions and how to carry out the reforms. A simplistic, yet fairly popular view is that markets will form as long as private property is well protected through proper institutions. However, lessons drawn from numerous historical and contemporary cases show that markets and economic development do not develop spontaneously, ownership protection is not created independent of market development, and private ownership alone is insufficient for the market economy to function (Ronald H. Coase, 1992; Adam Smith, 1763, 1776). Without government functioning beyond the protection of property rights, markets often do not develop; even worse, disorder can destroy markets as easily as dictators. Yet, failures of market – oriented reforms launched by governments areubiquitous. This is a fundamental dilemma faced by any institution – building reform and echoes Coase's famous question: what is the boundary of the firm? (Coase, 1937). As I argue in this paper, the lessons of China's reforms suggest that an answer to this fundamental question is ultimately determined by the trade – offs between costs and benefits of different forms of the government. The trajectory of China's reforms, reform strategies, outcomes, achievements, and problems aremainly determined by China's political andeconomic institutions.

Following the theoretical literature of institutional analysis (Coase, 1992; Joseph E. Stiglitz, 2002; Leonid Hurwicz, 2007), in this paper the word "institution" refers to those basic and stable mechanisms that govern the incentives of agents and coordinate activities in major political and economic games. Thus, "institutional foundations" in this paper refer to those basic and stable mechanisms that determine the incentives of the most important players in China's reformand development. ①

Based on a large body of literature, I argue that China's fundamental institution that deeply affects executives' incentives and behaviors, which in turn impact society,

① These mechanisms are endogenous in that they arecreated through the strategic interactions of agents. Thus, institution may also be regarded as the equilibrium of the game in the economic and political world (Avner Greif, 2006). A popular definition of institution is given by North(1990, p. 3) that "institutions are the rules of the game in a society or, more formally, are the hamnanly devised constraints that shape human interaction." However, this definition is too abstract to be operational.

is what I call the regionally decentralized authoritarian (RDA) regime (section2). The RDA regime is characterized as a combination of political centralization and economic regional decentralization. On the one hand, the national government's control is substantial in that the Chinese political and personnel governance structure has been highly centralized. Subnational government officials are appointed from above, and the appointment and promotion of subnational government officials serve as powerful instruments for the national government to induce regional officials to follow the central government's policies. This feature fundamentally distinguishes the Chinese RDA regime from federalism, where governors or mayors are elected and they are supposed to represent and be accountable to their constituents. On the other hand, the governance of the national economy is delegated to subnational governments. Regional economies (provinces, municipalities, andcounties) are relatively self – contained, and subnational governments have overall responsibility for initiating and coordinating reforms, providing public services, and making and enforcing laws within their jurisdictions. This feature qualitatively differentiates the Chinese economy from a typical centrally planned economy.

China's RDA regime evolved before and during the post – Mao reforms, and some of its important features can be traced back to much earlier in China's history. There are two critical historical factors that make China's RDA regime somewhat unique. First, China is the only country in the world that has more than two thousand years of imperial history, which had a unique governance structure, and today's RDA regime inherits some important elements from this governance structure. Second, the Cultural Revolution is unique in the history of world communist movements. The ensuing destruction of the communist institutions and society has led to disillusion with the communist ideology, achange of the legitimacy base of the Chinese Communist Party, and weakened resistance to reforms, and has shaped the basic characteristics of the RDA regime, paving the road for the post – Mao reforms.

In the RDA regime, subnational governments have influence or even directcontrol rights over a substantial amount of resources, such as land, firms, financial resources, energy, raw materials, and others. ① Subnational governments are major

① "In effect, it is the sub – national levels of Government that implement China's national development agenda. Nearly 70 percent of total public expenditure in China takesplace at the sub – national level (i. e., provincial, prefecture, county, and township), of which more than 55 percent takesplace at sub – provincial levels" (World Bank, 2002).

players in the bulk of the Chinese economy. Under the super vision of the central government, they initiate, negotiate, implement, divert, and resist reforms, policies, rules, and laws. They drive, influence, or hamperregional/national economic development, macroeconomic conditions, environmental conservation or degradation, social stability, etc. China's reform trajectories have been shaped by centrally controlled regional decentralization. Spectacular performance on the one hand and grave problems on the other hand are all created or closely associated with this governance structure.

At the early stages of the reforms, the central government delegated more autonomous power and provided stronger incentives to subnational governments in order to encourage them to try out reforms and promote economic growth. Thus, regional competition has been a major component of China's three decades of reform (section 3). When a region has a higher growth rate than others, the head of the region will enjoy greater power and will be more likely to be promoted. One of the most important initiatives taken by many subnational governments was the development of nonstate firms, including FDI and indigenous firms (e. g. , the township – village enterprises), which has been the most important engine of China's economic growth since the mid – 1980s.

Chinese subnational governments not only compete against quantifiable targets, such as GDP growth rate, but, they also often compete in initiating or testing new reform policies, i. e. , regional reform experiments (section 4). They have been given considerable responsibility for regional coordination, and such decentralized coordination has facilitated regional reform experiments; since subnational governments are closer to experimenting sites, they are much better informed about local information than the central government and can therefore coordinate more effectively. Regionally based coordination makes economywide coordination failures less likely when there are external shocks. This also makes it easier to experiment with institutional changes locally without causing disruption to the rest of the economy, Most importantly, by incorporating regional experiments as an essential part of the central decision – making process, the political risks of advancing reforms are substantially reduced, and political opposition toreforms is significantly weakened (sections 2 and 4). Indeed, almost all successful reforms in the past three decades were introduced through local experiments (section 5).

Nevertheless, the intrinsic deficiencies of an authoritarian regime, such as the lack of an independent judiciary, rent – seeking behavior, and a failure to respond to citizens' preferences, are important parts of the characteristics of China's BDA regime, without exception (section 6). Although some of these problems might be mitigated when subnational governments face fierce regional competition, regional competition may lead to other problems, such as regional protection. Moreover, many problems in herent in the RDA regime may be worsened when the effectiveness of regional competition is weakened, e. g. , when subnational governments face multiple tasks, they strategically chose to ignore some tasks in the competition. Also, regional competition may lead to "races to the bottom" for some tasks, which can be much-worse than simply being ignored. China's future depends on how those problems are resolved and, given that they are deficient outcomes of the RDA regime, an ultimate solution lies in a fundamental transformation of the institution itself.

Although determined by its distinctive history, China's BDA regime is itself unique, there are still some general lessons that can be drawn from China's reforms and development for other developing countries. These are discussed in the concluding section.

One of the major purposes of this paper is to address the so – called "China Puzzle". It is undisputed among economists that the quality of institutions is important for reform and development because they determine incentives for executives and all the players in aneconomy. China is regarded in cross – country study literature as having poor institutions, such as poor legal protection of property rights, poor corporate governance, lack of democratic accountability, and an absence of the rule of law. The resulting forecast is that Chinese officials will be corrupt, will not work hard, and will not collect and report information correctly, all of which are partly correct empirically. However, much more importantly, this theory would also suggest that, under poor institutions, executives in China would block reforms, therefore preventing economic development. Nevertheless, the overall performance of China's reforms and development appears not only magnificent but unparalleled in world history in its gigantic scale and prolonged rapid growth. This incredible contrast between "poor" institutions and China's spectacular performance challenges our general understanding of the mechanics of institutions and our understanding of "institutional quality".

First, there appear to be conceptual misunderstandings about what exactly constitutes an institution in the literature. The so – called institution is sometimes improperly defined or misinterpreted in certain popular empirical or policy studies. One of the most widespread approaches is to label a set of narrowly defined measurements as the perfect" institution" based on some observed features of developed market economies, e. g. ,the United States. Then, all other countries' practices are measured against this standard to see the imperfections of those countries' institutions. Although the empirical findings that follow from that approach could be useful in a narrow scope, serious problems may arise when this approach is generalized. Without a thorough understanding of the working mechanisms of institutions in developed and developing economies, such mechanical and narrow interpretations of institution ignore the essence of these institutions. This kind of research, to some extent, is not only at odds with the theoretical literature on institutions(a la North,1990, Coase,1992, Stiglitz,2002,Hurwiez,2007, etc.), but also can be misleading in general. ① For instance, the concept of,and the mechanism by which, the rule of law affects economies has been the subject of many debates. However, most of the popular empirical cross – country studies apply a narrow definition of the rule of law and ignore the debates on the subject, such that the United States is often taken as the ideal (or almost ideal) model in those studies. Yet, if we look at tile widespread financial fraud and the deep corruption from the grassroots to the top executives on Wall Street revealed throughout the 2008 financial crises and the Enron – World Com scandal in 2002 etc. , the contrast between this illusion and reality is striking.

Moreover, very often the empirical measurements used in cross – country studies are too narrow to capture the functioning of institutions in developing economies, such as in China. As a result, all the functioning institutions that are beyond the scope of those narrow definitions are ignored, as if they did not exist. Consequently, China's performance becomes inexplicable and it becomes either an outlier to be ignored or a puzzle incross – country studies.

The empirical study of the protection of private property rights and contract enforcement is a concrete example. It is true that in China there was no formal or constitutional protection of private property until 2004,and commercial codes related to contracts were not enacted until the late 1980s, and moreover remained unimportant

① "The value of including such institutional factors in the corpus of mainstream Economics is made clear by recent events in Eastern Europe. These ex – communist countries are advised to move to a market economy, and their leaders wish to do so, but without the appropriate institutions no market economy of any significance is possible. If we knew more about our own economy we would be in a better position to advise them" (Coase,1992, p. 714).

until the late 1990s. However, there was semiformal and informal protection of private property, and contract enforcement mechanisms were exercised by some subnational governments under a special social context in Chinese history or by social norms. Yet, these institutions often are unaccounted for in almost all cross – country studies. Even worse, according to some "standard" policy advice, these more informal institutions might be regarded as obstacles that should be replaced by "standard" institutions as quickly as possible, even though setting up "standard" institutions may be very difficult, time – consuming, or even counter productive under certain political conditions.

How should a country transform a centrally planned economy into a market economy? What are the most important and effective reforms for economic development? How can a reform motivate subnational governments and at the same time coordinate and control them? These subjects have been debated by economists, political scientists, historians, sociologists, and others for decades, both in general and in the context of China. Their viewpoints are, however, scattered, and very often scholars in different disciplines do not talk to each other. This paper attempts to develop a coherent conceptual framework that synthesizesa multidiseiplinary discussion on China's institutions, reforms, and development. In addition to improving our understanding of China's reforms and economic development, by doing so, I also hope to deepen our general understanding of political and economic institutions, and on the evolution of these institutions.

This paper is not an attempt of an exhaustive literature survey. Such a full – scale survey would require multiple volumes. Therefore, many important contributions are not covered due to space restrictions and my ignorance on the subject, particularly beyond the field of *Economics*. For this reason, I have only discussed some of the very serious problems that China is facing briefly. For many others, I have only mentioned them without elaboration, such as problems of election, judiciary, corruption, social security, and the environment.

2 The Fundamental Institution: Regionally Decentralized Authoritarianism

Transformation from a centralized economy to a market economy requires both institutional support and institutional change. Inaddition, developing from an agrarian economy into a modern market economy also entails creating better institutions. However, reforms have never started from an institutional vacuum. All reforms have to begin with existing institutions, and any institutional change has to be initiated and implemented by agents within these existing institutions (even in the case of a revolution, existing institutions still have profound long – run impacts). For all of these reasons, historically inheritedinstitutions have far – reaching impacts on sometimes long after those institutions have been changed or abandoned (Richard R. Nelson and Sidney G. Winter, 1982; North, 1990). No major distinctive features of an economy—including reforms and subsequent changes—can be properly understood without understanding the fundamental institutions that underpin the economy; moreover, this is especially true when considering China's spectacular and prolonged growth onthe one hand, and its serious socioeconomic problems on the other.

In this section, I introduce the fundamental institution of China, which I call the regionally decentralized authoritarian (RDA) system. ① The RDA system is characterized by highly centralized political and personnel controls at the national level, anda regionally decentralized administrative and economic system. Both decision making and policy implementations in the RDA regime, from national strategic issues to concrete local matters, are deeply influenced by this combination of political centralization and economic decentralization. These features qualitatively differentiate China's regime from a federal state, a unitary state, and atotalitarian regime.

2.1 Decentralized Economic Governance: Regional Decentralization

A salient feature of the Chinese governance structure is the relatively hands – off approach taken by the national government with respect to most of the national economy, while subnational governments are deeply involved in the economies within their jurisdiction, including regional firms. The Chinese government consists of a region based multilevel hierarchy. Below the central government, there are four levels of subnational governments: the provincial level, the municipal level (or prefecture level), the county level, and the township level. The central government directly controls only asmall proportion of the Chinese economy. The largest economic sector that the central government controls directly is industry, and even within this industry the

① The concept of regionally decentralized authoritarianism was coined to characterize China's institution in 2006 in the first draft of this paper. In 2009, I read Pierre F. Landry (2008), where he uses the word decentralized authoritarianism. Although looks similar on the surface, the meaning of RDA is substantially different from the words of Landry (2008) just like the extensive difference sbetween this paper and his book.

central government directly employed less than 4 percent of all the industrial employees nationwide(National Statistical Bureau,2006a).

Most government functions are carried out by subnational governments. Although by constitution China is not a federal state, in many important economic issues Chinese subnational governments are more powerful than their counter parts in federal countries around the world since they are responsible for much broader regional matters than simply fiscal issues. Unfortunately, almost all the empirical papers in the literature of decentralization look at only fiscal decentralization since there is no well - accepted methodology to measure broadly defined regional decentralization. In the context of China's decentralization, although fiscal decentralization is sometimes a reasonable proxy for decentralization more generally, other times regional decentralization in other dimensions is more important than fiscal decentralization. Thus, focusing on fiscal decentralization alone canbe misleading (this will be elaborated in latersections).

TABLE 1 ANNUAL GROWTH OF CHINA'S GDP, FIXED CAPITAl, LABOR, AND TFP, 1951 - 2005

Annual growth of inputs					Percentage shares of GDP growth attributable to			
				Labor input				
Period	GDP	Fixed capital	Raw labor	Education enhanced	Average TFP growth	Fixed capital	Education enhanced labor	TFP
		K	L	H		K	H	
1952 - 2005	7.0	7.7	1.9	2.6	2.1	47.7	21.4	30.9
1952 - 1978	4.4	5.8	1.9	2.5	0.5	56.3	32.7	11.0
1952 - 1957	6.5	1.9	1.2	1.7	4.7	12.7	14.9	72.4
1957 - 1978	3.9	6.7	2.0	2.7	-0.5	73.7	39.7	-13.4
1957 - 1965	2.4	5.2	1.5	2.1	-1.0	93.1	49.5	-42.6
1965 - 1978	4.9	7.7	2.4	3.1	-0.2	67.7	36.7	-4.4
1978 - 2005	9.5	9.6	1.9	2.7	3.8	43.7	16.2	40.1
1978 - 1985	9.7	9.2	3.4	4.5	3.2	40.6	26.6	32.8
1985 - 1990	7.7	6.9	2.5	2.9	3.1	38.8	21.5	39.7
1990 - 1995	11.7	9.1	1.4	1.9	6.7	33.3	9.5	57.3
1995 - 2000	8.6	10.5	0.9	1.6	3.2	52.7	10.5	36.8
2000 - 2005	9.5	12.6	1.0	1.8	3.1	57.1	10.6	32.3

Source: Perkins and Rawski, 2008.

China's governance structure does not fit neatly into standard conceptions of authoritarian regimes. According to crosscountry studies, fiscal decentralization is closely linked with democracy. However, China's authoritarian regime is one of the fiscally most decentralized countries in the world. Contrasting China's fiscal decentralization with its counterparts in the rest of the world during the early 2000s, the total expenditure of Chinese subnational governments accounted for about 70 percent of the national total, which was far larger than that of the world's largest federal countries such as the United States (46 percent), Germany (40 percent), and Russia (38 percent) (Christine P. W. Wong, 2006).

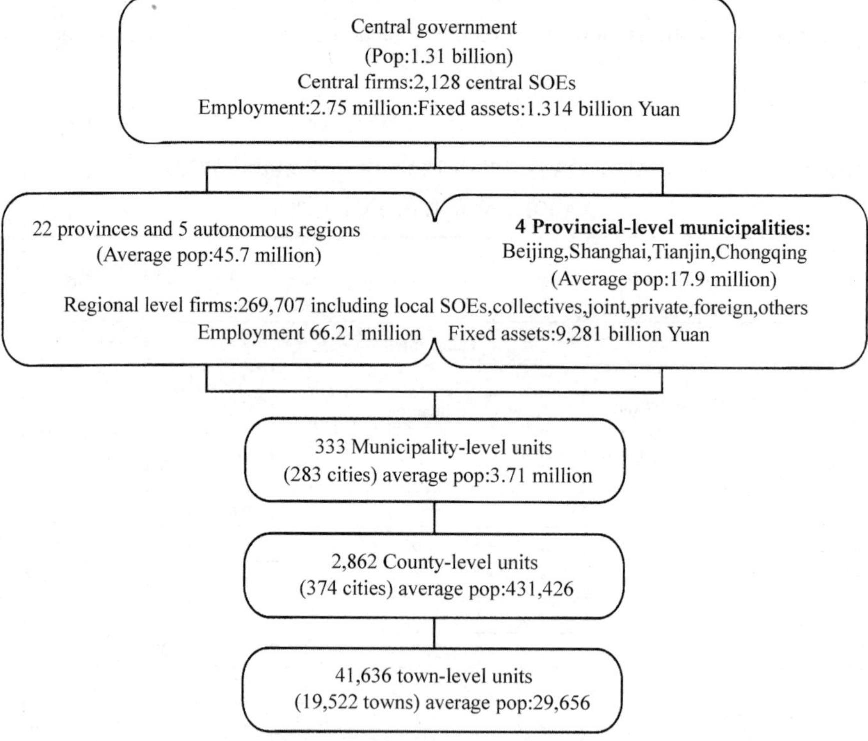

Figure 1 Regional Governance Structure of Chinese Economy

Source: National Statistical Bureau, 2006a, 2006b, 2006c.

Figure 1 depicts the governance structure of the Chinese economy. The statistics in the figure reflect the situation in the year 2005, though the structure has been stable throughout the reform era. ① This governance structure is the result of a half – century of political development (Perkins, 1977, 1988; Elizabeth J. Perry and Wong, 1985, DavidGraniek, 1990; Barry J. Naughton, 1995; Guoguang Liu et al., 2006; Jinglian Wu, 2009); moreover, many important features of it can be traced back to imperial times (to be further discussed later). Not long after a full – scale transplantation of the Soviet model in the early 1950s, there were two major campaigns that lead to vast waves of decentralizations at extremely high costs. The first started in the late 1950s (the Great Leap Forward, GLF), and the second in the late 1960s (the Cultural Revolution) (Susan L. Shirk, 1993; Liu et al., 2006). ② During the GLF campaign, central ministries handed over most centrally controlled SOEs to subnational governments. As a result, the subnational governments, tax revenue increased from 20 percent of the national total in 1958 to 76 percent in 1959 and 79 percent in 1961, much higher than those in the post – Mao reform period (table 2). Central planning was replaced by regional competition. Subnational governments were encouraged to compete with each other to over – fulfill planning targets, to establish "communes" earlier or at a largerscale, to close down markets, etc. They were also encouraged to try out different commune organizations, different ways of organizing production and collective life (e. g., public canteen systems in communes), etc. The central government's bureaucracy was trimmed; supervision of most state – owned enterprises was delegated from the ministries to provinces and cities, and subnational governments' responsibilities were substantially enlarged. Reflecting the first wave of decentralization in the late 1950s, the subnational fiscal revenue to total national fiscal revenue ratio jumped from 20 percent in 1958 to 76 percent in 1959 (table 2)③

① Tile total number of central state – owned enterprises (SOEs) listed in figure 1 is 2,128, which is from the NSB. However, according to the SASAC (State – owned Asset Supervision and Administration Commission), tile number should be less than 170 in 2005 and 151 in 2007 (http://www. sasae. gov, en/zyqy/qyml/default. htn0. The latter is the total number of parent companies controlled direetly by the central government, which supervises a large number of subsicliary companies; whereas the former is the total number of all establishments managed by the central government.

② The GLF established the People's Commune, thus the Commune – Brigade Enterprises (the predecessor of the TVEs); and expanded local industries under state and collective ownership. An essential part of the human costoftbe GLF is the Great Famine (see Justin Yifu Lin, 1990 and Wei Li and Dennis Tao Yang, 2005).

③ By disturbing central planning and destroying markets, while simultaneously removing local financial responsibility, these campaigns degenerated into competitions of exaggerations and lies among subnational officials, which ended up in chaos and eventually created one of the worst catastrophes in world history, in which about 40 million people died of starvation between 1959 and 1961 (Roderick MacFarquhar, 1974, 1983, 1997).

TABLE 2 EVOLUTION OF CHINESE FISCAL DECENTRALIZATION, 1953 TO 2005

Year	Subnational/ total revenue	Subnational/ total expenditure	GDP/capita	GDP/capita grw	Institutional changes
1953	17.0%	26.1%	554	3.2%	1st five year plan
1958	19.6%	55.7%	693	8.8%	
1959	75.6%	54.1%	697	0.6%	Great leap forward
1961	78.5%	55.0%	673	0.0%	
1966	64.8%	36.9%	7.53	6.7%	Cultural revolution
1975	88.2%	50.1%	874	4.5%	
1978	84.5%	52.6%	979	9.4%	Reform starts
1980	75.5%	45.7%	1,067	2.6%	Fiscal reform starts
1984	59.5%	47.5%	1,396	10.4%	
1988	67.1%	66.1%	1,816	6.4%	
1993	78.0%	71.7%	2,277	8.5%	
1994	44.3%	69.7%	2,475	8.7%	Fiscal sharing rule
2004	45.1%	72.3%			
2005	47.7%	74.1%			

Sources: China 50 Years' Statistics; GDP/capita: 1990 international dollars, Maddison (2003).

Corresponding with the second wave of decentralization in the "Cultural Revolution", the subnational fiscal revenue (expenditure) to national fiscal revenue (expenditure) ratio increased from 65 percent (37 percent) in 1966 to 88 percent (50 percent) in 1975 (table 2).

As a result, China had already established hundreds of relatively self – contained regional economies at the outset of the reforms. The majority of the two thousand counties had SOEs producing agricultural machinery, while 300 counties had steel plants. Small regional SOEs produced 69 percent of China's total fertilizer output and 59 percent of its total cement. More than twenty provinces had SOEs producing automobilesor tractors (Xu and Juzhong Zhuang, 1998). This is in sharp contrast to all other formally centralized economies in which specialization and monopoly are halhnarks. With greatly reduced responsibilities, the Chinese central government was much smaller than its counterparts in other centralized economies. When the Chinese reforms started, the bnumber of products directly under the central plan was only 791 (the number was never more than one thousand in the Chinese centrally planned system) and the number of ministries at the center was less than thirty(Yingyi Qian and Xu, 1993). ①

When the reforms took place, after the end of the Cultural Revolution, subnational governments already de facto controlled a greatdeal of resources in China. Given this inherited governance structure, for both political and economic reasons, granting more autonomous powers to subnational governments is one of the major strategies in the post – Mao reforms, particularly during the first fifteen years of the reforms (Xiaoping Deng, 1980, 1986; Shirk, 1993; Liu et al., 2006; Wu, 2009). Subnational governments were given strong incentives and were directly involved in managing or setting up firms, forming joint ventures with domestic or foreign investors, etc. Many subnational governments have granted de facto property rights to local SOEs and collectively owned firms (COEs) within their jurisdictions (Granick, 1990), which accountfor most of the firms in the nation. Moreover, subnational governments have become more important in all regional affairs, from land allocation, business development, infrastructure construction, and fiscal matters, to law making and law enforcement. Fiscal decentralization reached its peak in 1993, during which time the subnational fiscal revenue (expenditure) to national fiscal revenue (expenditure) ratio was 78 percent (72 percent) (table 2).

To analyze the economic incentive and coordination mechanisms of the Chinese RDA system, the governance structure is modeled as a stylized multiregional governanee form (M – form) (e. g., Qian and Xu, 1993; Eric Maskin, Qian, and Xu, 2000; and Qian, Gerard Roland, and Xu, 2006, 2007). In the M – form hierarchy, every region is controlled by the central government politically, whereas each region not only enjoys a certain degree of autonomy but also is self – contained in its functions. ② Figure 2 depicts a highly stylized Chinese regional governance structure in which each region is self – contained (in contrast to specialization): each subnational government controls major functions within its jurisdiction, such as personnel, finance, industry, and agriculture. As a comparison, specialized ministries control in-

① As a comparison, in the Soviet Union the central planning system was based on the principle of functional specialization, and the central government directly controlled most of the SOEs. In the late 1970s, there weresixty – two ministries under the Gosplan, which were responsible for 48,000 plan "positions" or twelve million products (Alec Nove, 1983).

② The term M – form was first used by Alfred D. Chandler (1967) and Oliver E. Williamson (1975) to characterize multidivisional structure of large corporations, where divisions are self – contained and are granted autonomous power, while division chiefs are appointed by the headquarters.

dustrial firms and the central government is responsible for coordinating the complementary tasks of various ministries in other formally centralized economies.

2.2 Centralized Political Governance

Although highly decentralized economically, China is neither a de jure nor a de facto federal state. The backbone of China's RDA regime is the Chinese Communist Party(CCP), which controls the personnel matters of subnational governments and command shigh economic sectors (e.g., banking, energy, telecommunication, railway, etc.), as well as controlling ideology and the mass media.

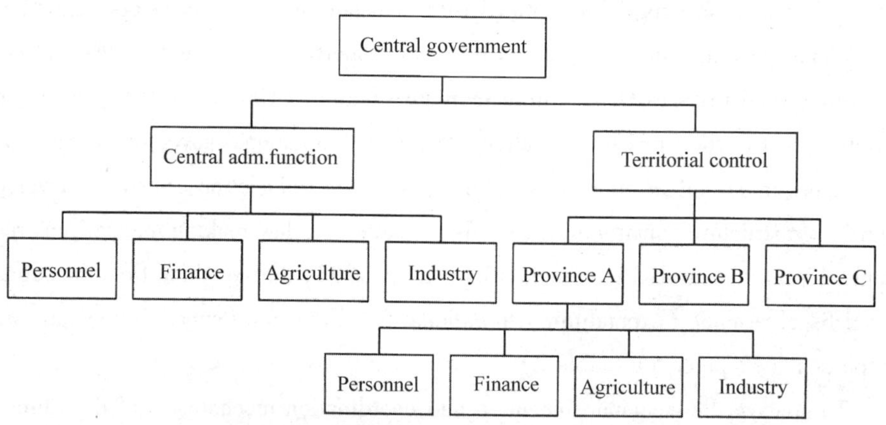

Figure 2 Stylized Goverment Structure of Chian

The dominant role of the CCP makes the RDA regime of China fundamentally different from a federal system. Firstly, by constitution, China is not a federal state. The Chinese constitution has been amended during the reforms, reflecting tine ehanges of Chinese political and economic institutions. However, both the prereform version and the latest version of tine Constitution stipulate that regions have no inherent power, and regional power is granted by the central authorities. The central governrnent is empowered to delegate power to regions and also to rescind this power (for the PRC Constitution 1975 Amendment, see Chongde Xu, 2005; for PRC Constitution Amendment, see Falv Chubanshe, 2009).

Secondly, China's RDA regime is not a de facto federal state either. Within the RDA regime, Chinese regional leaders are appointed by upper - level governments through the CCP system—not by regional elections—despite devolution of much power over economic matters to the subnational governments. While subnational governments obtain highly autonomouseconomic power, the central government maintains its influence on regional officials' incentives by determining their career paths (Yasheng Huang, 1996b; Landry, 2008). Inpractice, the central government makes decisions on appointment and removal of provincial leaders, e. g., governors. Similarly, most municipal leaders, e. g., mayors, are directly controlled by corresponding provincial governments. This nested network extends the central government's personnel control to officials of all levels of regions, from provincial to municipal, then to county until the bottom of the hierarehy, township government (John P. Burns, 1994). Moreover, reshuffling and cross – region rotation of regional leadersis a common practice to keep central control over subnational officials. From 1978 to 2005, 80 percent of provincial regions have experienced rotation of governors imposed by the central government (Xianxiang Xu, Xianbin Wang, and Yuan Shu, 2007). This personnel control approach is the major instrumentused to make regional officials comply with the central government's policy and also to provide incentives for regional experimentation, which I will elaborate on in a later section. Moreover, personnel control allows the central government to achieve some macrocontrol, such as controlling inflation (Huang, 1996b). Furthermore, through this mechanism, the central government has maintained considerable influence in consensus building with subnational governments in order to push through policies that are favorable to the central government (Naughton and Dali L. Yang, 2004). Nevertheless, it must be pointed out that, although this approach worked sometime on high priority issues, it frequently failed on many other important issues (section 6 further discusses this).

2.2.1 Evolved Decision – Making Process of the Central Leadership

In this subsection, I will discuss how the decision – making process of the CCP central leadership evolved and how it works. In the post – Mao era, China's central leadership sees economic growth as a life and death matter for the regime. It is important to point out that they are not unique among socialist leaders in this aspect. In discussing the general features of socialist systems, Janos Kornai (1992, pp. 160 – 161) explains that the socialist leaders promise to "eliminate the backwardness very quickly". And the promise "rests on a belief that they can catch up with the developed countries quitefast by virtue of the socialist system's superiority. This belief is a major constituent of the official ideology. The leaders insist on fast growth because it will provide further evidence of that superiority". There is a large literature on "forced growth" in former socialist economies (Kornai, 1971, 1992; Gur Ofer,

1987). Indeed, many speeches by Deng (e. g. , 1987) and other Chinese central leaders concerning the central importance of growth echo those of Josef V. Stalin and Nikita S. Khrushchev. ① Yet, the promise of fast growing was not fulfilled in the last fifteen years of their reforms in former Soviet Union and Central – Eastern Europe until the collapse of the system (Kornai, 1986, 1992). What makes China different is that they have transformed the system into a mixed economy with an over whelming private seetor and integrated into the global economy.

However, this transformation evolved and is not designed by anyone. On the surface, China's reform looks like a "pure" economicreform without a major corresponding political change. ②Nevertheless, as a matter of fact, the post – Mao reform started from astonishing political changes, which resulted in the change of the central leadership and the change of the central decision – making process of the CCE. After three decades' evolution, today's RDA regime is fairly different from the CCP regime during the Mao era, although the political changes were restricted to those necessary for enabling economic reform, with focuses on establishing the party rules, on personnel changes to weaken those who might block reforms, and on the selection mechanism of leadership succession.

In the prereform era, the central decision making of the CCP was dominated by a charismatic figure, Mao Zedong. In the revolutionary era, the CCP was fairly decentralized in that many important decisions were jointly made between central and regional leaders, or made by regional leaders. Regional power was a very strong element in the central decision – making body of the CCE. ③Soon after the CCP took power in 1949, adramatic political centralization took place. Although a region –

① Stalin (1931 [1947, p. 356]) said "One feature of the history of the old Russia was the continual beatings shesuffered . . . for her backwardness . . . We are fifty or one hundred years behind the advanced countries. We must make good this distance in ten years. Either we do it or they crush us". Khrushehev (1959, pp. 76 – 77) claimed thattile socialist system will outcompete the Western world by faster growth and eventually bury them.

② Given the nature of communist ideology and the radical practice of the CCP in the Mao era, if there was indeed no important political change then China's market reform would indeed look puzzling. Shirk (1993) notes that"... the Chinese strategy of economic reform without political reform appeared to have worked..." (p. 4); "The overall economic success of the Chinese economic reform experience is surprising because we usually think of communist political institutions as rigid and hostile to innovation" (p. 5); mid "We expect communist party and government officials to defend their vested interests in the command economy by blocking market reforms" (p. 399).

③ For example, in 1949, eight out of the fifteen Polit bureau members of the 7th CCP Central Committee were regional leaders.

based organizational structure was kept, the most influential regional leaders were "promoted" as central leaders and were physically moved to Beijing in the early 1950s. ① Simultaneously, China transplanted the Soviet central planning regime and the first five year – plan of China was instituted. This centralization served to establish a centrally planned economy and was welcomed by the CCP elites. As in the Soviet Union, the objective of the CCP was "to build a strong socialist economy" (the 8th National Congress of the CCP in 1956, see Research Center of CCP History, 2009); and most SOEs were controlled centrally by ministries.

Through significantly weakening regional leadership, this centralization substantially streng thened Mao's personal control over the party, from personnel matters to the central decision – making process. ② Mao managed to strengthen the cult of his personality by transforming the central decision – making process into a series of political games in which his potential rivals were weakened through fighting with each other. Without any rival at the subnational level, Mao launched campaigns that delegated substantial power to subnational governments, thus further weakening the power of his rivals inthe central government (MacFarquhar, 1974, 1983, 1997). The personal control and campaigns mutually reinforced each other, and the influence of the campaigns was far reaching. In addition to changing the behaviors of the subnational officials, it deeply affected the governance structure of the party and of the state.

With an extremely ambitious economic growth plan for speeding up China's transition to a Communist society, the Great Leap Forward (GLF) and the People's Commune Campaigns were launched in the late 1950s. Not only did the campaigns once again dramatically decentralize the economy as discussed previously, they also changed the central decision – making process. Since then, the Chinese economy has sharply deviated from the classical Soviet central planning model.

The "Cultural Revolution" (CR), launched in 1966, is much more than another wave of decentralization. To a large extent, it unintentionally prepared the necessary political and institutional conditions for post – Mao reforms. The CR campaign

① The most prominent figures include Deng—became the CCP General Secretary and was purged in 1967, Gao Gang—became the vice President of China and was purged/died in 1954, Chen Yi became vice Premier and was purged in 1967, Xi Zhongxun became vice Premier and was purged in 1962, and Deng Zihui—became vice Premier and was purged in 1962.

② In China's imperial history, during the onset of each dynasty, it was typical that a new emperor would centralize power to weaken powerful regional rivals, such as warlords, for the sake of consolidating the regime. Man discussed this issue many times.

mobilized the masses and CCP leaders at all subnational levels to follow Mao directly to fight against party and government bureaucrats. ① There was ananarchy – type of decentralization through which party/government organizations at the central and subnational levels were replaced by mass organizations. The mobs enforced strict censorship that any idea different from Mao's was absolutely not tolerated. During this period, with the slogan "down with capitalist runners", most of the party apparatuses and central government bureaucracies were dismantled; most party/state/socialelites were purged, including the president of the country; regional "revolutionary rebellions", with self – proclaimed loyalty to Mao were supported by Mao's lieutenants and "seized powers" (duoquan) at all levels of subnational governments from the CCP, sometimes through civil wars (MacFarquharand Michael Schoenhals, 2006); and finally, subnational governments became the most important level of government for managing the economy, given that most ministries closed down. ② The devastation awakened the majority of the party and social elites and the legitimacy of the CCP was deeply shaken through the CR's over whelming destruction. All of these paved the road to making major changes, to changing the decision – making rules and the objectives of the CCP after the death of Mao. ③

The coup d'état of 1976, a few weeks after the death of Mao, in which Madam Mao and her lieutenants were arrested, eliminated those who insisted on continuing the CR from both the central leadership and subnational levels. Consequently, a large number of CCP high officials, who were purged during the CR and were keen to make a radical change, returned to power, and propaganda campaigns were launched

---

① Two years before launching the CR, Mao warned subnational officials including county level officials that they should refuse to follow and should resist the revisionist central leadership (Quanxing Xu, 1995).

② The self – contained and serf – sufficient regionally decentralized strneture was further reinforced in tile early 1970s when most of the counties in the nation were encouraged to set up small industrial firms in five majorsectors (Wong, 1987).

③ A failed attempt to change the central focus of the CCP before Mao's death is more than a prelude of the post 1978 reform. There was a belief among the top CCP leaders that the CR has brought the Chinese economy to the verge of collapse and refocusing the central task of the CCP to the economy is a matter of life and death to the party (in later years Deng repeated these arguments many times, e. g., 1980, to justify the changing of the central task of the CCP). In 1975, the premier Zhou Enlai, together with Deng, a deputy premier after being purged for many years, launched tile so – called "Four Modernizations" (modernization of agriculture, industry, science and technology, and defense) campaign. This campaign represented a rising consensus among most CCP elites. More importantly, they underlay a competing legitimacy for the future party leadership. Challenging the revolutionary theme of the CR, this de facto reform incited intensive political fights as part of the succession of the CCP's leadership. Although this reform attempt was crnshed politically by the left – wing faction with formidable support from Mao, this aborted agenda became a platform for changing the CCP and it reminded the CCP reformist elites that a pure economic reform would be blocked without political change.

to change the ideology of the CCP from one of class struggles to one of economic development. ① The CCP central leaders forged a new consensus on the following major issues: (a) the monopolistic political power of the CCP must not bechallenged; (b) within the confines of, and to strengthen, condition (a), economic development should be interpreted as the essence of socialism, and thus of the utmost importance; and (c) regarding the central decision making process, personalistic regime should be replaced by party rule, i. e., a consensus based collective decision - making process(Deng,1984; Ziyang Zhao,2009; Rui Li,2008;Zemin Jiang,1997). ② This was a watershed period in which the CCP began to transform itself from a personality - ruled partyinto "a system governed by rules, clear lines of authority, and collective decision - making institutions" (Shirk,1993, p. 399). Moreover,economic development has become the objective of the party and the state.

These critical personnel and ideological changes were consolidated in the Third Plenum of the 11th CCP Central Committee in December 1978. ③ The communique of this plenum became the official manifesto for political, ideological and economic change. Consequently, the "Four Modernizations",the slogan of the Third Plenum of the 11th Central Committee of the CCP, and later"Reform and Open - up", which replaced the "Four Modernizations" after the 13th Congress of the CCP in 1987, emerged asthe official objective of the CCP.

To some extent changing the foundation of legitimacy of the CCP to one of eco-

① Before Deng returned to power in late 1978, most of the major changes were lead by Hu Yaobang, the minister of the CCP personnel department and the de facto head ofthe Central Party School (Jiwei Hu,2008, 2009).

② The following argument of Deng (1994b) well represents the goal of the CCP: "to build socialism itis necessary to develop the productive forces . . . Not until. . . we have reached the level of the moderately developed countries, shall we be able to say that we have really built socialism and to declare convincingly that it is superior to capitalism. We are advancing towards that goal."

③ Although the Third Plenum of the 11th Central Committee of the CCP officially changed the objective ofthe CCP to economic development under the slogan "the Four Modernizations", reform was not in the agenda of the Plenum (Hu,2009).

nomic development does not contradict communist ideology and is not unique to the post Mao CCP, although this may be at odds with other types of dictatorships. ① Perhaps more important than ideology, economic development is regarded as essential for the survival of the regime. Yet, the much more challenging issue is to find a way to ful fill the objective of economic development. Essential issues of how to reform the economy and through which approach the economy should be or can be developed were indeed highly contentious among the top CCP leaders (Zhao,2009). Should the economy be developed by restoring the Soviet central planning model, as China did in the first five – year plan? Or should it be developed by transforming the economy into a market system? Should the political system be reformed together with economic reforms? What should be the direction for a political reform? There were sharply different views on these issues among the CCP central leaders; more importantly, there were power struggles associated with these differing views. ②

Given the inherited RDA institution, dealing with political risk and technical un-

① According to Marx, one respect in which socialism is better than capitalism is its higher capacity for advancing "productive forces". Thus, in order to prove the validity of tile communist party's doctrine, it is necessary to deliver ahigher growth rate than those of capitalist economies. For this reason, most communist leaders in Soviet Union and Eastern Europe, even including Mao in the 1950s, tried hard to make their economies to grow faster, although they all failed eventually. The following argument of Deng(1994b) well represents the ideology of the post 1978 CCP, "to build socialism it is necessary to develop the productive forces... Not until... we have reached the level of the moderately developed countries, shall we be able to say that we have really built socialism and to declare convincingly that it is superior to capitalism. We are advancing towards that goal". Indeed the multiple decades' unsuccessful reform efforts in Soviet Union and Eastern European countries were all driven by their attempts to regain growth impetus in those economies. The collapse of the Soviet Union and the whole Eastern Bloc made the CCP top leaders feel that continued economic development was crucial for the survival of the regime. For example, former vice premier Tian Jiyun attributed the collapse of Soviet Union and the Eastern Bloc to their decades' failures in improving their productivities (Mingming Du and Qingquan Xu,2009). Yet it should be noted that, in both communist ideology and policy, neither "advancing productive forces" nor pursuing high growth rates implies social welfare maximization in the sense of neoclassical Economics. In reality, allsocialist economies have substantially smaller shares of consumer consumptions in their CDPs than those of market economies. This indicates that growth maximization of socialist economies is divorced from pursuing social welfare. For further analysis and more details on forced growth in socialist economies, see Kornai (1980, 1992).

② Deng, Zhao Ziyang, and Hu Yaobang etc. shared a pro – market approach, where as Chen Yun, Li Xiannian, Bo Yibo, and Hua Guofeng etc. had a strong view insisting on central planning (Deng,1984; Zhao, 2009; Li,2008). On political aspects, Hu and Zhao pushed for political pluralism within the one – party system as a part of the reform. Sometimes Chen Yun also proved more amenable to other views for maintaining the party rule rather than promoting political pluralism. However, Deng, Li, Bo, and most other elder CCP top leaders had strong views insisting on strictid eological control combined with repression of political dissidents (Zhao,2009; Li,2008; Tong Bao,2009). Here, ideological control is essentially about the compliance tothe voice of the CCP central leadership, rather than any particular theory or doctrine.

certainty, a general reform strategy, marked by a local experiment – based collective central decision making process, emerged. Decision – making powers for trying out concrete measures were delegated to subnational governments, whereas the central government kept control of strategic political and economic issues (Deng, 1984). This approach makes a consensus building – based decision making more progressive.① Therefore, most strategic decisions on China's market reform were made "collectively" in the form of compromises among the top CCP leaders in atrial – and – error process. "Collective" here has a broad meaning in that it includes alsosubnational officials' contributions through their local policy experiments.

Political challenges and resistance to a reform are weakened when a new reform is tried only in a few regions as experiments, such as the special economic zone experiments (to be further discussed in section 4.2). More importantly, for reforms bearing high political risks, the reformist central leaders could be vague without making an explicit decision when local experiments were allowed without an official endorsement, which implies a central leader will not take serious responsibility if something goes wrong with the experiment. The process of the land reform in the early 1980s and privatization in the late 1990s, which were major breakthroughs if we compare them with the two decades' reforms in CEE – FSU before 1989, are illustrations of the advantage of local experimentation (to be elaborated in sections 4.2 and 5.4). It is also pragmatic because the CCP top leaders, including those who pioneered market reform in China, knew little about how to transform the Chinese economy into a market economy (Zhao, 2009). It was much safer for them to follow some successfully tested reform measures than to implement some designed programs.

Moreover, regional competition helps to contain the impact of conservative ideology, and thus is a de facto selection mechanism in local experiment – based central decision making. Indeed, not all central and subnational officials are pro – market reformists and not all local experiments are market reform trials. Just as Chinese regions are heterogeneous, there were all kinds of experiments being tried, from egalitarian collectives to private businesses. However, outcomes of market reform experiments often dominated other experiments in regional competitions, and most of the

① "The Chinese government bureaucracy . . . always made decisions by consensus". "Consensus decision making institutions tend to be conservative because radical departures from the status quo are blocked by vetoes from groups who stand to lose" (Shirk, 1993, p. 15).

time what matters most in the decision – making process is performance.

This local experiment – based central decision – making process also makes reform progress more stable, since the early reform screated strong interest groups not only among central leaders but also among subnational officials, particularly those who initiated "their own experiments". Through the basic operating mechanisms of the RDA regime, the built – in interests and pro – reform interest groups among subnational officials became a valuable stabilizer for the reform policies. Another important decision process, which establishes the continuity of reform policies in the long run, is the way the future central and subnational leaders are selected (I will discuss this in the next part when I deal with the central – regional relationship). Economic development as the base of legitimacy for the CCP central leadership has been reinforced during decades of reforms. As a result, this objective is codified into the amended constitutions of the Party a nd the state. Capitalist entre preneurs are officially regarded as part of "advanced social productive forces" and are recruited into the party (the CPC Constitution, the 16th CPC Congress,2002) (see Bruce J. Dickson, 2003). The Chinese constitution has also been amended to protect private property rights(Constitutional Amendment,2004).

2.2.2 Personnel Control

Personnel control is a major channel through which the central government controls, coordinates, and motivates subnational officials. With this instrument, the Chinese RDA regime implements a centrally controlled decentralization in which most tasks of reforms and economic development are carried out by subnational governments. On the one hand, regional officials control huge amounts of resources and they enjoy fairly broad autonomies within their jurisdictions; on the other hand, their career paths are controlled by the central government. Specifically, appointments, promotions, and demotions (or more severe punishments, such as imprisonment for serious violations of the rules) of subnational officials in China are ultimately determined by the central government, and their career paths are tied to the performance of their jurisdictions. This makes Chinese economy fundamentally different from a federal system. ①

① It is interesting to note that this governance structure of Chinese government, i. e., a combination of a centralized personnel control and a decentralized operation/implementation, shares some similarities with the Japanese corporate governance structure, particularly before the 1990s(Masahiko Aoki,1990).

This personnel control system is a nested network in which the center directly controls the key positions at provincial level and grants each tier of subnational government the power to appoint key officials one level below it. Each level of subnational government oversees the appointment, evaluation, promotion, and dismissal of its subordinate level regional leaders.

A set of performance criteria for leading officials at subnational governments is stipulated by the level of government above it. Regional officials are assessed in accordance with the important tasks and targets laid down by their superior level of governments. Level by level, each level of subnational government negotiates with their subordinate subnational government for performance targets. Then, regional officials at different levels sign target responsibility contracts with their superiors. The targets for the tasks to be attained as well as rewards/penalties contingent on the fulfillment of those targets are specified in those contracts (Kai - yuen Tsui and Youqiang Wang, 2004). For example, in as cheme for provincial leading officials, 60 percent of these leaders were assigned to targets related to economic construction (Tsui and Wang, 2004). In general, performance criteria are broader for leading officials at higher - level subnational governments, while the targets set for leading officials at lower level subnational governments tend to be more precisely defined. According to a handbook issued by the Party, work achievement accounts for 60 to 70 percent of the evaluation of regional officials, while other aspects, such as political integrity, competence and diligen cetogether account for the rest, 30 to 40 percent (Maria Edin, 2003).

It is also documented that county governments control township and village officials by linking their performance to promotion (Susan H. Whiting, 2000). In field works at township - level governments, it has been found that party secretaries and township heads sign performance contracts with the county level. In these contracts, township officials pledge to achieve targets established by county officials, and are held personally responsible for attaining those targets. Performance targets are ranked in three categories: soft targets, hard targets, and priority targets with veto power. Hard targets tend to be economic, such as an economic development plan and tax revenue, whereas priority targets are often political, such as keeping social order. Fulfilling hard targets is important for bonuses and for political rewards, whereas completion of priority targets affects personnel decisions (Edin, 2003).

Moreover, competition between regional officials among the same level, such as at the county level or township level, is an essential part of the cadre management system, As discovered in fieldwork in one county, leading cadres of the first three ranked townships in the annual evaluation were recognized as "advanced leaders", whereas the bottom 5 percent of officials on the list were disgraced. To be a top – ranking township leader and to be awarded with the title of "advanced leader" enhances the chances for promotion substantially, and thus it is regarded as a "political bonus". Indeed, some first – ranked township officials were promoted within the county (Edin,2003).

To enhance the effectiveness of the personnel control system, rotation and cross-region transfer are also deployed. The practice of rotating provincial – level officials has always existed, and it has been further institutionalized since the 1990s. The Central Committee of the CCP has issued Party decrees on the rotation system in 1990, 1994, 1999, and 2006. The Party decrees announce that a major purpose of rotating regional officials is to promote economic development through diffusion or duplication of regional reform experiences(Xu, Wang, and Shu,2007). ① Directed by this policy, during the period between 1978 and 2005, about 80 percent of governors were promoted or transferred from other provinces, i. e., many of them were not promoted within the same province. The average duration of their tenures within a given province is close to four years, while ranging from as little as one year to as many asten years (Xu, Wang, and Shu,2007).

It has been documented that, during there form era, rotation was often combined with promotion. The rotation/promotion combination was frequently used to promote mayors of successful municipalities to be governors of other provinces, particularly under performing provinces. This promotion path creates incentives for regional leaders to work hard. Moreover, this may alsoserve as a mechanism to diffuse successful regional experimentation (I will further discuss regional experiments in section 4). For example, between 1998 and 2004, three former party secretaries of Suzhou, one of the best – performing municipalities in China, were promoted to become provincial governors of Jiangsu, Shanxi, and Jilin. Between 1998 and 2002, a former mayor of Wenzhou, another top – performing municipality, was appointed as vice – governor and then governor of Sichuan (Shiuh – Shen Chien and Litao Zhao,2007).

① Historically, rotation was a common practice in the Chinese Empire to prevent regional officials from cultivating strong political power bases within their jurisdictions.

2.3 The Central – Regional Relationship

The central – regional (or central – local) relationship has always been one of the most important issues when considering China's governance. Although the formal structure is hierarchical between central and regional governments, the authority of the central government is endogenized insofar as the power of the national leadership depends on the collective support of the regional leaders as well. This sophisticated structure plays important roles in the operation of the RDA regime, such as continuing effective national macroeconomic policies, encouraging regional initiatives, and balancing central – local interests.

One of the most important governance mechanisms of the RDA regime is these lection process for the future central and subnational leaders. The process includes nominations and approvals. Nomination by top leaders is necessary for anyone to become a central leader candidate, but nomination alone provides no guarantee for the future of the candidates. A nominee must convince most of the top leaders that the both shares their core values and principles, and he has the capability to perform. As such, excellent performance at the provincial level becomes necessary for anyone to be nominated and eventually promoted as a top leader. Although this requirement may not be codified formally, without a single exception, from 1992 to 2008 every president, every premier, and every newly elected Politbureau Standing Committee member of the four CCP congresses① during this period was promoted from a provincial position; i. e., none of them were from a ministerial or other central agency position. The appointment of subnational level officials follows a somewhat similar consensus based selection process, with intensive interactions between upper and lower – level governments. In addition to major impacts on both the subnational officials' career paths and the pool of future top national leader candidacy, these procedures also act as institutions that balance national and regional interests.

Supported by commonly shared collective interests among most national and subnational officials, the central leadership enjoys considerable authority over potentially disobedient regional leaders. With this authority, the central government takes a tough stand to make the subnational governments comply on the most important issues, such as national (or political) unity and macro stability. Personnel control is

① A common practice of the CCP is to put the selected next top leader(s) into the Politbureau Standing Committee.

often used as the last resort for enforcement to guarantee the implementation of central policies. ①

At the same time, as previously discussed, the central government is often fairly hands off on regional economic issues. Subnational governments are granted sizable de jure control rights and endowed with even greater de facto control rights over most economic issues and resources within their jurisdictions. Together with a highly incomplete personnel control regime—although it is highly structured and effective, it is ambiguous on many issues and there are gaps in other issues—the delegation of power to regional governments is also highly incomplete (a la Katharina Pistor and Xu, 2003). For most issues, as long as the central government does not have an explicit policy, by default the regional governments would be in the position to make decisions within their jurisdiction. However, the central government retains the power to intervene. Thein completeness of personnel control and power delegation is partly a result of compromises and partly a design for encouraging more local initiatives from local governments, while still remaining open to central control. At the same time, this regime also makes it possible for subnational governments to maneuver against, rather than to simply comply, with policies of the central government.

To understand the distinctive feature of China's RDA regime, such as the enablement of local governments, it is worth while to point out its origin and its robustness in history. The basic governance structure of China's RDA regime originated from the birth of the Chinese empire and has evolved over two thousand years, which has supported the empire to last so much longer than all other empires in world history, ② and has a long lasting impact on the governance of today's China. ③

Designed at the beginning of the Qin Dynasty (221 BC), subnational government officials were appointed by the Emperor (Qian Sima, 1993 [109 BC]). This as-

① When a few regional leaders defy the central government and challenge the power of the central government, they are punished severely. Recent examples include the dismissal and imprisonment of the former mayor of Beijing, Chen Xitong, in 1995, and the former mayor of Shanghai, Chen Liangyu, in 2006.

② It is well known that institutions of most of the countries in the world have a European origin through their imperial histories, e. g., the United Kingdom and France; or colonial histories, e. g., the Americas, Africa, and South Asia; or voluntary adoptions of the European institutions, e. g., Russia, Japan. But it is well noticed that China has neither been colonized by Europe nor adopted European institutions systematically before the 1950s, when it adopted an institution from the Soviet Union. This is the underlying reason why, on many facets, China looks inconsistent with the regularities discovered in cross – countrystudies.

③ Indeed Mao frequently referred to the governance approach of imperial times, perhaps more than his discussions on Marxism and the Soviet system.

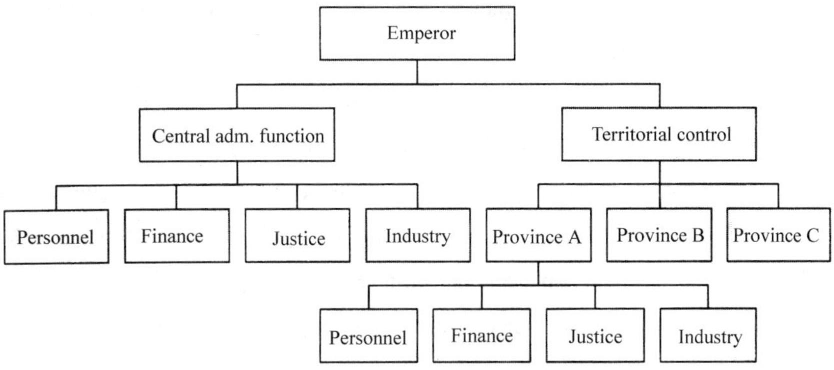

Figure3 Stylized Governance Structure of Imperical China

sures the emperor's strategic control over the nation. Given the primitiveness in communication and transportation at that time, most local affairs were delegated to subnational governments, conditional on their loyalty to the Emperor. To enable subnational governments' effective control, they are assigned with self –contained functions that each of them was able to coordinate operations within its jurisdiction. This is true at all levels of subnational governments. To illustrate the self – contained governance structure at every level of subnational governments, figure 3 depicts a stylized structure similar to that of imperial China during the Ming and Qing dynasties (1368 – 1910) in which the empire divided the central government's functions into six ministries. The most important ministry was Personnel (li bu), which determined the appointment and promotion of central and provincial officials. This structure extends to the bottom administrative level, the county level. Just like in the central goverment and at the provincial level, a typical county (xian) government controlled the six corresponding offices within its jurisdiction(Gang Bai, 1996). ① A caveat is in order that during imperial times there was no political party, such as the CCP, which makes today's RDA regime historically unique.

The consensus – based decision – making process and personal control system of the RDA regime provide mechanisms for upholding a balance between economic de-

① The six ministries at the central government are Ministries of Personnel (Ii), Finance (hu), Civil Service Exam and Foreign Affaires (li), Military (bing), Justice(xing), and Manufacturing (gong), i. e., li – hu – l i – bing – xing – gong liu – bu. The six similar offices at each county government are li – hu – li – bing – xing – gong liu – fang. Here, bu and fang are in bold to highlight the difference between the central government (six ministries, Iiu – bu) and a local goveminent (six offices, Iiu – fang).

centralization and political compliance. These mechanisms allow the regime to evolve while keeping the central - regional relationship basically stable. ① There were deep worries that delegating economic powers to regions undermined the capacity of the central power (Shaoguang Wang,1995). And in the early period of the reform, the time associated with much regional decentralization, the central govermnent's share of national total fiscal revenue declined substantially. When the economy was growing rapidly and some regional governments enjoyed high surpluses, the national government rand eficits and had to borrow from some provinces. Moreover, central power could be further weakened by the enfranchisement of regional leaders in Party institutions during national - level successions (Shirk ,1993). ②It was argued that capacity of the central government was undermined so severely during the reform era that this weakened capacity threatened Chinese political unity in a manner similar to the situation before the disintegration of Yugoslavia (Wang and Angang Hu,2001). Responding to the worsened central fiscal capacity and weakened central control over bank lending—which led to central government deficits, excessive lending, and inflation in the early 1990s—the central government increased its political and administrative control over provincial government leaders to coordinate and implement national economic policies (Huang,1996a, 1996b; Naughton and Yang,2004;Landry,2008). During this time, the central government took away some powers from subnational governments. Tax collection was recentralized in 1994, and control over bank lending was also shifted away from subnational governments (Tsui and Wang, 2004). However, this fiscal recentralization did not fundamentally change the RDA regime and did not terminate regional decentralization. These should instead be viewed as efforts to maintain a balance between the interests of national and subnational governments. Regional governments' losses in tax revenue were compensated by other means, such as extra - budgetary and nonbudgetary revenues(Wong,1997), and their losses in controlling bank lending were compensated by stronger controls over land and state assets within their jurisdictions (subsection 6. 1 discusses the consequences of these chan-

---

① It has been reported that during the reform era, in a period of more than two decades, the provincial share in the Politburo of the CCP increased slightly; meanwhile, the provincial share in the Central Committee of the CCP declined by a similar magnitude (Yumin Sheng,2005).

② Shirk (1993) argues that the content and sequencing of China's economic reforms are determined by the ongoing succession struggles of the Party, where as devolution gave central politicians the opportunity to win the gratitude and the political support of officials from the provinces.

ges).

2.4 General Remarks

The decision – making process of China's RDA regime relies on building consensuses among the top leaders—often including provincial leaders—and regional experiments, which keeps a balance between national and regional interests. This mechanism generates outcomes that are somewhat similar to what occurs through negotiations in a legislative body. Moreover, together with the selection process of national and subnational leaders, these mechanisms nurture interest groups of market – oriented and growth – oriented reforms within the party, which contributes to stable market reforms over several decades.

Although China's RDA regime is evolved from China's unique history (e. g. , the long estimperial history in the world and the unprecedented events of the Cultural Revolution), which makes its policy lessons less relevant directly for other countries, there are important general lessons for debateson decentralization. Firstly, for developing and transition economies, focusing on fiscal decentralization can be misleading for both understanding and policies. Secondly, extreme decentralization in general may not be optimal. If China went down a path of extreme decentralization in which all provinces became completely autonomous exceptin military and foreign affairs, even assuming away potential political instability, without an active central government all the benefits from the combination of collective decision making and regional experimentation would disappear; negative externalities across regions would become prevailing; and no one would take care of positive externalities across regions. Moreover, the nature of regional competition and regional experiments would be fundamentally weakened (to be discussed in sections 3 and 4).

3. Regional Competition and Subnational Governments' Incentives for Reforms

A distinctive feature of China's reform is the vital roles played by highly motivated subnational governments. Governors Zhao Ziyang of Sichuan and Wan Li of Anhui initiated land reform experiments in a few localities within their jurisdictions in the late 1970s when the national policy, including the Party's "reform" manifesto, did not allow any ownership change to collective farming. Similarly, governor Xi Zhongxun of Guangdong proposed the special economic zone reform while some top central leaders were hostile to this reform plan (sections 4 will elaborate on this below). Later, when those locally initiated reforms were endorsed by the central government as national policies, the reforms were implemented by all levels of government nationwide. After the initial success of the regional reforms, these reform pioneers were all promoted to national level posts. Zhao and Wan became the premier and executive deputy premier of the state council, respectively, responsible for national reform; Xi became a vice Chairman of the National People's Congress.

As the pioneers and architects of regional reform, the political risks they faced were substantial. The key issue I will address in this section is how subnational government officials are motivated to initiate and to implement reforms. Without a solution to incentive problems of government officials at all levels of government, reform would not be carried out successfully or potentially not even be attempted. There is no question that some reformists have intrinsic personal motivations (a la Canice Prendergast, 2007) to push forward reforms. For those officials with intrinsic motivations to reform, the only incentive that needs to be devised is to give them the power to initiate and to implement reforms. However, extra incentives, i. e., extrinsic incentives, are necessary for most subnational officials to take risks and to work hard for reforms. Further more, very often well – devised extrinsic incentives can induce stronger intrinsic incentives and viceversa, so that the two incentives often reinforce each other at equilibrium (a la Roland Bénabou and Jean Tirole, 2003). By the same logic, poorly devised or destrnetive extrinsic incentives could weaken or even destroy intrinsic motivations for reforms. In this section, I will focus on the extrinsic incentives provided to Chinese subnational officials. My major argument is that interregional competition has motivated subnational officials to push forward reforms. Chinese regions (provinces, municipalities, counties, and townships) compete against each other for performance rankings and regional officials' careers are linked to their performance in the "tournaments". ①

As bureaucrats appointed by their upper level governments, most Chinese subnational officials are very much motivated by their career concerns, which are basically about climbing ladders within the government hierarchy. Through this channel, the central government affects the ultimate incentives ofthe subnational officials. It is noteworthy that this mechanism is fundamentally different from the well – known juris-

① The most popular performance indicators used inregional rankings are GDP (total or per capita), GDP-growth rate, and FDI. In addition, some other indicators, such as regional competitiveness in various aspects, are also widely reported. For example, in a recent ranking, Shanghai, Beijing, and Guangdong were ranked as the first, second, and third most competitive regions in China in 2007, which is unchanged from those in 2006; whereas inland provinces Anhui and Hubei improved their rankings significantly (Xinhua, 10/03/2008).

dictional Tiebout competition, or in general fiscal jurisdictional competition in the fiscal federalism literature. The latter has nothing to do with the internal promotion of the local government officials. Instead, local officials are driven by their fiscal motives, e. g. , maximizing property values within their jurisdictions by attracting additional residents (Charles M. Tiebout, 1956; Wallace E. Oates, 1999) or by winning votes from their constituencies (Dennis Epple and Allan Zelenitz, 1981).

3.1 The Institutional Foundation for Regional Tournament Competition

In this subsection, I elucidate how China's RDA institution creates the conditions forregional competition, as well as the trade offs of this regional competition. When there form era started in the late 1970s, regional governments were encouraged to find ways to develop faster than other regions. Policieson special economic zones and other economic development zones were implemented, enabling subnational governments' competition for investments. Regions compete for economic growth and for attracting FDI, etc. Since the mid – 1980s, many better performing counties were upgraded to them unicipal level, which further enabled and empowered these local governments. At the same time, this city status upgrading also provides high incentives to all the county governments to compete for the opportunity to be promoted. Government statistics and mass media regularly publish rankings of regional performance, which become an important part of evaluations for determining the promotions of subnational government officials.

In contrast to the prevalence of regional competition and initiatives taken by subnational governments in Chinese reforms, officials in other reforming countries or other transitional economies were not given similar competitive incentives and they were, ingeneral, less active in taking initiatives than their Chinese counterparts. Yet, decentralization does not automatically create strong incentives to regional officials for regional economic growth, as can be seen in most other countries. What makes China special in providing strong incentives to regional officials for economic development? Furthermore, there are serious potential problems associated with decentralization, such as regional protection and regional environment problems. What are the conditions under which regional competition leads to desirable outcomes?

To address the first question, let me start with a summary of the major features of Chinese institutions that facilitate regional competition. First, Chinese subnational officials are subject to incentive schemes managed by the central government. With centralized personnel management for subnational officials, regional competition underthis institutional structure is qualitatively different from fiscal federalist regional competition in which local officials are elected(Epple and Zelenitz,1981). Second, the Chinese national government not only possesses superior powers of appointment, promotion, and dismissal of subordinate government officials, but it is also strong enough to eliminate collusions between lower level subnational governments. This preserves tournament – like regional competition since collusion among subnational officials can make competition impossible. Third, Chinese regions, particularly county level or higher – level regions, have historically been and remain relatively self – sufficient in that each region contains multiple Economics ectors. Therefore, most Chinese regions area like in their economic structures, which is acritical condition for tournament like competition to function (discussed in more detail below). Moreover, this greatly weakens interdependence among Chinese regionsand enables subnational governments to coordinate most of the economic activities within their jurisdictions. Finally, Chinese subnational governments are both enabled and empowered to take responsibility for economies within their jurisdictions. They are granted a fairly high degree of autonomyon economic activities. Enablement and empowerment themselves are vital sources of incentives. Ultimately, incentives for officials can play important roles only when those officials are enabled and empowered to take reform initiatives or growth – enhancing measures, etc.

The theoretical model of Maskin, Qian, and Xu (2000) highlights the relationship between China's RDA regime and high powered incentives associated with regional competition, which includes tournament like competition.① The stylized hierarchical organization modeled by Maskin, Qian, and Xu captures the feature of the RDA regime.② There are two types of authoritarian structures considered in the model: a multiregional organizational form(M – form), such as China, in which there are two unspecialized subnational regions, each of which is assigned to manage similar tasks such as manufacturing and agriculture; and a unitary form (U – form), such as the former Soviet Union before 1991, in which there are two specialized subnational units—ministries—each of which is assigned with managing a specialized task such as manufacturing or agriculture. In contrast with China, in those economies there

① Interpreting the Maskin, Qian, and Xu model as amechanism of the RDA regime is my personal view.

② In addition to authoritarian regimes, the Maskin, Qian, and Xu model also applies to large corporations. This is not coincidental as the Chinese authoritarian regime issometimes regarded as corporate technocrat – ship or corporatism in the literature (e. g., Jean c. oi,1999).

were noministerial or regional competitions in reform measures or growth – enhancing efforts, even though they started reforms much earlier than China. The Maskin, Qian, and Xu model focuses on incentive issues of subnational officials in order to address the following questions: What is the specific mechanism that makes regional competition effective in China? And what prevented the FSU – CEE countries from deploying a similar approach?

As in any incentive theory, the outcomes of the tasks are determined jointly by the managing efforts of the relevant officials and outside random factors. The officials' efforts are not observable to others and are costly to them; therefore, when there is no proper incentive scheme, there will be no reform efforts. It is known that when facingun observable efforts, tournament competition can motivate agents better than other incentives schemes (e. g. , Edward P. Lazear and Sherwin Rosen, 1981). However, an effective tournament competition requires that the tasks of the agents should be similar and that the outside random factors faced by the agents should follow the same distribution. The rigidness of these conditions makes these models hard to apply directly to realworld institutions.

The Maskin, Qian, and Xu model extends the basic idea of tournament competitionto different institutions organized in different ways, which determines how tasks are assigned and how information is used by each official. These in turn determine the effectiveness of different incentive schemes for the officials in the regime. Given that Chinese regions are alike in their economic compositions, which implies that shocks to regions are highly correlated, by assigning similar tasks to regional officials and delegating power to them in order to carry out regional reforms, regional competition among them can serve as an effective incentive scheme. To understand the mechanism, let us suppose a governor performs poorly and tries to blame the outcome on bad luck in his region. This excuse is unconvincing, however, if all other similar regions are prospering. Therefore, facing the comparison (or competition) with other regions should force every governor to work hard.

On the contrary, if subnational units are highly specialized so that they are not comparable or if tasks assigned to every official are idiosyncratic, which implies that shocks to these tasks are not correlated, such as ministries in former Soviet Union and Central – Eastern Europe before 1989, it is easy for a minister to blame a poor outcome on bad luck in his industrial sector and it is difficult to object to his excuse, given that performance is imperfectly correlated with officials' efforts. That is, ministerial tournament will not be efficient when tasks and information of ministries are sufficiently different from each other. Therefore, although distributions of industry - specific shocks and of region - specific shocks are exogenous, they affect officials' incentives differently under different organizational forms.

Two types of incentives are analyzed in the Maskin, Qian, and Xu model: the absolute performance incentive, which ties an official's compensation to his own outputs, and the relative performance incentive, which links an official's compensation to other's outputs in a negative way. The absolute performance incentive is inversely related to the noise level of each official's own performance, while the relative performance incentive is positively related to the correlation between the performances of two officials. In summarizing the two factors, the incentives of officials in any regime depend on the varianee - covarianee matrices of the exogenous random shocks. Fortunately, the essential information of varianee—covariane ematrices can be sufficiently compressed into a scalar, the conditional variation measurement. A smaller conditional variation impliesa smaller variation and a larger correlation, i. e., a higher quality of information for incentive purposes.

In a highly simplified version of the model, for an economy organized in U - form, the middle officials will be ministries responsible for industries 1 and 2; and the corresponding industrial shocks are denoted as $\epsilon 1$ and ϵ 2. The information relevant to the incentives of the two ministers is summarized by the conditional variances $Var(\epsilon 1 | \epsilon 2)$ for minister1 and $Var(\epsilon 1 | \epsilon 2)$ for minister 2. For an economy organized in M - form, the middle officials are governors responsible for regions A and B, and the corresponding regional shocks are denoted as ϵ_A and ϵ_B. The infor - mation relevant to the governors' incentivesis summarized by the conditional variances $Var(\epsilon_A | \epsilon_B)$ for governor A and $Var(\epsilon_B | \epsilon_A)$ for governor B.

Therefore, if $Var(\epsilon_1 | \epsilon_2) > Var(\epsilon_A | \epsilon_B)$, then the information quality for evaluating governor A in the M - form is higher than that for minister i in the U - form. In general, if $Var(\epsilon_i | \epsilon_j) > Var(\epsilon_r | \epsilon_s)$ (here after this condition will be referred to as condition A), for all i, j = 1, 2 and for all r, s = A, B, we will conclude that, everything else being equal, regional competition with relative performance evaluations under the M - form is more effective than ministerial competition under the U - form. Therefore, the M - form will be able to provide better incentives to their governors than the U - form for ministers. Of course, if condition A is reversed for every pair - wise comparison, the conclusion will be reversed. Therefore, ultimately, whether regional decentralization is more beneficial than a centralized regime is an empirical matter, and the Maskin, Qian, and Xu modelprovides a methodology to test it.

3.2 Evidence

Three forms of systematic evidences on the relationship between China's RDA regime and regional competition will be presented in this subsection. The first evidence concerns whether or not China's RDA regime provides better conditions, in terms of condition A, for jurisdictional competition than a centralized authoritarian regime. Then, Isurvey evidence that regional competition provides incentives to regional officials. The last evidence suggests that China's RDA regime has made a significant contribution to China's growth.

Using a firm – level dataset of Chinesestate – owned enter prises from 1986 to 1991, Maskin, Qian, and Xu find that Chinese regions are indeed "alike" in the sense that regional competition should work better than ministerial competition. The dataset contains industry classification codes and location codes for each firm, and industry specific shocks and region – specific shocksare estimated by running the log – linearCobb – Douglas production function. This allows for calculation of regional and industrial conditional variations. In their sample, 70 percent of the results satisfied condition A and there is no single case that the condition A is reversed.

To address the question of whether relative performance evaluations are actually used in China, Maskin, Qian, and Xu investigate the relationship between the promotion of regional officials and regional economic performance. They use regional representation in the CCP'S Central Committee as aproxy for the promotion chances of officials in that region and measure the economic performance of a region by its growth rate in national income. Then they investigate how the improvement of a region's performance relative to other regions would later affect the promotion of this region's officials. Specifically, they constructed a national ranking index of each province's representation at the 11th Party Congress in 1977 and in the 13th Party Congress in 1987, and constructed a national ranking index of provincial economic performance lagged by one year, asmeasured by growth rates in the year before the Party Congress, that is, in 1976 and in 1986. The evidence shows that officials from relatively better – performing regions have a better chance of being promoted, suggesting that tournament – like regional competition is at work.

Similarly, using data covering 344 top provincial leaders (187 party secretaries and 157governors) from China's twenty – eight provinces for the period from 1979 to

2002, Ye Chen, Hongbin Li, and Li – An Zhou (2005) find that provincial officials' performances relative to the national average and to their immediate predecessors had significant impacts on their promotions (columns 5 and 6 in table 3). The left – side variable of all there gressions in the table 3 is turnover, i. e. , the probability of termination, staying at the same level, or promotion.

Using a panel dataset covering 254 provincial leaders (provincial party secretaries and governors) who served in twenty – eight Chinese provincial units from 1979 to 1995, Li and Zhou (2005) find that regional officials' promotions are determined by the performance of their jurisdiction relative to the national average. Everything else being equal, for those provinces that surpass the average growth rate by one standard deviation from the mean, their leader would increase the probability of his promotionby 33 percent of the average probability of promotion; and those that performed worse than the mean by one standard deviation would increase the probability of termination by 30 percent of the average probabilityof termination (columns 3 and 4 in table 3). In the table, the punishment for the worst performers is shown as an estimated coefficient with cut – off point 1. Overall, the marginal effects of growth performance on turnover are large.

By separating provincial party secretaries from governors, Sheng (2009) finds evidence that provincial GDP growth mattered for the political fortunes of governors but not those of party secretaries. This may capture the division of labor between party secretaries and governors in the RDA regime given that the former were responsible for party affairs, such as personnel control, where as the latter were put in charge of running the provincial economy. Nevertheless, considering the fact that most provincial party secretaries served previously as governors, their records on provincial economic performance must have already played a role in their promotion to become secretaries.

TABLE 3　　THE EFFECT OF ECONOMIC PERFORMANCE ON THE TURNOVER OF PROVINCIAL LEADERS

(Ordered probit regressions)

Dependent variable: turnover (0 = termination, 1 = same level, 2 = promotion)						
	(1)	(2)	(3)	(4)	(5)	(6)
Provincial annual CDP growth rate	1.615 * * (2.05)	1.581 * (1.87)				
Provincial average GDP growth rate			4.727 * * * (1.34)	4.540 * * * (3.90)		

Continued

	Dependent variable: turnover (0 = termination, 1 = same level, 2 = promotion)					
	(1)	(2)	(3)	(4)	(5)	(6)
Provincial average per capita GDP growth rate (A)					3.001 * * (2.10)	
Provincial average per capita GDP growth rate of the immediate (B) predecessc					-3.584 * * (2.36)	
(A) - (B)						3.309 * * * (3.41)
Age		-0.026 * (-1.91)	-0.023 * (-1.68)	-0.071 * * (6.81)	-0.070 * * * (6.77)	
Age 65		-0.974 * * * (-5.27)	-0.976 * * * (-5.25)	-0.303 * * (2.07)	-0.303 * * (2.07)	
Education		0.154 (0.96)	0.187 (1.17)	0.183 (1.48)	0.184 (1.50)	
Central connection		0.384 * * * (2.79)	0.404 * * * (2.89)	0.082 (0.74)	0.085 (0.77)	
Tenure		-0.053 * (-1.74)	-0.055 * (-1.78)	-0.062 * * (2.44)	-0.062 * * (2.45)	
Lagged per capita GDP (million yuan)		0.080 (0.43)		0.010 (0.05)		
Cutoff point 1	-1.320 * * * (-3.67)	-3.162 * * * (-2.98)	-2.850 * * * (-2.64)	-2.850 * * * (-2.63)	-6.992 * * * (8.42)	-6.929 * * * (8.66)
Cutoff point 2	1.621 * * * (4.63)	0.106 (1.01)	0.455 (0.43)	0.455 (0.43)	-3.736 * * * (4.64)	-3.662 * * * (4.70)
Number of observations	864	864	864	864	1,227	1,227

Notes: The numbers in parentheses are t - ratios based on robust standard errors. The significance levels of 1 percent, 5 percent, and 10 percent are noted by * * *, * *, and *. All regressions include the provincial and year indicators. Columns (1) - (4) are based on Li and Zhou (2005). Columns (5) and (6) are based on Chen, Li, and Zhou (2005).

Of course, the promotion of regional officials is not solely determined by their performances in economic affairs. In most columns of table 3, many of the noneeconomie performance factors are controlled. One of them is the impact of regional officials' connections with the central government on their promotion, which is measured by their previous or current work experience in the central government. The central connection indicator has a positive and significant impact. Comparing columns 3 and 4 with columns 1 and 2 of table 3 indicate that promotion and termination appear more sensitive to the average growth rate than to the annual growth rate. They suggest that the long – run or average measure weigh more inturnover decisions than those of shortterm shocks.

In addition to providing incentives through appointment and promotion within the hierarchical structure, the decentralization based reforms also further delegate autonomies to subnational governments through various channels. One of those is the citystatus upgrading scheme. In the city status upgrading scheme, municipal governments are granted more administrative authority and the political position of a city is raised, thus more strongly incentivizing its officials. One of these kinds of practices is to upgrade some county governments as city governments (county – to – city upgrading). From1983 to 2001, 430 county – level cities were established, mostly by upgrading (Lixing Li, 2011). Another method is to upgrade some prefecture level municipalities to the deputy provincial rank city, which is officially called separately itemized cities (jihuadanlie), meaning that they enjoy substantial autonomy and are treated separately from the province in which they are located. Since 1984, fourteen cities have obtained deputy provincial rank (Yupeng Shi and Zhou, 2007).

Using a large panel data set covering all counties in China from 1993 to 2004, after controlling for the official upgrading requirements, such as industrialization, population, and fiscal strength, Li (2011) finds that, everything else being equal, counties with ahigher growth rate were more likely to get city status. He interprets this as evidence that upgrading is used by the central governmentas an incentive mechanism to align regional interests with the national ones. Shi and Zhou (2007) show that everything else being equal, cities obtaining deputy provincial rank, i. e., agreater degree of autonomy, increased percapita GDP by an additional 9.3 percent, percapita FDI by more than 50 percent, and per capita investment by about 80 percent. This indicates that enabling and empowering subnational governments by granting them more autonomy power together with high – powered incentives enhances regional economic growth effectively.

All of the above surveyed papers do not pay special attention to the potential reverse causality problem, except for applying sometime lags. One might challenge these findings by imagining that a govern or who was already picked to assume important positions in the central government in the future being assigned to a province with fast eeonomie growth to show his performance. That is, instead of career concern motivating regional development, the findings may be interpreted as placing favorable future leaders into easy performing regions to justify their later promotion.

Indeed, a clear – cut econometric study that rules out a reverse causality has yet to be done. Nevertheless, if we combine all the results from the literature, the overall picture should be reasonably convincing that a reverse causality is not most likely. First, to improve the chance of being promoted, a governor not only should perform better than average (Li and Zhou result); but also should be better than his/her immediate predecessor (Chen, Li, and Zhou results), which makes the reversed causality argument uneasy. Second, if a governor performed really poorly for several years, the likelihood of his/her losing the governorship is substantially increased. It is hard to imagine that poor performance for many years isunrelated to this governor's own actions.

Finally, in the analysis and evidence discussed in sections 3. 1 and 3. 2, the government is focused on economic growth or growth – enhancing reforms. Under this condition, tournament – like regional competition creates powerful positive incentives to subnational officials. However, when the government's task is expanded to many other potentially conflicting tasks, such as managing inequality, protecting environment, and maintaining social stability, regional competition may create strong negative effects. This is discussed in section 6.

3.3 Chinese Regional Competition and the Debate on Fiscal Federalism

There is a large literature that debate swhether the quality of public fiscal policy can be improved through regional competition or fiscal federalism in general. The seminal Tiebout model (1956) shows that jurisdictional competition among subnational governments can make the provision of public goods more efficient. Along this line of thinking, a market – preserving fiscal federalism develops an argument that says that, under certain conditions, fiscal federalism is self – enforcing and is market preserving. The core mechanism is the commitment mechanism created by certain fiscal federalism that prevents the national government from intervention, which in turn provides proper incentives to government officials at all levels to encourage market growth (Barry R. Weingast, 1995). China is often seen as a major example of market – preserving fiscalfederalism (Gabriella Montinola, Qian, and Weingast, 1995; Qian and Weingast, 1997; Hehui Jin, Qian, and Weingast, 2005).

At the same time, there is also a fairly sizable literature that challenges fiscal federalism on many aspects. First, interjurisdietional competition for capital may lead to a "raceto – the bottom" in local tax rates or in reduced provision of some local public goods (Michael Keen and Manrice Marehand, 1997). It may prompt local governments to exploit possibles pillover to other jurisdictions, exporting taxes or pollution to their neighbors (Roger H. Gordon, 1983; Oates and Robert M. Schwab, 1988), and central government intervention may be necessary to solve such problems (John H. Cumberland, 1981; Gordon, 1983; Alice M. Rivlin, 1992; David E. Wildasin, 1989). Without a strong central government, fiscal federalism alone will not lead to efficient results and will not be market preserving (Olivier Blanchard and Andrei Shleifer, 2001). Second, interregional competition for capital may encourage subnational governments to act in ways that corrode the capacities of the central state such that fiscal federalism will, not be market preserving (Hongbin Cai and Daniel Treisman, 2004, 2005).

Evidence from cross – country studies is mixed: fiscal federalism in many countries often is found to be inefficient (Francesca Fornasari, Steven B. Webb, and Heng – fn Zou, 1999; Jonathan Rodden, 2002; Rodden and Susan Rose – Ackerman, 1997). Furthermore, arguments have been made and evidence has been found to show that Chinese fiscal decentralization is neither self – enforcing nor market preserving (Wong, 1991; Cai and Treisman, 2005; Tsui and Wang, 2004).

However, this kind of debate could be misleading if one ignores the fundamental difference between the Chinese RDA regime and a federal state. In the Tiebout branch of fiscal federalism theory, the economic gains to subnational officials from attracting additional residents is central (Tiebout, 1956; Oates, 1999), voice or exit. In a more general version of fiscal federalism, subnational government officials are elected and they are accountable to their constituencies (Epple and Zelenitz, 1981). In contrast, Chinese officials face no pressure due to voice, exit, or election, suggesting they should perform poorly. Yet, they face strong incentives to meet the promotion criteria defined by higher officials. Undercertain conditions, these promotion incentives could be strong enough to replace the incentives derived from voice, exit, or election. But this is not always the case as somelater sections will discuss.

Moreover, the condition of market – preserving fiscal federalism requires that "[t]he allocation of authority and responsibility has an institutionalized degree of durability so that it cannot be altered by the national government" (Montinola, Qian, and Weingast, 1995, p. 55).① This requirement "providesfor credible commitment

① Kellee S. Tsai (2004) argues that China violates basic assumptions of market – preserving federalism.

to the federal system and thus for limits on the national government's discretionary authority. Notonly must there be decentralization, but that decentralization must not be under the discretionary control of the national government" (Montinola, Qian, and Weingast, 1995, p. 55). This is "a necessary component offederalism's market – preserving qualities" (Montinola, Qian, and Weingast, 1995, p. 57). However, under the Chinese constitution and in line with general Chinese government policies—both de jure and de facto—the central government preserves its discretionary power over regions, and this power has been exercised during the reform era (PRC Constitution, 1982 Amendment, see Xu, 2005; PRC Constitution, 2004 Amendment, see Chubanshe, 2009; Andrew C. Mertha, 2005). A prominent example in which this basic condition of market – preserving fiscal federalism is violated is the recentralization of tax – collection power after more than adecade of fiscal decentralization. Facing adecline on the central government fiscal revenue while the economy was growin grapidly (Wong, 1991), in 1994 a reversal of the fiscal decentralization took place in central government— attempts to overcome this problem (Tsui and Wang, 2004). As a result, the share of subnational governments' tax revenue in national tax revenue was reduced substantially from 70 percent to 40 percent (World Bank, 2002), This implies there is nocommitment to limiting the central authority power in fiscal policy.

In addition to the nature of the basic institution, there is an important technical assumption necessary for Tiebout competition to work: factor mobility. Similarly, one of the five fundamental conditions of market preserving fiscal federalism requires that "[t]he national government has the authority to police the common market and to ensure the mobility of goods and factors across sub – government jurisdictions" (Montinola, Qian, and Weingast, 1995). However, when reforms started regions competed fiercely without factor mobility, and factors gradually became more mobile as a result of the reform—not as a starting point of there form. For example, labor in China has only become partially mobile since the mid 1990s (John Whalley and Shunming Zhang, 2004). Moreover, capital is even more immobile than labor, and segmentation of capital markets is still a problem today (Gordonand Li, 2003). Although the direction of the trend of trade barriers across regions and the direction of the trend of factor mobility are debatable subjects, the existence of severe factor immobility and regional trade barriers in China is indisputable (Alwyn Young, 2000; Naughton, 2003; ChongEn Bai et al., 2004).

Within the theoretical framework of tiscai federalism, a violation of factor mobility makes interjurisdictional competition amongre gions impossible. Without factor mobility, citizens would not be able to "vote with their feet", and thus there would be no Tiebout competition. Similarly, in the framework of market - preserving fiscal federalism, inter - jurisdictional competition would fail to serve as an important incentive device without an ational common market and factor mobility (Jin, Qian, and Weingast, 2005). However, economic development and the development of a national common market could be characterized as something of a chicken - or - eggdilemma. Therefore, a recipe for economic development conditional on the existence of a common market or factor mobility would be difficult to apply usefully to real - world situations. ①

What happened during the Chinese reforms is that when factors were highly immobile, i. e. , when Tiebout conditions were violated, Chinese regions started to compete fiercely with each other. Moreover, not only did the RDA regime manage regional competition in a growth - enhancing manner, but also allowed factors gradually to become more mobile, thus encouraging the evolution of a national common market. The key poin there is that factors became more mobile as an outcome of the reforms, rather than as aprecondition for them.

Finally, it is important to note that fiscal federalism theory is based on the very feature of market economies that requires that the economic roles of local governments be restricted to fiscal policies. Thus, the key issues of fiscal federalism theory revolve around fiscal policies such as taxation and the provision of public goods by local governments. However, Chinese subnational governments are responsible for much broader roles in the economy, of which fiscal policies are only a subset. Therefore, applying fiscal federalism models that focus on fiscal policy alone will miss large parts of thereforms and will not be able to explain China's economic reform and growth. This point is also valid for most transition economies, at least during the process of transforming the economy into a market economy.

4. Regional Institutional Experiments

Regional experimentation is an essential part of the central decision - making process in China (section 2. 2. 1). Starting from 1978, almost every major step on the path of reform was tried out by a few regions first before being launched nation-

① In almost all developing economies, factor mobility is limited and a national common market has yet to be developed; this makes people doubt the usefulness of the fiscal federalism model for economic development (Pranab Bardhml, 2002).

wide. This is well echoed by the well - known "slogan" of the Chinese reforms: "crossing a river by touching the stones". To some extent, the "stones" are reform measures and these "stones" are "touched" through regional experiments.

Subnational governments play a critical role in attempting reforms due to the uncertainty of new reforms. One of the major uncertainties is related to the challenges of political resistance because reforms create winners and losers in changing institutions. The political economy of institutional changes affects paths and strategies of reforms. Under certain conditions, regional reform experiments are used as a strategy to weaken political resistance and to reduce the uncertainties that come from a new reform. A successful experiment outcome not only provides information on which reform program works but also can be used to support the reform and to persuade the unconvinced. Moreover, compared with a nation wide full - scale reform, when a regional experiment fails the drawbacks may be contained to the experimenting region. In addition, some compromise policies or compensation schemes aimed at opponents of a given policy may be attempted as a way to ease the opposition toward starting a reform. That is, the option value carried with regional experimentation may bear weight to tip the political balance in favor of those reforms that may otherwise have been discarded.

However, it seems that China is unique in deploying regional experimentation as are form strategy, while it is usually agreed that Eastern Europe and the former USSR followed the "big bang" strategy. Moreover, this difference of approach is usually regarded as an explanation of why China— reforms performed so differently than those of Eastern Europe (John McMillan and Naughton, 1992; Jeffrey D. Sachs and Wing Thye Woo, 2000). Yet, the experimental approach was in fact utilized in the pre - 1989 reforms in Eastern Europe and the Soviet Union, but failed miserably.① Those failures led to adiscrediting of the experimental approach in reforms and to the adoption of the bigbang approach. Ironically, to a large extent, China followed many of

① An interesting example is Khrushchev's "Sovnarkhoz" reform (decentralization reform) launched in 1957 and 1958 through a trial - and - error process, which eventually established 105 "Sovnarkhozes" in the territory of the USSR (Howard R. Swearer, 1959). The reform delegatesfull authority to regional party secretaries over appointing SOE directors in their jurisdictions (William B. Ballis, 1961). Regional leaders were encouraged to try reform measures and strong incentives are linked to their performance (Swearer, 1962). But this "Sovnarkhoz" reform failed due to serious cross - region coordination failures (Paul R. Gregory and Robert C. Stuart, 1998), which leads to the removal of Khrushchev in 1964. Andrei Markevichand Ekaterina Zhuravskaya (2011) document this failed reform.

Eastern Europeanstyle gradual reforms with experiment as anessential ingredient in the earlier stages ofits reforms. A fundamental question is: what are the conditions that make China special indeploying regional experiments successfully? And, what makes the experimental approachwork in China but not in Eastern Europe?

The key potential benefit of experimenting is to reduce the uncertainties of reforms. However, this potential benefit will be realized only when results can be obtained through experiments that do not disturb therest of the economy, particularly in case of experiment failures. It turns out that how an experiment is coordinated determines whether an experimental approach will befruitful and, in turn, the way experiments arecoordinated is determined by the way the economy arid the government is organized. Conventional economic wisdom may lead people to wonder why a market should not be used to coordinate a reform experiment. However, it has been argued that many essential coordination tasks often have to be carried out through nonmarket mechanisms, even in developed market economies (Coase, 1937; Weitzman, 1974; Williamson, 1975). For economies carrying out reforms aimed at transforming a centrally planned economy into a market economy, this is particularly tree since markets there have yet to be developed. In his Nobel Lecture, Coase (1992) argued that the function of management in a firm "was to coordinate" beyond the markets. He asked: "Why was it needed if the pricing system provided all the coordination necessary?" His answer was that "[t]o have an efficient economic system it is necessary not only to have markets but alsoareas of planning within organizations of the appropriate size". When an organization is large, such as a multinational company or anational government, a related key issue is "the appropriate size" of the suborganization that coordinates, or who should coordinate what within an organization. In the spirit of Coase, to some extent different ways of allocating authorities within a government, or different ways of decentralization, is an institutional design issue that addresses the question: what is the boundary of different levels of govemment?

In reality, the success or failure of coordinating reform experiments is deeply entangled with the political economy of reforms. To make the analysis tractable, in the following subsection I simplify important political economy issues into a reduced formas parameters of a model. This allows me to focus on analyzing coordination problems. Then, in subsection 4.2, I bring political economy issues back to real cases of regional experimentation.

4.1 The Institutional Foundation for Regional Experiments

Appropriately devised and implemented reform experiments may reduce uncertainties substantially. However, a reform experiment often involves several complementary subprograms, so a reform experiment will fail if its related subprograms are not coordinated satisfactorily. ① The role of the government, particularly local governments, ininitiating and coordinating local experimentsis particularly vital in cases where many markets are missing or ill functioning.

There are many reasons why it is important to let local governments initiate and coordinate local experiments. These are best seen by exploring an alternative approach, which would be to let the central government initiate and coordinate reforms. "Local knowledge" and "local information" (Hayek) are the basic reasons why decentralized experimentation is superior to centralized experimentation. The central government does not know every thing; without information on local preferences, local technology, and local institutional conditions, it is hard for acentralized regime to come up with a concrete, implementable idea that satisfies local demand (preferences). Moreover, implementing a reform requires detailed local knowledge. As a matter of fact, in China's thirty years of reform, most reform ideas did not come from the central government.

A closely related disadvantage of centralized experimentation is the incentive problem. Without autonomous power, unmotivated local officials would be passiveat the best and would not take initiatives to observe and to resolve potential problems. Delegating the power to conduct reform experiments to local governments converts local officials into entrepreneurs. A major feature of China's economic reforms is that local officials make efforts to find market niches, initiate inventive ideas, try new approaches, etc. Without this widespread entrepreneurship and their institutional innovations, most of China's successful reforms would not have been attempted.

However, not all governance structures are conducive to regional reform experiments. A challenging question to be addressed hereis the institutional foundation for coordinating regional experiments. As discussed previously, a typical Chinese region is relatively self-contained and a subnational government is responsible for most economic activities within its jurisdiction. That is, subnational governments are assigned with the power and the resources to initiate and to coordinate regional reform experi-

① Here, the central importance of complementarity among different reform dimensions is in odds with the simplistic view that a single factor determines economic development.

ments. Moreover, given that interregional dependence is relatively weak in China, when are gional experiment fails, its impact on therest of the national economy is minimal(Qian and Xu,1993).①

Qian, Roland, and Xu (2006; also 1999,2007) developed a theory to explain how the Chinese RDA regime creates conditions that alleviate coordination problems in reforms and that allows for flexible experimentation. ②In this theory, a reform program is consisted of some complementary subprograms. Each#subprogram of the reform is characterized by its own individual attributes, and these complementary subprograms must ultimately fit together in order to be integrated properly. A reform is completed successfully only if the characteristics of each attribute of the various subprograms are matched successfully. A failure in the matching of attributes implies a breakdown of economic order, i. e. , a drastic failure. To simplify the matter, suppose are form program is exante well designed in the sense that all the attributes are matched by those in the blueprint of the program. However, some of the attributes may not suitlocal conditions expost, and adjusting these attributes may lead to mismatches with the attributes of other tasks, which will then require further adjustments.

To illustrate the basic idea, let us look at the following example. Suppose a reform has two subprograms: an enterprise restructuring program (involving a lay – off of excess workers) and the creation of a social safety net (involving unemployment benefits). The attributes of the enterprise restructuring program include the number of lai d – off workers and their individual characteristics, such as: age, seniority, family composition, length of residence, sex, type of contract, current wage, and history of employment. The attributes of the unemployment benefits in the social safety net include the rules of eligibility, such as length of employment, special circumstances (i. e. , veterans), the status of enterprises, the rules of the benefits (such as size and length), the types of benefits (monetary or not), the technical support of computers, administration, and budget. If some attributes of the two tasks are not matched, many laid – off workers may not be compensated appropriately, so they may

① Provincial officials of Anhui and Guangdong argued that a failed experiment in an isolated locality would not affect the province's performance when they initiated regional experiments related to land reform and special zone reform in the late 1970s (for more details, see section 4.2).

② In tile Qian, Roland, and Xu papers, Chinese economy is modeled as an M – form organization. All the political economy interpretations associated with the RDA regime discussed here may or may not be shared by my coauthors.

strike and the ensuing social disorder will make the reform a failure.

Therefore, a successful reform requires both a good reform blueprint and proper implementation (i. e. , coordination). The uncertainty of the quality of a reform program earl be reduced to form an expression of two factors: (a) the politieal support for, or resistanee to, a reform and (b) the technical quality of the proposed reform. A program with many political challenges is more uncertain, and a reform program that incites strong political opposition will fail in spite of how "good" the program looks from anoutsider's perspective. Therefore, a program without political support will be regarded as bad regardless of how good the program is in theory or in practice in another country. In addition, a program can be technically uncertain. For example, a mechanical transplantation of the case law from the United States to China would be highly technically uncertain given the linguistic, historical, and cultural differences between the two countries. In a simplified theory, a bad reform program always leads to a failure, however well coordinated in the implementation. Yet, without a test it is not known for sure exante whether a reform program is good or not.

On the other hand, a good reform program needs to be implemented or coordinated correctly. The quality of coordination depends on the quality of the information available to decision makers in the organization. Regional officials enjoy a local information advantage (a la F. A. Hayek, 1945), in that they have first hand observations on the site; whereas for others, any onsite information would require communication, which is subject to imperfect transmission. The Qian, Roland, and Xu framework assumes that information transmission is imperfect. To capture the reality fully, this assumption should be interpreted as a reduced – form expression of two noises: (a) political noise and (b) technical noise. Political noise occurs when information is transmitted through political skeptics or opponents, while technical noise arises from the fact that two officials can have different knowledge and different interpretations of the same message, or for some other technical reasons.

In China's RDA regime, where each region is self – contained and regional officials are assigned the power to coordinate, reform experiments can be coordinated locally. Relying on firsth and local knowledge directly, without involving upper – level officials, local coordination will not be subject to political interference and technical noises, and will be easier to accommodate. Most importantly, flexibility in reform experiments makes it possible to try a reform in one region (or a few regions) first and extend the experiment to other regions later if the first experimentis a success. In the ease of a failure, although the failed experimenting region's payoff will be reduced, the payoff for the nonexperimenting regions will remain constant. This flexibility weakens resistance to reform proposals and encourages attempts of many different reforms, which may otherwise not be tried at all.

In contrast, in an economy where specialized ministries are responsible for implementing tasks, because ministries arecomplementary, reform experiments have to be coordinated by the central officials. This inevitably involves both political and technical noise, thereby making coordination failure more likely. One of the worst features of this economy is its rigidity, which prevents a regional experiment or a small scale experiment from being beneficial. A fundamental institutional problem here is that, because complementary tasks are grouped separately into specialized ministries, coordination across ministries must be provided by the center. In coordinating a small – scale experiment, the central government has to carry it out in multiple steps involving all relevant ministries. These complieations in coordinating regional experiments not only incur dead weight losses (as shown rigorously in Qian, Roland, and Xu), but also make it easy to sabotage an experiment in the process.

In general, when there are more political suspicions surrounding a reform programand when political opposition within the government is stronger, therefore causing coordination failure to occur more often, the advantage of the RDA regime becomes more apparent. These points are illustrated by ease studies in the following subsection.

4.2 Regional Experiments on Land Reform and Special Economic Zones (SEZs)

China's land reform and SEZ reform were both made possible by the efforts of reform – oriented subnational governments facing stiff political resistance at national level. Successful regional reform experiment outcomes created bases for forging consensus among the central leaders, which made large – scale diffusion of the reform programs possible at a later date. Exante the reduced uncertainties of regional experiments gavereformers better chances to try controversial programs. Expost successful experiment outcomes—even those that were only partially successful—could be used as evidence to convince undecided politicians and to accumulate momentum and political support for the reforms.

Chinese land reform started in the late 1970s and is officially known as the household responsibility system (HRS). It is regarded as "a major social experimentin the design of institutions in which a system emphasizing social values has been replaced by a system relying on economic incentives" (McMillan, Whalley, and Lijing Zhu, 1989, p. 782). During the period of the HRS reform between 1978 and 1984, output in the Chinese agricultural sector increased by over 61 percent. Sevent y – eight percent of the increase in productivity in Chinese agriculture in this period of time was due to the changes brought about by the HRS reform (McMillan, Whalley, and Zhu, 1989). By examining many other factors, Lin (1992) disentangled the contri to output growth of the HRS reform from those of other reforms, as well as from that of increased input availability. He confirms that the dominant source of agriculture output growth during 1978 – 1984 was the change from the production – team system to HRS, which was directly responsible for 49 percent of the output growth. Moreover, the change in crop patterns, from grain tonongrain crops, also had a positive impact. Although it may be a bit of an exaggeration to call the introduction of the HRS "the design of institutions", it is pretty accurate toregard this process as "a major social experiment". A key point I want to highlight here is that this major social experiment was initiated and carried out by subnational governments without a design at the national level; this is the way to overcome the political resistances and risks associated with land reform.

Similar to what happened in Central Eastern Europe before the 1989 reforms, or in the former Soviet Union during perestroika, political/ideological resistance to land reform were strong in China. Any change that could lead to decollectivization was seriously challenged, and any failure associated with land reform would beutilized by the conservatives for political reasons. Thus, minimizing the political and technical uncertainties of land reform was critically important for the survival of there form, as well as the reformers themselves.

In the late 1970s, "proto – types" of the HRS were tried by a handful of local officials in a few provinces such as Anhui, Sichuan, and Guangdong. One of the bes t – known examples of initiative by local government was in Xiaogang village in Fengyang county of Anhui. In those localities, land and output quotas were contracted out from local governments (communes) to individual households. The experiments were carried out under high risks, given that people who were involved in the 1960s' land reform were heavily penalized not long ago. ① At that time, land reform

① Land reform was tried in many Chinese regions during the early 1960s but reforms were banned, and officials and peasants involved in the experiments were punished severely during the CR.

was unconstitutional (as stated in the 1978 Constitution of China), and was officially banned by the Communique of the Third Plenum of the 11th Central Committee of the CCP, which is often quoted officially and in the literature as the first milestone of the post Mao reform (Daniel Kelliher, 1992; Naughton, 1995). The State Council and the Party's newspaper, the People's Daily, issued decrees and commentaries on behalf of the central government to stop any land reform attempts with political threats based on the ban of the Communique (Wu, 2009). The supreme leader Deng was quiet until some obviously successful experimental results came out.

Facing the daunting challenges of carwing out the land reform, in 1979 Zhao Ziyang and Wan Li, then the governors of Sichuan and Anhui respectively, decided to experiment with different land contracting schemes in a few counties within their jurisdictions. According to Tian Jiyun, a Vice – Premier of the State Council between 1983 and 1993, Dangtu county was one of the counties picked up by Wan in 1979 and about 17 percent of rural households there participated in the land contracting experiment. ① All of the land reform experiments were coordinated locally.

In 1980, validated by the successful regional experiment results, Wan and Zhao reported to the central government and rallied for expanding reform experiments into more regions through out the nation. Supported by their successful experiment results, in late 1980 the central government decided to allow for regional land reform experiments spread – out nationwide. Zhao and Wan were promoted to be the Premierand Vice – Premier of the State Council, respectively, in order to carry out the nationwide reform experiments (Tian 2008). After this, the nationwide land reform experiment propagated quickly, so that in 1981 about 45 percent of rural households participated in the reform. Subsequently participation increased to 80 percent in the next year, and finally, reached 99 percent in 1984 (Lin, 1992). There after, agricultural reforms ingeneral and land reform in particular were consolidated through numerous furtherre form measures. Similarly, most of those are based on successful regional experiment results. ②

In sharp contrast, at the onset of Soviet/Russian reforms, all Soviet farming task-

① Similar experiments were also carried out in Guangdong in 1978 under the leadership of governor Xi Zhongxun at that time but were stopped due to political pressure from the conservatives in the central government (Dongshi Cai et al., 2008).

② Although rural households enjoy the residual income and residual control fights over what they do with the land, under the HRS the control fights of allocation and management of land resources are kept with the local officials. Thus, most cultivated land in rural China remains partially collectively owned. Hanan G. Jaeoby, Guo Li, and ScottRozelle (2002) show the existence of inefficiencies caused by this partial privatization.

swere coordinated by the central government through specialized ministries (e. g. ,Ministries of Agriculture, Trade, Cerealand Grain Production, Tractors and Farm Machinery, Food Industry, Rural Construction, Fertilizer, Land Reclamationand Water Resources, and Fruit and Vegetable Farming, etc.). The tasks of providing inputs to the farmers, of managing their operations, storage, processing,transport, and road infrastructure were allallocated to separate agencies over which neither collective farms nor regional governments had any control, and thus it would have been extremely difficult to experiment without support from all relevant ministries. In 1989, Gorbaehev launched his comprehensive agriculture reform in a manner such that all relevant ministries were included. In the reform, peasants could lease land with long – term contracts. Although the goal seems similar to the Chinese reform, the farmers encountered grave coordination problems. As a result, there were serious problems in implementation, such as waste during the storage, transport, and processing stages due to failures in coordination between produetion units, transport, and storage (KarlEugen Wadekin,1992).

Another famous Chinese reform is the special economic zone (SEZ) development and the subsequent meteoric rise in foreign direct investment (FDI). Thanks to this reform, even though China started with virtually zero FDI and almost negligible trade and foreign reserves in 1978, in a quarter of a century China has become one of the largest FDI recipient countries in the world, with the world's largest foreign reserves, and also one of the largest trading countries in the world. Table 4 dearly shows that FDI in China and Chinese exports are essentially driven by the SEZs. When China first opened up and began attracting FDI and trade, 37 percent of FDI was located in SEZs in 1985, and 89 percent of the national exports came from the SEZs in 1985. In 2005, when China became the largest FDI recipient country in the world, 93 percent of FDI was located in SEZs, and 93 percent of China's exports came from the SEZs. It is not an exaggeration to claim that it is the SEZ that made China the country with the largest foreign reserves in the world, as well as the country with the largest trade surplus with the United States and the European Union. Therefore, among all the Chinese reform measures, the SEZ has had the greatest direct impact on the global economy.

TABLE 4 THE IMPACTS OF SEZs ON NATIONAL FDI AND EXPORTING

Year	Number of SEZs	Nat'l exports (mil US$)	SEZ exports (mil US$)	SEZ share of exports	Nat'l FDI (mil US$)	SEZ FDI (mil US$)	SEZ share of FDI
1980	4	18119	278	1.5%	145	51	34.9%

续表

Year	Number of SEZs	Nat'l exports (mil US$)	SEZ exports (mil US$)	SEZ share of exports	Nat'l FDI (mil US$)	SEZ FDI (mil US$)	SEZ share of FDI
1985	77	27350	24327	89. 0%	1956	728	37. 2%
1990	290	62091	44602	71. 8%	3487	2551	73. 2%
1995	341	148780	124692	83. 8%	37521	33694	89. 8%
2000	341	249203	228779	91. 8%	40715	38796	95. 3%
2005	342	761953	709373	93. 1%	60325	56397	93. 5%

Sources: China statistical yearbooks 1986 – 2006; China Urban Statistical yearbook 1986 – 2006; China Urban Forty years; Provincial Statistical yearbooks 1996 – 2006; State Council documents.

Although by conventional wisdom it seems obvious to suggest SEZ reform policies in order to improve trade and attract FDI, initiating and carrying out these reforms was a great challenge at the beginning of the reform era. There was strong political opposition to the idea of renting land to foreign firms or multinational firms, as these kinds of practices were regardedas "selling the nation". Indeed this kind of reform was unconstitutional at that time. The political risk would be too high for are former to bear if one had to confront the convention of the planning apparatus at a national level or to confront the constitution head – to – head. Thus, those concerned with how to attract FDI to China faced tremendous political and economical difficulties and uncertainties. Moreover, when the constitution (including the Party's constitution) did not protect private property rights, how would one convince foreign investors to invest? When imports/exports were all controlled by government agents—national and regional how could China accommodate foreign and domestic firms to develop trade – intensive businesses?

Facing these tough constraints, the central leadership was, at best, not able to build a consensus to move forward (Cai et al., 2008; Zhao, 2009). The idea of setting up SEZs to attract FDI and to develop export – oriented industries was initiated and experimented by subnational governments. The strategy of regional experimentation played a vital rolein dealing with the ensuing difficulties and uncertainties. According to the archives (Cai et al. ,2008), the idea of conducting municipal experiments to attract FDI was proposed by officials of Guangdong province in 1979. The proposal suggested to authorize Shenzhen and Zhuhai as experimenting municipalities, and required that conditional on the success of the first experiment other cities will follow similar experiments in the next step. A major part of the experiment involved trying newsets of institutions, legislation, and rules for the purpose of attracting FDI, and further more municipality governments were made responsible for implementation. Moreover, the proposal asked for greater regional autonomy, particularly for decision – making power in regional experiments.

The skepticism toward the SEZs was strong at the top level of the central government (Jianhui Zeng, 1984). There had been fierce debates in the central government and within the party apparatus on the desirabilit T and the nature of SEZs, and on the paths of development the SEZs should take. ① As a compromise, approval was given by the State Council for small – scale experiments in four remote cities in 1979 (The Central Government Circular No. 50, 1979, Zhongfa (1979) 50, cited by Zeng 1984).

Together with authorizing the experiments for SEZs, the central government also granted the Guangdong government, and particularly the experimenting municipalgovernments, more autonomy in regional planning, in enterprise management, and in policies related to FDI. In August 1980, the People's Congress approved the State Council's proposal of setting up four SEZs in Guangdong and Fujian and passed the first legal rule on the SEZs: "the Regulation for Guangdong SEZs". This was the first kind of regional law tested, which was drafted with the help of legal experts sent from the central government (Cai et al. ,2008). When the experiment was expanded into other provinces, they also adopted and modified this law accordingly.

Supported by the initial achievements of the first group of SEZs in 1984, the central government endorsed another fourteen cities to experiment with SEZs, and the experiment was further expanded to more cities in 1985. In the early 1990s, the extremely fast growth of export and FDI validated the success of the SEZs. The opposition to the SEZs is subdued and encouraging SEZ development becomes a national policy. In 1992, SEZs comprised all the capital cities of inland provinces and autonomous regions, fifteen free trade zones, thirt T – two state – level economic and technological development zones, and fifty – three new – and high – tech industrial development zones. Currently, SEZs encompass more than one hundred national eco-

① Chen Yun, a top leader of the CCP, east deep doubtson the SEZs. The idea of setting up the SEZs was regarded as equivalent to a "rented territory" or "the selling of the nation", which would be a revival of the sem i – colonial era. The other objection charged that the SEZs would exacer – bate in equalities (Zhao, 2009).

nomic and technological development zones, fifteen national bonded areas, and fourteen border trade and cooperation regions in the broadest sense.

One of the major features of the small scale regional experiments, such as the HRS and SEZ reforms, is that for a certain period of time the nonexperiment ingregions remain unchanged until diffusion commences. The coexistence of two systems, experimenting versus nonexperimenting or reforming versus nonreforming, in the reform process is sometimes called "the dual track system". The dual track system has been used to describe both small – scale and full – scale reform experiments in which all regions implement a reform experiment at the same time, while keeping the nonexperimenting system for a certain period of time. A major example of a full – scale experimentis the dual track price system. The most important benefit of the dual track system is to reduce resistance to a reform by substantially reducing the number of losers through keeping the nonreforming system at earlier stages of the reform (Lawrence J. Lau, Qian, and Roland, 2000). However, there are essential conditions to be satisfied to make the dual track approach beneficial in reforms. If the state is weak in enforcement and, as a result, parties are able to siphon resources away from low – priced existing transactions to high – priced new transactions, the dual track approach may fail to function (Jiahua Che and Giovanni Facchini, 2007). Thus, the subnational governments' enforcement capabilit T to regulate firms' strategies is vital in order for the dual approach to be efficiency improving.

In addition to locally initiated reform experiments, almost all important reforms sponsored by the central government in the past three decades were also tried and implemented through regional experiments, such as the state sector reforms (Sebastian Heilmann, 2008). The bankruptcy reform in the mid 1990s illustrates this phenomenon. Although there was collective support from the top leaders for restructuring the state sector drastically through enforcing the bankruptcy law, there was no consensus on how to do it. After it issued general guidelines on the basic priorities and general approaches in 1994, the central government encouraged local governments to experiment within novative solutions for debt restructuring, mergers, closures, and employee resettlement. Eighteen municipalities were picked up by the central government "to test new methods for dealing with the resettlement of employees in insolvent industrial enterprises". Each experimenting municipality was responsible for coordinating all the relevant aspects within its jurisdiction, such as land – use rights and using the proceeds for resettling the laid – off workers (Heilmann, 2008). This reform finished in the mid 2000s.

4.3 Incentives of Experimenting

Regional experimentation is a major strategy for moving a reform forward before central decision makers are able to build consensus for the reform. Experimenting involves high risks for regional officials who conduct the experiments, and it also creates large positive externalities at the costs of experimenting regions. Moreover, conducting reform experiments often requires officials take initiatives and make extra efforts to deal with unexpected contingencies. Without the initiative to solve problems, experiments would easily fail. Therefore, in addition to previously discussed conditions, setting up proper incentives is essential for inducing subnational officials to conduct experiments .①

It is relatively straight forward to design incentives for central government – sponsored local experiments. Often, the central government provides generous compensation to experimenting local governments (Heilmann, 2008). However, for locally initiated experiments, the incentive mechanism is subtler. It turns out that the regional competition based promotion system is one of the mechanisms that create motivations for regions to be entrepreneurial in experimenting. In the RDA regime, regional officials are appointed, and initiating or implementing successful regional experiments can lead to substantial promotions. Thus, although experimenting involves risks and externalities, experimenting also creates chances not only to outperform others, but also more importantly, to lead others, which implies getting unusual promotion opportunities. That is, the benefits associated with promotions will correct disincentives from positive externalities.

In addition to the costs of experiments, another critically important issue is who decides what to experiment and who conducts the experiment. By being granted a-broad range of control fights over regional economic affairs, the regionally decentralized structure converts many regional bureaucrats into entrepreneurial officials. Regional officials are active in identifying reform experiment opportunities. If, after someone's initiative, other regions followan experiment, it implies that this reform experiment was a success, and therefore the chance of getting a substantial promotion

① In a Tiebout federal system, where officials are elected from their constituencies, the value dilution due to the positive externalities will disincentivize regional officials and lead to too few experiments (Gordon, 1983; Caiand Treisman, 2005).

ishigher. Perceiving this, officials with greater career ambitions would initiate reform experiments on their own, sometimes even taking high risks. That is, the centralized personnel control may internalize some of the externality problems of regional experiments. The HRS and SEZ experiments discussed in the previous subsection are the most visible examples of this process. In those examples, the pioneers of the HRSand SEZ reforms were promoted substantially when the experiments were recognized by the central government as models for the nation to follow.

Moreover, it is observed that a common practice in reform era is to promote officials from more developed municipalities, where many reform experiments were tried out earlier, to leading provincial posts, particularly in less developed regions. Chien and Zhao(2007) document that, from the late 1990s to the early 2000s, there were three former heads of Suzhou city who were promoted to become governors of Jiangsu, Shaanxi, and Jilin respectively; a former Shenzhen mayor was appointed as the governor of Hunan, and a mayor of Wenzhou became the governor of Sichuan. These three cities pioneered many reform experiments on their own and are among the best reforming municipalities in China.

By using a panel data consisting of thirty provincial regions between 1978 and 2005, through a diff – in – diff approach to control for groups with and without transfer of governors and before and after transfer of governors, Xu, Wang, and Shu (2007) found that, everything else being equal, cross – regional governor transfer increased regional GDP growth rate by 1 percent. In the more recent period of 1992 to 2005, the effect was enlarged to 2 percent. By constructing a panel data consisting of thirty provincial regions between 1978 and 2004, with a similar approach, Jun Zhang and Yuan Gao(2007) find that the effect of cross regional governor transfer on regional GDP growth rate was significant for the period of 1990 to 2004.

5. Regional Competition and Regional Experiments in Some Major Reforms

This section discusses some major economic reforms that have had substantial impacts on China's economic growth over the past three decades. This discussion serves two purposes: first, it is important to understand the mechanisms by which thesere forms operate for their own sake and, second, these reforms act as concrete examples of the conceptual discussions above about the mechanisms of regional competition and regional experimentation.

5.1 The Township – Village Enterprises (TVEs) and the Nonstate Sector

Large – scale entry and fast development of the nonstate sector is a distinctive feature of China's reforms. ① The pace of growth of the nonstate sector is so quick that the state sector is unable to compete. Without a conventional form of privatization of the state sector, i. e. , privatizing existing SOEs, the market share of China's state sector in the national economy shrunk from 78 percent in 1978 to 53 percent in 1991. The most important nonstate sector until the mid – 1990s was the TVE. By the early 1990s, TVEs accounted for about four – fifths of the output of the nonstate sector. Between 1981 and 1990, the total industrial output of TVEs grewat an average annual rate of 28. 1 percent, while the rate for the state sector was 7. 7 percent. As a comparison, China's average annual GDP growth rate was 8. 7 percent between 1979 and 1991. Moreover, TVEs had substantially higher TFP growth rates than the state sector in those years (Xu, 1995).

More importantly, the TVE actually served as a major stepping – stone in changing China's institutions. A typical TVE is a collectively owned enterprise located in a township/village. All the people in the township/villagethat "sets up" the TVE own the firm collectively. The community government of the township/village "represents" the communal collective owners and is the de facto executive owner of the TVE (William A. Byrd and Qingsong Lin, 1990). The property rights of the TVE are vaguely defined. From a viewpoint based on "conventional wisdom", the governance of these firms appears deficient and should result in unproductive firms. Therefore, the spectacular performance of the TVE sector poses major challenges to Economics (Weitzman and Xu, 1994). This is particularly true before the mid – 1990s.

Several complementary explanations are proposed in the literature, and most focus on the role of the community government. The strong incentives created by regional competition are one of the institutional reasons for the rapid development of TVEs. Moreover, the relatively self – contained nature of regional economies gave TVEs opportunities to grow. There are broad ranges of products that the TVEs can produce to meet local demand, and there are often sufficient local semiproducts to supply to TVEs as inputs. Close links between TVEs and local SOEs often facilitated the transfer of technology and management know – how (Xu and Zhuang, 1998).

Concerning the relatively effective governance of the community government over TVEs, most conceptual discussions emphasize the second – best nature of TVEs when

① To some extent, Hungary, Poland, and Vietnam are the other transition economies that shared this feature and they all enjoyed better performances than other transition economies.

there is weak or no legal protection of private property rights (Chun Chang and Yijiang Wang,1994; David D. Li,1996; Oi,1999). That is because township – village governments had access to resources, whereas community citizens did not. Moreover, when the firm is owned by the community government, the community government faces less state expropriation because part of the revenue is used to finance the local provision of public goods, which addresses the state's concerns and also enhances the firm's future earning potential (Che and Qian,1998). These arguments are supported by empirical evidence collected from villages (Hongyi Chen and Rozelle,1999).

Another major feature of the TVEs is the prevailing of the informal institutions, such as implicit contractual relationships between community governments and TVEs, between TVE employees, and between TVEs. Weitzman and Xu (1994) conjectured that local cultural or social norms may bean important factor behind informal institutions. This conjecture shares the same spirit of the evolutionary repeated game theory of social norms (Robert Axelrod,1984; Drew Fudenberg and Maskin,2008) and is closely related to the literature on the evolution of social norms, culture, and human behavior. Empirically, it sheds light on substantial regional differences in TVE development,including powerful informal institutions in post – TVE developments (Xu and Xiaobo Zhang forthcoming), which reflect the diverse history of China's regional economic development. ①

As protection of private property rights improved (Donald Clarke, Peter Murrell,and Whiting,2006) and asset markets developed, many benefits of TVEs are diminished. Moreover, associated with large – scale migration since the mid – 1990s, an increasing number of TVE employees, including TVE top managers, have become migrant workers. This also contributes to changes in the governance of TVEs. ② A large percentage of TVEs were privatized since the mid – 1990s(James Kai – Sing Kung and Yi – Min Lin,2007;Albert Park and Minggao Shen,2003; Li and Rozelle, 2004).

Although TVEs have declined, the institutional legacy of TVEs in China's eco-

---

① Most TVE employees and managers lived in the same community for generations when there was almost no migration before the early 1990s. Under certain conditions, close long – term interactions among community members (virtually infinitely repeated overlapping – generation relationships) might foster a social norm within the community that may facilitate informal institutions. In contrast, SOEs are not organized based on natural communities, such as villages; therefore, many of the informal mechanisms found in TVEs would not function in SOEs.

② In the terminology of evolutionary game theory, there were lots of mutants that invaded the repeated games and that would change the equilibrium strategy of the game(Fudenberg and Maskin,2008).

nomic development and corporate governance is extensive. Important mechanisms that prevailed in TVEs, e. g. , the intimate involvement of community governments in business and informal institutional arrangements, are still at work today, and their impacts on the rise of entrepreneurship in China are far reaching, such as on the fast growth of clusters of large numbers of small private firm sin coastal provinces.

With clustering of a vast number of small specialized firms, many Chinese townships have become national or world "factories" for certain products. It is these townships that made China "the world's factory". ① In a typical industrial cluster, thousands of highly specialized family – owned entrepreneurial firms are worked together with infrastructural and regulatory support of township governments. The small firms in a cluster are closely coordinated, similar to workshops within an integrated firm, whereas they are also highly competitive, as in markets. These specialized small firms are linked together by networks of informal arrangements, such as implicit contracts, so that every final product is jointly produced by a collection of many firms. Repeated interactions among the workshops and among the agents help reduce the monitoring and enforcement costs. The township government affects the overall and long – run strategic direction of the cluster without direct involvement in the daily operations of the thousands of small workshops. ② To a large extent, some important features of TVE institutions, particularly the importance of entrepreneurial local governments to local business development, remain in this post – TVE development. The clusters are strategically managed by township governments, although they have no ownership of the assets of the workshops and are not involved in their financing, except for most of the land and some of the buildings. They provide infrastructure, secure property fights, regulate quality, train laborers, and provide favorable policies.

All of these make the township government similar to the headquarters of a conglomerate. Moreover, to a large extent, due to the way that they coordinate with each

① For example, Datang township makes one – third of the world's socks; 40 percent of the world's neckties are made in Shengzhou township; more than 70 percent of the buttons for clothes made in China come from Qiaotou township; Songxia township produces 350 million umbrellas every year; and Puyuan township produced 60 percent of China's cashmere sweaters, of which China is the world's largest producer (Xu and Zhang forthcoming).

② Take Puyuan Township (Zhejiang province), the largest cashmere sweater production center in the world, as an example. There were six thousand family – owned highly specialized workshops and three thousand private tradingshops in the cluster coordinated strategically by the township government (Xu and Zhang forthcoming).

other, the behavior of those privately owned specialized workshops are more like workshops within an integrated large firm than independent small firms in a market (Xu and Zhang forthcoming).

The evolution of TVEs and the subsequent clustering of modes of production are institutional responses created by entrepreneurs, including local entrepreneurial officials, to overcome constraints such as weak legal protections for property fights, weak contract enforcement, and credit and technical constraints. When the political, legal, and economic conditions improve, a firm's organization and organizational structure may change as well. Less viable forms of organizational structures are eliminated through competitive pressures in a decentralized setting, whereas it will be hard to prescribe the optimal path of firm evolution beforehand. This makes regional experiment - based decision making important. Overall, the success of TVEs and post - TVE developments is due to the regional decentralization that allows for the full use of individual talents through introducing various institutional and organizational innovations to cope with constraining factors.

5.2 State Sector Reform: Centrally Sponsored Local Experiments

Similar to other transition Economics, the Chinese economy was dominated by the state sector at the onset of the reform and, therefore, state sector reform was the most important. Yet, as opposed to other transition economies, most of the SOEs in China were "owned" by subnational governments. China's state sector reforms have been very much driven by regional competition and regional experiments. Two major aspects of early SOE reforms have been discussed in the literature. The first aspect concerns appointment or selection of SOE managers. Before privatization (to be discussed later), subnational governments were responsible for selecting SOE managers within their jurisdictions. Under the pressure of regional competition and the importance of local SOEs to regional economies, subnational officials became very performance conscious when considering the appointment of SOE managers (The odore Groves et al., 1995). The second aspect of the early reforms involved managerial incentives (Groves et al., 1994; Zhuang and Xu, 1996).

As regional SOEs were owned by regional governments, to a certain extent, a region's state sector is like a state - run regional conglomerate in which subnational governments functioned like the head quarters of regional conglomerates (Oi, 1999). This is particularly true for municipalities and counties. The regional governments, functioning like the personnel department of a regional conglomerate, selected managers, made decisions on promotions and demotions, maintained dossiers, and tracked managerial records, etc. In response to regional competition, also under the encouragement of the central government's reform guidelines, subnational governments experimented with various "managerial responsibility systems" in which managers were delegated power to make many decisions, and employees were given financial incentives tied to enterprise performance.

By using firm - level panel data, Groves etal. (1994, 1995) and Li (1997) evaluated the outcomes of some major SOE reform experiments in the 1980s. In their sample, over 80 percent of the managers were appointed by subnational governments, and their careers were determined by the evaluations of their bureaucratic superiors; the majority of SOEs were in the regional experiments delegating more authority to SOE managers, which allowed SOEs to keep a large proportion of their profits and to use the retained funds for worker bonuses, worker welfare facilities, and enterprise investment, etc. Moreover, performance responsibility contracts for SOE managers were experimented with in many regions. The contracts specified performance indicators, such as profit, reinvestment, and compensation structure. Most of the SOEs' managers in the Groves et al. sample signed the contracts. Groves et al. (1994) investigated how SOE managers responded to their increased autonomy and how firm productivity was affected. They found that with more autonomy in output decisions and with higher marginal profitretention rates, SOEs increased their use of bonuses and hired more fixed - term contract workers. Moreover, the strengthened incentives were positively correlated with higher productivity.

Another important experimental SOE reform was the system of management selection by competitive auctions. About 14 percent of the managers in the Groves et al. sample were selected through competitive auction. The usage of this reform peaked in the late 1980s—1987 and 1988 accounted for 57.4 percent of the competitive auctions in the Groves et al. sample. Auction procedures varied among regional experiments. In general, a typical SOE was put up for auction by its superior municipal government. The most important part of a bid was the promise of profit to the municipal authority in the near future. In most cases, bidders also made promises to reinvest, etc. The municipal government as the owner of the SOE then chose the winning bidder on the basis of promised profit delivery and the management plan, etc. The top manager often signed a management contract and frequently was required to put up a security deposit, which could be for feited if the manager failed to meet the promised performance.

Based on their firm level data, Groves et al. indicated that the managerial labor market was functioning in China's state sector such that SOE managers changed jobs frequently. They found both demotion/promotion of the previous manager and the conditions of the new manager's appointment can be partially explained by the corresponding firm's performance. Moreover, they found that SOE managers' total compensation is positively related to firm profits. In their sample, overall, SOE per worker output rose 67 percent(in constant prices) for the decade of the 1980s. As a result, in that period of time TFP growth contributed to 73 percent of output growth; moreover, over 87 percent of the TFP growth was attributable to improved incentives, intensified product market competition, and improved factor allocation (Li, 1997), which is confirmed by researches based on national census data (Gary H. Jefferson, Rawski, and Yuxin Zheng, 1996).

Nevertheless, the early SOE reforms failed to solve some basic problems of the state sector. While productivity was increased, facing fierce competition from the nonstate sector and losing monopolistic position in most product markets, the financial performance of the state sector worsened rapidly. The total losses in the state sector kept worsening between 1993 and their peak in 1998, when the state sector made a net loss of 285 billion RMB (table 4) and the government kept pumping financial aid into this sector for bailouts. ① The record – breaking losses of the state sector led to an unprecedented number of nonperforming loans (NPLs) in China's banking sector. These were manifestations of a serious soft budget constraint syndrome (SBC), a major moral hazard problem prevalent in all centralized economies and transition economies. ② The severe SBC problem and the well – known consequences of SBC created deep worries about the sustainability or even the survivability of the Chinese regime.

---

① Groves et al. (1994, 1995) reported no evidence that budget constraints for state – owned firms were hardened in the 1980s. In studying the "fiscal contracting system" operating between the central and provincial governments from 1980 – 1993, Jin, Qian, mid Weingast also found that the central government was not able to keep its commitment to restrain from offering expost subsidies to subnational governments.

② Yet, the TVEs did not suffer much from the SBC syndrome, as millions of them went bankrupt in 1989, even though they were supported by community governments and many of them also had policy burdens for community employment and social security. This is because at the bottom level of the hierarchy, community governments, as well as local branches of rural credit cooperatives, have limited financial resources available in their disposal. Moreover, their access to subsidies and credits from the central government is restricted by law. These limitations have prevented community governments from bailing out loss – making TVEs (Qian and Xu, 1993). Moreover, given local governments' limited financial resources, they face high opportunity costs for bailing out failing firms. When regional competition is tougher, the opportunity cost becomes higher and local governments would be less willing to bailout their failing firms (Qian and Roland, 1998).

The SBC syndrome iscaused by the lack of a credible commitment from the government to allow loss - making SOEs to fail (Kornai, 1980, 1999; for surveys see Maskin and Xu, 2001; Komai, Maskin, and Roland, 2003). ① The key to hardening a budget constraint is to make bankruptcy threats to SOEs credible.

TABLE 5 LOSSES AND LAYOFFS IN THE STATE SECTOR, 1991 TO 2005

	Losses (bil)	Profits (bil)	Layoffs (mil)	Net profits (bil)
1991	92. 6	167. 1	74. 5	
1992	75. 7	171. 2	95. 5	
1993	47. 9	214. 6	166. 7	
1994	62. 5	223. 3	160. 8	
1995	80. 2	227. 2		147. 0
1996	112. 7	200. 4	5. 42	87. 7
1997	142. 1	196. 1	6. 34	54. 0
1998	306. 7	328. 0	5. 95	21. 3
1999	214. 5	329. 1	6. 53	114. 6
2000	184. 6	468. 0	6. 57	283. 4
2001	199. 4	480. 5	5. 15	281. 1
2002	180. 3	558. 9	4. 10	378. 6
2003	282. 0	758. 9	2. 60	476. 9
2004	306. 1	1042. 9	1. 53	736. 8
2005	242. 6	1200. 6	0. 61	958. 0

Note: Losses: the total losses in the state sector; Profits: the total profits from the profitable SOEs; Layoffs: the accumulated number of employees laid - off by the state sector.

Sources: Finance Yearbook of China, 1996 - 2006; China Accounting Yearbook, 1995 - 2006; China Labor and Social Security Yearbook, 2006; China Labor Economic Yearbook, 1997 - 98.

To a large extent, since the late - 1990s, the state sector bank ruptcy reforms and privatization (to be discussed in section 5. 3) have hardened budget constraints,

① Concurrent with increased state sector losses, between 1993 and 1995, inflation also worsened. A loss of control over monetary policy due to decentralization incredit control was blamed as the cause (Wang, 1991; Huang, 1996b). Sharing a similar perspective, Loren Brandt and Xiaodong Zhu (2000) argue that facing competition from the nonstate sector, the central government was forced torely on money creation to finance the state sector, since the central government supports the employment and investment of the state sector. This not only softened budget constraints of the state sector but also caused inflation.

which turned the state sector to profitability since the year 2000 (table 5). The effectiveness of these reforms constitutes a big surprise for many experts. ① Indeed, as it is for other transition economies, hardening budget constraints and bankruptcy reform were some of the most difficult reforms in China. Given the close interrelation between SOE debt and the state banking system, and between SOEs and social safety nets, radical bankruptcy reform or SOE restructuring could lead to massive social unrest and bankruptcy of state banks (Charles Booth,2004; Heihnann,2008). Moreover, state firms carry many types of policy burdens, such as employment and social security, etc, (Shleifer and Robert W. Vishny,1994; Lin, Fang Cai, and Zhou Li, 1997). With the policy burdens, the stateis accountable for the losses incurred from policy burdens, and thus it has to bailout insolvent SOEs (Lin and Guofu Tan, 1999). ②

There were intense political controversies in drafting, updating, and finalizing the bankruptcy law from the 1986 version to the final 2006 version (Booth,2004). ③ Facing vast difficulties and political risks, China's bankruptcy reform was carried out through local experiments to deal with the social and fiscal consequences of SOE insolvencies, and was used by central policy makers in their debates, decisions, law making, etc. (Heilmann,2008).

One of the most contested political and legal issues in China's bankruptcy reform was about who should be assigned with priority protection in the liquidation of assets. Should that be given to creditors (state banks, i. e., government assets) or to employees (the source of potential social unrest) (Heilmann,2008)? The first bankruptcy law, the "Experimental Bankruptcy Law" passed in 1986, was more creditor friendly. Instead of being a law to be enforced nationwide, however, this law only served as a guideline for central - government - sponsored local experiments. Very

① Around that time, some authoritative China experts, such as Nicolas R. Lardy (1998), worried that with a continued increase of the number and value of NPLs, the Chinese financial system would collapse soon, which would lead to economic disaster.

② In this logic, Lin and Zhiynn Li (2008) argue that even privatization will not necessarily harden budget constraints. This is because bearing policy burdens, to provide the same policy service a private enterprise will demand more expost subsidies from the government than an SOE due to more agency problems between the state and private firms.

③ Controversies revolved around safeguarding state assets in liquidations; containing the social and financial consequences of SOE insolvencies; dealing with unemployment and rearranging the social safety net function of the SOEs(pensions, health care, housing, etc.) (Heilmann,2008).

importantly, in experiments, local governments deviated from the law substantially. To prevent local social problems, the administrative practice of local governments in dealing with insolvent enterprises favored employecs (Heilmann, 2008). The early reform progressed fairly slowly, so that between 1989 and 1993, among tens of thousands of chronicle loss - making SOEs, there were only 1150 bankruptcy cases nationwide.

Pressured by rapidly growing SOE debts and mounting state - bank - held NPLs, bankruptcy reform emerged as a top - priority issue in the 1990s. The central government sponsored new waves of local bankruptcy experiments. ① In the peak years of restructuring and bankruptcy reforms from 1996 to 2001, every year there were more than 5 or 6 million SOE employees laid off nationwide relatively peacefully (table 5). Summarizing local experiment practices, the 2002 and 2004 versions of the bankruptcy law gave workers first priority over the rights of secured creditors; and the burden of providing compensation to the employees of insolvent enterprises was put on local governments. As a result, the state sector was significantly transformed, total loses were reduced from 306.7 billion RMB in 1998 to 184.6 billion RMB in 2000, net profits were increased from 21.3 billion RMB in 1998 to 958 billion RMB in 2005, when bankruptcy and layoffs became negligible (table 5). SOE productivity in the corresponding period also improved significantly (Brandt, Chang - tai Hsieh, and Zhu, 2008; Jefferson, Rawski, and Yifan Zhang, 2008). ②

Experimental bankruptcy reform processes helped "to conceal and manage fundamental political - ideological controversies that were at the heart of the delayed lawmaking. Policy experimentation over twenty three years allowed recurrent adaptations in the application of the basic priority schemeand there by helped to avoid open policy conflicts" (Heilmann, 2008). When the bankruptcy reform was carried ont by local experiments, the law was only "provisionary" and formal bankruptcy proceedings in courts played a minor role. Generally, corporate rescue measures were under-

① In 1994, the State Council issued a circular on trial implementation of new insolvency procedures and sponsored experiments in eighteen cities. Two years later, trial implementations of new merger and insolvency procedures were tested in 56 cities. In the next year the State Council sponsored experiments in 117 cities for trial implementation of merger, bankruptcy, and reemployment procedures.

② Of course, given that many reform measures were taking place in the same period of time, such as privatization, layoffs, change of corporate governance, market competition, large scale FDI, and lower interest rates, it is achallenge for researchers to find out what specific reform measure has exactly contributed by how much to the improvements of productivity and profitability of Chinese firms.

taken through a variety of flexible, inconsistent, but less painful policies that were experimented with locally (Heilmann, 2008). The final version of the Bankruptcy Law (2006) was not passed until the reform experiments were over and the number of bankruptcy eases dropped drastically. However, the final version of the law goes back to the protection of creditors and did not retain those policies in favor of protecting workers vis – à – vis creditors.

5.3 Privatization: Locally Initiated Experiments

Although there is no empirical work that decomposes factors contributing to the turnaround of the state sector from chronicleloss – making to a profitable sector, perhaps the most effective reform was privatization, which sold most of the loss – making firms to private owners. In sharp contrast to other transition economies, where privatization was pushed through by the central governments as a high priority at the beginning of the transition, privatization was and is a highly controversial subject in China due to ideological and political reasons. As a result, privatization has been postponed by the Chinese government as much as possible. Moreover, the Chinese privatization schemeis not based on a rational design; instead, it is a result of political games given existing in stitutions. Due to this delay, at the time of privatization, even though the state sector was loss making and was deeply in debt, the national economy was in a better shape and conditions for privatization were more ready than all other transition economies when they launched privatization. The nonstate sector had already surpassed the state sector in the national economy, while the market had already replaced most of the planning related to resource allocation, including the product, capital, labor, and managerial labormarkets. Moreover, the improved productivity of the state sector through earlier reforms, as discussed in section 5.2, might also have played an important role in making the transition smooth. Furthermore, the Chinese privatization has been carried out by municipal governments at their discretion under regional competition for economic growth. That is, they have opted not to privatize if doing so would hurt their regional growth. As a result, China is an exceptional case among all transition economies that did not suffer from recessions as CEE – FSU economies did during their privatizations (Saul Estrin et al., 2009). Instead, China's privatization is associated with a high growth rate.

Privatization was officially banned and, in practice, it was not encouraged by the central government until the late 1990s. However, given the local "ownership" of most of the Chinese SOEs and pressures faced by local governments, de facto privatization was tried quietly without official permission from the central government in the process of restructuring local SOEs before the mid – 1990s. Even in the late 1990s, it is still a city government's decision whether or not to privatize and how to privatize within their jurisdictions (Ross Garnaut et al. ,2001,2005; Jie Gan, Yan Guo, and Xu,2010). Moreover, even by then, due to political and ideological constraints, privatization has occurred in a camouflaged form such that the term "privatization" is officially disguised as "transforming the system" or "gaizhi" in Chinese (Garnaut et al. ,2001, 2005). Nevertheless, in 2005, about two – thirds of the Chinese SOEs and COEs with annual turnover of more than 5 million RMB Yuan (about $620,000) have been privatized and the total asset value involved in the process was about 11.4 trillion RMB (or 1.63 trillion USD) in 2005 (Guo, Gan, and Xu,2008). ① Due to its recentness and the lack of data, the research on China's privatization is still very limited (Estrin et al.).

One of the early major reforms attempted by many cities in the late 1980s, and which lead to privatization later, was the leasing of SOEs. The top managers of small or mediumsized SOEs leased the firms by paying the subnational government a fixed proportion of the firms' profits. This reform gradually led to defacto privatizafion, since after some years of leasing the share value of a manager would outweigh that of the city government, the "stateowner". The other major reform initiative, which facilitated privatization later, was incorporation. Although officially incorporation was restricted to the exchange of shares among the SOEs, private shareholding was allowed in some cities. The first reported cases were in Guangzhou in the late 1980s, when employees of some SOEs bought a substantial amount of shares of the firms where they worked. Under severe political and ideological constraints, to contain the risks of privatization, a prevailing privatization strategy chosen by most Chinese city governments is to sell the ownership of SOEs and COEs to their employees. This is because employee ownership is the least controversial politically and ideologically.

Similar to the situation of the bankruptcy reform, the most important impetus for privatizing SOEs was the large amount of debt built up by the state sector in the 1990s. Distinctively different from the central government's sponsorship of the bankruptcy reform, however, privatization was initiated by city governments. The central

① Based on the data collected from a nationwide randoin survey of all Chinese industrial firms conducted in 2006.

government tolerated this by turning a blind eye to the actions of city governments. One of the first regional privatization experiments was in Zhucheng, a city in Shandong province. In that city, more than two thirds of the SOEs were loss - making in 1992, with losses amounting to the city government's total fiscal revenue over eighteen months. The city government sold many SOEs to their employees. Another representative exampleis the municipal government of Shunde in Guangdong. The Shunde city government also encountered a serious debt problem when it privatized most of its state and collective firms in 1992 (Garnaut et al,2005).

As a result of successful local experiments with privatization and the severity of SBC problems in the state sector, privatization was gradually accepted by the central government through several steps, from an explicit "tolerance" policy to some proactive guidelines on privatization. ①

Finally, a green light was given by the CCP's 15th Congress, 1997 (see Research Center of the CCP History 2009), which granted de jure ownership of local SOEs tolocal governments. By default, this implies that the center has authorized the owners, mostly city governments, of smaller SOEs to try everything on their own, including privatization, although this has never been explicit. With this major change, the scale of privatization gradually enlarged after 1997.

China's regional experiments on privatization have adopted multiple approaches. These approaches include share issue privatization (SIP), joint ventures with foreign firms, management buyouts (MBO), and sales to outsiders. Privatization in China has created concentrated private ownership and about half of privatized firms in China were sold to managers, i. e., through MBO, which has greatly changed corporate governance and corporate performance (Gan, Gut, and Xu, 2010).

Not every privatization approach was effective. Based on their nationwide random sampling survey data, by controlling for privatized and not privatized firms; before privatization and after privatization, based on a nationwide random survey, Gan, Gut, and Xu (2010) found that, among all privatization methods, only MBO had sta-

① In 1993, the Third Plenum of the 14th CCP Congress endorsed the creation of a modern enterprise system, which approved the development of diversified forms of ownership including private ownership. Although much of the political constraints on privatization were still inplace, this created a more tolerable environment for local privatization experiments. In 1995, the central government announced the policy of "retain the large, releasethe small" (zhuada fangxiao), i. e., the state was to keep the largest few hundred SOEs in strategic industries and to give local governments full control rights to local SOEs.

tistically significant positive impacts to the restructuring, corporate governance and performance. One of the most important changes associated with MBO is that the state has retreated from firms after privatization. That is, after buying out the firm, owner-managers became the decision makers of their own firms onissues like hiring, layoffs, wages, compensation, production, marketing, and investments. Moreover, MBO firms substantially restructured in a deeper way than other privatized firms. As a result, MBO had a statistically significant positive impact on improving firm performance. ① In contrast, governments still kept substantial controls over those firms privatized through other methods, and these privatization strategies failed to improve performance (Gan, Gut, and Xu, 2010).

It is the decision of a given municipal governments whether to privatize and, if so, how to privatize. According to a nationwide random survey, MBO was chosen mostly by those cities that had stronger fiscal diseipline and/or were less concerned about shedding labor, such as fast growing coastal cities like Ningbo, Wenzhou, Hangzhou, Changzhou, and Wuxi. Meanwhile, non MBO approaches were chosen mainly by those city governments that had weak fiscal discipline and a concentration of the statesector, such as heavy industrial cities like Changchun, Jinzhou, Handan, and Xian (Gan, Gut, and Xu, 2010).

The process of privatization illustrates the importance of regional experiments in advancing China's reforms. To make this picture sharper, it is important to point out that MBO was never favored by the central government. In fact, the mass media, which has been tightly controlled by the central government, was hostile to MBO. In contrast, the central government – sponsored major ownership reforms, such as share issuing privatization, failed to improve the performance of SOEs. ②

5.4 The Impacts of Regional Decentralization on Growth

It is a major challenge to study the impact of regional decentralization on economic growth empirically. One of the most difficult issues is how to measure regional decentralization. The Chinese regional decentralization involves much more than sim-

① Without differentiating between MBO and non MBO privatization, by examining formerly state – owned-large and medium – size enterprises for the period from1994 to 1999 nationwide, Jefferson and Jian Su (2006) found that privatization increased productivity and investments in research and development. Similarly, based on firm level data collected from one city, Xiao – yuan Dong, Louis Putterman, and Bulent Unel (2006) found that privatization has significantly improved productivity and profitability for urban firms.

② It has been shown that China's share issue privatization has failed to contain costs and improve profitability (Qian Sun and Wilson H. S. Tong, 2003; Jianping Deng, Gan, and Jla He, 2008).

ply fiscal decentralization. But how to measure statistically nonfiscal elements of regional decentralization is an unsettled subject. Moreover, regional decentralization captures only part of the operations of China's RDA regime. The effectiveness of regional experiments and regional competition is often conditioned on effectiveness of central control. That is, centralization is an essential part of the picture. In addition to the conceptual and theoretical problems in the literature, the lack of statistics on broadly defined decentralization is another major problem yet to be resolved. Given the difficulties, most of the empirical literature concerning the impacts of regional decentralization on growth is restricted to fiscal decentralization.

Lin and Zhiqiang Liu (2000) and Jin, Qian, and Weingast (2005) found that fiscal decentralization contributed to regional growth in general, and to the development of the regional nonstate sector in particular. Tao Zhang and Zou (1998) found a negativere lationship between fiscal decentralization and regional economic growth in China, but Lin and Liu and Jin, Qian, and Weingast suggested potential data and methodological problems in Zhang and Zou.

Lin and Liu use provincial data from 1970 to 1993 to study the impact of fiscal decentralization on regional economic growth. Their regressions are based on a Solow type of growth model. Economic growth is decomposed into growth of per capitain vestment and growth of total factor productivity. All the major reforms included in the regression models are related to regional decentralization. The major focus of the paper is fiscal decentralization. In addition, other reforms included in the regression model are the HRS reform; and the share of non – SOEs' output in the total industrial output. As discussed in previous sections, the HRS reform and nonstate sector development are all consequences of regional decentralization. The refore, together with fiscal decentralization these variables capture alarge part of regional decentralization. At the same time, their regression models also control for the growth rate of per capita investment, the financial strength of a region, the impacts of urbanization and the size of the population on economic growth, and price liberalization. All of these control variable shave insignificant impacts to regional growth.

Lin and Liu discovered that, everything else being equal, the growth rate of per capita provincial GDP would increase by 3.62 percent in response to an increase of the marginal retention rate of regional fiscal revenue from 0 to 100 percent. Moreover, the impact of the HRS on regional growth rates was similar to that of the fiscal decentralization. Furthermore, among all regional decentralization variables, the one with the largest impact was the nonstate sector development. Everything else being equal, the regional GDP growth rate would increase by 14.2 percent if the share of the nonstate sector increased from 0 to 100 percent.

Consistent with Lin and Liu, by using provincial data from 1980 to 1993, Jin, Qian, and Weingast found that stronger fiscal incentives are associated with faster development of nonstate enterprises and with greater reforms in state – owned enterprises. Furthermore, Jin, Qian, and Weingast found provincial governments in China faced stronger expost fiscal incentives after the reform. Specifically, they found a strong correlation between the current provincial budgetary revenue and its expenditure for the period of 1982 – 1991 when the "fiscal contracting system" was implemented. The Jin, Qian, and Weingast discovery is echoed by a literature that argues that the different fiscal federalist approaches used by China and the FSU are related to well/poorly defined tax rights for subnational governments and strong/weak fiscal incentives for subnational governments. Some of this literature claims that these shed light on the performance gap between China and Russia (Shleifer, 1997; Daniel Berkowitz and Li, 2000; Zhuravskaya, 2000).

However, the results of both Lin and Liu and Jin, Qian, and Weingast are based on data up to 1993. As discussed previously, fiscal policy was substantially recentralized after 1994. This makes these results vulnerable to challenges (Tsui and Wang, 2004; Mertha, 2005).

Nevertheless, the Lin and Liu – Jian, Qian, and Weingast evidence constitutes a valuable step in understanding the impacts of regional decentralization on regional growth. After all, fiseal decentralization is an important part of regional decentralization, which includes land reform, SEZs, and nonstate sector development. The period before 1994 is one in which fiscal decentralization is fully consistent with regional decentralization ingeneral. Thus, fiscal decentralization may be a good proxy for regional decentralization in that period of time. However, the contribution of nonfiseal reforms to economic growth is pooled together with fiscal decentralization so that the contribution of each remainsentangled. That is, the identification problem has yet to be resolved in this literature.

Last but not least, it should be pointed out that although taxation has been recentralized since the mid – 1990s, it is not clear that regional decentralization has been reversed completely in general. Firstly, in the same period of "fiscal recentralization" subnational governments gained more power in some nonfiseal spheres. Endorsed by the 15th Party's Congress in 1997, subnational governments' de facto ownership over regional SOEs has been transformed into dejure or nearly dejure ownership. ① Together with other major changes, this endorsement paved the road for subnational governments to privatize SOEs and COEs (Garnaut et al. ,2005). Moreover, subnational governments were authorized to sell land within their jurisdictions. Secondly, these changes in turn have had impacts on fiscal matters, so that the revenues of subnational governments in more developed regions created through privatization and selling land in the past years could sufficiently off set losses of their tax revenue. Control rights over land give subnational government important leverage over regional development, regional industrial policy, and macro control of the region (to be further discussed in section 6. 1). To summarize, although the share of subnational governments' tax revenue innational tax revenue was reduced substantially, subnational governments' importance in regional governance and in national economic development remains essential. The central government still relies on subnational governments to govern the bulk of the Chinese economy and subnational governments still dominate regional economic affairs, including fiscal and nonfiscal matters, such as allocating critical resources to firms, dealing with contract enforcement, and property rights protection.

6. Trade – Offs of Regional Decentralization

Rent – seeking behavior and general conservatism are inherent features of an authoritarian regime, therefore making them difficult to reform. However, under the RDA regime, rents could be eliminated if subnational govemments face fierce regional competition: given the importance of winning the competition, if losing a competition implies losing a position, which is the necessary condition for enjoying rents. Moreover, as discussed in section 2, regional experimentation and regional competition can alleviate the problem of conservatism, enabling reforms to move forward.

However, regional competition and regional experimentation are effective only when subnational governments' tasks can be summarized by a single indicator, e. g. , economie growth. If subnational governments face multiple tasks that cannot be encompassed under a single objective, regional competition and regional experiments

① In 2005, subnational governments owned about thirty – one thousand SOEs plus control of a huge numberof COEs (NSB 2006b) whereas the central government owned 166 firms (the State – Owned Assets Supervision and Administration Commission, or SASAC: http://wvav, sasac. gov. cn/gzwgk/gzwgk_jj. htm).

maybe come focused on tasks, which are more measurable, while less measurable tasks are ignored. In that case, high – powered incentives created through regional competition may lead to undesirable consequences. Even worse than this, subnational governments may be induced to race to the bottom, i. e. , regions may compete in or may experiment on some policies that may benefit regional officials but damage most other citizens, or may benefit the region but damage other regions.

At earlier stages of the reform, it was commonly agreed by the central government, subnational governments, and citizens that economic growth was the most important objective of China's economic reform. Under that consensus, other objectives can be overlooked so long as the economy grows rapidly. Thus, regional competition and regional experiments faced easier trade offs. Moreover, at earlier stages of the reforms, most growth – enhancing policies and institutional changes avoided immediate conflicts among stakeholders. The land reform (HRS reform) distributed land equally among rural households. The TVE development and other nonstate sector developments, including SEZs, were less intrusive to rural stakeholders' interests, such as land.

However, after a quarter century's faste conomic growth, the multitask nature of subnational governments' duties has become more pronounced and the general consensus on the importance of economic growth has broken down. Many major growth enhancing reforms implemented since the mid – 1990s generated immediate conflicts among stakeholders. A prominent exampleis firm restructuring and privatization, which started in the 1990s. In those reforms, a large number of SOE employees were laid off, where as new private owners obtained huge amounts of wealth through management buy – outs. Another example is associated with large – scale rapid urbanization, which converts arable land for nonagricultural developments and creates a great number of landless peasants. This often leads to sharp eonfiiets between those who lost land without receiving proper compensation, and property developers who profited immensely from the transactions, and are usually closely associated with subnational governments.

6. 1 Law and Regulation

Under the RDA regime, Chinese subnational governments play significant roles in both law enforcement and law making. The aforementioned provincial law on SEZs, "the Regulation for Guangdong SEZs", illustrates that subnational legislation can also serve as the experimental basis for new national legislation. Subnational governments were endowed with law – making power since the PRC— founding in 1949. Although most of their de jure law – malting power was taken away during the centralization movement of the 1950s, subnational governments kept some de facto law – making powers. At the onset of the reform, subnational governments regained much of their law – making power(http ://www. china, com. cn/zhuanti2005/txt/2003 – 02/27/content_5283965. htm), and these gains were institutionalized by the 1982 constitutional amendment. In addition, the central government from time to time exper imented with giving additional law – making powers to subnational governments, such as "authorized law – making power" (shouquanlira) or "beforehand law – making power" (xianxing lira). As a result, more than six thousands laws have enacted by subnational governments nationwide since 1978. Conflicts that arise between regional laws and national laws are one of the major concerns of this system, although, in principle, whenever there are conflicts the national law overrules.

However, the starting point of China's legal reform is among the weakest of all transition economies, since during the CR China dismantled its formal legal system. As a result, China has had to build its legal system virtually from scratch during the reform era. Moreover, ideological and political constraints delayed major legal reforms, such as the protection of private property rights. Together with the lack of judiciary independence, China was in a weaker position than average transition economies in terms of legal reforms. It is not surprising that a lack of proper law and law enforcement can lead to serious problems, and I will discuss some of the most serious problems related to Chinese law later in this subsection. However, the coexistence of very fast growing businesses, including the private sector, and a very weak formal legal sector is puzzling. The solution to this puzzle lies in the fact that regionally decentralized administrative measures step in as substitutes for law and law enforcement (Pistor and Xu, 2005).① In the past, this has sometimes helped avoid governance vacuums, as private businesses were at times disguised by subnational governments. Indeed, many of the initiatives and protections provided by subnational governments

① It is worthwhile to note that there are many cases in which business practice preceded relevant laws in European and American history. For example, important securities laws (US 1933/34 Acts) were developed decades behind major developments in U. S. securities markets. However, in Europe and the United States, there were functioning legal systems that effectively enforced general laws, such as contract law and tort law, on new business practices (Xu and Pistor, 2006). But in Chinese reforms, a basic functioning legal system itself is under construction. Thus, subnational governments are essential as substituting mechanisms to fill in the governance gap (Pistor and Xu, 2005).

to private firms flew in the face of the constitution. Thus, strong incentives given to subnational governments played essential roles for them to take the risks associated with their unconstitutional actions.

The roles of the municipal governments of Taizhou and Wenzhou of Zhejiang province in developing private sectors ahead of relevant legal developments illustrate this point. The municipal governments offered "red heads" to private firms within their jurisdiction to conceal their vulnerable legal status, thereby giving the outsiders the illusion of official government sanction. Thanks to this kind of development in many regions where subnational governments provided similar protections, the private sector in China experienced double - digit growth for more than a decade without full legal protection. To some extent it is this spectacular development of the private sector that catalyzed the legalization of private property fights. When the constitutional protection of private property rights was enacted in 2004, the private sector was already the dominant sector in Zhejiang and one of the largest sectors in China.

Concerning regulation, given its weakness in legal institutions, under the RDA regime, China introduced an administration - based regulatory decentralization scheme. In this scheme, the central regulatory authorities break down the regulatory tasks and delegate them to subnational governments. Together with regional competition, this system some times is able to implement some national regulatory goals, but sometimes fails to do so. The regulatory scheme that evolved during the last twenty years relies essentially on subnational governments' assistance and cooperation for enforcement of its regula tions (Julan Du and Xu, 2008). In this system, one of the major instruments that are deployed is the quota system.

The bank credit quota system, which was utilized by the People's Bank of China (PBC) to control the aggregate money supply until 1998, is an example of one such quota (Du and Xu, 2008). The PBC formulated the national credit plan and allocated credit quotas to the headquarters of all major state banks, which in turn reallocated these to their regional branches and subsidiaries. The regional allocation of bank credit quotas depends largely on regional banking performance, measured in ways such as the amount of deposits taken by regional banks in the previous year; regional economic performance; and a variety of other metrics. The bank credit quota system was a major instrument for implementing macroeconomic policies in general and monetary policy in particular until market - based credit allocation mechanisms were somewhat deployed in the late 1990s.

Another major example is the evolution of Chinese financial market regulation. China's securities markets, the Shanghai and Shenzhen stock exchanges, initially emerged as self – regulated regional markets with supervision from the corresponding municipal governments (Stephen Green,2003). The quota system of equity share issuance was introduced to the Chinese equity market in 1993, and was designed to control the size of financial markets to maintain balance among the regions and to preserve the dominant position of public ownership. The central government would determine the total number of shares to be issued in the nation and then would allocate stock issuance quotas to regions and ministries. Subnational governments in turn would allocate quotas to selected SOEs for going public through IPOs or to listed companies seeking SEOs. The subnational governments would collect information on these firms and submit it to the China Securities Regulatory Commission (CSRC), the national regulatory agent. After reviewing the company information, the CSRC would give its approval to companies to issue shares in the public equity markets. The quota system was officially in place from 1993 to 2000; however, it actually governed financial markets up until around 2003 (Pistor and Xu,2005).

Although the quota system was not designed for dealing with informational or incentive problems, several bodies of evidence indicate that it has played a significant role in creating incentives for regional competition and decentralized information collection in stock issuance. Based on the data of all listed firms from 1993 to 2004, after controlling for political factors, macro variables, etc., Du and Xu (2008) find that firms located in regions with better performance obtained more quotas in subsequentperiods. In explaining firm – level quotas by provincial performance, this result essentially rules out the possibility of reverse can sality, since none of the firms in the sample were large enough to affect provincial performance. In addition, the data demonstrate that everything else being equal, listed firms from provinces that disclosed information better were rewarded with more stock quotas in the ensuing periods. Moreover, the quality of regional information disclosure was substantially more important than other factors, such as regional corporate or macro performances, in determining how quotas were allocated. These findings suggest that provinces that performed better in various aspects previously would be given a higher stock issuance quota later from the central government. That is, the quota allocation functioned as a de facto incentive device that induced subnational governments to select better – performing firms for initial public offerings (IPOs) or seasoned equity offerings

(SEOs). Finally, detailed evidence from twenty - three provincial - level regions suggests that the majority of IPO firms selected by subnational governments had been better - performing state - owned enter prises before they went public (Julan Du and Chenggang Xu, 2009). This further indicates that the Chinese regulatory decentralization is somewhat effective at tile IPO stage.

However, administration - based regulatory decentralization is not always effective, and it is not a long - term substitute for law enforcement. There are several conditions that must be met for decentralized admin measures to function well as a substitute for conventional legal institutions. Firstly, subnational govern ments must have substantial control rights over the regulatory subjects; otherwise, subnational governments would not play a major regulatory role (e. g. , the quota system does not work effectively for non - state - owned firms and cannot ensure adequate corporate governance of listed companies). Secondly, subnational governments must have strong vested interests in the subjects of regulation; otherwise, subnational governments would not be motivated to participate. Finally, the central government must have direct control over the resources to be allocated by a quota system; otherwise information problems will disable the system. For example, the quotas systems used for bank credit control and for environment protection did not work well since these quotas are nominal, the financial resources of local banks or local branches of national banks and pollutant emissions are directly controlled by local governments, and they can easily manipulate the information.

In order to prevent excessive conversion of arable land for nonagricultural uses, the Chinese government has applied a land quota system to regulate local governments' land conversion. Each region is allocated a land use quota for each year and regions violating the land - use quota would face a deduction in future quota allocation, together with other penalties. Moreover, an official's compliance with quotas is taken as part of the criteria for evaluating his work. However, because this quota system violates all the three aforementioned conditions, the land quota system fails to work.

In tact, the land problem is one of the most serious social problems in China and it can be used as an illustration of how China's RDA system makes trouble for the economy. Deeply - flawed laws governing land ownership and fiscal recentralization "collectively" incentivize local governments to ignore the quota system (Kung, Xu, and Feizhou Zhou forthcoming). Arable land in China is dejure collectively owned and, in this system, the commune authorities before the reform, arid the village authorities afterwards, represent the collectives. Although rights of use and income over land have been reassigned to the farm households since the land reform of the early 1980s, the farmers have no right to alter the land's usage or to transfer it to another party. The crucial right to transfer these rights has remained in the hands of the state and, in part of the village authorities. Yet, the collective owners have no right to convert arable land into nonarable usages. Nationalization has been the only legal mechanism by which farmland can be converted into nonarable usages since any non arable usage of collective farmland requires a change from collective to state ownership (Articles 63 and 43 of the Land Management Law of 1999). Moreover, the law confines farmers' rights in land to basically an "agrarian" usage when land use is changed to nonagrarian and ownership converted (from collective to state). In other words, farmers would only be compensated according to the value of crop production after conversion, even though the land postconversion may be far more valuable. Apart from the minimal compensation that is legally protected, China's farmers are subject to the whims of local authorities in the process of land conversion (Kung, Xu, and Zhou forthcoming).

As discussed previously, the fiscal recentralization of 1994 reduced the share of local governments' entitlement to most tax sources. To compensate local governments for the losses, local governments were assigned greater control rights over revenues generated by land sales within their jurisdictions. From 2002 onwards, the central government further proposed to appropriate 50 percent of the enterprise profit tax, which greatly disincentivizes local governments' efforts to improve enter prise efficiency. The fiscal recentralization, together with the monopoly right assigned to local governments over the conversion of farmland to nonarable uses, has induced local governments to switch from a passion for industrialization to "urbanization" frenzy (Kung, Xu, and Zhou forthcoming).

Blessed with escalating land prices (especially for commercial and real estate developments in premium locations) on the one hand and artificially low compensations on the other, many local governments, particularly those in the rapidly developing coastal areas, have pocketed "windfall profits" from this urbanization process. Attracted by the huge "windfall profits", land conversion has accelerated after 1999. In 2003, the state became worried that China would soon deplete its arable land below its threshold required for food self – sufficiency. In an attempt to slow down the conversion of farmland, since 2001 the central government has set land conversion quotas for all provinces for each year. But with seriously distorted incentives, the land quota assignment did not work. Much worse, in the process of land conversion, local authorities have triggered serious conflicts with the farmers, as a large number of farmers lost their primary source of livelihood with minimal compensation. They feel that they have been robbed of the bundle of rights assigned to them at the outset of the reform. Opposite to the harmonious atmosphere at the era of land reform, i. e., the early 1980s, land expropriation by local governments now becomes one of the worst sources of social conflicts in China (Xiaolin Guo 2001; Lianjiang Li and Kevin J. O'Brien, 2008). This illustrates that, with out a properly developed legal system, many problems cannot be resolved by regional competition, regional experimentation, personnel control, and other methods deployed by the RDA regime.

6.2 Regional Protections

Regional decentralization alone may not automatically guarantee growth – enhancing regional competition. Without checks of the central government, subnational officials may restrict cross – regional trade to protect firms within their jurisdiction. Indeed, it is oft – cited that subnational governments opt to put up barriers to shield local firms and industries from competition. It was documented that, in the mid – 1980s, many subnational governments tried to retain low priced raw materials, such as wool or silk, within their jurisdictions in order to favor local manufacturers (Andrew Watson, Christopher Findlay, and Yintang Du, 1989; Thomas P. Bernstein and Xiaobo Lu, 2000), and this was also widely reported by both domestic and international mass media coverage. ①

If there are no effective central – government policies to keep barriers in check, in addition to making factors immobile as most often emphasized in the literature, regional protection could destroy regional competition itself, one of the basic mechanisms that drive China's reform and development. Moreover, interregional trade barriers and regional protectionism can eventually lead to serious political problems, such as disintegration of the country.

---

① For example, a New York Times report illustrated trade barriers among Chinese regions. To protect their local made car manufacturers, "Tianjin local officials barred taxi companies in the city from buying Geelys", which are produced by a Zhejiang – based car manufacturer (New York Times, November 17, 2006). Casual observations confirm this as a general phenomenon that most taxi cabs in many major cities, e. g., Beijing, Tianjin, Shanghai, Changchun, and Guangzhou, are made locally.

Recognizing the seriousness of the problem, the Chinese central government has battled against regional protectionism repeatedly during the whole reform period. The central government has issued decrees in 1982, 1990, and 2001 to curb regional protectionism (Carsten A. Holz, 2009). A State Council circular of 10 April 1982 states: "regional or departmental (trade) block ages . . . are extremely harmful to China's economy in total." The State Council clarified that enterprises had the authority to sell their above – plan output anywhere in the country they wanted, and subnational governments were not to interfere in the distribution of the above – plan output. In 1990, the State Council issued a circular on breaking interregional blockades. It requires that all regional trade checkpoints must be rectified, and differential tax rates based on product origin were prohibited. The State Council issued another regulation in 2001 to deal with issues of the malfunctioning of the "market order", including regional trade barriers. It contains detailed stipulations for eliminating specific kinds of regional trade barriers (Holz, 20 09). The great efforts of the central government in containing regional protectionism demonstrate the stubbornness of the problem and the determination of the central government to contain the problem. It also underscores the "checks – and – balances" between the central government and subnational governments in the context of regional competition.

Whether or not the central governmentg efforts in confining regional protectionism and whether or not regional fragmentation has worsened during the reform have been debated intensively in the literature. There is abundant literature about, statistical evidence of, and mass media coverage of the fast growing interregional trade (Holz, 2009). Indeed, one of the most important early reforms in the early 1980s was the legal ization of cross – region trade carried out by state and nonstate merchants, including private traders. Lan, Qian, and Roland (2000) contend that the "dual – track system", introduced during the reforms, promotes interregional trade because, under this system, local officials can "sell" the rights to purchase a certain percentage of raw materials and final products at lowered planned prices. Since opening up the market to other regions may significantly increase the market price, this system is beneficial for local officials.

In an ideal situation with perfect national markets, all factors would be mobile, and therefore their productivities across regions would be equalized; regional economies would utilize their comparative advantages, their production would be specialize-d, and regional prices for the same products would converge. Based on this idea, taking the first best case as the benchmark, it has been argued that the Chinese economy has become fragmented regionally and that the situation was getting worse. Young (2000) reported widespread convergence in the regional structure of production during the reform period, and a rise in the interregional variation of prices during the 1980s. Moreover, there was a divergence of regional relative factor allocations and labor productivities. These findings were interpreted as evidence of industrial duplication across regions caused by regional barriers. Based on this, he claimed that regional protection in China was worsening and that Chinese reforms resulted in a fragmented internal market with fiefdoms controlled by local officials. To some extent, similarly, by studying capital mobility across provinces, Genevieve Boyreau – Debray and Shang – Jin Wei (2005) found great discrepancies in regional marginal capital productivities and from this concluded that the Chinese financial system was regionally fragmented.

However, by using more diverse and recent data than that of Young (2000), Bai et al. (2004) found that regional specialization has increased and has become dominant over the forces of regional protection in recent years. Moreover, with a data set that consists of 93 products in thirty – six cities over more than ten years, C. Simon Fan and Xiangdong Wei (2006) provided evidence of market integration during the reform period. They found an overall price conver gence in China that indicates that markets across different cities are indeed integrated. Furthermore, they found that the products for which interregional trade was more likely to be restricted by local officials for rent seeking purposes tended to converge to a greater degree of absolute price parity. This finding suggests that local protectionism might be a less important obstacle to inter regional trade in China than some other factors, such as transportation costs.

Yet, there are serious concerns regarding the methodologies used to study trade barriers. Specifically, focusing on measuring regional specialization alone may not be most helpful in understanding regional protection since it does not have the warrant of a theoretical foundation. As Naughton (2003) points out, without an underlying theory and without a cross – country comparison, i. e. , without knowing proper benchmarks, looking at one country's regional specialization alone might be misleading. Indeed, state manufacturing sectors in the United States, an integrated national economy, became less specialized than before 1987, and they became more similar than they were in the past (Sukkoo Kim, 1995). Moreover, by using a similar approach,

Holz (2009) finds that Chinese provinces are similar to American states in their degree of regional specialization. Echoing this finding, Fan and Wei (2006) also find the convergence trend in China is similar to those discovered in the United States and Canada. In these three economies, many prices follow relative price convergence rather than absolute price convergence. Obviously, it will not be convincing to claim that market development in China is at a similar level of the United States given this evidence. However, it would be even harder to claim, based on this methodology, that Chinese economic reforms have moved the economy further away from markets.

In fact, it is quite likely that applying a similar approach, regional specialization in Russia, or more generally in the CIS and Central - Eastern European countries, is much higher than that in China before 1990. But it would be misleading to interpret this as evidence for more - developed markets in these locations. Indeed, based on the theories discussed in sections 3 and 4, an economy with overly specialized regions would hamper regional competition and experimentation. Of course, in those theories, the composition of regional economies is exogenous. A more complete theory has yet to be developed to analyze dynamics of regional competitions when both the composition of regional economies and scale economies are endogenously chosen by players.

6.3 Regional Disparity

In light of record - breaking rapid and prolonged growth, the quickly increasing disparity of wealth in China has become a major concern. It is commonly agreed in the literature that inequality in China has substantially worsened since the reforms, mainly in the past two decades. Based on household data from nine provinces, Dwayne Benjamin et al. (2008) find that the overall (combined urban - rural) Gini coefficient of China probably exceeds 0.50, which is approaching that of some of the most unequal countries in the world, e. g. , South America. Based on provincial level aggregate data, Ravi Kanbur and Zhang (2005) found that, associated with the increase of GDP and trade, the Gini coefficient has increased from 0.29 in 1978 to 0.37 in 2000. To what degree regional decentralization has contributed to this increased inequality is a hotly contested subject in the literature.

The relationship between growth and inequality is a subject of debate in the litera ture (for a survey sees Philippe Aghion, Eve Caroli, and Cecilia Garcia - Penalosa, 1999). In the classical view, inequality is regarded as necessary and transitional in the process of industrialization or growth (Simon Kuznets, 1955). Moreover, an increase of inequality may not be so bad even for the poor when an economy grows quickly, since the poor benefit more from increasing aggregate growth than from reducing inequality through redistribution (David Dollar and Aart Kraay, 2001). China— rapidly increasing per capita income came together with rises in inequal ity and is used as a major example to illustrate the above point (Danny Quah, 2003). This line of thought would argue that the reform policy in the first two decades of Chinese reforms enabled some people to become rich first. Driven by this policy and within the framework of regional decentralization, arguably, in the last quarter century, China has experienced the largest scale of poverty reduction in human history. The Chinese population in absolute poverty (defined as SI/day income) has dropped from 50 percent to 7 percent in twenty years, while the number of individuals in absolute poverty was reduced by almost 400 million. This number is nearly three – quarters of poverty reduction in the whole developing world (World Bank, 2003).

On the other hand, however, it is argued that inequality has impacts on politics, investment, etc., which in turn can harm stability and growth in general (e.g., Alberto Alesina and Rodrik, 1994); and high levels of inequality can even lead to the disintegration of a nation (Patrick Bolton and Roland, 1997). Concerning China's growing inequality, it has been warned that increased regional inequality in China may threaten economic and political stability, and national unity (Hu, Wang, and Xiaoguang Kang, 1995). Is the Chinese duo of high growth and increasing disparity a "normal" development path prescribed by the well – known Kuznets curve? Will worsening inequality hurt China— economic growth? To what extent is the widening disparity related to regional decentralization? These are issues still under debate in the literature.

Although empirical findings unequivocally show rapidly increasing inequality, particularly during the recent twenty years of reforms, findings on the relationship between inequality and reforms, including decentralization, are divided. Based on a Chinese household survey dataset with about one million households in the period between 1980 and 2002, Martin Ravallion and Shaohua Chen (2007) found that inequality was not always related to growth enhancing reforms, and that there was no overall evidence of an aggregate growth equity trade off in China. They found that higher growth in rural areas, which corresponds well with HRS reform and TVE development, brought inequality down. It reduced inequality within both urban and rural areas, as well as between them. Moreover, provinces with worse disparities, both within rural areas and between urban and rural areas, were less able to speed up rural economic growth. However, urban economic growth was positively correlated with inequality. Moreover, they found that the increases in public spending reduced poverty but not inequality. And, the increases in public spending tended to come from subnational governments, not the central government. Finally, they found substantial regional variations such that provinces with a more rapid rise in inequality usually made less progress in poverty reduction.

Based on rural household - level data collected in nine provinces during 1986 to 1999, Benjamin, Brandt, and John Giles (2005) made qualitatively similar conclusions. They found that initial inequality affects growth, whereas rising inequality is not related to the growth trajectory. Specifically, they found that villages with higher inequality initially i. e., in 1986—in their sample, grew more slowly over the next thirteen years. However, in village fixed - effects specifications, there is no statistical relationship between inequality and growth. They believe this suggests that the mechanism linking growth to inequality operates "in the long run". They also found that more unequal villages had the slowest nonagricultural development. Part of the explanations for the long - run impacts of inequality on growth may be related to their other findings. That is, low inequality is related to the effect of village education, which leads to higher income growth, especially of nonfarm incomes.

Yet, worries over ever - increasing inequality are increasing, and the impact of regional decentralization on inequality has been hotly debated. Some scholars even argue that the rapid widening of regional disparity caused by regional decentralization can lead to the disintegration of China (Hu, Wang, and Kang, 1995). Kanbur and Zhang (2005) claim that fiscal decentralization is responsible for the rise of nationwide inequality.

Based on provincial level aggregate data, Kanbur and Zhang (2005) use the GE (the generalized entropy index) inequality coefficient, which increased from 0. 14 in 1978 to 0. 25 in 2000, and decompose Chinese inequality into three components: inland coastal and rural - urban. They suggest that regional decentralization has contributed to about one - third of Chinese inequality. Consistent with some earlier literature (e. g., Tsui, 1993; Jian Chen and Belton M. Fleisher, 1996; Zhang and Kanbur, 2001), they contend that regional disparity in general, and inland coastal disparity in particular, is a key dimension of increased inequality in the reform era. From 1978 to 2000, the inland - coastal GE component increased by nine times, from 0.4 percent in 1978 to 3.8 percent in 2000. They argue that this rapid widening of the gap between coastal and inland regions is mainly due to FDI and trade since the two regions have different opportunities. On the other hand, the rural – urban GE coefficient component increased from 11 percent in 1978 to 13.9 percent in 2000. Although this raise looks marginal, there was an inverse trend, as the number had bottomed out at 6.4 percent in 1984 when the HRS reform was completed. ① They argue that the worsening of the rural – urban disparity was also related to FDI and exporting.

Based on provincial – level data, Lin and Peilin Liu (2005) and Fleisher and Chen (1997) also claimed that widened regional disparities were related to regional decentralization. Lin and Liu (2005) emphasize different subnational governments' strategies and their effectiveness in economic development, whereas Chen and Fleisher (1996) attribute the widened disparity to the central government's policies of favoring the development of coastal regions, as most important reform policies favoring coastal regions are FDI – and export – related policies. Similarly, Shujie Yao and Zongyi Zhang (2001), Sylvie Demurger (2001) and Xiaolan Fu (2004) all claim that these reforms contribute to regional inequality. They report that both exports and FDI have significant and positive impacts on growth in coastal regions, but not in inland regions.

Fiscal recentralization was proposed as a policy remedy to ease regional disparities. However, based on county – level data, Tsui (2005) and Zhang (2006) find that the regional fiscal disparities have worsened since the 1994 fiscal recentralization. Regional disparities in per capita fiscal expenditures (and by implication, the provision of services) are extraordinarily large across rural governments, and they were persistent since the peak reached in the late 1990s. Among the 2800 county level jurisdictions, in 2003 the richest spent forty – eight times as much as the poorest—a gap that is unusually large compared to that of other countries (Wong, 2007).

Yet, one has to be careful about real mechanisms behind the so – called fiscal decentralization or fiscal centralization as most of the empirical work in the literature is based on aggregate data and is carried out in a reduced form. As we discussed previously, at certain times fiscal decentralization is concurrent with regional decentralization such that a correlation with fiscal decentralization in such a period could cap-

① Ravallion and Chen (2007) report a similar trend of rural – urban disparity over this period of time.

ture some things other than fiscal decentralization. On the other hand, since the mid -1990s, in addition to fiscal recentralization there have been many changes in regional decentralization. Thus, further research should be done to study the impacts of regional decentralization and various specific reforms on inequality.

Based on household data from nine provinces, Benjamin et al. found that the contribution of regional disparities to household inequality was increasing and peaked in the mid -1990s, when fiscal policy was recentralized, and since then it has declined. They find that, after the mid -1990s, most of the inequality in China is within the villages and cities in which Chinese households live and work; that is, most of the inequality was due to differences of income among households in the same province.

Concerning the disparity between coastal and interior regions, Benjamin et al. found that, during the 1990s, the difference in average incomes between the two regions widened considerably. However, much of the increase in the gap appears to be the result of a growing difference in incomes between rural households in the coastal and interior provinces. By 2000, rural incomes in the coastal provinces were about 50 percent higher than they are in the interior, whereas the urban income gap between the two regions did not widen much. Consistently, inequality in the coastal provinces increases only slightly (from 0.35 to 0.39), whereas increases are larger in the interior (from 0.39 to 0.48). The significantly larger increase in the interior is attributed to the increase in inequality in rural areas in the interior (increases from 0.40 to 0.49) compared to the coastal provinces, which remains under 0.40; and a widening rural -urban income gap in the interior (which widened from 1.58 to 1.85) compared to the coastal areas (which fell from 1.60 to 1.32).

Benjamin et al.'s findings suggest a strong link between inequality and regional decen tralization, but due to a different mechanism than many others proposed. Instead of regional disparity, they argue that economic opportunity for citizens varies across regions, and this affects the development of rural areas. Thus, local institutions and differences in the opportunities for people living in the same community explain most of the rising inequalities. Concretely, they contend that at the outset of the reforms, the role of the state sector was significantly more important in the interior than in the coastal provinces. During the reform, the growth of the nonstate sector in the interior provinces has been much slower. This has handicapped the growth in rural incomes in both the urban and rural sectors. In contrast, growth in the nonstate sector in coastal provinces has provided opportunities to rural households, which has prevented a sharp deterioration in rural inequality like that observed in the interior.

6.4 Resolving China's Institutional Problems

The lack of an independent judiciary, rent - seeking behavior, and unrespon siveness to citizens' preferences are some of the intrinsic deficiencies of an authoritar ian regime, and China's RDA regime is no exception. As discussed previously, some of those problems might be mitigated under the RDA regime when economic growth is an overwhelming objective because the multiple tasks of a regional government can be effectively converted into a single task, achieving a high GDP growth rate. Under this condition, regional competition can alleviate many problems.

However, when there are many tasks that are not well defined by quantitative targets, regional competition may lead to problems, such as regional protection and ignoring tasks that are not directly growth enhancing. It has been widely reported that there has been a severe deterioration of China's environment as a result of its rapid e-conomic growth. SO_2 emissions increased from 19.9 million tons in 2000 to 25.5 mil-lion tons in 2005, making China the largest emitter of SO_2 (World Bank, 2007). Mo-reover, this deterioration was closely related with a lack of interest from subnational government officials, who found that enforcing environmental regulations detracted from their ability to provide regional economic growth (Wanxi Li, 2006).

Theoretically, if all tasks and their outcomes could be well measured, then by assigning a policy weight for each task it might be possible to construct a comprehen-sive index to summarize an official's achievement of all tasks. In this way, a multi-task problem could be reduced into a single - task problem, and regional competition and experimentation over the comprehensive index would function well. The "Green GDP" proposal of the Chinese government is an endeavor in this direction (Elizabeth Economy, 2007). However, most provincial governments who initially joined this "Green GDP" project have withdrawn from it due to a conflict of interests (between growth and other objectives) and disagreements on technical issues related to its measurement. Indeed, this idea is fundamentally flawed and the problem can be traced back to the Lange versus Hayek debate on the feasibility/infeasibility of cen tralized information collection. The GDP measurement is market - based and, there fore, market transactions have already solved a large share of the associated incentive and information problems. The difficulties in measuring nonmarket activities, i. e., beyond GDP measurement, are notoriously difficult due to incentive and technical problems. If there existed a general way to measure economic activities without using markets or to measure nonmarket activities accurately and efficiently, a centralized economy would be able to resolve all incentive and information problems at least as well as a market economy.

It is known that assigning high – powered incentives, through methods such as tournament competition, to subnational officials can be harmful when they are responsible for multiple tasks (Bengt Holmstrom and Paul Milgrom, 1991). However, without regional competition, subnational officials under the RDA regime would not make efforts to initiate reforms or undertake growth – enhancing activities, which would deeply affect China's future development. In the following, I briefly discuss some principles to handle this dilemma.

First, the mulfftask problem can be miffgated by redefining tasks assigned to minis tries and provincial governments. The scope of tasks to be carried out by subnational governments should be narrowed down. For example, responsibilities for activities with strong cross – region externalities should be centralized and regulated by ministries. Moreover, to reduce the multitask problem at the central level, tasks to be handled by the central government should be handled by specialized ministries, special courts, and specialized regulatory bodies. Second, many monitoring and law enforcement functions, including regulation, should be separated from subnational governments, i. e., should be carried out by an independent press and an independent judiciary. This will not only reduce the multitask problem of subnational governments effectively, but also greatly enhance neutrality, objectiveness, justice, and thus effectiveness in monitoring and law enforcement. Third and this would further entrench reforms—most market activities should be carried out by firms and should be separated from subnational governments. This will not only narrow the tasks of sub national governments, but it would also preserve strong incentives for firms for economic development even when incentives of subnational governments are weakened.

I must make it clear that some of the most serious and fundamental problems intrinsic to the RDA regime cannot possibly be resolved without a fundamental institutional change. The multitask problem faced by subnational governments is fundamentally associated with the fact that officials are accountable to their bosses, who face inherent and difficult informational problems in performance evaluation, not to mention the legitimacy problems of the central (section 2). The ultimate solution to those problems lies in transforming the RDA regime into a democratic federal system in which subnational officials are elected and are accountable to their constituencies, so that their multitask problem will be converted into a single – task election problem. Arguably, to some extent this transformation is on its way, but very slowly, in a bottom up fashion. In the past decade, most village heads (O'Brien and Li, 2000, 2006) and some township heads (Li, 2002) in China were elected; and systematic evidence shows that elected officials provide better public services and are more harmonious with their constituencies than appointed ones (Brandt and Matthew Turner, 2006; Renfu Luo et al., 2010). If China is unable to meet the serious challenges of managing the institutional transformation into a democratic federal system, China's political stability and long run development could be put in jeopardy.

Another closely related, fundamental, and challenging problem China has faced is law and law enforcement. To some extent, by deploying a regulatory decentralization regime as a substitute, China has mitigated or postponed serious problems associated with the absence of the rule of law, and has therefore won itself some time to reform its law and legal institutions. However, arguably, reform in this area is among the slowest and weakest, and this slow pace has caused and will continue to cause severe socioeconomic problems. As the private sector and markets become fundamentally important to the economy, the negative impacts of bad laws and the absence of the rule of law will become even more manifest. The lack of an independent judiciary is one of the most serious problems; additionally, this is an intrinsic problem of the RDA regime and, therefore, an ultimate resolution depends on institutional transformation. Following successful experiences in previous reforms, China should start to establish an independent judiciary system at the county level—the bottom subnational level—and expand the reform upwards. Without substantial legal reforms, the absence of the rule of law could lead entrenched interest groups, particularly corrupt officials, to block the reform, obstruct development, and even threaten the political stability of the nation.

7. Concluding Remarks

In this paper, I argue that the regional competition and experimentation governed by China's regionally decentralized authoritarian (RDA) regime have effectively alleviated potential incentive and informational problems. By linking regional performance to officials' promotion, tournament – like regional competition provides high – pow ered incentives to subnational officials to initiate and to implement market – oriented reforms, while simultaneously limiting cornption (section 3).[①] Therefore, to some extent, competition among subnational governments encouraged or forced them to create implicitly the institutions essential for a well – functioning market (section 5). Furthermore, by incorporating regional experimentation into the central government's decision – making process, reforms are less likely to be blocked, and the political and technical risks of reforms are greatly reduced (section 4).

Nevertheless, the very same institution, the RDA regime, and the solutions created and implemented by the RDA regime—as highly imperfect substitutes for "standard" solutions—also have created serious problems (section 6). Yet, given the political and economic context of China's reforms (section 2), many "standard" approaches were and are politically and institutionally infeasible, and it could be even worse for China's reforms if a reform fails as a result of implementing an infeasible approach. In this sense, the regional competition and regional experiments implemented by the RDA regime are second – best solutions.

To highlight the major features of the RDA regime, the following table 6 compares the characteristics of China's RDA regime with the federal state and the Soviet system.

As it evolved from a unique history, China's RDA regime is itself somewhat unique. Therefore, many reform policies that fit with this regime could not be easily transplanted as a package to other countries. However, there are still some general lessons that can be drawn from China's reforms and development for other developing countries.

The first general lesson is our understanding of "institutions" and their relationship with development. During its process of transition and development, China has changed its institutions at a large scale and has created market – supporting institutions in an evolutionary way, i. e. , new institutions have gradually replaced old institutions when the new is ready. It would be mistaken to advise transition economies or developing countries to abandon their existing institutions in a rush by copying stylized "best practice" or "good" institutions without a careful under standing of the operation of both inherited and new institutions. As a matter of fact, the sophisticated market – supporting institutions observed in today's developed world were not created

① My prediction is if there was no fierce regional competition, corruption would lead to the collapse of the Chinese government and Chinese economy.

overnight; instead, they historically coevolved with markets. ① Thus, for a country with many missing "good institutions" like China, it is inevitable to use existing institutions, such as the government, as a starting point to pave the road for institu tional evolution.

Overly simplistic, black – and – white views of government are detrimental to reforms and economic development. There is a popular view that reforms in transition and developing economies should focus on confining the government, such that the role of the government should be restricted to the protection of property rights and contract enforcement. However, it has been well argued that reform and economic development involves complementary institutional changes to be carried out by the govern ment. China's reforms in particular, and the experience of East Asian development in general (Japan, South Korea, Taiwan, Singapore, Hong Kong) illustrate this (Lin,2007); the history of market development in pre – Industrial Revolution Britain also illustrates this (Smith,1763). The government is the most important institution in any country (Stiglitz,1989) and its involvement is essential for market development (Smith,1776), and this has been borne out yet again during the market reforms in China. In addition to macro and political stability, national reform strategies, a functioning national government also determines effectiveness of decentralization, which is the next point I want to make.

TABLE 6 CHARACTERISTICS OF CHINA'S RDA REGIME COMPARED WITH OTHER REGIMES

	China's RDA regime	Soviet system	Federal State
Composition of national decision – making body	Central, regional and ministerial officials	Central and ministerial officials	Federal legislature representing regional constituencies
Decision – making process	Central – regional bargaining; consensus building; local experiments as a strategy	Top – down; SOE – Ministry bargaining	Voting in legislation; federal – state bargaining

① Ironically, the ongoing catastrophic financial crisis makes it crystal clear how problematic the legal (regula tory) and financial institutions are in the most advanced market economies. If we economists had a standard universal recipe on the shelf for institutional building, as offered to transition and developing economies, why do we not apply the recipe to fix these problems in advanced market economies?

续表

	China's RDA regime	Soviet system	Federal State
Subnational officials' incentives	Promotion: absolute and relative performance; accountable to superiors; personnel control	Promotion: absolute performance; accountable to superiors; personnel control	To be elected; indepen - dent from the federal government; accountable to local constituencies
Regional competition	Tournament - like competition; competition affects governor's promotion	Not important	Fiscal (Tiebout) compe - tition; competition affects governor's re - election
Regional experiment	Local experiments as part of central decision - making; experimental results may become national policy	Not important	States are "laboratories" for policy; voluntary adop - tion of experiments by states

The second general lesson is to use regional decentralization as an approach to solve incentive problems imbedded in reforms. China's reforms illustrate that the ability to reform institutions is endogenized as a result of the incentives of the stake holders of existing institutions; while existing institutions are endogenized as a result of a country's history, social norms, culture, endowment, technology, etc. These facts make institutional reform and policy design fundamentally different from engineer ing design. The primary reason why many reforms with comprehensive plans failed was a lack of understanding of details of existing institutions, and of stakeholders' incentive problems with newly designed institutions, particularly when those were designed by outside "experts", who are not informed on those incentive problems. A thorough under standing of the details of existing institution in general, and the incentive problems of the stakeholders of a reform program in particular, is the foremost factor in determining the fate of a given reform.

Although there may exist commonly agreed - on goals for reforms or economic development at an abstract level, it is often not very helpful to prescribe a universal policy recipe in detail. This is because any effective policy recipe must take into account the interests of stakeholders in the existing insti tution, which varies from country to country and from context to context. When China "ignored" standard advice, what they ignored was mainly the details, particularly when these were not incentive

–compatible with Chinese stakeholders and thus would not work. Sometimes they have also "ignored" basic principles of standard advice due to political considerations, which is another type of incentive compatibility problem, Most of the details of Chinese reform policies were not designed exante, but instead evolved during the process of the reforms when incentive problems were resolved.

The importance of decentralization is not only due to heterogeneous local preferences, (Oates, 1999) but also due to heterogeneous local incentive problems and local institutional arrangements that can be handled more properly locally. Economic reforms and economic development are path–dependent, and this is true not only at the national level but also at the subnational level. A local history determines what interests stakeholders have nested into the existing institution there and how those affect institutional reforms in the locality. The typical approaches deployed in Chinese reforms evolved as a result of dealing with local incentive–compatible problems explicitly.① Regional competition and regional experiments facilitate this approach, thus making reform easier. A large number of reforms in China were locally initiated responses to local problems. The greatest benefit of this decentralized approach is that it evolves within the existing institutional framework. Therefore, it is easier for a reform to be incentive–compatible, the reform will fit better with local conditions, and when new problems arise, officials will have better incentives and information to find solutions.

However, what is the limitation of decen tralization? Or what is the boundary of a national government? Pushing decentralization to the limit, if every city is completely decentralized and becomes an independent country, each city–state will have substan tial powers and responsibilities and each will be subject to a hard budget constraint. Is this optimal? Applying the analytical framework of this paper (sections 2, 3, and 4), I would argue that, in addition to social costs of breaking up of a nation (depend ing on the procedure these costs may vary from extremely high, e. g., anarchy or a civil war, to almost zero, e. g., a peaceful refer endum and an orderly change), there are "pure" economic reasons that, under certain conditions, an integrated nation with regional decentralization can dominate a nation's breaking up. This is because the central government in an integrated nation is in a good position to ad-

① The Pareto–improving requirement (a la Lan, Qian, and Roland 2000) is the strongest criterion, whereas the incentive–compatible requirement is weaker and more general.

dress externalities among regions, such as strong positive externalities created by a few local experiments in a nation.

The last, but not the least, general lesson from China's reform is the importance of subnational governments. Decentralization is important for reforms and economic development in all countries except city states. To make decentralization work, subnational governments should not only be empowered but also enabled. The literature on decentralization and federalism emphasizes empowering subnational governments but hardly discusses enabling subnational governments. Enablement does not come automatically with empowerment. Without enablement, subnational governments would not be able to take policy actions and decentralization would not work even when they are legally empowered. Moreover, enablement is a necessary condition for commitment to, and institutionalization of decentralization. This point illustrates again that the overly simplistic view of confining government's resources and functions without a careful study of the context can be harmful to policy. Indeed, in many decentralized developing economies, subnational governments are not enabled. For example, underfunding of required expenditures on local infrastructure or social services has been common in most decentralized developing countries (Bardhan, 2002; Bardhan and Mookherjee, 2006). In contrast, all major reforms were initiated and carried out by Chinese subnational governments since they not only had the incentives to do so, but also they have the resources to proceed even if a given reform was not fully endorsed, i. e., not completely empowered.① This may explain partly why "China is the only country [in the world] where the local governments have played a leading role in increasing rates of growth" (Bardhan and Dilip Mookherjee, 2006, p. 48). A country's history determines to what extent subnational governments are enabled and which government is enabled. This implies that, except for general principles, standard policy recipes may not work uniformly even within a country. This is another reason to support decentralization.

Acemoglu, Daron, and Simon Johnson, "Unbun dling Institutions", *Jourrnal of Political Economy*, 2005, 113(5): 949–995.

Aghion, Philippe, Eve Caroli, and Cecilia Garcia–Pen alosa, "Inequality and Economic Growth: The Perspective of the New Growth Theories." *Journal of Economic Literature*, 1999, 37(4): 1615–1660.

---

① Many Chinese local governments in less–developed regions also suffered severe underfunding problems for local public services, particularly after the 1994 fiscal recentralization (Wong, 2007).

Alesina, Alberto, and Dani Rodrik, "Distributive Politics and Economic Growth." *Quarterly Journal of Economics*, 1994, 109(2): 465 – 490.

Allen, Franklin, Jun Qian, and Meijun Qian. 2005. "Law, Finance, and Economic Growth in China." *Journal of Financial Economics*, 77(1).

Aoki, Masahiko, "Toward an Economic Model of the Japanese Firm." *Journal of Economic Literature*, 1990, 28(1): 1 – 27.

Axelrod, Robert. 1984. *The Evolution of Cooperation.* New York: Basic Books.

Bai, Chong – En, Yinjuan Du, Zhigang Tan, and Sarah Y. Tong, "Local Protectionism and Regional Specialization: Evidence from China's Industries." *Journal of International Economics*, . 2004, 63(2): 397 – 417.

Bai, Gang. 1996. *The General History of China's Political Institution* (*Zhongguo Zhengzhi Zhidu Tongshi*), Volume 1. Beijing: People's Press.

Ballis, William B, "Political Implications of Recent Soviet Economic Reorganizations." *Review of Politics*, 1961, 23(2): 153 – 171.

Bao, Tong. 2009. "On the Three Decades' Reform Yarietan gaige sanshi nian)." http://www. rfa. org/madarin n/yataibaodao/Baotong – 12222008093954. html.

Bardhan, Pranab. 2002. "Decentralization of Gover nance and Development." *Journal of Economic Per spectives*, 16(4): 185 – 205.

Bardhan, Pranab, and Dilip Mookherjee. 2006. "The Rise of Local Governments: An Overview." *In Decen tralization and Local Governance in Developing Countries: A Comparative Perspective*, ed. Pranab Bardhan and Dilip Mookherjee, 1 – 52. Cambridge, Mass. and London: MIT Press.

Benahou, Roland, and Jean Tirole, "Intrinsic and Extrinsic Motivation." *Review of Economic Studies*, 2003, 70(3): 489 – 520.

Benjamin, Dwayne, Loren Brandt, and John Giles, "The Evolution of Income Inequality in Rural China." *Economic Development and Cultural Change*, 2005, 53(4): 769 – 824.

Benjamin, Dwayne, Loren Brandt, John Giles, and San gui Wang. 2008. "Income Inequality during China's Economic Transition." *In China's Great Economic Transformation*, ed. Loren Brandt and Thomas G. Rawski, 729 – 75. Cambridge and New York: Cam bridge University Press.

Berkowitz, Daniel, and Wei Li, "Tax Rights in Transition Economies: A Tragedy of the Commons?" *Journal of Public Economics*, 2000, 76(3): 369 – 397.

Bernstein, Thomas P, and Xiaobo Lu, "Taxation without Representation: Peasants, the Central and the Local States in Reform China." *China Quarterly*, 2000, 163: 742 – 763.

Blanchard, Olivier, and Andrei Shleifer, "Federalism with and without Political Centralization: China versus Russia." *IMF Staff Papers*, 2001, 48: 171 – 179.

Bolton, Patrick, and Gerard Roland, "The Breakup of Nations: A Political Economy Analysis." *Quarterly Journal of Economics*, 1997, 112(4): 1057 – 1090.

Booth, Charles. 2004. "Drafting Bankruptcy Laws in Socialist Market Economies: Recent Developments in China and Vietnam." *Columbia Journal of AsianLaw*, 18(1).

Boyreau – Debray, Genevieve, and Shang – Jin Wei. 2005. "*Pitfalls of a State – Dominated Financial System: The Case of China.*" National Bureau of Economic Research Working Paper .

Brandt, Loren, Chang – tai Hsieh, and Xiaodong Zhu. 2008. "*Growth and Structural Transformation in*

China. " In China's Great Economic Transformation, *ed. Loren Brandt and Thomas G. Rawski*, 683 – 728. *Cambridge and New York: Cambridge University Press.*

Brandt, Loren, and Matthew Turner. 2006. "*The Use fulness of Corruptible Elections.*" University of Toronto Department of Economics *Working* Paper 233.

Brandt, Loren, and Xiaodong Zhu, "Redistribu tion in a Decentralized Economy: Growth and Infla tion in China under Reform." *Journal of Political Economy*, 2000,108(2): 422 – 439.

Burns, John P, "Strengthening Central CCP Con trol of Leadership Selection: The 1990 Nomenkla tura." *China Quarterly*, 1994,138: 458 – 491.

Byrd, William A., and Qingsong Lin, eds. 1990. *Chi na's Rural Industry: Structure, Development, and Reform.* Oxford; New York; Toronto and Melbourne: Oxford University Press.

Cai, Dongshi, et al., ed. 2008. *Xi Zhongxun Governing Guangdong* (*Xi Zhongxun Zhuzheng Guangdong*). Beijing: Chinese Communist Party History Press.

Cai, Hongbin, and Daniel Treisman, "State Cor roding Federalism." *Journal of Public Economics*, 2004,88 (3 – 4): 819 – 843.

Cai, Hongbin, and Daniel Treisman, "Does Competition for Capital Discipline Governments? Decentralization, Globalization, and Public Policy." *American Economic Review*, 2005,95(3): 817 – 830.

Chandler, Alfred D. 1966. *Strategy and Structure.* New York: Doubleday.

Chang, Chun, and Yijiang Wang, "The Nature of the Township – Village Enterprise." *Journal of Com arative Economics*, 1994,19(3): 434 – 452.

C e, jiahua, and Giovanni Facchini "Dual Track Retorms: With and without Losers." *Journal of Pub lic Economics*, 2007,91(11 – 12): 2291 – 2306.

Che, Jiahua, and Yingyi Qian, "Insecure Property Rights and Government Ownership of Firms." Quar terly *Journal of Economics*, 1998, 113(2): 467 – 496.

Chen, Hongyi, and Scott Rozelle, "Leaders, Managers, and the Organization of Township and Village Enterprises in China." *Journal of Develop ment Economics*, 1999, 60(2): 529 – 557.

Chen, Jian, and Belton M. Fleisher, "Regional Income Inequality and Economic Growth in China." *Journal of Comparative Economics*, 1996, 22(2): 141 – 164.

Chen, Ye, Hongbin Li, and Li – An Zhou, "Relative Performance Evaluation and the Turnover of Provincial Leaders in China." Economics Letters,2005,88(3): 421 – 425.

Chien, Shiuh – Shen, and Litao Zhao. 2007. "Cross Regional Cadre Transfer and Local Economic Development: Evidence from Jiangsu Province." 2007 Annual Conference of Association of American Geographers, San Francisco, April.

Chubanshe, Falv, ed. 2009. *Constitution of the People Republic of China: Amendments Compared* (*Zhong hua Renmin Gongheguo Xianfa, Xinjiu Duizhaoban*). Beijing: Law Press.

Clarke, Donald, Peter Murrell, and Susan H. Whiting. 2006. "The Role of Law in China's Economic Devel opment." George Washington University *Law School Public Law andLegal Theory WorkingPaper* 187.

Coase, Ronald H, "The Nature of the Firm." Eco nomica, 1937,4(16): 386 – 405.

Coase, Ronald H, "The Institutional Structure of Production." *American Economic Review*, 1992,82(4): 713 – 719.

Cumberland, John H. 1981. "Efficiency and Equity in Interregional Environmental Management." *Review of Regional Studies*, 2: 1 – 9.

Demurger, Sylvie, "Infrastructure Development and Economic Growth: An Explanation for Regional Disparities in China?" *Journal of Comparative Eco nomics*, 2001,29(1): 95 – 117.

Deng, Jianping, Jie Gan, and Jia He. 2008. "The Dark Side of Concentrated Ownership in Privatization: Evidence from China." Unpublished.

DengXiaoping1984 "On the Reform of the system of Party and State Leadership." *In Selected Works of Deng Xiaoping, Volume* 2: 1975 – 1982. Beijing: For eign Language Press.

Deng, Xiaoping. 1994a. "On Reform of the Political Structure." *In Selected Works of Deng Xiaoping, Volume* 3: 1982 – 1992, 176 – 180. Beijing: Foreign Lan guage Press.

Deng, Xiaoping, 1994b. "To Uphold Socialism We Must Eliminate Poverty." *In Selected Works of Deng Xiaoping, Volume* 3: 1982 – 1992. Beijing: Foreign Language Press.

Dickson, Bruce J. 2003. *Red Capitalists in China: The Party, Private Entrepreneurs, and Prospects for Political Change.* Cambridge and New York: Cam bridge University Press.

Dollar, David, and Aart Kraay. 2001. "Growth Is Good for the Poor." World Bank Policy Research Working Paper 2587.

Dong, Xiao – yuan, Louis Putterman, and Bulent Unel, "Privatization and Firm Performance: A Com parison between Rural and Urban Enterprises in China." *Journal of Comparative Economics*, 2006, 34(3): 608 – 633.

Du, Julan, and Chenggang Xu. 2008. "Regional Com petition and Regulatory Decentralization: The Case of China." Unpublished.

Du, Julan, and Chenggang Xu, "Which FirmsWent Public in China? A Study of Financial Market Regulation." *World Development*, 2009, 37(4): 812 – 824.

Du, Mingming, and Qingquan Xu. 2009. "Tian Jiyun on the 1992 Speech at the Central Party School (Tian Jiyun tan 1992 nian zhongyuang dangxiao jianghua)." *Yanhuang Chunqiu*, no. 3.

Economy, Elizabeth. 2007. "China from the Inside: Shifting Nature: Opinion: Green GDP: Accounting for the Environment in China." http://www, pbs. org/ kqed/chinainside/nature/greengdp. html.

Edin, Mafia. 2000. *Market Forces and Communist Power: Local Political Institutions and Economic Development in China.* Uppsala: Uppsala University, Department of Government.

Edin, Maria. 2003. "State Capacity and Local Agent Control in China: CCP Cadre Management trom a Township Perspective." *China Quarterly*, r173: 35—52.

Epple, Dennis, and Allan Zelenitz, "The Implications of Competition among Jurisdictions: Does Tiebout Need Politics?" *Journal of Political Economy*, 1981, 89(6): 1197 – 1217.

Estrin, Saul, Jan Hanousek, Evzen Kocenda, and Jan Svejnar, "The Effects of Privatization and Ownership in Transition Economies"? *Journal of Eco nomic Literature*, 2009,47(3): 699 – 728.

Fan, C. Simon, and XiangdongWei, "The Law of One Price: Evidence from the Transitional Economy of China." *Review of Economics* and Statistics, 2006, 88(4): 682 – 697.

Fleisher, Belton M., and Jian Chen, "The Coast – Noncoast Income Gap, Productivity, and Regional Economic Policy in China." *Journal of Comparative Economics*, 1997,25(2): 220 – 236.

Fornasari, Francesca, Steven B. Webb, and Heng – fu Zou. 1999. "Decentralized Spending and Central Government Deficits: InternationalEvidence." Unpublished.

Fu, Xiaolan,"Limited Linkages from Growth Engines and Regional Disparities in China." *Journal of Comparative Economics*, 2004, 32(1): 148 –164.

Fudenberg, Drew, and Eric Maskin. 2008. "Evolution, Cooperation, and Repeated Games." Unpublished. Gan, Jie, Yan Guo, and Chenggang Xu. 2010. "Privati zation and the Change of Control Rights: The Case of China." Peking University School of Economics Working Paper E –2010 –06 –006.

Garnaut, Ross, Ligang Song, Yang Yao, and Xiaolu Wang. 2001. China's Private Enterprise. Canberra: Asia Pacific Press.

Garnaut, Ross, Ligang Song, Stoyan Tenev, and Yang Yao. 2005. China's Ownership Transformation: Pro cess, Outcomes, Prospects. Washington, D. C. : World Bank.

Gordon,Roger H,"AnOptimal Taxation Approach to Fiscal Federalism." Quarterly *Journal of Economics*, 1983, 98(4): 567 –586.

Gordon, Roger H. , and Wei Li,"Government as a Discriminating Monopolist in the Financial Market: The Case of China." *Journal of Public Economics*,2003, 87(2): 283 –312.

Granick, David. 1990. Chinese State Enterprises: A Regional Property Rights Analysis. Chicago and Lon don: University of Chicago Press.

Green, Stephen. 2003. China's Stockrrmarket: A Guide to Its Progress, Players and Prospects. Hoboken, N. J. : Bloomberg Press.

Gregory, Paul R. , and Robert C. Stuart. 1998. Russian and Soviet Economic Performance and Structure, Sixth edition. Boston: Addison – Wesley.

Greif, Avner, "Family Structure, Institutions, and Growth: The Origins and Implications of Western Corporations." American Economic Review, 2006,96(2): 308 –312.

Groves, Theodore, Yongmiao Hong, John McMillan, and Barry J. Nanghton, "Autonomy and Incen tives in Chinese State Enterprises." Quarterly Jour nal of Economics, 1994,109(1): 183 –209.

Groves,Theodore,Yongmiao Hong, John McMil lan, and Barry J. Naughton, "China's Evolv ing Managerial Labor Market." Journal of Political Economy, 1995,103(4): 873 –892.

Guo, Xiaolin, "Land Expropriation and Rural Conflicts in China." China Quarterly, 166: 422 –439. Guo, Yan, Jie Gan, and Chenggang Xu. 2008. "A Nationwide Survey of Privatized Firms in China." Seoul *Journal of Economics*, 2001,21(2): 311 –331.

Hayek, E A, "The Use of Knowledge in Society." American Economic Review, 1945,35(4): 519 –530.

Heilmann, Sebastian. 2008. "Experimentation under Hierarchy: Policy Experiments in the Reorganization of China's State Sector, 1978 –2008." Harvard Univer sity Center for International Development Working Paper 172.

Holmstrom, Bengt, and Paul Milgrom. 1991. "Multi task Principal – Agent Analyses: Incentive Contracts, Asset Ownership, and Job Design." *Journal of Law*, *Economics*, and Organization, 7: 24 –52.

Holz, Carsten A, "No Razor's Edge: Reexamining Alwyn Young's Evidence for Increasing Interprovin cial Trade Barriers in China." *Review of Economics* and Statistics, 2009,91(3): 599 –616.

Hu, Angang, Shaoguang Wang, and Xiaoguang Kang. 1995. "Regional Disparity in China." (Zhongguo Diqu Chaju Baogao). Shenyang: Liaoning People's Press.

Hu, Jiwei. 2008. "Hu Yaobang Selected the Breakpoint for the Reform." Open, 4: 66 –68.

Hu, Jiwei. 2009. "What is 'Reform and Open – Up'? When Did It Occur." Chengming, 4: 66 –70.

Huang, Yasheng, "Central – Local Relations in China during the Reform Era: The Economic and InstitutionalDimensions." World Development, 1996a,24(4): 655 –672.

Huang, Yasheng. 1996b. Inflation and Investment Con trols in China: The Political Economy of Central – Local Relations during the Reform Era. Cambridge; New York and Melbourne: Cambridge University Press.

Hurwicz, Leonid. 2007. "But Who Will Guard the Guardians?" http://nobelprize.org/nobel_prizes/ Economics/laureates/2007/hurwiez_lecture.pdf.

Jacoby, Hanan G., Guo Li, and Scott Rozene. 2002. "Hazards of Expropriation: Tenure Insecurity and Investment in Rural China." American Economic Review, 92(5): 142047.

Jefferson, Gary H., Thomas G. Rawski, and Yuxin Zheng, "ChineseIndustrialProductivity: Trends, Measurement Issues, and Recent Develop ments." *Journal of Comparative Economics*, 1996,23(2): 14640.

Jefferson, Gary H., Thomas G. Rawski, and Yifan Zhang. 2008. "Productivity Growth and Convergence across China's Industrial Economy." *Journal of Chi nese Economic* and Business Studies, 6(2): 121 –140. Jefferson, Gary H., and Jian Su. 2006. "Privatization and Restructuring in China: Evidence from Share holding Ownership, 1995 –2001." *Journal of Com parative Economics*, 34(1): 146 –166.

Jiang, Zemin. 2006. "Hold High the Great Banner of DengXiaopingTheory for an All – round Advance ment of the Cause of Building Socialism with Chi nese Characteristics into the 21st Century: Report at the 15th National Congress of the Communist Party of China on September 12, 1997." In Selected Works of Jiang Zemin, Volume 2, 1 –49. Beijing: People's Press.

Jin, Hehui, Yingyi Qian, and Barry R. Weingast, "Regional Decentralization and Fiscal Incentives: Federalism, Chinese Style." *Journal of Public Economics*, 2005,89(9 –10): 1719 –1742.

Kanbur, Ravi, and Xiaobo Zhang, "Fifty Years of Regional Inequality in China: A Journey through Central Planning, Reform, and Openness." Review of Development Economics, 2005,9(1): 87 –106.

Keen, Michael, and Manrice Marchand, "Fiscal Competition and the Pattern of Public Spending." *Journal of Public Economics*, 1997,66(1): 33 –53.

Kelliher, Daniel. 1992. Peasant Power in China: The End of Rnral Reform, 1979 –1989. New Haven and London: Yale University Press.

Khrushchev, Nikita S. 1959. Let Us Live in Peace and Friendship. Moscow: Foreign Language Press.

Kim, Sukkoo, "Expansion of Markets and the Geographic Distribution of Economic Activities: The Trends in U.S. Regional Manufacturing Struc ture, 1860 –1987." Quarterly *Journal of Economics*,1995,110(4): 881 – 908.

Kornai, Janos. 1971. Rush versus Harmonic Growth: Meditation on the Theory and on the Policies of Eco nomic Growth. Amsterdam: North – Holland.

Kornai, Janos. 1980. The Economics of Shortage. Lon don and New York: Elsevier Science.

Komai, Janos, "The Hungarian Reform Process: Visions, Hopes, and Reality." *Journal of Economic* Literature, 1986,24(4): 1687 –1737.

Kornai, Janos. 1992. The Socialist System: The Politi cal Economy of Communism. Princeton: Princeton University Press.

Kornai, Janos, Eric Maskin, and Gerard Roland, "Understanding the Soft Budget Constraint." *Journal of Economic Literature*, 2003,41(4): 1095 –1136.

Kung, James Kal – Sing, and Yi – Min Lin, "The Decline of Township – and – Village Enterprises in

China's Economic Transition." World Development, 2007,35(4): 569 - 584.

Kung, James Kai - Sing, Chenggang Xu, and Feizhou Zhou. Forthcoming. "FromIndustrialization to Urbanization: The Social Consequences of Changing Fiscal Incentives on Local Governments' Behavior." In Institutional Design for China's Evolving Market Economy, ed. Joseph E. Stiglitz.

Kuznets, Simon. 1955. "Economic Growth and Income Inequality." American Economic Review, 45(1): 1 - 28, Landry, Pierre E 2008. Decentralized Authoritarianism in China: The Communist Party's Control of Local Elites in the Post - Mao Era. Cambridge and New York: Cambridge University Press.

Lardy, Nicholas R. 1998. China's Unfinished Economic Revolution. Washington, D. C. : Brookings Institution Press.

Lau, Lawrence J. , Yingyi Qian, and Gerard Roland, "Reform without Losers: An Interpretation of China's Dual - Track Approach to Transition." *Journal of Political Economy*, 2000,108(1): 120 - 143.

Lazear, Edward P. , and Sherwin Rosen, "Rank Order Tournaments as Optimum Labor Contracts," *Journal of Political Economy*, 1981,89(5): 841 - 864.

Li, David D "A Theory of Ambiguous Property Rights in Transition Economies: The Case o1 the Chinese Non - state Sector." *Journal of Comparative Economics*,1996, 23(1): 1 - 19.

Li, Hongbin, and Scott Rozelle, "Insider Priva tization with a Tail: The Screening Contract and Performance of Privatized Firms in Rural China." *Journal of Development Economics*, 2004,75(1): 1 - 26.

Li, Hongbin, and Li - An Zhou, "Political Turnover and Economic Performance: The Incentive Role of Personnel Control in China." *Journal of Public Eco nomics*, 2005, 89(9 - 10): 1743 - 1762.

Li, Lianjiang. 2002. "The Politics of Introducing Direct Township Elections in China." China Quarterly, 171: 704 - 723.

Li, Lianjiang, and Kevin J. O'Brien. 2008. "Protest Leadership in Rural China." China Quarterly, 193: 1 - 23.

Li, Lixing, "The Incentive Role of Creating 'Cities' in China." China Economic Review, 2011,22(1): 179 - 181.

IA, Rui. 2008. "Li Rufs Reflections on Reform and Open - up (Li Rni dui gaige kafang de yizhong huigu)." Yanhuang Chunqiu, 11.

Li, Wanxi. 2006. "Environmental Governance: Issues and Challenges." Environmental Law Reporter, 36 (7): 10505 - 10525.

Li, Wei. 1997. "The Impact of Economic Reform on the Performance of Chinese State Enterprises,1980 - 1989." *Journal of Political Economy*, 105(5):1080 - 1106.

Li, Wei, and Dennis Tao Yang. 2005. "The Great LeapForward: Anatomy of a Central Planning Disaster." *Journal of Political Economy*, 113(4): 840 - 877.

Lin, Justin Yifu, "Collectivization and China's Agricultural Crisis in 1959 - 1961." *Journal of Political Economy*, 1990,98(6): 1228 - 1252.

Lin, Justin Yifu, "Rural Reforms and Agricul tural Growth in China." American Economic Review, 1992, 82(1): 34 - 51.

Lin, Justin Yifu.

2007. "Development and Transition: Idea, Strategy, and Viability." Peking University China Center for Economic Research Working Paper E2007007.

Lin, Justin Yifu, Fang Cai, and Zhou IA. 1997. The China Miracle: Development Strategy and Economic Reform. Beijing: Chinese University Press.

Lin, Justin Yifu, and Zhiyun Li, "Policy Burden, Privatization and Soft Budget Constraint." *Journal of Comparative Economics*, 2008,36(1): 90 – 102.

Lin, Justin Yifu, and Peilin Liu. 2005. "Development Strategies and Regional Income Disparities in China." China Center for Economic Research Work ing Paper E2005005.

Lin, Justin Yifu, and Zhiqiang Liu, "Fiscal Decentralization and Economic Growth in China." Economic Development and Cultural Change, 2000,49(1): 1 – 21.

Lin, Justin Yifu, and Guofu Tan, "Policy Burdens, Accountability, and the Soft Budget Constraint." American Economic Review, 1999,89(2): 426 – 431.

Liu, Guoguang, Zhuyuan Zhang, Zhikai Dong, and IA Wu, eds. 2006. Research Report on China's Ten Five Year Plans (Zhongguo Shige Wunian]ihua Yanjiu Baogao). Beijing: People's Press.

Luo, Renfu, Linxiu Zhang, Jikun Huang, and Scott Rozelle, "Village Elections, Public Goods Investments and Pork Barrel Politics, Chinese – Style." *Journal of Development Studies*, 2010,46(4): 662 – 684.

MacFarquhar, Roderick. 1974. The Origins of the Cultural Revolution, Volume 1: Contradictions among the People 1956 – 1957. New York: Columbia Univer sity Press.

MacFarquhar, Roderick. 1983. The Origins of the Cultural Revolution, Volume 2: The Great Leap Froward 1958 – 1960. New York: Columbia University Press.

MacFarquhar, Roderick. 1997. The Origins of the Cultural Revolution, Volume 3: The Coming of the Cata clysm 1961 – 1966. New York: Columbia University Press.

MacFarquhar, Roderick, and Michael Schoenhals.

2006. Mao's Last Revolution. Cambridge, Mass. and London: Harvard University Press, Belknap Press.

Maddison, Angus. 2003. The World Economy: Historical Statistics. Paris and Washington, D. C.: Organisa tion for Economic Co – operation and Development.

Markevich, Andrei, and Ekaterina Zhuravskaya, "M – Form Hierarchy with Poorly – Diversified Divi sions: A Case of Kruschev's Reform in Soviet Russia," *Journal of Public Economics*, 2011,95(11 – 12): 1550M50.

Maskin, Eric, Yingyi Qian, and Chenggang Xu, "Incentives, Information, and Organizational Form." Review of Economic Studies, 2000,67(2): 359 – 378.

Maskin, Eric, and Chenggang Xu, "Soft Budget Constraint Theories: From Centralization to the Market." Economics of Transition, 2001, 9(1): 1 – 27.

McMillan, John, and Barry Naughton, "How to Reform a Planned Economy: Lessons from China." Oxford Review of Economic Policy, 1992,8(1): 130 – 143.

McMillan, John, John Whalley, and Lijing Zhu, "The Impact of China's Economic Reforms on Agri cultural Productivity Growth." *Journal of Political Economy*, 1989,97(4): 781 – 807.

Mertha, Andrew C, "China's 'Soft' Centralization: Shifting Tiao/Kuai Authority Relations." China Quarterly, 2005,184: 791 – 810.

Montinola, Gabriella, Yingyi Qian, and Barry R. Wein gast, "Federalism, Chinese Style: The Political Basis for Economic Success in China." World Poli tics, 1995, 48(1): 50 – 81.

National Statistical Bureau. 1986 – 2006. China Statisti cal Yearbooks. Beijing: China Statistics Press.

National Statistical Bureau. 1986 – 2006. China Urban Statistical Yearbooks. Beijing: China Statistics

Press.

National Statistical Bureau. 1990. China Urban Forty Years. Beijing: China Statistics Press.

National Statistical Bureau. 1995 – 2006. China Account ing Yearbooks. Beijing: China Statistics Press.

National Statistical Bureau. 1996 – 2006. Finance Year books of China. Beijing: China Statistics Press.

National Statistical Bureau. 1996 – 2006. Provincial Sta tistical Yearbooks. Beijing: China Statistics Press.

National Statistical Bureau. 1997 – 1998. China Labor Economic Yearbooks. Beijing: China Statistics Press.

National Statistical Bureau. 2006a. China Industrial Economy Statistical Yearbook 2006. Beijing: China Statistics Press.

National Statistical Bureau. 2006b. China Statistical Yearbook for Regional Economy 2006. Beijing: China Statistics Press.

Naughton, Barry J. 1995. Growing Out of the Plan: Chinese Economic Reform, 1978 – 1993. Cambridge; New York and Melbourne: Cambridge University Press.

Naughton, Barry J. 2003. "How Much Can Regional Integration Do to Unify China's Markets?" In How Far Across the River? Chinese Policy Reform at the Millennium, ed. Nicholas C. Hope, Dennis Tao Yang, and Mu Yang IA, 204—32. Stanford: Stanford Univer sity Press.

Naughton, Barry J., and Dali L. Yang, eds. 2004. Hold ing China Together: Diversity andNational Integra tion in the Post – Deng Era. Cambridge and New York: Cambridge University Press.

Nelson, Richard R., and Sidney G. Winter. 1982. An Evolutionary Theory of Economic Change. Cam bridge, Mass. and London: Harvard University Press North, Douglas C. 1981. Structure and Change in Eco no-mic History. New York: W. W. Norton & Company.

North, Douglass C. 1990. Institutions, Institutional Change and Economic Performance. Cambridge; New York and Melbourne: Cambridge University Press.

Nove, Alec. 1983. The Economics of Feasible Socialism.

Boston: Allen & Unwin.

Oates, Wallace E, "An Essay on Fiscal Federal ism." *Journal of Economic Literature*, 1999, 37(3): 112 (L49.

Oates, Wallace E., and Robert M. Schwab, "Economic Competition among Jurisdictions: EfficiencyEn-hancing or Distortion Inducing?" *Journal of Public Economics*, 1988,35(3): 333 – 354.

O'Brien, Kevin J., and Lianjiang Li. 2000. "Accommodating 'Democracy' in a One – Party State: Introdu-cing Village Elections in China." China Quarterly, 162: 465 – 489 O'Brien, Kevin J., and Lianjiang Li. 2006. RightfulResistance in Rural China. Cambridge and NewYork: Cambridge University Press.

Ofer, Gun, "Soviet Economic Growth: 1928 1985." *Journal of Economic Literature*, 1987, 25(4): 1767 – 1833.

Oi, Jean c. 1999. Rural China Takes Off. Institutional Foundations of Economic Reform. Berkeley andLon-don: University of California Press.

Park, Albert, and Minggao Shen, "Joint LiabilityLending and the Rise and Fall of China's Townshipand Vil-lage Enterprises." *Journal of DevelopmentEconomics*, 2003, 71(2): 497 – 531.

Perkins, Dwight H. 1977. Rural Small – Scale Industryin the People's Republic of China. Berkeley and Lo-sAngeles: University of California Press.

Perkins, Dwight H, "Reforming China's Economic System." *Journal of Economic Literature*, 1988, 26(2): 601 -645.

Perkins, Dwight H., and Thomas G. Rawski. 2008. "Forecasting China's Economic Growth to 2025." InChina's Great Economic Transformation, ed. LorenBrandt and Thomas G. Rawski, 829 - 86. Cambridgeand New York: Cambridge University Press.

Perry, Elizabeth J., and Christine P. W. Wong, eds. 1985, The Political Economy of Reform in Post - MaoChina. Cambridge and London: Harvard UniversityPress.

Pistor, Katharina, and Chenggang Xu, "Incomplete Law." New York University *Journal of lnternational Law and Politics*, 2003, 35(4): 931 -1013.

Pistor, Katharina, and Chenggang Xu "Governing Stock Markets in Transition Economies: Lessonsfrom China." American Law and Economics Review, 2005, 7(1): 184 -210.

Prendergast, Canice, "The Motivation and Biasof Bureaucrats." American Economic Review, 2007, 97(1): 180 -196.

Qian, Yingyi, and Gerard Roland, "Federalismand the Soft Budget Constraint." American Economic Review, 1998, 88(5): 1143452.

Qian, Yingyi, Gerard Roland, and Chenggang Xu, "Why is China Different from Eastern Europe? Perspectives from Organization Theory." European Economic Review, 1999, 43(4 -6): 1085 -1094.

Qian, Yingyi, Gerard Roland, and Chenggang Xu"Coordination and Experimentation in M - Form andU - Form Organizations." *Journal of Political Econony*, 2006, 114(2): 366 -402.

Qian, Yingyi, Gerard Roland, and Chenggang Xu. 2007. "Coordinating Changes in Transition Economies." InThe Economics of Transition: The Fifth Nobel Symposium in Economics, ed. Erik Bergl6f and GErardRoland, 518 -46. New York: Palgrave Macmillan.

Qian, Yingyi, and Barry R. Weingast, "Federalismas a Commitment to Reserving Market Incentives." *Journal of Economic Perspectives*, 1997, 11(4): 83 -92.

Qian, Yingyi, and Chenggang Xu, "Why China's Economic Reforms Differ: The M - Form Hierarchyand Entry/Expansion of the Non - state Sector." Economics of Transition, 1993, 1(2): 135 -170.

Qnah, Danny. 2003. "One Third of the WorldS Growthand Inequality." In Inequality and Growth: Theoryand Policy Implications, ed. Theo S. Eicher and Stephen J. Turnovsky, 27 -58. Cambridge, Mass. andLondon: MIT Press.

Ravallion, Martin, and Shaohua Chen, "China's(Uneven) Progress against Poverty." *Journal ofDevelopment Economics*, 2007, 82(1): 1 -42.

Research Center of CCP History. 2009. Major Eventsin People's Republic of China 1949 -2009. Beijing: People's Press.

Rivlin, Alice M. 1992. Reviving the American Dream: The Economy, the States & the Federal Government. Washington, D. C.: Brookings Institution Press.

Rodden, Jonathan, "The Dilemma of Fiscal Federalism: Grants and Fiscal Performance around theWorld." American *Journal of Political Science*, 2002, 46(3): 670 -687.

Rodden, Jonathan, and Susan Rose - Ackerman, "Does Federalism Preserve Markets?" Virginia LawReview, 1997, 83(7): 1521 -1572.

Rodrik, Dani "Goodbye Washington Consensus, Hello Washington Confusion? A Review of theWorld Bank's

Economic Growth in the 1990s: Learning from a Decade of Reform." *Journal of Economic Literature*, 2006, 44(4): 973 - 987.

Sachs, —effrey D., and Wing Thye Woo, "Understanding China's Economic Performance." *Journal ofPolicy Reform*, 2000, 4(1): 1 - 50.

Sheng, Yulnin, "Central - Provincial Relations atthe CCP Central Committees: Institutions, Measurement and Empirical Trends, 1978 - 2002." ChinaQuarterly, 2005, 182: 338 - 355.

Sheng, Yumin. 2009. "Career Incentives and Political Control under Authoritarianism: Explaining thePolitical Fortunes of Subnational Leaders in China." Unpublished.

Shi, Yupeng, and Li - An Zhou, "Regional Decentralization and Economic Efficiency: Evidence fromSeparate - Planning Cities in China." [In Chinese, With English summary. Jingii Yanjiu/Economic Research Journal, 2007, 42(1): 17 - 28.

Shirk, Susan L. 1993. The Political Logic of EconomicReform in China. Berkeley and Oxford: University ofCalifornia Press.

Shleifer, Andrei, "Government in Transition." European Economic Review, 1997, 41(3 - 5): 385 - 410.

Shleifer, Andrei, and Robert W. Vishny, "Politicians and Firms." Quarterly *Journal of Economics*, 1994, 109(4): 995 - 1025.

Sima, Qian. 1993. Records of the Grand Historian: Qin Dynasty. Hong Kong: Chinese University of Hong Kong; New York: Columbia University Press, 109 B. C.

Smith, Adam, 1763. Lectures on Justice, Police, Revenueand Arms. Oxford: Clarendon Press, 1896.

Smith, Adam. 1776. The Nature and Causes of theWealth of Nations, ed. R. H. Campbell, A. S. Skinner, and W. B. Todd. Oxford: Clarendon Press, 1976.

Stalin, Josef v. (1931 [1947]). Problems of Leninism.

Moscow: Foreign Language Press.

Stiglitz, Joseph E. 1989. "On the Economic Role of theState." In The Economic Role of the State, ed. ArnoldHeertje, 9 - 85. Cambridge, Mass. and Oxford: BasilBlackwell.

Stiglitz, Joseph E. 2002. "Information and the Changein the Paradigm in Economics." American EconomicReview, 92(3): 460 - 501.

Sun, Qian, and Wilson H. S. Tong "China ShareIssue Privatization: The Extent of Its Success." *Journal of Financial Economics*, 2003, 70(2): 183 - 222.

Svensson, Jakob "Eight Questions aboutCorruption." *Journal of Economic Perspectives*, 2005, 19(3): 19 - 42.

Swearer, Howard R, "Krushchev's Revolutionin Industrial Management." World Politics, 1959, 12(1): 45 - 61.

Swearer, Howard R, "Decentralization in RecentSoviet Administrative Practice." Slavic Review, 1962, 21(3): 456 - 470.

Tian, Jiyun, "How Economic Reforms Started(Jingji Gaige Shi Zenyang Gao Qilai de)." YanhuangChunqui, 2008, 1: 5 - 11, 18.

Tiebont, Charles M, "A Pure Theory of LocalExpenditures." *Journal of Political Economy*, 1956, 64(5): 416 - 424.

Treisman, Daniel, "Decentralization and Inflation: Commitment, Collective Action, or Continuity?" American Political Science Review, 2000,94(4):837—857.

Tsai, Kellee S, "Off Balance: The UnintendedConsequences of Fiscal Federalism in China."]ournal of Chinese Political Science, 2004, 9(2): 1 -26. Tsui, Kai - yuen"Decomposition of China'sRegional Inequalities." *Journal of Comparative Economics*, 1993,17(3): 6004527.

Tsui, Kai - yuen, "Local Tax System, Intergovernmental Transfers and China's Local Fiscal Disparities." *Journal of Comparative Economics*, 2005, 33(1):173 -196.

Tsui, Kai - yuen, and Youqiang Wang. 2004. "BetweenSeparate Stoves and a Single Menu: Fiscal Decentralization in China." China Quarterly, 177: 71 -90.

W—idekin, Kad - Eugen. 1992. "Verlustminderung alszentrale Aufgabe der Nahrungswirtschaft in Russland und der GUS (SNG)." Osteuropa, 42: 938 -950.

Wang, Shaognang. 1995. "The Rise oft - he Regions: Fiscal Reform and the Decline of Central State Capacityin China." In The Waning of the Communist State. Economic Origins of Political Decline in China and Hungary, ed. Andrew G. Walder, 87 -113. Berkeley and London: University of California Press.

Wang, Shaognang, and Angang Hu. 2001. The Chinese Economy in Crisis: State Capacity and Tax Reform.

Armonk, N. Y. and London: Sharpe.

Wang, Yijiang, "Economic Reform, Fixed CapitalInvestment Expansion, and Inflation: A Behavioral Model Based on the Chinese Experience." ChinaEconomic Review, 1991,2(1): 3 -27.

Watson, Andrew, Christopher Findlay and Yintang Du, "Who Won the Wool War?:A Case Study of Rural Product Marketing in China." China Quarterly, 1989,118: 213 -241.

Weingast, Barry R, "The Economic Role of Political Institutions: Market - Preserving Federalism andEconomic Development." *Journal of Law Economics*, and Organization,1995,11(1): 1 -31.

Weitzman, Martin L, "Prices vs. Quantities."Review of Economic Studies,1974, 41(4): 477 -491.

Weitzman, Martin L., and Chenggang Xu,"Chinese Township - Village Enterprises as Vaguely efined Cooperatives." *Journal of Comparative Economics*, 1994,18(2): 121 -145.

Whalley, John, and Shunming Zhang. 2004. "InequalityChange in China and (Hukou) Labour Mobility Restrictions." National Bureau of EconomicResearch Working Paper.

Whiting, Susan H. 2000. Power and Wealth in RuralChina: The Political Economy of InstitutionalChange. Cambridge; New York and Melbourne:Cambridge University Press.

Wildasin, David E, "Interjurisdictional CapitalMobility: Fiscal Externality and a Corrective Subsidy." *Journal of Urban Economics*, 1989,25(2): 193 -212.

Williamson, Oliver E. 1975. Markets and Hierarchies: Analysis and Antitrust Implications. New York: FreePress.

Wong, Christine P. W, "Between Plan and Market: The Role of the Local Sector in Post - MaoChina." *Journal of Comparative Economics*, 1987,11(3):385 -398.

Wong, Christine P. W, "Central - Local Relationsin an Era of Fiscal Decline: The Paradox of Fisca Decentralization in Post - Mao China." China Quarterly, 1991,128: 691 -715.

Wong, Christine P. W.,"Fiscal Reform and Local Industrialization: The Problematic Sequencing ofReform in Post - Mao China." Modern China, 1992, 18(2):197 -227.

Wong, Christine P. W., ed. 1997. Financing Local Government in the People's Republic of China. Oxfordand New York: Oxford University Press.

Wong, Christine P. W. 2006. "Can China Change Development Paradigm for the 21st Century? Fiscal Policy Options for Hu Jintao and Wen Jiabao afterTwo Decades of Muddling through." Unpublished.

Wong, Christine P. W. 2007. "Fiscal Management fora Harmonious Society: Assessing the Central Government's Capacity to Implement National Policies." British Inter - university China Centre WorkingPaper 4.

Woo, Wing Thye, Hai Wen, Jin Yibiao, and Fan Gang, "How Successful Has Chinese EnterpriseReform Been? Pitfalls in Opposite Biases and Focus." *Journal of Comparative Economics*, 1994, 18(3): 410 - 437.

World Bank. 2002. "China: National Developmentand Sub - national Finance: A Review of ProvincialExpenditures." World Bank Poverty Reduction andEconomic Management Unit Report 22951 - CHA.

World Bank. 2003. Global Economic Prospects and the Developing Countries. Washington, D. C.: WorldBank.

World Bank. 2007. Cost of Pollution in China: Economic Estimates of Physical Damages. Washington, D. C.: World Bank.

Wu, Jinglian. 2009. Understanding and Interpreting China's Economic Reform (Dangdai ZhongguoJingii Gaige Jiaocheng). Shanghai: Shanghai Far EastPress.

Xu, Chennggang. 1995. A Different Transition Path: Ownership, Performance, and Influence of ChineseRural Industrial Enterprises. New York and London: Garland.

Xu, Chenggang, and Katharina Pistor. 2000. "Enforcement Failure under Incomplete Law: Theory andEvidence from Financial Market Regulation." Unpublished.

Xu, Chenggang, and Xiaobo Zhang. Forthcoming. "TheEvolution of Chinese Entrepreneurial Firms: Township - Village Enterprises Revisited." In China's Economic Transformation, ed. Ronald Coase.

Xu, Chenggang, and Juzhong Zhuang. 1998. "WhyChina Grew: The Role of Decentralization." InEmerging from Communism: Lessons from Russia, China, and Eastern Europe, ed. Peter Boone, Stanislaw Gomulka, and Richard Layard, 183 - 212. Cambridge and London: MIT Press.

Xu, Chongde. 2005. A History of the PRC Constitution, Volumes 1 and 2 (Zhonghua Renmin GongheguoXianfa Shi). Fuzhou: Fujian People's Press.

Xn, Quanxing. 1995. Theory and Practice of MaoZedong in His Late Years (1956 - 1976) (Mao Zedongwannish de lilun yu shijian, 1956 - 1976). Beijing: China Encyclopedia Press, Xu, Xianxiang, Xianbin Wang, and Yuan Shu. 2007.

"Local Officials and Economic Growth." JingfiYanjiu/Economic Research Journal, 42(9): 18 - 31.

Yang, Dali L. 1997. Beyond Beijing: Liberalization and the Regions in China. New York and London: Taylor& Francis, Routledge.

Yang, Dali L, "Economic Transformation andIts Political Discontents in China: Authoritarianism, Unequal Growth, and the Dilemmas of Political Development." Annual Review of Political Science,. 2006, 9: 143 - 164.

Yao, Shujie, and Zongyi Zhang, "On Regional Inequality and Diverging Clubs: A Case Study ofContemporary China." *Journal of Comparative Economics*, 2001, 29(3): 466—484.

Young, Alwyn, "The Razor's Edge: Distortionsand Incremental Reform in the People's Rupublic of China." Quarterly *Journal of Economics*, 2000, 115(4): 1091 - 1135.

Zeng, Jianhui. 1984. "A New Step in Opening Up the Economy: The Emergence of an Important Policy." Liao Wang, 24: 11 - 15.

Zhang, Jun, and Yuan Gao, "Term Limits andRotation of Chinese Governors: Do They Matter toEconomic Growth? (In Chinese. With English summary.)" Jingji Yanjiu/Economicy Research Journal, 2007,42(11): 91 -103.

Zhang, Tao, and Heng-fu Zou, "Fiscal Decentralization, Public Spending, and Economic Growthin China." *Journal of Public Economics*, 1998,67(2):221 -240.

Zhang, Xiaobo, "Fiscal Decentralization and Political Centralization in China: Implications for Growth and Inequality." *Journal of ComparativeEconomics*, 2006,34(4): 713 -726.

Zhang, Xiaobo, and Ravi Kanbur, "What Differences Do Polarisation Measures Make An Application to China." *Journal of Development Studies*,2001,37(3): 85 -98.

Zhao, Ziyang. 2009. Prisoner of the State: The Secret Journal of Zhao Ziyang. New York and London: Simon & Schuster.

Zhuang, Juzhong, and Chenggang Xu, "ProfitSharing and Financial Performance in the ChineseState Enterprises: Evidence from Panel Data." Economics of Planning, 1996,29(3): 205 -222.

Zhuravskaya, Ekaterina, "Incentives to ProvideLocal Public Goods: Fiscal Federalism, RussianStyle." *Journal of Public Economics*, 2000,76(3): 337 -368.

(原文载于 *Journal of Economic Literature* 2011,49,4)